STAATSTRAGEND – BÜRGERNAH

Personenstandswesen und Standesämter in Berlin

WEDDING UND GESUNDBRUNNEN
Nazareth-Parochie
WEDDING
13
St. Paul
LUISENBAD
Gesundbrunnen
Humboldt Hain
II
DIE JUNGFERN HEIDE
Reh Berge
ORANIENBURGER VORSTADT
Invalidenhaus
Artillerie
11
St. Elisab
St. Johannis-Parochie
Exercier Platz
12
MOABIT
FRIEDRICH-WILHELMSSTADT UND MOABIT
Der kleine Thiergarten
Martinickenfelde
Bahnhof Moabit
Verbindungsbahn
Lehrter Bahnhof
St. Philippus-Apost-Parochie
Dorotheenst.
Güter Bahnhof
DER THIERGARTEN
Hippodrom
Zoologischer Garten
St. Matthäus P.
FRIEDRICHS-VORSTADT
3
UND SCHÖNEBER-
GER REV.
Lützow Pl.
Dreifaltigkeits Par.
St. Lucas Par.
IV
Par. d. Zwölf.

Neuester-Plan
von
BERLIN
MIT DEN KÖNIGL. PREUSS. STANDES-AMTBEZIRKS-
SUPERINTENDENTUR-UND PAROCHIE-GRENZEN.
Im Auftrage des Magistrats nach Amtlichen Materialien
bearbeitet und herausgegeben
von
JULIUS STRAUBE.
Zions-Parochie
ROSENTHALER
VORSTADT
St. Bartholomäus-Parochie
KÖNIGSSTADT
Der Friedrichs Hain
St. Markus P.
STRALAUER
REVIER
St. Andreas Parochie
LOUISENSTADT
St. Thomas Paroch.
St. Jacobi Par.
NEU KÖLLN
Colonie Friedrichsb

Schriftenreihe des Landesarchivs Berlin

Band 22

Herausgegeben vom Landesarchiv Berlin

Vorherige Seite: Ausschnitt aus Neuester Plan von Berlin mit den Königl. Preuss. Standes-Amtsbezirks-, Superintendentur- und Parochie-Grenzen mit grenzkolorierter Einzeichnung des Weichbildes, der Standesämter 1–12, Parochien mit Bezeichnung sowie Superintendenturen I–IV, Lage der Standesamts-Lokale und Revierpolizei-Büros, Bezirke, verschiedenfarbig koloriert nach Standesamtsbezirken, 1874.

Regina Rousavy – Heike Schroll

STAATSTRAGEND – BÜRGERNAH

Personenstandswesen und Standesämter in Berlin

DE GRUYTER
OLDENBOURG

ISBN 978-3-11-163044-1
e-ISBN (PDF) 978-3-11-163060-1
e-ISBN (EPUB) 978-3-11-163094-6

Library of Congress Control Number: 2024951483

Bibliografische Information der Deutschen Nationalbibliothek
Die Deutsche Nationalbibliothek verzeichnet diese Publikation in der Deutschen Nationalbibliografie; detaillierte bibliografische Daten sind im Internet über http://dnb.dnb.de abrufbar.

Satz und Umschlagabbildung: Ute Langbein
Umschlagfoto: Standesamt An der Fischerbrücke 1A, 1901
Fotograf: Waldemar Titzenthaler, Landesarchiv Berlin, Archivsignatur: F Rep. 290 Nr. II4919
Druck und Bindung: Beltz Grafische Betriebe GmbH, Bad Langensalza

www.degruyter.com

Fragen zur allgemeinen Produktsicherheit:
productsafety@degruyterbrill.com

Ein Beitrag zu 150 Jahren Berliner Standesamtsgeschichte

INHALT

ZUM GELEIT

Das Jahr 2007 brachte durch die Reform des Personenstandsrechts eine sehr spezielle Erweiterung der Zuständigkeiten für das Staatsarchiv des Landes Berlin, die seine kommunalarchivischen Kompetenzen in außerordentlichem Maße ausweitete: die Übernahme der Archivfunktion für Personenstandsunterlagen der Standesämter.

Nicht nur, dass ab 2010 mehrere tausend Meter Archivgut aus den Berliner bezirklichen Standesämtern und aus dem Standesamt I von Berlin in die Archivmagazine übernommen wurden, auch haben sich die Benutzungsschwerpunkte drastisch in Richtung der personenbezogenen und genealogischen Auskünfte aus den Standesamtsregistern verschoben. Sowohl im Lesesaal als auch bei den schriftlichen Anfragen dominieren diese zumeist rechtserheblichen Anliegen heute die Benutzung des Landesarchivs Berlin.

Die Überlieferung wird durch jährliche Abgaben der Standesämter an das Landesarchiv, die sich aus dem regelmäßigen Ablauf gesetzlicher Aufbewahrungs- und Fortschreibungsfristen für die Register – Geburten 110 Jahre, Heiraten 80 Jahre, Sterbefälle 30 Jahre - ergeben, kontinuierlich ergänzt. Zukünftig werden dabei die Papierformen durch elektronische Formate abgelöst.

Deutlich wurde mit der Übernahme der Personenstandsunterlagen rasch, dass Kenntnisse über Verwaltungsgeschichte, rechtliche Rahmenbedingungen und konkretes Verwaltungshandeln der Standesämter unabdingbar für die Archivarinnen und Archivare sein würden, wenn fachlich korrekte und für die Anfragenden nutzbringende Auskünfte erteilt werden sollten.

Daher wurden parallel zu anderen archivfachlichen Aufgaben wie Provenienzfeststellung, Bestandsbildung, bestandserhaltende Lagerung und Verpackung, datenbankbasierte Verzeichnung, Digitalisierung oder Online-Stellung von Findhilfsmitteln unmittelbar behördengeschichtliche Forschungen begonnen.

Die seither gewonnenen Erkenntnisse möchte das Landesarchiv Berlin mit diesem Band publizieren und damit seine Reihe verwaltungsgeschichtlicher Beiträge zur Berliner Geschichtsforschung - nun für den Bereich des Personenstandwesens - fortsetzen.

Beschrieben werden die seit dem 19. Jahrhundert in Preußen getroffenen Maßnahmen und Regelungen zur tatsächlichen Herstellung einer Autorität des Staates in Angelegenheiten des Personenstands, die besondere Rolle des preußischen Personenstandsrechts in Vorbereitung auf die reichsweite Gesetzgebung, die Herausforderungen an die Standesämter in der Metropole Groß-Berlin sowie die Entwicklungen in der NS-Zeit. Die Darstellung geht weiter auf die Nachkriegsjahre ein. Es schließen sich Ausführungen für die Zeit von der Spaltung der Stadtverwaltung 1948 mit ihren durch eine Systemkonkurrenz bedingten spezifischen Ausprägungen im Ost- und im Westteil Berlins bis hin zur Wiedervereinigung an. Hier wird zugleich ein bedeutender Beitrag zur Erforschung der Geschichte des Personenstandswesens in der DDR geleistet.

Ein kurzer Abschnitt umreißt die Entwicklung nach 1990.

Durch die im Text und in den Anhängen gebotenen Übersichten und Tabellen erhält die Darstellung in Teilen den Charakter eines Nachschlagewerkes. Beispielsweise werden archivalische Quellen im Landesarchiv Berlin zum Personenstandswesen auch außerhalb der Provenienz der Standesämter nachgewiesen oder umfangreich Basisdaten zu den Berliner Standesämtern A–Z von 1874 bis zur Gegenwart zusammengestellt. Dazu gehört auch eine Übersicht von Siegeln und Stempeln der Berliner Standesämter.

Wie jede öffentliche Verwaltungstätigkeit fußt auch die Arbeit im standesamtlichen Bereich auf einer gesetzlichen Basis. Für das Personenstandswesen gilt das besonders, wie beim Lesen dieser Darstellung schnell erkennbar wird. Insofern lässt es sich nicht vermeiden, auf entsprechende Gesetzestexte und Regelungen in einem sachlich gebotenen Umfang Bezug zu nehmen.

Die Illustrationen zeigen Dienstsitze von Standesämtern, Akteure der Verwaltung, Pressebeiträge und fachliche Dokumente, und bieten mit den Beispielen von Personenstandsbeurkundungen Belege für die Unterschiedlichkeit und zeitgenössische Ausgestaltung von Formularen.

Standesamtliche Register, Akten und Bücher sind zuverlässige Fundgruben für Forschungen zu Genealogie, Demografie und Sozialgeschichte. Als sichere und authentische Quellen zu Personenstandsangelegenheiten bilden sie jedoch auch für gegenwärtige Bedürfnisse eine unverzichtbare Grundlage der Rechtssicherheit und tragen auf diese Weise zur Bewahrung von Demokratie und Rechtsstaatlichkeit bei.

Das Verständnis der Entstehungsgeschichte dieses speziellen Schriftgutes erleichtert die Bewertung und Deutung von biografischen Informationen in ihrem historischen Kontext.

Im Jahr 2024 blicken wir auf 150 Jahre Berliner Standesamtsgeschichte zurück.

Mit der vorliegenden Publikation möchte das Landesarchiv dieses Jubiläum würdigen und zugleich einen Anreiz für weiterführende Forschungen bieten.

Mein großer Dank gilt den beiden Autorinnen Dr. Regina Rousavy und Dr. Heike Schroll, die dieses Buch, dessen Konzeption schon vor mehr als einem Jahrzehnt entwickelt wurde, auch nach ihrem Ausscheiden aus den Diensten beim Landesarchiv Berlin mit dem ihnen eigenen großen Fachwissen und einer ebenso großen Beharrlichkeit vorangetrieben und schließlich zu einem würdigen Abschluss gebracht haben.

Uwe Schaper

Innenansicht der Nikolaikriche.

1.

EINLEITUNG

Mit dem Inkrafttreten des Gesetzes über die Beurkundung des Personenstandes und die Eheschließung vom 9. Februar 1875 am 1. Januar 1876[1] wurde die Führung der Personenstandsregister für ganz Deutschland vereinheitlicht und in staatliche Hoheit übernommen. Die Zivilehe wurde obligatorisch und erhielt rechtlichen Vorrang gegenüber religiösen Formen der Eheschließung. Das Personenstandsgesetz zählt zu den ersten großen Gesetzeswerken des 1871 entstandenen deutschen Nationalstaates und hat in den Grundzügen bis heute Gültigkeit behalten.

Bereits seit dem Mittelalter wurden in Europa die grundlegenden Daten des individuellen und familiären Lebens in öffentlich glaubhafter Form erfasst und bewahrt. Geburt und Tod sowie das Eingehen ehelicher Verbindungen waren religiös geprägt und zum Teil Gegenstand christlicher Sakramente. Dazu wurden in unterschiedlicher Weise in den Kirchengemeinden Bücher und Register geführt.

Seit dem 16. Jahrhundert bemühte sich die katholische Kirche um verbindliche Regelungen. Das Konzil von Trient (1545–1563) befasste sich in seiner XXIV. Session (1562/1563) mit der Form der Eheschließung und legte fest, dass diese vor einem Priester und vor Zeugen erfolgen solle (Ehedekret vom 11. November 1563). Die Pfarrer wurden zur Führung von Trau- und Taufmatrikeln verpflichtet. Mit dem *Rituale Romanum* von 1614 wurden Formulare für diese wie auch für Firmmatrikel und Sterbebücher vorgegeben, die sich jedoch nur zögerlich durchsetzten.

In den Territorien, die der Reformation anhingen, wurde eine Kirchenbuchführung dagegen relativ einheitlich und zügig etabliert, und dies rund fünfzig Jahre vor den katholischen Gebieten.

1 GBl. 1875 Nr. 4 vom 09.02.1875, S. 23–40.

Doch mit der Reformation war die Einheit von Kirche und Staat zerbrochen. Nach Luther war die Ehe „ein äußerlich, weltlich Ding"[2]; die Reformatoren des 16. Jahrhunderts bestritten die Einheit von Ehevertrag und kirchlichem Sakrament und damit auch die Unauflöslichkeit der Ehe. Calvin verwies Eheangelegenheiten in die Zuständigkeit der weltlichen Gerichte. Seine Ansichten wurden insbesondere von französischen Theologen geteilt. Bereits im 17. Jahrhundert erhielten in Frankreich staatliche Stellen Zweitschriften der Kirchenbücher – eine Regel, die im Laufe des 18. Jahrhunderts auch in deutschen Ländern Einzug hielt.[3]

Die verschiedenen Kirchen und Religionsgemeinschaften verhielten sich letztlich unterschiedlich offen gegenüber staatlichen Regulierungen. Insbesondere die katholische Kirche bestand auf ihrer Autorität in allen Belangen des Eherechts. Die Kirchenbücher blieben uneinheitlich und boten kein vollständiges Abbild der Bevölkerung, da sie nach den jeweiligen Regeln der Glaubensgemeinschaft geführt wurden und auch nur deren Mitglieder registrierten. Menschen, die keiner Gemeinde angehörten oder z. B. nicht rituell bestattet werden konnten, blieben unerfasst.

Das Allgemeine Preußische Landrecht von 1794 widmete mehr als 1100 Paragrafen der Eheschließung, ihrer Vorbereitung und den daraus entstehenden Rechten und Pflichten bezüglich der leiblichen und angenommen Kinder und der Vermögen der Ehepartner. Obwohl die Trauung nach wie vor von einem Priester vollzogen werden musste (§ 136), kamen auch

2 Vgl. Martin Luther: Von Ehesachen (1530).

3 Siehe dazu auch Falko Neininger: Brandenburgische Kirchenbuchduplikate, 1794–1874. Ein Verzeichnis der Überlieferung im Brandenburgischen Landeshauptarchiv, Frankfurt/Main 2008 (= Quellen, Findbücher und Inventare des Brandenburgischen Landeshauptarchivs 23).

den weltlichen Instanzen wichtige Befugnisse zu: Ein Ehegelöbnis war zwar nicht zwingend, jedoch musste es, um einklagbar zu sein, von einem Notar oder einem Justizkommissar beurkundet werden (§ 82). Die Ehe konnte durch einen Richter wieder getrennt werden (§ 668). Prinzipiell galt dieses Eherecht für alle Konfessionen.[4]

Gegen Ende des 18. Jahrhunderts gab schließlich die Französische Revolution einen entscheidenden Impuls: Das Gesetz vom 20. September 1792 legte die rechtsgültige Beurkundung des Personenstandes in die Hände der Gemeindevorsteher (Maires) und stufte die kirchlich geführten Tauf-, Ehe- und Sterberegister auf den Rang von Privaturkunden herunter.[5] Verbindlich war die Zivilehe und die Führung staatlicher Standesregister. Diese Regelung fand Eingang in den im März 1803 dekretierten Code Civil (Buch 1, Teil 2 Artikel 34–101)[6] und wurde durch Kaiser Napoleon I. wenige Jahre später in den von seinen Truppen besetzen Gebieten im Rheinland eingeführt.

Die bisherige Entwicklung konnte nach dem Ende der Freiheitskriege nicht mehr zurückgenommen werden,[7] sondern blieb Teil der liberalen Bestrebungen in den deutschen Ländern.

4 Allgemeines Landrecht für die Preußischen Staaten vom 1. Juni 1794. 2. Teil, Erster Titel: Von der Ehe. Die Rechte und Pflichten von Eltern und Kindern und weitere familienrechtliche Belange werden in den folgenden Titeln 2 bis 4 geregelt. Vgl.: https://opinioiuris.de/quellen. Abruf am 23.05.2023, 13:07 Uhr.

5 Vgl. hierzu: Staatslexikon, hrsg. im Auftrag der Görres-Gesellschaft zur Pflege der Wissenschaft im katholischen Deutschland durch Adolf Endler, Freiburg/Breisgau, 1895, Bd. 4, Artikel „Personenstand, Beurkundung desselben (Sp. 342–347).

6 Vgl. Paul Hinschius: Das Preußische Gesetz über die Beurkundung des Personenstandes und die Form der Eheschließung vom 9. März 1874 [kommentierte Ausgabe], Berlin 1874, S. 5.

7 Im Bezirk des Appellationsgerichtshofes Köln blieb die durch Übernahme des Code Civil eingeführte staatliche Registerführung und die obligatorische Zivilehe weiterhin in Kraft, so dass das Gesetz vom 9. März 1874 den Sprengel ausdrücklich ausnahm (s. Einführungsformel).

Hochzeitspaar beim Verlassen des Preußischen Standesamts I und II (Neukölln).

2.

DAS PERSONENSTANDSWESEN IN DER REICHSHAUPTSTADT BERLIN 1874–1945

2.1 Der Weg zum staatlichen Standesregister

Unzweifelhaft wird [...] der Drang des wirklichen Lebens dahin führen, daß die Feststellung des Personenstandes, die bürgerliche Beglaubigung der Familienereignisse ganz allgemein der Kirche abgenommen und den bürgerlichen Behörden übertragen wird [...] Hauptsächlich ist es die Ehe, welche von aller Einmischung des Kirchlichen rein gehalten und jeder Zwangspflicht, die Mitwirkung des Geistlichen anzugehen, enthoben werden muß.

Karl Nauwerck, 1847[8]

Mit dem „Gesetz betreffend die Grundrechte des deutschen Volkes“ vom 27. Dezember 1848 beschloss die Nationalversammlung u. a. die Priorität der zivilen Eheschließung und verlegte die Führung der Standesbücher in den Aufgabenbereich staatlicher Behörden.[9] Diese Festlegung wurde in die (nach-)revolutionären Gesetze und Verfassungen mehrerer deutscher Territorien übernommen, z. B. in Kurhessen durch Gesetz vom 29. Oktober 1848 und in der Freien Stadt Frankfurt/Main durch Gesetz vom 19. November 1850. In Nassau wurde 1863 und in der Provinz Hannover 1867 die zivile Eheschließung zulässig. Um 1865 legten einige protestantisch geprägte Hansestädte, u. a. Hamburg und Lübeck, die Führung von Zivilstandsregistern in die Hände spezieller Ämter (Stadtamt, Zivilstandsamt).

Für Juden[10] und Dissidenten[11] wurde in Preußen auf der Grundlage des am 30. März 1847 von Friedrich Wilhelm IV. erlassenen „Patents, die Bildung neuer Religionsgemeinschaften betreffend“,[12] bereits 1847 die Führung von zivilen Standesregistern bei den Gerichten etabliert. Auch das Berliner Stadtgericht legte im Zeitraum von 1847 bis 1874 eine Reihe von Geburten-, Trau- und Sterberegistern an.[13]

Die preußische Verfassung vom 31. Januar 1850 sah die Freiheit des religiösen Bekenntnisses und der Religionsfreiheit ohne Einschränkung der bürgerlichen und staatsbürgerlichen Rechte vor (Artikel 12) und verfügte die Einführung der Zivilehe und die Anlegung von Zivilstandsregistern nach Maßgabe eines besonderen Gesetzes (Artikel 19). Eine Festlegung war damit

---

8 Karl Nauwerck: Das preußische Religionspatent vom 30. Mai 1847, Leipzig 1847, S. 41.

9 Hierzu die §§ 20 und 21. https://www.demokratiegeschichte.eu/fileadmin/user_upload/Material/Grundrechte_des_Deutschen_Volkes_1848__Material_.pdf. Abruf am 23.05.2023, 13:36 Uhr.

10 Gesetz über die Verhältnisse der Juden, vom 23. Juli 1847 (Gesetz-Sammlung für die Königlich Preußischen Staaten, 1847, Nr. 30–S. 263 ff.). Entsprechend den §§ 8–17 waren die Gerichte zur Führung von Registern über Geburtsfälle, Eheschließungen und Todesfälle verpflichtet, die zwar formlos angelegt waren, in den Angaben aber bereits den späteren Personenstandsregistern entsprachen und öffentlichen Glauben genossen.

11 Der Begriff meint „Mitglieder derjenigen Religionsgesellschaften, deren Kultusbeamten die Befugnis abgeht, Amtshandlungen mit bürgerlicher Wirkung vorzunehmen, sowie für diejenigen, welche aus ihrer Kirche ausgetreten sind und noch keiner vom Staate genehmigten Religionsgesellschaft angehören.“ (Vgl. Hinschius, Das Preußische Gesetz ..., S. 7). Für Dissidenten galt die Verordnung über die Notzivilehe vom 30. März 1847.

12 Vgl. Gesetz-Sammlung für die Königlich Preußischen Staaten, 1847, Nr. 12 – S. 121 ff., Text auch bei Nauwerck, s. Anm. 8.

13 Vgl. Landesarchiv Berlin LAB, A Pr.Br.Rep. 005 Stadtgericht Berlin, ca. 730 Register und Akten.

zwar getroffen, gelangte jedoch nicht zur Ausführung. Entsprechende Gesetzesvorlagen aus den Jahren 1859 und 1861 scheiterten.[14]

Für die Staaten des Norddeutschen Bundes wurde noch im Mai 1870 ein Gesetz erlassen, das die Eheschließung und die Beurkundung des Personenstandes von Bundesangehörigen im Ausland in einer zivilen Form regelte.[15]

Die ersten Jahre des 1871 begründeten Deutschen Reiches waren geprägt von der Auseinandersetzung des Reichskanzlers Otto von Bismarck mit dem politischen Katholizismus, verkörpert von der als ultramontan geltenden katholischen Zentrumspartei, die Rudolf Virchow, Berliner Arzt und Abgeordneter im Preußischen Landtag, als „Kulturkampf“ um die „Emanzipation des Staates“ bezeichnete.

Als preußischer Minister der Geistlichen, Unterrichts- und Medizinalangelegenheiten setzte der Jurist Paul Ludwig Adalbert Falk, gemäßigter Liberaler und Vertrauter Bismarcks, den Prozess in Gang, durch den das Verhältnis von Staat und Kirche gesetzlich geregelt werden sollte. Im Ergebnis wurden für Preußen und das Reich von 1873 bis 1875 eine Reihe von Gesetzen, darunter die so genannten „Maigesetze“, verabschiedet, mit denen die Vorbedingungen für die Anstellung von Geistlichen, die Errichtung eines Königlichen Gerichtshofes für kirchliche Angelegenheiten (beide Mai 1873), die Befugnis zur Ausübung von Kirchenämtern („Expatriierungsgesetz“, Mai 1874), sowie das Verbot von Orden und ordensähnlichen Kongregationen (Mai 1875) geregelt wurden.

Die juristische Hoheit über die Eheschließung gehörte zu den Kernpunkten der Machtprobe. „Nach göttlichem und menschlichem Recht ist die Ehe ein Vertrag, und zwar der wichtigste aller Verträge, weil auf ihm die Familie, die Grundlage des Staates und der Kirche, beruht. Die Normen dieses Vertrages, die gesetzlichen Vorschriften über seine Zulässigkeit, berühren daher den innersten Lebensnerv der Kirche. Die Ehe ist (ebenso wie die Schule und der Eid) ein dem Staat und der Kirche gemeinschaftliches Gebiet.“[16]

Dem deutschen Reichstag legten 1872 die beiden nationalliberalen Abgeordneten Dr. Paul Hinschius und Joseph Völk den Entwurf eines Personenstandsgesetzes vor, das zunächst in eine parlamentarische Kommission verwiesen wurde. Dass in den nächsten Monaten Hinschius, Professor für Kirchenrecht, Mitglied des preußischen Herrenhauses und Mitstreiter des im Januar 1872 zum Minister in Preußen berufenen Adalbert Falk, nun alsbald verfolgen durfte, wie seine Gesetzesinitiative für Preußen in die Praxis überführt wurde, ist sicherlich kein Zufall.[17]

Ein Gesetzentwurf für die Einführung der obligatorischen Zivilehe wurde durch Falk am 10. Dezember 1873 im preußischen Abgeordnetenhaus eingebracht und nach drei Beratungen mit 284 zu 95 Stimmen angenommen. Das Herrenhaus akzeptierte den Entwurf nach dreitägiger Diskussion am 20. Februar 1874 mit einem Abstimmungsergebnis von 89 zu 51.[18] Zur Gesetzesbegründung wurden vor allem praktische Erwägungen angeführt:

- die Notwendigkeit der Vereinheitlichung des Rechtszustandes in den verschiedenen Landesteilen Preußens;
- die reguläre Ermöglichung und Anerkennung einer von der Konfessions- oder Kirchenzugehörigkeit (eines oder beider Partner) unabhängigen Eheschließung;
- die Erleichterung der Wiederverheiratung Geschiedener.

Schlussendlich wurde auf die aktuelle politische Zwecksetzung verwiesen: „Fordern schon diese Übelstände eine Abhilfe im Wege der staatlichen Gesetzgebung, so wird ein unverzügliches Vorgehen in dieser Richtung durch die neueren Bewegungen innerhalb der katholischen Kirche und durch die ablehnende Stellung der römisch-katholischen Bischöfe zu den jüngst erlassenen Kirchengesetzen unabweisbar geboten.“ Eine schlichte Erweiterung der durch die Verordnung vom 30. März 1847 eingeführten Notzivilehe zu einer Art fakultativen Zivilehe sei nicht ausreichend, „weil in beiden Formen der wesentliche Gesichtspunkt, dass die Eheschließung auf der Autorität des Staates ruht“, nicht ausreichend bestärkt, sondern im Gegenteil die Stellung des Staates eher geschädigt würde, wenn staatlich geschlossene Ehen in die Gefahr eines zweitrangigen Ansehens gerieten oder gar kirchlichen Repressalien ausgesetzt wären. „Dem kann nur vorgebeugt werden, wenn den Nupturienten[19] hinsichtlich der Form der Eheschließung überhaupt keine Wahl gelassen wird, d. h. durch Einführung der obligatorischen Zivilehe.“[20]

Mit Datum vom 9. März 1874 wurde schließlich das „Gesetz über die Beurkundung des Personenstandes und die Form der Eheschließung“ in Preußen verkündet und zum 1. Oktober 1874 in Kraft gesetzt.[21]

14 Vgl. Hinschius, Das preußische Gesetz, s. Anm. 6, S. 6.

15 Gesetz, betreffend die Eheschließung und die Beurkundung des Personenstandes von Bundesangehörigen im Auslande, vom 4. Mai 1870. In: Bundesgesetzblatt 1870, S. 599 ff.

16 Vgl. Staatslexikon, hrsg. im Auftrag der Görres-Gesellschaft zur Pflege der Wissenschaft im katholischen Deutschland, 1895.

17 Vgl. hierzu auch: [Louis] Niemeyer: Rückblick auf 50 Jahre deutsches Personenstandsgesetz. Festvortrag auf dem 4. Bundestag des Reichsbunds der Standesbeamten am 2. September 1925. In: Zeitschrift für Standesamtswesen (1925), S. 218–223.

18 Vgl. Hinschius, Das Preußische Gesetz , s. Anm. 6, S. 16 f.

19 dt.: Heiratswillige.

20 Gesetzesbegründung und Zitate (hier: Rechtschreibung modernisiert) s. Hinschius, Das Preußische Gesetz, s. Anm. 6, S. 7–16, bes. S. 9 und 13. Hinschius zitiert nach den Drucksachen des Abgeordnetenhauses, 12. Legislaturperiode, I. Session 1873–1874, S. 15 ff.

21 Vgl. Gesetz-Sammlung für die Königlich Preußischen Staaten, 1874, Nr. 8182, S. 95 ff.

No. 207. Berlin, den 17. Oktober 1874.

Sohn des

mit

Tochter des

Standesamts-Bezirk No. V

205

Abgenommen den 31. October 1874

Aufgebot Zahn/Schmidt, 17. Oktober 1874.

2.2 Generalprobe in Preußen: Das Personenstandsgesetz von 1874 und die Einführung des Standesamts

Für die zivilen Standesregister waren in den vergangenen Jahrzehnten ausreichend Vorbilder geschaffen worden.[22] Doch war deren Führung bisher zumeist bereits etablierten Behörden und Amtspersonen übertragen worden, ebenso wie die Durchführung ziviler Trauungen. Nunmehr wurde jedoch die Ausnahme zur Regel – die Einrichtung eines neuen Amtes wurde prinzipiell erforderlich.

Gerade Berlin, die Hauptstadt des Kaiserreichs, deren Einwohnerzahl schon bald nach der Reichsgründung die Millionengrenze überschritten hatte, bot ein riesiges Testfeld für die neue Gesetzgebung in Preußen.

Dem neuen Gesetz zufolge nahmen ausschließlich die vom Staat speziell bestellten „Standesbeamten" die Beurkundung von Geburten, Heiraten und Sterbefällen durch Eintragung in die dafür bestimmten Register vor (§ 1). Ihnen allein oblag zudem die rechtsgültige Eheschließung (§§ 24 und 25).

Innerhalb von sieben Monaten Vorbereitungszeit mussten geeignete Personen und Lokale für das neu auszuübende „Standesamt" gefunden und die erforderlichen organisatorischen Regelungen getroffen werden.

In Stadtgemeinden sollte der Bürgermeister das Standesamt wahrnehmen, der jedoch dieses Geschäft auch widerruflich einem Beigeordneten oder anderen Mitglied des Gemeindevorstandes übertragen konnte. Für größere Stadtkreise und kreisfreie Städte wie Berlin oder Charlottenburg konnten jedoch auch Stadtverordnetenversammlung und Magistrat die Anstellung eines besonderen Standesbeamten beschließen, der dann dem Oberpräsidenten vorzuschlagen und durch diesen einzusetzen war. In gleicher Weise war (wenigstens) ein Stellvertreter zu benennen. Geistliche durften das Amt nicht übernehmen (§ 4) – dieser Punkt war bei der Gesetzesdebatte im Preußischen Herrenhaus besonders ausführlich diskutiert worden.[23]

Nicht immer war es einfach, eine geeignete Besetzung für das noch unentgeltlich auszuübende Amt zu finden. Neben der intellektuellen Befähigung wurde der moralischen Integrität des Kandidaten hohe Bedeutung beigemessen.[24]

Die Standesamtsbezirke sollten jeweils einen oder mehrere Gemeindebezirke umfassen. Größere Stadtgemeinden durften in mehrere Standesamtsbezirke aufgeteilt werden, auch durften Landgemeinden einem städtischen Standesamtsbezirk zugeteilt werden. Gemeindevorstände bzw. die Kreisausschüsse konnten die Abgrenzung der Standesamtsbezirke vorschlagen; das abschließende Recht der Entscheidung lag wieder beim zuständigen Oberpräsidenten (§ 3).

Die Aufsicht über die Standesbeamten übte in den Landgemeinden der Kreisausschuss bzw. das Verwaltungsgericht aus, in den Stadtgemeinden der zuständige Landrat, die Regierung bzw. der Oberpräsident (§ 7). Für die Stadt Berlin nahmen der Oberpräsident der Provinz Brandenburg und zunächst das Berliner Stadtgericht[25] diese Funktionen wahr. Für die Gemeinden der umliegenden Landkreise waren die Regierung Potsdam, die jeweiligen Landräte sowie die Kreisge-

22 Zur Entwicklung vor 1874 siehe auch Anlage 8.2.

23 Vgl. Hinschius, Das preußische Gesetz, s. Anm. 6, S. 17.

24 Dem in Charlottenburg ernannten Standesbeamten Johl wurde vorgeworfen, außerehelich ein Mädchen geschwängert zu haben. Die Suche nach einem Nachfolger musste per Annonce erfolgen und zog sich über mehrere Jahre hin. Vgl. Brandenburgisches Landeshauptarchiv BLHA Rep. 1 Nr. 1528/4.

25 Nach dessen Auflösung 1877 ging die Zuständigkeit an die 1879 gebildeten Amtsgerichte über.

richte/Amtsgerichte zuständig. Die Aufsichtsbehörde hatte zu veranlassen, dass spätere Registereintragungen in den bereits bei den Gerichten liegenden Nebenregistern beigeschrieben wurden (§ 10). Beweiskraft hatten sowohl die Standesregister selbst wie auch die daraus erstellten Auszüge mit Dienstsiegel und Unterschrift des zuständigen Standesbeamten oder des zuständigen Gerichtsbeamten (§ 11).

Die Registerführung war auf den Standesamtsbezirk bezogen, nicht auf die in ihm gelegenen Gemeinden.[26] Register und Formulare für die Registerauszüge wurden vom Staat gestellt (§ 5). Es waren drei Registerreihen zu führen: „Geburtsregister“, „Heiratsregister“ und „Sterberegister“ (§ 8). Die Registereinträge standen unter einer fortlaufenden Nummer und endeten mit dem Jahresabschluss (§§ 9 und 10). Von jedem Eintrag hatte der Standesbeamte noch am selben Tag eine Abschrift in ein Nebenregister zu übertragen und beglaubigen. Das Nebenregister war wie das Hauptregister jahrgangsweise zu führen und nach der Schließung der Aufsichtsbehörde zur Prüfung[27] einzureichen, die es dann wiederum dem Kreis- oder Amtsgericht zur Aufbewahrung übergab (§ 10). Die Gestaltung der Formulare sowie das Schema der Einträge regelte der Erlass des Ministers des Innern an die Oberpräsidenten vom 8. Juni 1874.[28] Für die Standesämter in Berlin und in der Provinz Brandenburg war u. a. die Strafanstalt Moabit mit dem Druck der Vorlagen beauftragt.[29]

Die Geburt eines Kindes war innerhalb einer Woche[30] bei dem Standesbeamten anzuzeigen, in dessen Bezirk die Geburt erfolgt war. Privatpersonen (Vater, Hebamme, Arzt, Wohnungsinhaber, Zeugen u. a.) hatten die Anzeige mündlich zu erstatten; bei Geburten in öffentlichen Anstalten genügte eine schriftliche Mitteilung der Anstaltsleitung (§§ 13–17). Gegebenenfalls konnten die Vornamen des Kindes noch bis längstens zwei Monate nach der Geburt als Randvermerk nachgetragen werden (§ 18). Bei Mehrlingsgeburten war jedes Kind einzeln in der Reihenfolge der Entbindung zu verzeichnen (§ 18).

Totgeborene oder während der Entbindung[31] verstorbene Kinder waren spätestens am nächsten Tag anzuzeigen und im Sterberegister zu vermerken (§ 19). Findelkinder meldete die Polizeibehörde dem zuständigen Standesbeamten (§ 20). Die Anerkennung der Vaterschaft bei unehelich geborenen Kindern, Feststellungen der Vaterschaft, Legitimation durch nachfolgende Eheschließung der Eltern oder Adoption mussten urkundlich nachgewiesen werden und waren am Rande der Geburtseintragung zu vermerken (§ 22).

Eine „bürgerlich gültige“ Ehe konnte nur in der durch das Personenstandsgesetz gültigen Form geschlossen werden; religiöse Feierlichkeiten durften erst nach der Schließung der Ehe vor dem Standesbeamten stattfinden (§ 24). Zuständig war der Standesbeamte, in dessen Bezirk einer der Verlobten seinen/ihren Wohnsitz hatte; im Zweifelsfall war die Gültigkeit der Eheschließung jedoch nicht davon abhängig, ob der „richtige“ Standesbeamte sie vorgenommen hatte (§ 25).[32] Das für die Heirat erforderliche Lebensalter lag bei Männern beim vollendeten 18., bei Frauen beim vollendeten 14. Lebensjahr.[33] Der Eheschließung musste ein schriftliches Aufgebot vorausgehen, das mindestens 14 Tage per Aushang oder Presseanzeige veröffentlicht sein musste (§§ 28–34). Abgesehen davon mussten die Verlobten ihre Geburtsurkunden, ersatzweise Taufscheine,[34] ggf. Einwilligungserklärungen der gesetzlichen Vormünder beibringen (§ 28). Der Standesbeamte hatte zu beurteilen, ob trennende oder aufschiebende Hindernisse für die Eheschließung bestanden. Die Eheleute erhielten unmittelbar („sofort“) eine Bescheinigung über die erfolgte Eheschließung, was nach dem Willen des Gesetzgebers garantieren sollte, dass die Eintragung in das Heiratsregister vom Standesbeamten vorgenommen worden war (§ 62). Die Trennung, gerichtlich erklärte Ungültigkeit oder Nichtigerklärung einer Ehe hatte das zuständige Ehegericht aufgrund einer Bescheinigung mit Urteilsausfertigung am Rande des Registereintrages beischreiben zu lassen (§ 38).

Sterbefälle waren grundsätzlich bis zum nächstfolgenden Tag bei dem für den Ort zuständigen Standesbeamten anzuzeigen. Die Anzeige erfolgte mündlich durch Hinterbliebene, Zeugen oder Wohnungsinhaber, oder schriftlich durch Anstalten und Behörden (§§

26 Vgl. Reskript des Ministers des Innern vom 26. Mai 1874. In: Ministerialblatt für die innere Verwaltung, S. 127.

27 Die Prüfberichte waren formulargebunden. Ihnen kann detailliert entnommen werden, wie die Eintragungen in die Register zu erfolgen hatten. Formvorschriften für die Datums- und Zeitangaben, Schreibweise von (auch ausländischen) Namen oder die Schließung der Bücher, aber auch inhaltliche Vorgaben, wie Anzeigefristen, Behandlung von Zwillingsgeburten, Findelkindern, Geburten, Eheschließungen oder Sterbefällen in Strafanstalten oder Angaben zu Todesursachen, sind hier eingehend beschrieben. Vgl. BLHA Rep. 2 A I St Nr. 479.

28 In: Beilage zum Deutschen Reichsanzeiger und Königlich Preußischen Staatsanzeiger Nr. 157 vom 7. Juli 1874.

29 Vgl. LAB, A Rep. 040-06-02 Nr. 2 (für 1907/1908).

30 Da „bei erheblicher Verspätung der Geburtsanzeig [...] ein Zweifel an ihrer Richtigkeit begründet [schien]“ (Hinschius) war bei einer über drei Monate verzögerten Geburtsanzeige der Eintrag nur mit Genehmigung der Aufsichtsbehörde und Ermittlung des Sachverhalts möglich (§ 23).

31 Dies galt nicht für Kinder, die unmittelbar nach der vollständigen Trennung von der Mutter verstarben. Für diese hatte die Eintragung sowohl im Geburtsregister als auch im Sterberegister zu erfolgen (§ 19).

32 Der zuständige Standesbeamte konnte auch den Standesbeamten eines anderen Ortes schriftlich ermächtigen; auf jeden Fall war die Ehe dort einzutragen, wo sie geschlossen wurde (§ 26).

33 Vgl. Gesetz betr. das zur Eheschließung erforderliche Lebensalter vom 21. Dezember 1872 (Gesetzsammlung 1873, S. 1).

34 Gemäß § 53 konnten aus den bis 1874 geführten Standesregistern und Kirchenbüchern weiterhin Atteste erteilt werden. Die Bücher mussten jedoch nicht an die Standesbeamten übergeben werden. Allerdings hatten nach dem Inkrafttreten des Gesetzes am 01. Oktober 1874 vorgenommene Eintragungen in Kirchenbücher und andere nichtstandesamtlich geführte Register keinen öffentlichen Glauben mehr.

39–41). Um unwahre Beurkundungen zu vermeiden, durften Beerdigungen vor der Eintragung in das Sterberegister[35] nur stattfinden, wenn die örtliche Polizeibehörde dies genehmigte (§ 43).

Das Gesetz benannte auch eine Reihe von Sonderfällen:

- Geburten und Sterbefälle auf Seeschiffen (§§ 44–47);
- Personenstandsfälle von Militärangehörigen außerhalb des preußischen Territoriums (zu regeln durch Königliche Verordnung, § 51);
- die Ernennung des Standesbeamten, die Form der Eheschließung (durch Stellvertretung) und die Registerführung für Mitglieder des Königlichen Hauses und des Fürstenhauses Hohenzollern (zu regeln durch Königliche Verordnung, § 52).

Außer den Registern und Nebenregistern hatten die Standesbeamten noch weiteres Schriftgut zu führen:

- Namensverzeichnisse als Findmittel zu den Registern;
- chronologisch und sachlich geordnete Sammelakten über die eingehenden schriftlichen Anzeigen zu den Personenstandsfällen (Geburten und Todesfälle);
- Sammelakten zu den Heiratsregistern, mit für die von Verlobten beizubringenden Urkunden, Konsenserklärungen, Aufgebotsbescheinigungen, Dispensationen,[36] Totenscheine verstorbener Ehegatten, Scheidungsurteile, eidesstattliche Versicherungen u. a.;
- Kontrollverzeichnisse zu den nachträglichen Angaben der Vornamen;
- Abrechnungen über die Gebühren für Registerauszüge und Registereinsichtnamen.[37]

Außerdem empfahl die Regierung Potsdam den Landratsämtern und Magistraten noch 1874 die Einführung der von dem Elberfelder Verleger Samuel Lucas angefertigten „Familien-Stammbüchelchen". Die im Rheinland seit der Napoleonischen Besetzung geführten Zivilstandsregister hatten im Bewusstsein der Bürger und der Verwaltung auch in den östlicheren preußischen Gebieten durchaus Wirkung gezeigt. Die hier aufgeführten Heirats-, Geburts- und Sterbebescheinigungen waren von den zuständigen Zivilstandsbeamten einzutragen und zu beglaubigen.[38] Wenngleich die dort enthaltenen Bescheinigungen und Eintragungen keine formelle rechtliche Beweiskraft besaßen, galten sie doch im täglichen Geschäfts- und Behördenverkehr als ausreichend glaubhaft, da sie Siegel und Unterschrift der Standesbeamten trugen. Dem Inhaber konnten sie als Ausweis, den Standesämtern als vorläufiger und oft auch gänzlich ausreichender Nachweis dienen und sparten damit viel Zeit und Mühe.[39]

2.2.1 Umsetzung in Berlin und im Umland

Der Berliner Magistrat erarbeitete noch im April 1874 Vorschläge für die Einteilung der Standesamtsbezirke und die Berufung von Standesbeamten. Man ging davon aus, dass mindestens 12 Bezirke zu bilden seien, mit denen nicht allein die Einwohnerzahlen, sondern auch die bisher existierenden historischen Stadtteile und die diversen Verwaltungseinteilungen für das Schul-, Steuer-, Armen- und Bauwesen bis hin zu den Radialsystemen der Kanalisierung berücksichtigt werden sollten. „Da alle bisherigen Erfahrungen darauf hinweisen, dass es sehr schwierig ist, in der Peripherie der Stadt geeignete Kräfte für die Verwaltung zu gewinnen, so muss die Einteilung so gemacht werden, dass jeder Bezirk möglichst in die zentrale Stadt hineinragt", schrieb ein Konzipient zu seinem Entwurf vom 15. April 1874. Er führte dabei das für Paris vom französischen Nationalkonvent eingeführte Tortenschnitt-Modell an, mit dem jeder Bezirk „die Geschichte der ganzen Stadt repräsentiert".[40]

Die Stadtverordnetenversammlung bildete am 7. Mai 1874 eine besondere Deputation, die sich mit der Einteilung der Stadt in 13 Bezirke und der Anstellung besoldeter Standesbeamter befassen sollte. Ihr gehörte neben dem Vorsteher der Versammlung Heinrich Eduard Kochhann unter anderen Dr. Rudolf Virchow an.[41]

Schließlich wurden für Berlin mit Genehmigung des Oberpräsidenten der Provinz Brandenburg dreizehn Standesamtsbezirke gebildet.[42] Die konkrete Bezeich-

35 Anderenfalls durfte eine Eintragung in das Sterberegister nur mit Genehmigung der Aufsichtsbehörde und nach Ermittlung des Sachverhalts vorgenommen werden (§ 43).

36 Dispensation, Dispens, hier: amtliche Bescheinigung über die Befreiung von Ehehindernissen.

37 Vgl. Erlass des preußischen Ministers des Innern an die Oberpräsidenten vom 8. Juni 1874. In: Beilage zum Deutschen Reichsanzeiger und Königl. Preußischen Staatsanzeiger Nr. 157 vom 7. Juli 1874.

38 Vgl. Bekanntmachung der Abteilung Inneres der Regierung Potsdam vom 9. September 1874. In: Amtsblatt der Kgl. Regierung zu Potsdam und der Stadt Berlin, Nr. 38 vom 18. September 1874, S. 300.

39 Vgl. Der Standesbeamte, 40. Jg (1914), S. 267. Der preußische Ministerialerlass vom 29. April 1895 legte daher den Standesbeamten ausdrücklich nahe, dem Publikum die Bücher wenn doch nicht aufzunötigen, so doch zu empfehlen und darin Eintragungen kostenlos vorzunehmen.

40 Entwurf vom 15. April 1874. In: LAB, A Rep. 001-02 Nr. 2892, Bl. 18 ff. Das zitierte Pariser Modell wurde dort allerdings schon 1859 bei der Weichbild-Eingliederung komplett revidiert und zu einer spiralförmig laufenden Einteilung angewandelt (ebenda).

41 Ebenda, Bl. 48.

42 Vgl. LAB, A Rep. 001-02 Nr. 2892. Siehe auch: Nachweisung der Standesamtsbezirke im Regierungsbezirk Potsdam, sowie der für dieselben bestellten Standesbeamten und Stellvertreter [gemäß Verkündung des Oberpräsidenten vom 17. September 1874]. In: Beilage zum 40. Amtsblatt der Kgl. Regierung zu Potsdam und der Stadt Berlin, vom 2. Oktober 1874, S. 11/12. Zu den Personen s. a. Bericht des Magistrats von Berlin über die Einrichtung der Zivilstandsämter an den Oberpräsidenten der Provinz Brandenburg vom 29. Juni 1874. In: BLHA Rep. 1 Nr. 1528/3. Dagegen bildeten die anderen Städte im Berliner Raum – Charlottenburg, Spandau und Köpenick – jeweils einen einzigen Bezirk.

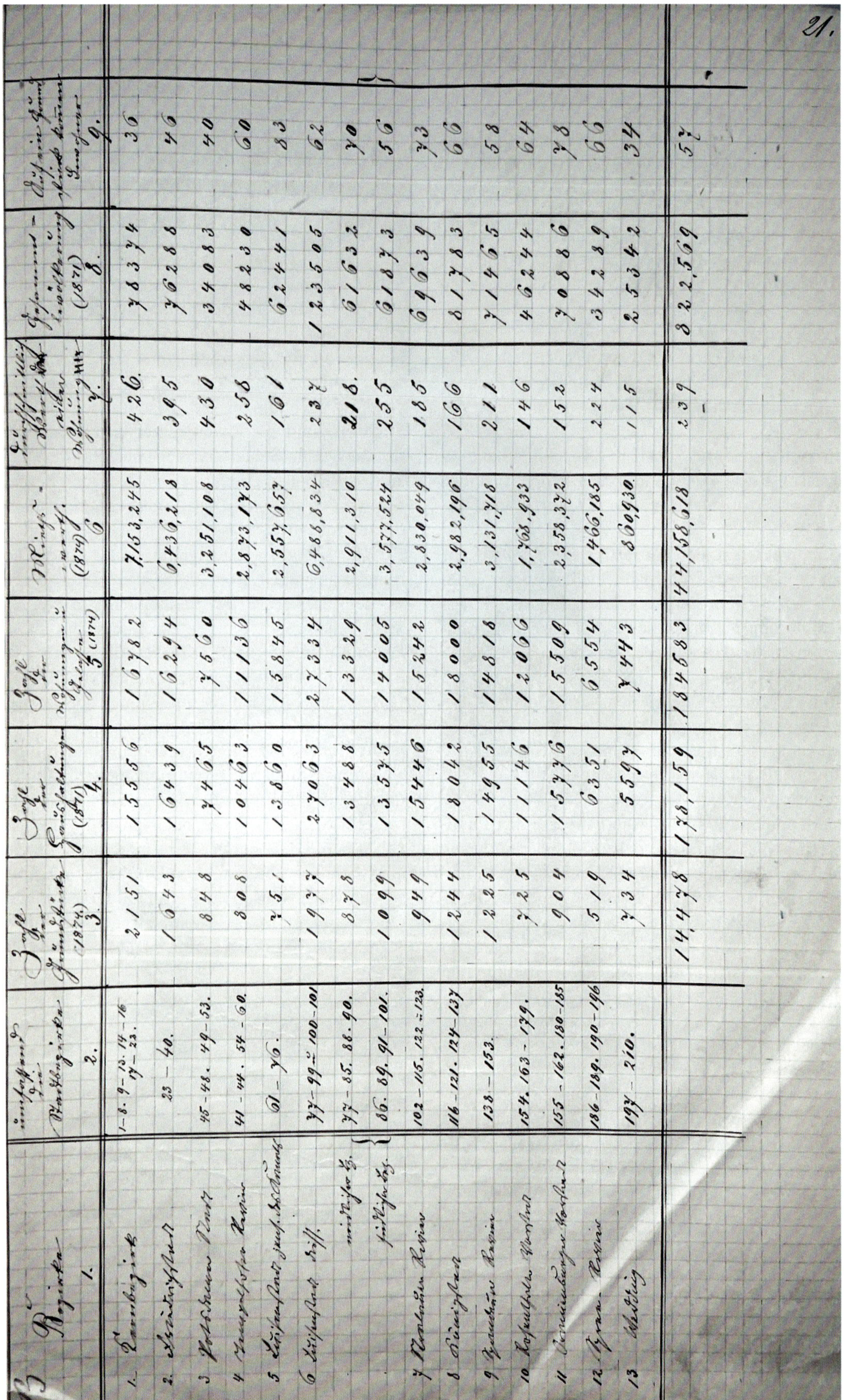

1.	2.	3. (1874)	4. (1871)	5. (1874)	6. (1874)	7.	8. (1871)	9.
1.	1-8. 9-13. 14-16 17-23.	2151	15556	16782	7,153,245	426	78374	36
2.	33-40.	1643	16439	16294	6,436,218	395	76288	46
3	45-48. 49-53.	848	7465	7660	3,251,108	430	34083	40
4	41-44. 54-60.	808	10463	11136	2,873,173	258	48230	60
5	61-76.	2551	13860	15845	2,557,657	161	62441	83
6	77-99 ≃ 100-101	1977	27063	27334	6,486,834	237	123505	62
nördl. Th.	77-85. 88. 90.	878	13488	13329	2,911,310	218	61632	70
südl. Th.	86. 89. 91-101.	1099	13575	14005	3,577,524	255	61873	56
7	102-115. 132-123.	949	15446	15242	2,830,049	185	69639	73
8	116-121. 124-137	1244	18042	18000	2,982,196	166	81783	66
9	138-153.	1225	14955	14818	3,131,718	211	71465	58
10	154. 163-179.	725	11146	12066	1,768,933	146	46244	64
11	155-162. 180-185	904	15776	15509	2,358,372	152	70886	78
12	186-189. 190-196	519	6351	6554	1,466,185	224	34289	66
13	197-210.	734	5597	7443	860,930	115	25342	34
		14,478	178,159	184683	44,158,618	239	822,569	52

Entwurfstabelle zur Einteilung der Standesamtsbezirke aufgrund statistischer Angaben zur Besiedlungsstruktur, 15. April 1874.

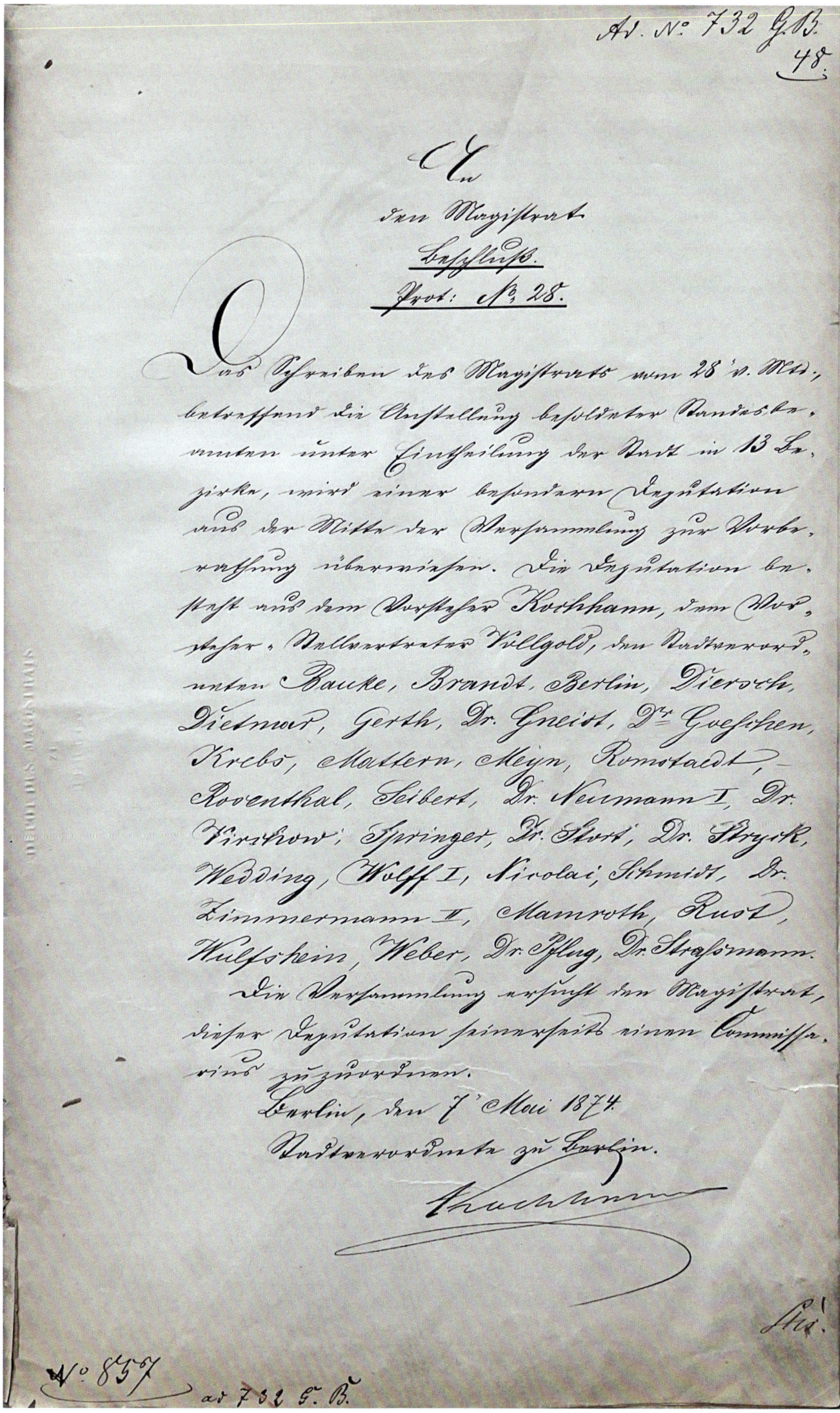

Ad. No 732 G.B.
48.

An
den Magistrat
Beschluß.
Prot: No 28.

Das Schreiben des Magistrats vom 28 v. Mts., betreffend die Anstellung besoldeter Standesbeamten unter Eintheilung der Stadt in 13 Bezirke, wird einer besonderen Deputation aus der Mitte der Versammlung zur Vorberathung überwiesen. Die Deputation besteht aus dem Vorsteher Kochhann, dem Vorsteher-Stellvertreter Vellgold, den Stadtverordneten Baucke, Brandt, Berlin, Diersch, Dietmar, Gerth, Dr. Gneist, Dr. Goeschen, Krebs, Mattern, Meyn, Romstaedt, Rosenthal, Seibert, Dr. Neumann I, Dr. Virchow, Springer, Dr. Stort, Dr. Stryck, Wedding, Wolff I, Nicolai, Schmidt, Dr. Zimmermann II, Mamroth, Rust, Wulfsheim, Weber, Dr. Pflug, Dr. Straßmann.

Die Versammlung ersucht den Magistrat, dieser Deputation seinerseits einen Commissarius zuzuordnen.

Berlin, den 7. Mai 1874.
Stadtverordnete zu Berlin.
Kochhann

No 857 ad 732 G.B.

Beschluss der Stadtverordnetenversammlung zur Bildung einer Spezialdeputation, 07. Mai 1874.

Die in Berlin 1874 gebildeten Standesämter

	BEZEICHNUNG	SPRENGEL	STANDESBEAMTER	STELLVERTRETER	LOKAL
1	*Berlin I*	*Stadtbezirke 1–20, 22 (Berlin, Cölln, Friedrichswerder)*	*Unbesoldeter Stadtrat, Gymnasialdirektor a. D. Prof. Dr. Techow*	*Major z. D. Dolmann (zuletzt Rittmeister und Kompagniechef)*	*Brüderstraße 2*
2	*Berlin II*	*Stadtbezirke 23–40 (Friedrichstadt)*	*Unbesoldeter Stadtrat Dr. phil. Noht*	*Oberlandesgerichtsreferendar a. D. von Kamecke*	*Jerusalemer Straße 59*
3	*Berlin III*	*Stadtbezirke 45–53 (Teile der Friedrichs-Vorstadt und des Schöneberger Reviers, von der Potsdamer Bahn westlich auf beiden Seiten des Schifffahrtskanals bis zur Lichtenstein-Allee und zum Zoologischen Garten, Königgrätzer Straße vom Bahnhof bis zur Lennéstraße, die Lennéstraße selbst, der Tiergarten, Lichtensteinallee)*	*Premier-Leutnant a. D. von Erichsen*	*Rentier, Landwehr-Hauptmann Berduscheck, früher Gutsbesitzer*	*Schöneberger Ufer 17*
4	*Berlin IV*	*Stadtbezirke 41–44 und 54–60 (östlicher Teil der Friedrichs-Vorstadt, Teile des Schöneberger und des Tempelhofer Reviers, von der Potsdamer Bahn östlich bis zur Hasenheide und zum Kottbuser Damm)*	*Premierleutnant a. D. v. Erichsen, langjähriger Bezirksvorsteher*	*Rentier, Landwehr-Hauptmann Berduscheck, früher Gutsbesitzer*	*Schöneberger Ufer 17*
5	*Berlin V*	*Stadtbezirke 61–76 (östliche Luisenstadt von der Spree zwischen der Treptower Grenze und der Schillings-Brücke, umschlossen vom Luisenstädtischen Kanal und dem Schifffahrtskanal)*	*Major a. D. Freiherr von d. Lyncke (wissenschaftlich hochgebildeter Militär)*	*(städtischer) Turnlehrer Goldammer*	*Mariannenstraße 47*
6	*Berlin VI*	*Stadtbezirke 77–101 (westlicher Teil der Luisenstadt, Neukölln)*	*Bezirksvorsteher Rentier Justinius (langjähriger Kommunalbeamter)*	*Rentier A. Lewinstein, ehem. Kaufmann und in mehreren städtischen Ehrenämtern*	*Kürassierstraße 9*
7	*Berlin VII*	*Stadtbezirke 102–123 (Stralauer Viertel)*	*Major z. D. von Harder (mit zivilstandsrechtlichen Vorkenntnissen aus seinem langjährigen Dienstort Metz im Rheinland)*	*Rendant der deutschen Feuerversicherungsgesellschaft Köln, ehem. Gutsbesitzer*	*Krautstraße 49*
8	*Berlin VIII*	*Stadtbezirke 124–137 (Königsstadt)*	*Polizeileutnant und Landwehrhauptmann von Steinkeller*	*Bürovorsteher Karstädt, häufig in unbesoldeten Kommunalämtern tätig*	*Weinstraße 5*
9	*Berlin IX*	*Stadtbezirke 138–153 (inneres Spandauer Viertel)*	*Hauptmann und Batteriechef a. D. von Kendell („mit schwerer Verwundung")*	*Referendar a. D. und Landwehrhauptmann Ulkan, Mitglied der Spezialdirektion der Imperial-Feuerversicherungsgesellschaft London*	*Johannisstraße 7/ Ecke Artilleriestraße*
10	*Berlin X*	*Stadtbezirke 154 und 163–179 (Rosenthaler Vorstadt, außerhalb der ehemaligen Ringmauer, zwischen Brunnen- und Greifswalder Straße)*	*Bürgermeister a. D. (von Kulm/Weichsel) Grieben, Jurist und Landwirt, langjährig Handelssekretär in Danzig*	*Gutsbesitzer v. d. Osten, im Landratsamt Teltow beschäftigt*	*Templiner Straße 12*
11	*Berlin XI*	*Stadtbezirke 155–162 und 180–185 (Oranienburger Vorstadt)*	*Leutnant a. D. Hugo Gordan (Jurist, Polizeiverwalter in Oberschlesien, verwundet bei Sedan)*	*Leutnant a. D. Witt, kriegsverwundet, „erfreut sich der Protektion des Kronprinzen"*	*Gartenstraße 30*
12	*Berlin XII*	*Stadtbezirke 186–196 (Friedrich-Wilhelm-Stadt, und Moabit) und der Stadtbezirk 21 von der Dorotheenstadt*	*Pfarrer em. Knörcke (hat seine Landpfarre wegen ungesunder Wohnung aufgegeben)*	*Kammergerichtsreferendar a. D. von Oppel, „wegen Geldmangels aus der Karriere ausgeschieden", jetzt Rechtsanwaltsassistent*	*Kronprinzen-Ufer 25*
13	*Berlin XIII*	*Stadtbezirke 197–210 (Wedding und Gesundbrunnen)*	*Prediger a. D. Theodor Baltzer (wg. Differenzen mit der Kirchenbehörde 1850 als Pfarrer in Naumburg abgelöst, für Lebensversicherungen und als Zeitungsredakteur tätig)*	*Gutspächter Thiede (auf Groß-Metschow bei Drehna), früher beim Berliner Stadtgericht*	*Pankstraße 26, ab April 1875 in der Pankstraße 22*

nung der „Königlich preußischen Standesämter in Berlin“ erfolgte durch schlichte Durchnummerierung.[43]

Den Bürgern Berlins wurde nicht nur durch die Presse und das „Communal-Blatt“ Kenntnis über die neuen Bestimmungen, Ämter und Beamten gegeben. Der renommierte Kartograf und Verleger Julius Straube veröffentlichte im Auftrag des Magistrats eine entsprechende Broschüre samt Karte, die zum Preis von 10 Silbergroschen zu erwerben war.[44]

Hinsichtlich der Ernennung von Standesbeamten hatte die Berliner Stadtverordnetenversammlung von der Möglichkeit Gebrauch gemacht, den Einsatz besonderer Personen[45] zu beschließen, die mit 180 Reichsmark monatlich besoldet werden sollten. Die jeweiligen Stellvertreter sollten „denselben Grad der Bildung und der äußeren Lebensstellung behufs würdiger Repräsentation des Amtes“ wie die hauptamtlichen Standesbeamten besitzen. Der Magistrat hatte aus 192 Bewerbern „moralisch unbescholtene“ Personen ausgewählt und vorgeschlagen, darunter zwei emeritierte Geistliche.[46]

Die Auswahl der Kandidaten war durchaus nicht unumstritten, denn das neue Amt galt als prestigeträchtig und erweckte vielfach Begehrlichkeiten und Neid bis zum Rufmord. Aber es gab auch sachliche Argumente und aufrichtige Besorgnis, ob denn die als notwendig erachteten Kenntnisse in Vormundschafts-, Erbschafts- und Nachlassrecht vorhanden seien und z. B. Ehehindernisse erkannt würden. Die Namen, die im Sommer 1874 durch die Berliner Presse gingen, schienen manchem keine glückliche Wahl – waren diese Personen geeignet, das geforderte Arbeitspensum, den notwendigen Behördenverkehr und den Umgang mit Publikum, „namentlich der arbeitenden Klasse“, uneingeschränkt zu leisten?[47]

Tatsächlich stellte sich bald heraus, dass einige der neu ernannten Standesbeamten nach wenigen Wochen erkennen mussten, dass sie den realen Anforderungen nicht gewachsen waren.[48] Frühzeitige Amtsniederlegungen waren die Folge.

Die Königl. Preuss.
Standes-Aemter
in BERLIN.
Zusammenstellung der wesentlichsten Bestimmungen des Gesetzes vom 9. März 1874
nebst
Verzeichniss der Königl. Preuss. Standes-Aemter zu Berlin, mit Angabe der zu jedem Standes-Amtsbezirk gehörigen Strassen etc. und einem
Plane von Berlin
mit den Standes-Amtbezirks-, Superintendentur- und Parochie-Grenzen etc. Chromolithographie.
Im Auftrage des Magistrats nach Amtlichen Materialien
Bearbeitet und herausgegeben
von
Jul. Straube.
Preis 10 Sgr. (1 Mark)
BERLIN, N. O., 1874.
Verlag von Julius Straube.
Gr. Frankfurterstr. 34.

Titelblatt der von Julius Straube herausgegebenen Broschüre zu den Königlich Preußischen Standesämtern in Berlin, 1874.

Wie Berlin setzten auch Charlottenburg und Spandau bereits 1874 besondere Standesbeamte ein, während in den meisten Umlandgemeinden noch bis 1920 die Amts- und Gemeindevorsteher, Bürgermeister (wie z. B. in Köpenick) oder Gutsinspektoren die Aufgabe wahrnahmen.

Es lag zunächst nahe, die Wohnung des Standesbeamten als Amtslokal zu nutzen, wo auch die Register zu liegen hatten. Somit musste auch gesichert sein, dass der Stellvertreter möglichst am selben Ort wohnte. Die Stadt Berlin richtete allerdings von Beginn an spezielle Räumlichkeiten ein, die günstigstenfalls in Gebäuden lagen, die der Magistrat ohnehin bereits benutzte. Auch viele der umliegenden Gemeinden zweigten Amtsstuben ihrer Rathäuser ab. Einige kleinere Ortschaften gaben jedoch bis ins Jahr 1920 in den öffentlichen Adressbüchern noch die Wohnadressen ihrer Standesbeamten an – zumindest zusätzlich, um die Erreichbarkeit der Verantwortlichen zu sichern.

43 Die Zahlen finden sich unabhängig vom Verwendungszeitraum sowohl in römischer als auch in arabischer Form. Trotz der Bezeichnung sind die Standesämter in den Adressbüchern auch vor 1920 nicht unter den staatlich-preußischen, sondern unter den Gemeindebehörden aufgeführt.

44 Vgl. LAB, A Rep. 001-02 Nr. 2892. Enthält u. a. die diesbezügliche Korrespondenz mit Straube, der hinsichtlich der Auflagenhöhe unbegrenzte Kapazität anbietet.

45 Die beiden unbesoldeten Stadträte Dr. Noth und Dr. Techow legten bei ihrer Berufung zum Standesbeamten ihr Amt als Stadtrat nieder (vgl. Bericht des Berliner Magistrats – Fußnote 42. In: BLHA Rep. 1 Nr. 1528/3).

46 Ebenda, hier insbes. biografische Angaben zur Begründung der Eignung. Hinsichtlich der beiden Pfarrer Knörcke und Baltzer erteilte das preußische Innenministerium am 19.08.1874 Konsens, da beide ein geistliches Amt nicht mehr ausübten.

47 So ein Brief von A. Schultze aus der Mohrenstraße vom 28. August 1874 an den Oberpräsidenten der Provinz Brandenburg. In: BLHA Rep. 1 Nr. 1528/3.

48 Verbreitet war die Vorstellung, dass Schreiber die gesamte Arbeit leisten würden. Der Umstand, dass die Standesbeamten trotzdem während der gesamten Arbeitszeit von 9:00 Uhr bis 15:00 Uhr gefordert waren, wurde erst allmählich klar. Vgl. Beschwerde des Standesbeamten Grieben vom 5. Januar 1875 (ebenda).

Zunächst wurde angenommen, dass die Hauptlast der Aufzeichnungs- und Schreibarbeit bei dafür geschultem Büropersonal liegen würde, so dass der Standesbeamte und dessen Stellvertreter ihre persönliche Leistung auf Aufsicht und Unterschrift beschränken könnten. Es genüge also insbesondere für die Stellvertreter eine „mäßige Qualifikation". Lehrer sollten – da das zuständige Ministerium für Geistliche und Unterrichtsangelegenheiten Bedenken geäußert hatte – nur in Ausnahmefällen als Standesbeamte oder für deren Stellvertretung eingesetzt werden. Gast- und Schankwirte kämen bestenfalls als Stellvertreter in Frage, damit die Besucher sich nicht zum Verzehr genötigt fühlten oder insbesondere bei Eheschließungen an der Räumlichkeit Anstoß genommen werden könne.[49]

Frustrationen entstanden auch durch die noch vorhandenen Gesetzeslücken – so musste das Berliner Stadtgericht beklagen, dass Vormundschaften nicht rechtzeitig eingeleitet werden konnten, da die Standesämter nicht gehalten waren, Todesnachrichten an die Gerichte weiterzuleiten oder Namen von Erben zu erfragen. Die zuständigen Ministerien steuerten umgehend nach[50] – eben dies war der Zweck der Probephase des Personenstandsgesetzes in Preußen.

Neben den Gerichten blieb das Polizeipräsidium für Berlin eine wichtige personenstandsrechtliche Instanz. In seinem Geschäftsbereich lag zunächst weiterhin die „Leitung der Kirchenbuchführung, soweit die Kirchenbücher noch zur Beurkundung des Personenstands dienen".[51] Dies betraf v. a. die Korrektur von Kirchenbucheinträgen oder die Verweise von Bürgern an die vor Inkrafttreten des Personenstandsgesetzes zuständigen Kirchen. Bevor 1847 die entsprechende Zuständigkeit an das Stadtgericht übergegangen war, hatte das Polizeipräsidium die Akten und Register über die Beglaubigung von jüdischen Personenstandsfällen in Berlin geführt. Und schließlich war die Polizei in der Regel die Behörde, bei der um Nachweise und Zeugnisse für Eheschließungen, insbesondere mit Ausländern, nachgesucht werden musste.[52]

Getrieben von vielen Unsicherheiten, u. a. auch der schwierigen geografischen Übersicht über die Sprengel, fanden die Berliner Standesbeamten schon frühzeitig einen Weg des fachlichen Austausches auf monatlichen Versammlungen.[53] Alsbald erschienen auch die ersten regelmäßigen Fachblätter, wie das seit 1875 im Verlag von Eugen Grosser, Wilhelmstraße 21 Berlin, redigierte Zentralblatt für Personenstandsbeurkundung, Ehe- und Familienrecht *„Der Standesbeamte"*, in dem einschlägige Gesetze, Verordnungen, Bekanntmachungen und Hilfsmittel aus dem gesamten Reichsgebiet publiziert, kommentiert und diskutiert wurden. Eugen Grosser spezialisierte sich in den folgenden Jahren weiter auf die Herausgabe standesamtlicher Fachliteratur.

Nach der Feuerprobe in Preußen wurde das „Gesetz über die Beurkundung des Personenstandes und die Eheschließung vom 6. Februar 1875"[54] für das gesamte Reichsgebiet eingeführt. Entsprechend den praktischen Erfahrungen erschien auch hier eine längere Vorbereitungszeit notwendig – diesmal gut elf Monate bis zum Inkrafttreten am 1. Januar 1876. Nach wie vor war die Reform politisch umstritten, Kaiser Wilhelm I. als Staatsoberhaupt eher unwillig und Reichskanzler Bismarck durchaus distanziert gegenüber dem preußischen Kultusminister Falk, der auf Durchsetzung der Staatsautorität drängte. Hinzu kam der Unwille und die Verärgerung katholischer wie auch evangelischer Kreise der Bevölkerung.[55] Trotzdem war es den Gesetzgebern gelungen, die Bestimmungen zur Eheschließung, die im preußischen Gesetz nur 16 Paragrafen umfasst hatten, mit nunmehr 28 Paragrafen wesentlich zu präzisieren und zu erweitern.

Basierend auf den Erfahrungen von 1874 erfolgte mit den Regelungen des Bundesrates vom 22. Juni 1875 erneut eine detaillierte Vorgabe zur Gestaltung der Registereinträge und anderer standesamtlicher Dokumente, bis hin zu Musterbeispielen. Diese Praxis behielt der Gesetzgeber auch in den folgenden Jahrzehnten bei.[56]

Nach Inkrafttreten des Reichsgesetzes fanden alle weiteren Veränderungen auf dessen Grundlage statt.[57] Insgesamt bestand das Gesetz über die nächsten Jahrzehnte sehr stabil. Die Standesämter und ihre Aufgaben wurden durch die ab 1879 erlassenen Justizgesetze und das zwischen 1896 und 1900 geschaffene Bürgerliche Gesetzbuch weiter im staatlichen System verankert.[58]

Die Aufsicht über die Standesamtsgeschäfte oblag nach wie vor der zuständigen Staatsbehörde – für Berlin: dem Oberpräsidenten der Provinz Brandenburg[59] – für Büros und Kosten war jedoch die Stadtverwal-

49 Rundverfügungen des Oberpräsidenten an sämtliche Magistrate bzw. die Landräte der Regierungsbezirke Potsdam und Frankfurt/Oder vom 29. Mai 1874. In: BLHA Rep. 1 Nr. 1488.

50 Durch einen gemeinsamen Erlass des Ministeriums des Innern und des Ministeriums für Justiz vom 26. Oktober 1874 wurden die Standesämter verpflichtet, den Erbschaftssteuerämtern periodisch Auszüge aus den Totenlisten mitzuteilen. Geburten- oder Sterbefälle, die eine Vormundschaft notwendig machten, sollten umgehend den Gerichten angezeigt werden. Vgl. BLHA Rep. 1 Nr. 1528/1.

51 Gemäß Gesetz betreffend die evangelische Kirchenverfassung vom 3. Juni 1876, Artikel 3 Ziffer 4 (Gesetzessammlung 1876, S. 125) und Artikel III der Verordnung vom 5. September 1876.

52 Vgl. Der Standesbeamte, 45. Jg. (1919), S. 67.

53 Vgl. BLHA Rep. 1 Nr. 1528/3.

54 Deutsches Reichsgesetzblatt Band 1875, Nr. 4, S. 23–40.

55 Vgl. Deutsche Biografie. Artikel zu Falk, Paul Ludwig Adalbert. https://www.deutsche-biographie.de/gnd118683020.html#ndbcontent. Abruf am 23.05.2023, 15:03 Uhr.

56 Vgl. Ausführungsverordnung des Bundesrats vom 22. Juni 1875. In: Amtsblatt der Königlichen Regierung zu Potsdam und der Stadt Berlin, 1875, Beilage zu Nr. 35.

57 Vgl. die Verkündungsformeln im Amtsblatt der Königlichen Regierung zu Potsdam und der Stadt Berlin, v. a. Jgg. 1875–1920.

58 Vgl. hierzu auch: Niemeyer: Rückblick auf 50 Jahre deutsches Personenstandsgesetz.

59 Nach dem Zuständigkeitsgesetz vom 01. August 1883.

63

Nr. *1081.* A 2.

Berlin am *26. September* —— *1901.*

Vor dem unterzeichneten Standesbeamten erschien heute, der Persönlichkeit nach —— bekannt,

die Hebamme), Frau Emilie Habermann,* ——

wohnhaft in *Berlin, Annenstrasse 11,* —— ~~Religion,~~*) und zeigte an, daß von der *Amalie **) Hergenbach, geborenen Schneider, evangelischer Religion, Wittwe des am 31. Juli 1901 verstorbenen, zuletzt in Berlin wohnhaft gewesenen Schlächtermeisters Ludwig August Hergenbach, evangelischer* —— Religion, wohnhaft *in Berlin, Stralauerstrasse 79,* ——

zu *Berlin in der Wohnung der Hergenbach* ——

am —— *fünf und zwanzigsten September* —— des Jahres tausend neunhundert *eins* —— *Vor*mittags um † *fünf ein halb* —— Uhr ein *Mädchen* —— geboren worden sei und daß das Kind —— *die* Vornamen *Marie Luise* —— erhalten habe. *Die Frau Habermann erklärte, dass sie bei der Niederkunft der Hergenbach zugegen gewesen sei***). (Vorstehend 1 Druckwort gestrichen).* ——

Vorgelesen, genehmigt und *unterschrieben.* ——

Emilie Habermann.

Der Standesbeamte.
In Vertretung.

N.

† statt „fünf ein halb" muss es heissen: zwei ein halb.
Vor Abschluss der Eintragung berichtigt.
Vorgelesen, genehmigt und unterschrieben.
Emilie Habermann.
Der Standesbeamte.
In Vertretung.
N.

*) Es ist in allen Fällen Stand oder Gewerbe des Anzeigenden anzugeben; die Angabe der Religion ist hier nicht erforderlich, da die Anzeige von einer anderen Person als dem ehelichen Vater oder der Mutter erstattet wird.
**) Es ist stets Stand oder Gewerbe der Eltern des Kindes anzugeben, ebenso ihre sämmtlichen Vornamen, soweit sie bekannt sind.
***) In den Fällen des § 18 Nr. 2–4 d. Ges. ist zu bemerken, daß der Anzeigende bei der Niederkunft zugegen gewesen ist.

Beispielmuster für die Angabe einer bei der Niederkunft dabei gewesenen Person im Geburtseintrag, 25. März 1899.

Trauzimmer im Standesamt An der Fischerbrücke, 1905.

tung zuständig.[60] Auch die Entlohnung der Standesbeamten und des Büropersonals oblag der Stadt. Dies mag mit ein Grund dafür gewesen sein, dass zunächst viele ehemalige Offiziere und Pensionäre als Standesbeamte eingesetzt wurden. Deren ohnehin zu zahlenden Ruhegehälter erlaubten nämlich eine nur minimale Vergütung für die neue Extraaufgabe.[61]

Aufgrund des raschen Bevölkerungswachstums in Berlin wurden die neuen Standesämter bereits in den ersten Jahren unerwartet hoch belastet. Schon 1876 berichtete die Presse von der „Standesamts-Not", infolge derer Heiratswillige wegen „Geschäftsüberhäufung" abgewiesen würden. Aber auch die Standesbeamten beklagten die zunehmenden Fallzahlen. So berichtete Freiherr von Lyncker, Standesbeamter im Bezirk V (Luisenstadt), dass pro Tag 20 bis 30 Geburten aufzunehmen seien, oft zusammenhängend mit Namensgebungen und Legitimationen. „Das Publikum ist hier [...] oft zum Warten, zu langem Warten verurteilt. Dies trifft die Eltern des Neugeborenen oft um so härter, da dieses mit seinen Geschwistern inzwischen zu Hause ohne Abwartung bleibt." Auch müsste die derzeitige Frequenz von bis zum 15 Eheschließungen pro Tag mindestens halbiert werden, um die „Würde des Aktes zu wahren". Lyncker plädierte für eine Teilung der Standesamtsbezirke, um diesen Missständen abzuhelfen und der Bevölkerung entgegenzukommen.[62]

Tatsächlich war dies die Maßnahme der Wahl. Dabei wurden vor allem die Bezirke ins Auge gefasst, die in den Ausbaugebieten außerhalb des historischen Stadtkerns Berlin/Cölln zuzüglich der Friedrichsstadt lagen. 1882 wurde das für die Luisenstadt/Neukölln zuständige Amt V in die Sprengel V a und V b aufgeteilt, ebenso das für die Rosenthaler Vorstadt gebildete Standesamt X in X a und X b. Dort erfolgte 1904 noch eine weitere Sprengelbildung mit dem Amt X c. 1892 erfolgte auf die gleiche

60 Allein die Einrichtung und Unterhaltung der Amtslokale stellte eine nicht zu unterschätzende Aufgabe dar, die im Bestand des Generalbüros gut dokumentiert ist, s. a. Spezialinventar im Anhang.

61 Mit u. a. dieser Argumentation wurden 1919 angemessene Vergütungen gefordert. Vgl. Der Standesbeamte, 45. Jg. (1919) vom 1. November 1919: Aufruf zur Bildung des Reichsverbandes der deutschen Standesbeamten.

62 Vgl. LAB, A Rep. 001-02 Nr. 2892. Hier auch ein Memorandum von Lynckers „betreffend Maßnahmen zur schnelleren Abfertigung des Publikums", vom 21. November 1876.

Portal des Standesamts An der Fischerbrücke, mit Rosenbogen und Amor-Statuette, 1901.

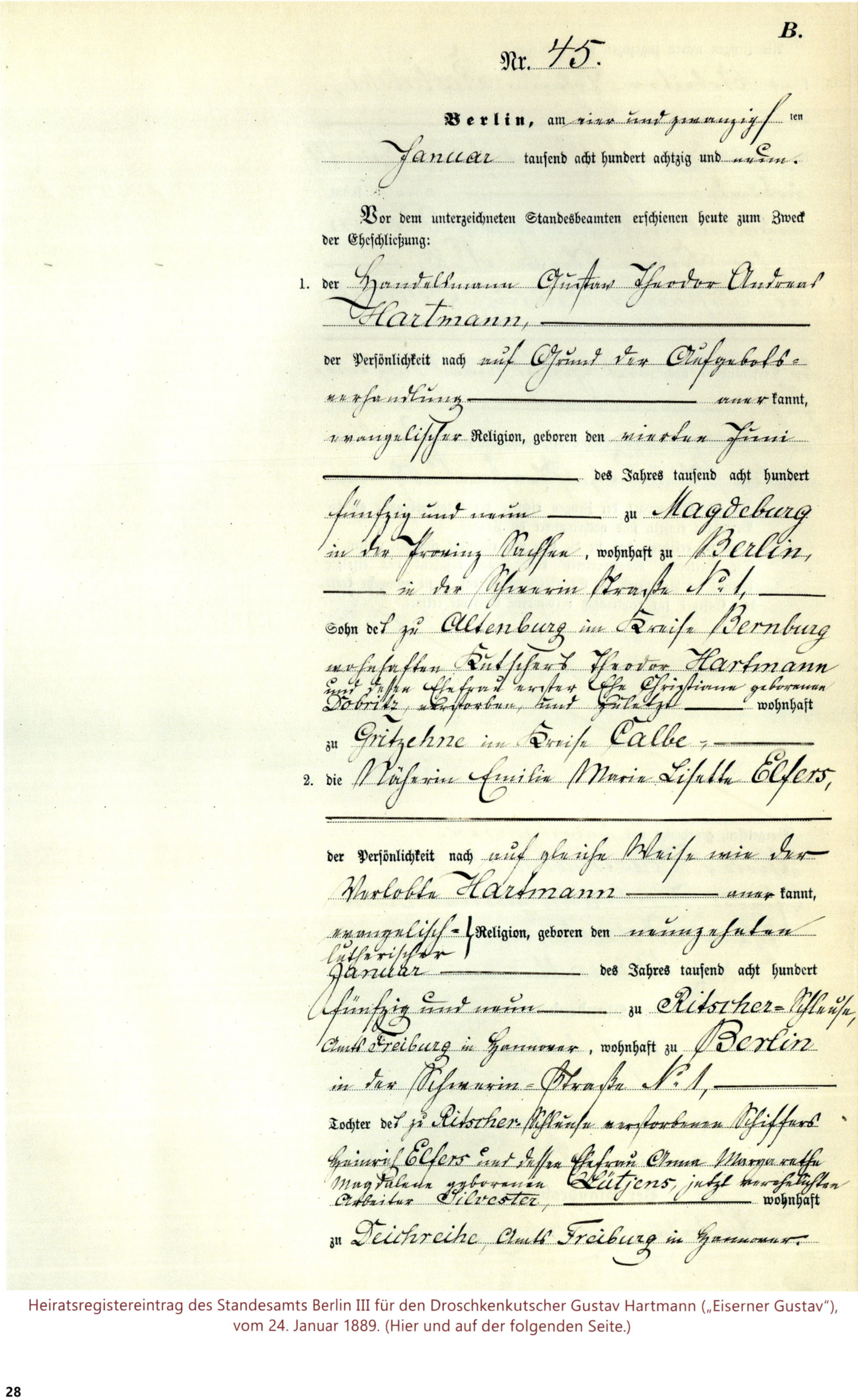

B.

Nr. 45.

Berlin, am vier und zwanzigsten Januar tausend acht hundert achtzig und neun.

Vor dem unterzeichneten Standesbeamten erschienen heute zum Zweck der Eheschließung:

1. der Handelsmann Gustav Theodor Eduard Hartmann, der Persönlichkeit nach auf Grund der Aufgebotsverhandlung anerkannt, evangelischer Religion, geboren den vierten Juni des Jahres tausend acht hundert fünfzig und neun zu Magdeburg in der Provinz Sachsen, wohnhaft zu Berlin, in der Schwerin Straße No 1, Sohn des zu Altenburg im Kreise Bernburg verstorbenen Kutschers Theodor Hartmann und dessen Ehefrau erster Ehe Christiane geborenen Döbritz, verstorben, und zuletzt wohnhaft zu Gritzehne im Kreise Calbe,

2. die Näherin Emilie Marie Lisette Elfers, der Persönlichkeit nach auf gleiche Weise wie der Verlobte Hartmann anerkannt, evangelisch-lutherischer Religion, geboren den neunzehnten Januar des Jahres tausend acht hundert fünfzig und neun zu Ritscher-Schleuse, Amt Freiburg in Hannover, wohnhaft zu Berlin in der Schwerin-Straße No 1, Tochter des zu Ritscher-Schleuse verstorbenen Schiffers Heinrich Elfers und dessen Ehefrau Anna Margaretha Magdalena geborenen Lütjens, jetzt verehelichten Arbeiter Silvester, wohnhaft zu Deichreihe, Amt Freiburg in Hannover.

Heiratsregistereintrag des Standesamts Berlin III für den Droschkenkutscher Gustav Hartmann („Eiserner Gustav"), vom 24. Januar 1889. (Hier und auf der folgenden Seite.)

Als Zeugen waren zugezogen und erschienen:

3. der Arbeiter Johann Rostalski,

der Persönlichkeit nach auf Grund seiner Heiraths-urkunde —— bekannt,

neun und dreißig Jahre alt, wohnhaft zu Berlin in der Proben-Straße No. 15;

4. der Schuhmacher Friedrich Behrendt,

der Persönlichkeit nach auf Grund seines Militairpasses —— bekannt,

neun und zwanzig Jahre alt, wohnhaft zu Berlin in der Steinmetz-Straße No. 59.

In Gegenwart der Zeugen richtete der Standesbeamte an die Verlobten einzeln und nacheinander die Frage:

ob sie erklären, daß sie die Ehe mit einander eingehen wollen.

Die Verlobten beantworteten diese Frage bejahend und erfolgte hierauf der Ausspruch des Standesbeamten, daß er sie nunmehr kraft des Gesetzes für rechtmäßig verbundene Eheleute erkläre.

Vorgelesen, genehmigt und unterschrieben.

Theodor Hartmann.

Amalie Hartmann geborene Elfers.

Johann Rostalski.

Friedrich Behrendt.

Der Standesbeamte.

In Vertretung:

Behm.

Die Uebereinstimmung mit dem Hauptregister beglaubigt

Berlin, am 24. ten Januar 1889.

Der Standesbeamte.

In Vertretung: Behm

Art die Aufteilung bzw. Erweiterung der Ämter IV (für die Friedrichsvorstadt und das Tempelhofer Revier), VII (Stralauer Revier, 1907 um VII c aufgestockt) und XII (Friedrich-Wilhelmstadt). Schließlich wurde 1902 auch das für Wedding und Gesundbrunnen zuständige Amt XIII entsprechend neu formiert. Dagegen sollte sich der 1894 vorgenommene Zusammenschluss der beiden Stadtkern-Ämter I und II zu einem Standesamt Berlin I/II nicht auf Dauer bewähren. Er wurde 1924 wieder aufgelöst. Bis zum Januar 1907 wuchs die Zahl der Berliner Standesämter somit auf zwanzig und bestand in dieser Form stabil bis zum Frühjahr 1920.

Seitens der Stadt führte das Vereinigte Büro des Magistrats (ehem. Generalbüro) die Aufsicht. Es fungierte zugleich als Zentralstelle für die Zuweisung unklar adressierter Bürgergesuche an das zuständige Standesamt.[63]

Es wurde frühzeitig deutlich, dass die Standesämter nicht nur die drei Kategorien von Zivilstandsregistern zu führen und Urkunden daraus auszufertigen hatten. Vielmehr liefen durch diese Aufgabe und den notwendigen engen Bürgerkontakt bei ihnen viele Informationen zusammen, die für andere Behörden von Bedeutung waren und daher regelmäßig abgefragt wurden. Dem diente eine steigende Zahl von Listen, die zu führen waren, z. B.:

- Listen der Verstorbenen, monatlich oder quartalsweise für die Erbschaftsteuerämter;
- Impflisten (Pockenschutzimpfung für Kinder gem. Reichsimpfgesetz vom 8. April 1874). Davon entbunden waren Berlin und Charlottenburg;[64]
- Listen (Mitteilungen) der Personenstandsfälle für die Gemeindekirchenräte (zur Vervollständigung der Kirchenbücher).[65]

Die Bildung der Standesamtsbezirke in der Provinz Brandenburg folgte den klaren Vorgaben des Oberpräsidenten: Demnach sollten die Standesamtsbezirke möglichst identisch mit den 1872 gebildeten Amtsbezirken sein. Davon konnte abgewichen werden, wenn die Anbindung einzelner Gemeinden an einen benachbarten städtischen Standesamtsbezirk zweckmäßig erschien oder der Amtsbezirk – territorial oder bevölkerungsmäßig – zu groß für ein einzelnes Standesamt war. Für Letzteres galt als Höchstgrenze die Zahl von 2000 Einwohnern pro Quadratmeile. Keine Ortschaft sollte weiter als eine Wegstunde (ca. 5 Kilometer), kein einzelnes Gehöft weiter als eine Meile (ca. 7,5 Kilometer) vom zuständigen Standesamt entfernt liegen. Keineswegs sollte die Bevölkerung mit dem Weg zum Standesamt größere Mühen auf sich nehmen müssen als bisher mit dem Weg zum Pfarrer.

In den an Berlin angrenzenden Gebieten der Landkreise Niederbarnim, Osthavelland und Teltow des Regierungsbezirks Potsdam wurden im Sommer 1874 insgesamt 41 Standesamtsbezirke eingerichtet.[66]

Die in den umliegenden Landkreisen 1874 gebildeten Standesämter

Landkreis Niederbarnim:

	BEZEICHNUNG	SPRENGEL	STANDESBEAMTER	STELLVERTRETER
5. Bezirk	*Lichtenberg*	*Amtsbezirk I Lichtenberg*	*Komm. Amtsvorsteher Roedelius*	*Gutsvorsteher Weise, Amtssekretär Arnim*
6. Bezirk	*Stralau*	*Amtsbezirk II Stralau*	*Amtsvorsteher Maurermeister Siecke*	*Gemeindevorsteher Stöcklein*
7. Bezirk	*Friedrichsfelde*	*Amtsbezirk III Friedrichsfelde*	*Kreisdeputierter v. Treskow*	*Stellv. Gutsvorsteher Löchert*
8. Bezirk	*Biesdorf*	*Gut und Gemeinde Biesdorf, Gemeinde Kaulsdorf*	*Rittergutsbesitzer Baron von Rüxleben*	*Gutsvorsteher Schmidtgen*
9. Bezirk	*Mahlsdorf*	*Gut und Gemeinde Mahlsdorf*	*Gutsvorsteher Schrobsdorf*	*Gemeindevorsteher Reusche*
10. Bezirk	*Köpnick Forst*	*Amtsbezirk V Oberschöneweide, Königlich. Amtsbezirk VII Köpnick Forst einschließlich der Kolonie Oberschöneweide, außer Kolonie Springeberg, Bahnhof Erkner, Ackergut Hessenwinkel l und Schutzbezirk Erkner (Das 1920 nach Groß-Berlin eingemeindete Ackergut Hessenwinkel gehörte ebenso wie Gemeinde und Gut Rahnsdorf zum 13. Standesamtsbezirk Erkner.)*	*Oberförster Krieger*	*Gutsvorsteher Weißkopf*
12. Bezirk	*Friedrichshagen*	*Amtsbezirk VIII Friedrichshagen*	*Gemeindevorsteher Dr. jur. Silberberg*	*Schöffe Schubert*
27. Bezirk	*Eiche*	*Gemeinde Eiche und Gut Hellersdorf*	*Gutsvorsteher Amtmann Muhr*	*Gemeindevorsteher Kirschbaum*

63 Vgl. Bericht des Vereinigten Büros vom 19. Februar 1920. In: LAB, A Rep. 001-02 Nr. 1248, Bl. 4.

64 Vgl. Der Standesbeamte, 40. Jg. (1914), S. 268.

65 Ebenda, S. 269.

66 Vgl. Nachweisung der Standesamtsbezirke im Regierungsbezirk Potsdam sowie der für dieselben bestellten Standesbeamten und Stellvertreter (gemäß Verkündung des Oberpräsidenten vom 17. September 1874). In: Beilage zum 40. Amtsblatt der Kgl. Regierung zu Potsdam und der Stadt Berlin, vom 02. Oktober 1874. Die Sprengeleinteilung war bereits Wochen zuvor bekannt und wurde bspw. im *Teltower Kreisblatt* bereits Ende August gemeldet (19. Jgg., Nr. 68 v. 22. August 1874, S. 1 und 2).

	BEZEICHNUNG	SPRENGEL	STANDESBEAMTER	STELLVERTRETER
28. Bezirk	*Hohenschönhausen*	*Amtsbezirk XXI Hohenschönhausen*	*Amts- und Gutsvorsteher Bethke*	*Amtssekretär Voland*
29. Bezirk	*Falkenberg*	*Amtsbezirk XXII Falkenberg*	*Gemeindevorsteher Haack*	*Amtsvorsteher Heym zu Wartenberg*
30. Bezirk	*Malchow*	*Amtsbezirk XXIII Malchow*	*Rittergutsbesitzer Simon*	*Gemeindevorsteher Silberberg*
31. Bezirk	*Weißensee*	*Amtsbezirk XXIV Weißensee*	*Amtsvorsteher Amtmann Wöltge*	*Gemeindevorsteher Schultz, Amtssekretär Liebmann*
32. Bezirk	*Pankow*	*Amtsbezirk XXV Pankow*	*Amtsvorsteher Leutnant Schwartze*	*Gemeindevorsteher Neumann, Amtssekretär Burghardt*
33. Bezirk	*Französisch-Buchholz*	*Amtsbezirk XXVI Französisch-Buchholz*	*Komm. Amtsvorsteher Schultze*	*Gemeindevorsteher Guyot, Amtsvorsteher Oberinspektor Segnitz*
34. Bezirk	*Buch*	*Gemeinde und Gut Buch, Gemeinde und Gut Birkholz, Gemeinde Schwanebeck, Friedrichshof*	*Gutsvorsteher Reitz*	*Gemeindevorsteher Marggraf*
36. Bezirk	*Blankenfelde*	*Amtsbezirk XXIX Blankenfelde*	*Oberinspektor Segnitz*	*Gemeindevorsteher Schwietzke*
37. Bezirk	*Hermsdorf*	*Amtsbezirk XXX Hermsdorf*	*Amtsvorsteher Witte zu Dalldorf*	*Gemeindevorsteher Rosentreter zu Dalldorf*
38. Bezirk	*Reinickendorf*	*Amtsbezirk XXXI Reinickendorf*	*Gemeindevorsteher Kuhn*	*Schöffe Schwartz*
39. Bezirk	*Tegel*	*Amtsbezirk XXXII Tegel (außer Plötzensee), Amtsbezirk XXXIII Heiligensee*	*Komm. Amtsvorsteher Brunow*	*Gutsvorsteher Ewest, Gemeindevorsteher Ziekow*
40. Bezirk	*Plötzensee*	*Gutsbezirk Plötzensee (Jagen 1–3, 18 und 19 der Kgl. Jungfernheide)*	*Gutsvorsteher Götzke*	*Schleusenmeister Steinicke*

Landkreis Osthavelland:

	BEZEICHNUNG	SPRENGEL	STANDESBEAMTER	STELLVERTRETER
17. Bezirk	*Spandau Amt*	*Amtsbezirk XVII Spandau*	*Domänenrat Schultze*	*Schulze Ferntheil*
18. Bezirk	*Stadt Spandau*	*Stadt Spandau*	*Rentier C. H. F. Peucker*	*Kaufmann Chr. Gottl. H. Zimmermann*

Landkreis Teltow:

	BEZEICHNUNG	SPRENGEL	STANDESBEAMTER	STELLVERTRETER
1. Bezirk	*Stadt Charlottenburg*	*Stadt Charlottenburg*	*Beigeordneter Johl*	*Stadtrat Kühne*
2. Bezirk	*Stadt Köpenick*	*Stadt Köpenick*	*Der Bürgermeister*	*Der stellv. Bürgermeister*
8. Bezirk	*Schöneberg*	*Amtsbezirk I Schöneberg, Kolonie Friedenau*	*Komm. Amtsvorsteher Feurig*	*Kaufmann Max Claus*
9. Bezirk	*Deutsch-Wilmersdorf*	*Amtsbezirk II Deutsch-Wilmersdorf (außer Friedenau)*	*Ortsvorsteher Julius Willmann*	*Büdner Christ. Kraatz*
10. Bezirk	*Zehlendorf*	*Amtsbezirk III Zehlendorf*	*Gutsvorsteher Pasewaldt*	*Ortsvorsteher Haupt*
29. Bezirk	*Alt-Glienicke*	*Amtsbezirk XXII Altglienicke*	*Rittmeister a. D. von Oppen, Adlershof*	*Gutsbesitzer Werner*
30. Bezirk	*Rudow*	*Amtsbezirk XXIII Rudow*	*Gutsbesitzer Coqui*	*Ortsvorsteher Dunkel (Schoenfeld)*
31. Bezirk	*Rixdorf*	*Gemeinde Rixdorf vom Amtsbezirk XXIV Rixdorf*	*Bish. Bürovorsteher Linke*	*Ortsvorsteher Boddin*
32. Bezirk	*Britz*	*Gemeinde Britz mit Buschmeierei vom Amtsbezirk XXIV Rixdorf*	*Ortsvorsteher Walter*	*Schöffe Bäsche*
33. Bezirk	*Tempelhof*	*Amtsbezirk XXV Tempelhof*	*Ortsvorsteher Dunkel (Tempelhof)*	*Gerichtsmann Lehne*
34. Bezirk	*Mariendorf*	*Gemeinde Mariendorf und Kolonie Südend vom Amtsbezirk XXVI Mariendorf*	*Ortsvorsteher Höft*	*Gutsbesitzer Pasewaldt*
35. Bezirk	*Lichterfelde*	*Gemeinde Lankwitz vom Amtsbezirk XXVI Mariendorf und Amtsbezirk XXVI Steglitz (außer Gemeinde Steglitz)*	*Komm. Amtsvorsteher von Wedelstaedt*	*Zimmermeister Assmann aus Giesensdorf*
36. Bezirk	*Steglitz*	*Gemeinde Steglitz*	*Ortsvorsteher Berlinicke*	*Schöffe Jachmann*
43. Bezirk	*Buckow*	*Amtsbezirk XXXIV Buckow*	*Rittergutsbesitzer Romanus*	*Ortsvorsteher Kiekebusch*
44. Bezirk	*Marienfelde*	*Amtsbezirk XXXV Marienfelde*	*Rittergutsbesitzer Kiepert*	*Ortsvorsteher Wiese*
46. Bezirk	*Treptow*	*Amtsbezirk XXXVII Treptow*	*Gutsbesitzer Mosisch*	*Förster Krüger*
47. Bezirk	*Kietz bei Köpnick*	*Amtsbezirk XXXVIII Kietz bei Köpnick*	*Fabrikbesitzer Toussaint, Niederschöneweide*	*Fabrikinspektor Förster*
48. Bezirk	*Kgl. Spandauer Forst*	*Amtsbezirk XXXIX Kgl. Spandauer Forst*	*Oberförster von Schleinitz*	*Ortsvorsteher Haupt, Zehlendorf*
51. Bezirk	*Kgl. Köpnicker Forst*	*Amtsbezirk XLII Kgl. Köpnicker Forst*	*Oberförster Krüger*	*Rittmeister a. D. von Oppen, Adlershof*

2.2.2 Weitere Ausgestaltung des Gesetzes nach der Jahrhundertwende

Ein Erlass des Justizministers und des Ministers des Innern von 1899 schrieb die bewährte Praxis weitgehend fort: Mit dem 1. Januar 1900 war als höhere Verwaltungsbehörde, welcher die Bildung der Standesamtsbezirke sowie die Bestellung der Standesbeamten und ihrer Stellvertreter oblag, in Berlin und den umliegenden Landkreisen der Oberpräsident der Provinz Brandenburg zuständig. Die jeweils zuständige untere Verwaltungsbehörde – die Gemeindevertretung in den Stadtgemeinden, in den Landgemeinden und Gutsbezirken der Kreisausschuss – sorgte für die Entschädigung der Standesbeamten. Das für den Amtssitz eines Standesbeamten zuständige Amtsgericht übernahm die Anweisung standesamtlicher Entscheidungen in erster Instanz sowie die Anordnung der Berichtigung von Personenstandseinträgen und die Aufbewahrung der Nebenregister (Zweitregister).[67]

Die Standesamtsbezirke in den Landkreisen wurden durch den Regierungspräsidenten des Regierungsbezirks Potsdam eingerichtet. Für die Bildung der Standesämter in den Städten und königlichen Domänen war die Zustimmung des Oberpräsidenten der Provinz Brandenburg erforderlich.[68] Gemäß Erlass des Innen- und des Justizministers in Preußen vom 23. Februar 1910 wurde ab 1. April 1910 die Bildung der Standesamtsbezirke und die Bestellung der Standesbeamten und ihrer Stellvertreter dem zuständigen Regierungspräsidenten, für den Stadtkreis Berlin dem Oberpräsidenten der Provinz Brandenburg, übertragen.[69]

Der Bevölkerungszuwachs führte – wie in Berlin – auch in Charlottenburg, der größten Nachbarstadt, nach knapp zwei Jahrzehnten zu einer Aufteilung des Standesamts. Bereits seit April 1894 war das dortige Büropersonal erweitert worden: Der hauptamtliche Standesbeamte arbeitete mit zwei Stellvertretern, einem Hilfsstellvertreter, einem Sekretär und drei Bürogehilfen. Nachdem die Bevölkerungszahl 1897 auf fast 160.000 gestiegen war, wurde auf Vorschlag des Magistrats ein Standesamt Charlottenburg II eingerichtet, das ab dem 01. Januar 1898 in der ersten Etage des Reichenkron'schen Hauses in der Berliner Straße 77 seine Tätigkeit aufnahm. Die Generalakten und die bis zu diesem Zeitpunkt geführten Register des Standesamts verblieben am bisherigen Standesamtssitz in der ersten Etage des Feuerwehrdepots Rankestraße 10, beim nunmehrigen Standesamt I von Charlottenburg. Das gesamte Inventar erhielt das neue Standesamt II. Die zwei hauptamtlichen Standesbeamten teilten sich einen Stellvertreter und arbeitete mit je einem Sekretär und zwei Bürogehilfen.[70]

In der wesentlich kleineren Stadt Spandau unterblieb eine solche Entwicklung noch bis in das erste Jahrzehnt des 20. Jahrhunderts, ebenso in der nicht kreisfreien Stadt Köpenick.

Für die um die Jahrhundertwende im Berliner Raum neu entstandenen Städte – Schöneberg (Stadtrecht 1898), Rixdorf/Neukölln (Stadtrecht 1899), Lichtenberg (Stadtrecht 1907) und Wilmersdorf (Stadtrecht 1907) – kam es nach dem Ausscheiden aus den jeweiligen Kreisverbänden zu einer Ausdifferenzierung der Standesamtsstruktur. Für diese Stadtgebiete wurden zwischen 1890 und 1910 bis zu drei Standesämter typisch.

Jedoch auch für die ländlicheren Bereiche, deren Besiedelung sich ebenfalls verstärkte, ist diese Tendenz zu beobachten. Die „Gründerväter" manch neuen Gemeinwesens waren dann nicht nur als Gemeindevorsteher, sondern aufgrund der Ämterverknüpfung zugleich als Standesbeamte tätig, so etwa der Architekt Carl Deul in Oberschöneweide oder Vater und Sohn Witte in Wittenau.[71] Neben der Zunahme von Bevölkerung blieb die Verkürzung der Wege angesichts der oft noch schlechten Verkehrsanbindungen der Wachstumsgebiete ein Hauptbeweggrund für Neubildungen – so etwa für Staaken (1893), Ruhleben (1902), Karlshorst (1907), Lübars-Waidmannslust (1908) oder Nikolassee (1911). Auch medizinische Versorgungszentren, wie das am 19. Oktober 1909 eröffnete Krankenhaus der Stadt Rixdorf, erlangten unter diesen Gesichtspunkten den Anspruch auf die Einrichtung eines eigenen Standesamts.[72] Zwischen 1890 und 1913 wurden in den drei Kreisen insgesamt 44 Standesamtsbezirke neu gebildet. Diese Gründungswelle ebbte erst mit Kriegsbeginn 1914 ab.

Die Aufsichtsbehörden hatten sowohl die korrekte Führung der Register als auch die Geschäftsführung der Standesämter im Allgemeinen zu überprüfen. So

67 In dazu geführten Beschwerdefällen entschied der Bezirksausschuss. Beschwerdeinstanz in der Aufsicht über die Standesbeamten war in den Landgemeinden und Gutsbezirken der Landrat als Vorsitzender des Kreisausschusses, weiter der Regierungspräsident, der auch in den Stadtgemeinden die Aufsicht führte, und der Minister des Inneren, der gleichzeitig wie auch der Oberpräsident die obere Aufsichtsinstanz für die Städte darstellte. Letztere waren zudem als Erst- und Zweitinstanz für die Stadt Berlin zuständig. Vgl. Erlass des Justizministers und des Ministers des Innern vom 17. Oktober 1899. In: Amtsblatt der Königlichen Regierung zu Potsdam und der Stadt Berlin, Nr. 48 vom 1. Dezember 1899, Nr. 31.

68 Bekanntmachung vom 17. Oktober 1899, Ministerialblatt für die innere Verwaltung, S. 189.

69 Erlass des Regierungspräsidenten Potsdam vom 21. März 1910. In: Amtsblatt der Königlichen Regierung zu Potsdam und der Stadt Berlin, Nr. 12 vom 25. März 1910, Nr. 307.

70 Vgl. BLHA Rep. 1 Nr.1528/4: Drucksache Nr. 168 der Stadtverordnetenversammlung von Charlottenburg. Der Sekretär war jeweils für die Kassen- und Journalführung sowie für die Beaufsichtigung des Personals zuständig, die Bürogehilfen für die Nebenregister, das Ausschreiben der Urkunden und die Anfertigung der Listen.

71 Carl Deul (1855–1904), um 1900 Standesbeamter in Oberschöneweide. Peter Witte (1822–1902) und sein Sohn und Amtsfolger Paul Witte (1866–1930) waren bis ca. 1920 Standesbeamte ihrer Gemeinde.

72 Der Fußweg in das 3,5 Kilometer entfernte Standesamt Buckow erschien insbesondere im Winter unzumutbar. Vgl. BLHA Rep. 2 A, Nr. 475.

sollten die Geschäftslokale angemessen eingerichtet und die Aushängekästen für die Aufgebote gut platziert sein. Im Berliner Rathaus hingen die Aufgebote z. B. in den allgemein zugänglichen Passagen zwischen den Höfen aus. Geschäftsstunden am Sonntag waren seit 1905 untersagt, doch mussten der Standesbeamte oder seine Stellvertreter sich für eilige Beurkundungen bereithalten.[73] Die Einbände der Hauptregister sollten in gutem Zustand gehalten werden. Im Fall der Aufteilung eines Standesamtsbezirks verblieben die (bisher geführten) Hauptregister beim Stammbezirk.[74] Es waren Listen über Geburtsfälle, bei denen der Kindesname noch nicht gefunden war, über Aufgebote und über Gebühren zu führen. Alle notwendigen Formulare für Anzeigen und Bescheinigungen (im Jahr 1916 belief sich deren Anzahl auf acht) sollten vorrätig sein. Die Sammelakten mussten nach Jahrgängen geführt, geordnet und geheftet sein; seit 1892 war ihre Vernichtung verboten.[75] In den Akten zusammengetragenen Dokumente waren Grundlage der stets aktuell und vollständig zu haltenden Randvermerke in den Registern und Namensverzeichnissen. In den – geordneten und gehefteten – Generalakten der Standesämter mussten v. a. die Verfügungen der Aufsichtsbehörden nachgewiesen werden, dagegen durften keine Schriftstücke enthalten sein, die in Sammelakten gehörten. Die Nebenregister sollten „buchstäblich genau" zu den Hauptregistern geführt und getrennt von diesen sicher aufbewahrt werden.[76]

Die Register mussten geschützt und sicher aufbewahrt werden; so verfügte am 14. März 1905 der Regierungspräsident in Potsdam, dass die ländlichen Standesämter für die Lagerung der Hauptregister feuersichere Behälter zu beschaffen hätten – vielfach nutzen kleine Ämter die behördlichen Geldschränke zu diesem Zweck mit.[77]

Im Laufe der nächsten Jahre änderten sich nicht nur die Sprengel, sondern auch die Bezeichnungen und Nummern der Standesamtsbezirke mehrfach. So wurden beispielsweise im Herbst 1902 die Nummern der Standesämter Charlottenburg, Rixdorf und Schöneberg nach dem Ausscheiden dieser Städte aus dem Landkreis Teltow neu vergeben, u. a. an Friedenau und Ruhleben.[78] Bisweilen wurden Namen der Standesamtsbezirke geändert, so hieß z. B. der Standesamtsbezirk „Spandauer Forst" ab Juli 1903 „Grunewald Forst",[79] der Standesamtsbezirk „Blankenfelde" ab 1. November 1912 „Berlin-Rosenthal".[80] Im September 1912 genehmigte der Regierungspräsident Potsdam die Beifügung des Präfixes „Berlin" zur Bezeichnung der Standesämter in den Berliner Vororten im Landkreis Niederbarnim, nachdem bereits im Januar des Jahres die Gemeindenamen diesen Zusatz erhalten hatten.[81]

Eine zentrale Frage bildete die Zeremonie der bürgerlichen Eheschließung. Im Sinne des Gesetzes vom 6. Februar 1875 sollte zwar die Räumlichkeit würdevoll sein, der Standesbeamte jedoch keine feierliche Ansprache halten, um jegliche religiöse Anmutung zu vermeiden. Eine mehr oder weniger kurze Rede wurde dennoch bald Tradition und auch Gegenstand von Regelungen durch die einzelnen Länder. Die Berliner Stadtverordnetenversammlung veranlasste den Magistrat im Frühjahr 1904 zumindest dazu, die Standesbeamten aufzufordern „dem Publikum nicht nur höflich entgegenzutreten, sondern auch den Trauakt in möglichst feierlicher Form vorzunehmen, um dem Empfinden der Beteiligten entgegenzukommen."[82]

Die Standesbeamten trugen üblicherweise Zivilkleidung, lediglich bei den Eheschließungen wurde ein schwarzer Gehrock mit Weste gefordert, die privat finanziert werden mussten. Insbesondere in Zeiten der Wirtschaftskrise wurde diese Vorschrift, einen schwarzen Anzug mit dazu erforderlicher weißer Wäsche zu tragen, zu einem kaum noch tragbaren Geldproblem, zumal die Kleidung nach einem Jahr „im Dienst" verschlissen und erneuerungsbedürftig war. Die Reformdiskussionen der frühen 1920er Jahren galten daher auch diesem Thema: eine Amtskleidung auf Gemeindekosten – vergleichbar der für Richter oder Geistliche – wurde angeregt.[83]

Der Ausbruch des Ersten Weltkrieges im Spätsommer 1914 hatte erhebliche Auswirkungen auf die Arbeit der Standesämter. Spürbar wurden sie ganz unmittelbar: Am Wochenende des 1. und 2. Augusts wurden im Raum Groß-Berlin an die 1.800 Nottrauungen vorgenommen, die meisten davon in Bezirken und Gemeinden mit großen Anteilen an Arbeiterbevölkerung und Garnisonen. Einberufene ließen sich zum Teil am Kranken- oder Wochenbett mit ihren Verlobten trauen.[84] Einige Berliner Verlage druckten Gedenkblätter für Kriegstrauungen.[85] Aufgebot und Eheschließung wurden erleichtert: Die von der Mobilmachung in der österreichisch-ungarischen Armee betroffenen öster-

73 Erlass vom 04. August 1905. In: Ministerialbl., S. 135.

74 Erlass vom 24. Juni 1906. In: Ministerialbl., S. 230.

75 Erlass vom 15. Februar 1892. In: Ministerialbl., S. 82

76 Erlass vom 15. Januar 1876. In: Ministerialbl., S. 3. Alle vorstehenden Beschreibungen wurden dem Formular eines Prüfprotokolls vom November 1916 entnommen. Dieses in: BLHA Rep. 2 A I St Nr. 476.

77 Vgl. LAB, A Rep. 040-06-02 Nr. 2.

78 Erlass des Regierungspräsidenten Potsdam vom 10. November 1902. In: Amtsblatt der Königlichen Regierung zu Potsdam und der Stadt Berlin, Nr. 46 vom 14. November 1902, Nr. 342.

79 Erlass des Regierungspräsidenten Potsdam vom 2. Juli 1903. In: Amtsblatt der Königlichen Regierung zu Potsdam und der Stadt Berlin, Nr. 28 vom 10. Juli 1903, Nr. 217.

80 Vgl. BLHA Rep. 2 A I Nr. 474. Rosenthal war – auch unter der alten Bezeichnung – der Sitz des Standesamtes.

81 Vgl. BLHA Rep. 2 A I Nr. 474.

82 Vgl. Der Standesbeamte, 40. Jg. (1914), bes. S. 87. Bezugnahme auf die Verfügung des Magistrats vom 23. Juni 1904.

83 Vgl. Der Standesbeamte, 46. Jg. (1920), S. 33.

84 Vgl. der Standesbeamte, 40. Jg.(1914), S. 184.

85 Ebenda, S. 232.

A.

Nr. 7.

Schöneberg, am 2. Januar 1902.

Vor dem unterzeichneten Standesbeamten erschien heute, der Persönlichkeit nach auf Grund des Taufscheins — anerkannt,

der Königliche Polizei-Leutnant Louis Erich Otto Dietrich, —

wohnhaft in Schöneberg Sedanstraße 53,

evangelischer Religion und zeigte an, daß von der Wilhelmine Elisabeth Josephine — Dietrich geborene Felsing, seiner Ehefrau — evangelischer Religion,

wohnhaft bei ihm, —

zu Schöneberg in seiner Wohnung

am siebenundzwanzigsten Dezember des Jahres tausend neunhundert und eins Nachmittags um neun ein viertel Uhr ein Mädchen geboren worden sei und daß das Kind — die Vornamen

Marie Magdalena —

erhalten habe.

Vorgelesen, genehmigt und unterschrieben.

Louis Dietrich

Der Standesbeamte

H. ...... Ehe geschlossen:
StA. Berlin-Friedenau
Nr. 267/1923

Geburtsregistereintrag des Standesamts Schöneberg I für die Schauspielerin Marlene Dietrich, geb. 27. Dezember 1901, 02. Januar 1902.

reichisch-ungarischen Staatsangehörigen[86] sowie die zum Heer und zur Marine Einberufenen, welche sich erst nach der Mobilmachung bei den Truppen zu melden hatten, wurden vom Aufgebot für die Eheschließung in Preußen befreit.[87]

Bezüglich der standesamtlichen Registrierung von Militärangehörigen waren bereits frühzeitig Sonderregelungen erlassen worden. Schon 1879 war festgelegt worden, dass die Beurkundung von Sterbefällen – unabhängig ob inner- oder außerhalb des Reichsgebietes – von dem Standesbeamten vorzunehmen war, in dessen Bezirk der letzte Wohnsitz des Verstorbenen lag. Falls ein Inlandswohnsitz nicht bekannt war, gab der Geburtsort den Ausschlag.[88] In den ersten Monaten des Krieges musste diese Regelung ergänzt werden: War ein zum aktiven Heer gehörender Verstorbener nicht im Inland geboren, sollte zunächst der Reichskanzler den zuständigen Standesbeamten bestimmen,[89] doch schon wenige Tage später wurde diese Zuständigkeit dann pauschal dem Standesamt I in Berlin übertragen.[90]

Die Standesämter wurden, wie alle Zivilverwaltungs- und Gemeindebehörden in Berlin und der Provinz Brandenburg, der Militärgewalt in Gestalt des „Oberbefehlshabers in den Marken" unterstellt.[91] Des Weiteren musste durch eine Reihe besonderer Anordnungen den schnell schwieriger werdenden Kriegsverhältnissen Rechnung getragen werden: So wurde bereits im Mai 1916 verordnet, dass die Beweiskraft des Sterberegisters in Sterbefällen von Militärpersonen, einschließlich Marineangehöriger, nicht dadurch berührt werden konnte, dass ein Eintrag durch einen möglicherweise unzuständigen Standesbeamten vorgenommen wurde. [92]

Die Standesämter hatten – trotz zunehmender Aufgaben – kriegsbedingt auch Personalkürzungen hinzunehmen. Vielfach waren in der Vergangenheit Offiziere a. D. als Standesbeamte tätig geworden. Als der Kriegsbeginn sich abzeichnete, empfahl beispielsweise der Magistrat von Charlottenburg dringend, nunmehr vom entsprechenden Einsatz von Militärpersonen abzusehen, da diese möglicherweise mobilisiert würden.[93]

Auswirkungen auf die Beurkundungspraxis hatten auch mit dem Krieg verbundene Maßnahmen, wie die Einführung der Sommerzeit im April 1916. Die Beurkundungen von Geburten und Sterbefällen erforderten genaue Zeitangaben, die durch Unterscheidung zweier Bezeichnungen für die nächtliche Stunde 12 bis 1, in der die Umstellung der Uhren erfolgte, nach 12 A 1.–59. Minute und 12 B 1.–59. Minute ermöglicht wurde.[94]

Nach Kriegsende und dem Ende des Kaiserreichs sowie mit dem Inkrafttreten der Weimarer Verfassung im August 1919 sahen viele Standesbeamte die Zeit für die Umsetzung lange angeregter Reformen im Standesamtswesen gekommen. Insbesondere die Vereinheitlichung von Praxisregelungen im gesamten Reichsgebiet, die Hinzuziehung von Standesbeamten als Sachverständige bei Gesetzesänderungen oder Modernisierungen – wie dem Wegfall des Aufgebots und der Zulassung der Schreibmaschine – sowie die Einführung angemessener Amtsränge und Besoldungen standen auf der Liste der Forderungen. Die Vereinigung der Berliner Standesbeamten setzte sich mit dem Aufruf zur Bildung eines Reichszusammenschlusses der Berufsstandesbeamten vom 10. September 1919 mit an die Spitze dieser Bewegung.[95] Ein solcher Dachverband wurde bald darauf, am 11. August 1920, als „Reichsverband der Standesbeamten Deutschlands e. V." in Kassel gegründet (ab 1922 „Reichsbund der Standesbeamten Deutschland e. V.").

Als Standesbeamte bzw. deren Stellvertreter fungierten für gewöhnlich Männer; noch im Mai 1918 hielt der preußische Minister des Inneren es nicht für angezeigt, Frauen in dieses Amt zu berufen, „da nach Lage der Reichgesetzgebung von 1875 nicht anzunehmen ist, dass der Gesetzgeber die Zulässigkeit der Ernennung von Frauen, wenn er sie überhaupt als möglich in Betracht gezogen hat, bejaht haben würde."[96] Dies

86 Bekanntmachung des Ministers des Innern vom 31. Juli 1914. In: Sonderausgabe des Amtsblattes der Königlichen Regierung zu Potsdam und der Stadt Berlin, ausgegeben am 1. August 1914.

87 Bekanntmachung des Ministers des Innern vom 1. August 1914. Ebenda.

88 Vgl. Verordnung, betreffend die Verrichtungen der Standesbeamten in Bezug auf solche Militärpersonen, welche ihr Standquartiert nach eingetretener Mobilmachung verlassen haben, vom 20 Januar 1879. In: RGBl. Nr. 3, Nr. 1279. Die Anzeigepflicht der Militärstellen wurde am 4. Februar 1915 durch die Armee-Verordnung Nr. 93 geregelt. In: Armee-Verordnungsblatt 1915, S. 52–54. Die Anzeigen sollten die Todesursache enthalten.

89 Verordnung (Nr. 738) über die Beurkundung der Sterbefälle von Militärpersonen, die im Inland weder einen Wohnsitz gehabt haben, noch dort geboren sind, vom 7. September 1915. In: Armee-Verordnungsblatt 1915, S. 454–455.

90 Bekanntmachung über die Zuständigkeit zur Beurkundung der Sterbefälle von Militärpersonen, die im Inland weder einen Wohnsitz gehabt haben, noch dort geboren sind, vom 11. September 1915. In: Armee-Verordnungsblatt 1915, S. 455.

91 Vgl. Sonderausgabe des Amtsblattes der Königlichen Regierung zu Potsdam und der Stadt Berlin, ausgegeben am 1. August 1914, S. 413 (Nr. 342).

92 Verordnung über die Beurkundung der Sterbefälle von Militärpersonen (Nr. 416), vom 18. Mai 1916. In: Armee-Verordnungsblatt Nr. 31/1916 vom 1. Juli 1916, S. 263.

93 Vgl. BLHA Rep. 2A I St, Nr. 479.

94 Vgl. Bekanntmachung des Reichskanzlers vom 6. September 1916. In: Sonderausgabe des Amtsblatts der Königlichen Regierung zu Potsdam und der Stadt Berlin, Ausgabe vom 23. September 1916, S. 489. Die Sommerzeit wurde 1916 eingeführt (Bekanntmachung über die Vorverlegung der Stunden während der Zeit vom 1. Mai bis 30. September 1916 vom 6. April 1916. In: RGBl., S. 243) und 1919 wieder abgeschafft. Die Zeitumstellung fand 1916 am 30. April und am 1. Oktober jeweils zwischen 12 und 1 Uhr nachts statt. In den Jahren 1917 und 1918 (Umstellung Ende April/Ende September) wurden die Uhren zwischen 2 und 3 Uhr morgens umgestellt, was sich in den Jahren des Zweiten Weltkrieges (1940–1945) wiederholte. Vgl. https://de.wikipedia.org/wiki/Sommerzeit. Abruf 26.09.2023, 15.35 Uhr.

95 Aufruf in: Der Standesbeamte, 45. Jg. (1919), Nr. 18 vom 15. September 1919. Ein zweiter Aufruf wurde am 1. November 1919 veröffentlicht (ebenda, Nr. 21 vom 1. November 1919).

96 Vgl. Schreiben des Ministers des Innern vom 29. Mai 1918 an den Regierungspräsidenten in Stettin, abschriftlich auch dem Re-

änderten die Parlamentarier der Weimarer Republik. Artikel 1 Satz 1 des Gesetzes über den Personenstand vom 11. Juni 1920 sah die Ergänzung von § 3 des Personenstandsgesetzes von 1875 vor, indem ein neuer Absatz 3 ergänzt wurde: „Zu Standesbeamten oder ihren Stellvertretern können auch weibliche Personen bestellt werden." Hierzu kommentierte das Fachblatt *Der Standesbeamte*: „Die Standesbeamtinnen werden hoffentlich nur da bestellt werden, wo man ihrer unbedingt als Stellvertreter bedarf."[97] Tatsächlich hat in Berlin bis zum Ende des Zweiten Weltkrieges eine Frau weder hauptamtlich noch stellvertretend in diesem Amt gewirkt.

2.3 Zwischen Staat und Kommune: Die Standesämter in Groß-Berlin ab 1920

Mit der Bildung von Groß-Berlin im Jahre 1920 wurde die bevölkerungsreichste Stadt des Deutschen Reiches mit sieben weiteren Städten vereinigt, von denen allein fünf (Charlottenburg, Wilmersdorf, Schöneberg, Rixdorf-Neukölln, Lichtenberg) als urbane Wachstumsgebiete mit 150.000 bis 300.000 Einwohnern gelten mussten. 1,9 Millionen Brandenburger, die bisher im Berliner Umland gewohnt hatten, wurden nun „Berliner" – immerhin 44 % der Einwohnerschaft der Provinz Brandenburg. Berlins Bevölkerung war auf 3,9 Millionen Menschen angewachsen.[98]

Die Zahl der für das vergrößerte Stadtgebiet zuständigen Standesämter erhöhte sich nun von 20 auf 99! Hinzugekommen waren neben den Ämtern der Städte Charlottenburg, Köpenick, Lichtenberg, Neukölln, Spandau, Schöneberg und Deutsch-Wilmersdorf die der nun zu Berlin zählenden Gebiete der brandenburgischen Landkreise Teltow, Osthavelland und Niederbarnim. Dennoch wurde die wichtige Aufgabe einer Neuordnung der Standesamtsbezirke – im Angesicht der Herausforderung, die die Organisation einer funktionsfähigen Verwaltung der neuen Großkommune insgesamt darstellte – noch als nachrangig betrachtet.[99]

Allerdings hatten in Berlin wie in anderen zuständigen kommunalen Verwaltungen schon die unmittelbaren Vorbereitungen der Standesämter auf die anstehenden Veränderungen begonnen. Die Überlegungen der Fachschaft – organisiert in der Vereinigung der Standesbeamten von Berlin – flossen dabei ein. Die Frage war vor allem, ob eine Zentralisation oder eine Dezentralisation der Ämter erfolgen sollte, also eine Verringerung oder eine Erhöhung der bestehenden Einrichtungen, Personalbedarfs und der Kosten zu erwarten war. Umstritten blieb zunächst auch, unter welchen Umständen die Standesbeamten von Berlin in die nunmehrigen „Vororte" versetzt werden konnten – die Bildung eines zentralen, universell einsetzbaren Beamtenpools für den gesamten neuen Stadtkreis Groß-Berlin stand im Raum.[100] Zumindest aber sollten nach und nach die noch amtierenden, von den Magistraten der ehemals selbstständigen Städte angestellten besonderen Standesbeamten (gemäß § 4 Abs. 2 PStG) bei Freiwerden der Stellen durch Verwaltungsbeamte (etwa Stadtobersekretäre) ersetzt werden. Dies betraf zunächst noch Standesämter in Alt-Berlin, Charlottenburg und Lichtenberg.[101]

Nachteilig war vor allem, dass sich die Grenzen der neuen Verwaltungsbezirke nicht mit denen der Standesamtsbezirke deckten. Daraus erwuchsen Probleme, weil schätzungsweise drei Viertel der Antragssteller sich nicht wegen personenstandsrechtlicher Amtshandlungen, sondern wegen einer nachträglichen Ausfertigung von Urkunden an die Standesämter wandten. „Ungefähr die Hälfte aller Anträge bezieht sich auf die Ausfertigung von Heiratsurkunden, deren Ermittelung häufig Schwierigkeiten macht, weil sonderbarerweise die Antragsteller schon nach verhältnismäßig kurzer Zeit nicht mehr angeben können, wann und wo sie geheiratet haben [...]", musste im März 1921 festgestellt werden.[102]

Eine Neueinteilung v. a. der Alt-Berliner Standesamtsbezirke erschien auch und besonders aus diesem Grund nicht effektiv und wurde vom Verband der Standesbeamten von Berlin strikt abgelehnt.[103] Eine zentrale Auskunftsstelle für die Bürger – wie sie für die inneren Bezirke seit längerem bestand – musste daher erhalten bleiben.[104] In dieser Funktion hatte das Zentrale Büro des Magistrats Anfang der 1920er Jahre etwa 6000 bis 7000 Anfragen an das „Standesamt Berlin" zu bearbeiten und durch Rückfragen beim Ein-

gierungspräsidenten in Potsdam mitgeteilt und von diesem an die städtischen Standesämter und Kreisausschüsse im Regierungsbezirk Potsdam weitergeleitet. In: LAB, A Rep. 044-05-05 Nr. 2.

97 Der Standesbeamte, 46. Jg. (1920), S. 78.

98 Vgl. https://de.wikipedia.org/wiki/Einwohnerentwicklung_von_Berlin. Abruf 27.09.2021, 15:03 Uhr.

99 Vgl. Bericht des Vereinigten Büros des Berliner Magistrats an den Deutschen Städtetag vom 01. März 1921. In: LAB, A Rep. 001-02, Nr. 2893.

100 Letzteren Standpunkt vertrat der Magistrat, während die Vereinigung der Standesbeamten eine Versetzung wider Willen ablehnte. Vgl. LAB, A Rep. 001-02, Nr. 1248, Bl. 1–2.

101 Vgl. Erster Verwaltungsbericht der neuen Stadtgemeinde Berlin für die Zeit vom 1. Oktober 1920 bis 31. März 1924, bearb. vom Statistischen Amt der Stadt Berlin, Berlin 1924. Am 2. Juli/30. Oktober 1924 folgte ein entsprechender Gemeindebeschluss. Vgl. Verwaltungsbericht der Stadt Berlin 1924–1927 (1. April 1924 bis 31. März 1928), hrsg. vom Statistischen Amt der Stadt Berlin, Berlin 1929, S. 90. Der letzte „besondere Standesbeamte" war noch im Juni 1938 beim Standesamt Berlin XIII a beschäftigt. Vgl. LAB, A Rep. 001-02, Nr. 2964: Schreiben des Oberbürgermeisters an die Bezirksbürgermeister vom 4. Juni 1938.

102 Stellungnahme von Wilhelm Gaedecke, Vertrauensmann für die Standesämter, zur Neueinteilung der Standessamtsbezirke, vom 18. März 1921. In: LAB, A Rep. 001-02, Nr. 2893.

103 Vgl. LAB, A Rep. 001-02, Nr. 2893.

104 Vgl. LAB, A Rep. 001-02, Nr. 1248, Bl. 4: Bericht des Vereinigten Büros vom 19. Februar 1920. Die Vereinigung der Standesbeamten hatte im Juli 1919 die Abrundung der Bezirksgrenzen gefordert, so dass zumindest für einzelne Straßen nicht verschiedene Standesämter zuständig sein sollten.

wohnermeldeamt sowie bei den einzelnen Standesämtern die konkrete Zuständigkeit zu ermitteln.[105]

Das Offenbleiben von Entscheidungen über die Neueinteilung der Standesamtsbezirke führte u. a. auch dazu, dass der königlich-preußische Adler – gekrönt und mit den königlichen Insignien in den Fängen – die Abschaffung der Monarchie eine Zeit lang auf den Amtsschildern der Groß-Berliner Standesämter überdauerte. Die Flut der darüber eingehenden Beschwerden bewog den Magistrat im Dezember 1922 schließlich dazu, das Wappentier zumindest mit Papier überkleben zu lassen, da neue Schilder erst nach Bildung der neuen Standesämter ausgegeben werden sollten.[106] Da der Adler aber nach Bildung des Freistaates Preußen das staatliche Wappen blieb, bildete er in entsprechend angepasster Form weiterhin das Siegelbild der Standesämter.[107]

Bereits Anfang der 1920er Jahre wurden Überlegungen angestellt, die Anzahl der Standesämter zumindest in den Innenbezirken (Altstadt Berlin) zu verringern und damit Arbeitspensum und Personal gleichmäßiger zu verteilen. Für Mitte, Tiergarten, Prenzlauer Berg und Friedrichshain sollten je zwei und für Wedding und Kreuzberg je drei Standesamtsbezirke eingerichtet werden; die zentrale Auskunftsfunktion sollte das Standesamt Mitte übernehmen. Der Oberpräsident lehnte dies, wie auch die vorgeschlagene Geschäftsaufsicht der Bezirksbürgermeister und die Anpassung der Standesamtssprengel an die Grenzen der Verwaltungsbezirke, im Januar 1923 ab. Lediglich die Zusammenlegung kleinerer Standesämter sollte weiter geprüft werden.[108] Die räumliche und personelle Zusammenlegung von Standesämtern blieb jedoch in der ersten Hälfte der 1920er Jahre ständig in der Diskussion, zumal die Zahl der Beurkundungen insbesondere bei Eheschließungen und Geburten in diesen Jahren rückläufig war. Auch sollte unbedingt eine Kosteneinsparung erzielt werden. Diesem Ziel lagen auch Vorschläge zugrunde, die Zweitregisterführung einzustellen.[109]

Generell kam es in den 1920er Jahren zu einer Straffung der standesamtlichen Organisation in der Einheitsgemeinde, indem einige kleinere Standesämter aufgegeben wurden *(siehe Tabelle)*.

Veränderungen der Standesamtsbezirke in den 1920er Jahren

JAHR	BEZIRK	AUFGELÖSTES STANDESAMT	AUFNEHMENDES STANDESAMT
1920	*Lichtenberg*	*Karlshorst*	*Berlin-Lichtenberg I*
1921	*Lichtenberg*	*Hellersdorf*	*Berlin-Lichtenberg I*
1921	*Reinickendorf*	*Lübars-Waidmannslust*	*Berlin-Hermsdorf*
1921	*Reinickendorf*	*Tegel Schloss und Forst*	*Berlin-Tegel*
1921	*Spandau*	*Pichelsdorf Ruhleben Spandau-Zitadelle*	*Berlin-Spandau I*
1921	*Weißensee*	*Malchow*	*Berlin-Hohenschönhausen*
1922	*Charlottenburg*	*Heerstraße Plötzenseee Grunewald-Forst*[110]	*Berlin-Charlottenburg IV*
1922	*Zehlendorf*	*Pfaueninsel*	*Berlin-Wannsee*
1923	*Spandau*	*Spandau II Siemensstadt Spandau III - Haselhorst*	*Berlin-Spandau II*
Ab 01.01.1925	*Treptow*[111]	*Niederschöneweide Oberschöneweide Johannisthal*	*Schöneweide*
Ab 01.01.1926	*Köpenick*	*Grünau-Dahme-Forst*	*Grünau und (neu) Müggelheim*

Doch diese Entwicklung konnte nicht konsequent verlaufen, denn die Ämter verzeichneten in der zweiten Hälfte des Jahrzehnts wieder eine intensivere Geschäftstätigkeit. Erneut wurde die Struktur angepasst: Zum 1. Januar 1925 wurde der Standesamtsbezirk I/II wieder in die Bezirke I und II zerlegt, und ab 1. Januar 1928 vom Standesamtsbezirk Berlin-Buch ein neuer Bezirk Berlin-Karow und vom Standesamtsbezirk Berlin-Buchholz ein neues Amt Berlin-Blankenburg abgetrennt. Im Bezirk Neukölln wurden die Standesämter Berlin-Neukölln I und Berlin-Neukölln II zumindest in ein gemeinsames Amtslokal verlegt.[112]

Nicht unerheblich für das Arbeitsaufkommen der Standesämter war die Zahl und Kapazität der in ihren Bezirken angesiedelten Krankenhäuser, Lazarette, Entbindungsheime, Hospitäler, Waisenhäuser u. a. Gesundheits- und Sozialeinrichtungen. Obwohl diesbezüglich die innerstädtischen Ämter IX, X a (Universitätskliniken und Jüdische Krankenhäuser und Heime),

105 Vgl. LAB, A Rep. 001-02, Nr. 1248: Berichtsentwurf des Vereinigten Büros vom 21.10.1922, Bl. 8.

106 Vgl. LAB, A Rep. 001-02, Nr. 2893. Die diesbezügliche Order des preußischen Ministeriums des Innern vom 9. November 1922 bezog sich auf die monarchischen Insignien des Adlers und blieb in kurioser Weise inkonsequent, da sie nicht gleichzeitig die standesamtlichen Siegel betraf.

107 Vgl. hierzu auch die Anlage 8.6. zur Entwicklung der Siegelstempel der Berliner Standesämter.

108 Vgl. LAB, A Rep. 001-02, Nr. 1248, Bl. 6–14.

109 Vgl. Erster Verwaltungsbericht der neuen Stadtgemeinde Berlin für die Zeit vom 1. Oktober 1920 bis 31. März 1924, S. 145 f.

110 Die Auflösung dieses selbstständigen Standesamtsbezirks und seine Eingliederung in den Standesamtsbezirk Grunewald hatte der Magistrat von Wilmersdorf bereits im September 1920 vorgeschlagen. Vgl. Schreiben an die Regierung Potsdam vom 03.09.1920. In: BLHA Rep. 2A I St Nr. 482. Das Standesamt Grunewald-Forst hatte hauptsächlich Sterbefälle zu verzeichnen, ein Großteil davon durch Selbstmord. Der bisherige Standesbeamte war der Polizei beigetreten und damit nicht mehr für die Gemeinde verfügbar. Ein Nachfolger konnte wegen der Geringfügigkeit der Geschäfte – 48 Todesfälle im Jahr 1919 – nicht gefunden werden.

111 Vgl. Verwaltungsbericht der Stadt Berlin 1924–1927, S. 90.

112 Vgl. Verwaltungsbericht der Stadt Berlin 1924–1927, S. 90.

XI und XII a (Charité), VIII und VII a (Krankenhaus am Friedrichshain), IV b (Krankenhäuser und Heime am Urban, Diakonissenheim Bethesda) sowie V a und VI (u. a. Krankenhaus Bethanien, Waisenhaus und Kinderasyl) hoch belastet waren, wurde schließlich lediglich für das Rudolf-Virchow-Krankenhaus, auf welches für 1920 allein 3600 Personenstandsfälle im Bezirk XIII b entfielen[113], ein eigenes Standesamt eingerichtet. Eine zeitweilige Sonderstellung erhielt auch das Krankenhaus Neukölln, welches von 1922 bis 1940 eine eigene Amtsstelle des Standesamts Buckow II bildete.

In den Außenbezirken arbeiteten zu dieser Zeit noch 66 Standesämter, deren Leiter überwiegend Verwaltungsbeamte waren, denen zusätzlich noch andere Geschäfte oblagen. In den großflächigen Bezirken waren zum Teil Ortsamtsstellen gebildet worden, deren Leiter zugleich die Standesbeamten waren.[114] Die Standesämter von Alt-Berlin sowie das Standesamt Rudolf-Virchow-Krankenhaus unterstanden im Gegensatz zu den Standesämtern der Außenbezirke unmittelbar dem Magistrat; er behielt zentral die Zuständigkeit für Angelegenheiten der 22 Standesämter der Bezirke Mitte, Tiergarten, Wedding, Kreuzberg, Friedrichshain und Prenzlauer Berg. Die äußeren Bezirke Charlottenburg, Wilmersdorf, Pankow, Weißensee, Neukölln, Zehlendorf, Spandau, Lichtenberg, Schöneberg, Tempelhof, Treptow, Köpenick, Wilmersdorf und Reinickendorf verwalteten ihre Standesamtsangelegenheiten selbst. Diese Zuständigkeitsregelung war Anfang 1924 nach zähem Ringen durchgesetzt worden.

Die Standesbeamten unterstanden weiterhin als besondere Gemeindebeamte den Kommunalbehörden, doch hinsichtlich ihrer Amtsführung und der Gebührenerhebung wurden sie unmittelbar von staatlicher Seite – dem Oberpräsidenten der Provinz Brandenburg (und von Berlin) bzw. in zweiter Instanz dem preußischen Minister des Innern beaufsichtigt. Magistrat und Bezirksämter hatten wie bisher nur äußere Aspekte der standesamtlichen Tätigkeit – etwa die Unterbringung und Ausstattung der Ämter – zu besorgen und das Disziplinarrecht hinsichtlich der Person des Standesbeamten auszuüben. In den 1920er Jahren focht der Magistrat, der Eingriffe in die Selbstverwaltungsrechte befürchtete, diese Rechtskonstellation verstärkt an, suchte den Vergleich mit anderen deutschen Territorien – wie Sachsen – sowie den Rückhalt des Preußischen Städtetages. Streitpunkte waren u. a. das Recht der Kassenrevision oder die Art der Weiterleitung der standesamtlichen Post durch die Hauptverwaltungsstellen der Bezirksämter.[115] Um Kompetenzkonflikte zu vermeiden, versuchte der Magistrat, die Funktionen einer unteren Standesamtsaufsichtsbehörde zu erlangen, die in Sachsen schon seit Jahren durch die Magistrate der kreisfreien Städte ausgeübt wurden.[116]

Die Berliner Standesämter waren als „Preußisches Standesamt" letztlich staatliche Behörden, über die Magistrat und Bezirksämter nur eine eingeschränkte Aufsicht führten.[117] Die damit verbundenen Verwaltungsaufgaben oblagen innerhalb der Magistratsverwaltung zwei Bereichen des Generalbüros: G.B. I,4 (Angelegenheiten der Standesämter, Bürovorstehergeschäfte für die Altberliner Standesämter) sowie G.B. I,2a (Erledigung der Aufgebote und Anfragen auf Erteilung standesamtlicher Urkunden, Nachweis der im Ausland ausgestellten Personenstandsurkunden, Standesamtliche Statistik).[118]

Die Geschäfte des Bürodirektors beim Generalbüro (vormals Zentrale Hauptverwaltung des Magistrats Allg. H I A 4) führte damals Stadtamtsrat Walter Brell, der in den kommenden Jahrzehnten eine maßgebliche Rolle bei der Gestaltung des Personenstandswesens in Berlin spielen sollte.[119]

Zum 15. Juli 1928 wurde eine „Beratungsstelle für Personenstandsrecht" gebildet, die den im Stadthaus ansässigen Standesämtern Berlin I, II und VI angegliedert war. Insbesondere Behörden im In- und Ausland nahmen deren Auskünfte gern in Anspruch.[120]

Sämtliche Nebenregister (Zweitregister) und Namensverzeichnisse waren von den Standesämtern jährlich dem Oberbürgermeister bzw. dem Stadtpräsidenten zur Prüfung vorzulegen.[121]

In der ersten Hälfte der 1930er Jahre wurden verschiedene Standesämter räumlich und personell zusammengelegt, ohne dass es dabei zu einer Veränderung der Standesamtsbezirke kam:[122]

113 Vgl. LAB, A Rep. 001-02, Nr. 2893: Überlegungen zur Neueinteilung der Alt-Berliner Standesamtsbezirke vom Januar 1921.

114 Vgl. Erster Verwaltungsbericht der neuen Stadtgemeinde Berlin für die Zeit vom 1. Oktober 1920 bis 31. März 1924, S. 145.

115 Vgl. LAB, A Rep. 001-02, Nr. 1764: Verfügung des Oberpräsidenten der Provinz Brandenburg und von Berlin, vom 13. März 1924, hinsichtlich des direkten Korrespondenzrechts des Lichtenberger Standesbeamten Bingel mit seiner Aufsichtsbehörde.

116 Ebenda. Dieses Ziel konnte allerdings nach 1931 erreicht werden.

117 Vgl. LAB, A Rep. 001-02, Nr. 2891.

118 Vgl. Amtsbuch der Stadt Berlin, 1928.

119 Vgl. LAB, A Rep. 001-06, Nr. 4010: Personalakte Walter Brell (*17.02.1889 in Berlin). Brell arbeitete seit 1908 in der Berliner Stadtverwaltung. Er war verheiratet mit Charlotte geb. Göpfert und hatte einen Sohn und eine Tochter. Als SPD-Mitglied war er später in der NS-Zeit Verfolgungen ausgesetzt; so war Brell u. a. ein Opfer der sog. Köpenicker Blutwoche.

120 Vgl. Verwaltungsbericht für die Zeit vom 01.04.1928 bis 31.03.1936 für das Standesamtswesen. In: LAB, A Rep. 001-02, Nr. 3112.

121 Der Berliner Stadtverwaltung oblag damit später – angesichts der Zuständigkeit für das Standesamt I in Berlin – beispielsweise auch die Aufsicht über die Führung der Personenstandsregister für Reichsdeutsche in den besetzten Gebieten – letztlich ein gewaltiger Aktionsradius mit beträchtlichem Korrespondenzaufwand. Vgl. LAB, A Rep. 001-02, Nr. 3534 – hier: Korrespondenz mit dem Reichskommissar in Shitomir, Ukraine. Diese (allgemeine) Prüfungspflicht wurde schließlich, um die Verwaltung angesichts der zahlreichen kriegsbedingten Sonderaufgaben zu entlasten, im September 1944 aufgehoben (Runderlass des RMdI vom 11.09.1944 [gez. Dr. Globke], mit Gültigkeit „für die Dauer des Krieges". In: LAB, A Rep. 001-02, Nr. 3534.

122 Vgl. Verwaltungsbericht für die Zeit vom 01.04.1928 bis 31.03.1936 für das Standesamtswesen. In: LAB, A Rep. 001-02, Nr. 3112.

DATUM	BEZIRK	STANDESÄMTER
01.04.1930	*Reinickendorf*	*Frohnau und Hermsdorf*
01.07.1930	*Reinickendorf*	*Heiligensee und Tegel*
01.10.1930	*Reinickendorf*	*Reinickendorf-West und Reinickendorf-Ost*
06.12.1931	*Neukölln*	*Buckow I und Britz*
01.04.1932	*Charlottenburg*	*Charlottenburg IV und Charlottenburg II*
01.06.1932	*Lichtenberg*	*Lichtenberg II und Lichtenberg I*
01.09.1932	*Treptow*	*Altglienicke und Adlershof*
01.01.1933	*Köpenick*	*Müggelheim und Köpenick*
31.12.1935	*Wilmersdorf*	*Grunewald und Schmargendorf*

Im Mai 1932 bestanden in Groß-Berlin 88 Standesämter, von denen sich mehrere ein Lokal und das Personal teilen mussten.

Zum 01. April 1932 wurden dann die Standesämter der Innenstadt – die bis dahin dem Magistrat, speziell einem Stadtamtsrat, später dem Bürodirektor der Zentralen Hauptverwaltung (Generalbüro) nachgeordnet waren – den Bezirksämtern Mitte, Tiergarten, Wedding, Prenzlauer Berg, Friedrichshain und Kreuzberg unterstellt. Lediglich das Standesamt Rudolf-Virchow-Krankenhaus verblieb bei der Hauptverwaltung. Der Leiter der Standesämter Berlin I, II und IV (Mitte) war als standesamtlicher Gutachter und Geschäftsprüfer ebenfalls Beamter der Hauptverwaltung.[123]

Seit der Bildung Groß-Berlins war es nur in Ansätzen gelungen, das Netz der Standesämter der neuen Gebietsstruktur anzupassen. Auch das Personal wurde nicht radikal ausgetauscht.

Hingegen änderte sich in den 1920er Jahren dessen fachliches Profil deutlich: Standesbeamte wurden nun nicht mehr Personen, die gleichzeitig Gemeinde-, Amts- und Gutsvorsteher oder auch Bürgermeister waren, sondern zunehmend speziell geschulte Verwaltungsfachleute. Diese konnten überdies innerhalb der Großkommune flexibel eingesetzt werden.

Zur Ausprägung des Berufsbildes, zur Etablierung des Amtes und seines Ansehens bei der Bevölkerung hatte allerdings die „erste Generation" der Standesbeamten Maßgebliches geleistet, vielleicht gerade weil diese Protagonisten durch ein zusätzliches wichtiges Amt gesellschaftliche Autorität genossen. Zudem waren nicht wenige Personen langjährig im Dienst gewesen – insbesondere auch ihre Stellvertreter, denen wahrscheinlich häufig der Löwenanteil der Arbeit oblag. Ihre praktischen Erfahrungen und der ständige Austausch mit Juristen an den Gerichten und in den Aufsichtsbehörden schufen eine gute Basis für die Arbeit der nachfolgenden Generation.

123 Ebenda.

2.4 Berliner Standesämter in der NS-Zeit

2.4.1 NS-Gesetzgebung und strukturelle Änderungen

Der Erbstrom einer ganzen Stadt flutet an dem Standesbeamten vorüber …

Konrad Dürre, 1924[124]

In seiner Begrüßungsrede zu der reichsweiten Tagung von Standesbeamten und Sippenforschern, die im Oktober 1934 in Berlin stattfand, stellte Reichsinnenminister Wilhelm Frick den Standesbeamten für die Zukunft „mehr Aufgaben und größere Pflichten" in Aussicht. Er sprach zudem über eine Vereinheitlichung des Standesamtswesens und die Vorstellungen zum Ausbau der Standesämter zu Sippenämtern.[125]

Die schon seit den 1920er Jahren stark diskutierten Themen Vererbungslehre, „Rassenhygiene" und Eugenik beschäftigten die Standesbeamten außerordentlich, da ihnen die Pflicht zur Prüfung von Ehehindernissen oblag.[126] Hierzu war im Ergebnis einer nahezu 70-jährigen Amtstätigkeit mit der Anlegung der Standesregister und Sammelakten eine umfangreiche und vor allem zuverlässige Datenbasis entstanden.

Doch die Umwandlung der Standesämter zu Sippenämtern unterblieb. Stattdessen wurde in Gestalt der „Reichsstelle für Sippenforschung" (ab November 1940 „Reichssippenamt") beim Reichsinnenministerium im März 1935 eine zentrale Dienststelle geschaffen, die sich mit dem Nachweis arischer Abstammung befasste. Die Prüfung erblicher Vorbelastungen wurde den im Sommer 1934 gebildeten Gesundheitsämtern übertragen.

Fricks erstgenannte Zusicherungen allerdings sollten sich nur zu gut erfüllen: Die nationalsozialistische Gesetzgebung, die Ausdehnung des Reichsgebietes, die Kriegsvorbereitung und schließlich der Krieg selbst stellten die Standesämter auch in Berlin vor gewaltige Herausforderungen, deren Folgen sich noch über Jahrzehnte auswirken sollten.

Bereits frühzeitig wurden Abstammungsnachweise gefordert – so im Gesetz über die Erhaltung des Berufsbeamtentums vom 7. April 1933 (§ 3)[127] oder im Reichserbhofgesetz vom 29. September 1933 (§ 13 Abs. 1 und 2).[128] Weitere Gesetze begünstigten Ehe und Fa-

124 Konrad Dürre: Der Standesbeamte im Dienste der Rassenhygiene, StAZ 1924, S. 279 f. Zitiert nach Siegfried Maruhn: Staatsdiener im Unrechtsstaat. Die deutschen Standesbeamten und ihr Verband unter dem Nationalsozialismus, Frankfurt am Main/Berlin 2002, S. 21.

125 Vgl. Siegfried Maruhn: Staatsdiener im Unrechtsstaat, S. 80 ff.

126 Dabei waren die verwandtschaftlichen Verhältnisse der Verlobten und spätestens seit 1920 auch gesundheitliche Aspekte zu beobachten.

127 RGBl. I. 1933, S. 175 ff.

128 RGBl. I. 1933, S. 549 ff.

milie, so das Gesetz zur Verminderung der Arbeitslosigkeit vom 1. Juni 1933,[129] später geändert zum Gesetz zur Änderung des Gesetzes über Förderung der Eheschließung vom 28. März 1934.[130] Auch hier waren die Standesämter involviert, um die in Aussicht gestellten Unterstützungen beantragen zu können.

Besonders folgenschwer war das Gesetz zum Schutze des deutschen Blutes und der deutschen Ehre vom 15. September 1935[131] – das dritte der so genannten Nürnberger Gesetze – und dessen Erste Ausführungsverordnung vom 14. November 1935.[132] Das Gesetz besagte in § 1: „Eheschließungen zwischen Juden und Staatsangehörigen deutschen oder artverwandten Blutes sind verboten. Trotzdem geschlossene Ehen sind nichtig, auch wenn sie zur Umgehung dieses Gesetzes im Auslande geschlossen sind.“ In § 5 hieß es dann: „Wer dem Verbot des § 1 zuwiderhandelt, wird mit Zuchthaus bestraft.“ Somit waren auch Standesbeamte, die gegen dieses Eheschließungsverbot (bewusst) verstießen, von strengsten Strafen bedroht.

Im späteren Gefolge der Nürnberger Gesetze stand u. a. das Gesetz über die Änderung von Familiennamen und Vornamen vom 5. Januar 1938[133] und vor allem dessen Zweite Durchführungsverordnung vom 17. August 1938.[134] Demnach mussten ab dem 1. Januar 1939 die Juden die pflichtgemäß anzunehmenden zweiten Vornamen[135] bei ihren jeweiligen Geburts- und Heiratsstandesämtern anzeigen. Waren Geburt oder Heirat bei einer deutschen Auslandsvertretung oder in einem deutschen Schutzgebiet beurkundet, musste die Anzeige beim Standesamt I in Berlin erfolgen.

Insbesondere die Prüfung von Ehehindernissen – die, wie im Verwaltungsbericht für das Standesamtswesen für die Jahre 1928–1936 festgestellt wurde, nunmehr „auf bisher unbekanntem Gebiet“ liegen konnten – erforderte viel Zeit und Aufmerksamkeit von den Standesbeamten. Ganz offensichtlich war „die Zunahme des Geschäftsumfanges darauf zurückzuführen, dass der dem Programm der NSDAP zugrundeliegende Rassegedanke nunmehr seinen Niederschlag in der Gesetzgebung fand.“[136]

Auch die Belastung der Standesämter hinsichtlich der Ausstellung von Personenstandsurkunden und Bescheinigungen wuchs dramatisch – von 263.937 Ausfertigungen im Geschäftsjahr 1932 auf 422.932 in 1933 und 699.247 im Jahr 1935. Diese Entwicklung beschleunigte den Einsatz von Fotokopiertechnik (Erprobung ab 1935) und Schreibmaschinen.[137] Außerdem erhielten die Berliner Standesämter zunächst sogar eine dem Aufgabenzuwachs entsprechende Personalverstärkung: die Zahl der Beschäftigten stieg von 227 (1932) auf 277 (1935), was sich jedoch nicht verstetigte.[138]

2.4.1.1 Das Personenstandsgesetz von 1937 und seine Umsetzung

Angesichts so vieler grundlegender Veränderungen in Staatsbürger-, Ehe- und Familienrecht konnte eine Überarbeitung des seit 1876 geltenden Personenstandsrechts nicht ausbleiben.

Am 1. Juli 1938 trat das Personenstandsgesetz vom 3. November 1937 in Kraft.[139]

Möglicherweise bedingt durch die nunmehr über 70 Jahre geübte Praxis, wurde das Gesetz trotz einiger Neuerungen relativ kurz und präzise gefasst. Schon sein Titel lautet schlicht „Personenstandsgesetz“. Anstelle von 85 Paragrafen genügten diesmal 71, die in zehn (früher acht) Abschnitte gegliedert wurden.

Nach wie vor bildete die Eheschließung den Kern – die auf sie bezogenen Bestimmungen rücken in den 2. Gesetzesabschnitt vor, während Geburten und Sterbefälle gemeinsam im 3. Abschnitt behandelt werden. Die Heirat wird als Familiengründung angesehen; somit wurde der Eheeintrag nunmehr in einem *Familien-*

129 RGBl. I. 1933, S. 323 ff. Hier Abschnitt V: Förderung von Eheschließungen, speziell § 1 Satz b: Gewährung eines Ehestandsdarlehens bei vorliegendem standesamtlichen Aufgebot.

130 RGBl. I. 1934, S. 253.

131 RGBl. I. 1935, S. 1146.

132 RGBl. I. 1935 S. 1134 ff.

133 RGBl. I. 1938 S. 9.

134 RGBl. I 1938 S. 1044

135 Jüdische Männer und Frauen mussten den zweiten Vornamen Israel bzw. Sara annehmen, soweit sie nicht „rein jüdische“ Vornamen führten. Die Anträge dazu waren schriftlich bei den Standesbeamten enzureichen. Die Geburts- und Heiratsregister sowie die jeweiligen Nebenregister erhielten entsprechende Randvermerke. Noch im Juni 1941 wurde vermeldet, die Anordnung sei noch nicht vollständig durchgeführt (Vgl. LAB, A Rep. 044-08, Nr. 495). Die Zugehörigkeit zur jüdischen Religionsgemeinschaft musste erst ab dem 1. Oktober 1944 mit Inkrafttreten der Vierten Verordnung zur Ausführung und Ergänzung des Personenstandsgesetzes vom 27. September 1944 in den Personenstandseinträgen vermerkt werden.

136 Vgl. Verwaltungsbericht für die Zeit vom 01.04.1928 bis 31.03.1936 für das Standesamtswesen. In: LAB, A Rep. 001-02, Nr. 3112.

137 Ebenda. Mit der Führung maschinenschriftlicher Nebenregister begannen 1934 versuchsweise die Standesämter Berlin VII a und VII c sowie das Standesamt Charlottenburg II. Für das Kopieren wurden Apparate der Fa. Photokopist GmbH von den Standesämtern Berlin I, II, VI, IX und X a in Mitte sowie den Standesämtern XII a und XII b in Tiergarten genutzt. Die Standesämter Charlottenburg II und IV erprobten den Kontophot von Zeiss-Ikon; Reproduktionstechnik der Fa. Siemens verwendeten die Standesämter Berlin IV a und IV b (Kreuzberg) sowie Berlin X b und Xc (Prenzlauer Berg). Nur die Siemensgeräte stellten Positiv-Kopien her; die anderen Apparate erzeugten Negativreproduktionen, wofür jeweils Dunkelkammern eingerichtet werden mussten.

138 Ebenda.

139 Personenstandsgesetz, vom 3. November 1937 (RGBl. I 1937, S. 1146 ff). Damit zusammenhängend wurden eingeführt: die Erste Verordnung zur Ausführung des Personenstandsgesetzes, vom 19. Mai 1938; das Gesetz zur Vereinheitlichung des Rechts der Eheschließung und der Ehescheidung im Lande Österreich und im übrigen Reichsgebiet, vom 6. Juli 1938 („Ehegesetz“, RGBl. I S. 807, Nr. 106 vom 8. Juli 1938); die diesbezügliche Durchführungsverordnung vom 27. Juli 1938; die Dienstanweisung für die Standesbeamten vom Dezember 1938.

buch vorgenommen (§§ 9 ff.). Entsprechend wird auch das Geburtenregister nunmehr als *Geburtenbuch* (§§ 16 ff.) und das Sterberegister als *Sterbebuch*[140] (§§ 32 ff.) geführt. Die Eintragung einer jeden Ehe erfolgte auf einem zweiteiligen *Familienblatt* – der erste Teil enthält den Heiratseintrag mit Randvermerk, der zweite Teil die Angaben zu den Eltern der Brautleute und den gemeinsamen Kindern sowie unehelichen Kindern weiblicher Abkömmlinge. Dieser Teil war nicht mit dem Geburtenbuch gleichzusetzen und ständig solange fortzuschreiben, bis das betreffende Kind selbst heiratete. Der zweite Teil enthielt außerdem Angaben, die nunmehr durch die nationalsozialistische Gesetzgebung gefordert wurden: Staatsangehörigkeit, Reichsbürgerrecht und rassische Einordnung der Ehegatten (§ 14). Während das alte Gesetz lediglich Personenstandsfälle auf Seeschiffen besonders beachtete, wurden nun die Personenstandsfälle im Ausland – mit Zuständigkeit des Berliner Standesamts I (§ 41) – und die von Soldaten oder zur See und in der Luft – zuständig waren hier das Reichsinnen- oder das Justizministerium, ggf. andere Ministerien (§ 42) – einbezogen. Die Reichsminister für Inneres und Justiz erhielten außerdem die Zuständigkeit für die nach altem Recht geführten Personenstandsregister sowie für die vor 1876 entstandenen Bücher der Religionsgemeinschaften, Letzteres im Einvernehmen mit dem Reichsminister für kirchliche Angelegenheiten (§ 76).

Die Knappheit des Gesetzes ermöglichte in den kommenden Monaten und Jahren diverse, oft sehr eingehende Präzisierungen und Auslegungen in Form von Ausführungsverordnungen (AVO). Bereits die erste AVO vom 19. Mai 1938[141] war mit 113 Paragrafen, einschließlich Formularvorgaben und Gebührenverzeichnis, äußerst ausführlich. Die dritte AVO vom 4. November 1939[142] bildete zugleich die sogenannte „Personenstandsverordnung der Wehrmacht“, die wiederum in den 1940er Jahren selbst einige Anpassungen erfuhr. Ende September 1944 gab es eine letzte Gesetzesänderung mit der vierten AVO.[143]

2.4.1.2 Angepasste Standesamtsaufsicht und die Bildung der Großstandesämter für die Reichshauptstadt

Die Funktion der höheren Verwaltungsbehörde für das Standesamtswesen in der Reichshauptstadt hatte ab Mai 1934 der Staatskommissar, ab Dezember 1936 der Stadtpräsident der Reichshauptstadt Berlin, übernommen.[144] Er genehmigte den Zuschnitt der Standesamtsbezirke, die Festlegung ihrer Amtssitze sowie die seitens des Oberbürgermeisters, der als untere Verwaltungsbehörde fungierte, vorgenommene Bestellung der Standesbeamten und ihrer Stellvertreter.

Dem Oberbürgermeister oblag in dieser Funktion nämlich formal die allgemeine Dienstaufsicht über die Standesbeamten einschließlich der Stellenbesetzungsvorschläge bzw. der Billigung und Weiterleitung der Vorschläge der Bezirksbürgermeister (§§ 54 und 59 PStG).[145] Die faktische Standesamtsaufsicht wurde innerhalb der Berliner Verwaltung vom Dezernat I 7 der Hauptverwaltung des Magistrats (Geschäftszeichen HV I 7) wahrgenommen. 1938 übernahm Stadtamtmann Erich Porzig,[146] der zuvor die Standesämter IVa/IVb und dann das Standesamt Berlin-Mitte geleitet hatte, das Amt der Dezernatsleitung von Walter Brell. Ab 1941 führte er die Dienstbezeichnung „Direktor der Standesämter“, da er zugleich für das Sonderstandesamt I Verantwortung trug.

140 Im Sterbebuch war nunmehr auch die Todesursache einzutragen „falls sie von einem für das Deutsche Reich bestallten Arzt bescheinigt worden ist“ (§ 38).

141 RGBl. I 1938, S. 533 ff.

142 RGBl. I 1939 S. 2163 ff.

143 RGBl. I 1944 S. 219 ff.

144 Julius Lippert wurde am 14. März 1933 als Staatskommissar „zur besonderen Verwendung“ in der Hauptstadt Berlin eingesetzt. Verfassungsrechtlich stand er außerhalb des Magistrats und der städtischen Verwaltung. Ab dem 15. Januar 1934 erhielt der Staatskommissar die dem Oberpräsidenten der Provinz Brandenburg zustehende Kommunalaufsicht; zum 1. Mai 1934 übernahm er weitere Aufgaben des Oberpräsidenten und nahm damit die Aufsicht über Berlin auch in staatlichen Angelegenheiten wahr. Er unterstand dem preußischen Ministerpräsidenten direkt. Durch das „Gesetz über die Verfassung und Verwaltung der Reichshauptstadt Berlin“ vom 1. Dezember 1936 wurde an Stelle des „Staatskommissars“ das Amt des „Oberbürgermeisters und Stadtpräsidenten“ geschaffen. Der Oberbürgermeister blieb Leiter der Berliner Gemeindeverwaltung und wurde zugleich Leiter der Behörde „Stadtpräsident“. Beiden Behörden stand Julius Lippert in Personalunion als Leiter vor, im Übrigen hatten sie verschiedene Zuständigkeitsbereiche und arbeiteten unabhängig voneinander. Die Personalunion von Oberbürgermeister und Stadtpräsident wurde durch einen Führererlass vom 1. April 1944 aufgelöst. Der Gauleiter Berlin und Reichsminister Joseph Goebbels wurde mit der Leitung der Verwaltung der Reichshauptstadt beauftragt und führte die Bezeichnung „Stadtpräsident“. Nach seinen Weisungen hatten der Oberbürgermeister und der Vizepräsident, auf den die bisherigen Aufgaben des Stadtpräsidenten übergingen, die staatliche Verwaltung der Hauptstadt Berlin zu führen.

145 In den Verwaltungsbezirken bildete das Standesamtswesen seit November 1935 eine eigene Bezirksfachverwaltung (Vgl. DBl I/314 vom 18.11.1935, Abs. 7). Mit einer neuen Satzung der Bezirksgeschäfte vom September 1937 wurde die Bestellung von Standesbeamten und deren Stellvertretern ab dem 1.4.1938 den Bezirksbürgermeistern übertragen (Dienstblatt I/71 vom 19.3.1938, S. 129). Vgl. dazu LAB, A Rep. 001-02, Nr. 2964.

146 Erich Porzig (*23.1.1894 als Sohn eines mittleren Beamten in Berlin, Eheschließung am 13.3.1923, kinderlos), seit dem Frühjahr 1933 Mitglied der NSDAP und 1933/34 Vorsitzender des Reichsbundes der Standesbeamten e. V., um dessen Eingliederung in den Bund Nationalsozialistischer deutscher Juristen (BNSDJ) er sich vergeblich bemühte. Vgl. Siegfried Maruhn: Staatsdiener im Unrechtsstaat, S. 14 und S. 46. Porzig war Mitglied des Direktionskomitees der Internationalen Vereinigung der Zivilstandesbeamten in Bern und fungierte national (seit 1938 für das preußische Innenministerium, später für das preußische und Reichjustizministerium) und international als Fachgutachter. Vgl. LAB, A Rep. 001-06, Nr. 4010, Personalakte Walter Brell, sowie LAB, C Rep. 375-01-08, Nr. 9391 A.05 Entnazifizierungsvorgang Erich Porzig.

- Die Standesämter Berlin Lichtenberg I* und Berlin-Lichtenberg II* fusionierten zum Standesamt „Berlin-Lichtenberg".
- In Reinickendorf entstand aus den Standesämtern Berlin-Reinickendorf-Ost* und Berlin-Reinickendorf-West* das Standesamt „Berlin-Reinickendorf". Berlin-Tegel* und Berlin-Heiligensee* wurden zu „Berlin-Tegel" zusammengeschlossen sowie Berlin-Hermsdorf-Lübars* und Berlin-Frohnau* zu „Berlin-Hermsdorf".

Bei den Ämterfusionen wurde berücksichtigt, dass die neuen Standesamtsbezirke die Einwohnerzahl von 100.000 nicht überschritten. Dies galt allerdings nicht für die so genannten Großstandesämter, von denen jedes ein Bevölkerungsaufkommen im großstädtischen Maßstab von 200.000 bis 300.000 Einwohnern betreute.[160]

Die neue Ämterstruktur war ein entscheidender Faktor bei der Umsetzung der mit dem neuen Personenstandsgesetz angestrebten Rationalisierung.[161] Dafür war es wichtig, auch im Sinne der Akzeptanz durch die Bevölkerung, dass die Großstandesämter bei der Einführung personell und technisch ausreichend ausgestattet waren, um zu funktionieren und zusätzlich die umfangreichen Aufgaben zu erfüllen, die das neue Personenstandsgesetz stellte.

Dies wurde seitens der Standesamtsaufsicht im Berliner Rathaus von Anfang an als gewichtiger Faktor gesehen.

Die benötigten Kanzleikräfte und Ausstattungen sollten unbedingt zur Verfügung stehen, doch waren v. a. personelle Probleme bereits vor Einführung der Neuerungen erkennbar: „Durch eine geeignete Raum- und Personalverteilung muss versucht werden, soweit als möglich den sich aus dem Mangel an Kräften ergebenden Schwierigkeiten Herr zu werden [...] Sobald feststeht, bei welchen Gruppen und in welchem Ausmaß Stellen vermehrt werden sollen, werde ich entscheiden, welche Beamten und Angestellten von einer Bezirksverwaltung zu einer anderen zu versetzen sind. Es muß damit gerechnet werden, dass die Versetzungen erst nach dem 30. Juni 1938 ausgesprochen werden".[162]

Die Standesbeamten wurden mit einer Reihe von Schulungsveranstaltungen im Berliner Rathaus in die neuen Vorschriften eingeführt. Allerdings bereitete die Umstellung einige praktische Schwierigkeiten, z. B. hinsichtlich der Bereitstellung der neuen Register und Formulare und der – angesichts der Umstellung auf das Lose-Blatt-System – dafür erforderlichen Schreibmaschinen mit doppelter Wagenbreite. Das verbindlich eingeführte Lose-Blatt-System sollte möglichst rationell genutzt werden, um in nicht mehr als zwei Arbeitsgängen das Blatt des Personenstandsbuches maschinenschriftlich so zu bearbeiten, dass zugleich das Zweitbuch und andere Mitteilungen (soweit ihr Inhalt nicht speziell vorgeschrieben war) erstellt wurden. Die Register wurden nunmehr als „Bücher" geführt. Starke Abwandlungen erfuhr insbesondere das Heiratsregister, nun „Familienbuch", welches von zwei auf vier Seiten erweitert wurde, da den Angaben über die Eltern der Ehegatten, deren Staatsangehörigkeit, Religion und „Rasse", sowie über gemeinsame – auch uneheliche und angenommene – Kinder mehr Raum zukam. Allein hierfür verdoppelte sich seitens der Standesämter der Zeitaufwand für die Aufnahme eines Aufgebots, die persönlichen Gespräche, Ermittlungen und Eintragungen der nach den nationalsozialistischen Familien- und Rassegesetzen zu verarbeitenden umfangreichen persönlichen Angaben auf etwa 50 Minuten.

Tatsächlich bewahrheitete sich die Befürchtung, dass die absehbar erhöhte Arbeitslast nicht bewältigt werden konnte, vor Ort rasch. Bereits im Oktober 1938 wehrte sich der stellvertretende Dienststellenleiter des Standesamts Berlin-Mitte [Standesamt I Berlin (Mitte)], Gottschalk, gegen den geplanten Wegfall von sechs Assistentenstellen. Seine Begründung verdeutlicht das Maß an Frustration, das sich selbst bei beruflich sehr engagierten Beschäftigen zwischenzeitlich bereits angesammelt haben musste. Er schreibt u. a.: „Durch die Einführung des Lose-Blatt-Systems [...] ist lediglich die handschriftliche Führung des Zweitbuches (Nebenregisters) fortgefallen. Das ist aber auch die einzige Vereinfachung. Es ist bisher nicht gelungen, die verschiedenen Meldungen [...] an die verschiedensten Stellen (Polizei, Wahlamt, Statistisches Amt, Gesundheitsamt, Jugendamt, Vormundschaftsbericht, Säuglingsfürsorge, Finanzamt, Kirche, andere Standesämter usw.) auf einander abzustimmen und dann im Durchschreibeverfahren Arbeitsgänge zu ersparen, wie es geplant war. Dies wird m. E. auch in absehbarer Zeit nicht möglich sein. Im Übrigen sind die gesamten Arbeiten, mögen sie nun Familien-, Geburten- oder Sterbebuch bzw. Randvermerke in diesen Betreffen nicht einfacher, sondern mehr und schwieriger geworden. Ich erwähne nur die Eintragung der Abstammung, der rassischen Einordnung, in gewissen Fällen der Staatsangehörigkeit, die Angabe der Wahleltern, Mitteilung an das Vormundschaftsgericht beim Vorhandensein eines gemeinsamen unehelichen Kindes usw. [...] Mit der Schreibarbeit allein ist es aber nicht getan; die Erörterung der einzelnen Dinge (Religion, Abstammung, Ehegesundheitsgesetz, Ehestandsdarlehen usw.) nimmt oft mehr Zeit in Anspruch als das Niederschreiben selbst. Die Ausfertigung der Familienstammbücher erfordert heute mindestens

160 Damit gab es für Berlin eine Ausnahme von § 91 Abs. 1 Satz 2 der Ersten Verordnung zur Ausführung des Personenstandsgesetzes vom 19. Mai 1938 (RGBl. I S. 533), wonach ein Standesamtsbezirk nicht mehr als 100.000 Einwohner haben sollte (vgl. LAB, A Rep. 001-02 Nr. 2964, Scheiben des Oberbürgermeisters an die Bezirksbürgermeister vom 4. Juni 1938).

161 Rundschreiben des Oberbürgermeisters an die Bezirksbürgermeister Mitte, Tiergarten, Wedding, Prenzlauer Berg, Horst Wessel, Kreuzberg, Charlottenburg, Schöneberg, vom 6.10.1937. In: LAB, A Rep. 001-02, Nr. 2940. Vgl. auch Schreiben des Oberbürgermeisters an den Stadtpräsidenten der Reichshauptstadt Berlin vom 6. 10.1937, mit Begründung der Maßnahmen. In: LAB, A Rep. 001-02, Nr. 3520.

162 Schreiben des Oberbürgermeisters an die Bezirksbürgermeister vom 4.6.1938. In: LAB, A Rep. 001-02, Nr. 2964, vgl. auch die anderen Schriftsätze von Allg. H I 4 – C 3/1 unter diesem Datum in der betr. Akte.

buch vorgenommen (§§ 9 ff.). Entsprechend wird auch das Geburtenregister nunmehr als *Geburtenbuch* (§§ 16 ff.) und das Sterberegister als *Sterbebuch*[140] (§§ 32 ff.) geführt. Die Eintragung einer jeden Ehe erfolgte auf einem zweiteiligen *Familienblatt* – der erste Teil enthält den Heiratseintrag mit Randvermerk, der zweite Teil die Angaben zu den Eltern der Brautleute und den gemeinsamen Kindern sowie unehelichen Kindern weiblicher Abkömmlinge. Dieser Teil war nicht mit dem Geburtenbuch gleichzusetzen und ständig solange fortzuschreiben, bis das betreffende Kind selbst heiratete. Der zweite Teil enthielt außerdem Angaben, die nunmehr durch die nationalsozialistische Gesetzgebung gefordert wurden: Staatsangehörigkeit, Reichsbürgerrecht und rassische Einordnung der Ehegatten (§ 14). Während das alte Gesetz lediglich Personenstandsfälle auf Seeschiffen besonders beachtete, wurden nun die Personenstandsfälle im Ausland – mit Zuständigkeit des Berliner Standesamts I (§ 41) – und die von Soldaten oder zur See und in der Luft – zuständig waren hier das Reichsinnen- oder das Justizministerium, ggf. andere Ministerien (§ 42) – einbezogen. Die Reichsminister für Inneres und Justiz erhielten außerdem die Zuständigkeit für die nach altem Recht geführten Personenstandsregister sowie für die vor 1876 entstandenen Bücher der Religionsgemeinschaften, Letzteres im Einvernehmen mit dem Reichsminister für kirchliche Angelegenheiten (§ 76).

Die Knappheit des Gesetzes ermöglichte in den kommenden Monaten und Jahren diverse, oft sehr eingehende Präzisierungen und Auslegungen in Form von Ausführungsverordnungen (AVO). Bereits die erste AVO vom 19. Mai 1938[141] war mit 113 Paragrafen, einschließlich Formularvorgaben und Gebührenverzeichnis, äußerst ausführlich. Die dritte AVO vom 4. November 1939[142] bildete zugleich die sogenannte „Personenstandsverordnung der Wehrmacht“, die wiederum in den 1940er Jahren selbst einige Anpassungen erfuhr. Ende September 1944 gab es eine letzte Gesetzesänderung mit der vierten AVO.[143]

2.4.1.2 Angepasste Standesamtsaufsicht und die Bildung der Großstandesämter für die Reichshauptstadt

Die Funktion der höheren Verwaltungsbehörde für das Standesamtswesen in der Reichshauptstadt hatte ab Mai 1934 der Staatskommissar, ab Dezember 1936 der Stadtpräsident der Reichshauptstadt Berlin, übernommen.[144] Er genehmigte den Zuschnitt der Standesamtsbezirke, die Festlegung ihrer Amtssitze sowie die seitens des Oberbürgermeisters, der als untere Verwaltungsbehörde fungierte, vorgenommene Bestellung der Standesbeamten und ihrer Stellvertreter.

Dem Oberbürgermeister oblag in dieser Funktion nämlich formal die allgemeine Dienstaufsicht über die Standesbeamten einschließlich der Stellenbesetzungsvorschläge bzw. der Billigung und Weiterleitung der Vorschläge der Bezirksbürgermeister (§§ 54 und 59 PStG).[145] Die faktische Standesamtsaufsicht wurde innerhalb der Berliner Verwaltung vom Dezernat I 7 der Hauptverwaltung des Magistrats (Geschäftszeichen HV I 7) wahrgenommen. 1938 übernahm Stadtamtmann Erich Porzig,[146] der zuvor die Standesämter IVa/IVb und dann das Standesamt Berlin-Mitte geleitet hatte, das Amt der Dezernatsleitung von Walter Brell. Ab 1941 führte er die Dienstbezeichnung „Direktor der Standesämter“, da er zugleich für das Sonderstandesamt I Verantwortung trug.

140 Im Sterbebuch war nunmehr auch die Todesursache einzutragen „falls sie von einem für das Deutsche Reich bestallten Arzt bescheinigt worden ist“ (§ 38).

141 RGBl. I 1938, S. 533 ff.

142 RGBl. I 1939 S. 2163 ff.

143 RGBl. I 1944 S. 219 ff.

144 Julius Lippert wurde am 14. März 1933 als Staatskommissar „zur besonderen Verwendung“ in der Hauptstadt Berlin eingesetzt. Verfassungsrechtlich stand er außerhalb des Magistrats und der städtischen Verwaltung. Ab dem 15. Januar 1934 erhielt der Staatskommissar die dem Oberpräsidenten der Provinz Brandenburg zustehende Kommunalaufsicht; zum 1. Mai 1934 übernahm er weitere Aufgaben des Oberpräsidenten und nahm damit die Aufsicht über Berlin auch in staatlichen Angelegenheiten wahr. Er unterstand dem preußischen Ministerpräsidenten direkt. Durch das „Gesetz über die Verfassung und Verwaltung der Reichshauptstadt Berlin“ vom 1. Dezember 1936 wurde an Stelle des „Staatskommissars“ das Amt des „Oberbürgermeisters und Stadtpräsidenten“ geschaffen. Der Oberbürgermeister blieb Leiter der Berliner Gemeindeverwaltung und wurde zugleich Leiter der Behörde „Stadtpräsident“. Beiden Behörden stand Julius Lippert in Personalunion als Leiter vor, im Übrigen hatten sie verschiedene Zuständigkeitsbereiche und arbeiteten unabhängig voneinander. Die Personalunion von Oberbürgermeister und Stadtpräsident wurde durch einen Führererlass vom 1. April 1944 aufgelöst. Der Gauleiter Berlin und Reichsminister Joseph Goebbels wurde mit der Leitung der Verwaltung der Reichshauptstadt beauftragt und führte die Bezeichnung „Stadtpräsident“. Nach seinen Weisungen hatten der Oberbürgermeister und der Vizepräsident, auf den die bisherigen Aufgaben des Stadtpräsidenten übergingen, die staatliche Verwaltung der Hauptstadt Berlin zu führen.

145 In den Verwaltungsbezirken bildete das Standesamtswesen seit November 1935 eine eigene Bezirksfachverwaltung (Vgl. DBl I/314 vom 18.11.1935, Abs. 7). Mit einer neuen Satzung der Bezirksgeschäfte vom September 1937 wurde die Bestellung von Standesbeamten und deren Stellvertretern ab dem 1.4.1938 den Bezirksbürgermeistern übertragen (Dienstblatt I/71 vom 19.3.1938, S. 129). Vgl. dazu LAB, A Rep. 001-02, Nr. 2964.

146 Erich Porzig (*23.1.1894 als Sohn eines mittleren Beamten in Berlin, Eheschließung am 13.3.1923, kinderlos), seit dem Frühjahr 1933 Mitglied der NSDAP und 1933/34 Vorsitzender des Reichsbundes der Standesbeamten e. V., um dessen Eingliederung in den Bund Nationalsozialistischer deutscher Juristen (BNSDJ) er sich vergeblich bemühte. Vgl. Siegfried Maruhn: Staatsdiener im Unrechtsstaat, S. 14 und S. 46. Porzig war Mitglied des Direktionskomitees der Internationalen Vereinigung der Zivilstandesbeamten in Bern und fungierte national (seit 1938 für das preußische Innenministerium, später für das preußische und Reichjustizministerium) und international als Fachgutachter. Vgl. LAB, A Rep. 001-06, Nr. 4010, Personalakte Walter Brell, sowie LAB, C Rep. 375-01-08, Nr. 9391 A.05 Entnazifizierungsvorgang Erich Porzig.

Erste Eheschließung nach dem Kriegsende 1945 des Standesamts Kreuzberg im Gebäude Schöneberger Ufer 1–3 (Reichsbahndirektion).

DATUM	BEZIRK	STANDESÄMTER
01.04.1930	*Reinickendorf*	*Frohnau und Hermsdorf*
01.07.1930	*Reinickendorf*	*Heiligensee und Tegel*
01.10.1930	*Reinickendorf*	*Reinickendorf-West und Reinickendorf-Ost*
06.12.1931	*Neukölln*	*Buckow I und Britz*
01.04.1932	*Charlottenburg*	*Charlottenburg IV und Charlottenburg II*
01.06.1932	*Lichtenberg*	*Lichtenberg II und Lichtenberg I*
01.09.1932	*Treptow*	*Altglienicke und Adlershof*
01.01.1933	*Köpenick*	*Müggelheim und Köpenick*
31.12.1935	*Wilmersdorf*	*Grunewald und Schmargendorf*

Im Mai 1932 bestanden in Groß-Berlin 88 Standesämter, von denen sich mehrere ein Lokal und das Personal teilen mussten.

Zum 01. April 1932 wurden dann die Standesämter der Innenstadt – die bis dahin dem Magistrat, speziell einem Stadtamtsrat, später dem Bürodirektor der Zentralen Hauptverwaltung (Generalbüro) nachgeordnet waren – den Bezirksämtern Mitte, Tiergarten, Wedding, Prenzlauer Berg, Friedrichshain und Kreuzberg unterstellt. Lediglich das Standesamt Rudolf-Virchow-Krankenhaus verblieb bei der Hauptverwaltung. Der Leiter der Standesämter Berlin I, II und IV (Mitte) war als standesamtlicher Gutachter und Geschäftsprüfer ebenfalls Beamter der Hauptverwaltung.[123]

Seit der Bildung Groß-Berlins war es nur in Ansätzen gelungen, das Netz der Standesämter der neuen Gebietsstruktur anzupassen. Auch das Personal wurde nicht radikal ausgetauscht.

Hingegen änderte sich in den 1920er Jahren dessen fachliches Profil deutlich: Standesbeamte wurden nun nicht mehr Personen, die gleichzeitig Gemeinde-, Amts- und Gutsvorsteher oder auch Bürgermeister waren, sondern zunehmend speziell geschulte Verwaltungsfachleute. Diese konnten überdies innerhalb der Großkommune flexibel eingesetzt werden.

Zur Ausprägung des Berufsbildes, zur Etablierung des Amtes und seines Ansehens bei der Bevölkerung hatte allerdings die „erste Generation" der Standesbeamten Maßgebliches geleistet, vielleicht gerade weil diese Protagonisten durch ein zusätzliches wichtiges Amt gesellschaftliche Autorität genossen. Zudem waren nicht wenige Personen langjährig im Dienst gewesen – insbesondere auch ihre Stellvertreter, denen wahrscheinlich häufig der Löwenanteil der Arbeit oblag. Ihre praktischen Erfahrungen und der ständige Austausch mit Juristen an den Gerichten und in den Aufsichtsbehörden schufen eine gute Basis für die Arbeit der nachfolgenden Generation.

123 Ebenda.

2.4 Berliner Standesämter in der NS-Zeit

2.4.1 NS-Gesetzgebung und strukturelle Änderungen

Der Erbstrom einer ganzen Stadt flutet an dem Standesbeamten vorüber …

Konrad Dürre, 1924[124]

In seiner Begrüßungsrede zu der reichsweiten Tagung von Standesbeamten und Sippenforschern, die im Oktober 1934 in Berlin stattfand, stellte Reichsinnenminister Wilhelm Frick den Standesbeamten für die Zukunft „mehr Aufgaben und größere Pflichten" in Aussicht. Er sprach zudem über eine Vereinheitlichung des Standesamtswesens und die Vorstellungen zum Ausbau der Standesämter zu Sippenämtern.[125]

Die schon seit den 1920er Jahren stark diskutierten Themen Vererbungslehre, „Rassenhygiene" und Eugenik beschäftigten die Standesbeamten außerordentlich, da ihnen die Pflicht zur Prüfung von Ehehindernissen oblag.[126] Hierzu war im Ergebnis einer nahezu 70-jährigen Amtstätigkeit mit der Anlegung der Standesregister und Sammelakten eine umfangreiche und vor allem zuverlässige Datenbasis entstanden.

Doch die Umwandlung der Standesämter zu Sippenämtern unterblieb. Stattdessen wurde in Gestalt der „Reichsstelle für Sippenforschung" (ab November 1940 „Reichssippenamt") beim Reichsinnenministerium im März 1935 eine zentrale Dienststelle geschaffen, die sich mit dem Nachweis arischer Abstammung befasste. Die Prüfung erblicher Vorbelastungen wurde den im Sommer 1934 gebildeten Gesundheitsämtern übertragen.

Fricks erstgenannte Zusicherungen allerdings sollten sich nur zu gut erfüllen: Die nationalsozialistische Gesetzgebung, die Ausdehnung des Reichsgebietes, die Kriegsvorbereitung und schließlich der Krieg selbst stellten die Standesämter auch in Berlin vor gewaltige Herausforderungen, deren Folgen sich noch über Jahrzehnte auswirken sollten.

Bereits frühzeitig wurden Abstammungsnachweise gefordert – so im Gesetz über die Erhaltung des Berufsbeamtentums vom 7. April 1933 (§ 3)[127] oder im Reichserbhofgesetz vom 29. September 1933 (§ 13 Abs. 1 und 2).[128] Weitere Gesetze begünstigten Ehe und Fa-

124 Konrad Dürre: Der Standesbeamte im Dienste der Rassenhygiene, StAZ 1924, S. 279 f. Zitiert nach Siegfried Maruhn: Staatsdiener im Unrechtsstaat. Die deutschen Standesbeamten und ihr Verband unter dem Nationalsozialismus, Frankfurt am Main/Berlin 2002, S. 21.

125 Vgl. Siegfried Maruhn: Staatsdiener im Unrechtsstaat, S. 80 ff.

126 Dabei waren die verwandtschaftlichen Verhältnisse der Verlobten und spätestens seit 1920 auch gesundheitliche Aspekte zu beobachten.

127 RGBl. I. 1933, S. 175 ff.

128 RGBl. I. 1933, S. 549 ff.

milie, so das Gesetz zur Verminderung der Arbeitslosigkeit vom 1. Juni 1933,[129] später geändert zum Gesetz zur Änderung des Gesetzes über Förderung der Eheschließung vom 28. März 1934.[130] Auch hier waren die Standesämter involviert, um die in Aussicht gestellten Unterstützungen beantragen zu können.

Besonders folgenschwer war das Gesetz zum Schutze des deutschen Blutes und der deutschen Ehre vom 15. September 1935[131] – das dritte der so genannten Nürnberger Gesetze – und dessen Erste Ausführungsverordnung vom 14. November 1935.[132] Das Gesetz besagte in § 1: „Eheschließungen zwischen Juden und Staatsangehörigen deutschen oder artverwandten Blutes sind verboten. Trotzdem geschlossene Ehen sind nichtig, auch wenn sie zur Umgehung dieses Gesetzes im Auslande geschlossen sind." In § 5 hieß es dann: „Wer dem Verbot des § 1 zuwiderhandelt, wird mit Zuchthaus bestraft." Somit waren auch Standesbeamte, die gegen dieses Eheschließungsverbot (bewusst) verstießen, von strengsten Strafen bedroht.

Im späteren Gefolge der Nürnberger Gesetze stand u. a. das Gesetz über die Änderung von Familiennamen und Vornamen vom 5. Januar 1938[133] und vor allem dessen Zweite Durchführungsverordnung vom 17. August 1938.[134] Demnach mussten ab dem 1. Januar 1939 die Juden die pflichtgemäß anzunehmenden zweiten Vornamen[135] bei ihren jeweiligen Geburts- und Heiratsstandesämtern anzeigen. Waren Geburt oder Heirat bei einer deutschen Auslandsvertretung oder in einem deutschen Schutzgebiet beurkundet, musste die Anzeige beim Standesamt I in Berlin erfolgen.

Insbesondere die Prüfung von Ehehindernissen – die, wie im Verwaltungsbericht für das Standesamtswesen für die Jahre 1928–1936 festgestellt wurde, nunmehr „auf bisher unbekanntem Gebiet" liegen konnten – erforderte viel Zeit und Aufmerksamkeit von den Standesbeamten. Ganz offensichtlich war „die Zunahme des Geschäftsumfanges darauf zurückzuführen, dass der dem Programm der NSDAP zugrundeliegende Rassegedanke nunmehr seinen Niederschlag in der Gesetzgebung fand."[136]

Auch die Belastung der Standesämter hinsichtlich der Ausstellung von Personenstandsurkunden und Bescheinigungen wuchs dramatisch – von 263.937 Ausfertigungen im Geschäftsjahr 1932 auf 422.932 in 1933 und 699.247 im Jahr 1935. Diese Entwicklung beschleunigte den Einsatz von Fotokopiertechnik (Erprobung ab 1935) und Schreibmaschinen.[137] Außerdem erhielten die Berliner Standesämter zunächst sogar eine dem Aufgabenzuwachs entsprechende Personalverstärkung: die Zahl der Beschäftigten stieg von 227 (1932) auf 277 (1935), was sich jedoch nicht verstetigte.[138]

2.4.1.1 Das Personenstandsgesetz von 1937 und seine Umsetzung

Angesichts so vieler grundlegender Veränderungen in Staatsbürger-, Ehe- und Familienrecht konnte eine Überarbeitung des seit 1876 geltenden Personenstandsrechts nicht ausbleiben.

Am 1. Juli 1938 trat das Personenstandsgesetz vom 3. November 1937 in Kraft.[139]

Möglicherweise bedingt durch die nunmehr über 70 Jahre geübte Praxis, wurde das Gesetz trotz einiger Neuerungen relativ kurz und präzise gefasst. Schon sein Titel lautet schlicht „Personenstandsgesetz". Anstelle von 85 Paragrafen genügten diesmal 71, die in zehn (früher acht) Abschnitte gegliedert wurden.

Nach wie vor bildete die Eheschließung den Kern – die auf sie bezogenen Bestimmungen rücken in den 2. Gesetzesabschnitt vor, während Geburten und Sterbefälle gemeinsam im 3. Abschnitt behandelt werden. Die Heirat wird als Familiengründung angesehen; somit wurde der Eheeintrag nunmehr in einem *Familien-*

129 RGBl. I. 1933, S. 323 ff. Hier Abschnitt V: Förderung von Eheschließungen, speziell § 1 Satz b: Gewährung eines Ehestandsdarlehens bei vorliegendem standesamtlichen Aufgebot.

130 RGBl. I. 1934, S. 253.

131 RGBl. I. 1935, S. 1146.

132 RGBl. I. 1935 S. 1134 ff.

133 RGBl. I. 1938 S. 9.

134 RGBl. I 1938 S. 1044

135 Jüdische Männer und Frauen mussten den zweiten Vornamen Israel bzw. Sara annehmen, soweit sie nicht „rein jüdische" Vornamen führten. Die Anträge dazu waren schriftlich bei den Standesbeamten enzureichen. Die Geburts- und Heiratsregister sowie die jeweiligen Nebenregister erhielten entsprechende Randvermerke. Noch im Juni 1941 wurde vermeldet, die Anordnung sei noch nicht vollständig durchgeführt (Vgl. LAB, A Rep. 044-08, Nr. 495). Die Zugehörigkeit zur jüdischen Religionsgemeinschaft musste erst ab dem 1. Oktober 1944 mit Inkrafttreten der Vierten Verordnung zur Ausführung und Ergänzung des Personenstandsgesetzes vom 27. September 1944 in den Personenstandseinträgen vermerkt werden.

136 Vgl. Verwaltungsbericht für die Zeit vom 01.04.1928 bis 31.03.1936 für das Standesamtswesen. In: LAB, A Rep. 001-02, Nr. 3112.

137 Ebenda. Mit der Führung maschinenschriftlicher Nebenregister begannen 1934 versuchsweise die Standesämter Berlin VII a und VII c sowie das Standesamt Charlottenburg II. Für das Kopieren wurden Apparate der Fa. Photokopist GmbH von den Standesämtern Berlin I, II, VI, IX und X a in Mitte sowie den Standesämtern XII a und XII b in Tiergarten genutzt. Die Standesämter Charlottenburg II und IV erprobten den Kontophot von Zeiss-Ikon; Reproduktionstechnik der Fa. Siemens verwendeten die Standesämter Berlin IV a und IV b (Kreuzberg) sowie Berlin X b und Xc (Prenzlauer Berg). Nur die Siemensgeräte stellten Positiv-Kopien her; die anderen Apparate erzeugten Negativreproduktionen, wofür jeweils Dunkelkammern eingerichtet werden mussten.

138 Ebenda.

139 Personenstandsgesetz, vom 3. November 1937 (RGBl. I 1937, S. 1146 ff). Damit zusammenhängend wurden eingeführt: die Erste Verordnung zur Ausführung des Personenstandsgesetzes, vom 19. Mai 1938; das Gesetz zur Vereinheitlichung des Rechts der Eheschließung und der Ehescheidung im Lande Österreich und im übrigen Reichsgebiet, vom 6. Juli 1938 („Ehegesetz", RGBl. I S. 807, Nr. 106 vom 8. Juli 1938); die diesbezügliche Durchführungsverordnung vom 27. Juli 1938; die Dienstanweisung für die Standesbeamten vom Dezember 1938.

buch vorgenommen (§§ 9 ff.). Entsprechend wird auch das Geburtenregister nunmehr als *Geburtenbuch* (§§ 16 ff.) und das Sterberegister als *Sterbebuch*[140] (§§ 32 ff.) geführt. Die Eintragung einer jeden Ehe erfolgte auf einem zweiteiligen *Familienblatt* – der erste Teil enthält den Heiratseintrag mit Randvermerk, der zweite Teil die Angaben zu den Eltern der Brautleute und den gemeinsamen Kindern sowie unehelichen Kindern weiblicher Abkömmlinge. Dieser Teil war nicht mit dem Geburtenbuch gleichzusetzen und ständig solange fortzuschreiben, bis das betreffende Kind selbst heiratete. Der zweite Teil enthielt außerdem Angaben, die nunmehr durch die nationalsozialistische Gesetzgebung gefordert wurden: Staatsangehörigkeit, Reichsbürgerrecht und rassische Einordnung der Ehegatten (§ 14). Während das alte Gesetz lediglich Personenstandsfälle auf Seeschiffen besonders beachtete, wurden nun die Personenstandsfälle im Ausland – mit Zuständigkeit des Berliner Standesamts I (§ 41) – und die von Soldaten oder zur See und in der Luft – zuständig waren hier das Reichsinnen- oder das Justizministerium, ggf. andere Ministerien (§ 42) – einbezogen. Die Reichsminister für Inneres und Justiz erhielten außerdem die Zuständigkeit für die nach altem Recht geführten Personenstandsregister sowie für die vor 1876 entstandenen Bücher der Religionsgemeinschaften, Letzteres im Einvernehmen mit dem Reichsminister für kirchliche Angelegenheiten (§ 76).

Die Knappheit des Gesetzes ermöglichte in den kommenden Monaten und Jahren diverse, oft sehr eingehende Präzisierungen und Auslegungen in Form von Ausführungsverordnungen (AVO). Bereits die erste AVO vom 19. Mai 1938[141] war mit 113 Paragrafen, einschließlich Formularvorgaben und Gebührenverzeichnis, äußerst ausführlich. Die dritte AVO vom 4. November 1939[142] bildete zugleich die sogenannte „Personenstandsverordnung der Wehrmacht", die wiederum in den 1940er Jahren selbst einige Anpassungen erfuhr. Ende September 1944 gab es eine letzte Gesetzesänderung mit der vierten AVO.[143]

2.4.1.2 Angepasste Standesamtsaufsicht und die Bildung der Großstandesämter für die Reichshauptstadt

Die Funktion der höheren Verwaltungsbehörde für das Standesamtswesen in der Reichshauptstadt hatte ab Mai 1934 der Staatskommissar, ab Dezember 1936 der Stadtpräsident der Reichshauptstadt Berlin, übernommen.[144] Er genehmigte den Zuschnitt der Standesamtsbezirke, die Festlegung ihrer Amtssitze sowie die seitens des Oberbürgermeisters, der als untere Verwaltungsbehörde fungierte, vorgenommene Bestellung der Standesbeamten und ihrer Stellvertreter.

Dem Oberbürgermeister oblag in dieser Funktion nämlich formal die allgemeine Dienstaufsicht über die Standesbeamten einschließlich der Stellenbesetzungsvorschläge bzw. der Billigung und Weiterleitung der Vorschläge der Bezirksbürgermeister (§§ 54 und 59 PStG).[145] Die faktische Standesamtsaufsicht wurde innerhalb der Berliner Verwaltung vom Dezernat I 7 der Hauptverwaltung des Magistrats (Geschäftszeichen HV I 7) wahrgenommen. 1938 übernahm Stadtamtmann Erich Porzig,[146] der zuvor die Standesämter IVa/IVb und dann das Standesamt Berlin-Mitte geleitet hatte, das Amt der Dezernatsleitung von Walter Brell. Ab 1941 führte er die Dienstbezeichnung „Direktor der Standesämter", da er zugleich für das Sonderstandesamt I Verantwortung trug.

140 Im Sterbebuch war nunmehr auch die Todesursache einzutragen „falls sie von einem für das Deutsche Reich bestallten Arzt bescheinigt worden ist" (§ 38).

141 RGBl. I 1938, S. 533 ff.

142 RGBl. I 1939 S. 2163 ff.

143 RGBl. I 1944 S. 219 ff.

144 Julius Lippert wurde am 14. März 1933 als Staatskommissar „zur besonderen Verwendung" in der Hauptstadt Berlin eingesetzt. Verfassungsrechtlich stand er außerhalb des Magistrats und der städtischen Verwaltung. Ab dem 15. Januar 1934 erhielt der Staatskommissar die dem Oberpräsidenten der Provinz Brandenburg zustehende Kommunalaufsicht; zum 1. Mai 1934 übernahm er weitere Aufgaben des Oberpräsidenten und nahm damit die Aufsicht über Berlin auch in staatlichen Angelegenheiten wahr. Er unterstand dem preußischen Ministerpräsidenten direkt. Durch das „Gesetz über die Verfassung und Verwaltung der Reichshauptstadt Berlin" vom 1. Dezember 1936 wurde an Stelle des „Staatskommissars" das Amt des „Oberbürgermeisters und Stadtpräsidenten" geschaffen. Der Oberbürgermeister blieb Leiter der Berliner Gemeindeverwaltung und wurde zugleich Leiter der Behörde „Stadtpräsident". Beiden Behörden stand Julius Lippert in Personalunion als Leiter vor, im Übrigen hatten sie verschiedene Zuständigkeitsbereiche und arbeiteten unabhängig voneinander. Die Personalunion von Oberbürgermeister und Stadtpräsident wurde durch einen Führererlass vom 1. April 1944 aufgelöst. Der Gauleiter Berlin und Reichsminister Joseph Goebbels wurde mit der Leitung der Verwaltung der Reichshauptstadt beauftragt und führte die Bezeichnung „Stadtpräsident". Nach seinen Weisungen hatten der Oberbürgermeister und der Vizepräsident, auf den die bisherigen Aufgaben des Stadtpräsidenten übergingen, die staatliche Verwaltung der Hauptstadt Berlin zu führen.

145 In den Verwaltungsbezirken bildete das Standesamtswesen seit November 1935 eine eigene Bezirksfachverwaltung (Vgl. DBl I/314 vom 18.11.1935, Abs. 7). Mit einer neuen Satzung der Bezirksgeschäfte vom September 1937 wurde die Bestellung von Standesbeamten und deren Stellvertretern ab dem 1.4.1938 den Bezirksbürgermeistern übertragen (Dienstblatt I/71 vom 19.3.1938, S. 129). Vgl. dazu LAB, A Rep. 001-02, Nr. 2964.

146 Erich Porzig (*23.1.1894 als Sohn eines mittleren Beamten in Berlin, Eheschließung am 13.3.1923, kinderlos), seit dem Frühjahr 1933 Mitglied der NSDAP und 1933/34 Vorsitzender des Reichsbundes der Standesbeamten e. V., um dessen Eingliederung in den Bund Nationalsozialistischer deutscher Juristen (BNSDJ) er sich vergeblich bemühte. Vgl. Siegfried Maruhn: Staatsdiener im Unrechtsstaat, S. 14 und S. 46. Porzig war Mitglied des Direktionskomitees der Internationalen Vereinigung der Zivilstandesbeamten in Bern und fungierte national (seit 1938 für das preußische Innenministerium, später für das preußische und Reichjustizministerium) und international als Fachgutachter. Vgl. LAB, A Rep. 001-06, Nr. 4010, Personalakte Walter Brell, sowie LAB, C Rep. 375-01-08, Nr. 9391 A.05 Entnazifizierungsvorgang Erich Porzig.

Für den Dienst als Standesbeamte kamen Beamte des gehobenen mittleren Dienstes oder des einfachen mittleren Dienstes in Frage, die die Prüfung des Lehrgangs II des Verwaltungsseminars erfolgreich bestanden hatten und zuvor eine einmonatige Sonderausbildung absolvieren mussten. In mit Amtsstellen räumlich und personell vereinigten Standesämtern, die nicht in ausreichender Zahl über entsprechend ausgebildete Beamte verfügten, konnten auch Stadtsekretäre, Stadtobersekretäre und Verwaltungssekretäre als stellvertretende Standesbeamte tätig werden. Für einfache Schreibarbeiten und Beglaubigungen, z. B. Einträge in das Nebenregister und Anfertigung von Registerauszügen, konnten auch Stadtassistenten eingesetzt werden, soweit diese mindestens seit einem Jahr in einem größeren Standesamt mit bestätigter Sorgfalt gearbeitet hatten. Amtsleiter der größeren und mittleren Standesämter waren in der Regel Stadtoberinspektoren.[147]

Der seit Ende der 1920er Jahre laufende räumliche und personelle Konzentrationsprozess der Berliner Standesämter wurde zunächst fortgesetzt, ohne tiefgreifende organisatorische Reformen vorzunehmen.

Zum 31. Dezember 1935 wurden im Bezirk Wilmersdorf die Standesämter Grunewald und Schmargendorf zusammengelegt. Damit war zwischen 1928 und 1936 die Zahl der Dienststellen, in denen die 88 Berliner Standesämter tätig waren, von 79 auf 70 geschrumpft.[148] Die Zahl gemeinsamer Sitze war auf 15 erhöht worden; allein im Berliner Stadthaus in der Klosterstraße waren bereits seit Mitte der 1920er Jahre drei Standesämter (Berlin I, II und VI) unter gemeinsamer Leitung ansässig. Bis April 1937 arbeiteten dann sämtliche fünf Standesämter des Verwaltungsbezirks Mitte in der Parochialstraße 3/Ecke Klosterstraße.[149] Diese Konzentration gerade der in der unmittelbaren Stadtmitte liegenden Standesämter war damals durch einen dort abnehmenden Arbeitsaufwand gerechtfertigt: Die Zahl der ansässigen Bevölkerung hatte abgenommen, weil sich die zentralen Wohnareale im Stadtzentrum mehr und mehr zu Geschäftsvierteln gewandelt hatten.[150]

Bereits Mitte der 1930er Jahre war im Zusammenhang mit Überlegungen zu einer Neugliederung des Berliner Stadtgebietes die Bildung großer Standesämter für die Verwaltungsbezirke Mitte, Tiergarten, Wedding, Prenzlauer Berg, Horst Wessel,[151] Kreuzberg, Charlottenburg und Schöneberg in Aussicht gestellt worden.[152] Diskutiert wurde auch die Bildung einer Zentralen Urkundenstelle für Berlin, womöglich sogar unter Einbeziehung der Kirchenbuchüberlieferung. Für diesen Vorschlag wurde mit den Einsatzmöglichkeiten moderner Kopier- und Bestandspflegetechnik, mit größerer Bürgerfreundlichkeit und mit weniger Arbeitsaufwand für die Urkundsbeamten argumentiert. Dagegen wurde ebenderselbe Arbeitsaufwand als höher ins Feld geführt, da die Beamten die für die Ausstellung, Prüfung oder Berichtigung notwendigen Registerbände und Sammelakten nicht mehr unmittelbar am Arbeitsplatz zur Verfügung hätten. Schließlich erschien auch angesichts der im Reichssippenamt angedachten Bildung von Kreissippenämtern eine derart drastische Reform des Berliner Standesamtswesens nicht geraten.[153]

Doch selbst die Gegner der Zentralisierungsbestrebungen gaben dem Oberbürgermeister die schwierige Lage der Standesämter zu bedenken. „Die Standesämter stehen infolge der gesetzgeberischen Maßnahmen der letzten drei Jahre im Brennpunkt der Rasse-, Bevölkerungs- und Gesundheitspolitik. Sie sind völlig überlastet. Mit dem vorhandenen Standesbeamten- und Büropersonal lässt sich weiterhin die Arbeit nicht mehr geordnet durchführen. Wie ich schon früher berichtete, hat die Korrektheit der Arbeit gegen früher merklich nachgelassen. Eine allgemeine Ermüdung des gesamten Personals ist feststellbar. Dazu kommt, dass auch die Räume [...] nicht mehr ausreichen. Nicht nur die Vorarbeiten für die Erteilung des Reichsbürgerbriefes und die Ausdehnung des Ariernachweises auf die gesamte Parteigenossenschaft und die Gliederungen der Partei sondern auch die zu erwartende Sippenamtsgesetzgebung verlangt eine durchgreifende Reorganisation des gesamten Berliner Standesamtswesens."[154]

Das neue Personenstandsgesetz bot dann einen passenden Anlass, die vorliegenden Überlegungen zu konkretisieren und gleichzeitig mit den gesetzlichen Regelungen zum 1. Juli 1938 in Kraft zu setzen.[155] Für die Verwaltungsbezirke Mitte, Tiergarten, Wedding, Prenzlauer Berg, Horst Wessel, Kreuzberg, Charlottenburg und Schöneberg griffen tatsächlich die Vorüberlegungen und es wurden zentrale Standesämter (bezeichnet als „Großstandesämter") gebildet, deren Zuständigkeitsgebiet mit den Bezirksterritorien übereinstimmte. Deren Grenzen waren erst kurz zuvor, zum 1. April 1938, neu definiert worden.[156] Die Register und Akten der bisher selbstständigen Standesämter dieser Bezirke wurden in diesen neuen „Großstandesämtern" konzentriert.

147 Vgl. Verwaltungsbericht für die Zeit vom 01.04.1928 bis 31.03.1936 für das Standesamtswesen. In: LAB, A Rep. 001-02, Nr. 3112.

148 Vgl. Verwaltungsbericht der Allgemeinen Hauptverwaltung, 1. April 1932 bis 31. März 1936, mit kurzem Rückblick auf die Jahre seit 1928, Heft 1, Berlin 1937, S. 56.

149 Vgl. Übersichten in LAB, A Rep. 001-02, Nr. 3112.

150 Vgl. Walter Brell: Die Sonderstellung des Standesamts I in Berlin, In: StAZ 1950, S. 83.

151 Der Stadtbezirk Friedrichshain trug von 1933 bis 1945 den Namen „Horst Wessel-Stadt".

152 Vgl. LAB, A Rep. 001-02, Nr. 2940.

153 Ebenda.

154 Vgl. Stellungnahme des Leiters der Standesämter IV a und b, Stadtoberinspektor Erich Porzig, vom 8. Januar 1936. In: LAB, A Rep. 001-02, Nr. 2940, Bl. 13 ff.

155 Vgl. LAB A Rep. 001-02, Nr. 2964: Schreiben des Oberbürgermeisters an den Stadtpräsidenten vom 04. Juni 1938.

156 Übersicht und Einzelmeldungen in: LAB, A Rep. 001-02, Nr. 2940.

Nun verlor auch das Standesamt Rudolf-Virchow-Krankenhaus seine Eigenständigkeit. Das Standesamt I (Mitte) sollte außerdem die dem Standesamt I in Berlin mit dem neuen Personenstandsgesetz übertragenen Sonderaufgaben[157] weiterführen; diese wurden erst knapp ein Jahr später an das neue Standesamt I in Berlin ausgegliedert.[158]

Übersicht zu den 1938 gebildeten Großstandesämtern

GROSS_ STANDES-AMT	ALT-STANDES-ÄMTER	SITZ DES GROSS-STANDES-AMTS	STANDESBE-AMTER DES GROSSSTAN-DESAMTS
Berlin-Mitte	*Berlin I* *Berlin II* *Berlin VI* *Berlin IX* *Berlin X a*	*Parochialstraße 3*	*Stadtoberinspektor Gesche*
Berlin-Tiergarten	*Berlin III* *Berlin XII a* *Berlin XII b*	*Wilhelmshavener Straße 2*	*Nothnagel*
Berlin-Wedding	*Berlin XI* *Berlin XIII a* *Berlin XIII b* *Rudolf-Virchow-Krankenhaus*	*Lütticher Straße 37*	*Dr. Sergel*
Berlin-Prenzlauer Berg	*Berlin X b* *Berlin X c*	*Nordmarkplatz 1*	*Stadtoberinspektor Noack*
Berlin-Horst-Wessel	*Berlin VII a* *Berlin VII b* *Berlin VII c* *Berlin VIII*	*Koppenstraße 70*	*Stadtoberinspektor Brettschneider*
Berlin-Kreuzberg	*Berlin IV a* *Berlin IV b* *Berlin V a* *Berlin V b*	*Boeckhstraße 9 10*	*Stadtoberinspektor Günther*
Berlin-Charlottenburg	*Charlottenburg I* *Charlottenburg II* *Charlottenburg III* *Charlottenburg IV*	*Rathaus Berliner Straße 72–73*	*Stadtoberinspektor Graehn*
Berlin-Schöneberg	*Schöneberg I* *Schöneberg II* *Friedenau*	*Neues Rathaus (Am Rudolf-Wilde-Platz)*	*[kein Standesbeamter benannt]*

Für diese Standesämter wurden aus dem Kreis bisher tätiger Fachkräfte einzelne Personen, die zumindest im Rang eines Stadtoberinspektors standen, zu Standesbeamten bestellt; die übrigen bisher als Standesbeamte Tätigen wurden als Stellvertreter benannt.

Die Bestellung der Standesbeamten und ihrer Stellvertreter oblag nunmehr direkt dem zuständigen Bezirksbürgermeister, der den Antrag auf Berufung unmittelbar an den Stadtpräsidenten (als Fachaufsichtsbehörde) zu stellen hatte. Diesem allein stand zudem das Widerrufungsrecht zu. Nur die Berufungen für die Großstandesämter liefen weiterhin über den Tisch des Oberbürgermeisters. Einzig der Standesbeamte des Standesamts I (derzeit noch bei der Bezirksverwaltung Mitte) war als Leiter der Beratungsstelle für Personenstandsrecht und als Fachberater der Hauptfachverwaltung Beamter der Hauptverwaltung des Magistrats. Wer zum Standesbeamten ernannt wurde, musste mindestens zwei Jahre praktischer Tätigkeit als stellvertretender Standesbeamter nachweisen. Aufgrund des durch das neue Gesetz gestiegenen Arbeitsaufwandes wuchs der Personalbedarf: Unter den Stadtinspektoren sollte für die dreimonatige Spezialausbildung für den Standesamtseinsatz geworben werden.[159]

Die Standesämter in den übrigen Verwaltungsbezirken blieben überwiegend unangetastet, allerdings ebenfalls unter Anpassung ihrer Sprengel an die bestehenden Grenzen der Gemeinde- und Polizeiverwaltung. Einige Umbenennungen oder Zusammenlegungen der Ämter gab es daher auch hier, wobei diese Maßnahme hauptsächlich Ämter betraf, die sich bisher bereits Räumlichkeiten und Personal geteilt hatten (nachfolgend mit * gekennzeichnet):

- Im Bezirk Spandau wurden die Benennungen der Standesämter Berlin-Spandau I in „Berlin-Spandau“ und Berlin-Spandau II in „Berlin-Siemensstadt“ geändert. Zusätzlich war geplant, das unzureichend untergebrachte Standesamt Staaken aufzuheben und in das Standesamt Spandau einzugliedern. Dies gelang allerdings erst 1942.
- In Wilmersdorf wurden die Standesämter Berlin-Schmargendorf* und Berlin-Grunewald* zu einem Standesamt „Berlin-Schmargendorf“ zusammengelegt.
- Die Neuköllner Standesämter Berlin-Britz* und Berlin-Buckow I* wurden zu einem Standesamt „Berlin-Britz“ vereinigt und das Standesamt Berlin-Buckow II wurde in „Berlin-Krankenhaus Neukölln“ umbenannt.
- Der Verwaltungsbezirk Treptow gewann aufgrund der Änderung der Bezirksgrenzen das Standesamt Berlin-Bohnsdorf vom Verwaltungsbezirk Köpenick. Das Standesamt Berlin-Schöneweide erhielt die Bezeichnung „Berlin-Johannisthal“. Für den nunmehr zum Verwaltungsbezirk Köpenick gehörenden Ortsteil Oberschöneweide wurde ein eigener Standesamtsbezirk „Berlin-Oberschöneweide“ mit Sitz in der Amtsstelle Luisenstraße 33 geschaffen.

157 Vgl. § 40 des Personenstandsgesetzes vom 3. November 1937, sowie § 61 Abs. 2 und 4 und § 62 Abs. 2 bis 4 und § 116 der Ersten Verordnung zur Ausführung des Personenstandsgesetzes vom 19. Mai 1938.

158 Vgl. LAB, A Rep. 001-02, Nr. 2940.

159 Vgl. Rundschreiben des Oberbürgermeisters an die Bezirksbürgermeister und das Hauptgesundheitsamt betr. die Neugestaltung des Standesamtswesens, vom 03. März 1938. In: LAB, A Rep. 046-08, Nr. 66–70 (zusammengefasster Band).

- Die Standesämter Berlin Lichtenberg I* und Berlin-Lichtenberg II* fusionierten zum Standesamt „Berlin-Lichtenberg".
- In Reinickendorf entstand aus den Standesämtern Berlin-Reinickendorf-Ost* und Berlin-Reinickendorf-West* das Standesamt „Berlin-Reinickendorf". Berlin-Tegel* und Berlin-Heiligensee* wurden zu „Berlin-Tegel" zusammengeschlossen sowie Berlin-Hermsdorf-Lübars* und Berlin-Frohnau* zu „Berlin-Hermsdorf".

Bei den Ämterfusionen wurde berücksichtigt, dass die neuen Standesamtsbezirke die Einwohnerzahl von 100.000 nicht überschritten. Dies galt allerdings nicht für die so genannten Großstandesämter, von denen jedes ein Bevölkerungsaufkommen im großstädtischen Maßstab von 200.000 bis 300.000 Einwohnern betreute.[160]

Die neue Ämterstruktur war ein entscheidender Faktor bei der Umsetzung der mit dem neuen Personenstandsgesetz angestrebten Rationalisierung.[161] Dafür war es wichtig, auch im Sinne der Akzeptanz durch die Bevölkerung, dass die Großstandesämter bei der Einführung personell und technisch ausreichend ausgestattet waren, um zu funktionieren und zusätzlich die umfangreichen Aufgaben zu erfüllen, die das neue Personenstandsgesetz stellte.

Dies wurde seitens der Standesamtsaufsicht im Berliner Rathaus von Anfang an als gewichtiger Faktor gesehen.

Die benötigten Kanzleikräfte und Ausstattungen sollten unbedingt zur Verfügung stehen, doch waren v. a. personelle Probleme bereits vor Einführung der Neuerungen erkennbar: „Durch eine geeignete Raum- und Personalverteilung muss versucht werden, soweit als möglich den sich aus dem Mangel an Kräften ergebenden Schwierigkeiten Herr zu werden [...] Sobald feststeht, bei welchen Gruppen und in welchem Ausmaß Stellen vermehrt werden sollen, werde ich entscheiden, welche Beamten und Angestellten von einer Bezirksverwaltung zu einer anderen zu versetzen sind. Es muß damit gerechnet werden, dass die Versetzungen erst nach dem 30. Juni 1938 ausgesprochen werden".[162]

Die Standesbeamten wurden mit einer Reihe von Schulungsveranstaltungen im Berliner Rathaus in die neuen Vorschriften eingeführt. Allerdings bereitete die Umstellung einige praktische Schwierigkeiten, z. B. hinsichtlich der Bereitstellung der neuen Register und Formulare und der – angesichts der Umstellung auf das Lose-Blatt-System – dafür erforderlichen Schreibmaschinen mit doppelter Wagenbreite. Das verbindlich eingeführte Lose-Blatt-System sollte möglichst rationell genutzt werden, um in nicht mehr als zwei Arbeitsgängen das Blatt des Personenstandsbuches maschinenschriftlich so zu bearbeiten, dass zugleich das Zweitbuch und andere Mitteilungen (soweit ihr Inhalt nicht speziell vorgeschrieben war) erstellt wurden. Die Register wurden nunmehr als „Bücher" geführt. Starke Abwandlungen erfuhr insbesondere das Heiratsregister, nun „Familienbuch", welches von zwei auf vier Seiten erweitert wurde, da den Angaben über die Eltern der Ehegatten, deren Staatsangehörigkeit, Religion und „Rasse", sowie über gemeinsame – auch uneheliche und angenommene – Kinder mehr Raum zukam. Allein hierfür verdoppelte sich seitens der Standesämter der Zeitaufwand für die Aufnahme eines Aufgebots, die persönlichen Gespräche, Ermittlungen und Eintragungen der nach den nationalsozialistischen Familien- und Rassegesetzen zu verarbeitenden umfangreichen persönlichen Angaben auf etwa 50 Minuten.

Tatsächlich bewahrheitete sich die Befürchtung, dass die absehbar erhöhte Arbeitslast nicht bewältigt werden konnte, vor Ort rasch. Bereits im Oktober 1938 wehrte sich der stellvertretende Dienststellenleiter des Standesamts Berlin-Mitte [Standesamt I Berlin (Mitte)], Gottschalk, gegen den geplanten Wegfall von sechs Assistentenstellen. Seine Begründung verdeutlicht das Maß an Frustration, das sich selbst bei beruflich sehr engagierten Beschäftigen zwischenzeitlich bereits angesammelt haben musste. Er schreibt u. a.: „Durch die Einführung des Lose-Blatt-Systems [...] ist lediglich die handschriftliche Führung des Zweitbuches (Nebenregisters) fortgefallen. Das ist aber auch die einzige Vereinfachung. Es ist bisher nicht gelungen, die verschiedenen Meldungen [...] an die verschiedensten Stellen (Polizei, Wahlamt, Statistisches Amt, Gesundheitsamt, Jugendamt, Vormundschaftsbericht, Säuglingsfürsorge, Finanzamt, Kirche, andere Standesämter usw.) auf einander abzustimmen und dann im Durchschreibeverfahren Arbeitsgänge zu ersparen, wie es geplant war. Dies wird m. E. auch in absehbarer Zeit nicht möglich sein. Im Übrigen sind die gesamten Arbeiten, mögen sie nun Familien-, Geburten- oder Sterbebuch bzw. Randvermerke in diesen Betreffen nicht einfacher, sondern mehr und schwieriger geworden. Ich erwähne nur die Eintragung der Abstammung, der rassischen Einordnung, in gewissen Fällen der Staatsangehörigkeit, die Angabe der Wahleltern, Mitteilung an das Vormundschaftsgericht beim Vorhandensein eines gemeinsamen unehelichen Kindes usw. [...] Mit der Schreibarbeit allein ist es aber nicht getan; die Erörterung der einzelnen Dinge (Religion, Abstammung, Ehegesundheitsgesetz, Ehestandsdarlehen usw.) nimmt oft mehr Zeit in Anspruch als das Niederschreiben selbst. Die Ausfertigung der Familienstammbücher erfordert heute mindestens

160 Damit gab es für Berlin eine Ausnahme von § 91 Abs. 1 Satz 2 der Ersten Verordnung zur Ausführung des Personenstandsgesetzes vom 19. Mai 1938 (RGBl. I S. 533), wonach ein Standesamtsbezirk nicht mehr als 100.000 Einwohner haben sollte (vgl. LAB, A Rep. 001-02 Nr. 2964, Scheiben des Oberbürgermeisters an die Bezirksbürgermeister vom 4. Juni 1938).

161 Rundschreiben des Oberbürgermeisters an die Bezirksbürgermeister Mitte, Tiergarten, Wedding, Prenzlauer Berg, Horst Wessel, Kreuzberg, Charlottenburg, Schöneberg, vom 6.10.1937. In: LAB, A Rep. 001-02, Nr. 2940. Vgl. auch Schreiben des Oberbürgermeisters an den Stadtpräsidenten der Reichshauptstadt Berlin vom 6. 10.1937, mit Begründung der Maßnahmen. In: LAB, A Rep. 001-02, Nr. 3520.

162 Schreiben des Oberbürgermeisters an die Bezirksbürgermeister vom 4.6.1938. In: LAB, A Rep. 001-02, Nr. 2964, vgl. auch die anderen Schriftsätze von Allg. H I 4 – C 3/1 unter diesem Datum in der betr. Akte.

Übersicht über die in Berlin im August 1939 tätigen Standesämter, mit Änderungen bis Ende März 1940

VERWALTUNGSBEZIRK	STANDESAMT	VERÄNDERUNGEN 1939/1940	
Mitte	*Berlin-Mitte*	*keine Veränderungen*	
Tiergarten	*Berlin-Tiergarten*		
Wedding	*Berlin-Wedding*		
Prenzlauer Berg	*Berlin-Prenzlauer Berg*		
Horst Wessel-Stadt	*Berlin-Horst Wessel*		
Kreuzberg	*Berlin-Kreuzberg*		
Charlottenburg	*Berlin-Charlottenburg*		
Schöneberg	*Berlin-Schöneberg*		
Spandau	*Berlin-Spandau*	*keine Veränderungen*	
	Berlin-Siemensstadt		
	Berlin-Staaken		
	Berlin-Kladow		
Wilmersdorf	*Berlin-Wilmersdorf*	*keine Veränderungen*	
	Berlin-Schmargendorf		
Zehlendorf	*Berlin-Zehlendorf*	*1940 zu einem Standesamt Berlin-Zehlendorf vereinigt*	
	Berlin-Nikolassee		
	Berlin-Dahlem		
	Berlin-Wannsee		
Steglitz	*Berlin-Steglitz*	*keine Veränderungen*	
	Berlin-Lankwitz		
	Berlin-Lichterfelde		
Tempelhof	*Berlin-Tempelhof*	*keine Veränderungen*	
	Berlin-Mariendorf		
	Berlin-Lichtenrade		
	Berlin-Marienfelde		
Neukölln	*1 Berlin-Neukölln*	*keine Veränderungen*	
	2 Berlin-Neukölln		
	3 Berlin-Neukölln		
	Berlin-Britz		
	Berlin-Rudow	*1940 zu einem Standesamt Berlin-Rudow vereinigt*	
	Krankenhaus Berlin-Neukölln		
Treptow	*Berlin-Treptow*	*keine Veränderungen*	
	Berlin-Johannisthal		
	Berlin-Adlershof		
	Berlin-Altglienicke		
	Berlin-Bohnsdorf		
Köpenick	*Berlin-Köpenick*	*keine Veränderungen*	
	Berlin-Friedrichshagen		
	Berlin-Rahnsdorf		
	Berlin-Grünau		
	Berlin-Oberschöneweide		
	Berlin-Schmöckwitz		
	Berlin-Müggelheim	*bis Ende März 1940 Amtssitz räumlich nach Standesamt Berlin-Köpenick verlegt*	
Lichtenberg	*Berlin-Lichtenberg*	*keine Veränderungen*	
	Berlin-Friedrichsfelde	*mit Amtsstelle (1938)*	
	Berlin-Biesdorf	*mit Amtsstelle (1938)*	*1940 dem Standesamt Berlin Friedrichsfelde angegliedert*
	Berlin-Kaulsdorf	*mit Amtsstelle (1938)*	
	Berlin-Mahlsdorf	*mit Amtsstelle (1938)*	
Weißensee	*Berlin-Weißensee*	*(Amtsstelle)*	
	Berlin-Hohenschönhausen		*zum 1. Juli 1939 zu einem Standesamt Berlin-Weißensee vereinigt*
Pankow	*Berlin-Pankow*	*zum 1. Juli 1939 mit Berlin-Niederschönhausen vereinigt*	
	Berlin-Rosenthal	*keine Veränderungen*	
	Berlin-Buchholz		
	Berlin-Buch		
	Berlin-Karow		
	Berlin-Blankenburg		
	Berlin-Heinersdorf		
Reinickendorf	*Berlin-Reinickendorf*	*keine Veränderungen*	
	Berlin-Wittenau		
	Berlin-Tegel		
	Berlin-Hermsdorf		

doppelt soviel Zeit als früher, denn die Eintragungen stellen nicht mehr Scheine, sondern Urkunden dar und sind daher erheblich umfangreicher. Sehr viel Arbeit verursacht das neue Hinweis- und Mitteilungsverfahren [...] Dieses Verfahren ist derartig verzwickt, daß es von den wenigsten Standesämtern bis jetzt ordnungsmäßig gehandhabt wird, andererseits hat es aber durch die Schaffung des Familienbuches so sehr an Bedeutung gewonnen, daß es mit größter Gewissenhaftigkeit erledigt werden muß, da sonst Sinn und Zweck des Familienbuches niemals erfüllt werden können. Eine weitere Folge des Mitteilungsverfahrens ist [...] ein dauerndes Heraussuchen und Wegstellen der Register und Sammelakten, da die eingehenden Mitteilungen in die Register eingetragen und zu den Sammelakten genommen werden müssen. Bei dieser Sachlage ist es nicht möglich, der Neuaufgaben einfach durch Umstellung von Hand auf Schreibmaschine Herr zu werden."[163]

Im August 1939 waren im Berliner Stadtgebiet 62 Standesämter tätig.[164]

Bis April 1940 verfügte die Hälfte der Berliner Bezirke über ein zentrales Standesamt.

Ein Führererlass vom März 1941 forderte die würdige Unterbringung von Standesämtern,[165] und da es nachvollziehbar leichter war, für 11 statt für 52 Standesämter würdige Räumlichkeiten zu finden, ersuchte der Oberbürgermeister den Reichsminister des Innern um seine Zustimmung für die Zusammenlegung weiterer Standesämter in der Hauptstadt. Diese wurde im November 1941 erteilt, wohl auch in Anerkennung der erwiesenen Leistungsfähigkeit der bereits eingerichteten Zentral- bzw. Großstandesämter. Angesichts der rationellen Arbeitsweise und eines ausgebauten Verkehrsnetzes hatte das alte Argument der „weiten Wege" zudem an Gewicht verloren. Selbst die Beschwerden einzelner NSDAP-Dienststellen und sogar der Hinweis auf unnötigen Zeitverlust für Rüstungsarbeiter blieben wirkungslos.[166] Eine nicht unerhebliche Rolle für die

163 Vgl. Rückmeldung des Standesamts Berlin-Mitte auf das Rundschreiben Allg H III 5 d vom 23.9.1938, vom 11.10.1938. In: LAB, A Rep. 001-02, Nr. 2964. Das Standesamt hatte innerhalb der ersten drei Monate der neuen Gesetzespraxis ca. 1.900 Geburten, 900 Eheschließungen, 1.000 Aufgebote, 1.100 Sterbefälle einzutragen, etwa 380 Randvermerke angelegt, mehr als 35.100 Registerabschriften und Urkunden (auch in Fotokopie), rund 800 Famlienstammbücher, ca. 450 Ehefähigkeitszeugnisse und an die 4.000 Ahnenpässe ausgestellt.

164 Liste, einschließlich einer Beschreibung der Sprengelgrenzen, in A Rep. 001-02, Nr. 2940. Im November 1938: 61 – mit denselben Amtsstellen (s. LAB, A Rep. 001-02, Nr. 2964, Rückmeldungen).

165 Schnellbrief des Reichsministers des Innern vom 28. März 1941. In: LAB, A Rep. 001-02 Nr. 3520.

166 Vgl. Beschwerdebrief der NSDAP-Kreisdienststelle Lichtenberg-Köpenick an den Köpenicker Berzirksbürgermeister

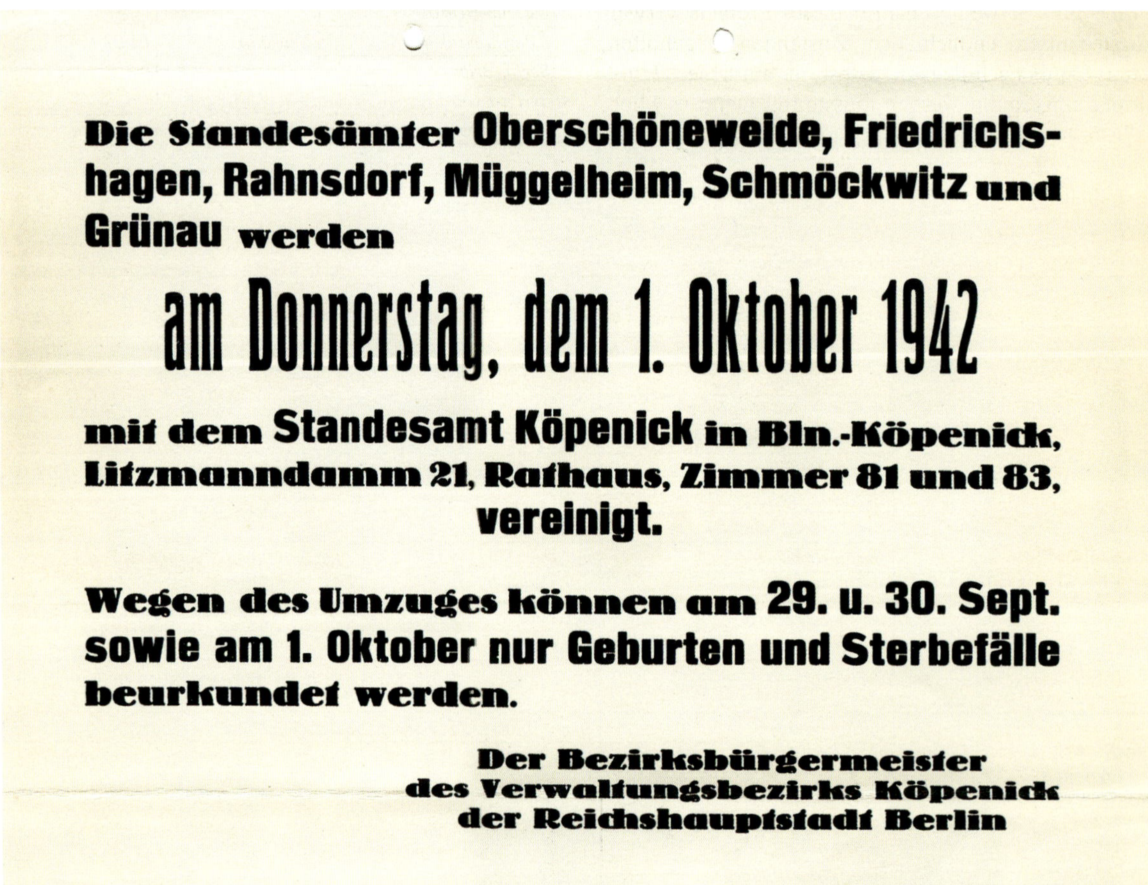

Die Standesämter Oberschöneweide, Friedrichshagen, Rahnsdorf, Müggelheim, Schmöckwitz und Grünau werden

am Donnerstag, dem 1. Oktober 1942

mit dem Standesamt Köpenick in Bln.-Köpenick, Litzmanndamm 21, Rathaus, Zimmer 81 und 83, vereinigt.

Wegen des Umzuges können am 29. u. 30. Sept. sowie am 1. Oktober nur Geburten und Sterbefälle beurkundet werden.

Der Bezirksbürgermeister
des Verwaltungsbezirks Köpenick
der Reichshauptstadt Berlin

Öffentliche Bekanntmachung des Umzuges der Köpenicker Standesämter anlässlich ihrer Zusammenlegung, September 1942.

Entscheidung zugunsten der Großstandesämter dürfte auch die kriegsbedingte Notwendigkeit von Personaleinsparungen gespielt haben. In einem Bericht über die Standesämter im Bezirk Neukölln heißt es: „Seit Beginn des Krieges hat das Personal der Standesämter eine harte Arbeitslast zu tragen. An vielen Tagen war eine glatte Abfertigung des Publikums nicht möglich. Die Dienstleistungen des Personals werden durch die regelmäßigen Luftschutzwachen noch erschwert. Nach den Fliegerangriffen stellte sich das Publikum in der Regel erst nach 10 Uhr, dann aber gleich in großer Anzahl ein und verlangte sofortige Abfertigung. Ohne Reibungen ging es nicht immer ab."[167]

Der Oberbürgermeister forderte dann im Februar 1942 die Bezirksbürgermeister von Spandau, Wilmersdorf, Steglitz, Tempelhof, Neukölln, Treptow, Köpenick, Lichtenberg, Pankow und Reinickendorf auf, die Zusammenlegung der Standesämter auch in ihren Verwaltungsbezirken zu veranlassen.[168]

Bis zum 1. Oktober 1942 wurde dies in allen Bezirken, mit Ausnahme von Reinickendorf und Lichtenberg – in beiden Fällen konnten keine passenden Räumlichkeiten für ein zentrales Standesamt gefunden werden –, vollzogen. In Pankow blieb das Standesamt Buch selbständig.

So war – mehr als zwanzig Jahre nach der Bildung Groß-Berlins – ein mit der Bezirksstruktur der Metropole weitgehend kongruenter und für die Bevölkerung logischer Zuschnitt der Standesamtssprengel geschaffen. Damit war wenigstens für dieses Problem verwaltungstechnisch endlich den Zuständen abgeholfen, deren Unübersichtlichkeit selbst in amtlichen Hilfsmitteln eingeräumt werden musste.169 Denn es blieb, insbesondere vor dem Hintergrund der beschriebenen Arbeitsbedingungen der Großstandesämter und der neuen Gesetzgebung in Kombination mit der noch ungewohnten Ämterorganisation eine gewisse Belastung und Wirrnis für die Bevölkerung bestehen. Die Menschen waren für viele Anliegen alternativlos auf die Dienste eines Standesamts angewiesen; eine Orientierung, das Finden des nun zuständigen Standesamts, war oftmals kompliziert. Dass es leider nicht gelang, ein zentrales Nachweismittel (etwa eine übergreifende Namenskartei) für alle Berliner Beurkundungen stadtweit anzulegen, das es unkompliziert ermöglichte, ältere Einträge in inzwischen aufgelösten Standesämtern aufzufinden und Amtsvorgänger bzw. -nachfolger aufzudecken, wirkte sich äußerst nachteilig aus. Hier musste nach wie vor die 1928 geschaffene Auskunftsstelle herhalten, die den Anforderungen wegen mangelnder Ausstattung in keiner Weise genügen konnte. Die in den folgenden Kriegszeiten immer weiter beschnittene Personaldecke machte die Inangriffnahme einer derart komplexen und aufwändigen Aufgabe wie die Schaffung eines zentralen Nachweismittels für die Millionenstadt Berlin mehr und mehr unwahrscheinlich.

Übersicht zu den Zusammenlegungen im Jahre 1942

ALTSTANDESAMT	VEREINIGTES STANDESAMT	ZUSAMMENLEGUNG AB
Berlin-Spandau	*Spandau*	*01.09.1942*
Berlin-Siemensstadt		
Berlin-Staaken		
Berlin-Kladow		
Berlin-Wilmersdorf	*Wilmersdorf*	*01.05.1942*
Berlin-Schmargendorf		
Berlin-Steglitz	*Steglitz*	*01.04.1942*
Berlin-Lankwitz		
Berlin-Lichterfelde		
Berlin-Tempelhof	*Tempelhof*	*01.04.1942*
Berlin-Mariendorf		
Berlin-Lichtenrade		
Berlin-Marienfelde		
1 Berlin-Neukölln	*Neukölln*	*01.07.1942*
2 Berlin-Neukölln		
3 Berlin-Neukölln		
Berlin-Britz		
Berlin-Rudow		
Berlin-Treptow	*Treptow*	*01.07.1942*
Berlin-Johannisthal		
Berlin-Adlershof		
Berlin-Altglienicke		
Berlin-Bohnsdorf		
Berlin-Köpenick	*Köpenick*	*01.10.1942*
Berlin-Friedrichshagen		
Berlin-Rahnsdorf		
Berlin-Grünau		
Berlin-Oberschöneweide		
Berlin-Schmöckwitz		
Berlin-Müggelheim		
Berlin-Lichtenberg	*Lichtenberg*	*bleibt selbständig*
Berlin-Friedrichsfelde		*bleibt selbständig*
Berlin-Mahlsdorf		*bleibt selbständig*
Berlin-Pankow	*Pankow*	*01.04.1942*
Berlin-Rosenthal		
Berlin-Buchholz		
Berlin-Heinersdorf		
Berlin-Karow		
Berlin-Blankenburg		
Berlin-Buch		*bleibt selbständig*
Berlin-Reinickendorf	*Reinickendorf*	*bleibt selbständig*
Berlin-Wittenau		*bleibt selbständig*
Berlin-Tegel		*bleibt selbständig*
Berlin-Hermsdorf		*bleibt selbständig*

vom 18. Sept. 1942. In: LAB, A Rep. 046-08 Nr. 66–70 (zusammengefasster Band).

167 Vgl. Kriegsverwaltungsbericht für die Standesämter Berlin-Neukölln I, II und III, Berlin-Britz und Berlin-Rudow, vom 12. Juni 1941. In: LAB, A Rep. 044-08, Nr. 495.

168 Vgl. LAB, A Rep. 001-02 Nr. 3520 – hier auch: Fotos Ausstattung des StA Horst Wessel.

169 So befindet sich im III. Teil des Berliner Adressbuches, Ausgabe 1935, auf S. 29 unter Nr. 427 (Standesämter) der Hinweis: „Die Standesämter sind bei der der Bezirksverwaltung aufgeführt, in deren Bezirk ihr Amtssitz liegt ... Die Standesamtsgrenzen schneiden aber nicht nur die Verwaltungsbezirke, sondern auch die Stadtbezirke vielfach. Aus Raummangel sind daher bei den einzelnen Standesämtern nur die Stadtbezirke aufgeführt, deren größter Teil zu dem Standesamtsbezirk gehört."

2.4.1.3 Eheschließung im „Nationalsozialistischen Standesamt"

Der seit Einführung der standesamtlichen Trauung bestehende Dualismus zwischen dem staatlichen Akt und der individuell geprägten weltanschaulich-religiösen Feier bestand auch in der NS-Zeit fort. Die nationalsozialistische Ideologie legte eine parteibegleitete Weihe der Ehe nahe, in die die standesamtliche Trauung unauffällig eingebettet sein sollte.

Die Frage einer nicht nur zweckmäßigen, sondern auch schönen Ausstattung der Standesämter spielte immer wieder eine Rolle. Insbesondere die Ausgestaltung der Eheschließung blieb im Zentrum des Interesses der NSDAP-Führung und der Reichsregierung, wie zahlreiche diesbezügliche Rundschreiben und Erlasse v. a. seit 1936 belegen. Auch in der Reichshauptstadt sah man sich daher zu besonderen Bemühungen veranlasst. So gab es beispielsweise anlässlich der Zusammenlegung der Standesämter in Berlin-Mitte die Idee, die anspruchsvolle bauliche Ausschmückung des Eheschließungsraumes des Standesamts I an der Fischerbrücke in den Neubau der Feuersozietät, der nun bezogen werden sollte, hinüberzuretten. Im März 1941 verfügte ein besonderer Führererlass, „[...] dass für die Standesämter, die vielfach noch in unwürdigen Räumen untergebracht sind, sobald wie möglich schöne und würdige Räume zur Verfügung gestellt werden, damit die standesamtlichen Handlungen einen feierlicheren Rahmen bekommen. In Berlin und anderen Orten, wo dies möglich ist, sollen geeignete Räume alter Schlösser für diesen Zweck hergerichtet und herangezogen werden."[170] Diese Aufgabe wurde von den Befürwortern einer weiteren Konzentration der Standesämter genutzt, um ihr Anliegen voranzutreiben. Die Direktion der Staatlichen Schlösser und Gärten versagte allerdings eine Unterbringung von Amtsräumen in den ihr unterstehenden Schlössern.[171] Es blieben noch die vom Reichsfinanzministerium verwalteten Immobilien (Schloss Bellevue, Prinz-Albrecht-Palais, Ordenshaus), die Schlösser Köpenick und Niederschöneweide unter Zuständigkeit der Preußischen Bau- und Finanzdirektion, sowie Schloss Friedrichsfelde, in Privatbesitz.

Möglicherweise forciert durch den Krieg, gestattete ein Erlass des Reichsinnenministers vom 05. August 1941 den Standesbeamten die Durchführung der Trauung außerhalb der Diensträume, eine Möglichkeit, von der schließlich auch Adolf Hitler selbst Gebrauch machen sollte. Für die Standesbeamten bedeutete diese mobile Amtstätigkeit hingegen einen ungeheuren Aufwand, der möglichst vermieden wurde. Gestützt wurde diese Haltung sogar durch das Reichsinnenministerium selbst. Entsprechend bemängelte der Sicherheitsdienst beim Reichsführer SS am 20. Oktober 1944 das mangelnde Engagement der Berliner Amtsträger. Immerhin konnte im Mai 1944 wenigstens ein befriedigender Zustand der Eheschließungsräume hinsichtlich der Ausstattung mit Mobiliar, Pflanzen und Hakenkreuzflagge konstatiert werden, den selbst das ausgebombte Standesamt Tiergarten, wo nunmehr Kellerräume genutzt werden mussten, ausweisen konnte. Die vom Reichsinnenministerium zumindest sehr erwünschte Führerbüste war in Berlin offenbar eher selten.

Hinsichtlich der Kleidung der Standesbeamten schied die „Parteiuniform" aus verschiedenen Gründen aus, hingegen wurde die Einführung eines Talars erwogen. Der mit dem Entwurf beauftragte Reichsbühnenbildner Prof. Benno von Arent konnte jedoch bis Herbst 1939 noch keine Idee vorlegen – der danach einsetzende Krieg machte weitere Überlegungen hinfällig. Die zunehmenden Beeinträchtigungen der Textilindustrie sowie die Tatsache, dass viele Standesbeamte ihre Wohnungen durch Luftangriffe verloren, erschwerten selbst das Tragen dunkler Anzüge. Auf Drängen der NSDAP-Gauleitung wurde im Mai/Juni 1944 die Möglichkeit, geeignete „Uniformträger" für die Eheschließungen zu finden, erneut und verstärkt geprüft. Von 90 in Berlin tätigen Standesbeamten waren rund die Hälfte NSDAP-Mitglieder, etwa 25 davon zum Tragen einer Uniform berechtigt. Zusätzlich zu diesen sollten ggf. Ehrenbeamte bestellt werden, die ebenfalls Uniformträger waren.[172]

In den Monaten Oktober bis Dezember 1942 erhielten über 70 Berliner Standesbeamte einen Sprechkursus bei Prof. Graef von der Staatlichen Hochschule für Musikerziehung, um eine mundartfreie, natürliche Sprache und eine ungezwungene, aber würdevolle Haltung zu trainieren. Die Eheschließung dauerte – mit kurzer Ansprache, dem Trauungsakt, dem Verlesen der Urkunde und den Glückwünschen – im Normalfall ca. 15 Minuten, was dem Wunsch der meisten Paare nach Schlichtheit der Zeremonie und dem knappen Urlaubsbudget vieler Militärangehöriger durchaus entgegenkam.

Eine 1935/36 in der Presse publizierte Verfügung des Reichsinnenministeriums, wonach den Brautpaaren Hitlers „Mein Kampf" zum Geschenk gemacht werden sollte, ist in Berlin aufgrund der knappen Haushaltsmittel offenbar nie zum Tragen gekommen.[173] Hinsichtlich

170 Schnellbrief des Reichsministers des Innern vom 28. März 1941. In: LAB, A Rep. 001-02, Nr. 3520.

171 Nach der so genannten „Schloss-Aktion" von 1941 folgte im Mai 1944 ein weiterer Akt, bei dem diesmal das Berliner Stadtschloss im Fokus stand. Das Ergebnis ist nicht bekannt.

172 Inwieweit diese Überlegungen zu diesem Zeitpunkt allerdings tatsächlich noch zum Tragen kamen, konnte nicht geklärt werden.

173 Erich Porzig rechnet es sich an, bis zuletzt die obligatorische Ausgabe von Hitlers *„Mein Kampf"* bei der Eheschließung verhindert zu haben. Nach eigener Aussage verhinderte er außerdem die Umsetzung der Anordnung von Goebbels als Stadtpräsident (ab April 1944), wonach die Standesbeamten Trauungen in Parteiuniform vorzunehmen hätten. Vgl. LAB, C Rep. 375-01-08, Nr. 9391 A.05 Entnazifizierungsvorgang Erich Porzig – Schriftliche Stellungnahme Porzigs und Bitte um Wiedereinsetzung vom Juni 1945. – Zum Argument der Haushaltslage s. Antwort des Stadtpräsidenten an einen Petenten vom 13. April 1937. In: LAB, A Rep. 057 Nr. 2036.

eines Geschenks für das Brautpaar wurden 1944 vorgeschlagen: ein fachmännisch zusammengestelltes und von Künstlern ausgestattetes Buch „Die Geschichte Berlins", oder: eine wertvolle Kunstreproduktion, oder: ein Theater- bzw. Konzertabonnement für sechs Abende, oder: ein Anrechtsschein auf eine Steuer- oder Erziehungsbeihilfe nach der Geburt des ersten Kindes, sofern diese innerhalb von zwei Jahren nach der Trauung erfolgt, oder: fotografische Aufnahmen von der Eheschließung – denn „zur Zeit übergibt die Stadt Berlin nichts".

Der Krieg ließ keine Großzügigkeit zu.

2.4.2 Kriegsnöte und Verlagerungen

Bereits mit dem Inkrafttreten des Personenstandsgesetzes von 1937 war die erneute Einbeziehung der Standesämter in Aufgaben mit militärischem Bezug konkret geworden. Das so genannte „Musterungsgeschäft", in dem die Standesbeamten den militärischen Bezirkskommandos monatlich die männlichen Verstorbenen bis 25 Jahre zu melden hatten, war zwar im November 1918 abgeschafft worden, doch mussten jetzt mittels „Fahndungslisten" durch die Standesämter in Zusammenarbeit mit den Polizeibehörden ermittelt werden, was sich bei den Angehörigen der Musterungsjahrgänge an Geburten, Todesfällen, Verzügen und Diensteintritten ereignet hatte.[174] Gemäß dem Runderlass des Reichsministeriums des Innern vom 18. März 1939 hatten die Standesbeamten zudem bei der Erfassung und Meldung der Dienststellen und Aufenthaltsorte von Dienstpflichtigen mitzuwirken.[175]

Der Ausbruch des Krieges am 01. September 1939 hatte unmittelbare Folgen für die Berliner Standesämter: Personalabbau infolge der Mobilmachung und Abkommandierungen zu anderen Verwaltungsstellen bei gleichzeitig steigenden Anforderungen durch kriegsbedingte Sonderlösungen für die Geschäftsverfahren, beispielsweise Kriegstrauungen. Die Einziehung der wehrpflichtigen Jahrgänge führte außerdem zu einer verstärkten Nachfrage nach deren Geburtsurkunden.

Schon kurz nach Kriegsausbruch wurde auch das Risiko von Registerverlusten bewusst: Um eine gleichzeitige Vernichtung von Erst- und Zweitbüchern durch Luftangriffe und Brände zu vermeiden, wurden die Berliner Standesämter schon am 22. September 1939 aufgefordert, die Zweitbücher des Jahrgangs 1939, soweit sie bereits gebunden waren, unverzüglich bei der Aufsichtsbehörde abzugeben. Diese Regelung sollte für die gesamte Dauer des Krieges gelten.[176]

Die im Etat für 1939 eigentlich vorgesehene Personalaufstockung, mit der die Folgen des neuen Personenstandsgesetzes abgefedert werden sollte,[177] verpuffte.

Aus dem Bezirk Neukölln wurde z. B. berichtet: „Durch die Kriegstrauungen werden die Standesämter deshalb so stark beansprucht, weil die Soldaten darauf bestehen, dass ihre Ehe in kürzester Zeit geschlossen werden soll, obgleich viele Formalitäten nicht erfüllt sind".[178] Das Drängen ging auf die kurzen Urlaubszeiten der Soldaten zurück. Gleichzeitig bemühte sich der Bezirk, zur Steigerung der Rentabilität die beiden Standesämter Rudow und Buckow II (Krankenhaus Neukölln) zum 01. Januar 1940 in der Amtsstelle Rudow zusammenzulegen.

Durch die Zweite Ausführungsverordnung zum Personenstandsgesetz vom 30. August 1939 wurde Wehrmachtsangehörigen die Eheschließung erleichtert, indem sie vom Aufgebot befreit wurden.

Die „Personenstandsverordnung der Wehrmacht"[179] führte die Möglichkeit der „Ferntrauung" ein: Der Wehrmachtsangehörige erklärte seine Bereitschaft zur Eheschließung gegenüber seinem Bataillonskommandeur, worauf die Braut innerhalb von zwei Monaten ihre Einwilligung vor einem Standesbeamten gab. Unmittelbar nach der mündlichen Erklärung der Frau wurde die Ehe durch den Standesbeamten geschlossen. „Der Trauungsakt selbst wurde nach Möglichkeit in besonders feierlicher Form aufgezogen", berichtete der Neuköllner Standesbeamte Albeck. „Soweit es ging und soweit der Standesbeamte überhaupt hierzu in der Lage war, wurde der Verlobten diese Art der Trauung erträglich gemacht. Trotzdem haben in den wenigen Fällen der Ferntrauung die jungen Frauen meistens geweint." Im August 1940 wurde die Ferntrauungsmöglichkeit auf Zivilpersonen ausgedehnt, die sich kriegsbedingt im Ausland aufhielten. Die Eheabsichtserklärung galt nun zunächst für vier, ab Februar 1941 für neun Monate.[180]

Weiterhin wurden durch § 22 ff. der Verordnung richterliche Militärjustizbeamte zur Eheschließung befugt. Dieser reichte das Familienbuchblatt dann beim

174 Vgl. LAB, A Rep. 044-08 Nr. 495.

175 Vgl. LAB, A Rep. 001-02, Nr. 3521.

176 Vgl. Rundverfügung des Oberbürgermeisters vom 22. Sept. 1939. In: LAB, A Rep. 001-02 Nr. 2950.

177 Zu diesen Planungen vgl. LAB, A Rep. 001-02 Nr. 2964. Die vorgesehene Personalaufstockung umfasste für Berlin insgesamt 9 Standesbeamten und -stellvertreterstellen, sowie 58 Büroangestellte und 26 Kanzleiangestellte für Schreib- und Fotokopierarbeiten.

178 Die propagandistische Begleitung amtlicher Neuregelungen werteten die Standesbeamten durchaus nicht positiv: „Die Auswirkungen der Verordnungen wäre eine sehr günstige gewesen, und es hätte nicht den vielen Ärger gegeben, wenn nicht der Rundfunk und die Presse die Angelegenheit aufgegriffen und eine falsche Auffassung verbreitet hätten." Vgl. Kriegsverwaltungsbericht für die Standesämter Berlin-Neukölln I, II und III, Berlin-Britz und Berlin-Rudow, vom 12. Juni 1941. In: LAB, A Rep. 044-08, Nr. 495.
Bericht zur Zusammenlegung der Standesämter Buckow II und Rudow vom 06. November 1939 und Bericht über das Standesamtswesen vom 9. Dezember 1939. In: LAB, A Rep. 044-08, Nr. 495.

179 RGBl. I 1939 S. 2163 ff. = Dritte AVO zum Personenstandsgesetz vom 4. November 1939.

180 Zu diesen Aspekten des nationalsozialistischen Eherechts s. a. Cornelia Essner/Edouard Conte: „Fernehe", „Leichentrauung" und „Totenscheidung". Metamorphosen des Eherechts im Dritten Reich. In: Vierteljahreshefte für Zeitgeschichte, hrsg. v. Institut für Zeitgeschichte München, 44. Jg. (1996), H. 2, S. 201 ff. Ob bei der Trauung auch in Berlin stellvertretend für den Ehemann ein Stahlhelm auf dem Tisch lag, wie in diesem Aufsatz beschrieben, war nicht zu ermitteln.

Standesamt I ein, welches formal als das eheschließende Standesamt galt. In besonderen Ausnahmefällen waren selbst für Gefallene postmortal Eheschließungen und Scheidungen – mit allen gesetzlichen Folgen – möglich, erstere auf Anordnung des Reichsministers des Innern, letztere durch den Staatsanwalt. Die Eheschließung zwischen Deutschen und Ausländern wurde erschwert, da die Zustimmung der Aufsichtsbehörde erforderlich war, was das Vorhaben in der Regel um ein Jahr verzögerte. Da Angehörige der Waffen-SS und der Organisation Todt durch ihren Eintritt die deutsche Staatsbürgerschaft erlangten, galt für sie das reguläre Prozedere. Im März 1943 sollte im Dienstgebäude des Rasse- und Siedlungshauptamtes der SS in der Hedemanstraße 24 ein direkt dem Oberbürgermeister Berlins unterstelltes Sonderstandesamt dieser SS-Dienststelle errichtet werden. Die Pläne dafür verliefen jedoch im Sande.[181]

Die Sterbefälle von Wehrmachtsangehörigen wurden durch das Standesamt am letzten Wohnsitz, bei Berufssoldaten am Garnisonsort, beurkundet. Die Meldungen über die Todesfälle erhielten die Standesämter von der Wehrmachtsauskunftsstelle (WASt), die zentral für die Erfassung von Wehrmachtsverlusten zuständig war.

Sechs Monate vor Ende des Krieges trat eine letzte Änderung des Personenstandsgesetzes in Kraft, die den durch den verschärften Bombenkrieg und die Mobilisierung aller öffentlichen Reserven erschwerten Arbeitsbedingungen der Standesämter Rechnung tragen sollte. Artikel IV der Vierten Verordnung zur Ausführung und Ergänzung des Personenstandsgesetzes vom 27. September 1944[182] enthielt „besondere Kriegsbestimmungen“, denen zufolge die Registerführung durch eine für zwei Jahre vorgesehene Zurückstellung von Zweitausfertigungen, Randvermerken und Mitteilungspflichten erleichtert werden sollte. Auch weitere gesetzliche Regelungen wurden aufgeweicht: So konnte der Tod von Wehrmachtsangehörigen nunmehr durch jedermann angezeigt werden, und die Geltungsdauer von Ferntrauungserklärungen wurde auf neun Monate (wenn innerhalb Europas vorgenommen) bzw. 18 Monate (wenn erkennbar aus Gebieten außerhalb Europas vorgenommen) verlängert. Gleichzeitig enthielt das Gesetz – ganz im Sinne der angestrebten „Endlösung der Judenfrage“ – deutlicher als vorangegangene personenstandrechtliche Regelungen antisemitische Bestimmungen: So musste die aktuelle oder ehemalige Zugehörigkeit zur jüdischen Religionsgemeinschaft zwingend angegeben werden, während ansonsten das religiöse Bekenntnis ungenannt bleiben konnte.

Trotz der Beschränkungen des fortschreitenden Krieges ging man noch im Januar 1943 im für das Standesamtswesen zuständigen Dezernat HV I.7 des Berliner Magistrats davon aus, die üblichen und die kriegsbedingten Aufgaben gleichermaßen wahrnehmen zu können:

- Kommunale und staatliche Aufsicht über die Berliner Standesämter;
- Anordnung der Sterbefälle § 41 PStG zur Beurkundung beim Standesamt I in Berlin – betreffend Zivilpersonen, die in besetzten Gebieten starben, in denen kein deutscher Standesbeamter amtierte (z. B. Reichsarbeitsdienst, Reichsbahn, Rotes Kreuz, technische Nothilfe, Polizei, Organisation Todt) und Anordnung entsprechender Berichtigungen;[183]
- Vorbereitende Bearbeitung von Anträgen auf nachträgliche Eheschließung gefallener Wehrmachtsangehöriger;
- Bearbeitung einer zunehmenden Zahl von Aufgeboten sowie Anträgen auf Befreiung oder Abkürzung des Aufgebotes bzw. Kürzung von Wartezeiten, unter Berufung auf den Kriegseinsatz;
- Allgemeine Aufsicht über die Standesämter, insbesondere beim Personalausgleich, da seit dem 10. März 1942 auch die Stellenbesetzung in den Bezirksstandesämtern unter wesentlicher Beteiligung von HV I.7 stattfand;
- Berichtigungsverfahren aus „volktumspolitischen Gründen“ (Vornamengebung, Schreibweise der Familiennamen, Tendenz zur Umwandlung ausländisch klingender Familiennamen in deutsche Sprachformen);
- Würdige Ausgestaltung der Eheschließungsfeiern.[184]

Dies war allerdings zunehmend nicht möglich.

Im Sommer 1943 begann auf Weisung des Oberbürgermeisters die Verlegung städtischer Dienststellen nach außerhalb der Stadtgrenzen.[185] Um Berlin entstand ein Ring so genannter „Stützpunkte“, die als Anlaufstellen für die aus Berlin flüchtende Bevölkerung dienen sollten. Zugleich wurden Behörden zumindest teilweise und als Notdienste dorthin verlagert.

Das Dezernat HV I.7 unter der Leitung von Direktor Erich Porzig bezog im August 1943 mit bis zu zehn Mitarbeitern zwei Räume der Forstversuchsanstalt in Hangelsberg (Landkreis Lebus). Da jedoch letztlich die in Hangelsberg verfügbaren Räumlichkeiten für die

181 Vgl. LAB, A Rep. 001-02, Nr. 2940.

182 RGBl I 1944, S. 219 ff.

183 Diese Befugnisse wurden dem Berliner Oberbürgermeister durch Erlass des RMdI vom 31.10.1942 – I d 415/42 – 5634, sowie internen Erlass vom 09.11.1942 übertragen.

184 Kurzbericht des Dezernats vom 18. Januar 1943. In: LAB, A Rep. 001-02, Nr. 2969.

185 Vgl. Vertrauliche Verfügung des Oberbürgermeisters der Reichshauptstadt Berlin vom 12. August 1943. Hier heißt es u. a.: „Nach den Erfahrungen in den anderen Großstädten ist damit zu rechnen, dass sich nach einem Fliegergroßangriff auf die Reichshauptstadt ein Teil der Bevölkerung planlos in die weitere Umgebung begibt. Zum Auffangen und zur Versorgung dieser Flüchtlinge müssen umfangreiche Vorkehrungen getroffen werden. … Durch die Dienststellen der Hauptverwaltung werden in der Nähe der Wehrmachtsverpflegungsstellen zur Betreuung der die Reichshauptstadt verlassenden Bevölkerungsteile örtliche Verwaltungsstellen als Stützpunkte gebildet, die die Flüchtlinge mit Abreisebescheinigungen, Lebensmittelkarten, Bezugscheinen, Geld usw. zu versehen haben. [...] In den neuen Unterkunftsorten sind auch unersetzliche Karteien, Urkunden sowie wertvolle Maschinen unterzubringen. [...]“. In: LAB, A Rep. 001-02 Nr. 3527.

Aufgaben der Flüchtlingsbetreuung nicht ausreichend erschienen, wurde nach mühevollem Umzug bereits Anfang September eine erneute Verlegung der Auffangstelle erwogen. Angesichts der bereits eingetretenen Arbeitsrückstände in der standesamtlichen Beurkundung, der gedrückten Stimmungslage unter den Beschäftigten sowie der Tatsache, dass die Unterbringung der bereits nach Hangelsberg (Gutshaus Wulkow) überführten Unterlagen der Dienststelle - Zweitbücher, Konsular- und Kolonialregister - schwierig werden würde, erhob Porzig Einspruch gegen eine geplante Verlegung nach Herzfelde. Er erreichte zumindest Zusagen einer Verstärkung, verbesserten Lebensmittelversorgung und provisorischen Unterbringung des Personals. Dennoch wurden die seit dem 11. August genutzten Räume in Hangelsberg bereits zum 12. Oktober 1943 wieder freigemacht. Ab dem 14. Oktober war der Stützpunkt des Dezernats in Herzfelde (Kreis Niederbarnim), Alte Schule, eingerichtet. Daneben verblieb die Stammdienststelle in Berlin, Stralauer Straße 42/43, die den regulären Publikumsverkehr abwickeln sollte.

Die in Wulkow lagernden Konsular- und Kolonialregister wurden unmittelbar für die Verlagerung nach Schloss Friedland im Sudetengau vorbereitet – und standen damit für die Urkundenausstellung nicht mehr zur Verfügung. Im Januar 1945 konnten dann die letzten in Wulkow verbliebenen Zweitregister nach Mönchwinkel (Gastwirtschaft „Zum Storchnest") umgezogen werden.

Für die Personalknappheit der Außenstelle gab es keinerlei Abhilfe: Angesichts des wachsenden Arbeitsaufkommens im Bereich der Familienbücher (insbesondere Wehrmachtsfamilienbuch, Familienbücher für die besetzten Ostgebiete - u. a. für Angehörige der Waffen-SS und der Organisation Todt - nahmen die Rückstände auf anderen Sachgebieten unausweichlich zu. Dabei hatten die Standesbeamten des Stützpunkts in Herzfelde u. a. die beiden Bahnhöfe Erkner und Strausberg an den Bahnlinien nach Frankfurt/Oder zu betreuen, die zu den am stärksten belasteten Evakuierungswegen für die Bevölkerung zählten (allein ca. 80.000 Personen zwischen dem 23. November und 9. Dezember 1943; nur die Strecken nach Cottbus, Potsdam und Angermünde verzeichneten ein höheres Flüchtlingsaufkommen). Immerhin erhielt die Außenstelle im März 1944 den Siemens-Fotokopierapparat, den bis dahin das Standesamt Horst Wessel genutzt hatte.[186]

Im Juni 1944 waren unter Leitung von Erich Porzig zwei Sachbearbeiter für die Standsamtsaufsicht sowie fünf Beamte für Angelegenheiten des Standesamts I in Herzfelde tätig. Im März 1945 wurde das Personal von dort abgezogen.[187] Die sowjetischen Truppen rückten von Osten her aus näher. Der Dienstsitz der Aufsichtsbehörde HV I.7 sowie des Standesamts I in Berlin wurde nunmehr in die Großstadt rückverlegt und im Rathaus Schmargendorf eingerichtet. Allerdings wurde die sichere Unterbringung der aus Wulkow und Herzfelde zurückgeführten Register- und Amtsbuchbestände (Kolonialregister und Konsularregister seit 1867, Register der königlich preußischen und fürstlich hohenzollernschen Familien, Personenstandsbücher der Gebietskommissare der besetzen Ostgebiete, Standesamtsbücher aus den besetzten Niederlanden, Beschlüsse über Todeserklärungen sowie Zweitbücher der Berliner Standesamtsaufsicht) zum Problem. Weder das in der Nähe befindliche Reichssicherheitshauptamt noch das Reichsluftfahrtministerium in der Leipziger Straße konnten Räumlichkeiten zur Verfügung stellen. Der Flakturm im Friedrichshain, wo bereits das Geheime Staatsarchiv, die Generaldirektion der Staatlichen Museen und der Generalbauinspektor für die Reichshauptstadt Flächen belegt hatten, schien eine weitere Option zu sein, die allerdings bis Mitte April 1945 nicht mehr genutzt werden konnte.[188]

Ab August 1944 wurden unter den Rahmenbedingungen der „totalen" Kriegsführung weitere Planungen zur besseren Ausstattung der Berliner Standesämter und zu möglichen städtischen Geschenken für die Hochzeitspaare komplett eingestellt. Relevant blieb weiterhin die Personalfrage. Die rund 465 Beschäftigten auf den Standesämtern (Stand September 1939) waren Ende 1943 auf rund 380 reduziert; seit Beginn 1944 waren weitere 65 Kräfte aufgrund der Verlagerung der Personenstandsregister in den Sudetengau eingespart worden, weil Beschreibungen und Hinweise nur noch stark eingeschränkt erfolgen konnten. Weitere Einsparungen wären nun nur noch durch die nochmalige Zusammenlegung der bereits konzentrierten Standesämter möglich, wozu tatsächlich verschiedene Überlegungen angestellt wurden. Dem stand allerdings der sich verschlechternde Zustand der verfügbaren Räumlichkeiten entgegen: Von den 25 Berliner Standesämtern in den Bezirken waren im August 1944 vier schwer durch Luftangriffe beschädigt und weitere vier räumlich und ausstattungsmäßig unzureichend; einwandfrei war lediglich der Zustand des Standesamts Mitte.[189]

Bereits Ende 1942 waren erste Vorschriften für Vorkehrungen für den Schutz und die Sicherheit der „sippenkundlich wertvollen Schriftdenkmäler", also der älteren Zivilstandsregister sowie der Kirchenbücher aus der Zeit vor dem 1. Januar 1876, erlassen worden, wobei eine geeignete Unterbringung noch in nächstmöglicher Umgebung (innerhalb des Amtsbezirks) gefunden werden sollte.

Doch erst Anfang des Jahres 1944 wurde auf Veranlassung des Reichsverteidigungskommissars mit der Verlagerung der Personenstandsregister begonnen, um die Aufzeichnungen vor der Vernichtung durch Luftangriffe zu schützen. Die Arbeit der Berliner Standesämter wurde dadurch erneut und wesentlich behindert, da aus den betreffenden Registerjahrgängen weder Urkunden ausgestellt noch notwendige Randvermerke

186 Das Gerät wurde 1946 von der sowjetischen Kommandantur beschlagnahmt. Vgl. LAB, A Rep. 001-02, Nr. 3524.

187 Vgl. LAB, A Rep. 001-02, Nr. 3527.

188 Ebenda.

189 Vgl. LAB, A Rep. 001-02 Nr. 3520.

beigeschrieben werden konnten. Zudem wurde auch Personal an die Verlagerungsorte abgeordnet.

Es wurden verlagert nach

Schloss Blauda [Bludov], Kreis Mährisch-Schönberg

SCHRIFTGUT	JAHRGÄNGE	STANDESÄMTER
Personenstandsregister (Erstregister, komplett)	*1874–1943*	*Mitte Tiergarten Wedding Prenzlauer Berg Horst Wessel [Friedrichshain] Kreuzberg Charlottenburg Spandau Weißensee Pankow Buch Reinickendorf Tegel Wittenau Hermsdorf*
Kriegssterberegister	*1914–1918*	

Schloss Groß-Ullersdorf [Velka Loseny], Kreis Mährisch-Schönberg

SCHRIFTGUT	JAHRGÄNGE	STANDESÄMTER
Personenstandsregister (Erstregister, komplett)	*1874–1943*	*Wilmersdorf Zehlendorf Schöneberg Steglitz Tempelhof Neukölln Treptow Köpenick Lichtenberg Friedrichsfelde Mahlsdorf*

Schüttenitz [Žitenice] bei Leitmeritz [Litoměřice]

SCHRIFTGUT	JAHRGÄNGE	STANDESÄMTER
Personenstandsregister (Zweitregister, komplett)	*1938–1943*	*alle Berliner Standesämter*
Konsularregister (Zweitregister)	*1867–1937*	*Standesamt I*
Kolonialregister (Erstregister komplett, Zweitregister soweit vorhanden)		*Standesamt I*
Austauschurkunden nach dem Haager Eheschließungsabkommen vom 12.06.1902	*1875–1937*	*Standesamt I*

Die Transportlast belief sich, einschließlich der mitgegebenen 187 Schränke, zwei Siemens-Photokopierapparaten aus den Standesämtern Mitte und Wedding sowie zwei Schreibmaschinen, auf beinahe 95.000 Tonnen, die auf 14 Eisenbahnwaggons verteilt wurden. Die Kosten für die Stadt Berlin betrugen ca. 10.000,- Reichsmark.[190]

190 Vgl. LAB, C Rep. 102, Nr. 66: Die Angaben wurden anlässlich der beginnenden Rückführungsbemühungen im Januar 1948 zusammengestellt.

Das Hohenzollernregister sicherte Erich Porzig persönlich in einem Tresor der Filiale am Alexanderplatz der Berliner Stadtbank.[191]

Noch 26 Standesämter waren in den letzten Kriegsmonaten in den Berliner Bezirken tätig:

BEZIRK	STANDESAMT
Mitte	*Berlin-Mitte*
Wedding	*Berlin-Wedding*
Tiergarten	*Berlin-Tiergarten*
Horst Wessel	*Berlin-Horst Wessel*
Kreuzberg	*Berlin-Kreuzberg*
Prenzlauer Berg	*Berlin-Prenzlauer Berg*
Schöneberg	*Berlin-Schöneberg*
Charlottenburg	*Berlin-Charlottenburg*
Spandau	*Berlin-Spandau*
Wilmersdorf	*Berlin-Wilmersdorf*
Zehlendorf	*Berlin-Zehlendorf*
Steglitz	*Berlin-Steglitz*
Tempelhof	*Berlin-Tempelhof*
Neukölln	*Berlin-Neukölln*
Treptow	*Berlin-Treptow*
Köpenick	*Berlin-Köpenick*
Lichtenberg	*Berlin-Lichtenberg*
	Berlin-Friedrichsfelde
	Berlin-Mahlsdorf
Weißensee	*Berlin-Weißensee*
Pankow	*Berlin-Pankow*
	Berlin-Buch
Reinickendorf	*Berlin-Reinickendorf*
	Berlin-Wittenau
	Berlin-Tegel
	Berlin-Hermsdorf

Angesichts der mit dem Vorrücken der sowjetischen Armeen in das Berliner Stadtgebiet zunehmenden Kampfhandlungen stellten ab dem 18. April 1945 nach und nach fast alle Standesämter den Dienstbetrieb ein. Doch nach zwei bis drei Wochen nahmen die meisten ihre Amtsgeschäfte wieder auf, einige unmittelbar nach oder sogar noch vor der Kapitulation der Berliner Wehrmachtsgarnison am 02. Mai 1945. Standesämter in den Bezirken Lichtenberg, Friedrichshain, Kreuzberg und Charlottenburg anerkannten eine historische Zäsur und begannen innerhalb des Jahrgangs mit einer neuen Urkundenzählung.[192] In der sowjetischen Besatzungszone Berlins wurden ab Anfang Mai insgesamt zehn in den Jahren 1940 oder 1942 aufgelöste Standesämter reinstalliert, um die zahlreichen Sterbefälle zu registrieren. Teilweise konnten für diesen Notbetrieb

191 Bericht vom Oktober 1945. In: LAB, C Rep. 104, Nr. 48

192 Gemäß einer Prüfung der im Landesarchiv zu diesem Zeitpunkt (2023) vorliegenden Überlieferung an Sterberegistern. Bei der Wiederaufnahme der Geschäfte wurden die für die Schließtage gemeldeten Sterbefälle unter dem laufenden Tagesdatum nachgetragen. Einzig für das Standesamt Hermsdorf ist keine Schließzeit nachweisbar. Die kürzeste Unterbrechung verzeichnet das Standesamt Tempelhof (25.04.–30.04.1945), während die Standesämter Buch (18.04.–04.08.1945), Zehlendorf (30.04.–11.07.1945) und Mahlsdorf (19.04.–08.06.1945) ungewöhnlich lange pausierten.

nicht einmal die standesamtlichen Formulare bereitgestellt werden. Als die drei Westalliierten Mitte Juli ihre Gebiete einnahmen, folgten man dieser Praxis in den westlichen Sektoren nicht.

2.5 Das zentrale Standesamt I in Berlin

Im Zuge der Ausgestaltung des Personenstandsrechts wuchs einem Berliner Standesamt mehr und mehr eine besondere Stellung zu: dem Standesamt I.

Es nahm seit seiner Gründung neben seiner örtlichen Zuständigkeit für die Berliner Altstadt[193] frühzeitig gebietsübergreifend Sonderaufgaben wahr: Schon im August 1875 übertrug ihm die als Aufsichtsbehörde zuständige Regierung Potsdam die Eintragung von Sterbefällen in Berlin, bei denen der Fundort der Leiche nicht mit dem Sterbeort gleichgesetzt werden konnte – speziell der an den Wasserläufen der Stadt tot aufgefundenen Personen.[194]

Während des Ersten Weltkrieges erhielt das Standesamt weitere besondere Zuständigkeiten, so

- die Beurkundung von Sterbefällen der zum aktiven Heer gehörenden Militärpersonen, die ihr Standquartier nach eingetretener Mobilmachung verlassen haben und die weder im Inland einen Wohnsitz gehabt haben, noch dort geboren sind (September 1915),[195] was im Mai 1916 auf Angehörige der Kaiserlichen Marine bzw. auf in Dienst gestellten Schiffen befindliche Militärpersonen ausgeweitet wurde,
- die Beurkundung von Sterbefällen während des Krieges im Ausland festgehaltener Deutscher, so wie der Geburten von Kindern solcher Personen, die sich vor der Rückkehr nach Deutschland ereigneten.[196]

In den 1920er Jahren übernahm das Standesamt weiterhin

- die Beurkundung von Kriegssterbefällen solcher Personen, die in Berlin ihren letzten Wohnsitz hatten, deren letzte Wohnung hier aber nicht festzustellen ist,
- die Beurkundung von Geburts- und Sterbefällen Deutscher im Ausland und
- die Ausstellung von Ehefähigkeitszeugnissen für Personen, die in Preußen einen Wohnsitz nicht gehabt haben oder deren letzter Wohnsitz nicht festzustellen ist.[197]

Ab 1934 prägte das Amt zentralstaatliche Funktionen für ganz Deutschland weiter aus. Gemäß der „Verordnung zur Vereinheitlichung der Zuständigkeit in Familien- und Nachlasssachen" vom 31. Mai 1934[198] betraf dies Einzelregelungen zur Eheschließung oder -scheidung und Namenserteilung an uneheliche Kinder nach den §§ 1313, 1320, 1577 bzw. 1706 des Bürgerlichen Gesetzbuches, wenn die damit zusammenhängenden Vorgänge im Ausland stattfanden oder Beteiligte nicht in Deutschland wohnhaft waren. Des Weiteren übernahm das Standesamt I nunmehr die Ausstellung von Ehefähigkeitszeugnissen für Deutsche, die nie oder nur vorübergehend in Deutschland Aufenthalt gehabt hatten (§ 5), es befreite Frauen von der Wartezeit auf eine Eheschließung im Ausland und erließ das Aufgebot, wenn keiner der Verlobten in Deutschland Wohnsitz oder gewöhnlichen Aufenthalt hatte oder nur einer von ihnen Deutscher war.

Die Verwaltung der Register aus den ehemaligen Kolonien (Schutzgebieten) des Reiches wurde 1935 vom Auswärtigen Amt auf das Standesamt I übertragen, und damit auch die damit noch zusammenhängenden Personenstandsangelegenheiten, die seinerzeit durch das Reichskolonialamt wahrgenommen worden waren. Dem Standesamt waren nun auch die Zweitbücher der von den deutschen diplomatischen und konsularischen Vertretungen im Ausland gemäß dem Auslandspersonenstandsgesetz vom 04. Mai 1870 geführten Personenstandsregister zu übermitteln. Die Konsular- und Kolonialregister hatten bereits vor der Übernahme in das Berliner Standesamt Verluste erlitten – allgemein im Zuge des Ersten Weltkrieges, aber auch durch Einzelereignisse, wie das Erdbeben von Yokohama im Jahre 1923.

Die deutschen Auslandsvertretungen überstellten dem Standesamt I jährlich mehrere tausend Personenstandsurkunden ausländischer Behörden über deutsche Staatsangehörige, über die z. B. den Finanzämtern und den Heimatstandesämtern Mitteilung zu machen war.

Schließlich und endlich nahm das Standesamt I auch die Personenstandsregister des Hauses Hohenzollern in seine Obhut.

Mit dem Personenstandsgesetz vom 1938 wurden dem Standesamt I weitere Aufgaben übertragen. So konnten auf Anordnung des Reichsministers des Innern in besonderen Fällen Geburten, Eheschließungen und Sterbefälle deutscher Staatsbürger im Ausland vom Standesamt I beurkundet werden (§ 41). Weiterhin hatte es nun ein „Buch für Todeserklärungen" zu führen (§ 40), in das die Todeserklärungsbeschlüsse sämtlicher Amtsgerichte des Reiches Eingang fanden. Damit

193 Das Zuständigkeitsgebiet umfasste in etwa die Territorien der früheren Residenz Berlin mit Cölln, Friedrichswerder und Dorotheenstadt.

194 Vgl. Wolfgang Schütz: Fünfzig Jahre Standesamt I in Berlin (West) – Sonderaufgaben im Wandel der Zeit. In: StAZ Nr. 6/7, 1989, S. 207 ff. Die Bestimmung datiert vom 2. August 1875. Schütz gibt als Quelle die StAZ 1875, 140 und 258 an.

195 Bekanntmachung des Reichskanzlers vom 11. September 1915, in: RGBl. 1915, S. 584.

196 Die anzeigende Person konnte dies, unter Glaubhaftmachung eines berechtigten Interesses, bei dem für ihren Wohnsitz zuständigen Standesamt anzeigen, welches die Anzeige dann zu beglaubigen und an das Standesamt I in Berlin weiterzureichen hatte. Bekanntmachung des Reichskanzlers vom 15. Oktober 1917, in: RGBl. 1917, S. 903 f.

197 Amtsbuch der Stadt Berlin, 1928, S. 366 f.

198 RGBl. Teil I 1934, S. 472 ff.

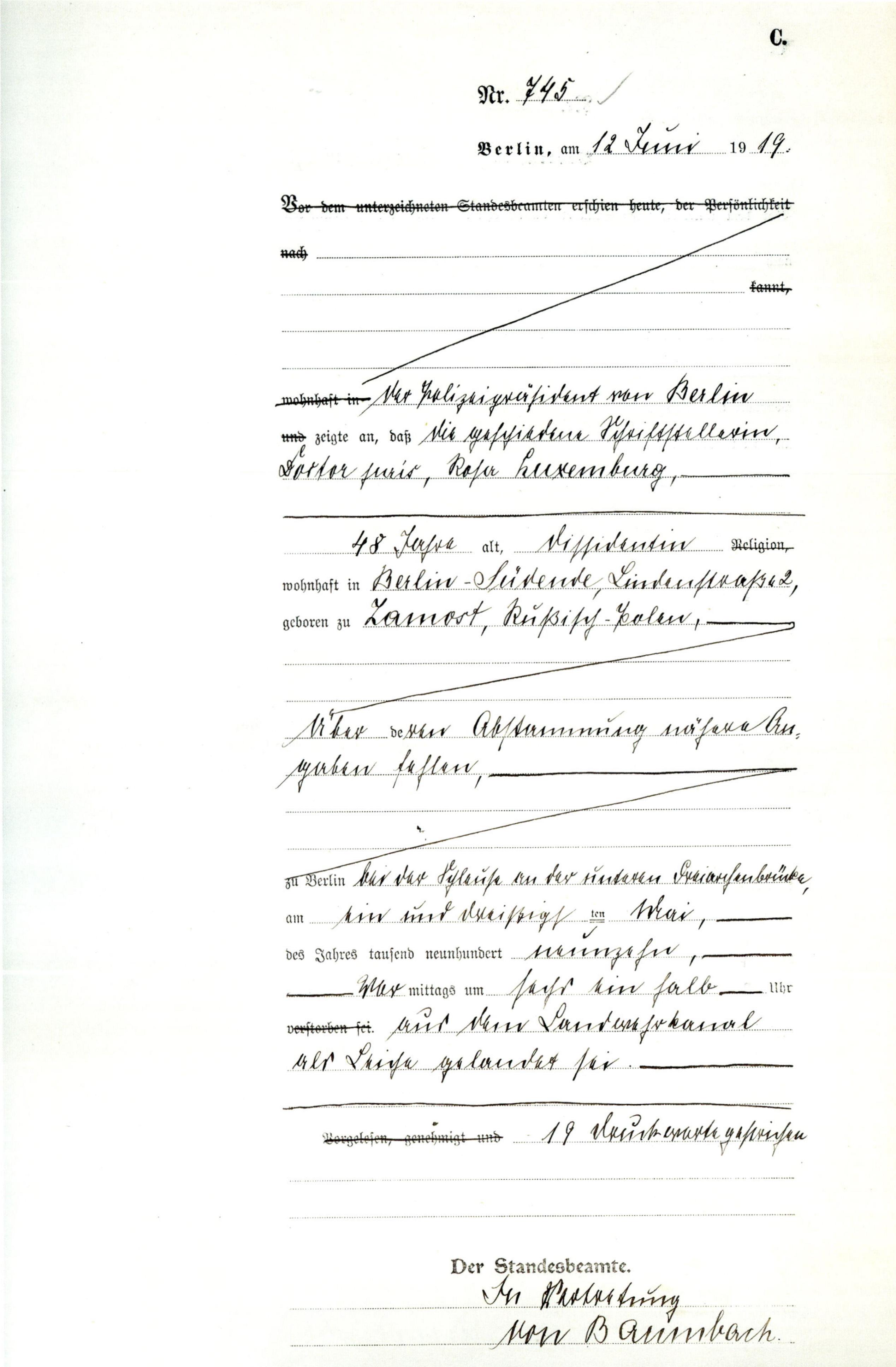

C.

Nr. 745

Berlin, am 12 Juni 1919.

~~Vor dem unterzeichneten Standesbeamten erschien heute, der Persönlichkeit nach ... kannt,~~

~~wohnhaft in~~ Der Polizeipräsident von Berlin

~~und~~ zeigte an, daß die geschiedene Schriftstellerin, Doktor juris, Rosa Luxemburg,

48 Jahre alt, Dissidentin ~~Religion,~~

wohnhaft in Berlin-Südende, Lindenstraße 2,

geboren zu Zamost, Russisch-Polen,

Über deren Abstammung nähere Angaben fehlen,

zu Berlin bei der Schleuse an der unteren Freiarchenbrücke,

am ein und dreißigsten Mai,

des Jahres tausend neunhundert neunzehn,

Vor mittags um sechs ein halb Uhr

~~verstorben sei.~~ aus dem Landwehrkanal als Leiche gelandet sei.

~~Vorgelesen, genehmigt und~~ 19 Druckworte gestrichen

Der Standesbeamte.

In Vertretung

von Baumbach.

Sterberegistereintrag des Standesamts Berlin I/II für Rosa Luxemburg (ermordet am 15. Januar 1919), vom 12. Juni 1919.

sollte die Mehrfachbearbeitung von Todeserklärungen durch verschiedene Amtsgerichte vermieden und der Rechtsverkehr vereinfacht werden. In Ergänzung zu standesamtlichen Sterbeurkunden, die laut Gesetzesvorschrift den vollen Todesbeweis erbrachten, belegte das Buch der Todeserklärungen hingegen nur eine Vermutung des Todes durch eine Gerichtsentscheidung. Somit agierte das Standesamt nun nicht mehr allein als zentrale Sammelstelle, sondern führte erstmals eigene Personenstandsregister und Bücher.

Die Bildung eines eigenständigen Amtes wurde immer dringlicher, blieb aber bei dem ersten Schritt der Neuorganisation der Berliner Standesämter im Jahr 1938, der vor allem die „innerstädtischen" Ämter I bis XIII b betraf, noch offen. Vorerst behielt das neue Standesamt „Berlin-Mitte", in dem die Standesämter Xa, IX, VI, II und I vereinigt wurden, die aus letzterem übernommene Abteilung für überörtliche Aufgaben. Schließlich, zum 01. April 1939, wurde entsprechend dem Erlass des Reichsministers des Innern Nr. Id 377/5604/e vom 16. Februar 1939[199] aus dieser Abteilung ein selbstständiges Standesamt I Berlin gebildet, das zunächst bei der entsprechenden Hauptabteilung des Oberbürgermeisters der Reichshauptstadt Berlin angesiedelt war.

Dem neuen [Sonder-]Standesamt I in Berlin wurden unmittelbar nach Kriegsbeginn weitere wichtige Funktionen übertragen, um die Personenstandsverhältnisse von Militärangehörigen und Zivilpersonen außerhalb des deutschen Reichsgebietes regulieren und registrieren zu können. Gemäß der 3. Verordnung zur Ausführung des Personenstandsgesetzes vom 04. November 1939 (sogenannte Personenstandsverordnung der Wehrmacht) oblag ihm z. B. die Beurkundung von Geburten nicht im Reichsgebiet zur Welt gebrachter Kinder, wenn die Mutter sich kriegsbedingt – etwa als DRK-Schwester oder Wehrmachtshelferin – in diesem Gebiet aufhielt. Bei Eheschließungen durch richterliche Militärjustizbeamte galt es als beurkundendes Standesamt. Ihm oblag die Führung des gemäß Wehrmachts-Personenstandsverordnung eingerichteten Wehrmachtsfamilienbuches. Gemäß § 25 der Personenstandsverordnung der Wehrmacht waren die Sterbefälle von Wehrmachtsangehörigen zu beurkunden, die weder ihren letzten Wohnsitz noch ihren letzten gewöhnlichen Aufenthalt im Bezirk eines deutschen Standesbeamten hatten. Aufgrund des § 41 PStG bearbeitete es die Sterbefälle von Angehörigen des Reichsarbeitsdienstes, der Polizei, der Eisenbahn, der Post oder der Organisation Todt in den besetzten Gebieten. Die Zahl der Beurkundungen von Eheschließungen und Sterbefällen im Ausland durch das Standesamt I gemäß § 41 PStG stieg rapide von 89 im Jahr 1939 auf jährlich 18.000 Fälle für 1942/1943. In den so genannten Ostgebieten nahmen zwei deutsche Standesbeamte die Beurkundung von Geburten und Eheschließungen vor; die Sterbefälle wurden nach wie vor beim Standesamt I bearbeitet.

Die Bedeutung des Standesamts I als Sammelstelle und zentrales Zweitregisteramt für Personenstandsfälle ziviler und militärischer Staatsbürger des Deutschen Reiches wuchs rapide, als mit dem Fortschreiten des Krieges und der Ausdehnung deutscher Besatzungsgebiete zunehmend Diplomaten und Konsuln sowie richterliche Militärjustizbeamte standesamtliche Funktionen übernahmen.

Auf der Grundlage der Verordnung über das Personenstandsrecht der Deutschen im Generalgouvernement vom 16. März 1940[200] wurden dort zügig deutsche Standesämter gebildet, die für die Beurkundung von Personenstandsfällen deutscher Staatsangehöriger und deutscher Volkszugehöriger zuständig waren. Das Standesamt Krakau nahm dabei die nach dem deutschen Personenstandsrecht dem Standesamt I in Berlin zugewiesenen Sonderaufgaben wahr.[201]

Gemäß der „Verordnung über die Anwendung deutschen Rechts auf deutsche Staatsangehörige in den besetzten Ostgebieten" vom 27. April 1942[202] durften dort nur deutsche Standesbeamte die Eheschließungen deutscher Staatsangehöriger vornehmen sowie Geburts- und Sterbeurkunden ausstellen. Grundsätzlich war ab diesem Zeitpunkt eine Eheschließung nur deutschen Staatsangehörigen untereinander oder mit „Volkszugehörigen" erlaubt; eine Sonderregelung galt nur für das Reichskommissariat Ostland. Insgesamt waren 80 Gebietskommissare in Russland, Wolhynien, der Ukraine und im Baltikum auf diese Weise mit standesamtlichen Aufgaben befasst. Das bei der Eheschließung eröffnete Familienbuchblatt sowie alle damit zusammenhängenden Vorgänge, einschließlich der Mitteilung über evtl. gemeinsame voreheliche Kinder, waren an das Standesamt I in Berlin zu übersenden. Dasselbe galt für die übrigen Personenstandsurkunden. Mit dem Empfang der Dokumente ging die rechtliche Zuständigkeit auf das Standesamt I über, dem alle nun weiteren Mitteilungen gemäß Personenstandsgesetz oblagen, ebenso wie die beglaubigte Abschrift für das Zweitbuch. Dieses wurde zur Prüfung und Verwahrung der Aufsichtsbehörde – also dem Magistrat von Berlin – übergeben. Die Erstausfertigungen verblieben beim Standesamt I.

Gleichzeitig wurde für die einheimische Bevölkerung in den besetzten Gebieten auf der Grundlage von § 2 der „Verordnung des Reichsministers für die besetzten Ostgebiete über die Rechtsetzung in den besetzten Ostgebieten" vom 21. Februar 1942[203] ein Personenstandsrecht nach deutschem Vorbild eingeführt. So erhielt die Ukraine am 28. Mai 1943 eine Personenstandsverord-

199 Vgl. Walter Brell: Die Sonderstellung des Standesamts I in Berlin. In: StAZ 1950, S. 83. Der Wortlaut des Erlasses war leider nicht zu ermitteln.

200 VBlGG I S. 104, zuletzt geändert 25.11.1944, VBlGG Nr. 49.

201 Vgl. Wolfgang Schütz: Fünfzig Jahre Standesamt I in Berlin (West), S. 209.

202 Verordnung über die Anwendung deutschen Rechts auf deutsche Staatsangehörige in den besetzten Ostgebieten vom 27. April 1942. In: RGBl. I 1942, S. 255.

203 Verordnung des Reichsministers für die besetzten Ostgebiete über die Rechtssetzung in den besetzten Ostgebieten vom 21. Februar 1942. In: VBL. RMOst, S. 11.

nung, nach der jede Gemeinde einen Standesamtsbezirk bildete, in dem der Dorfschulze oder Gemeindeälteste als Standesbeamter fungierte. Die Aufsicht oblag den Rayonchefs, Bürgermeistern oder den Gebietskommissaren. Vergleichbar dem Standesamt I in Berlin sollte das Standesamt Shitomir zentrale Funktionen für besondere Standesamtsfälle ausüben. Es gab Strafbestimmungen, die u. a. die Durchführung einer religiösen Heiratszeremonie vor der standesamtlichen Trauung mit einer Geld- oder Haftstrafe bedrohte. Ausdrücklich galt diese Verordnung nicht für „Reichsdeutsche", „Volksdeutsche" oder „Personen, die am 22. Juni 1941 eine andere als die sowjetische Staatsangehörigkeit besessen haben".

Bis zum Ende des Jahres 1944 waren – im Verlauf des Rückzuges der Wehrmacht – insgesamt 35 deutsche Standesamtsbezirke in den Distrikten Galizien, Krakau, Lublin und Warschau aufgelöst worden. Bei der Regierung des Generalgouvernements in Bad Warmbrunn wurde Anfang Dezember 1944 ein Gemeinsamer Standesbeamter bestellt (Regierungsamtmann Kleinschmitt, Stellv. Bürgermeister Kirchner), dem die Vervollständigung und Prüfung der Urkunden aus den geräumten Standesamtsbezirken – mit Wirkung vom 01. Januar 1945 auch für die übrigen Gebiete des Generalgouvernements – oblag.[204]

In den besetzen Niederlanden waren im Frühjahr 1941 deutsche Standesämter in Den Haag, Amsterdam, Zwolle und Heerlen eingerichtet worden, deren Zweitbücher dem Standesamt I zu übermitteln waren. In Nymwegen wurde im März 1943 ein deutscher Standesbeamter bestellt, der ausdrücklich unter Ausschluss der niederländischen Standesbeamten sowie der anderen deutschen Standesämter in den besetzten Niederlanden Geburten und Sterbefälle in Entbindungsheimen des Lebensborn sowie Eheschließungen von Frauen, die in Lebensbornheimen Kinder zur Welt bringen sollten, mit Männern deutscher Staatsangehörigkeit zu beurkunden hatte.[205]

Auch im besetzten Norwegen war ein deutscher Standesbeamter tätig. Vom Januar 1942 bis 07. Mai 1945 wurden von ihm in Oslo, Bergen, Drontheim, Stavanger sowie vom 09. Mai bis Ende Juni 1945 im Zivilinternierungslager Lillehammer (im Auftrag des Abwicklungsstabes der 20. (Gebirgs-)Armee, mit Genehmigung der britischen Besatzungsbehörde) Eheschließungen durchgeführt und Geburten und Sterbefälle beurkundet, ab Juni bis November 1945 nur noch Beurkundungen von Geburten und Sterbefällen. Da eine Übersendung der Urkunden an das Standesamt I ab November 1944 nicht mehr möglich war, wurden diese in einem Stahlschrank im Vorraum des Standesamts in der Parkveien 64 in Oslo aufbewahrt.

Die von den deutschen Standesämtern in den besetzten Gebieten geführten und erhalten gebliebenen Personenstandsbücher gelangten zu großen Teilen in der Nachkriegszeit an das Standesamt I in Berlin (West).

204 Vgl. LAB, A Rep. 001-02, Nr. 2940.

205 Vgl. Verordnung des Reichskommissars für die besetzten niederländischen Gebiete, wodurch die Verordnung Nr. 39/1941 über das Personenstandsrecht deutscher Staatsangehöriger in den besetzten niederländischen Gebieten ergänzt wird, vom 26. Januar 1943 (VOBl. f. d. bes. niederl. Geb. 1943, S. 44) und Kundmachung des Reichskommissars für die besetzten niederländischen Gebiete, wodurch die Kundmachung Nr. 40/1941 über Anzahl, örtlichen Wirkungsbereich und Dienstsitz der deutschen Standesbeamten in den besetzten niederländischen Gebieten ergänzt wird, vom 26. Januar 1943 (VOBl. f. d. bes. niederl. Geb. 1943, S. 45). Die Verordnung betraf auch die Heime der Nationalsozialistischen Volkswohlfahrt e.V. Beide Regelungen im Volltext auch in: Zeitschrift für Standesamtswesen, Jg. 23, Nr. 4, vom 24. Februar 1943, S. 20.

Erste Eheschließung nach dem Kriegsende 1945 des Standesamts Kreuzberg im Gebäude Schöneberger Ufer 1–3 (Reichsbahndirektion).

3.

STANDESÄMTER UND PERSONENSTANDSWESEN IM NACHKRIEGSBERLIN 1945–1948

‚Wir heiraten heute, wir heiraten heute', krähte unsere Tochter, vier Jahre alt, durchs Haus … Es ist der 14. Mai 1945. Das erste Standesamt, das wieder geöffnet war, ist am Sophie-Charlotte-Platz und gehört zu unserem Bezirk. ‚Mein Mann' meldet uns an, und dann läuft er stundenlang durch Berlin und sucht unsere Freunde. Ob sie noch leben und wo? Sie sollen unsere Trauzeugen und Hochzeitsgäste sein. Wegen der Nürnberger Gesetze hatten wir nicht heiraten dürfen. Wir wollten die tausend Jahre nicht warten. So hatten wir 1945 schon zwei Töchter, und ich erwartete das dritte Kind. Am 19. Mai 1945 liefen wir von der Fasanenstraße die Kantstraße entlang zum Sophie-Charlotte-Platz, den Kinderwagen schiebend – ein Kind saß darin, das andere darauf. Den Wagen über die auf den Straßen liegenden Bäume und Trümmer hinweghebend, strebten wir mit den gefundenen Trauzeugen zum Standesamt … Der Beamte, noch einer der übriggebliebenen aus dem ‚Dritten Reich', machte sein sauerstes Gesicht und erwähnte den besonderen Anlass mit keinem Wort. Nachdem alles unterschrieben war, gratulierte zuerst unsere Älteste, und wir machten alle zusammen unsere Hochzeitsreise mit der gerade wieder eröffneten U-Bahn von Sophie-Charlotte-Platz bis Knie…[206]

Agathe Sieben geb. Otto, 1977

Diese Erinnerungen an ihre Heirat im Mai 1945, die Agathe Sieben über dreißig Jahre später so anschaulich schildert, beschreiben die außergewöhnlichen Umstände einer Eheschließung in jenen Tagen – Berlin nach dem Krieg. In der Tat war das Standesamt Charlottenburg zum Kriegsende weitgehend arbeitsfähig geblieben. Nach einer letzten Eheschließung am 26. April 1945 vergingen nur knapp zwei Wochen, bevor ab dem 08. Mai 1945 erneut Eheschließungen durchgeführt wurden.[207]

Agathe Otto lebte seit dem Jahre 1932 im Haus Fasanenstraße 13, der sogenannten Künstlerburg. Die Tänzerin, eine Palluccaschülerin, die damals unter dem Namen Agathe Otto-Manot auftrat, galt als „Halbjüdin" und hatte 1933 Berufsverbot erhalten. Während der NS-Zeit konnte sie nur in privatem Rahmen Tanzabende veranstalten[208] und musste ihren Lebensunterhalt als Gymnastiklehrerin verdienen.[209] Die Nürnberger Gesetze verhinderten auch, dass Agathe Otto und ihr Mann während der NS-Zeit heiraten durften. Als sie dennoch als unverheiratetes Paar eine Familie gründeten, blieben sie in der Künstlerburg wohnen

206 Sieben, Agathe (Jg. 1910): Eine kurze Hochzeitsfeier. In: Berlin nach dem Krieg – wie ich es erlebte. 28 Erlebnisberichte von älteren Berlinern aus dem Wettbewerb des Senators für Arbeit und Soziales. Berliner Forum 9/77, S. 89. Die unterschiedlichen Tagesdaten finden sich im Text.

207 Auskunft des Standesamtes Charlottenburg-Wilmersdorf vom 07.07.2016. In: Registratur Landesarchiv Berlin, Aktenplannummer 9522 Publikationen – Personenstand. Die damaligen Eheschließungen fanden demnach in angemieteten Räumen unter den Adressen Sybelstraße 2–4 (Schulgebäude), Witzlebenstraße 4–5 (Gerichtsgebäude) und Niebuhrstraße 59/60 statt. Insofern kann angenommen werden, dass Agathe Sieben, wenn sie vom Standesamt am Sophie-Charlotte-Platz schreibt, in der Witzlebenstraße 4–5 geheiratet hat. Im *Adressbuch des öffentlichen Lebens. Wer ist wo?* aus dem Jahre 1947 wird für den Standesamtsbezirk Charlottenburg die Adresse Niebuhrstraße 59/60 benannt.

208 Sebert, Ulrike: Als die Nackten im Hofe standen. Seit eh und je wohnen Künstler im pittoresken Haus Fasanenstraße 13. In: Die Welt, Ausgabe vom 16.01.2001.

209 Vgl. Berliner Adressbuch für das Jahr 1943, Adresse Fasanenstraße 13: „Otto, A. Gymnastiklehrerin".

und machten sich am 19. Mai 1945 von dort aus auf den Weg zum Standesamt.

Diese Eheschließung markiert mehr als symbolträchtig einen gewollten Neubeginn.

3.1 Das Aufsichtsamt für die Standesämter – Die Organisation des Personenstandswesens

Mit dem Ende des Krieges sah sich die Verwaltung in Deutschland mit der Tatsache konfrontiert, dass die Aufsichtsbehörden, die eine gleiche Handhabung der Urkundsakte und Geschäfte auf allen Standesämtern im Reichsgebiet gewährleisten sollten – Reichsminister des Innern, Regierungspräsidenten, Landräte bzw. Oberbürgermeister –, nicht mehr fortbestanden. Die in den bestehenden Gesetzen vorgesehenen Akte und Entscheidungen dieser Behörden und Instanzen konnten im Prinzip nicht mehr ausgeübt werden. Ihr Fehlen brachte es mit sich, dass – im Rahmen der besatzungsrechtlichen Vorgaben – die provisorischen Landesverwaltungen hinsichtlich des Regelungsbedarfs beim Personenstandswesen tätig werden mussten. In Berlin oblagen die entsprechenden Aufgaben einer höheren und einer unteren Verwaltungsbehörde zugleich dem Magistrat der Stadt, der dafür ein „Aufsichtsamt für die Standesämter“ bei seiner „Abteilung für Personalfragen und Verwaltung“ einrichtete.

Nach dem Ende der NS-Zeit musste eine gültige Rechtsgrundlage für die Arbeit dieser Standesämter gefunden werden. Nach welchen Vorschriften sollte man arbeiten? Erste Überlegungen gingen dahin, nach den Bestimmungen zu verfahren, die vor dem 30. Januar 1933 gegolten hatten. Andererseits hatten die Besatzungsmächte weder das Gesetz zum Schutze der Erbgesundheit des deutschen Volkes (Ehegesundheitsgesetz) vom 18. Oktober 1935, das Personenstandsgesetz vom 03. November 1937, oder das Ehegesetz vom 06. Juli 1938 aufgehoben. Damit wäre es immerhin möglich gewesen, die alten Vorschriften zunächst aufrechtzuerhalten. Nach fachlicher Prüfung wurde dann tatsächlich deutlich, dass das Personenstandsgesetz vom 03. November 1937 insbesondere in der Fassung der Vierten Ausführungsverordnung vom 27. September 1944, vielfach Regelungen enthielt, die „soweit sie sich nicht auf nationalsozialistische Ideen stützten, nicht nur der Bevölkerung Erleichterung bringen und die Verwaltung entlasten, sondern auch den Niederschlag einer mehr als 70jährigen Rechtsentwicklung darstellen, die das neue demokratische Deutschland nicht einfach ignorieren konnte.“[210]

Diesen Überlegungen folgend wurde am 07. August 1945 für Berlin vom zuständigen Magistratsmitglied und Stadtrat, Leiter der Abteilung für Personalfragen und Verwaltung, Arthur Pieck (KPD), die „Vorläufige Neuordnung des Personenstandsrechts“ angewiesen: „Der Magistrat ist untere und bis auf weiteres auch höhere Verwaltungsbehörde.“ Diese knappe Festlegung bestimmte klar die Kompetenzen der Fachverwaltung.[211] Dem Aufsichtsamt stand somit die Fachaufsicht über die Standesämter in Berlin zu. Ihm oblagen damit v. a. grundsätzliche fachliche Aufgaben und die Entscheidungen über die personellen und organisatorischen Angelegenheiten des Standesamtswesens, u. a. die Prüfung der Eignung des Kandidaten für das Amt des Standesbeamten oder die Bildung von Standesamtsbezirken.[212] Weiter heißt es zur Neuordnung: „Um die Erfordernisse des modernen Rechtsstaates, alle Personenstandsfälle in Form der Beurkundung aufzuzeichnen und festzuhalten, auch in der gegenwärtigen Übergangszeit mit dem Ziel der Demokratisierung Deutschlands in Einklang zu bringen, sind die Beurkundung der Geburts- und Sterbefälle, die Anordnung der Aufgebote, die Schließung der Ehen sowie jede sonstige vom Standesbeamten vorzunehmende Amtshandlung einstweilen grundsätzlich nach dem Personenstandsgesetz vom 3.11.1937 (RGBl. I S. 1146), den dazu erlassenen Ausführungsvorschriften und der Dienstanweisung für die Standesbeamten und ihren Aufsichtsbehörden vorzunehmen, soweit sie nicht im Einzelnen auf nationalsozialistischen Ideologien beruhen [...] Die Standesbeamten haben – insbesondere in Zweifelsfällen – nach bestem Wissen und Gewissen in antifaschistischem Sinne zu verfahren.“

In diesem Zusammenhang wurde am selben Tag der langjährig tätige und erfahrene Verwaltungsangestellte Walter Brell von Arthur Pieck beauftragt, „die Geschäfte des Referenten im Arbeitsgebiet Standesamtswesen (Fachaufsicht über die Standesbeamten) zu führen“.[213]

Diese für Berlin geltende „Vorläufige Neuordnung des Personenstandsrechts“ wurde den anderen höheren Aufsichtsbehörden der Standesämter bei den Landes- und Provinzialregierungen der verschiedenen Besatzungszonen informativ übermittelt, immer in der Hoffnung auf ein neues und einheitliches Personenstandsrecht in Deutschland. Allen Adressaten innerhalb der Berliner Verwaltung wurde mitgeteilt: „Die Neufassung des Personenstandsgesetzes und der Dienstanweisung sind bereits in Angriff genommen worden.“[214]

210 Brell, Walter: Wesen und Bedeutung des Personenstandsrechts. In: Die Stadtverwaltung, Heft 2 (1946), S. 9.

211 Vorläufige Neuordnung des Personenstandsrechts vom 07. August 1945. In: LAB, C Rep. 102, Nr. 57.

212 Rieckhoff, Wolfgang: Standesamt und Geschäftsordnung. In: Die Stadtverwaltung, Heft 11/12, 2. Jg. (1947), S. 13.

213 Siehe FN 119; Vgl. Personalakte Brell. In: LAB, A Rep. 001-06, Nr. 4010.

214 Vgl. Vorläufige Neuordnung des Personenstandsrechts vom 07. August 1945. In: LAB, C Rep. 102, Nr. 57.
Als das Ehegesetz des Alliierten Kontrollrates vom 20. Februar 1946 das NS-Ehegesetz von 1938 ersetzte, wurde damit nicht nur nationalsozialistisches Unrecht beseitigt, sondern es lag zumindest für einen Bereich eine neue Rechtsgrundlage vor, mit der viele infolge der Kriegsereignisse aufgetretene Fragestellungen bearbeitet werden konnten.

Hauptverw. Amt. (Standesamtswe…)

MAGISTRAT DER STADT BERLIN

Abteilung für Personalfragen und Verwaltung

Personalfragebogen

Zur Beachtung! Sämtliche Fragen sind gewissenhaft und ausführ… beantworten. Striche gelten **nicht** als Beantwort…

Name (bei Frauen auch Geburtsname):	B r e l l
Vornamen (Rufnamen unterstreichen):	Karl Albert Walter
Geburtsdatum, -ort und Bezirk:	17.2.1889 Berlin
Staatsbürgerschaft:	deutsch
Nationalität:	deutsch
Religion:	freireligiös
Jetzige Wohnung:	Berlin-~~Oberschöneweide~~ Wilmersdorf, ~~Griechische Allee 26~~ Kalischerstr. 32
Wohnadresse 1933:	Berlin-Friedrichshagen, Löbuaer Weg 7
Schulbildung (welche, wann, wo):	Abiturium an der Friedrichs Werderschen Oberreal-schule 1908, 2 Semester Nationalökonomie
Welche Fremdsprachen beherrschen Sie und in welchem Maße:	französisch und englisch (übliches Schulwissen)
Beruf, Verdienst und Eigentums-verhältnisse im Jahre 1933:	Gehalt als Stadtamtsrat [illegible]
Beruf, Verdienst und Eigentums-verhältnisse heute:	desgleichen, da ich nicht befördert wurde

Frühere Arbeitgeber:	Art der Tätigkeit	Von wann bis wann?	Grund der Entlassung

Standen Sie vor dem 1. Mai 1945 schon in einem Beschäftigungs-verhältnis zur Stadt Berlin?	ja
Bei welcher Dienststelle?	Hauptverwaltungsamt

+) ~~Ein Lichtbild steht mir nicht mehr zur Verfügung.~~

Seite 1 des Personalfragebogens Walter Brell, vom 02. Juni 1945.

In den Standesämtern der Stadt musste vor allem der geregelte Dienstbetrieb wieder in Gang gesetzt werden; geeignete Gebäude und geeignetes Personal waren zu finden.

Der Dienstsitz der Aufsichtsbehörde der Standesämter wurde mehrfach verlegt. Nach Kriegsende befand er sich im Alten Stadthaus, im rückwärtig an der Klosterstraße gelegenen Gebäudeteil. Von Oktober 1945 bis Juni 1946 arbeitete das Aufsichtsamt zeitweilig in Räumen im Gebäude des Rathauses Schmargendorf, Berkaer Platz 1. Hier waren auch das Standesamt des Bezirkes Berlin-Wilmersdorf und kurzzeitig auch das Standesamt I untergebracht, bevor Aufsichtsamt und Standesamt I wieder nach Berlin-Mitte in das Gebäude Stralauer Straße 42/43 – ein Geschäftshaus in unmittelbarer Nachbarschaft zum Alten Stadthaus, in dem das Aufsichtsamt bereits vor Kriegsende gearbeitet hatte – umzogen.

Die Arbeitsmaterialien bzw. Formulare der Standesämter waren inhaltlich an die neuen politischen Verhältnisse anzupassen und außerdem schwierig zu besorgen. Der einschlägige „Verlag für Standesamtswesen GmbH“ in der Gitschiner Straße 109 hatte am 03. Februar 1945 einen Fliegerschaden erlitten, bei dem das „ganze Verlagsgebäude mit allen Unterlagen und sämtlichen Berliner Restbeständen vernichtet“ wurde. Nur noch wenige bei Vertragspartnern lagernde Vordrucke konnten dem Magistrat vom Verlag angeboten werden; sie umfassten allerdings nur einen Bruchteil des üblicherweise nötigen Angebotes.[215] Den Standesämtern wurde deswegen Anfang August 1945 von der zuständigen Magistratsabteilung mitgeteilt: „Aus Ersparnisgründen müssen die bisherigen Vordrucke weiter verwendet werden, doch sind alle Fragen und Hinweise, die nationalsozialistischen Geist atmen, zu streichen oder zu überdrucken.“[216]

Als bei einem Brand im Verwaltungsgebäude Müllerstraße 146/147 (Standesamt Berlin-Wedding) „wertvolle Unterlagen“ zerstört wurden, war dies im Oktober 1948 Anlass, der gesetzlichen Vorschrift, Erstbücher und Zweitbücher eines Standesamts getrennt voneinander aufzubewahren, „beschleunigt“ zu entsprechen. Dafür erhielt das Aufsichtsamt für die Standesämter zwei kleine Räume in den Büroetagen des Hauses Nürnberger Straße 53/56 (Femina-Palast) in Charlottenburg im Westteil Berlins zugewiesen, wo die Zweitbücher „gesammelt und gestapelt“ wurden.[217]

Das Aufsichtsamt war trotz der limitierten Ressourcen an Ausstattung, Personal und Räumen fortwährend „bemüht, dafür zu sorgen, dass das Publikum auf den Standesämtern das Entgegenkommen findet, dass es beanspruchen darf und dass es auf den Standesämtern mehr als auf anderen Dienststellen erwartet. In Kursen beim Aufsichtsamt, in monatlichen Zusammenkünften des Personals der Standesämter und notfalls durch Rundschreiben werden grundsätzliche und Einzelfragen des Personenstandsrechts erörtert und so die Angestellten der Standesämter immer wieder über alte und neue Vorschriften unterrichtet. Dazu werden neuerdings die Geschäftsführungen auf den einzelnen Ämtern geprüft, was nicht nur zu einer gleichmäßigen Bearbeitung führen, sondern auch zur Ermittlung einer Schlüsselzahl dienen soll, damit den Bezirksämtern eine möglichst gerechte Besetzung der Standesämter vorgeschlagen werden kann.“[218]

Öffnungszeiten der Standesämter für die „Publikumsabfertigung“ waren montags bis freitags von 9–14 Uhr und sonnabends von 9–12 Uhr.[219]

Die Aufgabe, für eine sichere und angemessene Unterbringung der Berliner Standesämter zu sorgen sowie ihre Arbeitsfähigkeit und personelle Besetzung stabil und fachgerecht zu gewährleisten, war in den ersten Jahren nach Kriegsende für das Aufsichtsamt für die Standesämter eine beständige Herausforderung.

3.2 Verlagerte Register

Eine wesentliche Arbeitsgrundlage der Standesämter fehlte: Im Rahmen von Luftschutzmaßnahmen in der deutschen Hauptstadt waren die Personenstandsbücher der Standesämter ja Anfang 1944 nach Mähren und Böhmen verlagert worden.[220]

Zur Rückführung dieser nunmehr in der Tschechoslowakei lagernden Unterlagen nach Berlin gab es keine Alternative. Sie wurden dringend für zahlreiche Anfragen aus dem In- und Ausland benötigt. Wegen des fehlenden Zugriffs auf diese Dokumente konnten nämlich Urkunden zu den Jahrgängen 1874–1943 von den Standesbeamten nicht gefertigt und Randvermerke über Ehescheidungen, Legitimationen, Adoptionen, Namensänderungen usw. in diesen Jahrgängen nicht beigeschreiben werden.

Außerdem hatten die Berliner Amtsgerichte die bei ihnen verwahrten Nebenregister zu den Hauptregistern ebenfalls zum Schutz vor Kriegsschäden nach außerhalb verlagert; sie lagen nun in Polen oder in der ostdeutschen Provinz.

Nahezu von existenzieller Bedeutung für die Arbeit der Standesämter, bedurfte die Lösung dieses drängenden Problems einer Rückholung der Anstrengungen und der Zusammenarbeit vieler Beteiligter. Über die Notwendigkeit, diese Unterlagen zurückzuführen, war man sich seitens der Verwaltung zwar einig – der Betreff „Rückführung der nach der Tschechoslowa-

215 Zulassungsantrag des Verlages für Standesamtswesen GmbH vom 05.08.1945. In: LAB, C Rep. 120, Nr. 1184.

216 Vgl. Vorläufige Neuordnung des Personenstandsrechts vom 07. August 1945. In: LAB, C Rep. 102, Nr. 57.

217 Vgl. LAB, C Rep. 102, Nr. 40.

218 Ebenda.

219 Straßenführer durch Berlin, 2. Jg. (1947), S. 342.

220 Einzig das Hohenzollernregister war in Berlin verblieben und durch Porzig in den Tresor der Stadtbank am Alexanderplatz verlagert worden. 1946 wurde dieses zerstörte Gebäude noch durch die sowjetische Besatzungsmacht bewacht und war nicht zugänglich. Das Hohenzollernregister wurde dann jedoch geborgen und befand sich in Obhut des Leiters des Standesamtes I, Herrn Lehre. Vgl. LAB, C Rep. 104, Nr. 48.

kei verlagerten Personenstandsbücher und Personenstandsakten der Berliner Standesämter" ist in den Behördenakten mehrfach zu finden[221] –, doch waren erkennbare Fortschritte lange nicht zu verzeichnen.

Reiseberichte aus Ullersdorf, wo „sämtliche Registergestelle und auch der Fotokopierapparat noch in unversehrtem Zustande im Schlosse des Fürsten Lichtenstein [lagerten], und zwar deshalb, weil der Fürst die schweizerische Flagge gesetzt hatte[...]", veranlassten den Bezirksbürgermeister von Berlin-Wedding, im Juli 1945 die Rückführung der geschätzten 40 t Register und 40 t Gestelle mit den Kopierapparaten zu erbitten. Brell musste jedoch bescheiden: „An die Rückführung der Register ist unter den gegenwärtigen Verhältnissen nicht zu denken."

Im August 1945 berichtete der inzwischen ausgeschiedene Porzig von verlagerten Nebenregistern bei den früheren Amtsgerichten in Schwedt/Oder und Sonnenburg (Neumark), jetzt Polen. Die Zweitbücher zu den Erstbüchern lagerten neben den Kolonial- und Konsulatsregistern in Schüttenitz (Sudetengau); die Hohenzollernregister im Tieftresor der Berliner Stadtbank am Alexanderplatz.

Im September 1945 erreichte ein Reisebericht aus Blauda Berlin: „Nach dem Einrücken der Russen am 7. Mai 1945 wurden in die Räume, in denen die Register lagern – ca. 8 große Zimmer und ein Saal Russen einquartiert. Das ganze Schloss wurde unter Denkmalschutz gestellt, was durch das Aufstellen mehrerer russischer Wachen zum Ausdruck kam. Nicht einmal die

221 Vgl. z. B. LAB, B Rep. 121, Karton 5, Aktenzeichen 0512/3 Verlagerte Register. Die folgenden Ausführungen basieren auf den Dokumenten dieser Akte.

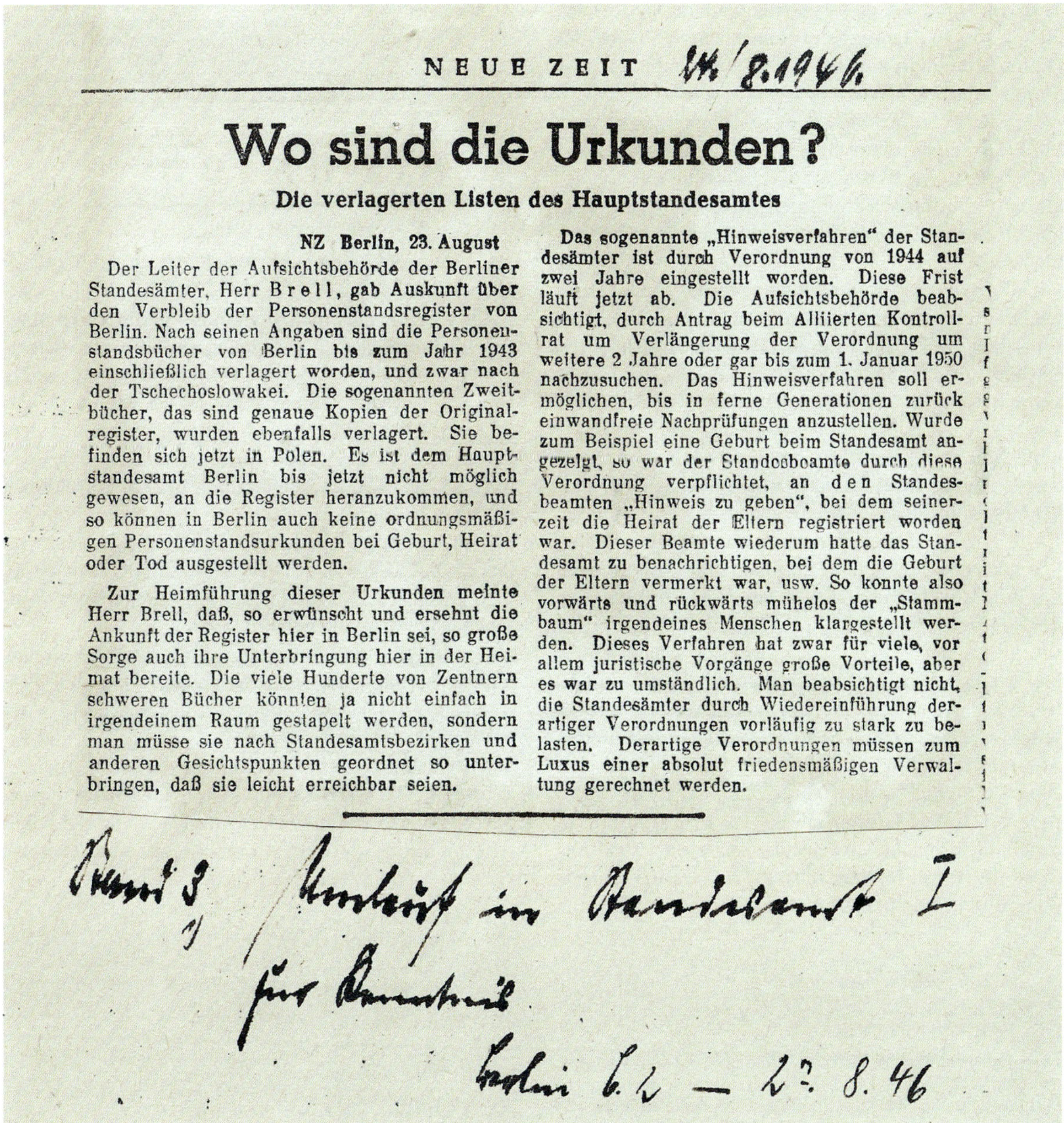
NEUE ZEIT

Wo sind die Urkunden?

Die verlagerten Listen des Hauptstandesamtes

NZ Berlin, 23. August

Der Leiter der Aufsichtsbehörde der Berliner Standesämter, Herr Brell, gab Auskunft über den Verbleib der Personenstandsregister von Berlin. Nach seinen Angaben sind die Personenstandsbücher von Berlin bis zum Jahr 1943 einschließlich verlagert worden, und zwar nach der Tschechoslowakei. Die sogenannten Zweitbücher, das sind genaue Kopien der Originalregister, wurden ebenfalls verlagert. Sie befinden sich jetzt in Polen. Es ist dem Hauptstandesamt Berlin bis jetzt nicht möglich gewesen, an die Register heranzukommen, und so können in Berlin auch keine ordnungsmäßigen Personenstandsurkunden bei Geburt, Heirat oder Tod ausgestellt werden.

Zur Heimführung dieser Urkunden meinte Herr Brell, daß, so erwünscht und ersehnt die Ankunft der Register hier in Berlin sei, so große Sorge auch ihre Unterbringung hier in der Heimat bereite. Die viele Hunderte von Zentnern schweren Bücher könnten ja nicht einfach in irgendeinem Raum gestapelt werden, sondern man müsse sie nach Standesamtsbezirken und anderen Gesichtspunkten geordnet so unterbringen, daß sie leicht erreichbar seien.

Das sogenannte „Hinweisverfahren" der Standesämter ist durch Verordnung von 1944 auf zwei Jahre eingestellt worden. Diese Frist läuft jetzt ab. Die Aufsichtsbehörde beabsichtigt, durch Antrag beim Alliierten Kontrollrat um Verlängerung der Verordnung um weitere 2 Jahre oder gar bis zum 1. Januar 1950 nachzusuchen. Das Hinweisverfahren soll ermöglichen, bis in ferne Generationen zurück einwandfreie Nachprüfungen anzustellen. Wurde zum Beispiel eine Geburt beim Standesamt angezeigt, so war der Standesbeamte durch diese Verordnung verpflichtet, an den Standesbeamten „Hinweis zu geben", bei dem seinerzeit die Heirat der Eltern registriert worden war. Dieser Beamte wiederum hatte das Standesamt zu benachrichtigen, bei dem die Geburt der Eltern vermerkt war, usw. So konnte also vorwärts und rückwärts mühelos der „Stammbaum" irgendeines Menschen klargestellt werden. Dieses Verfahren hat zwar für viele, vor allem juristische Vorgänge große Vorteile, aber es war zu umständlich. Man beabsichtigt nicht, die Standesämter durch Wiedereinführung derartiger Verordnungen vorläufig zu stark zu belasten. Derartige Verordnungen müssen zum Luxus einer absolut friedensmäßigen Verwaltung gerechnet werden.

Zeitungsausschnitt „Wo sind die Urkunden?", *Neue Zeit* vom 24. August 1946.

Besitzerin des Schlosses, die Gräfin Zierotin, konnte ihre im ersten Stock gelegenen persönlichen Räume betreten. Ob noch alle Register vorhanden sind, diese überhaupt irgendwo benutzt wurden, konnte nicht angegeben werden."

Zur selben Zeit kamen über die in Sonnenburg lagernden Unterlagen der Amtsgerichte – „eine große Menge Akten, zum Teil arg durcheinander geworfen und beschädigt" – beunruhigende Nachrichten bei der Provinzialverwaltung Brandenburg in Potsdam an. Man schätzte die Menge auf 10 Kraftwagenladungen. Die Unterlagen in Schwedt, 2 Waggonladungen Akten, waren hingegen „unversehrt".

Unerwartet kam eine Meldung aus Strasburg/Uckermark, dass auch dort Personenstands-Nebenregister aus Berliner Amtsgerichten auf dem Dachgeschoss des Amtsgerichtsgefängnisses lagerten.

Brell bemühte sich mit diesen Informationen um Transport- und Rückholkapazitäten; man plante, nach einer Zwischenlagerung der Register im Gebäude des Hauptgesundheitsamtes die Verteilung an die Berliner Standesämter.

Der Vertreter der amerikanischen Militärregierung in Berlin-Steglitz, Herr Dr. Zietelmann, war im August 1946 bereit, sich wegen der Rückführung der Bücher an die tschechischen Behörden zu wenden und erbat entsprechende Unterlagen, die Brell detailliert zusammenstellte.[222]

1947 begannen die Verhandlungen der Stadt Berlin mit der tschechoslowakischen Seite über die Rückführung des *gesamten* auf deren Territorium verlagerten Berliner Bibliotheks- und Archivgutes.[223] Es wurde vereinbart, einen formellen, eingehend begründeten Antrag an die tschechoslowakische Militärmission beim Alliierten Kontrollrat mit der Bitte einzureichen, diesen Antrag auf Rückgabe befürwortend an die Prager Zentralinstanzen weiterzugeben.[224]

Die Personenstandsunterlagen wurden davon sachlich getrennt behandelt. Die parallelen Bemühungen um ihre Rückführung, u. a. durch Kapitän Klein von der französischen Seite im Alliierten Kontrollrat, scheiterten noch 1947 an nicht lösbaren Transportproblemen. Das Aufsichtsamt für Standesämter formulierte deswegen einen eigenen Vorschlag, regte die Mitwirkung von seinerzeit an den Verlagerungen beteiligten Mitarbeitern an, und forderte für den Haushaltsplan 1948 die Summe von 50.000 RM, um den Rücktransport per Eisenbahn zu bewältigen. Brell räumte allerdings gleich ein: „Wegen der späteren Erstattung dieser Kosten in Devisen dürfte u. E. die Rückführung ohne Beteiligung der Alliierten Kommandantur kaum durchzuführen sein."[225] Mehrfach ersuchte die „Abteilung für Personalfragen und Verwaltung" beim Berliner Bürgermeister, Dr. Ferdinand Friedensburg, in den Folgemonaten um Unterstützung hinsichtlich der Verhandlungen mit der tschechoslowakischen Militärmission.

Von dort wurden entsprechende Verzeichnisse der Verlagerungsorte gefordert, die am 04. Mai 1948 vorgelegt werden konnten, und der Magistrat erhielt wenig später dann eine Nachricht der tschechoslowakischen Militärmission, Generalmajor Dastich, die immerhin

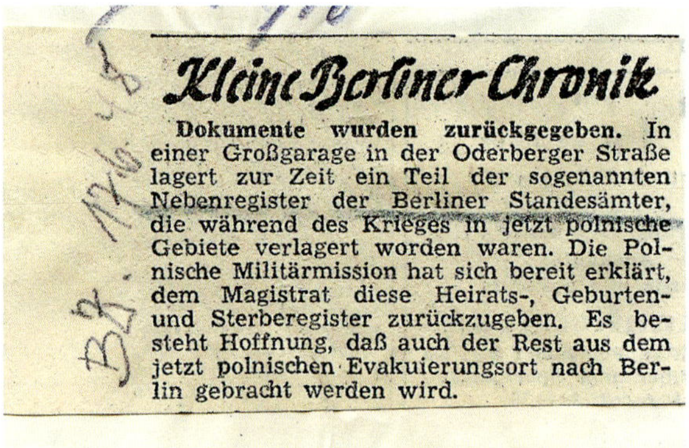

Kleine Berliner Chronik

Dokumente wurden zurückgegeben. In einer Großgarage in der Oderberger Straße lagert zur Zeit ein Teil der sogenannten Nebenregister der Berliner Standesämter, die während des Krieges in jetzt polnische Gebiete verlagert worden waren. Die Polnische Militärmission hat sich bereit erklärt, dem Magistrat diese Heirats-, Geburten- und Sterberegister zurückzugeben. Es besteht Hoffnung, daß auch der Rest aus dem jetzt polnischen Evakuierungsort nach Berlin gebracht werden wird.

Zeitungsausschnitt „Dokumente wurden zurückgegeben", *BZ* vom 17. Juni 1948.

ein Entgegenkommen bezüglich der Standesamtsregister signalisierte.[226]

Die übrigen „Berliner Bibliotheks- und Archivbestände – soweit dieselben gefunden wurden", seien sichergestellt und „bis jetzt über dieselben nicht anderweitig verfügt" worden.[227] Gleichzeitig wurde darauf verwiesen, dass eine Rückgabe von Kulturgut nur nach dem Abschluss eines Friedensvertrages mit Deutschland möglich sei. Diesen Standpunkt bekräftigte Dastich gelegentlich eines Gesprächs mit dem Referenten des Bürgermeisters Friedensburg im Mai 1948 erneut, gab jedoch die Zusicherung, dass das Kulturgut ordnungsgemäß gelagert sei, so dass keine Witterungs- oder Sachschäden den Bestand gefährden konnten.[228]

Die von den Amtsgerichten verlagerten Nebenregister der Berliner Standesämter hingegen konnten 1946 wenigstens z. T. zurückgeführt werden. So sind Register aus dem Amtsgericht Treuenbrietzen abgeholt und zunächst im Amtsgericht Köpenick eingelagert worden. [229]

Im Juni 1948 lagerte in einer Großgarage in der Oderberger Straße ein Teil dieser Unterlagen und die polnische Militärmission erklärte sich bereit, diese Heirats-, Geburts- und Sterberegister zurückzugeben.[230]

222 LAB, B Rep. 122, Nr. 11.

223 Vgl. dazu: Schroll, Heike: Spurensicherung. Die Bestände des Stadtarchivs Berlin und ihr Schicksal durch den Zweiten Weltkrieg, Berlin 2000 (= Schriftenreihe des Landesarchivs Berlin, Band 5).

224 Vgl. LAB, C Rep. 104-02, Nr. 71.

225 Vermerk Brells vom 30. Januar 1948. In: LAB, C Rep. 102, Nr. 66.

226 Vgl. LAB, C Rep. 102, Nr. 66.

227 LAB, C Rep. 120, Nr. 521, Bl. 203.

228 LAB, C Rep. 120, Nr. 521, Bl. 231. Ein Rücktransport gelang erst 1951. Vgl. dazu Ausführungen unter 4.1.

229 In: LAB, B Rep. 122, Nr. 11.

230 Eine weitere Rückführung aus der Volksrepublik Polen erfolgte erst 1955 nach Ost-Berlin. 1946 sind Register aus dem

ČESKOSLOVENSKÁ VOJENSKÁ MISE U SPOJENECKÉ KONTROLNÍ RADY V NĚMECKU

MISSION MILITAIRE TCHÉCOSLOVAQUE
Accréditée
auprès de
l'Autorité Alliée de Contrôle pour l'Allemagne

CZECHOSLOVAK MILITARY MISSION
Accredited
to the
Allied Control Authority for Germany

ЧЕХОСЛОВАЦКАЯ ВОЕННАЯ МИССИЯ
аккредитована
при
Союзной Контрольной Власти в Германии

No. 8.203/48 BERLIN, 19.Mai 1948.

Sehr geehrter Herr Buergermeister !

Ich habe das Verzeichnis der Orte nach denen die Berliner Standesamtsregister seinerzeit verbracht worden sind, nach Praha weitergegeben und um schnellste Mitteilung darueber ersucht

1/ ob die Akten sich an den angegebenen Orten befinden und

2/ wie sie am Besten nach Berlin zurueckgebracht werden koennten.

Ich hoffe, Ihnen bald das Ergebnis mitteilen zu koennen

Hochachtungsvoll

Chef der Mission.

Herrn Buergermeister
Dr F r i e d e n s b u r g ,

Berlin C 2, Neues Stadthaus,
Parochialstrasse 1-3.

Schreiben des Chefs der tschechoslowakischen Militärmission, Generalmajor Dastich, an Bürgermeister Dr. Ferdinand Friedensburg, vom 19. Mai 1948.

3.3 Standesamt I von Groß-Berlin

Das Standesamt I war der Berliner Zentralverwaltung über ihr Aufsichtsamt für die Standesämter direkt angegliedert.

Der zuständige Referent, Walter Brell, war formal zugleich auch Standesbeamter im Standesamt I,[231] das nach Kriegsende ein Jahr lang von einem Herrn Erfurt in Nachfolge des nicht entnazifizierten und entlassenem Porzig geleitet wurde. „Erfurt war Dienststellenleiter der Unterabteilung Standesamtswesen und der eigentliche Leiter des Standesamts I.“ Als der im Mai 1946 zum Hauptverwaltungsamt versetzt wurde, bemühte Brell sich hinsichtlich seiner Nachfolge um eine Hausbesetzung und schlug Friedrich Lehre vor, der seit September 1945 auf der Stelle eines stellvertretenden Standesbeamten des Standesamts I beschäftigt war und Erfurts Amtsgeschäfte als Vertreter ohnehin wahrnahm. „Lehre zeichnet sich durch Umsicht und Tatkraft aus. Es ist in erster Linie sein Verdienst, dass die sehr schwierige Geschäftslage auf dem Standesamt I nicht zu einem völligen Zusammenbruch geführt hat.“ Zum 01. September 1946 wurde Friedrich Lehre dann zum Leiter des Standesamts I ernannt.[232]

Nach einer Anzeige vom Juni 1947 wegen angeblicher NS-Belastung und vermehrten Hinweisen auf eine „nicht sehr glückliche Behandlung der ihm unterstellten Angestellten“ geriet Lehre in Schwierigkeiten und wurde letztlich am 16. Januar 1948 vom Standesamtswesen zum Hauptverwaltungsamt versetzt. Offenbar war diesbezüglich politischer Druck ausgeübt worden, denn die Zeugnisse, die ihm im Juli 1947 sowohl Brell als auch der stellvertretende Dienststellenleiter im Standesamt I, Gustav Tessmann,[233] im Januar 1948 ausstellten, zeugten von großer Wertschätzung für seine Person: „Lehre hat während seiner Dienstzeit [...] außerordentliches geleistet. Bei Beginn seiner Tätigkeit gehörten zur Dienststelle etwa 10 Personen, bei seinem Ausscheiden war das Personal auf 100 Angestellte angewachsen. Lehre hat es mit Tatkraft und Zähigkeit verstanden, die mannigfachen, immer wieder auftretenden Schwierigkeiten zu bewältigen. Er hat sich mit Erfolg bemüht, seine in langjähriger Verwaltungstätigkeit gewonnenen Kenntnisse und Erfahrungen mitzuteilen und sich leistungsfähige Mitarbeiter heranzuziehen. Demokratisches Handeln und soziales Verständnis waren die Grundlinien seiner Tätigkeit. Den Sorgen seiner Kollegen und Kolleginnen kam er mit warmem Herzen entgegen.“[234]

Nach Lehres Versetzung übernahm Paul Best die Leitung des Standesamts I und setzte sich damit „aufgrund fachlich weit besserer Leistungen“ gegen seinen Mitbewerber Gustav Tessmann durch.[235]

Das Arbeitsgebiet des Standesamts I – für einige Zeit 1947/48 auch als „Hauptstandesamt“ bezeichnet – hatte sich durch die Kriegsfolgen stark erweitert: Wegen der Änderung der deutschen Staatsgrenze war für die Gebiete östlich der Oder-Neiße-Linie die Zahl der zu beurkundenden Personenstandsfälle erheblich gewachsen. Allerdings verfügte man mit Stand April 1948 nur über sehr wenige Unterlagen:

- Standesamt Lindicken Kr. Schloßberg (Ostpr.)
- Standesamt Nicklashagen Krs. Schloßberg (Ostpr.)
- Standesamt Guja Krs. Angerburg
- Standesamt Altboyen Krs Kosten
- Standesamt Murke Kr. Lissa
- Standesamt Murkingen Kr. Lissa
- Standesamt Otterwalde (Ottorowo) Kr. Samter
- Standesamt Radomitz Kr. Schmiegel bzw. Kosten
- Standesamt Ostrowo (Warthegau)
- Standesamt Zirke (Warthegau)
- Standesamt Leiperode
- Standesamt Wilkowo-Lesczyn
- Standesamt Kriewen-Stadt
- Standesamt Kriewen-Land
- Standesamt Kreuz a. d. Ostbahn
- Standesamt Dratzig bei Kreuz.

Damit waren notwendige Beurkundungen und Bescheinigungen für die von Flucht und Vertreibung betroffenen Menschen enorm erschwert und in vielen Fällen unmöglich. „Die polnische Militärmission in Berlin hat jedoch bereits Schritte bei der sowjetischen Besatzungsmacht unternommen, um die Bücher der genannten Standesämter in die jetzt von Polen verwalteten Gebiete zurückzuführen.“[236]

Bearbeitet werden musste außerdem der Eingang von Wehrmachtfamilienbuchblättern, d. h. von Eheschließungsbeurkundungen vor einem richterlichen Militärjustizbeamten.

Amtsgericht Treuenbrietzen abgeholt und zunächst im Amtsgericht Köpenick eingelagert worden. In: LAB, B Rep. 122, Nr. 11.

231 Vgl. LAB, A Rep. 001-06, Nr. 4010 Personalakte Walter Brell.

232 Vgl. LAB, A Rep. 001-06, Nr. 20718 Personalakte Friedrich Lehre (*29.12.1898 in Rixdorf). Lehre arbeitete seit 1917 in der städtischen Verwaltung, zunächst als Stadtinspektor in der Bezirksverwaltung Treptow, dort bei der Steuer- und Stadtkasse, der Park- und Friedhofsverwaltung, dem Wohlfahrts- und Jugendamt und ab 1942 im Ernährungsamt tätig. Ab Juli 1945 wurde er als Hauptsachbearbeiter im Standesamt Berlin-Treptow eingesetzt und bat im August 1945 um Versetzung zur Aufsichtsbehörde für die Standesämter. Er war in zweiter Ehe verheiratet mit Erna geb. Laatz und hatte eine Tochter.

233 Vgl. LAB, A Rep. 001-06, Nr. 29949 Personalakte Gustav Tessmann (*06.01.1893 in Doderlage, Kreis Deutsch-Krone), Bankkaufmann, seit 1946 im städtischen Verwaltungsdienst, seit 01.06.1946 Stellvertretender Standesbeamter des Standesamts I.

234 Vgl. LAB, A Rep. 001-06, Nr. 20718 Personalakte Friedrich Lehre.

235 Vgl. LAB, A Rep. 001-06, Nr. 3247 Personalakte Paul Best, 1946–1948. Paul Best (*15.03.1891 in Berlin), verheiratet mit Erna Mainzhausen (*10.01.1892 in Duisburg), eine Tochter. Verwaltungsbeamter. Vom 07.03.1934 bis zur Pensionierung zum 31.10.1940 als Standesbeamter und Leiter des Standesamts 3 in Berlin-Neukölln tätig; ab 01.12.1946 wieder im Dienst – bis 31.01.1948 als Stellvertretender Standesbeamter im Standesamt Neukölln; Versetzung und Leitung des Standesamts I ab 01.02.1948; Ein Dienststrafverfahren von 1936 wurde 1939 eingestellt (Vgl. LAB, A Rep. 044-08 P, Nr. A 274).

236 Rundschreiben Nr. 50 des Aufsichtsamtes für die Standesämter vom 03.04.1948. In: LAB, C Rep. 102, Nr. 66.

Hauptstandesamt wird verschoben

Bei jeder passenden und unpassenden Gelegenheit — so erst wieder vorgestern beim Empfang der Betriebsdelegationen, die gegen das verfassungswidrige Vorgehen gegen Stadtrat Schmidt protestierten — spielt sich Herr Dr. Friedensburg als der Vorkämpfer für die Verwaltungseinheit Berlins auf. Er bat Stadtrat Schmidt inständig, im Interesse dieser Einheit Berlins doch nachzugeben und sein Amt niederzulegen. Das wagte der gleiche Friedensburg zu sagen, der durch seine führende Rolle bei der Einführung der Doppelwährung in Berlin und bei der Spaltung der Polizei zwei der entscheidendsten Schläge gegen die Einheit führte. Er hat es gerade nötig, wo unter seinen Augen täglich die Zerreißung der Verwaltung muntere Fortschritte macht.

Nur wenige Schritte von seinem Dienstsitz entfernt, befindet sich in der Stralauer Str. 42/43 das Hauptamt für Standesamtswesen. Obwohl es sich hierbei um keine Behörde handelt, um die es bisher irgendeinen Streit gab, oder die durch den Befehl einer Besatzungsmacht „behindert" wird, bereitet man auch bei ihr intensiv die Spaltung vor. In den letzten Tagen wurden nicht weniger als 15 Schreibmaschinen, die angeblich Privateigentum der Angestellten sind, heimlich, still und leise aus dem Haus mitgenommen und nach dem Westen gebracht. Ebenso viele Aktenbündel. Hierbei soll es sich — so erklärte einer der leitenden Angestellten des Amtes — um Zweitschriften handeln, die „auf Anweisung des westlichen Magistrats" (den gibt es also schon!) nach der Nürnberger Straße Nr. 53/56 verlagert werden. Ihre Menge ist bereits so umfangreich, daß man dort — wie der gleiche Angestellte ausplauderte — bereits eine westliche Nebenstelle arbeiten läßt.

Haben Sie, Herr Dr. Friedensburg, dort auch bereits eine „Nebenstelle", die bald Ihre Hauptstelle sein soll? Oder gestattet es Ihr hoher Konkurrent Reuter nicht, der keine anderen Götter neben sich dulden will? Wenn Sie wirklich für die Verwaltungseinheit Berlins kämpfen, wie Sie immer angeben, können Sie am Hauptamt für Standesamtswesen beweisen, daß Sie keine leeren Worte reden. **Karl Maron**

Zeitungsausschnitt „Hauptstandesamt wird verschoben", *Vorwärts* vom 21. Oktober 1948.

Am 01. Juli 1948 jährte sich die Einrichtung des Buches für Todeserklärungen – geführt in Form einer Kartei – zum zehnten Mal. 1938 hatte man allerdings den Umfang, welche diese Einrichtung erlangen sollte, nicht voraussehen können. Damals waren insgesamt 202 Beschlüsse zur Eintragung gekommen; durch den Zweiten Weltkrieg und seine Folgen wuchsen diese Zahlen extrem an. Waren 1946 noch 5160 Fälle zu dokumentieren,[237] erhöhte sich diese Zahl 1947 auf 9732 Einträge. Weitere viele tausend Beschlüsse der Amtsgerichte, die nur mit großem Verzug eingetragen werden konnten, kamen hinzu: Im Mai 1948 war der Rückstau auf über 15.000 Beschlüsse zu Todeserklärungen angewachsen.[238]

Für die Erledigung all dieser Aufgaben sah der Stellenplan für das Standesamt I im Oktober 1948 insgesamt 110 Stellen vor; man arbeitete in einer Reihe von Zimmern in zwei Stockwerken des Verwaltungsgebäudes Stralauer Straße 42/43.[239]

Als Teil der Stadtverwaltung blieb das Standesamt I von den Konfusionen der politischen und administrativen Spaltung der Stadt nicht unberührt. Den Dienstsitz im Ostteil der Stadt verließen im Oktober 1948 immer mehr Beschäftigte in Richtung der im Westteil gelegenen Büroräume im Haus Nürnberger Straße 53/56, dem Femina-Palast, wohin in diesen Tagen auch die Zweitbücher der Standesämter verbracht wurden.

Vermuteten die einen dahinter eher ein politisches Komplott, wie der hier abgebildete Zeitungsbeitrag nahelegt,[240] gab es andererseits die genannten verwaltungsrechtlichen Gründe für die Auslagerung der Zweitbücher, die gemäß den gesetzlichen Vorschriften getrennt von den Erstbüchern aufzubewahren waren. Die Nutzung von Räumen in der Nürnberger Straße wurde von Brell in einer Stellungnahme an Bürgermeister Friedensburg damit begründet, dass man nach dem „Brand des Verwaltungsgebäudes in der Müllerstraße, bei dem wertvolle Akten vernichtet wurden [...] nunmehr beschleunigt" handeln wollte. Damit sollte keineswegs einer Spaltung der Dienststelle Vorschub geleistet werden. Im Gegenteil: Walter Brell sprach sich am 22. Oktober 1948 ausdrücklich für ein Standesamt I aus: „Im Übrigen stehe ich auf dem Standpunkt – selbst wenn es zu einer Teilung der Gesamtverwaltung käme – dass die Eigenart der dem Standesamt I obliegenden Aufgaben eine Teilung weder theoretisch noch praktisch zuließe und das es zweckmäßig wäre, das Standesamt I dort zu belassen, wo es z. Zt. ist, nämlich im sowjetischen Sektor."[241]

237 Vgl. LAB, C Rep. 102, Nr. 40.

238 Vgl. dazu: Schubart, Erich: Zehn Jahre Buch für Todeserklärungen. In: Die Stadtverwaltung, Heft 8, 3. Jg. vom 01. August 1948, S. 111 f.

239 Vgl. C Rep. 104, Nr. 53.

240 Vgl. Beitrag von Karl Maron im *Vorwärts* vom 21.10.1948. In: LAB, C Rep. 102, Nr. 40. Karl Maron (1903–1975, KPD) war nach seiner Rückkehr mit der „Gruppe Ulbricht" nach Deutschland zunächst bis 1946 Erster Stellvertretender Oberbürgermeister von Berlin, danach bis 1949 SED-Stadtverordneter und ab 1948 Stadtrat für Wirtschaft im Berliner Magistrat. Ab 1949 hatte er verschiedene Ämter und Funktionen innerhalb der SED-Führung bzw. des DDR-Staatsapparates inne.

241 Vgl. LAB, C Rep. 102, Nr. 40.

Vier Wochen später war die Situation jedoch noch unübersichtlicher geworden: Der bisherige Leiter der für das Personenstandswesen zuständigen „Abteilung für Personal und Verwaltung", Stadtrat Otto Theuner (SPD), hatte seinen Amtssitz nach West-Berlin verlegt und auch Walter Brell mit sich gezogen.

Als neuer Stadtrat fungierte im Ostteil Martin Schmidt (SED) für die „Abteilung für Personal und Verwaltung des Magistrats von Groß-Berlin". Schmidt sah sich wegen der aktuellen Entwicklungen zu umfangreichen Personalentscheidungen beim Standesamt I genötigt: Am 24. November 1948 übertrug er dem „Verwaltungsangestellten Reinhold Schreiber die Befugnis eines Stellvertretenden Dienststellenleiters für die in vollem Umfange in den bisherigen Geschäftsräumen Berlin C 2, Stralauer Straße 42–43 verbliebene Sterbeabteilung des Standesamts I in Berlin [...]" Weitere Angestellte wurden mit neuen Befugnissen versehen; für die Herren Best, Tessmann, Lange und Fischer wurden die Postvollmachten sofort zurückgezogen, da diese Männer nun im Westteil arbeiteten.[242]

Für die Beschäftigten selbst war die Situation in diesen Tagen oftmals schwer einzuschätzen. So wandte sich beispielsweise am 29. November 1948 unter dem Betreff „Spaltung des Standesamts I, Berlin C 2, Stralauer Straße 42/43" die Mitarbeiterin Ursula Neumann an Hans Jendretzky, zum damaligen Zeitpunkt Landessekretär der SED Groß-Berlin: „Nachdem wochenlang (trotz Polizeikontrolle) ein illegaler Auszug der Abteilungen Geburten, Ehe und Todeserklärungen stattgefunden hatte, bekam am 20. 11. mittags der Leiter der Sterbeabteilung, Schreiber, die Verfügung, ebenfalls nach Berlin-Wilmersdorf, Berliner Straße 40, sich zu begeben. Da der Leiter des Standesamts I (Best) und der Betriebsrat (Schlochauer, OdF und VVN) geflüchtet waren, wandte sich Schreiber an den Stadtrat Theuner. Dieser [...] betonte, dass wir nicht ausziehen [...] Trotzdem erschienen am Montag die Westbewohner (mit wenigen Ausnahmen) und einzelne Ostbewohner nicht in der Dienststelle. Da es aber heißt, die Spalter sollen verschwinden, so bitte ich Sie, Herr Jendretzky, ein wachsames Auge darauf zu haben, dass Leute, die ihre eigene Abteilung ausplünderten, heute den Unschuldsengel spielen und weiterhin im Magistrat Ost verbleiben wollen, ausgeschaltet werden und von den einst geflohenen Ostbewohnern keiner mehr auf seinen alten Arbeitsplatz zurückkehren darf. Auf diese Leute ist doch kein Verlass."[243]

Walter Brells um eine sachgerechte Lösung werbendes Votum vom 22. Oktober 1948 konnte in diesen Wochen mit den äußerst gegenteiligen Positionen und Absichten der politisch Agierenden nicht bestehen. Entgegen seinem Rat und unter Inkaufnahme sehr schwer abschätzbarer Folgen musste er am 20. November 1948 verfügen: „Das Aufsichtsamt für die Standesämter und das Standesamt I werden ab 22.11.1948 nach Berlin-Wilmersdorf, Berliner Straße 40, verlegt."[244]

Diese lapidare Mitteilung benennt den Ausgangspunkt für die nun beginnenden Jahrzehnte der getrennten Entwicklung des Personenstandswesens in Berlin. Das Auseinanderbrechen der Stadtverwaltung im Herbst 1948 bedeutete auch für die mehrjährige Aufbauarbeit des Aufsichtsamtes für die Standesämter eine entscheidende Zäsur.

3.4 Die Standesämter bei den Bezirksverwaltungen

Mit Genehmigung des Alliierten Kontrollrates wurde am 26. September 1945 für Berlin eine neue „Verfassung der Bezirksverwaltungen" erlassen.[245] In § 3 heißt es: „Den Bezirksämtern liegt die Verwaltung der städtischen Einrichtungen und Anstalten ihres Verwaltungsbezirks ob, soweit diese nicht durch den Magistrat unmittelbar verwaltet werden."

Dementsprechend blieb die Einteilung des Stadtgebietes in 20 Verwaltungsbezirke zunächst bestehen, weswegen es bezüglich der bestehenden Standesämter keinen dringenden Regelungsbedarf gab.[246] In Berlin deckte sich in der Regel der Bezirk des Standesamts mit dem des Verwaltungsbezirks. Nur in vier Außenbezirken gab es mehr als einen Standesamtsbezirk. Die Standesämter waren den Bezirksämtern, die auch die Standesbeamten und ihre Stellvertreter bestellten, eingegliedert.[247]

Hauptaufgabe der bezirklichen Standesämter war weiterhin die Beurkundung von Geburten, Eheschließungen und Sterbefällen.[248] Hinzu kamen Pflichtaufgaben innerhalb der Berliner Verwaltung: Das Hauptamt für Statistik und Wahlen des Berliner Magistrats z. B. arbeitete für seine Bedürfnisse mit „Standesamtlichen Zählkarten" für Eheschließungen, Geburten und Sterbefälle, die von den Standesämtern auszufüllen und einmal wöchentlich dem Statistikamt zuzuleiten waren.[249] Zum Arbeitsalltag gehörten weiterhin zeittypische Aufgaben, wie die Bearbeitung der Sterbefallanzeigen des „Amtes für die Erfassung der Kriegsopfer" über in den Konzentrationslagern und ähnlichen Einrichtungen verstorbene KZ-Häftlinge.[250] Das Amt

242 Vgl. LAB, C Rep. 102, Nr. 40; LAB, C Rep. 104, Nr. 53.

243 Vgl. LAB, C Rep. 102, Nr. 40. Ursula Neumann, ab 16.12.1947 bei der Dienststelle Standesamtswesen beschäftigt, zuvor in der Abteilung Wirtschaft.

244 Vgl. LAB, C Rep. 104, Nr. 53. In diesem Gebäude befand sich ein Polizeirevier, möglicherweise ein Grund, kurz danach mit Adresse Duisburger Straße 12 zu amtieren.

245 VOBl. 1945, Nr. 9 vom 10. Oktober 1945, S. 193–205.

246 Der im Mai 1945 gebildete Verwaltungsbezirk Friedenau war inzwischen fortgefallen.

247 Brell: Wesen und Bedeutung des Personenstandsrechts, S. 8.

248 Vgl. dazu u. a.: Rieckhoff, Wolfgang: Kurze Einführung in das Eherecht. In: Die Stadtverwaltung, Heft 2, 2. Jg, (1948), S. 21.

249 Vgl. dazu: Anleitung zur Ausfüllung der standesamtlichen Zählkarten für Eheschließungen, Geburten und Sterbefälle, Juli 1946. In: LAB, C Rep. 104, Nr. 48.

250 Vgl. LAB, C Rep. 102, Nr. 66.

in Berlin-Charlottenburg, Hardenbergstraße 10, zeigte ab Mai 1948 den Standesämtern die Sterbefälle von KZ-Inhaftierten an, wenn der Tod zweifelsfrei feststand. War der Tod nicht mit Bestimmtheit nachzuweisen, blieb die Todeserklärung durch deutsche Gerichte bzw. bei Ausländern durch in deren Heimatland zuständige Behörden. Für Berlin bedeutete das, wenn Häftlinge aus den Konzentrationslagern in Berliner Gefängnisse oder ähnliche Strafanstalten überwiesen und hier verstorben waren, stellten die zuständigen Berliner Standesämter die Sterbeurkunden aus. Für KZ-Häftlinge, die deutsche Staatsangehörige waren und außerhalb der 1948 geltenden deutschen Grenzen ums Leben gekommen waren, beurkundete das Standesamt I die Todesfälle.[251]

In anderen Fällen hatten sich die Standesbeamten z. B. zu vergewissern, dass kein Ehehindernis im Sinne des vom Alliierten Kontrollrat erlassenen Ehegesetzes vom 20. Februar 1946 bestand; vormundschaftsrechtliche Aspekte bei gemeinsamen vorehelichen Kindern der Verlobten galt es zu beachten. Die fachlichen Anforderungen an die Standesbeamten wuchsen kontinuierlich und waren sehr komplex. Kenntnisse des ausländischen Ehe- und Kindschaftsrechts waren angesichts der Präsenz der Besatzungsmächte und der großen Zahl ihrer Angehörigen sowie sonstiger fremder Staatsangehöriger in Berlin ebenso erwünscht wie vielfältige Sprachkennnisse der Standesbeamten. Zu ihrer „Fachliteratur gehörten in erster Linie das Personenstandsgesetz, das Ehegesetz, das Namensrecht, das Verschollenheitsgesetz, die Dienstanweisung für die Standesbeamten, das Staatsangehörigkeitsgesetz sowie bestimmte Abschnitte des Bürgerlichen Gesetzbuches, der Zivilprozessordnung, der Gesetze über die Freiwillige Gerichtsbarkeit und des Reichsgesetzes für Jugendwohlfahrt."

Im August 1946 bestand eine Organisation im Personenstandswesen Berlins, die sich in den nächsten zwei Jahren nicht wesentlich änderte.[252]

Organisation des Personenstandswesens im August 1946

A. DEM MAGISTRAT EINGEGLIEDERT:	
1. Aufsichtsbehörde der Standesämter Berlins *Brell, Leiter der Höheren Verwaltungsbehörde i. S. d. PStG.* *Neumann, Leiter der Unteren Verwaltungsbehörde i. S. d. PStG.* *Vorzimmer der beiden Leiter* *Repschläger, Sachbearbeiter* *Schäger, Sachbearbeiter* *Wenzel, Sachbearbeiter* *Schmidt, Registratorin* *Müller, Kassiererin* *Weiß, Sekretärin*	*Berlin C 2, Stralauer Straße 42/43*
2. Standesamt I Berlin *Lehre, Leiter* *Tessmann (Ehesachen)* *Richter (Geburtssachen)* *Schreiber (Sterbesachen)* *Zeidler (Todeserklärungen)* *Anmeldung des Standesamts I*	*Berlin C 2, Stralauer Straße 42/43*

B. DEN BEZIRKSÄMTERN EINGEGLIEDERT:	
1. Standesamt Berlin-Mitte *Standesbeamter: Grod*	*Berlin C 2, Artilleriestraße 31* *ab 1947: Elisabethstraße 28/29 (möglicherweise wegen Gebäudeschäden nach dem Explosionsunglück im Hof der Polizeikaserne in der Alexanderstraße am 16.03.1946).*
2. Standesamt Berlin-Tiergarten *Standesbeamter: Sadler*	*Berlin NW 87, Turmstraße 70* *ab 26.08.1947 Bremer Straße 17.*
3. Standesamt Berlin-Wedding *Standesbeamter: Dieter*	*Berlin N 65, Müllerstraße 146/147*
4. Standesamt Berlin-Prenzlauer Berg *Standesbeamter: i. V. Wenzel*	*Berlin NO 55, Am Nordmarkplatz, Haus 6, Zimmer-Nr. 117–120*
5. Standesamt Berlin-Friedrichshain *Standesbeamter: Hanicke*	*Berlin O 17, Hohenlohestraße 10 am Rudolfplatz*
6. Standesamt Berlin-Kreuzberg *Standesbeamter: Gries*	*Berlin SW 29, Boeckhstraße 9/10*
7. Standesamt Berlin-Charlottenburg *Standesbeamter: Gluck*	*Berlin-Charlottenburg, Niebuhrstraße 59/60*
8. Standesamt Berlin-Spandau *Standesbeamter: Dr. Pilz*	*Berlin-Spandau, Carl-Schurz-Straße 2/8 (Rathaus)*
9. Standesamt Berlin-Wilmersdorf *Standesbeamter: Colberg*	*Berlin-Schmargendorf, Berkaer Platz 1*
10. Standesamt Berlin-Zehlendorf *Standesbeamter: Gottschalk*	*Berlin-Dahlem, Faradayweg 14*
11. Standesamt Berlin-Schöneberg *Standesbeamter: Ermler*	*Berlin-Schöneberg, Rudolf-Wilde-Platz*
12. Standesamt Berlin-Steglitz *Standesbeamter: Brandt*	*Berlin-Lankwitz, Rathaus, Leonorenstraße*
13. Standesamt Berlin-Tempelhof *Standesbeamter: Schröter*	*Berlin-Tempelhof, Berliner Straße 136/139*
14. Standesamt Berlin-Neukölln *Standesbeamter: Ullrich*	*Berlin-Neukölln, Karl-Marx-Straße 107/Ecke Ganghoferstraße*
15. a) Standesamt Berlin-Treptow *ab 01.01.1947 vereinigt mit c–d.* *Standesbeamter: Pistor* *b) Berlin-Johannisthal* *Standesbeamter: Pistor* *c) Berlin-Adlershof* *Standesbeamter: Franz* *d) Berlin-Bohnsdorf* *Standesbeamter: Balzer*	*Berlin-Johannisthal, Kaiser-Wilhelm-Straße 14* *Berlin-Bohnsdorf, Polkwitzer Straße 7*
16. Standesamt Berlin-Köpenick *Standesbeamter: Voigtland*	*Belin-Köpenick, Max-Becke-Straße 21 – Rathaus*

251 Rundschreiben Nr. 53 des Aufsichtsamtes für die Standesämter vom 20. Mai 1948. In: B Rep. 002, Nr. 438.

252 Rundschreiben Nr. 15 der Aufsichtsbehörde für die Standesämter vom 27. August 1946. In LAB, C Rep. 104, Nr. 48.

B. DEN BEZIRKSÄMTERN EINGEGLIEDERT:	
17. a) Standesamt Berlin-Lichtenberg Standesbeamter: Kowalski b) Standesamt Berlin-Friedrichsfelde Standesbeamter: Täuber c) Standesamt Berlin-Kaulsdorf mit den Ortsteilen Biesdorf und Mahlsdorf Standesbeamter: Reinicke d) Standesamt Berlin-Wuhlgarten Standesbeamter: Laue	Berlin-Lichtenberg, Möllendorffstraße 6 Berlin-Friedrichsfelde, Prinzenallee 48 Berlin-Kaulsdorf, Hönower Straße 53 Berlin-Biesdorf (Anstalt Wuhlgarten)
18. Standesamt Berlin-Weißensee Standesbeamter: Witt	Berlin-Weißensee, Pistoriusstraße 24, zeitweise in der Schule Amalienstraße 6 untergebracht.
19 a) Standesamt Berlin-Pankow mit den Ortsteilen Niederschönhausen und Buchholz Standesbeamter: Dunemann b) Standesamt Berlin-Buch Standesbeamter: Wiesner c) Standesamt Berlin-Wilhelmsruh mit den Ortsteilen Rosenthal und Blankenfelde Standesbeamter: Zwanzig	Berlin-Pankow, Grunowstraße 8/11, Florastraße 79 Berlin-Buch, Wiltbergstraße 37/39 Berlin-Wilhelmsruh, Goethestraße 11/13
20 a) Standesamt Berlin-Reinickendorf Standesbeamter: Brunzlow b) Standesamt Berlin-Hermsdorf Standesbeamter: Pontow c) Standesamt Berlin-Tegel Standesbeamter: Späth d) Standesamt Berlin-Wittenau Standesbeamter: Papier	Berlin-Reinickendorf-Ost, Flottenstraße 28/42 Berlin-Hermsdorf, Falkentaler Steig 5 Berlin-Tegel, Berliner Straße 99 Berlin-Wittenau, Eichborndamm, Rathaus

Am 30. November 1948 wurden mit der Einsetzung einer separaten Stadtregierung in Ost-Berlin durch eine ebenfalls separate Stadtverordnetenversammlung Tatsachen geschaffen, die im Ergebnis im Januar 1949 in West-Berlin ebenfalls zu einer Magistratsneubildung führten.

Berlin war damit politisch und administrativ geteilt.

Standesamt Amalienstraße (Berlin-Weißensee).

4.

DAS PERSONENSTANDSWESEN DER HAUPTSTADT DER DDR

4.1 *Die Aufsicht über die Standesämter in Ost-Berlin bis zur Verwaltungsreform 1952*

Der Ostberliner Magistrat, der sich als „demokratischer Magistrat“ oder „Magistrat des demokratischen Sektors von Groß-Berlin“ bezeichnete, konnte zur Neuorganisation seiner Behörden und Ämter auf die zahlreich im Gebiet des sowjetischen Besatzungssektors gelegenen Verwaltungsgebäude und Dienststellen der städtischen Zentralverwaltung und der Bezirksverwaltungen zurückgreifen.

Zuständig für den Bereich des Standesamtswesens im Ostteil blieb auch in der neu eingesetzten Stadtregierung die Fachabteilung für „Personalfragen und Verwaltung“ mit dem zuständigen Stadtrat Waldemar Schmidt. Gleich am 30. November 1948 legte er fest: „Für die Abwicklung der Dienstgeschäfte des Hauptstandesamtes [d. i. Standesamt I, die Verf.] verbleibt es bis auf weiteres bei der Regelung vom 24.11.1948, die vom Unterzeichnenden getroffen wurde.“[253] Das „Hauptamt für Standesamtswesen“ befand sich demnach weiterhin in Berlin-Mitte im Gebäude Stralauer Straße 42/43, wie auch das Standesamt I.

Die prinzipielle Arbeitsgrundlage bot die bestehende „Dienstanweisung für die Standesbeamten und ihre Aufsichtsbehörden betr. Hinweis- und Mitteilungsverfahren.“[254] Es gab zahlreiche Besprechungen und Vorschläge zur Neugestaltung der Arbeitsabläufe unter den neuen politischen Rahmenbedingungen, wobei eine Festlegung vom 18. Dezember 1948 bestimmte: „Ein neues Aufsichtsamt ist in kleinem personellen Rahmen einzurichten.“[255]

Zunächst wurden diese Angelegenheiten des „Standesamtswesens“ dem Hauptamtsleiter Poehls übertragen, dem vier Mitarbeiter zur Verfügung standen.[256] In seiner Zuarbeit für den Rechenschaftsbericht des Oberbürgermeisters zum 30. November 1949 benennt er konkret die „infolge der Desorganisation und der danach erfolgten Spaltung“ aufgelaufenen Arbeitsrückstände – 24.317 Beurkundungen und sonstige Anfragen in Personenstandsfällen sowie rund 175.000 Kriegssterbefallanzeigen – und die bestehenden Personalprobleme. Von zuvor insgesamt 120 Angestellten im Zuständigkeitsbereich der Abteilung Standesamtswesen – d. h. einschließlich der Besetzung der einzelnen Berliner Standesämter und des Standesamts I – hatten nach der Spaltung lediglich 39 ihren Dienst wieder aufgenommen, weswegen im Laufe des Jahres 1949 zur Bearbeitung der Vorgänge weitere 39 Angestellte aus anderen Abteilungen der Magistratsverwaltung für die Angelegenheiten des Personenstandswesens eingesetzt wurden.[257]

Diese Umstände mögen mit dazu beigetragen haben, dass kleinere Standesämter in Ortsteilen – Friedrichsfelde (zum März 1949), Kaulsdorf (zum Januar 1950),

253 Vgl. LAB, C Rep. 104, Nr. 53.

254 Vgl. LAB, C Rep. 104, Nr. 954.

255 Niederschrift von Schreiber zu einem Gespräch mit dem Abteilungsleiter Martin Schmidt, dem Organisationsamt des Magistrats und dem Standesamtswesen am 18.12.1948. In: LAB, C Rep. 104, Nr. 53.

256 Vgl. Telefonverzeichnis o. D., In: LAB, C Rep. 104, Nr. 48.

257 Bericht vom 07.11.1949. In: LAB, C Rep. 104, Nr. 53.

Wilhelmsruh (zum 31.12.1948) und Wuhlgarten (zum Januar 1949) – als selbständige Standesämter aufgelöst und in die bestehenden Bezirksstandesämter eingegliedert wurden.

Der Mangel an qualifiziertem Personal und z. T. an Arbeitsunterlagen war symptomatisch für diese Zeit: Als der Ostberliner Oberbürgermeister Friedrich Ebert (SED) sich am 30. November 1949 im Friedrichstadtpalast aus dem Anlass „Ein Jahr demokratischer Magistrat“ an sein Publikum wandte, schimpfte er auf den „Spaltermagistrat“ im Westteil der Stadt, dem „etwa 60 Prozent der Arbeiter und Angestellten, meistens Spezialisten und leitende Funktionäre“ gefolgt waren und dabei „wertvolle Akten mitgenommen“ hatten.[258]

In Ost-Berlin war nach der Spaltung zunächst die bisherige Struktur des Magistrats beibehalten worden, doch wurden spätestens mit der Festlegung der Hauptstadtfunktion für die DDR entsprechende Anpassungen nötig. Brachte ein Magistratsbeschluss vom Februar 1950[259] zunächst eine Verkleinerung der Zahl der selbständigen Abteilungen, gab sich der Magistrat im Juni 1950 eine neue Hauptsatzung. Das Wort „demokratischer“ vor „Magistrat“ wurde hierin nicht mehr verwendet. Der Magistrat war damit Beschlussorgan und Verwaltungsorgan von Groß-Berlin; er erließ gesetzliche Regelungen für Groß-Berlin und entsprechende Vorschriften und Bestimmungen. Die Zweistufigkeit der Verwaltung wurde übernommen; Angelegenheiten des Personenstands blieben der „Abteilung für Verwaltung und Personalpolitik“ zugeordnet.[260]

Zum selben Zeitpunkt berichtete das Aufsichtsamt für die Standesämter, dass es sich „die Aufgabe gestellt [hat], nicht auf breitgetretenen Wegen weiterzugehen, sondern über die laufende Verwaltungsarbeit hinaus den Verantwortungen nachzukommen, die eine zukunftsfreudige Gegenwart erfordern. Der wachsende Abstand von den Tagen der Zerstörung fordert die Normalisierung des täglichen Lebens [...] Trotz mancher gesetzlichen Bindung ergibt sich auch im Standesamtswesen eine Fülle von Möglichkeiten, den demokratischen Verwaltungsapparat zum Nutzen für die Bevölkerung anzuwenden [...] Ein Hauptaugenmerk legen wir auch auf die organisatorische und fachliche Überwachung der Standesämter.“[261]

Die Beschäftigten der Standesämter qualifizierte der Besuch der Verwaltungsschule des Magistrats in einem Grundlehrgang für die allgemeinen Aufgaben der Verwaltung. Die DDR kannte keinen Beamtenstatus; alle waren Angestellte des Staatsapparates. Um die Mitarbeiter der Standesämter außerdem regelmäßig fachlich und gesellschaftspolitisch zu schulen, wurden 1951 monatlich ganztägige Lehrgänge eingeführt. Wöchentliche Arbeitsbesprechungen oder z. B. auch Deutschlehrgänge ergänzten diese Maßnahme.[262]

Der hohe Schulungsbedarf ergab sich neben der personellen Neuorganisation im Standesamtswesen in Ost-Berlin zusätzlich aus einer Vielzahl neuer rechtlicher Regelungen der DDR, die in der Breite erhebliche Auswirkungen auf die Alltagsarbeit in den einzelnen Dienststellen hatten: Herabsetzung des Volljährigkeitsalters, Verordnungen über die Todeserklärungen Kriegsverschollener, neue Anordnungen über die ärztliche Leichenschau, Verordnungen über den Mutter- und Kinderschutz, oder die auf die Gleichberechtigung abzielenden Verordnungen über die Rechte der Frau. Hinzu kam die Umstellung des Vordruckwesens, damit die „neuen Vordrucke in ihrer äußeren Gestaltung dem Inhalt der demokratischen Gesetzgebung entsprechen“ konnten.[263]

Das Aufsichtsamt für die Standesämter – inzwischen war Herr Schulze-Thiemig zum Amtsleiter berufen worden – gab außerdem Rundschreiben bzw. Rundverfügungen für die „Standesämter des demokratischen Sektors von Groß-Berlin“ heraus, um geltende Regelungen und Verfahren im Personenstandswesen allen Beschäftigten zur Kenntnis zu bringen.

Ein Beispiel: Die „Rundverfügung Nr. 2/1951“ beinhaltete verschiedenste Regelungen und Informationen zu:

1. Ehen rassisch und politisch Verfolgter
2. Anerkennung nachträglich geschlossener Ehen (Erlass vom 06.11.1941)
3. Benachrichtigung der Einwohnermeldeämter von der Auflösung einer Ehe
4. Ausstellung von Urkunden betr. Kinderbeihilfen gemäß Gesetz über den Mutter- und Kinderschutz und die Rechte der Frau vom 13. Oktober 1950
5. Wegfall der §§ 304 und 305 der Dienstanweisung
6. Namensänderungen
7. Urkunden ohne Angabe der Todesursache für Renten- und Versicherungszwecke
8. Friedensbekundungen auf dem Standesamt
9. Zuständigkeit der Gerichte bei Scheidungsfällen in Berlin.

Der Punkt 8 illustriert das wachsende Nebeneinander von fachlichen und politischen Aufgaben, das im Bereich des Personenstandswesens mittlerweile zum Arbeitsalltag gehörte: „Da ein entscheidender Bestandteil unserer Verwaltungsarbeit darin besteht, aktive Helfer und Mitarbeiter im Friedenskampf zu sein, wird den Standesämtern nahegelegt, von den Brautpaaren und den Anzeigenden neugeborener Kinder Erklärungen gegen die Remilitarisierung Westdeutschlands, für die

258 Ein Jahr demokratischer Magistrat. Redemanuskript des Oberbürgermeisters Friedrich Ebert vom 30.11.1949. In: LAB, C Rep. 101, Nr. 679, Bl. 201.

259 Magistratsbeschluss Nr. 371 vom 23.02.1950 „Stellungnahme des Magistrats zu den Vorschlägen des Demokratischen Blocks Groß-Berlin zu einer Strukturänderung des Magistrats“. In: LAB, C Rep. 100-05, Nr. 845.

260 Magistratsbeschluss Nr. 439 vom 08.06.1950 „Hauptsatzung für die Verwaltung von Groß-Berlin“. In: LAB, C Rep. 100-05, Nr. 848.

261 Bericht des „Aufsichtsamts für die Standesämter“ vom 20. Juni 1950. In: LAB, C Rep. 104, Nr. 53.

262 Vgl. LAB, C Rep. 104, Nr. 53.

263 Arbeitsbericht des Bereiches „Standesamtswesen“ vom 09.10.1951. In: LAB, C Rep. 104, Nr. 53.

Einheit Deutschlands und für den Frieden entgegenzunehmen. Auf das vom Standesamt Pankow gegebene gute Beispiel, aus einem tätigen Verantwortungsbewusstsein eine innere Beziehung zum Volksganzen zu schaffen, wird empfehlend hingewiesen."[264]

Auch die Aktivistenbewegung, ein nach dem Befehl Nr. 234 der SMAD entstandenes Instrument der SED zur Beförderung eines wirtschaftlichen Aufschwungs, gewann im Bereich der Standesämter an Bedeutung.[265] In einem „Aktivistenplan" wurden entsprechende Ideen zusammengefasst.[266] Die „Brigadebewegung" wurde aufgegriffen, ebenso wie der „Innerbetriebliche Wettbewerb [...] für die Vorwärtsentwicklung der Verwaltung" rege genutzt wurde. „Der Kern aller Überlegungen konzentriert sich auf nachweisbare Arbeits-, Material- und Kostenersparnisse."[267]

Mehrfach gab es Abgrenzungen zu den Kompetenzen der Polizeiverwaltung. Die Befugnis für Namensänderungen, also das Arbeitsgebiet der behördlichen Namensänderungen, ging mit Wirkung vom 01. Januar 1951 vom Präsidenten der Volkspolizei auf das Aufsichtsamt für Standesämter über.[268] „Vielen Adoptivkindern und nichtehelichen Kindern, die bisher unter der Namensungleichheit seelisch litten, konnte auf dem Wege der behördlichen Namensänderungen geholfen werden."[269]

Mit der Deutschen Volkspolizei musste zudem hinsichtlich der Bearbeitung von Totenscheinen zusammengearbeitet werden. Eine „Richtlinie zur Durchführung der Verordnung über die ärztliche Leichenschau"[270] für alle Standesämter legte fest, wie mit den Totenscheinen, die von den Anzeigepflichtigen zwecks Anzeige und Beurkundung des Sterbefalles beim zuständigen Standesamt des Sterbeortes ausgehändigt wurden, umzugehen war. So war nach der Beurkundung ein Bestattungsschein auszufüllen und darin anzugeben, ab wann die Bestattung erfolgen kann. Außerdem oblag den Standesbeamten die Einziehung der Personalausweise Verstorbener, sofern nicht eine unnatürliche Todesursache vorlag. Die Totenscheine waren nach Abschluss der Bearbeitung im Standesamt nicht mehr an die Bezirksabteilung Gesundheitswesen, sondern direkt an das Hauptamt für Statistik weiterzuleiten.

Kirchliche Dienststellen, mit denen der Magistrat im Interesse der Betroffenen sachbezogen zusammenarbeitete, suchten ebenfalls kriegsverlagerte Quellen; Auskünfte aus Kirchenbüchern waren ebenso von der konkreten Überlieferungslage abhängig, wie das für staatliche Unterlagen galt. Das Evangelische Konsistorium wandte sich im Januar 1951 an das Amt für Kirchenfragen beim Magistrat: „Hierdurch bitten wir um freundliche Mitteilung, ob in den Berliner Standesämtern Kirchenbücher oder Teile von Tauf-, Trau- und Sterberegistern aus den abgetrennten Gebieten aufbewahrt werden." Eine nachfolgende Umfrage des Aufsichtsamts für die Standesämter ergab, „dass sich bei den Berliner Bezirksstandesämtern im demokratischen Sektor keine Kirchenbücher aus den Gebieten östlich der deutsch-polnischen Grenze befinden." Der Bitte des Evangelischen Konsistoriums um eine Liste der Berliner Standesämter mit den jeweiligen Zuständigkeiten konnte jedoch problemlos entsprochen werden. Der Magistrat unterstützte wenige Monate später, im April 1951, auch die Suche des Landeskirchenarchivars beim Evangelischen Konsistorium Berlin-Brandenburg nach geeigneten Büro- und Lagerräumen; es bestand ein Raumbedarf von ca. 300 qm. „Das Konsistorium hat die Absicht, das gesamte Kirchenarchiv im demokratischen Sektor Berlins unterzubringen."[271]

Ein Hauptziel des Verwaltungshandelns dieser Jahre war weiterhin die Rückführung der kriegsbedingt verlagerten Unterlagen der Berliner Standesämter. Nachdem die DDR 1950 diplomatische Vertretungen errichtet hatte, konnten die 1948 im Zusammenhang mit der Spaltung der Stadt zum Erliegen gekommenen Verhandlungen der Berliner Verwaltung endlich wieder aufgegriffen werden.

Die polnische Seite behielt ihren Standpunkt nach wie vor bei. Als 1950 Bemühungen einsetzten, prinzipiell Berliner Archivgut aus Polen zurückzuführen, wurde erklärt, das deutsche Archivgut erst nach Abschluss eines Friedensvertrages herausgeben zu wollen. Gleichzeitig verlangte Polen, „sofort die in Mitteldeutschland und in der Mark Brandenburg befindlichen Personenstandsregister kongresspolnischer Gebiete, die während des Kriegs hierher verbracht worden waren [...] [und] bei verschiedenen Dienststellen

264 Vgl. LAB, C Rep. 104, Nr. 954.

265 Mit dem Befehl Nr. 234 hatte die SMAD schon am 09.10.1947 alle Verwaltungsorgane und Betriebsleitungen verpflichtet, sich für eine Steigerung der Arbeitsproduktivität einzusetzen und für eine Verbesserung der Lebensverhältnisse zu sorgen. Die „Aktivisten" nahmen diese mit z. T. anspruchsvollen Selbstverpflichtungen auf und die Aktivistenbewegung wurde ein zentraler Bestandteil der Wirtschafts- und Gewerkschaftspolitik in der DDR.

266 Vgl. Rundverfügung Nr. 6/1951 in: LAB, C Rep. 104, Nr. 954. So wurde beispielsweise im Aktivistenplan 1/1951 angeregt, künftig die Elternangaben bei Sterbeurkunden wegfallen zu lassen, was – um diese Möglichkeit auch für Heiratsurkunden erweitert – ab Dezember 1951 umgesetzt wurde.

267 Bericht des „Aufsichtsamts für die Standesämter" vom 20.06.1950 und Arbeitsbericht des Bereiches „Standesamtswesen" vom 09.10.1951. In: LAB, C Rep. 104, Nr. 53.

268 VOBl. I Nr. 11 vom 23. 02.1951. Die Bearbeitung von Namensänderungen war kurz nach Beginn des Zweiten Weltkrieges, im Oktober 1939, zurückgestellt und nur noch für Bräute und Kinder von Gefallenen durchgeführt worden. Auch die Alliierte Kommandantur hielt es für erforderlich, Anträgen auf Namensänderungen aus Gründen der Sicherheit nicht zu entsprechen. Diese Festlegung, dass Anträge auf Änderung von Familiennamen bis auf wenige Ausnahmen zurückgestellt blieben, bestand auch nach der Zuständigkeitsänderung fort.

269 Zum Beispiel wurden ab 1951 keine Erklärungen nach S§ 56 des Ehegesetzes mehr entgegengenommen, wonach ein geschiedener Ehemann berechtigt war, seiner geschiedenen Ehefrau das Tragen seines Namens zu untersagen. Dieser Paragraf widersprach dem Grundsatz der Gleichberechtigung und wurde nicht mehr angewendet.

270 Rundschreiben Nr. 3/1952 (Rundverfügung Nr. 2/1952) der Aufsicht über die Standesämter vom 06. Juni 1952 mit der „Richtlinie zur Durchführung der Verordnung über die ärztliche Leichenschau". In: LAB, C Rep. 104, Nr. 180.

271 Vgl. LAB, C Rep. 101-04, Nr. 131.

der sowjetischen Besatzungszone lagerten. Das dortige Auswärtige Amt gab nach, und auf seinen Druck hin wurde dieses gesamte Material in Berlin gesammelt und der diplomatischen Mission Polens in Pankow zur Weiterleitung nach Warschau übergeben."[272]

Etwas besser verliefen die Verhandlungen mit der tschechischen Seite. Der Berliner Oberbürgermeister bat das Außenministerium der DDR, über die deutsche Botschaft in Prag um Unterstützung bei den tschechoslowakischen Dienststellen zu ersuchen. Nach einem zunächst scheinbar ergebnislosen Besuch einer Delegation des DDR-Innenministeriums in Prag im März 1951 wurde ein halbes Jahr später seitens der ČSR die Absendung der Berliner Standesamtsregister angekündigt, die kurz darauf in insgesamt 13 Eisenbahnwaggons in Berlin eintrafen.[273]

„Am 20. Oktober 1951 trafen die ersten 25.000 Bände mit 6 Waggons aus der ČSR in Berlin ein. Beim Entladen der Register beteiligten sich freiwillig viele Kollegen des Amtes – in der Mehrzahl Frauen. Ihr selbstloser Einsatz – auch in der Freizeit – ermöglichte es, dem Magistrat ein Standgeld von DM 2160.– einzusparen und alle 25.000 Bände wohlbehalten nach der Stralauer Straße zu bringen."[274]

Bei den übergebenen Unterlagen handelte es sich „um die äußerst wichtigen zentralen deutschen Register, durch deren Rückgabe viele Kriegsverluste aus anderen Registern ausgeglichen werden können, sofern die Pankower Regierung die Genehmigung zur Auskunftserteilung an Westberliner und an westdeutsche Stellen gibt, was allerdings im allgemeinen nicht der Fall ist."[275]

So glücklich die gelungene Rückführung 1951 auch war, erschwerte diese politisch diktierte Informationsblockade innerhalb der geteilten Stadt die Arbeit sämtlicher Berliner Standesämter. Sie führte zu anhaltenden Problemen beim Austausch der standesamtlichen Meldungen zwischen den Standesämtern im Ostteil der Stadt mit denen im Westteil und hatte darüber hinaus Auswirkungen auf das Meldewesen und die Bevölkerungsstatistik.[276]

Der Sonderstatus Berlins innerhalb der DDR verursachte zunächst die eine oder andere Irritation in Bezug auf die Beteiligung Ostberliner Behörden an gesamtstaatlichen Aufgaben: Auf einer noch ohne Berliner Teilnehmer stattfindenden ersten Länderbesprechung des Ministeriums des Innern der DDR am 14. Juni 1951 wurden erhebliche Defizite sowohl in der Aufsicht über die Standesämter als auch bei den Standesämtern selbst konstatiert.[277] Als Ursachen wurden gesehen:

- das Fehlen einer ständigen Verbindung zwischen den einzelnen Instanzen des Standesamtswesens,
- ein Mangel an Standesamtsaufsicht und Flexibilität,
- das Fehlen einer planmäßigen Kontrolle durch die Landesregierungen,
- der häufige Wechsel in den unteren Standesamtsaufsichten.

Mehrere Beschlüsse sollten für Abhilfe sorgen: Das Ministerium des Innern der DDR sollte nicht nur die Durchführung von Schulungen für Standesbeamte und deren Stellvertreter verfügen, sondern auch einen entsprechenden verbindlichen Schulungsplan.

Außerdem sollten regelmäßige Arbeitsberatungen auf Landes- und Kreisebene für die im Personenstandswesen tätigen Sachbearbeiter und Standesbeamten angeordnet werden.

Auf der zweiten Länderbesprechung am 06. September 1951 war Berlin dann gleich mit drei Mitarbeitern seines Aufsichtsamtes für die Standesämter vertreten.[278] Diese Besprechung bekräftigte die im Juni getroffenen Feststellungen. Die Teilnahme Berlins wurde auch bei den folgenden Terminen beibehalten; die Themen behandelten u. a. eine neue Dienstanweisung für die Standesbeamten, die Praxis von Familien- und Vornamenänderungen, die Zusammenarbeit mit Standesämtern in Westdeutschland, und diverse Verbesserungsvorschläge für viele andere Bereiche des Personenstandswesens.

Das Jahr 1952 markiert eine enorme verwaltungsgeschichtliche Zäsur in der DDR: Die 2. Parteikonferenz der SED hatte Anfang Juli den planmäßigen Aufbau des Sozialismus und die Auflösung der Länder beschlossen. Zwei Wochen später regelte das verfassungsändernde „Gesetz über die weitere Demokratisierung des Aufbaus und der Arbeitsweise der staatlichen Organe in den Ländern der DDR" vom 23. Juli 1952 neue Strukturen und Funktionen der regionalen Verwaltung.[279] Das Gesetz löste die fünf bisherigen DDR-Länder auf, an deren Stelle 14 Bezirke und die Hauptstadt Berlin mit einem Sonderstatus traten; die Zahl der Kreise erhöhte sich von 132 auf 217. Es hatte demzufolge für den Bereich des Personenstandswesens erhebliche Auswirkungen:[280]

- Einrichtung neuer Standesamtsbezirke entsprechend der neuen Verwaltungsstrukturen zum 01. Januar 1953,
- Besetzung der Planstellen in den neu entstehenden Kreisen,

272 Daraufhin erklärte sich Polen zu einer Gegenleistung bereit und übergab Berliner und vorpommersche Katasterunterlagen. Der Austausch war im Herbst 1952 abgeschlossen. Vgl: Schmidt, H. Th.: Rückführung Berliner Archivgutes nach dem Kriege. In: Der Archivar, 8. Jg., 1955, Sp. 87 ff.

273 Ebenda.

274 LAB, C Rep. 104, Nr. 53.

275 Schmidt: Rückführung.„Pankower Regierung" meint die Regierung der DDR. Zu diesem Zeitpunkt war das Schlo ss Schönhausen im Berliner Stadtbezirk Pankow Amtssitz des Präsidenten der DDR.

276 Protokoll der Arbeitsbesprechung im Präsidium der Volkspolizei Berlin vom 20.10.1951. In: LAB, C Rep. 104, Nr. 4.

277 Protokoll der Länderbesprechung am 14.06.1951 im Ministerium des Innern, Berlin. In: LAB, C Rep. 104, Nr. 4.

278 Protokoll der Länderbesprechung am 06.09.1951 im Ministerium des Innern, Berlin. In: LAB, C Rep. 104, Nr. 4.

279 GBl. DDR 1952, S. 613 f.

280 Protokoll der Länderbesprechung am 16.09.1952 im Ministerium des Innern, Berlin. In: LAB, C Rep. 104, Nr. 4.

- erhöhter Schulungsbedarf und Durchführung von Fachlehrgängen,
- Übernahme bestimmter Aufgaben der Freiwilligen Gerichtsbarkeit in die Zuständigkeit der Sachgebiete Personenstandswesen mit der „Verordnung über die Übertragung der Angelegenheiten der Freiwilligen Gerichtsbarkeit" vom 15. Oktober 1952 (z. B. Durchführung von Legitimationsverfahren, Befreiung von der Beibringung eines Ehefähigkeitszeugnisses),
- entsprechende Überarbeitung der Dienstanweisung für die Standesbeamten.

Eine „Bekanntmachung über die einheitliche Bezeichnung der örtlichen Organe der Staatsmacht" regelte entsprechende Um- oder Neubenennungen.[281]

In Ost-Berlin schloss man aus Gründen der „sparsamen Finanzwirtschaft" und der „Übersichtlichkeit" eine Änderung von Zahl und Amtssitzen der Standesämter im Rahmen dieser Verwaltungsreform vorläufig aus; die angepasste Amtsbezeichnung lautete nun:[282]
Magistrat von Groß-Berlin
Abt. Verwaltung und Personalpolitik
Hauptamt für Staatliche Verwaltung
Aufsicht über die Standesämter.

4.2 Die Aufsicht über die Standesämter in Berlin 1953–1990

4.2.1 Der Bereich „Personenstandswesen" beim Magistrat von Berlin

Die Verwaltungsreformen der DDR wurden Anfang 1953 – etwas zeitverzögert – auch in der Hauptstadt umgesetzt. Am 19. Januar 1953 war auf einer außerordentlichen Magistratssitzung das o. g. DDR-Gesetz mit einer „Verordnung über die weitere Demokratisierung des Aufbaus und der Arbeitsweise der Organe der Staatsmacht von Groß-Berlin" übernommen worden;[283] ergänzt von einer „Vorläufigen Ordnung über den Aufbau und die Arbeitsweise der Organe der Staatsmacht von Groß-Berlin" als Ausführungsverordnung.[284]

In diesem Zusammenhang wurde beim Magistrat ein neuer Bereich – der Bereich „Sekretär des Magistrats" eingerichtet. Der Sekretär war Stadtrat und Mitglied des Magistrats. Seinem Zuständigkeitsbereich wurde das Personenstandswesen mit dem Standesamt I zugeordnet; die Standesämter der Bezirke und das Standesamt I gehörten nun als „Fachorgane" zu den „Organen der Staatsmacht":

- „Magistrat von Groß-Berlin, Abteilung Personenstandswesen", mit Sitz in der Klosterstraße 47,
- „Magistrat von Groß-Berlin, Standesamt I", mit Sitz in der Rückerstraße 9.[285]

Auch die Gerichtsverfassung der DDR wurde im Rahmen der Verwaltungsreform geändert; die Abteilung Personenstandswesen übernahm von den aufgelösten Amtsgerichten zum 01. April 1953 eine Anzahl von Aufgaben der freiwilligen Gerichtsbarkeit:[286]

- die Legitimationsverfahren von den Vormundschaftsgerichten (Beschlussfassung bei Legitimationen – Aufgebote von Verlobten, die ein gemeinsames nichteheliches Kind haben),
- Anordnung von Berichtigungen in Fällen, in denen dem Standesbeamten das Recht auf selbständige Berichtigung einer Eintragung nicht zusteht,
- Anweisungen, wenn der Standesbeamte die Vornahme einer Amtshandlung ablehnt,
- Befreiung von der Beibringung des Ehefähigkeitszeugnisses,
- Befreiung vom Ehehindernis des Ehebruchs,
- Befreiung vom Ehehindernis der Schwangerschaft.

Das Ministerium des Innern der DDR (MdI) – Staatssekretariat für Innere Angelegenheiten, Abteilung Bevölkerungspolitik, Hauptreferat Personenstandswesen – führte regelmäßig Arbeitstagungen mit den Referenten für Personenstandswesen aller Bezirke einschließlich Berlins durch, um auf dieser Ebene eine Verständigung über fachliche und politische Vorgaben für eine vergleichbare Arbeit im Personenstandswesen der DDR zu erreichen.[287]

Das Berliner Fachreferat wiederum lud leitende Mitarbeiterinnen und Mitarbeiter der Berliner Standesämter regelmäßig, in der Regel monatlich, zu Arbeitsbesprechungen ein, die zeitweise in den Räumen des Fachreferats in der Klosterstraße, jedoch auch wechselnd in den einzelnen Standesämtern der Berliner Stadtbezirke stattfanden. Diese Beratungen dienten einerseits der Auswertung der MdI-Tagungen, andererseits widmeten sie sich den aktuellen Arbeitsschwerpunkten im Personenstandswesen der Hauptstadt der DDR: Ausstattung und Unterbringung der Standesämter, Qualifizierung

281 GBl. der DDR Nr. 114 vom 23.08.1952.

282 Vgl. Rundverfügung Nr. 1/1952 in: LAB, C Rep. 104, Nr. 954.

283 VOBl. für Groß-Berlin, 1953, Teil III, Nr. 4. Diesem Übernahme-Muster folgten bis Herbst 1976, als der Magistrat die Herausgabe des eigenen Verordnungsblattes für Groß-Berlin einstellte und somit Gesetze der DDR direkt und ohne Übernahme ihre Gültigkeit in der Stadt erlangten, zahlreiche rechtliche Regelungen.

284 Magistratsbeschluss Nr. 1264 vom 19.01.1953. In: LAB, C Rep. 100-05, Nr. 874.

285 Der Dienstsitz Stralauer Straße 42/43 war bereits vor April 1952 aufgegeben worden.

286 Vgl. „Verordnung über die Übertragung von Angelegenheiten der freiwilligen Gerichtsbarkeit" des Magistrats von Groß-Berlin (Übertragungsverordnung) vom 19.03.1953. In: VOBl. I S. 99; Arbeitsanweisung Nr. 2/53 der Abteilung Personenstandswesen vom 06. März 1953. In: LAB, C Rep. 104, Nr. 185.

287 Zu den Vertretern Berlins gehörten 1952/53 Herr Schulze-Thiemig als Abteilungsleiter, dann folgte im Herbst 1953 als Leiterin der Abteilung Personenstandswesen bis 1955 Frau Bäcker (vertreten durch Weiß); im Dezember 1955 wechselte die Abteilungsleitung auf Herrn Rüdiger; Frau Bäcker wurde Referatsleiterin. Ab Februar 1961 war Helmut Dörfer Leiter des Referates Personenstandswesen.

der Mitarbeiter, Erfahrungsaustausch, Leistungsvergleich sowie Urkundenverkehr mit West-Berlin, Westdeutschland und dem Ausland.[288]

Zur „Kontrolle der Durchführung der Gesetze, Verordnungen und Beschlüsse und ihrer Popularisierung in der Verwaltung und unter der Bevölkerung" wurden umfangreiche Schulungsmaßnahmen angesetzt. Überhaupt spielte die „Qualifizierung der Kader" eine erhebliche Rolle innerhalb des Aufgabenspektrums der Fachaufsicht. Dies lag auch in den „bei der Durchführung der weiteren Demokratisierung entstandenen Lücken im Personalbestand der Standesämter" begründet, sollte jedoch v. a. der Entwicklung von Nachwuchskräften dienen, um „eine wesentliche Erhöhung des politischen und fachlichen Niveaus unserer Mitarbeiter" zu erreichen.[289] Eine Anweisung vom Februar 1953 legte fest, dass jeder Mitarbeiter verpflichtet war, mindestens einmal in zwei Jahren an einem Fortbildungslehrgang der Abteilung Personenstandswesen teilzunehmen. Mindestens einmal monatlich war in den Bezirksstandesämtern eine Arbeitsbesprechung abzuhalten, die der fachlichen Weiterbildung aller Mitarbeiter diente. Für die Leiter der Standesämter und ihre Stellvertreter gab es zudem mindestens einmal in zwei Monaten eine Arbeitstagung, die die Abteilung Personenstandswesen durchführte. Außerdem hatten sie am „organisierten Selbststudium" teilzunehmen, was bedeutete, pro Monat eine schriftliche Fachaufgabe zu beantworten.[290]

An der Verwaltungsschule des Magistrats in Woltersdorf konnte die nötige Qualifikation erworben werden, um zur Leitung oder Stellvertretenden Leitung eines Standesamts eingesetzt werden zu können.

Mit „Rundbriefen" zu bestimmten praktischen Themen wurde zudem versucht, eine einheitliche Bearbeitung von Vorgängen zu erreichen – z. B. „Der Arbeitsablauf bei der Eintragung eines Sterbefalls" oder „Richtlinien für die Bearbeitung von Anträgen auf Änderung von Vor- und Familiennamen".[291]

Grundsätzlich war die „Verordnung über die Prüfung von Vorschlägen und Beschwerden der Werktätigen vom 23. März 1953"[292] umzusetzen, die den Service der Berliner Verwaltung – also auch der einzelnen Standesämter – gegenüber der Bevölkerung verbessern sollte. „Die Abteilung Personenstandswesen muss in stärkerem Maße als bisher kontrollierend tätig werden. Die Brigadearbeit ist zu verstärken [...] Der in einigen Standesämtern noch vorhandene Schlendrian ist mit allen Mitteln zu bekämpfen [...] Die agitatorische und propagandistische Arbeit unter den Mitarbeitern des Personenstandswesens ist zu verstärken (Sichtwerbung, Teilnahme an der staatpolitischen Schulung, gesellschaftliche Tätigkeit) [...]"[293]

Als die politischen und ökonomischen Auswirkungen der SED-Politik das Land in eine schwere Krise stürzten, mussten auch die Beschäftigten in den Standesämtern mit einer schwierigen Situation umgehen. Ein Bericht der Abteilung Personenstandswesen von Anfang Juli 1953 schildert die Umstände detailliert. Der 17. Juni 1953 selbst, der Tag des Volksaufstandes in der DDR, führte im Bereich der Berliner Standesämter nur zu geringen Arbeitseinschränkungen: „Es hat sich weder jemand am Streik beteiligt noch hat jemand zur Teilnahme aufgerufen [...] In den Tagen vom 17.–20.6.53 haben die Standesämter Friedrichshain und Mitte je 2, und in der Zeit vom 21.bis 30.6.53 die Standesämter Prenzlauer Berg, Friedrichshain und Treptow je 1, zusammen 7 Personen beurkundet, die bei den faschistischen Umtrieben ums Leben gekommen sind."[294]

Nach der Niederschlagung des Aufstandes wurde die Umsetzung des korrigierenden „Neuen Kurses" der DDR-Regierung nun – wie für alle Dienststellen des DDR-Staatsapparates – auch für die Abteilung Personenstandswesen Grundlage für die jeweiligen Arbeitsplanungen.

Die neue, zunächst kommissarische Abteilungsleiterin, Frau Bäcker, leitete ihren Arbeitsplan für das IV. Quartal 1953 entsprechend ein: „Durch den neuen Kurs unserer Regierung wird der Lebensstandard unserer Bevölkerung ständig verbessert [...] Es ergibt sich hieraus die Verpflichtung für die Abteilung Personenstandswesen, auch in den Standesämtern des demokratischen Sektors von Groß-Berlin für eine verbesserte Durchführung der Eheschließungen und für die schnellere Qualifizierung aller Mitarbeiter der Standesämter Sorge zu tragen [...]"[295]

Die Abteilung Personenstandswesen führte nun regelmäßig strenge Kontrollbesuche in den unterstellten Standesämtern in den einzelnen Stadtbezirken durch.

1955 wurden die Aufgaben der inneren Ordnung und Sicherheit DDR-weit in neuen Abteilungen bei den Räten der Bezirke und den Räten der Kreise zusammengefasst.

In Ost-Berlin wurde dementsprechend am 01. März 1955 die Magistratsabteilung „Innere Angelegenheiten" gebildet; ein ebenfalls neu eingesetzter Stadtrat war zugleich Stellvertreter des Oberbürgermeisters für den Bereich Inneres und Kader.[296] Die Abteilung „Innere Angelegenheiten" übernahm Zuständigkeiten von mehreren Verwaltungsbereichen – vom Bereich

288 Vgl. dazu u. a. Protokolle der Besprechungen in: LAB, C Rep. 104, Nr. 5 und Nr. 2306.

289 Tätigkeitbericht der Abteilung Personenstandswesen für das I. Quartal 1953. In: LAB, C Rep. 104, Nr. 53.

290 Arbeitsanweisung Nr. 1/53 vom 24. Februar 1953 „Fachliche Weiterbildung der Mitarbeiter auf dem Gebiet des Personenstandswesens". In: LAB, C Rep. 104, Nr. 185.

291 Vgl. LAB, C Rep. 104, Nr. 185.

292 Magistratsbeschluss Nr. 16 vom 10.03.1953. In: C Rep. 100-05, Nr. 876.

293 Tätigkeitbericht der Abteilung Personenstandswesen für das I. Quartal 1953. In: LAB, C Rep. 104, Nr. 53.

294 Analyse über die Arbeit in der Abt. Personenstandswesen einschließlich des Standesamts I in der Zeit vom 15. bis 20. Juni 1953. In: LAB, C Rep. 104, Nr. 53.

295 Arbeitsplan der Abteilung Personenstandswesen für das IV. Quartal 1953. In: LAB, C Rep. 104, Nr. 53.

296 Bis 1965, dann ausschließliche Zuständigkeit für Inneres.

Abschrift

Abt. Personenstandswesen

Berlin N 54, den 2.7.1953
Rückerstr. 9

An
den Stellvertreter des Oberbürgermeisters
Koll. A. Neumann.

Betr.: Analyse über die Arbeit in der Abt. Personenstandswesen einschl. Standesamt I in der Zeit vom 15. bis 20. Juni 1953.

1. Die Kollegen begrüßten die Maßnahmen des Ministerrats der DDR vom 11. Juni 1953. Sie sahen hierin die Erfüllung von Forderungen der werktätigen und darüber hinaus aller Teile der Bevölkerung zur Verbesserung der Lebenshaltung und Schaffung eines gesunden Optimismus mit dem Ziel der Herstellung der Einheit Deutschlands.

   Es wurde jedoch die Möglichkeit der sofortigen Realisierung dieser entscheidenden Beschlüsse durch die schon oft kritisierte bürokratische Arbeitsweise einiger Organe und der nicht zu übersehenden großen materiellen Voraussetzungen angezweifelt.

   Die Kollegen begrüßten außerdem die Wendung ~~in~~ der Politik in Partei und Regierung ganz besonders deshalb, weil sie in der weiteren Entwicklung erwarten, daß sich auch ihre Wünsche hinsichtlich der Verlängerung des Erholungsmindesturlaubs über 12 Tage hinaus, der Gewährung eines Haushaltstages an alle Kollegen mit einem selbständigen Haushalt und auch eine andere Lebensmittelkarteneinstufung für die werktätige Bevölkerung erfüllen lassen.

2. Die Abt. Personenstandswesen und das Standesamt I haben in diesen Tagen wie gewöhnlich gearbeitet. Es hat sich weder jemand am Streik beteiligt noch hat jemand zur Teilnahme aufgerufen. Trotzdem die Dienststellen auch im Brennpunkt der Ereignisse standen und die Nerven, je nach Veranlagung, besonders angespannt waren, wurde eine gute Arbeitsdisziplin gezeigt. Das Gleiche trifft für die Standesämter der Stadtbezirke zu.

   In den Tagen vom 17.-20.6.53 haben die Standesämter Friedrichshain und Mitte je 2, und in der Zeit vom 21. bis 30.6.53 die Standesämter Prenzlauer Berg, Friedrichshain und Treptow je 1, zusammen 7 Personen beurkundet, die bei den faschistischen Umtrieben ums Leben gekommen sind.

   Von einigen Kollegen konnte jedoch der Dienst, je nach Lage ihres Wohnsitzes und den damit verbundenen Verkehrsmöglichkeiten, nur verspätet aufgenommen werden.

   Die in einzelnen Diskussionen aufgetretenen

Analyse über die Arbeit in der Abteilung Personenstandswesen einschließlich Standesamt I in der Zeit vom 15. bis 20. Juni 1953, vom 02. Juli 1953. (Hier und auf der folgenden Seite.)

Unklarheiten über die bereits von der Partei und Regierung anerkannten berechtigten Forderungen, die Weiterführung des Streiks und die faschistischen Umtriebe der Feinde der Arbeiterklasse wurden unter Hinweis auf den neuen Kurs unserer Regierung geklärt.

3. Die Mitarbeiter haben während der besonderen Ereignisse ihre Pflicht im Dienste unserer werktätigen Bevölkerung und damit auch unserer demokratischen Verwaltung erfüllt. Es ist hierbei festzustellen, daß die innerbetriebliche bzw. staatspolitische Schulung die Masse der Kollegen so gefestigt hat, daß sie zumindestens schon zwischen Freund und Feind der Arbeiterklasse unterscheiden kann.

Als am 20.6.53 die Schreckenskunde durch den Äther ging, daß die USA-Kriegstreiber das Todesurteil an den beiden Friedenskämpfern Ethel und Julius Rosenberg vollstrecken ließen, nahmen die Kollegen mit Abscheu in Protestresolutionen dazu Stellung und versprachen, sich noch fester und stärker als bisher für die Erhaltung des Weltfriedens einzusetzen.

Abteilungsleiter.
I.A.
Schubert

„Sekretär des Magistrats“ die Zuständigkeit für das Personenstandswesen. Fortan wirkte hier als zentrale Aufsichtsbehörde für Ost-Berlin ein „Referat Personenstandswesen“.

Bäcker zog 1955 eine gemischte Bilanz: „Unser ganzes Bestreben war darauf ausgerichtet, eine grundsätzliche Verbesserung unserer Arbeitsweise zu erreichen. Dieses konnte uns aber nur im beschränkten Umfang gelingen, weil wir zum größten Teil noch an die alten Gesetze gebunden sind. Eine grundsätzliche Veränderung auf allen Gebieten unseres Aufgabenbereiches wird erst mit Inkrafttreten des neuen Familiengesetzbuches möglich sein.“

Einen Schritt dahin bot zunächst die „Verordnung über Eheschließung und Eheauflösung“ vom 24. November 1955, die das geltende Ehegesetz des Alliierten Kontrollrates von 1946 für die DDR ablöste. Bereits in dieser Verordnung wurden die Standesbeamten neu als „Beauftragte für das Personenstandswesen“ bezeichnet, eine Formulierung, die dann im Personenstandsgesetz der DDR von 1956 erneut aufgegriffen wurde.[297]

Trotz des Sonderstatus von Berlin war die Berliner Standesamtsverwaltung von Beginn an, also seit 1950, in die Neufassung eines Personenstandsgesetzes auf Arbeitsebene involviert gewesen: „Um das Personenstandswesen noch zeitnaher und bevölkerungsverbundener zu gestalten, ist ein neues Personenstandsgesetz in Vorbereitung, an dessen Gestaltung wir entscheidend beteiligt sind.“[298] In den folgenden Jahren wurde die Mitwirkung an dieser Aufgabe immer wieder in diversen Berichten erwähnt, dennoch dauerte es bis 1956, bis das „Gesetz über das Personenstandswesen (Personenstandsgesetz)“ am 16. November 1956 von der Volkskammer der DDR beschlossen wurde.[299] Das Gesetz trat am 1. März 1957 in Kraft. Gleichzeitig traten die bislang noch angewendeten Regelungen aus der NS-Zeit außer Kraft.

Wesentliche Regelungen des Gesetzes betrafen die Möglichkeit der Zusammenlegung mehrerer kleiner Gemeinden zu einem oder die Aufteilung größerer Gemeinden in mehrere Standesamtsbezirke, die Ersetzung des Aufgebotes durch einen „Antrag auf Eheschließung“ und die Verwendung der Bezeichnung „Beauftragter für das Personenstandswesen“ anstelle des „Standesbeamten“.

Das neue Gesetz bestimmte „I. Aufgaben des Personenstandswesens. § 1. Der Personenstand einer Person wird gemäß den Bestimmungen dieses Gesetzes von den Organen des Personenstandswesens festgestellt, soweit nicht die Entscheidung über den Personenstand durch gesetzliche Bestimmungen den Gerichten oder anderen Organen der staatlichen Verwaltung übertragen ist. Die Beurkundung des Personenstandes erfolgt ausschließlich von den Organen des Personenstandswesens [...]“ Es gab „II. Allgemeine Bestimmungen. § 3. Beurkundung des Personenstandes. (1) Die Beurkundung des

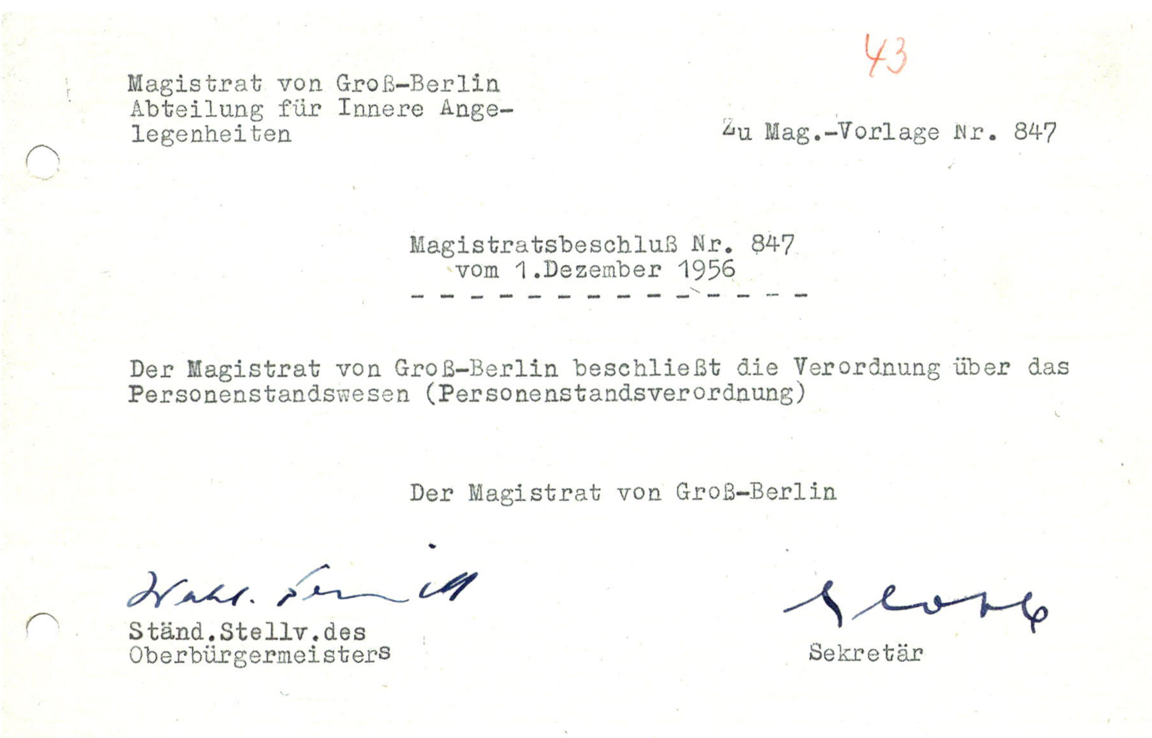
43

Magistrat von Groß-Berlin
Abteilung für Innere Angelegenheiten

Zu Mag.-Vorlage Nr. 847

Magistratsbeschluß Nr. 847
vom 1.Dezember 1956

Der Magistrat von Groß-Berlin beschließt die Verordnung über das Personenstandswesen (Personenstandsverordnung)

Der Magistrat von Groß-Berlin

Ständ.Stellv.des Oberbürgermeisters

Sekretär

Beschluss zur Verordnung über das Personenstandswesen (Personenstandsverordnung) des Magistrats von Groß-Berlin, vom 01. Dezember 1956.

297 VO in: GBl. DDR I 1955, S. 849. 1965 wurde die VO das neu geschaffene Familiengesetzbuch integriert.

298 Bericht des Aufsichtsamts für die Standesämter vom 20. Juni 1950. In: LAB, C Rep. 104, Nr. 53.

299 GBl. DDR I 1956, S. 1283.

Personenstandes erfolgt durch Eintragung in die Personenstandsbücher. Zu diesem Zwecke werden ein Geburtenbuch, ein Ehebuch und ein Sterbebuch geführt. (2) Zu jedem der Personenstandsbücher ist ein Zweitbuch zu führen." Zu „III. Aufbau und Gliederung der Organe des Personenstandswesens" hieß es: „§ 9. Bestellung des Beauftragten für Personenstandswesen. (1) Für jedes Standesamt sind ein Beauftragter für Personenstandswesen und mindestens ein Stellvertreter zu bestellen. (2) Der Stellvertreter hat bei Ausübung seiner Tätigkeit entsprechend diesem Gesetz die gleichen Rechte und Pflichten wie der Beauftragte für Personenstandswesen [...] (4) Dem Beauftragten für Personenstandswesen obliegt die Führung der Personenstandsbücher [...]"

Aus Gründen der Rechtsangleichung war es wiederum erforderlich, die Übernahme dieses Gesetzes für die Hauptstadt der DDR gesondert zu beschließen. Dabei ergaben sich Änderungen mit Rücksicht auf eine andere Berliner Verwaltungsstruktur und auf die Berliner Gesetzgebung. Die entsprechende Berliner Verordnung galt ab dem 01. Januar 1957.[300]

Die von den Berliner Standesämtern für ihre Dienstleistungen erhobenen Gebühren, richteten sich nun nach dem Verwaltungsgebührentarif der DDR, der ab 11. Juli 1957 auch für Berlin, Hauptstadt der DDR, Gültigkeit hatte.[301]

In diesem Zeitraum verabschiedete die Volkskammer der DDR weitere verfassungsändernde Gesetze, worin die Grundsätze einer „sozialistischen Demokratie" im Sinne des „Demokratischen Zentralismus" festgeschrieben wurden.[302] Die Volksvertretung Groß-Berlin übernahm diese Gesetze für Berlin, Hauptstadt der DDR, die fortan die Aufgaben und Rechte des Magistrats und der Stadtverordnetenversammlung bestimmten.[303] Der Magistrat war nun dem Ministerrat der DDR unterstellt; die Volkskammer erhielt die Aufsicht über die Volksvertretung Groß-Berlin, die in „Stadtverordnetenversammlung" umbenannt wurde.

War die formale Anpassung der Rechtsnormen der DDR an Ost-Berlin auch klar hergestellt, so gab es doch Unterschiede bei den konkreten Arbeitsbedingungen. 1960 hatten die „Beauftragten für das Personenstandswesen" im Vergleich mit den Kolleginnen und Kollegen in der DDR einige Nachteile hinzunehmen: „Während Berliner Kollegen völlig leer ausgehen, erhalten die Beauftragten in der DDR monatlich DM 15.- bis DM 30.- Kleidergeld, bzw. alle zwei Jahre einen neunen Anzug oder ein neues Kleid, andere einmal im Jahr eine entsprechende Abfindung bzw. entsprechende Leistungszuschläge. Er wurde festgestellt, dass auch die Vergütung der im Personenstandswesen beschäftigten Angestellten hinter der allgemeinen Entwicklung zurückgeblieben ist und diese Tatsache nicht zuletzt empfindliche Kaderschwierigkeiten zur Folge haben [wird]."[304]

Das Jahr 1961 war in mehrfacher Hinsicht für das Berliner Personenstandswesen von besonderer Bedeutung: So übernahm im Februar 1961 Helmut Dörfer die Position des Referatsleiters Personenstand beim Magistrat von Berlin, womit eine außergewöhnliche Kontinuität in der Besetzung dieser Führungsposition begründet wurde, da er diese Stelle bis 1990 innehatte. Der Bau der Berliner Mauer bzw. die Ereignisse des 13. August 1961 hatten in dem sicherheitsrelevanten Bereich „Inneres", zu dem das Personenstandswesen seit 1955 gehörte, besondere Auswirkungen.

Am 07. September 1961 gab es zunächst per Erlass des Staatsrates der DDR konkrete Verordnungen, wie die Verwaltung in der Hauptstadt zu funktionieren hatte.[305]

„Die Abspaltung der westlichen Bezirke der Stadt durch die Westmächte und ihre deutschen Helfershelfer, ihre Verwandlung in eine Frontstadt der aggressiven NATO-Politik [...] haben in Berlin eine komplizierte Lage geschaffen. Westberlin wurde zu einem gefährlichen Herd der Provokationen und Störversuche gegenüber der friedlichen Aufbauarbeit in der DDR und ihrer Hauptstadt Berlin [...] Die Organe der Staatsmacht von Groß-Berlin haben daher eine besonders große Verpflichtung. Sie müssen mit Hilfe der gesamten Bevölkerung den politischen, wirtschaftlichen und kulturellen Aufbau des Sozialismus so leiten, das Berlin seiner verantwortungsvollen Rolle als Hauptstadt in vollem Umfange gerecht werden kann und das demokratische Berlin zum anziehenden Beispiel für die friedliche und demokratische Bevölkerung Westberlins wird [...]"

Für das Personenstandswesen wurde für die zentrale Ebene in Punkt „O. Die Rechte und Pflichten zur Gewährleistung der öffentlichen Ordnung und Sicherheit" festgelegt: „3. Die Stadtverordnetenversammlung und ihre Organe sind verantwortlich für: [...] f) die Anleitung und Kontrolle der Organe der Staatsmacht der Stadtbezirke auf dem Gebiet des Personenstandswesens und der Staatsangehörigkeit [...]". Für die Ebene der Stadtbezirke galt: „N. Die Rechte und Pflichten zur Gewährleistung der öffentlichen Ordnung und Sicher-

300 Magistratsbeschluss Nr. 847 vom 01. Dezember 1956. In: LAB, C Rep. 100-05, Nr. 1018.

301 GBl. DDR, Sonderdruck Nr. 144; Übernahmebestimmung in VOBl. Des Magistrats von Groß-Berlin, Teil II, Nr. 20 vom 11.07.1957. Vgl. dazu: LAB, C Rep. 104, Nr. 1777.

302 Am 18. Januar 1957 das „Gesetz über die örtlichen Organe der Staatsmacht" und das „Gesetz über die Rechte und Pflichten der Volkskammer gegenüber den örtlichen Volksvertretungen (GBl. DDR I, S. 65 ff.); am 11. Februar 1958 das „Gesetz über die Vervollkommnung und Vereinfachung der Arbeit des Staatsapparates der DDR" (GBl. DDR I, S. 117 ff.).

303 13. Tagung der Volksvertretung Groß-Berlin am 28. Januar 1957. In: LAB, C Rep. 100-01, Nr. 26.

304 Vgl. Bericht über den vom MdI in der Zeit vom 15.–17.03.1960 in Bad Saarow durchgeführten Personenstandslehrgang und Erfahrungsaustausch der Bezirke Groß-Berlin, Potsdam und Neubrandenburg. In: LAB, C Rep. 104, Nr. 4.

305 „Erlass des Staatsrates der DDR zu den Ordnungen über die Aufgaben und die Arbeitsweise der Stadtverordnetenversammlungen und der Stadtbezirksversammlungen und ihrer Organe in der Hauptstadt der Deutschen Demokratischen Republik, Berlin, und den Stadtkreisen mit Stadtbezirken". In: GBl. DDR I, S. 169.

A b s c h r i f t

Auszug aus dem Verwaltungsgebührentarif
(Gesetzblatt der DDR, Sonderdruck Nr. 144)
der ab 11. Juli 1957 auch für Berlin gültig ist. Die Übernahmebestimmungen erscheinen am 11.7.1957 im Verordnungsblatt des Magistrats von Groß-Berlin, Teil II Nr. 20.

	Gebühr DM
1. Für die Vorlegung eines Personenstandsbuches (Standesamregister) zur Einsicht je Jahrgang...	-,20
mindestens jedoch	-,50
2. Für eine beglaubigte Abschrift aus dem Geburtenbuch, dem Ehebuch, dem Sterbebuch oder aus früheren Standesregistern....................	1,--
3. Für eine Geburtsurkunde, eine Geburtsbescheinigung, eine Eheurkunde, eine Sterbeurkunde oder eine Eintragung in ein Familienstammbuch sowie für eine Bescheinigung über eine Eintragung im Buch für Todeserklärungen oder für eine Bescheinigung über einen beim Standesamt I von Groß-Berlin aufbewahrten Beschluß über die Todeserklärung	-,60
4. Für die nachträgliche Beischreibung eines Randvermerkes auf einer beglaubigten Abschrift aus dem Geburtenbuch, dem Ehebuch, dem Sterbebuch oder aus früheren Standesregistern................	-,50
5. Für die Ergänzung von Personenstandsurkunden durch Beischreibung einer Änderung je Urkunde----------	-,20
mindestens jedoch....................................	-.50
6. Für die Entgegennahme eines Antrages auf Eheschließung	2,--
7. Für die Ausstellung eines Familienstammbuches einschließlich der ersten Eintragung	1,50
8. Für die Entgegennahme einer Erklärung an Eides Statt	1,--
9. Für eine Eheschließung außerhalb der Dienststunden	10,---
10. Für die Beschaffung einer standesamtlichen Urkunde aus dem Ausland	5.--
11. Für eine Genehmigung zur Änderung des Familiennamens oder des Vornamens	5.-- bis 250,--
12. Für Namensfeststellungen	5.-- bis 10.--

Zu 11.) gelten folgende Sätze bis zu eimen Bruttogehalt von

200.-- DM	= 5.-- DM	900.-- DM	= 100.--DM
300.-- "	= 10.-- "	1000.-- "	= 125.-- "
400.-- "	= 15.-- "	1100.-- "	= 150.-- "
500.-- "	= 25.-- "	1300.-- "	= 200.-- "
600.-- "	= 40.-- "	1400.-- "	= 225.-- "
700.-- "	= 60.-- "	Über 1400.-- "	= 250.-- "
800.-- "	= 80.-- "		

Für Vornamensänderungen bei Adoptivkindern sind keine Gebühren zu erhebn.
1303/57

Auszug aus dem Verwaltungsgebührentarif für Leistungen der Standesämter, Juli 1957.

heit [...] 3. Die Stadtbezirksversammlung und ihre Organe sind verantwortlich für [...] g) die Durchführung der Aufgaben auf dem Gebiet des Personenstandswesens und der Staatsangehörigkeit."[306]

Umgesetzt wurde das in einem „Kampfplan der Abteilung Innere Angelegenheiten" vom 11. September 1961. Hieß es hier zunächst allgemein: „Der Kampf um die Sicherung des Friedens, um den Abschluss eines Friedensvertrages, um den Sieg des Sozialismus in der DDR und die Wiedervereinigung als friedliebender, demokratischer Staat, vollzieht sich nach dem 13. August in einer neuen Klassenkampfsituation und stellt die Abteilung vor neue Aufgaben", wurde für den Bereich Personenstandswesen konkret formuliert: „Zur Erhöhung der Klassenwachsamkeit im Urkundenverkehr mit Westdeutschland und Westberlin ist es notwendig, die exakte Einhaltung der DA 33/58 sowie der Ersten Ergänzung vom 22.11.1960 des MdI in der Bearbeitung zu sichern. Hierbei handelt es sich um Urkundenanforderungen für westberliner oder westdeutsche Bürger, deren Beurkundungen in Geburts- und Ehe- sowie Sterbefällen in dem Gebiet der DDR oder dem Gebiet ostwärts der Oder-Neiße-Friedensgrenze festliegen und die gegen die Interessen unseres Staates ausgenutzt werden können. Die Durchführung der Dienstanweisung ist in sämtlichen Standesämtern zu kontrollieren und über das Ergebnis dieser Arbeit ist mit entsprechenden Schlussfolgerungen schriftlich zu berichten."[307]

Beim MdI der DDR, Abteilung Innere Angelegenheiten, bestand nun eine ständige „Zentrale Arbeitsgruppe Personenstandswesen". Neben den Vertretern des Ministeriums arbeiteten hier die Referenten für Personenstandswesen der Räte der Bezirke der DDR und des Magistrats von Berlin und ausgewählte Mitarbeiter von Standesämtern zusammen. Es wurden fachliche Aufgaben besprochen und abgestimmt oder politisch-ideologischen Vorgaben der SED hinsichtlich des Personenstandswesens diskutiert. Außerdem führte das Ministerium regelmäßig Arbeitstagungen mit „verantwortlichen Mitarbeitern für Personenstandswesen der Räte der Bezirke" durch.[308]

Auf der Arbeitstagung am 11. Dezember 1963 widmete sich einer der Tagesordnungspunkte dem „Erfahrungsaustausch über den bisherigen Stand der Zentralisierung der Standesämter und der Einrichtung von zentralen Urkundenstellen."[309]

Dieses DDR-weite Vorhaben ist in Ost-Berlin in politisch-ideologisch verbrämtem Rahmen umgesetzt worden: In „Vorbereitung auf den 15. Jahrestag der Gründung der DDR" wurde dem Magistrat vom Referat Personenstandswesen der „Vorschlag" unterbreitet, alle nicht aktuellen Berliner Personenstandsbücher beim Standesamt I von Groß-Berlin zu zentralisieren. Dieser Vorschlag wurde mit dem Magistratsbeschluss Nr. 260/64 vom 11. September 1964 angenommen.[310] Für Ost-Berlin trat somit zum 01. Januar 1965 eine wesentliche Neuerung in Kraft: „Die Führung der Personenstandsbücher der zurückliegenden Jahre sowie die damit verbundene Fertigung von Personenstandsurkunden für das Gebiet der Hauptstadt der DDR erfolgen künftig durch das Standesamt I von Groß-Berlin. Die Führung der Personenstandsbücher und die Urkundenfertigung des laufenden Jahres verbleiben bei den Standesämtern der Räte der Stadtbezirke." Begründet wurde die Maßnahme damit, so „für die Bevölkerung eine wesentliche Erleichterung bei der Beschaffung von Personenstandsurkunden" zu schaffen. Die für „vielfältigste Zwecke" benötigten Urkunden seien bisher nur „in dem Standesamt, in dessen Bereich der Personenstandsfall eintrat", zu erhalten gewesen. „Dieser Ort ist überwiegend nicht identisch mit dem Wohnsitz des Bürgers." Nunmehr könne der erhöhte Zeit- und Kostenaufwand bei der Beschaffung von Urkunden aus verschiedenen Standesämtern entfallen. Außer diesem serviceorientierten Argument wurden noch die Erhöhung der „Sicherheit im Urkundenverkehr" und die Einsparung von über 15.000 MDN jährlich an Gehaltskosten angeführt.[311]

In der Tat war es nun für Interessierte möglich, „alle Urkunden aus Berlin einschließlich der Westberliner Standesämter und der der ehemals deutschen Gebiete beim Standesamt I" zu erhalten.[312]

1965 löste das Familiengesetzbuch der DDR vom 20. Dezember 1965, gültig ab 01. April 1966, bestehende Regelungen des BGB und andere familienrechtliche Bestimmungen ab.[313] Es benannte die Intentionen des sozialistischen Staates hinsichtlich Ehe und Familie sowie der diesbezüglichen „Pflichten und Aufgaben der staatlichen Organe" deutlich in der Präambel:

„Die Familie ist die kleinste Zelle der Gesellschaft. Sie beruht auf der für das Leben geschlossenen Ehe und auf den besonders engen Bindungen, die sich aus den

306 „Ordnung über die Aufgaben und die Arbeitsweise der Stadtverordnetenversammlung von Groß-Berlin und ihrer Organe" vom 07.09.1961 und „Ordnung über die Aufgaben und die Arbeitsweise der Stadtbezirksversammlung und ihrer Organe in den Stadtbezirken von Groß-Berlin" vom 07.09.1961. In: GBl. DDR 1961, Sonderdruck Nr. 341.

307 Vgl. LAB, C Rep. 104, Nr. 1786. Die genannte Dienstanweisung Nr. 33/58 vom 28. Okt. 1958 „Verkehr mit Westdeutschland und dem Ausland auf dem Gebiete des Personenstandswesens" in: Bundesarchiv DO 1, Nr. 62049.

308 Vgl. u. a.: Arbeitspläne, Einladungen und Tagesordnungspunkte. In: LAB, C Rep. 104, Nr. 1787.

309 Einladung zur Tagung am 11.12.1963. In: LAB, C Rep. 104, Nr. 1787

310 LAB, C Rep. 104, Nr. 1786.

311 Magistratsbeschluss Nr. 260/64 vom 11. September 1964 „Zentralisierung der Personenstandsregister". In: LAB, C Rep. 100-05, Nr. 1258.

312 LAB, C Rep. 194, Nr. 1786.

313 Familiengesetzbuch in GBl. DDR 1966 Teil I, S. 1 und Einführungsgesetz zum Familiengesetzbuch der Deutschen Demokratischen Republik vom 20. Dezember 1965 in GBl. DDR 1966 Teil I, S. 19; FGB geändert durch Einführungsgesetz zum Zivilgesetzbuch vom 19. Juni 1975 (Gesetzblatt DDR 1975 I, S. 517) und durch Gesetz vom 20. Juli 1990 (Gesetzblatt DDR 1990 I, S. 1038); zum 31. August 1990 durch den Einigungsvertrag (Bundesgesetzblatt 1990, Teil II, S. 889) aufgehoben.

71

Magistrat von Groß-Berlin Zur Mag.-Vorlage Nr. 260/64

Magistratsbeschluß Nr. 260/64
vom 11. September 1964

<u>Gegenstand:</u> Zentralisierung der Personenstandregister

Der Magistrat von Groß-Berlin beschließt:

1. Die Führung der Personenstandsbücher der zurückliegenden Jahre sowie die damit verbundene Fertigung von Personenstandsurkunden für das Gebiet der Hauptstadt Berlin erfolgen künftig durch das Standesamt I von Groß-Berlin. Die Führung der Personenstandsbücher und die Urkundenfertigung des laufenden Jahres verbleiben bei den Standesämtern der Räte der Stadtbezirke.

   Termin: 1. 1. 1965

2. Die Stellenpläne der Standesämter der Räte der Stadtbezirke und des Standesamtes I von Groß-Berlin sind entsprechend der neuen Aufgabenstellung mit dem Ziel der Einsparung von Arbeitskräften zu überarbeiten.

3. Die Abteilung Allgemeine Verwaltung des Magistrats hat den Umzug aus den einzelnen Standesämtern zum Standesamt I durchzuführen.

Der Magistrat von Groß-Berlin

Kurt Thieme
Ständiger Stellvertreter
des Oberbürgermeisters

Helbig
Stellvertreter des
Oberbürgermeisters

Magistratsbeschluss zur „Zentralisierung der Personenstandsbücher", September 1964.

Gefühlsbeziehungen zwischen Mann und Frau und den Beziehungen gegenseitiger Liebe, Achtung und gegenseitigen Vertrauens zwischen allen. Familienmitgliedern ergeben.

Die gesellschaftlichen Verhältnisse in der Deutschen Demokratischen Republik sind die feste Grundlage für die sozial gesicherte Existenz der Familie. Mit dem Aufbau des Sozialismus entstanden gesellschaftliche Bedingungen, die dazu führen, die Familienbeziehungen von den Entstellungen und Verzerrungen zu befreien, die durch die Ausbeutung des Menschen, die gesellschaftliche und rechtliche Herabsetzung der Frau, durch materielle Unsicherheit und andere Erscheinungen der bürgerlichen Gesellschaft bedingt waren.

Mit der sozialistischen Entwicklung in der Deutschen Demokratischen Republik entstehen Familienbeziehungen neuer Art. Die von Ausbeutung freie schöpferische Arbeit; die auf ihr beruhenden kameradschaftlichen Beziehungen der Menschen, die gleichberechtigte Stellung der Frau auf allen Gebieten des Lebens und die Bildungsmöglichkeiten für alle Bürger sind wichtige Voraussetzungen, die Familie zu festigen und sie dauerhaft und glücklich zu gestalten. Harmonische Beziehungen in Ehe und Familie haben einen großen Einfluss auf die Charakterbildung der heranwachsenden Generation und auf das persönliche Glück und die Lebens- und Arbeitsfreude des Menschen.

In der Deutschen Demokratischen Republik hat die Familie große gesellschaftliche Bedeutung. Sie entwickelt sich zu einer Gemeinschaft, in der die Fähigkeiten und Eigenschaften Unterstützung und Förderung finden, die das Verhalten des Menschen als Persönlichkeit in der sozialistischen Gesellschaft bestimmen.

Es ist die Aufgabe des Familiengesetzbuches, die Entwicklung der Familienbeziehungen in der sozialistischen Gesellschaft zu fördern. Das Familiengesetzbuch soll allen Bürgern, besonders auch den jungen Menschen, helfen, ihr Familienleben bewusst zu gestalten. Es dient dem Schutz der Ehe und Familie und dem Rechte jedes einzelnen Mitgliedes der Familiengemeinschaft. Es soll Familienkonflikten vorbeugen und auftretende Konflikte überwinden helfen. Es regelt in diesem Zusammenhang Pflichten und Aufgaben der staatlichen Organe und Institutionen.

Das Familiengesetzbuch lenkt die Aufmerksamkeit der Bürger, der sozialistischen Kollektive und der gesellschaftlichen Organisationen auf die große persönliche und gesellschaftliche Bedeutung von Ehe und Familie und auf die Aufgaben jedes einzelnen und der gesamten Gesellschaft, zum Schutz und zur Entwicklung jeder Familie beizutragen."

Mit Magistratsbeschluss Nr. 326/66 vom 18. November 1966 wurde die Gültigkeit dieses Gesetzes auch für Groß-Berlin beschlossen.[314] Mit ihrer Veröffentlichung trat die entsprechende Verordnung am gleichen Tag in Kraft.[315] Mehrere Durchführungsbestimmungen sowie die „Ordnung zur Gewährleistung eines einheitlichen Verfahrens in Personenstandsangelegenheiten" vom 15. Dezember 1966 regelten die Zusammenarbeit der Einrichtungen untereinander.[316] Kontrolleinsätze durch die „Abteilung Personenstandswesen" in den einzelnen Standesämtern der Hauptstadt der DDR begleiteten die Umsetzung.[317]

Die Neufassung des Gesetzes brachte erhebliche Veränderungen in der Arbeit der Standesämter mit sich: Ein Standesamtsbezirk sollte nun regelmäßig mehrere Gemeinden umfassen (§ 2). Die Bezeichnung „Beauftragter für das Personenstandswesen" wurde durch „Leiter des Standesamtes" ersetzt (§ 19). Gemäß § 11 des neuen Gesetzes waren bei den Räten der Kreise sogenannte „Urkundenstellen" einzurichten. Diesen Urkundenstellen oblagen die Weiterführung der von den Standesämtern zum Jahresabschluss übergebenen Personenstandsbücher und die Ausstellung von Personenstandsurkunden.[318] Neu war auch, dass gemäß der Verfahrensordnung nun zum Beispiel dem Geburtsstandesamt Eheschließung oder Tod einer Person zum Zwecke der Beischreibung am unteren Rand des Geburtseintrages mitzuteilen war.[319] Die Regelung in § 19 der 4. DB zum neuen Personenstandsgesetz, wonach die Angabe des letzten Wohnsitzes der Verstorbenen auf den Sterbeurkunden regelmäßig nicht mehr mit aufgenommen wurde, bewährte sich in der Praxis nicht. Nach Intervention des Staatlichen Notariats der DDR, für dessen Tätigkeit, z. B. in Testamentsangelegenheiten, diese Angabe von evidenter Bedeutung war und das nun diese Angaben aufwendig ermitteln musste, ist diese Regelung rückgängig gemacht worden.[320] Das Familiengesetzbuch der DDR regelte umfangreich Angelegenheiten, die das Personenstandsrecht tangierten, wie z. B. die Form der Eheschließung (§ 6) – „(1) Die Ehe wird dadurch geschlossen, dass die künftigen Eheleute gegenüber dem Leiter des Standesamtes erklären,

314 Magistratsbeschluss in: LAB, C Rep. 100-05, Nr. 1325.

315 VOBl. I Nr. 58/66 vom 12.12.1966

316 Vgl: Magistratsbeschluss Nr. 326/66 vom 18.11.1966 zur Übernahme des „Gesetzes zur Änderung des Personenstandsgesetzes". In: LAB, C Rep. 100-05, Nr. 1325. Entwurf der VO in: LAB, C Rep. 104, Nr. 1778. Knapp zehn Jahre nach ihrer Inkraftsetzung bedurfte diese „Ordnung zur Gewährleistung eines einheitlichen Verfahrens in Personenstandsangelegenheiten" vom 15. Dezember 1966 einer Überarbeitung; der Entwurf der 1. Änderung wurde im Januar 1975 von der Zentralen Arbeitsgruppe Personenstandwesen des MdI beraten. Vgl. Einladung zur Beratung am 29.01.1975. In: LAB, C Rep. 104, Nr. 1787.

317 Vgl. Einzelberichte dazu in LAB, C Rep. 104, Nr. 2307.

318 Dies entsprach etwa der bereits ab Januar 1965 in Ost-Berlin geltenden Regelung, das Standesamt I als zentrale Urkundenstelle zu bestimmen. In diesem Zusammenhang zog das MdI der DDR auch die bisher bei den Standesämtern und Urkundenstellen geführten großen Farbdrucksiegel ein und gab neue Dienstsiegel aus. Vgl. Schreiben des MdI der DDR an die Abteilungsleiter Innere Angelegenheiten der Räte der Bezirke, vom 10. Juli 1967. In: LAB, C Rep. 104, Nr. 1777.

319 Vgl. dazu: LAB, C Rep. 104, Nr. 1777.

320 Ab September 1967 war bei der Beurkundung von Sterbefällen und Ausstellung von Sterbeurkunden der letzte Wohnsitz des Verstorbenen wieder mit aufzunehmen. Vgl. Schreiben des MdI der DDR an die Abteilungsleiter Innere Angelegenheiten der Räte der Bezirke, vom 05. Sept. 1967. In: LAB, C Rep. 104, Nr. 1777.

dass sie die Ehe miteinander eingehen wollen und dieser daraufhin in ihrer Gegenwart die Eheschließung in das Ehebuch einträgt. Die Eheschließung soll in einer ihrer Bedeutung entsprechenden würdigen Form erfolgen, an der auf Wunsch der Ehegatten Angehörige, Freunde und Arbeitskollegen teilnehmen. (2) Die Eheschließung kann vor dem Leiter des Standesamtes auch außerhalb des Standesamtes im Kreise eines gesellschaftlichen Kollektivs vorgenommen werden." Oder die Regelung zum Familiennamen (§ 7): „(1) Die Ehegatten führen einen gemeinsamen Familiennamen. Sie können dem Namen des Mannes oder den Namen der Frau wählen. Die Kinder erhalten den gemeinsamen Familiennamen. (2) Die Entscheidung der Ehegatten über ihren Familiennamen ist bei der Eheschließung zu erklären und in das Ehebuch einzutragen. Die Erklärung ist unwiderruflich."

Angesichts der zahlreichen Neuerungen richtete der Magistrat kurz nach Verabschiedung der Gesetzesänderung einen dreitägigen Kurzlehrgang ein, der vom 07.–10. November 1966 alle Beschäftigten in den Standesämtern hinsichtlich der neuen Regelungen schulte. In ca. 30 Fällen mussten neue Vordrucke für die Standesämter angepasst werden.[321]

Ab 1. Januar 1968 entfiel bei der Beurkundung von Personenstandsfällen (Geburten, Eheschließungen, Sterbefällen) die Beglaubigung jeder einzelnen Eintragung in den Personenstandszweitbüchern. Künftig war einmalig – zum Jahresende – in Verbindung mit dem jeweiligen Buchabschluss zu beglaubigen.[322]

Kurz darauf brachte das Gesetz über die Staatsbürgerschaft der Deutschen Demokratischen Republik (Staatsbürgerschaftsgesetz) vom 20. Februar 1967[323] erneut einen Aufgabenzuwachs für den Bereich Personenstand: Die Staatsbürgerschaft der DDR wurde durch Abstammung, Geburt auf dem Territorium der DDR und durch Verleihung erworben. Umgekehrt wurde der Verlust der DDR-Staatsbürgerschaft durch Entlassung, Widerruf der Verleihung und Aberkennung möglich.

Innerhalb der Aufgaben, die den örtlich zuständigen Staatsorganen mit der Durchführungsverordnung zum Gesetz[324] zugewiesen wurden, waren von den Standesämtern v. a. Prüfverfahren und Beurkundungen durchzuführen.

In Berlin erfolgte die Aushändigung von Urkunden über die Verleihung der Staatsbürgerschaft der DDR sogar in den Räumen der Standesämter. Die Aushändigung geschah „in einer ihrer Bedeutung entsprechend würdigen Form, in der Regel im Eheschließungszimmer des Standesamtes." Ausdrücklich war es nicht zulässig, dass die Standesbeamten selbst die Urkunden aushändigten; dies oblag einzig dem Bezirksbürgermeister oder einem von ihm beauftragten Ratsmitglied.[325]

Im Sommer 1969 tagte die Stellenplankommission des Magistrats und bestätigte u. a. einen neuen „Struktur- und Stellenplan der Abteilung Innere Angelegenheiten", rückwirkend ab dem 01. März 1969 für insgesamt 39 Planstellen.

Der „Bereich Personenstandswesen" bestand demnach aus genau zwei Stellen: ein Leiter des Bereiches (Hauptreferent) – diese Position hatte Helmut Dörfer inne – und ein Sachbearbeiter. Vom Leiter des Bereiches wurde ein „Hochschulabschluss als Jurist oder Staatswissenschaftler" erwartet, außerdem „umfassende Kenntnisse des Marxismus-Leninismus, gute Kenntnisse der gesetzlichen Grundlagen und Weisungen bezüglich des Personenstandswesens, Erfahrungen in der staatlichen Leitungstätigkeit, Menschenführung und politischen Massenarbeit." Drei Schwerpunkte beschrieben seine Aufgaben:

- Sicherung der Erfüllung der Aufgaben der Organe des Personenstandswesens der Hauptstadt der DDR durch Grundsatzarbeit,
- Anleitung und Kontrolle des Standesamts I,
- Anleitung und Kontrolle der Standesämter der Räte der Stadtbezirke von Groß-Berlin.[326]

Das beinhaltete zugleich, dass der Leiter des Bereiches Personenstandswesen beim Magistrat von Berlin, Abteilung Innere Angelegenheiten, über folgende Sachverhalte entschied:[327]

- Die Beurkundung von Geburten bei Überschreitung der Anzeigefrist (§ 16 PStG),
- die Beurkundung von Sterbefällen, wenn die Bestattung der Leiche vor der Anzeige des Sterbefalles erfolgte (§ 31 PStG),
- die Berichtigung oder Löschung von Eintragungen über Kriegssterbefälle (§ 37 PStG),
- die Berichtigung von Eintragungen, die das Standesamt I gemäß §§ 44 und 45 PStG nicht ohne Anordnung vornehmen durfte.

Bereits 1969 hatte der Ministerrat der DDR beschlossen, zum 01. Januar 1970 eine Personenkennzahl (PKZ) für jeden Bürger einzuführen sowie ein zentrales Bevölkerungsregister einzurichten. Mit der Umsetzung dieses Beschlusses wurde das MdI beauftragt; gemäß der Anweisung Nr. 36/69 vom 01. Dezember 1969 des Ministers des Innern und Chefs der Deutschen Volkspolizei „Grundsätze und das Verfahren bei der Vergabe von Personenkennzahlen" oblagen den Standesämtern dabei entscheidende Aufgaben.[328] Jedes Standesamt

321 Vgl. LAB, C Rep. 104, Nr. 1786.

322 Vgl. Schreiben des MdI der DDR an die Abteilungsleiter Innere Angelegenheiten der Räte der Bezirke, vom 20. Sept. 1967. In: LAB, C Rep. 104, Nr. 1777.

323 GBl. DDR 1967 I, S. 3.

324 GBl. DDR 1967 II, S. 681.

325 Bericht über die Überprüfung der Standesämter der Räte der Stadtbezirke von Groß-Berlin, außer dem Standesamt Berlin-Köpenick, vom 5.11.1971. In: LAB, C Rep. 104, Nr. 2307.

326 Vgl: LAB, C Rep. 105, Nr. 6411

327 Mitteilung des Abteilungsleiters Innere Angelegenheiten des Magistrats an den Leiter des Standesamtes I vom 18.02.1969. In: LAB, C Rep. 104, Nr. 1777.

328 Regelungen des MdI der DDR vom Dez. 1969, vgl. dazu: LAB, C Rep. 104, Nr. 1777.

bekam Kataloge mit bestimmten Kontingenten an Personenkenn- und Unterscheidungszahlen.[329] Für Kinder, die ab dem 01. Januar 1970 geboren waren und deren Geburt bei einem Standesamt zur Beurkundung angezeigt wurde, war die PKZ sowohl in die Geburtsurkunde als auch in das Buch der Familie einzutragen.[330] Eine Kontrolle der Umsetzung dieser Anweisung in einigen der Berliner Standesämter Ende 1970 ergab, „dass die PKZen ordnungsgemäß auf die schriftlichen Geburtsanzeigen übertragen werden [...] Die Eintragung der PKZen in die Geburtsbücher erfolgte sauber und gut lesbar.“[331]

Das „Gesetz über die örtlichen Volksvertretungen in der Deutschen Demokratischen Republik“ vom 12. Juli 1973 führte sogar zu einer zeitweisen Zusammenfassung der Aufgaben „Personenstandswesen“ und „Staatsbürgerschaftsangelegenheiten“:[332]

Die entsprechende „Rahmenregelung“ des MdI der DDR definierte für das „Gebiet des Personenstandswesens und der Staatsbürgerschaft“ konkrete Aufgaben, u. a.:

- Anleitung und Kontrolle der Kreisurkundenstellen auf Stadtbezirksebene „zur Gewährleistung einer konsequenten Durchsetzung der personenstands- und entsprechenden familienrechtlichen Bestimmungen, einschließlich der Aufbereitung und Sicherung der Personenstandsdokumentation und Verallgemeinerung der fortgeschrittensten Erfahrungen in der Tätigkeit der Kreisurkundenstellen und Standesämter,
- Bearbeitung von Anträgen auf Eheschließungen mit Bürgern anderer Staaten sowie Westberlins im Zusammenwirken mit den Sicherheitsorganen [...],
- Gewährleistung der Bearbeitung von Namensänderungen sowie Namens- und Personenstandsfeststellungen,
- Durchsetzung der innerdienstlichen Regelungen bei der Bearbeitung von Ersuchen von Dienststellen und Bürgern anderer Staaten sowie Westberlins auf Ausstellung und Übersendung von Personenstandsurkunden,
- Sicherung einer regelmäßigen analytischen Auswertung der Entwicklung der Eheschließungen mit Bürgern anderer Staaten und Westberlins so wie des Urkundenverkehrs mit Bürgern und Dienststellen anderer Staaten und Westberlins.“[333]

Gleichzeitig schrieb die Rahmenregelung in einem entsprechenden Organigramm einen gemeinsamen „Sektor für Personenstandswesen, Staatsbürgerschaftsfragen, Ordnungs- und Genehmigungsangelegenheiten“ vor, um die engen Arbeitszusammenhänge zwischen diesen Bereichen auch auf diese Weise klarzustellen.[334] Entsprechend wurde auch die Leitungsposition in den Berliner Stellenplänen angepasst: Von 1975 an umfasste das Aufgabengebiet für die folgenden zehn Jahre: „Leiter des Bereiches Personenstandswesen, Staatsbürgerschaftsfragen, Genehmigungs- und Ordnungsangelegenheiten.“

Hinsichtlich der konkreten Arbeitsbedingungen der Mitarbeiterinnen und Mitarbeiter im DDR-Personenstandswesen war trotz des enormen Aufgabenzuwachses seit 1965 offenbar keine Tendenz zu merklicher Verbesserung erkennbar. Deswegen nahm sich das Präsidium des Ministerrates der DDR am 28. August 1975 der Problematik auf höchster Ebene an, fasste einen Beschluss über die „Situation und die Arbeitsweise der Standesämter“ und drängte neben längerfristigen Vorhaben auch auf kurzfristige Änderungen. Die in diesem Beschluss formulierten Normen und Erfordernisse waren zügig umzusetzen.[335]

Doch erst vier Jahre später fasste für Ost-Berlin erstmals ein entsprechender Magistratsbeschluss – Nr. 224/79 vom 11. Juli 1979 – den Sachstand im Personenstandswesen der Hauptstadt der DDR zusammen. Der „Bericht zum Stand der der Durchsetzung des Beschlusses des Präsidiums des Ministerrates der DDR vom 28.08.1975 über die Situation und die Arbeitsweise der Standesämter“ bot außerdem einiges statistische Material und legte Wert auf Qualifizierungsmaßnahmen und eine stabilere personelle Ausstattung der Standesämter. Zudem wurde der Stadtrat für Inneres verpflichtet, den Magistrat in Abständen von 2 Jahren über „die Situation und die Arbeitsweise der Standesämter zu informieren.“[336]

329 Vgl. Umfrage bei den Standesämtern, Juli 1970. In: LAB, C Rep. 104, Nr. 1777.

330 Sollten sich die Eltern bzw. die Mutter des Kindes allerdings in einem Aufnahme- oder Bezirksheim für Zuwanderer, Umsiedler oder Rückkehrer befinden, durfte das Standesamt keine PKZ vergeben; die Vergabe erfolgte zu einem späteren Zeitpunkt rückwirkend über die Abteilung Pass- und Meldewesen bei der polizeilichen Anmeldung im Einweisungskreis.

331 Bericht der Abteilung Innere Angelegenheiten des Magistrats von Berlin. In: LAB, C Rep. 104, Nr. 2307.

332 GBl. DDR 1973 Teil I, S. 313 ff. Das Gesetz galt ab dem 01. August 1973. In § 34. Sicherheit und Ordnung, Zivilverteidigung (2) festgelegt: „Der Rat des Bezirkes ist für den Liegenschaftsdienst und für die Durchführung von Aufgaben auf dem Gebiet des Personenstandswesens, der Staatsbürgerschaft, der Ordnungs- und Genehmigungsangelegenheiten verantwortlich.“ In § 48. Sicherheit und Ordnung, Zivilverteidigung (5) heißt es: „Der Rat des Kreises[...]erfüllt Aufgaben in Angelegenheiten des Personenstandswesens, der Staatsbürgerschaft und in Ordnungs- und Genehmigungsangelegenheiten.“

333 Schon am 08. Oktober 1973 wertete eine gesonderte ganztägige Beratung des Magistrats mit den Standesämtern der Stadtbezirke eine Beratung des MdI der DDR vom 13. September „zu Problemen der Durchsetzung der gesetzlichen Bestimmungen und Weisungen auf dem Gebiet der Übersiedlung von Bürgern in die BRD bzw. WB, Fragen der Entlassung aus der Staatsbürgerschaft der DDR sowie der Eheschließung von Bürgern der DDR mit Bürgern der BRD bzw. WB“ aus. Vgl. dazu: Einladung zu dieser Beratung vom 25.09.1973. In: LAB, C Rep. 104, Nr. 2306; Einladung zur Beratung des MdI am 13.09.1973. In: LAB, C Rep. 104, Nr. 1787.

334 Rahmenregelung unter: https://www.bstu.bund.de/DE/Wissen/MfS-Dokumente/MfsUndGrenze/Bestimmungen/1973-1980/ZAGG_Nr_2385_Bl_4-35.html; Abruf: 19.12.2017.

335 Bis 1989 wurde in Berichten des Personenstandswesens auf diesen Beschluss referenziert.

336 Vgl. Magistratsbeschluss Nr. 224/79 „Bericht zum Stand der Durchsetzung des Beschlusses des Präsidiums des Minister-

1981 löste das neue „Gesetz über das Personenstandswesen der DDR (Personenstandsgesetz)" vom 04. Dezember 1981[337] das Personenstandsgesetz vom 16. November 1956 in der Fassung des Gesetzes zur Änderung des Personenstandsgesetzes vom 13. Oktober 1966 ab. Das neue Gesetz galt ab dem 01. Januar 1982. Ziel des Gesetzes war es, mit „Rationalisierungsmaßnahmen eine höhere Effektivität der Arbeit" und eine „bessere Interessenwahrnehmung der Bürger" zu erreichen. Wichtige Neuregelungen bestanden z. B.:

- im Wegfall der Personenstandszweitbücher (Zweitbücher),[338]
- in der Schaffung einer rechtlichen Grundlage für den Aufbau einer Personendatenbank der DDR, und
- in der Vereinfachung des Verfahrens und der Arbeitsweise bei der Anzeige und Beurkundung von Geburten und Sterbefällen sowie zur Berichtigung von Personenstandseintragungen.

Mit der ungeahnten Zunahme der „Ersuchen auf Entlassung aus der Staatsbürgerschaft der DDR", die in den 1980er Jahren das Ausmaß einer Ausreisebewegung annahm, wurde in Berlin die Einrichtung eines gesonderten Fachorgans zur Bearbeitung der entsprechenden Anträge erforderlich. 1984 sind deswegen die „Ordnungs- und Genehmigungsangelegenheiten" wieder aus dem zusammengelegten Sektor herausgelöst und als eigene „Abteilung Genehmigungsangelegenheiten" organisiert worden.[339]

„Grundfragen des Personenstandswesens, der Staatsbürgerschaft und der Übersiedlungen" dominierten in diesem Jahrzehnt die ministeriellen Regelungen und Vorgaben, die die Aufgaben und Kompetenzen des Personenstandswesens auf der einen Seite, der Volkspolizei und der Bereiche Genehmigungsangelegenheiten auf der anderen Seite festlegten. Themenfelder wie „Aberkennung der Staatsbürgerschaft", „Eheschließung mit Bürgern anderer/nichtsozialistischer Staaten" und „Urkundenverkehr mit Dienststellen und Bürgern anderer Staaten" prägten die Arbeit der Standesämter und des Referates Personenstandswesen bis 1989 in außerordentlichem Maße, wurden nahezu bei jeder Arbeitsbesprechung aufgerufen und standen auf den Lehrplänen zahlreicher Fortbildungsmaßnahmen.[340]

Doch nicht nur den breiter werdenden rechtlichen Aspekten des Personenstandswesens wurde intensiv Beachtung geschenkt, sondern weiterhin auch versucht, den sozialpolitischen und ideologischen Zielvorgaben zu entsprechen.

Der „Plan der kommunalen Auslandsarbeit" des Magistrats für das Jahr 1984 beispielsweise sah den mehrtägigen Besuch einer vierköpfigen Delegation des Moskauer Stadtsowjets zu Personenstandsfragen vor. Vom 18.–23. Juni 1984 waren die Leiterin des Moskauer Standesamts und weitere Mitarbeiter des Moskauer Stadtsowjets bei ihren Berliner Kollegen zu Gast, um über mehrere Themen in Erfahrungsaustausch zu treten: „System der Vorbereitung der Jugend zum Familienleben, feierliche Traditionen aus Anlass der Eheschließung, Registrierung und Beurkundung von Neugeborenen, Fragen der Familienpolitik". Die Moskauer Gäste nahmen bei dieser Gelegenheit u. a. an Eheschließungen in den Standesämtern Berlin-Marzahn und Berlin-Weißensee teil.[341] Der ein Jahr darauf folgende Gegenbesuch beim Exekutivkomitee des Moskauer Stadtsowjets im Juli 1985 sollte weitere Anregungen bringen.[342]

Ein neues „Gesetz über die örtlichen Volksvertretungen in der Deutschen Demokratischen Republik" vom 04. Juli 1985 galt ab 01. September 1985, auch für den Magistrat von Berlin, Hauptstadt der DDR, und die Räte der Stadtbezirke. Das Personenstandswesen war als Aufgabe der „Ordnung und Sicherheit" zugeordnet.[343]

Die o. g. alte „Rahmenregelung" von 1975 verlor ihre Gültigkeit, als am 08. Oktober 1986 die „Ord-

rates vom 28.08.1975 über die Situation und Arbeitsweise der Standesämter" vom 11. Juli 1979. In: LAB, C Rep. 100-05, Nr. 1801. Der Berichtspflicht kam man in unregelmäßigen Abständen nach. Vgl. dazu Fundstellenübersicht in der Anlage.

337 GBl. DDR I Nr. 36, S. 421; 1. DB vom 04.12.1981 in ebenda, S. 425.

338 Für die Führung der Zweitbücher sah man keinerlei Notwendigkeit mehr, da bei Verlust oder Vernichtung von Personenstandsbüchern nunmehr die Möglichkeit bestand, diese auf Grundlage der Grundakten und des Einwohnerdatenspeichers (EDS) neu zu erstellen. Eine entsprechende Weisung des MdI vom 31. Dezember 1981 wies die Einstellung der Führung von Zweitbüchern an. Vgl. dazu: Gerwien, Martina: Untersuchungen zur Möglichkeit und Notwendigkeit der weiteren sozialistischen Rationalisierung im Standesamt I als Beitrag zur Lösung der wachsenden staatlichen Aufgaben. Abschlussarbeit an der Fachschule für Staatswissenschaft „Edwin Hoernle" Weimar, Betriebsakademie des Magistrats von Berlin, Hauptstadt der DDR, 1983, S. 19. In: LAB, C Rep. 104, Nr. 2128. Die Zweitbücher bis 1982 wurden vernichtet, mit Ausnahme der Sterbezweitbücher für die Jahre 1933–1945.

339 Vgl. dazu ausführlicher: Sobolewski, Olaf: Die Ausreisebewegung in Ost-Berlin bis zum Sommer 1989. Diplomarbeit an der Fachhochschule Potsdam, Bereich Archiv-Bibliothek-Dokumentation, 1997.

340 Vgl. dazu u. a.: C Rep. 104, Nr. 1786 und Nr. 1787.

341 Magistratsbeschluss Nr. 271/84 „Konzeption und Programm für den Aufenthalt einer Delegation des Moskauer Stadtsowjets zu Personenstandsfragen in Berlin vom 18. bis 23. Juni 1984" vom 06.06.1984. In: LAB, C Rep. 100-05, Nr. 1956.

342 Vgl. Information zum Stand der Erfüllung der Aufgaben im Personenstandswesen, vom Magistrat von Berlin, Abteilung Innere Angelegenheiten an den Leiter der Hauptabteilung Innere Angelegenheiten im Ministerium des Innern der DDR vom 04.03.1987. In: LAB, C Rep. 104, Nr. 2302.

343 In § 38 Ordnung und Sicherheit (3) wurde festgelegt: „Der Rat des Bezirkes ist für den Liegenschaftsdienst und die Durchführung von Aufgaben auf dem Gebiet des Personenstandswesens, der Staatsbürgerschaft, der Ordnungs- und Genehmigungsangelegenheiten und des Archivwesens verantwortlich." In § 53 Ordnung und Sicherheit (5) heißt es: „Der Rat des Kreises [...] erfüllt Aufgaben in Angelegenheiten des Personenstandswesens, der Staatsbürgerschaft und in Ordnungs- und Genehmigungsangelegenheiten sowie des Archivwesens." GBl. DDR 1985 Teil I, S. 225 ff.; aufgehoben durch Gesetz über die Selbstverwaltung der Gemeinden und Landkreise in der DDR vom 17. Mai 1990.

nung Nr. 0180/86 des Ministers des Innern und Chefs der Deutschen Volkspolizei über die Aufgaben der Bereiche Inneres der örtlichen Räte" in Kraft trat.[344] Als „spezifische Aufgaben der Bereiche Inneres" wurde hier unter IV. 12 das Personenstandswesen genannt und an Aufgabengebieten auf Bezirksebene festgelegt:

- „die Einflussnahme auf die Erhöhung des Niveaus bei der Vorbereitung und Durchführung von Eheschließungen und der Qualität der Beurkundung von Personenstandsfällen unter Nutzung der EDV sowie auf die Bildung von Nebenstellen der Standesämter;
- die Sicherstellung des Prüfungs- und Entscheidungsverfahrens bei Anträgen auf Zustimmung zur Eheschließung zwischen Bürgern der DDR und Ausländern;
- die Gewährleistung des Prüfungs- und Entscheidungsverfahrens in Namensangelegenheiten;
- die Feststellung des Namens bzw. Personenstandes der Bürger;
- die Sicherstellung des Urkundenverkehrs mit Dienststellen und Bürgern anderer Staaten."

Damit oblag dem besonderen „Sektor" Personenstand beim Bereich Inneres des Magistrats zugleich die Aufgabe der Fachaufsicht über die Standesämter.

Für die „Räte der Stadtbezirke von Berlin, Hauptstadt der DDR" bzw. die dortigen Standesämter legte die Ordnung dementsprechend unter VII.12 fest: „Personenstand. Dazu gehört:

- die Beurkundung von Personenstandsfällen (Geburten, Sterbefälle, Eheschließungen sowie Personenstandsveränderungen);
- die Durchführung von Eheschließungen sowie die Gewährleistung eines hohen Niveaus bei der Vorbereitung und Durchführung von Eheschließungen;
- das Antrags-, Prüfungs- und Entscheidungsverfahren bei Anträgen auf Zustimmung zur Eheschließung zwischen Bürgern der DDR und Ausländern;
- die Ausstellung von Personenstandsurkunden;
- die Durchführung des Urkundenverkehrs mit Dienststellen und Bürgern anderer Staaten;
- das Antrags-, Prüfungs- und Entscheidungsverfahren in Namensangelegenheiten."

Erst eine Kontrolle des Bezirkskomitees Berlin der Arbeiter- und Bauerninspektion (ABI) „zur Gewährleistung niveauvoller Eheschließungen in der Hauptstadt" im II. Quartal 1986[345] führte zu der seit gut einem Jahr überfälligen turnusmäßigen Behandlung der Arbeit der Standesämter durch den Magistrat. Der entsprechende Magistratsbeschluss 400/86 wurde vom Magistrat am 08. September 1986 gefasst, um „die Standesämter der Hauptstadt zu politisch zuverlässigen und bürgernahen Arbeitsorganen

344 Ordnung Nr. 0180/86 vom 08.10.1986 unter: https://www.bstu.bund.de/DE/Wissen/MfS-Dokumente/MfsUndGrenze/Bestimmungen/1981–1989/AGM_Nr_77_Bl_76-171.pdf?__blob=publicationFile. Abruf am 21.12.2017.

345 Information der Arbeiter- und Bauern-Inspektion der DDR, Bezirkskomitee Berlin, vom 21.07.1986. In: LAB, C Rep. 100-05, Nr. 2032.

Anlage 4

Zahlenmäßige Gesamtübersicht über die Anzahl und das Durchschnittsalter der Mitarbeiter der Standesämter der Räte der Stadtbezirke und des Standesamtes I

Standesamt Berlin-	insgesamt	Durchschnittsalter	Mitarbeiter bis 30 Jahre	bis 40 Jahre	bis 45 Jahre	bis 50 Jahre	bis 55 Jahre	bis 60 Jahre
Mitte	7	34	3	2	1	1	-	-
Prenzlauer Berg	5	38	-	4	-	-	-	1
Friedrichshain	7	42	1	4	-	-	-	2
Treptow	3	42	1	-	-	1	1	-
Köpenick	5	40	2	-	1	1	-	1
Lichtenberg	7	35	2	4	-	-	-	1
Weißensee	3	38	1	1	-	1	-	-
Pankow	7	43	1	3	1	-	1	1
Marzahn	4	34	1	3	-	-	-	-
Hohenschönhausen	3	35	1	2	-	-	-	-
Hellersdorf	5	33	3	1	1	-	-	-
Standesamt I	15	43	3	3	-	3	4	2
Berlin insgesamt	71	38	19	27	4	7	6	8

Personalstatistik der Standesämter, 1988.

der örtlichen Räte“ weiterzuentwickeln, „die jederzeit fähig und in der Lage sind, die ihnen übertragenen staatlichen Aufgaben initiativreich zu erfüllen“.[346] Der Magistratsbeschluss war sowohl mit einem Bericht als auch mit einem Programm verbunden. Man sah beispielsweise regelmäßige Qualifizierungen der Mitarbeiter der Standesämter vor. In „Kaderprogrammen und -jahresplänen wurden die erforderlichen Maßnahmen zur Gewinnung geeigneter Reserve- und Nachwuchskader sowie deren Qualifizierung“ festgelegt und entsprechend umgesetzt.[347] So beschäftigte ein Fachlehrgang für die vorbereitenden Gespräche und die Eheschließungsansprachen als Lehrkräfte Familienrechtler, Psychologen, Sprecherzieher, Modegestalter und Kosmetiker, wobei die Ausbildung in Sprecherziehung und Rhetorik in Zusammenarbeit mit der Hochschule für Schauspielkunst erfolgte. Die Verwaltung öffnete sich hin zu Kooperationspartnern außerhalb des unmittelbaren Staatsapparates. Ab 1986 unterstützte so die Humboldt-Universität zu Berlin/Sektion Rechtswissenschaft, Bereich Zivil- und Familienrecht, die Abteilung Innere Angelegenheiten des Magistrats hinsichtlich einer Untersuchung „aller familienpolitischen Seiten, die mit der Eheschließung und Namensführung zusammenhängen.“ Die Abteilung interessierten Aspekte, „die die Vorbereitung und Durchführung der Eheschließung, insbesondere die Eheansprachen und die Traditionspflege aus Anlass der Eheschließung betreffen.“ Im Rahmen von Praktika im Bereich Verwaltungsrecht waren Studenten dann in den Standesämtern der Stadtbezirke eingesetzt.[348]

Die Dokumente vom September 1986 aufgreifend zog der Magistrat auf seiner Sitzung vom 15. November 1988 Bilanz und beschloss im Umlaufverfahren während der Sitzung „Schlussfolgerungen zur Information über die Situation und Arbeitsweise der Standesämter und den Stand der Durchsetzung des Programms zur weiteren Entwicklung des Personenstandswesens in der Hauptstadt der DDR, Berlin, im Zeitraum von 1986 bis 1990“.[349] Wie schon 1986 wurde erneut postuliert: „Der Schutz des Personenstandes der Bürger ist durch die gesetzlich richtige Beurkundungstätigkeit der Standesämter gewährleistet.“

346 Beschluss Nr. 400 „Einschätzung des Standes der Durchsetzung des Magistratsbeschlusses Nr. 272/83 ‚Maßnahmen zur Erhöhung der Effektivität der Arbeit des Standesamtes I und der Standesämter der Stadtbezirke“ und Festlegung der Aufgaben bis 1990’ vom 08.09.1986. In: LAB, C Rep. 100-05, Nr. 2032.

347 Die Leiterinnen und Leiter der Standesämter hatten zu dieser Zeit in der Regel ein mehrjähriges Studium an der Fachschule für Staatswissenschaft „Edwin Hoernle“ in Weimar absolviert und wurden dann mit der Berufsbezeichnung „Staatswissenschaftler“ im Bereich der örtlichen Staatsorgane beschäftigt. Die fachliche Qualifizierung der Mitarbeiter in den Standesämtern erfolgte in mehrmonatigen „Lehrgängen Personenstandswesen“ an der Betriebsakademie des Magistrats.

348 Vgl. Praktikumsauftrag Familienrecht. In: LAB, C Rep. 104, Nr. 2307.

349 Beschluss 523/88 der Magistratssitzung vom 15.11.1988. In: LAB, C Rep. 100-05, Nr. 2130.

4.2.2 *Einführung der elektronischen Datenverarbeitung (EDV) im Personenstandswesen*

Der „gezielten Nutzung der elektronischen Rechentechnik zur effektiven Organisation der Produktion und der Verwaltungsarbeiten“, einer Forderung des X. SED-Parteitages von April 1981, sollte auch im Personenstandswesen Rechnung getragen werden.

Mit dem Personenstandsgesetz von Dezember 1981 bestand eine rechtliche Grundlage für den Aufbau einer zentralen Personendatenbank der DDR. Dafür wurden zunächst entsprechende Datenerfassungsbelege, die für eine Personenstandsbeurkundung oder für eine Personenstandsänderung relevant waren, durch die Standesämter bzw. Urkundenstellen erfasst und zentral dem Ministerium des Innern der DDR, Zentralstelle für Datenverarbeitung – Datenerfassungsstelle –, übermittelt: Die „Ordnung über das Verfahren in Personenstandsangelegenheiten und zu Fragen der Staatsbürgerschaft (vom 12.04.1976) in der Fassung vom 23. März 1982“ beschrieb das entsprechende Verfahren. In der 1. Durchführungs-Anweisung zur Ordnung 110/76 des Ministeriums des Innern und Chefs der Deutschen Volkspolizei (vom 12. April 1976) vom 08. März 1983 wurden dann die Grundsätze zur Einführung der elektronischen Datenverarbeitung im Personenstandswesen unter Nutzung der Personendatenbank der DDR genau festgelegt. Eine „Erfassungsvorschrift für die Aufzeichnung von Personenstandsfällen auf Datenerfassungsbelegen“ vom 01. März 1983 ergänzte diese Verwaltungsvorschrift.[350]

Mit seinem Beschluss Nr. 272/83 hatte der Magistrat am 25. Mai 1983 festgelegt, zum 01. Januar 1984 schrittweise die EDV in den Standesämtern der Bezirke einzuführen. In diesem Zusammenhang wurden in den Standesämtern Berlin-Pankow und Berlin-Friedrichshain sowie im Kreis Oranienburg Tests zu allen möglichen den Personenstand betreffenden Fällen (Geburten, Eheschließungen, Sterbefälle) durchgeführt. Die Tests ergaben u. a., dass sich eine Papiereinsparung von jährlich 60.000 Blatt allein in der DDR-Hauptstadt ergeben könnte.[351]

Untermauert wurde das fachlich ehrgeizige Vorhaben, innerhalb eines guten halben Jahres in sämtlichen Berliner Stadtbezirken mit EDV zu arbeiten, mit ideologischen Argumenten: „Durch den sich ständig verschärfenden Klassenkampf auf internationaler Ebene ergeben sich neue Maßstäbe bei der Gewährleistung von Ordnung und Sicherheit unter allen Lagebedingungen [...] Die Bereiche Inneres haben im Zusammenwirken mit den Sicherheitsorganen und den Fachorga-

350 „Handbuch für Inneres“ der örtlichen Räte 1967–1989, Abschnitt L Personenstandsrecht und Staatsbürgerschaftsrecht.

351 Vgl. Begründung zum Magistratsbeschluss 272/83 „Maßnahmen zur Erhöhung der Effektivität der Arbeit des Standesamtes I und der Standesämter der Stadtbezirke“. In: LAB, C Rep. 100-05, Nr. 1922.

nen des Magistrats dabei folgende Aufgaben zu lösen: [...] Einführung der elektronischen Datenverarbeitung im Rahmen des Einwohnerdatenspeichers, des Personenstandswesens und des Liegenschaftsdienstes."[352]

Erste konkrete Anforderungen an Technik und Personal ergaben sich 1984 mit der Einführung des Klarsichtschreibsystems für standesamtliche Mitteilungen. Anlass bot das neue „Mitteilungsverfahren zu Personenstandsänderungen bei Geburten und zur Beurkundung von Sterbefällen" – es bedeutete konkret die Anwendung des EDV-Verfahrens für immerhin 80% aller im Geburtenbuch beigeschriebenen Randvermerke.

Zur Datenerfassung selbst wurden Klarschriftdrucker des VEB Robotron und carbonbeschichtete Plastikbänder verwendet; die Ausrüstung der Standesämter und Urkundenstellen erfolgte durch Organe der Deutschen Volkspolizei.

Entsprechende Qualifizierungsmaßnahmen sollten die nötige Beherrschung des Aufzeichnungs- und Löschungsverfahrens durch die Mitarbeiter absichern. Allerdings gab es Probleme bei der zeitnahen Erfassung und der regelmäßigen Übergabe der Unterlagen zur Datenerfassungsstelle; z. T. konnten wochenlang keine Datenaufzeichnungen erfolgen. Diese Rückstände seitens der Standesämter waren v. a. auf mangelnde personelle Kapazitäten zurückzuführen.[353]

Kann davon ausgegangen werden, dass im Laufe des Jahres 1984 in der übrigen DDR ein Großteil der Beurkundung von Personenstandsfällen durch die Datenaufzeichnung des Zentralen Einwohnerdatenspeichers EDV-gestützt erfolgt ist, war die Umstellung auf diese EDV-Anwendung für die Beurkundung von Geburten, Sterbefällen und Eheschließungen und andere Personenstandsveränderungen in den Standesämtern der Hauptstadt Berlin erst zum 01. Januar 1986 komplett abgeschlossen.[354]

Im DDR-Maßstab nahmen die Berliner Standesämter Ende 1988 eine Spitzenposition bei der Aufzeichnung der Personenstandsfälle zur elektronischen Datenverarbeitung ein. Ein monatlicher Leistungsvergleich zwischen den Standesämtern ergab eine durchschnittliche Mitarbeiterfehlerquote von nur 1,19%.[355]

Das Arbeiten mit Rechentechnik war innerhalb eines Jahrzehnts bei der Bearbeitung von Vorgängen im Personenstandswesen unverzichtbar geworden.

4.2.3 „Ein Schritt vom ich zum wir" – Feiern sozialistischen Inhalts für Neugeborene, Eheleute und Verstorbene

Die Aufgabe der „Entwicklung neuer Formen des sozialistischen Gemeinschaftslebens" hat Ende der 1950er Jahre für die mit den Angelegenheiten des Personenstandswesens betrauten Fachorgane in der DDR ein neues, prägendes Arbeitsfeld begründet, das weit über die Beurkundung und Dokumentation von Personenstandsfällen hinausging. Dabei nahmen die sogenannten „Feiern sozialistischen Inhalts" – Namensweihen, Betriebseheschließungen und sozialistische Bestattungen – eine besondere Position ein. In Berlin wurden derartige Feiern seit 1959 durchgeführt.[356]

Schulungen für die Mitarbeiterinnen und Mitarbeiter im Personenstandswesen sollten eine einheitliche und politisch korrekte Durchführung der Feiern gewährleisten. Das MdI der DDR organisierte z. B. im März 1960 einen mehrtägigen Lehrgang, an dem auch die Leiter der Berliner Standesämter teilnahmen. Unter Bezug auf das „8. und 9. Gebot der sozialistischen Ethik und Moral"[357] – „8. Du sollst Deine Kinder im Geiste des Friedens und des Sozialismus zu allseitig gebildeten, charakterfesten und körperlich gestählten Menschen erziehen. 9. Du sollst sauber und anständig leben und Deine Familie achten." – wurden Umsetzung und Ansprüche dieser Feiern referiert und besprochen. Die zeremoniellen „sozialistischen" Veranstaltungen für Neugeborene, Eheleute und Verstorbene sollten bewusst auf die Gestaltungsmerkmale kirchlicher Zeremonien verzichten. Sie referenzierten auch nicht auf die entsprechenden weltlichen Traditionen der Freidenkerbewegung, sondern waren der Versuch, der Bevölkerung in der DDR eigene, „sozialistische"

352 Vgl. Beschluss des Magistrats Nr. 544/83 vom 10.11.1983 „über Ergebnisse und Erfahrungen bei der Durchführung des Kaderjahresplanes 1983 im Fachorgan des Magistrats für Inneres und des Beschlusses des Magistrats 501/82 ‚Maßnahmen zur kadermäßigen Stärkung des Bereiches Inneres der Räte der Stadtbezirke'". In: LAB, C Rep. 104, Nr. 874.

353 Vgl. Sachstandsbericht der Abt. Innere Angelegenheiten des Magistrats an den Stellvertreter des Oberbürgermeisters für Inneres vom 04.10.1984. In: LAB, C Rep. 104, Nr. 2128.

354 Vgl. Einschätzung des Standes der Durchsetzung des Magistratsbeschlusses Nr. 272/83 vom 25.05.1983 „Maßnahmen zur Erhöhung der Effektivität der Arbeit des Standesamtes I und der Standesämter der Stadtbezirke und Festlegung der Aufgaben bis 1990". In: LAB, C Rep. 100-05, Nr. 2032; Information zum Stand der Erfüllung der Aufgaben im Personenstandswesen, vom Magistrat von Berlin, Abteilung Innere Angelegenheiten an den Leiter der Hauptabteilung Innere Angelegenheiten im Ministerium des Innern der DDR vom 04.03.1987. In: LAB, C Rep. 104, Nr. 2302.

355 Vgl. Information zum Beschluss 523/88 der Magistratssitzung vom 15.11.1988. In: LAB, C Rep. 100-05, Nr. 2130.

356 Vgl. Erfahrungsbericht an den Leiter des Standesamtes Ulan-Bator, Mongolei, vom 06.10.1964. In: LAB, C Rep. 104, Nr. 2303. Auf die Sozialistische Jugendweihe, die in der DDR seit 1955 praktizierte festliche Initiation zum Übergang vom Jugend- ins Erwachsenenalter, wird hier nicht eingegangen, da sie keinen personenstandsrechtlichen Bezug aufweist.

357 Die Zehn Gebote der sozialistischen Moral und Ethik (Zehn Gebote für den neuen sozialistischen Menschen) wurden auf dem V. Parteitag der SED (10.–16. Juli 1958) verkündet. Sie fassten die die politischen Pflichten jedes DDR-Bürgers zusammen, wurden vom VI. SED-Parteitag 1963 in das Parteiprogramm der SED aufgenommen und standen bis 1976 darin. Vgl: https://de.wikipedia.org/wiki/Zehn_Gebote_der_sozialistischen_Moral_und_Ethik. Abruf 05.06.2023.

VEB (K) TECHNISCHER DIENST
ABT. AKUSTIK

ERFURT, im Juni 1959
Bahnhofstraße 1
Telefon 59464 u. 22056

An alle
Räte der Städte und Gemeinden
Abteilung Kultur oder
Personenstandswesen

Betr.: Musik von Tonband für Feierstunden

Auf Anregung von Räten verschiedener Städte und Gemeinden haben wir ein Tonband mit musikalischen Darbietungen zusammengestellt, die für

Feierstunden, sozialistische Trauungen, Namensgebungen usw.

geeignet sind. Die Tonaufnahme machte das Studio des VEB Deutsche Schallplatten, Berlin, so daß für eine gute klangliche Wiedergabe jede Gewähr gegeben ist.

Die Laufzeit des Tonbandes beträgt 43 Minuten; es ist bei einer Geschwindigkeit von 19 cm/s einspurig auf ein Langspielband geschnitten. Das Tonband kann, wenn gewünscht, auch in anderen Bandgeschwindigkeiten gefertigt werden.

Bei Bestellung des angebotenen Tonbandes empfehlen wir, von der Möglichkeit des Neubespielens gebrauchter Tonbänder wegen Beeinträchtigung der Wiedergabequalität abzusehen.

Das Programm finden Sie umseitig.

Um Ihnen das Auffinden bestimmter Musikstücke auf dem Tonband zu erleichtern, fügen wir auf besonderen Wunsch farbige Bandstreifen ein.

Die umseitigen Lieferbedingungen und Hinweise gelten auch für die übrigen von uns gefertigten lizenzierten Tonbänder, deren Programme wir Ihnen gern zusenden. Sie beinhalten

Arbeiter- und Kampflieder
Märsche
klassische Musik
Operettenmusik
Tanz- und Unterhaltungsmusik.

Monatlich erscheint u.a. ein Tonband mit den neuesten Tanz- und Unterhaltungsmelodien mit einer Spieldauer von einer Stunde.

Weitere Auskünfte erteilen wir Ihnen gern.

Mit sozialistischem Gruß

VEB (K) Technischer Dienst
Erfurt

Schreiben des VEB (K) Technischer Dienst zu „Musik von Tonband für Feierstunden", Juni 1959.

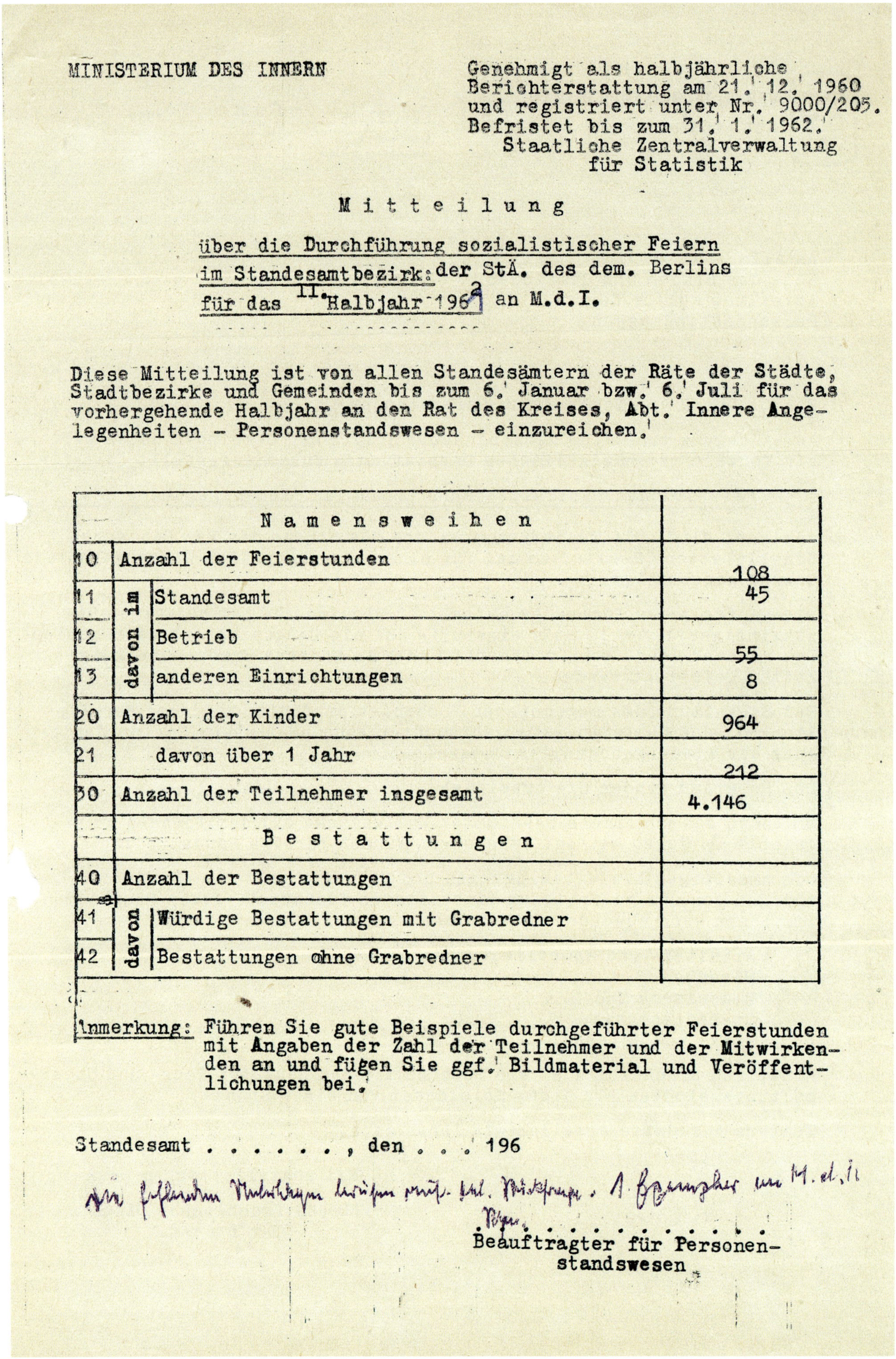

MINISTERIUM DES INNERN

Genehmigt als halbjährliche Berichterstattung am 21. 12. 1960 und registriert unter Nr. 9000/205. Befristet bis zum 31. 1. 1962.
Staatliche Zentralverwaltung für Statistik

M i t t e i l u n g

über die Durchführung sozialistischer Feiern
im Standesamtbezirk: der StÄ. des dem. Berlins
für das II. Halbjahr 1962 an M.d.I.

Diese Mitteilung ist von allen Standesämtern der Räte der Städte, Stadtbezirke und Gemeinden bis zum 6. Januar bzw. 6. Juli für das vorhergehende Halbjahr an den Rat des Kreises, Abt. Innere Angelegenheiten – Personenstandswesen – einzureichen.

		N a m e n s w e i h e n	
10		Anzahl der Feierstunden	108
11	davon im	Standesamt	45
12		Betrieb	55
13		anderen Einrichtungen	8
20		Anzahl der Kinder	964
21		davon über 1 Jahr	212
30		Anzahl der Teilnehmer insgesamt	4.146
		B e s t a t t u n g e n	
40		Anzahl der Bestattungen	
41	davon	Würdige Bestattungen mit Grabredner	
42		Bestattungen ohne Grabredner	

Anmerkung: Führen Sie gute Beispiele durchgeführter Feierstunden mit Angaben der Zahl der Teilnehmer und der Mitwirkenden an und fügen Sie ggf. Bildmaterial und Veröffentlichungen bei.

Standesamt . . . . . . , den . . . 196

[illegible] 1. Exemplar an M.d.I.

. . . .
Beauftragter für Personenstandswesen

Statistischer Bericht der Berliner Standesämter für das II. Halbjahr 1962 zu stattgefundenen Feiern zur Namensweihe.

Alternativen zu bieten. Zur Gestaltung solcher Feiern wurde empfohlen: „Die Ansprachen dürfen nicht den Eindruck einer parteipolitischen Schulungsrede hinterlassen. Die Sprecher der Betriebe sollen auf die persönliche Leistung der Eheschließenden bzw. der Verstorbenen hinweisen und diese würdigen. Überspitzungen, die zur Bereitwilligkeit aus materiellem Anreiz führen, sind zu vermeiden."

Im Mai 1961 wurde dann zwischen dem Ministerium des Innern der DDR, dem Nationalrat der Nationalen Front des Demokratischen Deutschland (NF), dem Freien Deutschen Gewerkschaftsbund (FDGB) und dem Demokratischen Frauenbund Deutschlands (DFD) eine „Vereinbarung über die Durchführung sozialistischer Namensweihen und Eheschließungen" abgeschlossen. Habjährlich waren statistische Berichte an das MdI der DDR zu senden.

Dem Personenstandswesen bzw. den Abteilungen Inneres oblagen z. B. Druck und Versand von Glückwunschkarten sowie die Ausgestaltung der Feierstunden und Klubräume.[358] Im Januar 1962 berichtete der Leiter des Berliner Referates: „Im Referat Personenstandswesen liegt der Schwerpunkt in der Organisierung einer breiten Bewegung für die politisch richtige Durchführung sozialistischer Feiern anlässlich Geburt, Eheschließung oder Tod. Diese sozialistischen Feiern müssen so gestaltet werden, dass sie weit besser als bisher zur Festigung des Gemeinschaftsgedankens beitragen und ihr sozialistischer Charakter immer stärker zum Ausdruck kommt." Im November 1962 musste allerdings eingeschätzt werden: „[...] dass die Zahl der sozialistischen Eheschließungen und auch der Namensweihen 1960 ihren Höhepunkt erreicht haben. Ab 1961 ist eine rückwärtige Tendenz zu verzeichnen. Bisher war der Hauptträger dieser Feiern der Staatsappa rat. Jetzt wurde [...] begonnen, [...] die Durchführung auf breitere Schultern zu verteilen."[359]

Doch trotz aller Bemühungen gelang die Kooperation bei den sozialistischen Feiern mit den anderen Beteiligten – Nationale Front, DFD, FDJ s– nicht auf dem von den Standesämtern gewünschten Niveau. Die mehrfach beklagte Zurückhaltung beim Engagement der Funktionäre in den Betrieben vor Ort hatte seine Ursache in der geringen Akzeptanz dieser öffentlichen Feiern: „Die meisten Bürger lehnen eine sozialistische Feier in ihrem Betrieb aus folgenden Gründen ab: Sie wollen nicht im Mittelpunkt des Betriebes stehen, sie wünschen kein Aufsehen, es handele sich um eine rein private Angelegenheit, mit der die Betriebe nichts zu tun haben ..." An anderer Stelle wird zugegeben: „Es ist uns unverständlich, dass es uns trotz aller Bemühungen und der vielen Kleinarbeit nicht gelungen ist, diese Feiern auf breiterer Basis einzuführen. Oft schlugen schon die Vorbereitungen fehl. Gut angelegte Foren waren trotz umfangreicher Werbung meist schlecht und einmal sogar gar nicht besucht [...] Bei den Betriebsfunktionären bestehen über die sozialistischen Feiern – trotz aller Aufklärung von unserer Seite – oft Vorstellungen, die das Zustandekommen hemmen [...] Die Hauptursache für die Betriebe ist wohl der mit der Vorbereitung und Durchführung verbundene Produktionsausfall."[360]

Neben diesen prinzipiellen Vorbehalten gegenüber den Feiern werden auch die Unklarheiten hinsichtlich der finanziellen Zuständigkeit für die sozialistischen Feiern zwischen Staatsapparat und Wirtschaft ihren Beitrag zu den Problemen geleistet haben: Immerhin hatten sowohl das Innen- als auch das Finanzministerium der DDR bereits im März 1962 den örtlichen Räten untersagt, „für die Finanzierung sozialistischer Feiern aus Anlass von Geburten, Eheschließungen und Tod in den Haushalten der örtlichen Organe Mittel zu planen." Dies führte in der Praxis dazu, dass interessierte „Bürger ständig ohne Erfolg vom Betrieb zu den Räten der Stadtbezirke hin- und her verwiesen" wurden, wenn sie sich denn für eine Feier sozialistischen Inhalts entschieden hatten.

4.2.3.1 Sozialistische Feiern zur Namensgebung oder Namensweihe Neugeborener

In Berlin war das Standesamt Friedrichshain vorgeprescht und hatte damit begonnen, sozialistische Feiern zu Namensgebungen durchzuführen.[361] Man hatte sich dort sogar entschlossen, Kinder bis zum 2. Lebensjahr für diese Feiern anzunehmen. Das stieß nicht bei allen Berliner Amtskollegen auf Zustimmung und man forderte auf einer Beratung der Leiter sämtlicher Standesämter am 23. Juni 1958 vom „Staatsapparat [...], klare Unterlagen zu erarbeiten". Debattiert wurden Raumfragen und kulturelle Beiträge, sowie die politische Bedeutung der Feiern zur Namensgebung. „Zur Popularisierung der Durchführung von Namensgebungen ist beabsichtigt, Werbeschriften in Mütterberatungsstellen, Entbindungsanstalten, Säuglingsfürsorgen usw. auszugeben." Man einigte sich, dass zwei Geburtsurkunden auszufertigen waren, eine davon in repräsentativer Form, die dann in der Feierstunde zur Namensgebung den Eltern übergeben werden sollte. Die Namensgebung und die dazu gehörige Feier sollten in den ersten vier Wochen nach der Geburt erfolgen. Eltern, die sich innerhalb dieser Frist entschlossen, keine derartige feierliche Namensgebung zu wünschen, erhielten die Geburtsurkunde ihres Kindes postalisch

358 Vgl. LAB, C Rep. 104, Nr. 2303.

359 Vgl. Bericht des Referates Personenstandswesen über die Entwicklung in der Zeit des V. Parteitages 1958 bis 1962. In: LAB, C Rep. 104, Nr. 1786.

360 Vgl. dazu: Erfahrungsberichte der Standesämter und des Referates Personenstandswesen beim Magistrat von 1964–1968. In: LAB, C Rep. 104, Nr. 2303.

361 Im Bemühen um die Herausbildung eigener Traditionen sollten Veranstaltungen zur „Namensgebung" stattfinden. Den Begriff „Kindesweihe" – wohl in Anlehnung an die praktizierte „Jugendweihe" zeitweise verwendet – wollte man später nicht mehr benutzen.

zugestellt. Im Ergebnis dieser Besprechung wurde außerdem festgelegt, flächendeckend erst mit den feierlichen Namensgebungen zu beginnen, wenn „seitens des Magistrats Anweisungen herausgegeben" wurden.[362]

Entsprechende Überlegungen führten rasch zu einem Rückzug der Standesämter als Ausrichter solcher Feiern; stattdessen sah man Betriebe und gesellschaftliche Organisationen in der Pflicht: 1959 wurde in Berlin für alle Standesämter der Räte der Stadtbezirke festgelegt, „künftig keine Feier mehr anlässlich der Namensweihe Neugeborener in den Räumen der Standesämter und in eigener Verantwortung durchzuführen" und Eltern, die sich wegen der Durchführung an die Standesämter wenden, an die Betriebe zu verweisen. Die staatliche Verwaltung argumentierte gegenüber den Betrieben mit der Mitwirkungspflicht bei der „ideologischen Erziehung unserer Werktätigen zu bewussten Bürgern unseres Staates [...] Mit der sozialistischen Namensweihe haben die Eltern die Möglichkeit, die Geburt ihres Kindes festlich zu begehen, und zwar im Kreise der Menschen, mit denen sie täglich die Aufgaben zur Festlegung und Stärkung unseres Staates meistern [...] Darüber hinaus verpflichten sich die Eltern anlässlich der sozialistischen Feiern der Namensweihe, ihre Kinder im Geiste des Sozialismus und der Völkerverständigung zu erziehen."[363] Die Betriebe sollten ansprechende Erinnerungsblätter unterzeichnen und aushändigen. „Es soll vermieden werden, den Eindruck zu erwecken, dass der Staatsapparat mitwirkt. Es sollen keine Unterlagen geschaffen werden (Aktenvorgänge). Von Interesse ist letzten Endes nur die Anzahl der erfassten Kinder (je Kind 1 Strich, nicht mehr). Im Falle des Verlustes des Erinnerungsblattes gibt es keinen Ersatz (Zweitschrift) [...] Im Standesamt darf es nicht heißen ‚Anmeldungen zur Namensweihe', sondern lediglich ‚Auskünfte über Namensweihe' [...] Gedruckte Glückwünsche und Einladungen dürfen nicht mit Firmierungen wie z. B. ‚Rat des [...]' versehen sein."[364]

Trotz entsprechender Propaganda und kontinuierlicher Anleitung durch die Standesämter entzog sich die Mehrzahl der Betriebe – u. a. 1961 der VEB Funkwerk Köpenick – der „gesellschaftlichen Aufgabe", sozialistische Feiern aus Anlass der Namensweihe durchzuführen.[365] In einzelnen Fällen kam es zu Beschwerden aus der Bevölkerung, wenn Eltern diese Feiern für ihre Kinder wünschten, jedoch keine entsprechende Veranstaltung organisiert wurde. Hier sollte Abhilfe geschaffen werden: „Große Bedeutung kommt dabei der Tätigkeit der Gewerkschaften und der Frauenausschüsse in den Betrieben zu. Die Kinder unserer Bürger werden durch die Geburt Glieder unserer Gesellschaft. Durch die Namensweihe ist der besondere Anlass geschaffen, sie in einer zu diesem Zweck würdig ausgestalteten Feierstunde in unsere sozialistische Gesellschaft einzuführen. Mit den Namensweihen wird das gesellschaftliche Hauptanliegen zum Ausdruck gebracht, die Kinder im Geiste des Sozialismus zu allseitig gebildeten, charakterfesten und körperlich gestählten Menschen zu erziehen."[366]

Unermüdlich wurde versucht, die Etablierung von Namensweihe-Feiern zu unterstützen: Glückwunschschreiben wurden entwickelt, die den Eltern Neugeborener überreicht wurden; Absender waren entweder die Nationale Front, der Bezirksbürgermeister oder der Demokratische Frauenbund Deutschlands (DFD). In den Mütterberatungsstellen gab es eine Sichtwerbung mit Informationen; Freundinnen der DFD-Gruppen suchten Eltern zuhause auf und gewannen sie für die Namensweihe. Die Feiern selbst fanden außer in den Betrieben sogar auch in den Wohngebieten, in den Kreiskulturhäusern (Treptow, Pankow), den Klubs der Nationalen Front (Prenzlauer Berg) oder in Jugendklubs statt; in Berlin-Weißensee auch direkt in Kinderkrippen, nachdem dort das Standesamt in der Elternberatung darauf hingewiesen hatte. In einigen Stadtbezirken wurden die Feiern in den Kulturplan des Bezirksamtes aufgenommen (Weißensee, Prenzlauer Berg).[367]

Eine Folge des Rückzugs des Staates aus der direkten Durchführung entsprechender Feiern war allerdings, dass die Standesämter der Räte der Stadtbezirke keinen genauen Überblick mehr über Anzahl und Teilnehmer dieser Namensweihen hatten.[368] Den Mitarbeitern des Standesamts Berlin-Mitte gelang 1963 beispielsweise die bemerkenswerte Bilanz, dass von 95 angesprochenen Betrieben immerhin 52 Betriebe sozialistische Feiern aus Anlass der Namensweihe mit 579 Kindern durchführten. Dieses als Erfolg gewertete Ergebnis sollte nun auf alle übrigen Stadtbezirke übertragen werden.[369] Allerdings war an anderer Stelle 1961 eingeräumt worden, dass bei „im demokratischen Berlin beurkundeten 4521 Kindern nur 456 Kinder – somit nicht ganz 10% – durch die Feier der Namensweihe erfasst" wurden.[370] 1967 konstatierte der Leiter des Standesamtes Friedrichshain: „Auffallend ist jedoch der weitere Rückgang der in Namensweihefeiern erfassten Kinder [...] Da es sich um eine allgemeine Erscheinung in allen

362 Vgl. Protokoll über die durchgeführte Arbeitsbesprechung mit den Leitern der Standesämter am 23.06.1958. In: LAB, C Rep. 104, Nr. 183.

363 Vgl. LAB, C Rep. 104, Nr. 2303.

364 Vgl. Bericht über den vom MdI in der Zeit vom 15.–17.03.1960 in Bad Saarow durchgeführten Personenstandslehrgang und Erfahrungsaustausch der Bezirke Groß-Berlin, Potsdam und Neubrandenburg. In: LAB, C Rep. 104, Nr. 4.

365 Vgl. Quartalsbericht II/61 des Referates Personenstandswesen. In: LAB, C Rep. 104, Nr. 1786.

366 Reaktion des Bereiches Personenstandswesen des Magistrats von Groß-Berlin vom 23.03.1965 auf eine Leserzuschrift an die Berliner Zeitung. In: LAB, C Rep. 104, Nr. 1780.

367 Vgl. Stand der Erfüllung des Arbeitsplanes für das 1. Halbjahr 1963 des Bereiches Personenstandswesen. In: LAB, C Rep. 104, Nr. 1786.

368 Vgl. dazu: Erfahrungsberichte der Standesämter und des Referates Personenstandswesen beim Magistrat von 1964–1968. In: LAB, C Rep. 104, Nr. 2303.

369 Vgl. Einschätzung zum 15. Jahrestag [der DDR], vom 14.09.1964. In: LAB, C Rep. 104, Nr. 1786.

370 Vgl. Quartalsbericht II/61 des Referates Personenstandswesen. In: LAB, C Rep. 104, Nr. 1786.

Standesamt Berlin-Friedrichshain

1034 Berlin - Warschauer Straße 39-40

Telefon: 58 08 11, App. 349

Namensweihe in Betrieben

Die Leistungen der Werktätigen durch Arbeitsproduktivität zu heben, hängt in erster Linie von deren Einstellung zu unserm gesellschaftlichen Leben ab. Andererseits wirken neue gesellschaftliche Verhältnisse zurück auf das Bewußtsein der Mitarbeiter.

Ein Mittel, unser verändertes gesellschaftliches Leben zum Ausdruck zu bringen, sind u. a. sozialistische Feiern anläßlich der Geburt eines Kindes.

Jährlich e i n e Namensweihefeier für alle Kleinkinder der Betriebsangehörigen sollte zum festen Bestandteil der kulturellen Arbeit der Betriebsleitung, der BGL, BPO und der FdJ-Leitung werden.

Als Termin ist empfehlenswert der Vorabend bzw. Sonnabend vor dem:

8. März — Internationaler Frauentag,
1. Mai — Internationaler Kampf- und Feiertag,
8. Mai — Tag der Befreiung,
1. Juni — Internationaler Kindertag,
7. Oktober — Gründung der Deutschen Demokratischen Republik

oder andere Gedenktage der Arbeiterklasse, des Betriebes oder der Brigade.

Über nähere Einzelheiten werden die Mitarbeiter des Standesamts die Kulturfunktionäre gern beraten.

Informationsblatt des Standesamtes Berlin-Friedrichshain zur „Namensweihe in den Betrieben“, 1964.

Bezirken der DDR handelt, ist die Klärung aller sich daraus ergebenden Fragen vom MdI eingeleitet worden. Die Entscheidung – vor allem über die Frage des Trägers dieser Feiern und der Verantwortlichkeit – ist abzuwarten."[371]

Ungeachtet der Vehemenz, mit der staatliche Stellen, gesellschaftliche Organisationen und einige Elternpaare entsprechende Feiern forderten, haben sie sich nicht als Tradition etablieren können.

Schon in den 1970er Jahren fanden diese Veranstaltungen immer weniger Anhänger; 1981 wurde einem anfragenden Ehepaar, das beim VEB Kombinat Berliner Verkehrsbetriebe angestellt war, seitens des Magistrats mitgeteilt, „dass – wie allgemein üblich – seit Jahren in Ihrem Kombinat keine Namensweihen mehr durchgeführt werden und auch nicht beabsichtigt sind."[372]

4.2.3.2 Betriebseheschließung oder Sozialistische Eheschließung

Die Eheschließung war – im Gegensatz zur Namensweihe – eine gesetzlich festgelegte staatliche Aufgabe, die den Standesämtern übertragen war. Arbeitsgrundlage bot in dieser Zeit die „Verordnung über Eheschließung und Eheauflösung der DDR" vom 24. November 1955. In ihrer Präambel hieß es: In der DDR „ist die Ehe eine für das Leben geschlossene Gemeinschaft zwischen Mann und Frau, die, gegründet auf Gleichberechtigung, gegenseitige Liebe und Achtung, der gemeinsamen Entwicklung der Ehegatten und der Erziehung der Kinder im Geiste der Demokratie, des Sozialismus, des Patriotismus und der Völkerfreundschaft dient. Ehe und Familie stehen unter dem besonderen Schutz der Verfassung. Die Arbeiter- und Bauernmacht in der DDR schützt und festigt die Entwicklung einer gesunden Ehe und Familie. Ein leichtfertiges Verhalten zur Ehe widerspricht den moralischen Anschauungen der Werktätigen."

Den Standesämtern oblag gemäß diesen Vorgaben neben der traditionellen Aufgabe der Eheschließung – „§ 2 (1) Die Ehe wird dadurch geschlossen, dass die künftigen Eheleute gegenüber dem Beauftragten für das Personenstandswesen erklären, dass sie die Ehe miteinander eingehen wollen, und dieser daraufhin in ihrer Gegenwart die Eheschließung in das Ehebuch einträgt." – auch die maßgebliche Mitwirkung an der Umsetzung der Neuregelungen.

Das ein Jahr später verabschiedete Personenstandsgesetz vom 16. November 1956 griff entsprechende Bezeichnungen und Formulierungen auf. Zur Eheschließung wurde in § 24 bestimmt: „(1) Die Eheschließung kann bei jedem Standesamt der Deutschen Demokratischen Republik oder des demokratischen Sektors von Groß-Berlin erfolgen. (2) Sie ist in einer würdigen Form vorzunehmen. Auf Wunsch der Eheschließenden können andere Personen der Eheschließungshandlung beiwohnen."[373]

In den folgenden Jahren wurde die Schaffung neuer, sozialistischer Traditionen bei Eheschließungen aufwändig propagiert. Seitens der Standesämter sollte dabei eng mit den Betrieben und den Massenorganisationen zusammengearbeitet werden. „Bei der Popularisierung der neuen Form der Eheschließungen ist die FDJ einzubeziehen und darauf hinzuweisen, dass die Statuten der FDJ ihre Mitglieder verpflichten, ihre Eheschließungen in feierlicher Form durchzuführen. Der Begriff der Betriebseheschließung ist nicht zu eng zu fassen. Sie muss nicht unbedingt im Betrieb durchgeführt werden. Sofern eine Betriebsdelegation anwesend ist und ein Vertreter des Betriebes spricht, kann die Eheschließung als sozialistische Betriebseheschließung bezeichnet werden. Der eigentliche Eheschließungsakt ist als Höhepunkt der Feier zu betrachten, er soll darum nach der Rede des Betriebssprechers durchgeführt werden. Als ehrenamtliche Beauftragte für die Durchführung von Betriebseheschließungen dürfen nur Mitarbeiter des Staatsapparates fungieren. Die Werbung von ehrenamtlichen Mitarbeitern liegt im Interesse der Standesämter, da sie in der weiteren Perspektive nicht in der Lage sein werden, alle anfallenden Betriebseheschließungen mit den vorhandenen Kräften durchzuführen. Ausdrücke wie ‚Sehr geehrter Herr, Braut, Bräutigam, Trauung' usw. müssen vermieden werden. Vorsicht ist auch bei der Wiedergabe von Zitaten angebracht."[374]

Die Zahl der sozialistischen Feiern anlässlich der Eheschließung lag 1961 allerdings bei nur rund 5 % aller vollzogenen Eheschließungen. Die Gründe lagen einerseits in fehlenden personellen Kapazitäten der Standesämter für auswärtige „operative Einsätze", andererseits war zu „verzeichnen, dass eine Anzahl der diesbezüglich angesprochenen Betriebe die Durchführung derartiger Feiern aus verschiedensten Gründen ablehnte. Zum Beispiel: Gefährdung der Planerfüllung insbesondere bei schon zu verzeichnender Planuntererfüllung. Das Vorliegen einer noch verhältnismäßig kurzen Betätigungszeit [...] Ein bestehendes Westberliner Arbeitsverhältnis des im demokratischen Sektor wohnhaften Partners. Die Tatsache, dass eine im Betrieb geschlossene Ehe schon wieder geschieden bzw. die Eheschließenden später RF [republikflüchtig, d. Verf.] geworden sind [...]" Man nahm sich „eine verstärkte Sichtwerbung in den Berliner Filmtheatern" vor, um mehr Eheschließende von einer sozialistischen Feier zu überzeugen.[375]

371 Vgl. Jahres-Arbeitsbericht 1966 des Standesamts Berlin-Friedrichshain vom 05. Januar 1967. In: LAB, C Rep. 104, Nr. 1786.

372 Vgl. LAB, C Rep. 104, Nr. 1780.

373 GBl. DDR I vom 29.11.1955, S. 849–851.

374 Vgl. Bericht über den vom MdI in der Zeit vom 15.–17.03.1960 in Bad Saarow durchgeführten Personenstandslehrgang und Erfahrungsaustausch der Bezirke Groß-Berlin, Potsdam und Neubrandenburg. In: LAB, C Rep. 104, Nr. 4.

375 Vgl. Quartalsbericht II/61 des Referates Personenstandswesen. In: LAB, C Rep. 104, Nr. 1786.

Standesamt Berlin-Friedrichshain

1034 Berlin - Warschauer Straße 39-40

Telefon: 58 08 11, App. 349

Sozialistische Eheschließung in Betrieben

Die Sozialistische Eheschließung im Betrieb ist eine Auszeichnung für den betreffenden Mitarbeiter.

Der Betrieb gestaltet die Eheschließung als Ausdruck der Verbundenheit zwischen Mitarbeiter und Betrieb unter Mitwirkung des Standesamts und Teilnahme von Vertretern der gesellschaftlichen Organisation zu einer Sozialistischen Feierstunde. An dieser Feierstunde sollen Brigademitglieder, FdJ-Freunde und andere Mitarbeiter, sowie die Familienangehörigen teilnehmen.

In der Festansprache des Betriebsleiters sollen die Leistungen, der Entwicklungsweg und die Perspektive des Mitarbeiters zum Ausdruck gebracht werden.

Die Feierstunde wird verschönt durch gute Musik, evtl. Gesang und Rezitation. Sie dauert etwa 1/2 Stunde. Es soll möglichst vielen – besonders jungen – Kollegen Gelegenheit gegeben werden, der Feierstunde beizuwohnen.

Nachstehend ein Vorschlag für die Vorbereitung und Durchführung solcher Feierstunden. Die Mitarbeiter des Standesamts werden gern die Kulturfunktionäre beraten.

Informationsblatt des Standesamtes Berlin-Friedrichshain zur „Sozialistischen Eheschließung in Betrieben", Mai 1964.

„Während die sozialistischen Eheschließungen in der Regel im Betrieb einer der Brautleute stattfinden, sollen auch solche Bürger, die in Klein- oder Handwerksbetrieben oder freiberuflich tätig sind, in geeigneten Klubräumen der Nationalen Front ihren Ehebund schließen. Die Raumgestaltung und kulturelle Umrahmung einschließlich der finanziellen Mittel liegen in den Händen der Betriebe und des Rates des Stadtbezirkes – Abteilung Inneres (Personenstandswesen).“[376]

Die Bemühungen um eine neue Feierkultur prägten in den Folgejahren die Anleitungen und Schulungen für die Standesämter. 1964 wurde gemahnt, die Eheansprachen enthielten noch „Redewendungen, die nicht dem Entwicklungsstand unserer Gesellschaft entsprechen“, weswegen die Ansprachen nach folgenden Merkmalen zu überarbeiten waren: „In den Ansprachen muss vom Wesen unserer neuen sozialistischen Gesellschaftsordnung, von der Bedeutung der Ehe und Familie sowie deren Entwicklung in der Gesellschaft ausgegangen werden und dabei die Rolle der sozialistischen Ethik und Moral, die persönliche Entwicklung der Eheschließenden gewürdigt werden. Es ist aber auch notwendig, Worte des Dankes an die Eltern der Eheschließenden auszusprechen.“[377]

Gründe für die schleppende Akzeptanz der sozialistischen Eheschließung in den Betrieben wurden seitens des Referates Personenstand darin gesehen:

- „Viele Bürger stehen noch auf dem Standpunkt, dass es sich bei ihrer Eheschließung um eine reine Privatangelegenheit handelt [...]
- Ein anderer Teil kann gewisse Hemmnisse nicht überwinden, nicht zuletzt gegenüber ihren älteren Angehörigen.
- Viele ziehen aus Tradition die Räume des Standesamtes [...] vor.
- Andere wünschen nicht im Mittelpunkt zu stehen und wollen in aller Stille die Ehe eingehen.
- Oft gehen politische Funktionäre, bei denen wir ein hohes gesellschaftliches Bewusstsein voraussetzen, der Sozialistischen Feier ihrer eigenen Eheschließung aus dem Wege, da sie außerhalb ihres Wohn- und Arbeitsortes die Ehe schließen.“[378]

Sah das Familiengesetzbuch der DDR vom 20. Dezember 1965 noch Eheschließungen außerhalb des Standesamts vor – „Die Eheschließung kann vor dem Leiter des Standesamtes auch außerhalb des Standesamtes im Kreise eines gesellschaftlichen Kollektivs vorgenommen werden.“ –, war das laut dem Gesetz zur Änderung des Personenstandsgesetzes vom 13. Oktober 1966[379] nicht mehr möglich. Es galt: „Die Eheschließung wird vom Leiter des Standesamtes vorgenommen; sie erfolgt in den Räumen des Standesamtes.“[380] Bisherige Formen der Durchführung der sozialistischen Eheschließung in Räumen außerhalb des Standesamts, z. B. im Kreise der Brigademitglieder, wurden damit gegenstandslos. Allerdings wurde den „Vertretern der Betriebe und gesellschaftlichen Organisationen, denen die Eheschließenden angehören, die Teilnahme an der Durchführung der Eheschließung im Standesamt“ eingeräumt.[381]

Für die Standesämter in der Hauptstadt der DDR bedeutete das, dass „die Bürger in allen Standesämtern Berlins, ausgenommen das Standesamt I von Groß-Berlin“, ihre Ehe schließen konnten. „[...] Den Mitarbeitern der Organe des Personenstandswesens [erwächst] mit der Vorbereitung und Durchführung der Eheschließung eine große Verantwortung – tragen sie doch mit ihren Mitteln zur allseitigen Entfaltung sozialistischer Persönlichkeiten bei.“[382] Die Leiter der Standesämter führten deswegen bei der Entgegennahme des Antrages auf Eheschließung persönliche Gespräche mit den Antragstellern, die „alle Erfordernisse auf die würdige Ausgestaltung der Eheschließung“ betrafen: Erläuterung des Ablaufs der Eheschließung, Abstimmung besonderer Wünsche, die geeignet sind, in der Eheschließungsansprache Berücksichtigung zu finden, Abstimmung der Musikwünsche bzw. Beratung zur musikalischen Gestaltung, Anzahl der teilnehmenden Gäste, Art und Weise des Ringwechsels, Zeitraum der Eheschließung sowie Erläuterung der Möglichkeit zur Teilnahme an sich entwickelnden Bräuchen und Traditionen im Zusammenhang mit der Eheschließung. Gerade das letztgenannte Anliegen rückte in den Mittelpunkt der Überlegungen. Die Leiter der Standesämter hatten sogar zu gewährleisten, dass auf Wunsch der Antragsteller deren Angehörige, Freunde und Arbeitskollegen an der Eheschließung teilnehmen können. Hinzu kam, dass Vertretern von gesellschaftlichen Organisationen, von Betrieben und Einrichtungen auf deren Wunsch die Möglichkeit einzuräumen war, den Eheschließenden die Grüße und Glückwünsche der Kollegen zu übermitteln und ihren für die geleistete Arbeit zu danken. Sie sollten außerdem durch Spalierbildung vor dem Standesamt die Eheschließenden würdigen können. Auf Wunsch der Eheschließenden konnten den Gästen nun auch Getränke angeboten werden und es konnte ein Fotograf zur Verfügung stehen. Die Antragsteller sollten auf die Möglichkeit hingewiesen werden, „den Brautstrauß am Tage der Eheschließung zum ehrenden Andenken derer, die ihr Leben im Kampf für die Befreiung der Arbeiterklasse und gegen den Faschismus eingesetzt haben, an

376 Vgl. LAB, C Rep. 104, Nr. 2303.

377 Vgl. Protokoll über die Beratung der Leiter der Standesämter vom 08.04.1964. In: LAB, C Rep. 104, Nr. 183.

378 Vgl. dazu: Erfahrungsberichte der Standesämter und des Referates Personenstandswesen beim Magistrat von 1964–1968. In: LAB, C Rep. 104, Nr. 2303.

379 GBl. DDR I Nr. 13, S. 87.

380 „Für Dich“, Nr. 13/1969, S. 20.

381 Vgl. Einschätzung über den gegenwärtigen Entwicklungsstand bei der Durchführung von sozialistischen Feiern anlässlich der Geburt und der Eheschließung, Magistrat von Berlin, Abteilung Innere Angelegenheiten – Personenstandswesen, vom 17.01.1968. In: LAB, C Rep. 104, Nr. 2303.

382 Ebenda.

Gedenkstätten in der Hauptstadt niederzulegen." Um diesen Brauch zu popularisieren, wurden von einigen Standesämtern Brautstraußniederlegungen organisiert und in der Presse veröffentlicht.

Sämtliche Überlegungen dazu gipfelten in der Erarbeitung einer „Richtlinie des Stellvertreters des Oberbürgermeisters für Inneres der Hauptstadt der DDR – Berlin – zur langfristigen Entwicklung und Förderung sozialistischer Traditionen und Bräuche aus Anlass der Eheschließung", die ab 1979 Anwendung fand.[383]

In Zusammenarbeit mit der Presse und mit den Massenorganisationen in der DDR wurde versucht, die neuen Formen der Eheschließung zu propagieren. Presseanfragen zu Leserbriefen in Personenstandsangelegenheiten wurden zentral vom Bereich Personenstandsangelegenheiten des Magistrats in Abstimmung mit der Presseabteilung beantwortet; Interviewwünsche mit Standesbeamten waren von der Zustimmung der vorgesetzten Abteilungsleiter abhängig. Inhaltlich falsche oder unabgesprochene Pressebeiträge wurden ausführlich ausgewertet; das Verhältnis zur Presse war kooperativ.[384] Ein Preisausschreiben der Gesellschaft für Deutsch-Sowjetische Freundschaft und der *Berliner Zeitung* ist allerdings seitens der Standesämter dahingehend manipuliert worden, „Paaren, die für würdig befunden werden", durch eine spezielle Kennzeichnung auf den Anträgen für die Eheschließung höhere Chancen auf einen Gewinn einzuräumen: „Auszuwählen sind junge Paare, die noch nicht verheiratet waren und vom Äußeren besonders ansehnlich und ansprechbar sind. Insbesondere ist die berufliche und gesellschaftliche Stellung der Paare zu berücksichtigen. Es ist unbedingt zu sichern, dass diese Hinweise streng vertraulich behandelt werden und nur den Mitarbeitern, die mit Eheschließungen zu tun haben, zur Kenntnis gelangen."[385]

Im Juli 1972 führte der Magistrat eine Überprüfung der Praxis von Eheschließungen durch; Fazit war:[386]

- den Terminwünschen der Bürger wurde überwiegend Rechnung getragen,
- die zentral gelegenen Standesämter Berlin-Mitte und Berlin-Prenzlauer Berg wurden überproportional häufig für Eheschließungen ausgewählt,
- Eheschließungen dauern in der Regel 15–20 Minuten.

Das Projekt eines „Hochzeitspalastes in der Hauptstadt der DDR" mit Standort in Berlin-Mitte an der Ecke Klosterstraße/Stralauer Straße hatte 1976 konkrete Formen angenommen. Hier sollte die Eheschließung „in einer der sozialistischen Gesellschaftsform entsprechenden würdigen Form vorbereitet und durchgeführt werden." Vorbilder waren Hochzeitspaläste in der UdSSR und in der Volksrepublik Polen, die sich dort großer Beliebtheit erfreuten.

In dem neu zu errichtenden Mehrzweckgebäude sollten einerseits geeignete Räume zur Durchführung der Eheschließung, einschließlich der notwenigen Nebenräume, gastronomische Einrichtungen und ein Hochzeitsausstatter untergebracht werden. Andererseits beabsichtigte die Verwaltung, das Standesamt I als zentrale Urkundenstelle der DDR-Hauptstadt und den Sektor Personenstandswesen, Staatsbürgerfragen und Ordnungs- und Genehmigungsangelegenheiten der Abteilung Innere Angelegenheiten des Magistrats von Berlin hier unterzubringen.[387] Die Eheschließung in den anderen Standesämtern sollte weiter möglich bleiben.

Woran eine Realisierung des Vorhabens letztlich scheiterte, ist nicht belegt; zu vermuten ist jedoch ein Zusammenhang mit der Verabschiedung des ehrgeizigen Wohnungsbauprogramms der DDR 1976 und der damit verbundenen Unterordnung und Bindung sämtlicher Baukapazitäten der Volkswirtschaft.[388]

„Die Bedeutung der Ehe und Familie in der sozialistischen Gesellschaft" – damit beginnt Helmut Dörfer im Jahre 1978 eine Konzeption einzuleiten, die das langjährige Selbstverständnis der staatlichen Verwaltung wie folgt widergibt:

„In Konkretisierung der Verfassung unserer Republik bezeichnet das Familiengesetzbuch die Familie als ‚die kleinste Zelle der Gesellschaft'. Diese Definition zeigt die untrennbare Einheit von Gesellschaft und Familie, die sich einerseits aus der Stellung der Familie in der sozialistischen Gesellschaft – als deren kleinsten Zelle, der wichtigsten Gemeinschaft nach dem Arbeits- und Lernkollektiv in der sich das Leben der Menschen vollzieht – aus der natürlich bedingten Existenz der Gefühlsbeziehungen zwischen Mann und Frau, aus den Beziehungen zwischen Eltern und Kindern sowie der Tatsache ergibt, dass diese Beziehungen starken Einfluss auf die Herausbildung sozialistischer Persönlichkeiten ausüben [...] Diese Definition [...] enthält zugleich das eindeutige Bekenntnis unseres Staates und seiner Bürger zur Ehe und Familie und ihre Perspektive im Sozialismus und unterstreicht, dass eine gesunde und gefestigte Familie außerordentlich wichtig und bedeutsam für die Weiterentwicklung der Gesellschaft

383 Vgl. Magistratsbeschluss Nr. 224/79 „Bericht zum Stand der Durchsetzung des Beschlusses des Präsidiums des Ministerrates vom 28.08.1975 über die Situation und Arbeitsweise der Standesämter" vom 11. Juli 1979. In: LAB, C Rep. 100-05, Nr. 1801.

384 Vgl. dazu u. a.: LAB, C Rep. 104, Nr. 1780.

385 Vgl. Rundschreiben des Magistrats von Groß-Berlin, Abt. Innere Angelegenheiten, Personenstandswesen, an die Standesämter der Berliner Stadtbezirke vom 16.06.1969. In: LAB, C Rep. 104, Nr. 1780.

386 Vgl. LAB, C Rep. 104, Nr. 2307.

387 Vgl: LAB, C Rep. 104, Nr. 2302. In Belegungsplanungen von 1977 ist auch die Unterbringung des Verwaltungsarchivs des Magistrats von Berlin in dem Verwaltungsgebäude vorgesehen. Auch ein Standort südlich der Wilhelm-Pieck-Straße (heute: Torstraße) war in der Diskussion.

388 1980 folgten Überlegungen zur Nutzung des Ephraim-Palais als „Hochzeitshaus", die jedoch von der Bezirksplankommission unter Verweis auf die im Berliner Rathaus stattfindenden Eheschließungen abgewiesen wurden. In: C Rep. 104, Nr. 2302.

Liebes Hochzeitspaar

Gestatten Sie uns, Ihnen zu Ihrem heutigen Festtag sehr herzlich zu gratulieren. Wir wünschen Ihnen Glück, Gesundheit und viel Erfolg im persönlichen Leben, beim Lernen oder in Ihrem Beruf.

Bitte, bewahren Sie diesen Brief gut auf, denn mit ihm halten Sie vielleicht ein schönes Geschenk in Händen, eine nachträgliche Hochzeitsreise in die Sowjetunion.

Innerhalb des Internationalen Preisausschreibens „Begegnung mit Freunden", das in diesem Jahr zum vierten Mal in sechs sozialistischen Ländern Europas stattfindet, wird unter jenen Berlinern, die im Juni, Juli und August in unserer Hauptstadt heiraten, eine Reise ausgelost, und zwar auf die Kennummern, die diese Glückwünsche tragen. Ein Ehepaar wird auf Einladung der Gesellschaft für Deutsch-Sowjetische Freundschaft 1970 die UdSSR besuchen. Ihre Teilnahme an diesem Wettbewerb ist dafür nicht Bedingung.

Vielleicht sind gerade Sie die glücklichen Gewinner dieser gemeinsamen Aktion der „Berliner Zeitung" und der Gesellschaft für Deutsch-Sowjetische Freundschaft.

Für Sie und Ihre Gäste einen schönen Hochzeitstag und Ihnen viele gemeinsame glückliche Jahre!

Mit freundlichen Grüßen!

Vorsitzender des Sekretariats des Zentralvorstandes der Gesellschaft für Deutsch-Sowjetische Freundschaft	Chefredakteur der „Berliner Zeitung"

Glückwunschschreiben zum Preisausschreiben „Begegnung mit Freunden", Juni–August 1969. Das Glückwunschschreiben war in das Buch der Familie bei allen Paaren einzulegen, die in der Zeit vom 15. Juni bis 15. August die Ehe schlossen.

ist [...] Das Familiengesetzbuch lenkt darüber hinaus die Aufmerksamkeit der gesellschaftlichen Organisationen und sozialistischen Kollektive auf die große persönliche und gesellschaftliche Bedeutung der Ehe und Familie und auf die Notwendigkeit, die Erziehung zum richtigen Verhalten in der Familie und die Sorge um die weitere Verbesserung der Entwicklungsbedingungen der Familie in ihre Arbeit mir einfließen zu lassen [...] Damit erwächst den staatlichen Organen und nicht zuletzt den Organen des Personenstandswesens der DDR die Aufgabe, alle Möglichkeiten zu nutzen, damit Ehe und Familie eine für das Leben geschlossene Gemeinschaft werden kann [...]"[389]

Im „30. Jubiläumsjahr der Republik" fand die „erste Eheschließung im Roten Rathaus zu Berlin" statt, am 28. Juli 1979. Ein dreiviertel Jahr später konnte berichtet werden: „Die Eheschließungen im Roten Rathaus werden mit hohem Niveau durchgeführt. Alle Brautpaare gedachten mit Straußniederlegungen am Mahnmal der Opfer des Faschismus und Militarismus Unter den Linden der mutigen Vorkämpfer für den Sozialismus."[390]

1983 zog man ein stolzes Fazit: „Sichtbare Fortschritte wurden bei der Pflege und Förderung sozialistischer Traditionen und Bräuche erzielt. Die Straußniederlegungen am Mahnmal für die Opfer des Faschismus und Militarismus Unter den Linden durch die Paare, die im Berliner Rathaus ihre Ehe schließen, ist seit 1979 Tradition. In allen Stadtbezirken werden Blumengebinde an Mahn- und Gedenkstätten niedergelegt. Regelmäßig werden in Presse, Funk und Fernsehen solche Beispiele popularisiert. In zunehmendem Maße nehmen Vertreter der Arbeitskollektive an Eheschließungen teil, überbringen die Glückwünsche der Kollegen und würdigen die Paare durch Spalierbildung vor den Standesämtern."[391] Mit Presseveröffentlichungen zu einer 1000. Eheschließung oder zu einer Eheschließung prominenter Leistungssportler beabsichtigte man eine weitere Popularisierung der neuen Bräuche. Im Stadtbezirk Hellersdorf wurde das Brauchtum um das Aufsteigen von Tauben als Symbol des Glücks und des Friedens bei Eheschließungen an DDR-Ehren- und Feiertagen – 1. Mai (Kampf- und Feiertag der Werktätigen), 8. Mai (Tag der Befreiung), 1. September (Weltfriedenstag)und 7. Oktober (Tag der Republik) – erweitert.[392]

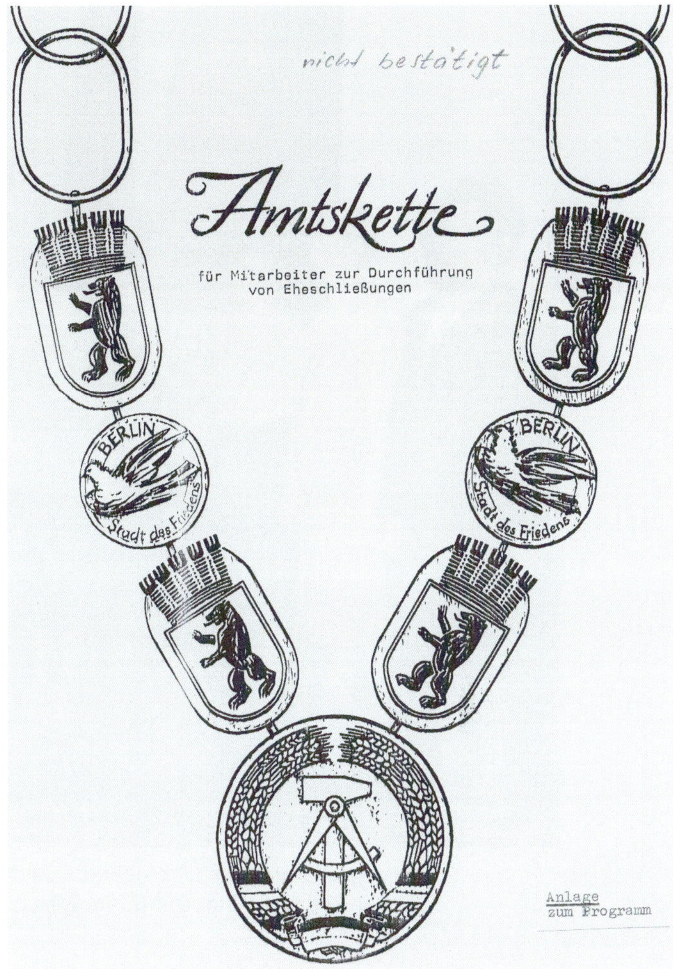

Entwurf einer Amtskette zur Durchführung von Eheschließungen, 1986.

Teil des „Programms zur weiteren Entwicklung des Personenstandswesens in der Hauptstadt der DDR, Berlin, im Zeitraum von 1986 bis 1990"[393] war der Vorschlag der Einführung von Amtsketten für die Leiterinnen der Standesämter. Die eingereichte Ideenskizze wurde jedoch nicht bestätigt und stattdessen festgelegt: „Im Zusammenwirken mit dem Verband Bildender Künstler ist dem Magistrat ein Vorschlag zur Gestaltung einer Amtskette für Mitarbeiter zur Durchführung von Eheschließungen zu unterbreiten."

Zum Stadtjubiläum „750 Jahre Berlin" im Jahre 1987 war es dann so weit: Die Übergabe der Amtsketten an die Leiterinnen der Standesämter erfolgte in einer feierlichen Veranstaltung im Wappensaal des Berliner Rathauses am 13. November 1987, an der sämtliche Mitarbeiterinnen und Mitarbeiter der Berliner Standesämter teilgenommen haben.

389 Vgl. LAB, C Rep. 104, Nr. 2302.

390 Vgl. Rechenschaftsbericht des Sektors Personenstandswesen, Staatsbürgerschaftsfragen, Genehmigungs- und Ordnungsangelegenheiten zur Verteidigung des Ehrennamens „Kollektiv DSF" vom 20.03.1980. In: LAB, C Rep. 104, Nr. 1916. Am 31. Mai 1986 fand die 1500. Eheschließung im Wappensaal des Roten Rathauses statt (Mahal, Andreas; Sobolewski, Olaf: Chronik der Hauptstadt der DDR, Berlin, 1986. In: Berliner Geschichte. Dokumente, Beiträge, Informationen, hrsg. vom Stadtarchiv der Hauptstadt der DDR, Berlin, Heft 8 (1987), S. 84).

391 Vgl. Begründung zum Magistratsbeschluss 272/83 „Maßnahmen zur Erhöhung der Effektivität der Arbeit des Standesamtes I und der Standesämter der Stadtbezirke". In: LAB, C Rep. 100-05, Nr. 1922.

392 Vgl. Sachstandsbericht der Abt. Innere Angelegenheiten des Magistrats an den Stellvertreter des Oberbürgermeisters für Inneres vom 04.10.1984, S. 6. In: LAB, C Rep. 104, Nr. 2128.

393 Vgl. Beschluss Nr. 400 „Einschätzung des Standes der Durchsetzung des Magistratsbeschlusses Nr. 272/83 ‚Maßnahmen zur Erhöhung der Effektivität der Arbeit des Standesamtes I und der Standesämter der Stadtbezirke' und Festlegung der Aufgaben bis 1990" vom 08.09.1986. In: LAB, C Rep. 100-05, Nr. 2032.

Festveranstaltung zur Übergabe der Amtsketten an die Leiterinnen der Standesämter. Bildmitte: Stadtrat für Inneres Günter Hoffmann, 13. November 1987.

Außerdem wurden 1987 besondere Angebote im Standesamtsbereich hinsichtlich der Eheschließungen entwickelt, „um dem Jubiläumsjahr Rechnung zu tragen": Es gab besondere Glückwunschkarten der Stadtbezirksbürgermeister, neues Sichtmaterial zur umfassenden Information der Bürger (Ablauf der Eheschließung, Räumlichkeiten und Ausstattung des Standesamts, Musikangebot, Dienstleistungen von Fotografen und neue Bräuche und Traditionen) wurde entwickelt, das „Buch der Familie" wurde neu gestaltet und es gab Erinnerungsplaketten für die Eheschließenden.[394]

1988 lagen für sämtliche Standesämter illustrierte Kataloge über Dienstleistungen im Zusammenhang mit Eheschließungen vor. „Die Kataloge werden von den Bürgern sehr begrüßt". Sie wurden sogar durch das Ministerium des Innern der DDR in Form eines Informationsheftes für die Kreise der DDR verallgemeinert.[395]

394 Vgl. Information zum Stand der Erfüllung der Aufgaben im Personenstandswesen, vom Magistrat von Berlin, Abteilung Innere Angelegenheiten an den Leiter der Hauptabteilung Innere Angelegenheiten im Ministerium des Innern der DDR vom 04.03.1987. In: LAB, C Rep. 104, Nr. 2302.

395 Vgl. dazu Fundstellenliste im Anhang.

4.2.3.3 Sozialistische Bestattungsfeiern

„Die Organisation und Durchführung weltlicher bzw. sozialistischer Bestattungsfeiern stellt ebenfalls eine neue Form unseres gesellschaftlichen Lebens dar. Zur würdigen Bestattung unserer Bürger sind Rednerkollektive zu schaffen [...] Bei der Suche nach Rednern sollte seitens der Veranstalter auf Persönlichkeiten des öffentlichen Lebens zurückgegriffen werden." Allerdings waren bei „der Gewinnung von Grabrednern [...] nur sehr geringe Erfolge aufzuweisen."[396] Die zur „Kultischen Betreuung" zur Verfügung stehenden Redner, Sänger und Musiker wurden in Verantwortung des Stadtgartenamtes auf eine Eignung hin von einer Kommission geprüft.

Auch diese Feiern galten nicht als staatliche Aufgabe, sondern – wie die Namensweihe – als „gesellschaftliches Anliegen", weswegen dafür in erster Linie die „gesellschaftlichen Organe" oder die Betriebe und Genossenschaften verantwortlich waren, „in keinem Falle der Beauftragte für Personenstandswesen." Die Aufgabe der Standesämter wurde 1960 lediglich dar-

396 Quartalsbericht II/61 des Referates Personenstandswesen. In: LAB, C Rep. 104, Nr. 1786.

Zentralfriedhof Berlin - Lichtenberg

TOTEN-GEDENKFEIER

am Bußtag, dem 18. November 1959, um 15.00 Uhr

Ausführende: „Das Ebert Manz Doppelquartett"
Christel Klein, Sopran
„Das Pleger Quartett"
Werner Schulz, Orgel

Vortragsfolge

Max Reger:	**Präludium F-dur aus op. 85 für Orgel**
Ludwig Schubert:	**Denkst du der Toten**
Franz Schubert:	**Ruh'n in Frieden**
Peter Tschaikowsky:	**Andante aus dem Streichquartett D-dur, op. 11**
Franz Schubert:	**Du bist die Ruh** **Über allen Gipfeln**

Ansprache: Gerhard Mertens

Tommaso Giordani:	**„Caro mio ben" für Sopran mit Orgelbegleitung**
Wolfgang Amadeus Mozart:	**Adagio aus dem Streichquartett B-dur**
C. W. Conradi:	**Sonnenuntergang**
Gustav Adolf Uthmann:	**Du fernes Land**

Veranstalter: Sparte „Kultische Betreuung" in der Gewerkschaft Kunst des FDGB, Bezirksvorstand Groß-Berlin.

(96) Bm 6386/59 015 2601

Informationsblatt des Zentralfriedhofs Berlin-Lichtenberg für eine „Toten-Gedenkfeier", 1959.

in gesehen, die Angehörigen der Verstorbenen auf die Möglichkeiten der weltlichen bzw. sozialistischen Bestattungsfeier hinzuweisen. Dennoch formulierte man Grundsätze: „Bei der Durchführung der Bestattungsfeiern kommt es nicht auf die Anzahl der Teilnehmer an, viel wichtiger ist das Niveau. In der Grabrede sind

a) die Leistungen des Verstorbenen zu würdigen,
b) ist – entsprechend unserer Weltanschauung – den Angehörigen des verstorbenen Trost zu spenden und auf die Zukunft hinzuweisen,
c) ist jede Auseinandersetzung mit der Kirche am Grabe des Toten zu unterbinden.“[397]

„Über sozialistische Feiern aus Anlass des Ablebens von Bürgern unserer Republik besteht kein umfassender Überblick. Es handelte sich um Feiern, die durch das Städtische Bestattungswesen vorwiegend im Krematorium Baumschulenweg durchgeführt wurden.“[398] Die Bereitschaft der Betriebe zur Durchführung solcher Feiern wird 1964 zwar prinzipiell konstatiert; zur Praxis ist jedoch kaum etwas bekannt. Im Januar 1963 hatte das Referat Personenstandswesen anlässlich der Quartalsstatistik berichten müssen: „Die Teilnahme an sozialistischen Feiern in Prozenten aus Anlass von Todesfällen können wir Ihnen nicht einreichen, da uns die Betriebe immer noch keine Meldungen über die durchgeführten Feierstunden geben.“[399]

Wie schon im Falle der sozialistischen Namensweihen haben sich die sozialistischen Bestattungsfeiern nicht durchsetzen können.[400]

Das Personenstandswesen war zwar an der Implementierung aller drei Feiern sozialistischen Inhalts – der Namensweihe, der Eheschließung und der Bestattungen – engagiert beteiligt; letztlich entstand ein neues Brauchtum jedoch nur bei den Eheschließungen, die als gesetzliche Aufgabe der Standesämter einer besonderen Aufmerksamkeit und Förderung unterlagen.

397 Vgl. Bericht über den vom MdI in der Zeit vom 15.–17.03.1960 in Bad Saarow durchgeführten Personenstandslehrgang und Erfahrungsaustausch der Bezirke Groß-Berlin, Potsdam und Neubrandenburg. In: LAB, C Rep. 104, Nr. 4.

398 Vgl. dazu: Erfahrungsberichte der Standesämter und des Referates Personenstandswesen beim Magistrat von 1964–1968. In: LAB, C Rep. 104, Nr. 2303.

399 Vgl. Quartalsbericht IV. Quartal 1962 des Referates Personenstandswesen. In: LAB, C Rep. 104, Nr. 1786

400 Für weltliche Trauerfeiern hingegen war die Akzeptanz groß. In Ost-Berlin waren beispielsweise im Jahr 1976 77,5% der Bestattungen nicht-kirchlich. http://www.postmortal.de/KulturGeschichte/BestattungsKultur/bestattungskultur.html (Abruf am 16.01.2025, 15.43 Uhr). 1986 widmete sich der Magistrat erneut dem Thema „Kultische Ausgestaltung von Trauerfeiern“, insbesondere den Aufgaben des VEB Städtisches Bestattungs- und Friedhofswesen und der Magistratsverwaltung für Örtliche Versorgungswirtschaft betreffend. Vgl. dazu: Magistratsbeschluss „Maßnahmen zur Stabilisierung und Erhöhung des Dienstleistungsniveaus im VEB Städtisches Bestattungs- und Friedhofswesen in den Jahren 1986–1990“, in:. In: LAB, C Rep. 121, Nr. 677.

4.3 Standesamt I von Berlin, Hauptstadt der DDR

4.3.1 Neuaufbau der Dienststelle (1948–1952)

Die Dienstgeschäfte des im Ostteil der Stadt vorhandenen Teiles des Standesamts I waren mit den durch den Stadtrat Martin Schmidt am 24. November 1948 getroffenen Regelungen zügig neu organisiert worden: Reinhold Schreiber hatte zunächst die Position eines stellvertretenden Dienststellenleiters inne; man arbeitete in den bisherigen Geschäftsräumen Stralauer Straße 42–43 weiter. In den folgenden fünf Jahren leitete Schreiber dann das Standesamt I.[401]

Eine erste Aufgabe der ihm zunächst verbliebenen 9 Mitarbeiter war die Revision der noch vorhandenen Unterlagen.[402] Das Ergebnis war verheerend: „Dadurch, dass ein großer Teil der Unterlagen nach dem Westen mitgenommen wurde, kann das Standesamt I z. Zt. keine positive Arbeit in allen seinen Abteilungen verrichten“.[403] Im Dezember 1948, nach der Inventur der Bestände, wurde deswegen von Schreiber festgelegt: „In den Abteilungen für Geburten, Eheschließungen, Sterbefälle und Todeserklärungen werden, soweit die Register und die notwendigen Unterlagen nicht vorhanden sind, alle glatten Fälle erledigt. In den Fällen, in denen eine Bearbeitung ohne Rückgriff auf alte, nach dem Westen mitgenommene Vorgänge nicht durchführbar ist, ist jede Möglichkeit auszunutzen. Stellt sich die Erledigung als unmöglich heraus, so müssen diese Vorgänge bis auf weiteres unerledigt bleiben. Ein Austausch von Vorgängen mit dem Westen hat zu unterbleiben [...]“[404]

Um das Fehlen der Personenstandsunterlagen auszugleichen und vorzunehmende Beurkundungen erledigen zu können, nutzte auch das Standesamt I die zuvor bei den Amtsgerichten verwahrten Nebenregister aus den Jahren 1874–1938, die – wenn auch lückenhaft – seit 1949 von den Berliner Standesämtern übernommen worden waren.[405] Außerdem wurden 1950 verstärkt Anstrengungen unternommen, „Personenstandsbücher ehemaliger deutscher Standesämter rechts der Oder/Neiße-Linie“ zusammenzuführen,

401 1953 als „Leiter des Standesamtes I“ zeichnend, hatte Schreiber diese Position 1954 als „in Vertretung des Leiters“ inne. Vgl. u. a.: Geschäftsverteilungsplan des Standesamtes I vom 01.05.1954. In: LAB, C Rep. 104, Nr. 53

402 Im November 1948 arbeiteten im Ostberliner Standesamt I 9 Angestellte, im Westberliner Standesamt I 11 Angestellte. Vgl. dazu: LAB, C Rep. 104, Nr. 53. Wo inzwischen die übrigen Inhaber der für 1947 erwähnten 100 Stellen verblieben waren, konnte nicht ermittelt werden.

403 Listen der verbrachten Unterlagen in: LAB, C Rep. 104, Nr. 53.

404 Vgl. Niederschrift zur Besprechung vom 18.12.1948. In: LAB, C Rep. 104, Nr. 53.

405 Vgl. LAB, C Rep. 104, Nr. 53.

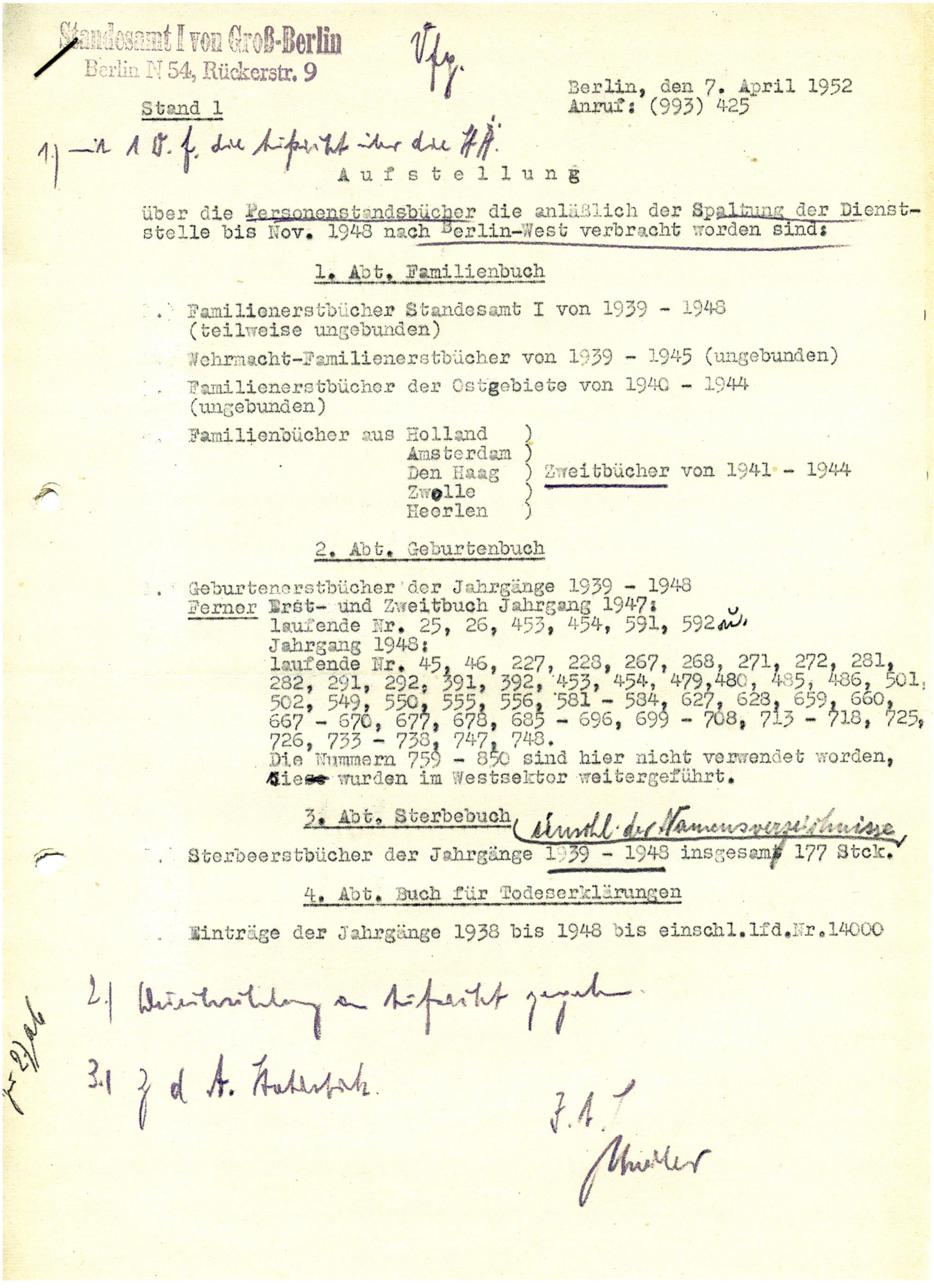

Standesamt I von Groß-Berlin
Berlin N 54, Rückerstr. 9

Vfg.

Stand 1

Berlin, den 7. April 1952
Anruf: (993) 425

Aufstellung

über die Personenstandsbücher die anläßlich der Spaltung der Dienststelle bis Nov. 1948 nach Berlin-West verbracht worden sind:

1. Abt. Familienbuch

Familienerstbücher Standesamt I von 1939 - 1948 (teilweise ungebunden)

Wehrmacht-Familienerstbücher von 1939 - 1945 (ungebunden)

Familienerstbücher der Ostgebiete von 1940 - 1944 (ungebunden)

Familienbücher aus Holland, Amsterdam, Den Haag, Zwolle, Heerlen – Zweitbücher von 1941 - 1944

2. Abt. Geburtenbuch

Geburtenerstbücher der Jahrgänge 1939 - 1948
Ferner Erst- und Zweitbuch Jahrgang 1947:
laufende Nr. 25, 26, 453, 454, 591, 592 ü.
Jahrgang 1948:
laufende Nr. 45, 46, 227, 228, 267, 268, 271, 272, 281, 282, 291, 292, 391, 392, 453, 454, 479, 480, 485, 486, 501, 502, 549, 550, 555, 556, 581 - 584, 627, 628, 659, 660, 667 - 670, 677, 678, 685 - 696, 699 - 708, 713 - 718, 725, 726, 733 - 738, 747, 748.
Die Nummern 759 - 850 sind hier nicht verwendet worden, diese wurden im Westsektor weitergeführt.

3. Abt. Sterbebuch

Sterbeerstbücher der Jahrgänge 1939 - 1948 insgesamt 177 Stck.

4. Abt. Buch für Todeserklärungen

Einträge der Jahrgänge 1938 bis 1948 bis einschl. lfd. Nr. 14000

Aufstellung über die Personenstandsbücher, die anlässlich der Spaltung der Dienststelle bis November 1948 nach Berlin-West verbracht worden sind, April 1952.

weil nach Kenntnis des Standesamts I „ein großer Teil dieser Bücher in verschiedene Orte der DDR überführt worden“ war und dort noch lagerte. „Es handelt sich um 15.000 bis 20.000 Stück. Von diesen Büchern verwalten wir bereits schon 2.100 Stück.“ Das Vorhaben gelang, und ein Jahr darauf, 1951, waren sogar 26.000 Bände in die Obhut des Standesamts I gelangt, das nun diese Bücher verwahrte, auswertete sowie die entsprechenden Urkunden fertigte.[406]

Inzwischen standen Schreiber mit dem Stellenplan für 1952 immerhin wieder 64 Stellen zur Verfügung,[407] was abgesehen von den 100 Stellen, die 1947 in der Amtszeit seines Vorgängers Lehre erreicht worden waren,[408] die höchste je zugebilligte Stellenanzahl für das Standesamt I bleiben sollte.

Das Spektrum der Interessenten an Auskünften und Beurkundungen zum Personenstand war groß: „Der größte Teil der Antragsteller wohnt im Gebiet der DDR. Unter Berücksichtigung der überörtlichen Aufgaben des Standesamts I gingen auch viele Anträge und Anfragen aus den befreundeten Volksdemokratien, aus Westdeutschland, aus westlichen Ländern und aus Übersee ein. Durch die Beurkundung einer größeren Zahl von ehemaligen KZ-Häftlingen und insbesondere Ausländern sowie ausländischen Kriegsteilnehmern ergab sich desweiteren ein Schriftverkehr mit den diplomatischen Missionen [...] Daneben gehen noch weiterhin aufgrund der ergangenen Verordnung über die Todeserklärung Kriegsverschollener von Monat zu Monat mehr Beschlüsse der Amtsgerichte zur Eintragung im Buch für Todeserklärungen ein.“[409]

4.3.2 *Das Standesamt I als Fachorgan des Magistrats von Berlin, Hauptstadt der DDR*

Nach der Verwaltungsreform, ab 1953, gehörte das Standesamt I als nachgeordnete Dienststelle der Abteilung Personenstandswesen nun zum Geschäftsbereich des „Sekretärs“ des Magistrats von Groß-Berlin. Im September erfolgte ein Personalwechsel in der Leitung; Frau Bäcker übernahm die Leitung von Reinhold Schreiber.

Der Wechsel in ein neues Ressort innerhalb des Magistrats hatte bereits im Mai 1953 zu einem neuen, extrem reduzierten Stellenplan geführt: Die „Stellenplankommission Groß-Berlin“ hatte dem Standesamt I insgesamt 44 Planstellen bewilligt. Sie verteilten sich neben der Leitung auf die Gebiete:

- Sachgebiet Familienbuch und Fremde Register
- Sachgebiet Geburtenbuch
- Sachgebiet Sterbebuch
- Sachgebiet Buch für Todeserklärungen.

Damit war der Stellenplan von 1952 um 20 Planstellen reduziert worden; die Hauptaufgaben blieben in jedoch bestehen:

- Familienbuch (für im Ausland geschlossene Ehen deutscher Staatsangehöriger, die in besonderen Fällen auf Anordnung im Standesamt I beurkundet wurden)
- Geburtenbuch (für im Ausland geborene deutsche Staatsangehörige, deren Geburt in besonderen Fällen auf Anordnung im Standesamt I beurkundet wurden)
- Sterbebuch (für im Ausland eingetretene Sterbefälle deutscher Staatsangehöriger, die in besonderen Fällen auf Anordnung im Standesamt I beurkundet wurden)
- Buch für Todeserklärungen

Als Sonderaufgaben wurden benannt:

- Verwaltung von Personenstandsbüchern ehemaliger deutscher Standesämter jenseits der deutsch-polnischen Friedensgrenze und desgleichen der Sterbezweitbücher der ehemaligen deutschen Standesämter in den Niederlanden
- Ausstellung von Urkunden und beglaubigten Abschriften in besonderen Fällen aus den z. Zt. beim Standesamt I lagernden Registern bzw. Personenstandsbüchern Westberliner Standesämter sowie Beischreibung von Randvermerken zu diesen Büchern
- Diplomatische und konsularische Register
- Kolonialregister
- Annahme der Hinweise zu den Konsulatsregistern
- Auswertung der Austauschurkunden
- Wehrmachtfamilienbuch
- Entgegennahme der Erklärungen über die Wiederannahme des früheren Familiennamens
- Ausstellung von Ehefähigkeitszeugnissen
- Sammlung der Abschriften von Vaterschaftsanerkenntnissen
- Entgegennahme und Sammlung der Namenserteilungen
- Sammlung der Legitimationsbeschlüsse, der Urteile über die Anfechtung der Ehelichkeit, der Kindesannahmeverträge mit Bestätigungsbeschlüssen und der behördlichen Namensänderungen
- Umfragen (Ermittlungen) nach Personenstandsurkunden
- Ausgabe der Gebührenmarken für sämtliche Standesämter.[410]

„Ab 01.12.1953 wurden grundsätzlich für alle Urkunden, die von den Standesämtern für Westberliner Antragsteller ausgefertigt werden, die Gebühren in Westgeld vereinnahmt.“ Die dafür erforderliche Führung

406 Vgl. Arbeitsbericht des Bereiches „Standesamtswesen“ vom 09.10.1951. In: LAB, C Rep. 104, Nr. 53; Listen dazu in: LAB, C Rep. 104, Nr. 2308.

407 Bestätigter Stellenplan in: LAB, C Rep. 104, Nr. 53.

408 Vgl. LAB, A Rep. 001-06, Nr. 20718 Personalakte Friedrich Lehre.

409 Vgl. Bericht des „Aufsichtsamts für die Standesämter“ vom 20. Juni 1950. In: LAB, C Rep. 104, Nr. 53.

410 Vgl. LAB, C Rep. 104, Nr. 185.

der Kassengeschäfte lag einheitlich beim Standesamt I, so dass benötigte Urkunden nicht vom jeweiligen Bezirksstandesamt ausgegeben wurden, sondern ca. zehn Tage nach Antragstellung dann beim Standesamt I gegen die Erstattung der Gebühr in Empfang genommen werden konnten.[411] Eine direkte Zusammenarbeit mit dem Standesamt I in West-Berlin war nach wie vor nicht gewollt und wurde zunehmend eingeschränkt. Im Mai 1954 wurde sogar festgelegt, dass Antragsteller nicht einmal mehr an dieses Standesamt zu verweisen waren.[412]

Im Urkundenverkehr mit der Sowjetunion gab es immer wieder Anfragen zur Beschaffung von Urkunden aus dem Kaliningrader Gebiet, was nur partiell möglich war, „da die betreffenden Archive durch Kriegseinwirkungen vernichtet sind. Es besteht lediglich die Möglichkeit, beim Standesamt I von Groß-Berlin Nachfrage zu halten, da sich ein Teil der betreffenden Bücher und Register dort befindet."[413]

1955 wurden vom Standesamt I 75.000 Personenstandsregister verwaltet, aus denen laufend Urkunden gefertigt und Randvermerke beigeschrieben wurden. Aus Polen wurden weitere 82.000 Personenstandsregister erwartet, wovon im Jahre 1955 ca. 9000 Register eintrafen[414] – darunter viele, die die Standesämter in West-Berlin eigentlich benötigten, die jedoch nicht dorthin abgegeben wurden.

Dieser Zuwachs an Unterlagen und Aufgaben hatte ab 1956 zwar Veränderungen in der inneren Arbeitsorganisation des Standesamts I zur Folge, jedoch erfolgte seit 1953 nicht nur kein angemessener Personalzuwachs, sondern ein kontinuierlicher Abbau von Stellen, eine Tendenz, die sich leider in den nächsten Jahrzehnten fortsetzen sollte und letztlich zu mehr als einer Halbierung der Stellenzahl führte.[415] Erschwerend kam hinzu, dass ein Großteil der vorhandenen Stellen nicht besetzt werden konnten.[416]

Der ab Juni 1956 als Leiter des Standesamts I tätige Herr Klose vermochte nicht, dieser Entwicklung entgegenzuwirken.

Eine Überprüfung der Auslastung des Stellenplans im März 1960 ergab, dass von den 46 bestehenden Stellen 10 Stellen unbesetzt waren, davon drei langfristig, weswegen der Stellenplan ungeachtet der enorm angewachsenen Arbeitsumfänge erneut um insgesamt 8 Stellen gekürzt wurde.[417] Seitens der vorgesetzten Abteilung Innere Angelegenheiten beim Magistrat meinte man, den Personalabbau „mit einer ständigen Arbeit zur Erhöhung der Qualifikation der Mitarbeiter" kompensieren zu können.[418]

Zum 1. Januar 1962 wurde Gertrud Klinowski zur „Beauftragten für das Personenstandswesen", sprich zur Leiterin der Standesamts I bestellt.[419] Sie konnte im Vergleich zu ihrem Amtsvorgänger nur noch mit 34 Mitarbeiterinnen und Mitarbeitern arbeiten.

Welche Folgen diese dramatische Minderausstattung konkret hatte, kann nur vermutet werden. Ob sie ursächlich für die ministerielle Inspektion in den Monaten November und Dezember 1963 beim Standesamt I waren? Jedenfalls wurden aufgrund der Feststellungen des Ministeriums des Innern der DDR im Januar 1964 verschiedene Maßnahmen festgelegt:

- Ein Qualifizierungsplan sollte Leitung und Mitarbeiter des Standesamts I fachlich fortbilden.
- Auf der Grundlage des Personenstandsgesetzes von 1956 sollte die Aufgabenstellung des Standesamtes I, untergliedert nach einzelnen Sachgebieten, neu festgelegt werden.
- Hinsichtlich des Verkehrs zwischen den Organen des Personenstandswesens der DDR und den Westberliner Standesämtern war zu klären, ob ein direkter Verkehr möglich sein sollte oder ob der gesamte Schriftwechsel, einschließlich Urkundenverkehr, über das Standesamt I erfolgen sollte.[420] Die Zusammenarbeit mit dem Standesamt I in Berlin (West) erfolgte seitens der Ostberliner Standesämter ausschließlich über das Standesamt I von Groß-Berlin in der Rückerstraße 9. Damit nahm es eine besondere Stellung ein, weswegen eine „stärkere Besetzung der einzelnen Sachgebiete durch Genossen für zweckmäßig erachtet" wurde. Im Mai 1967 waren 9 Mitarbeiter im Standesamt I Mitglieder der SED.
- Rückstände in der Arbeit der einzelnen Sachgebiete waren aufzuarbeiten.

Ein halbes Jahr später, im Juli 1964, war der „Kaderentwicklungsplan" fertiggestellt und Qualifizierungsmaß-

411 Vgl. dazu: Beantragung einer zusätzlichen Stelle für das Standesamt I vom 08.12.1953. In: LAB, C Rep. 100, Nr. 85.

412 Vgl. Arbeitsanweisung Nr. 1/1954. In: LAB, C Rep. 104, Nr. 185.

413 Vgl. Bericht über den vom MdI in der Zeit vom 15.–17.03.1960 in Bad Saarow durchgeführten Personenstandslehrgang und Erfahrungsaustausch der Bezirke Groß-Berlin, Potsdam und Neubrandenburg. In: LAB, C Rep. 104, Nr. 4.

414 Begründung zum Stellenplanantrag für 1956 vom 27.12.1955. In: LAB, C Rep. 105, Nr. 6411.

415 1971 waren 26 Planstellen vorgesehen. Vgl. Bestätigter Stellenplan vom 20.04.1971. In: LAB, C Rep. 105, Nr. 6411.

416 Vgl. LAB, C Rep. 105, Nr. 6411.

417 Vgl. Aktennotiz vom 25.03.1960. In: LAB, C Rep. 105, Nr. 6411.

418 Vgl. Schreiben der Abteilung Innere Angelegenheiten beim Magistrat von Groß-Berlin an das Hauptreferat Stellenplanwesen bei der Abteilung Finanzen des Magistrats vom 14.10.1963. In: LAB, C Rep. 105, Nr. 6411.

419 Klinowski, Gertrud (*27.08.1904), SED-Mitglied seit 1945. Zu „Stellvertretern des Beauftragten für das Personenstandswesen" wurden zeitgleich ernannt: Klaus Gähler (Stellv. bis 1969, danach Leiter des Standesamts I); Marie-Luise Weis, Bruno Jedamski, Erich Fiedler, Martha Lawrenz (seit 1950 Schreibkraft im Sachgebiet Sterbebuch, seit 01.01.1961 Stellv. für das Sachgebiet Sterbebuch), Hildegard Schirrmeister, Alfred Wächter und Dora Zimmermann. Vgl. LAB, C Rep. 104, Nr. 2307.

420 Den Urkunden- und Schriftverkehr mit Westberlin und Westdeutschland regelte dann prinzipiell Ende 1964 die DA Nr. 50/64 vom 21. Dezember 1964 „Die Bearbeitung von Personenstandsangelegenheiten in Bezug auf Westdeutschland, Westberlin und das Ausland". Bundesarchiv DO 1, Nr. 62429.

nahmen verordnet. Auch die Aufgabenstellung für das Standesamt I war neu festgelegt und mit einem neuen Stellenplan – insgesamt 29 Planstellen – unterlegt worden, der also eine weitere Reduzierung um 5 Stellen vorsah.[421]

Das seit längerem DDR-weit verfolgte Projekt zur Zentralisierung von nicht aktuellen Personenstandsbüchern – mit Wirkung vom 01. Januar 1965 oblag dem Standesamt I wie oben beschrieben die Funktion einer zentralen Urkundenstelle für die Hauptstadt der DDR – verhinderte jedoch diese Pläne und führte im Gegenteil zu einem unerwarteten Zuwachs auf immerhin wieder 40 Planstellen: 1 Leiter des Standesamts (Dienststellenleiter), 1 Stellvertreter des Dienststellenleiters, 10 weitere Stellvertreter (Urkundspersonen), 1 Sachbearbeiter (Poststelle), 27 Hilfssachbearbeiter.[422]

Nach fünf Jahren im Amt schied 1966 die bisherige Leiterin des Standesamts I, Gertrud Klinowski, aus dem Dienst und ihr Stellvertreter Klaus Gähler wurde mit den Aufgaben der Dienststellenleitung betraut. Während seiner 15 Jahre währenden Amtszeit gab es neben üblichen Organisations- und Aufgabenanpassungen[423] eine maßgebliche Entwicklung, die zu einem beträchtlichen Bedeutungszuwachs für das Standesamt I führte: die internationale Anerkennung der DDR als souveräner Staat.

In den 1970er Jahren erhielt die DDR die weltweite völkerrechtliche Anerkennung. Damit verbunden war die Errichtung von Botschaften, Konsulaten, z. T. Handels- und auch Militärmissionen und der Abschluss vieler Verträge über den Rechtsverkehr in Zivil-, Familien- und Strafsachen. Im Standesamt I führte das zu einem enormen Anwachsen der entsprechenden Vorgänge: Waren zum Stichtag 01. Dezember 1970 im Sachgebiet Konsularregister des Standesamts I die Personenstandsbücher von 41 Auslandsvertretungen der DDR in 27 Staaten zu betreuen, bestanden im Oktober 1974 bereits mit 111 Staaten diplomatische Beziehungen und mit 14 Staaten waren Verträge über den Rechtsverkehr unterzeichnet.

421 Stellenplanbestätigung des Hauptreferates Stellenplanwesen vom 15.06.1964. In: LAB, C Rep. 105, Nr. 6411.

422 Das entsprechend nötige zusätzliche Personal war allerdings von den anderen Berliner Standesämtern an das Standesamt I abzugeben und fehlte nun dort.

423 Vgl. z. B.: 1970: Anweisung an das Standesamt I von Groß-Berlin vom 22.09.1970 – änderte sich die Staatsbürgerschaft eines Kindes, das ab 01.01.1970 geboren und dessen Geburt bei einem Standesamt der Hauptstadt der DDR bzw. einer der Auslandsvertretungen der DDR beurkundet wurde, so war das Standesamt I zuständig für alle entsprechenden Abstimmungen bis hin zur Neufestlegung der Personenkennzahl und Eintragung in das Geburtenbuch. In: LAB, C Rep. 104, Nr. 2302; Januar 1972. Es galt die Festlegung, dass dem Standesamt I über alle in der DDR genehmigten und ausgefertigten Ehefähigkeitszeugnisse zur Eheschließung eines Staatsbürgers der DDR im Ausland eine Durchschrift zur Auswertung und Aufbewahrung übersandt werden musste. In: Bericht über die Überprüfung des Standesamtes I von Groß-Berlin, vom 14.08.1973. In: LAB, C Rep. 104, Nr. 2307.

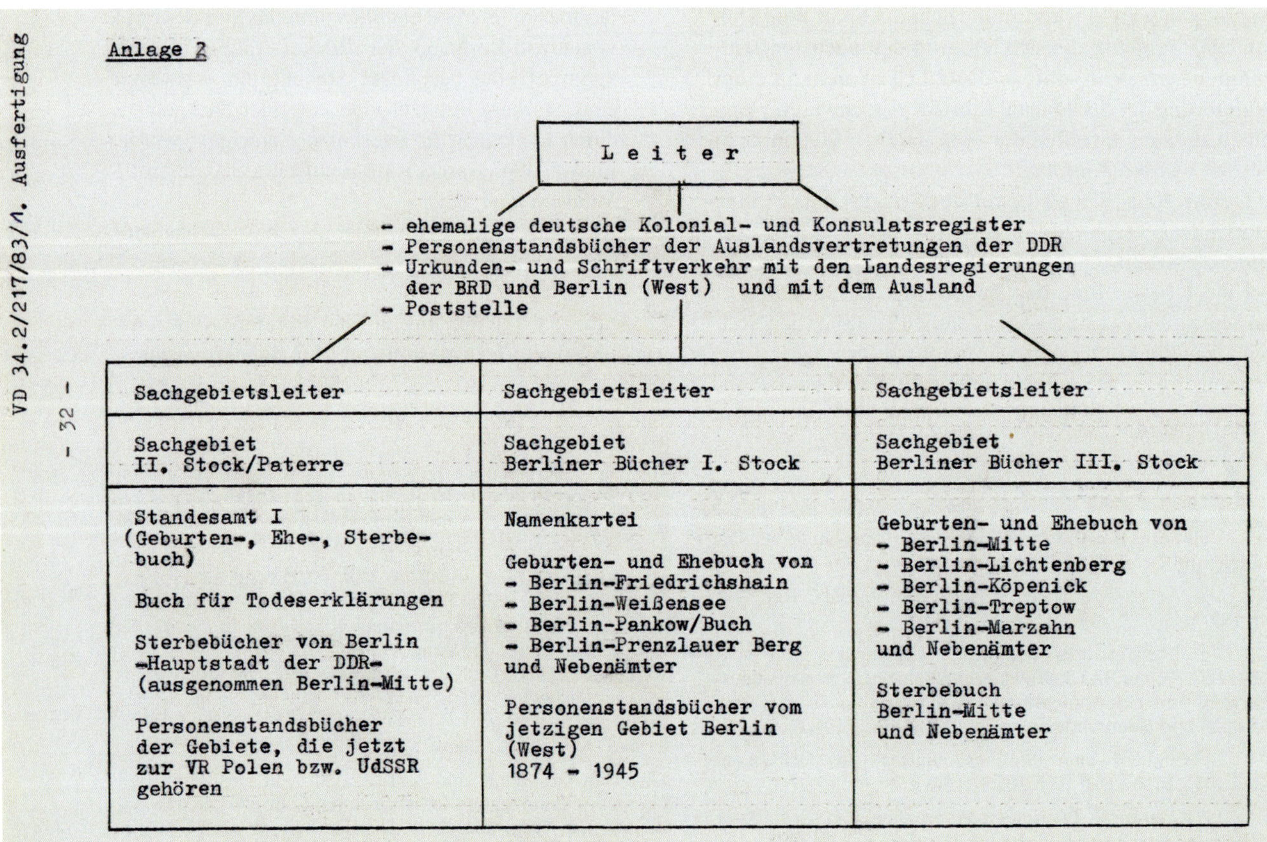

VD 34.2/217/83/1. Ausfertigung

- 32 -

Anlage 2

Leiter

- ehemalige deutsche Kolonial- und Konsulatsregister
- Personenstandsbücher der Auslandsvertretungen der DDR
- Urkunden- und Schriftverkehr mit den Landesregierungen der BRD und Berlin (West) und mit dem Ausland
- Poststelle

Sachgebietsleiter	Sachgebietsleiter	Sachgebietsleiter
Sachgebiet II. Stock/Paterre	Sachgebiet Berliner Bücher I. Stock	Sachgebiet Berliner Bücher III. Stock
Standesamt I (Geburten-, Ehe-, Sterbebuch) Buch für Todeserklärungen Sterbebücher von Berlin -Hauptstadt der DDR- (ausgenommen Berlin-Mitte) Personenstandsbücher der Gebiete, die jetzt zur VR Polen bzw. UdSSR gehören	Namenkartei Geburten- und Ehebuch von - Berlin-Friedrichshain - Berlin-Weißensee - Berlin-Pankow/Buch - Berlin-Prenzlauer Berg und Nebenämter Personenstandsbücher vom jetzigen Gebiet Berlin (West) 1874 - 1945	Geburten- und Ehebuch von - Berlin-Mitte - Berlin-Lichtenberg - Berlin-Köpenick - Berlin-Treptow - Berlin-Marzahn und Nebenämter Sterbebuch Berlin-Mitte und Nebenämter

Organigramm Standesamt I, 1983.

1989 bestanden diplomatische Vertretungen der DDR in fast allen Ländern der Welt.[424]

Schon durch den Beitritt der DDR zur Wiener Konvention über konsularische Beziehungen am 02. Februar 1973 war der Aufgabenumfang für das Standesamt I gewachsen: Konsularische Amtspersonen aus – seinerzeit 116 – beigetretenen Staaten waren nun berechtigt, sich in Wahrnehmung konsularischer Angelegenheiten direkt schriftlich oder durch persönliche Vorsprache an das Standesamt I zu wenden. Bisher war das nur schriftlich über das Ministerium für Auswärtige Angelegenheiten der DDR möglich gewesen. Die DDR hatte zu diesem Zeitpunkt Rechtshilfeverträge mit 23 und Konsularverträge mit 46 Staaten abgeschlossen.[425]

In diesem Zusammenhang sah der Stellvertreter des Oberbürgermisters für Inneres, Stadtrat Kurt Helbig, das Standesamt I nun vor der Aufgabe, „den Urkundenverkehr mit diesen Staaten so zu gestalten, dass er zur weiteren Stärkung des Ansehens und der Autorität der DDR beiträgt sowie den Grundsätzen der Wachsamkeit entspricht und die Sicherheit unserer Republik gewährleistet, insbesondere im Verkehr mit Bürgern und Dienststellen der BRD und Westberlin.“[426] In den 1980er Jahren war sein Urkunden- und Schriftverkehr „darauf gerichtet, die Souveränität der DDR zu wahren, vorhandene Beziehungen völkerrechtlich zu fördern, in Fragen der Staatsbürgerschaft den Standpunkt der DDR zu bekräftigen, Versuche zur Unterhaltung ‚innerdeutscher‘ Beziehungen und zur Umgehung der international üblichen Praxis zurückzuweisen, und die Zuständigkeit des Ministeriums für Auswärtige Angelegenheiten der DDR als Partner des Westberliner Senats weiter auszubauen.“[427]

424 Diplomatische Vertretungen der DDR, 1949–1989. In: Herbst, Andreas; Ranke, Winfried; Winkler, Jürgen: So funktionierte die DDR. Bd. 1, Reinbek bei Hamburg 1994, S. 257 ff.

425 Information zum Magistratsbeschluss 523/88 vom 15.11.1988. In: LAB, C Rep. 100-05, Nr. 2130.

426 Vgl. LAB, C Rep. 104, Nr. 2302. Entsprechend bilateraler Vereinbarungen bestand für das Standesamt I die Aufgabe, dass bei einer Veränderung des Personenstandes von Staatsbürgern der betreffenden Staaten, deren Geburt, Eheschließung oder Tod bei einem Standesamt der Hauptstadt der DDR beurkundet wurde, unverzüglich eine beglaubigte Abschrift dieser Eintragung dem Ministerium für Auswärtige Angelegenheiten der DDR zur Weiterleitung an die Vertragspartner zu übersenden war. Im umgekehrten Fall erhielt das Standesamt I entsprechende Mitteilungen über die Beurkundung der Geburt, die Eheschließung oder den Tod eines Staatsangehörigen der DDR durch ein Standesamt eines der Vertragspartner ebenfalls auf diplomatischem Weg.

427 Vgl. Begründung zum Magistratsbeschluss 272/83 „Maßnahmen zur Erhöhung der Effektivität der Arbeit des Standesamtes I und der Standesämter der Stadtbezirke“. In: LAB, C Rep. 100-05, Nr. 1922. Information zum Stand der Erfüllung der Aufgaben im Personenstandswesen, vom Magistrat von Berlin, Abteilung Innere Angelegenheiten an den Leiter der Hauptabteilung Innere Angelegenheiten im Ministerium des Innern der DDR vom 04.03.1987. In: LAB, C Rep. 104, Nr. 2302.

Anlage 3

Zahlenmäßige Übersicht
über die Entwicklung der Hauptaufgaben des Standesamtes I

	1984	**1985**	**1986**	**1987**	**1988** (bis 30.09.)
insgesamt ausgefertigte Urkunden und Bescheinigungen	71.838	84.345	99.917	94.466	85.921
davon für Bürger und Dienststellen					
- der DDR	62.649	75.036	88.964	83.015	72.276
- anderer Staaten	9.189	9.309	10.953	11.451	13.645
Führung der Personenstandsbücher (beigeschriebene Randvermerke)	18.562	20.385	14.730	18.140	16.597
EDV-Aufzeichnungen (Datensätze)	-	5.950	6.881	7.643	4.640
aufgenommene Gerichtsbeschlüsse in das Buch für Todeserklärungen	1.516	1.331	1.233	1.162	823
vorgenommene Neubeurkundungen	385	344	441	350	285

Statistik zu den Hauptaufgaben des Standesamtes I, 1984–1988, 1988.

Der eklatante Widerspruch zwischen dieser Zuweisung von politischer Verantwortung und der tatsächlichen finanz- und personalseitigen Ausstattung des Standesamts I war eine beständige Herausforderung für seine Leitung und die Fachaufsicht durch das „Referat Personenstand". 1977 wurden im Rahmen der Planungen für das Neubauvorhaben des „Hochzeitspalastes" Bedarfe für das Standesamt I erhoben, das in diesem Verwaltungsgebäude neben anderen Einrichtungen untergebracht werden sollte. Demnach waren noch 12 Beschäftigte und 4000 lfm Personenstandsregister bei einem Umzug zu berücksichtigen. Für die Register wurden Regalanlagen mit entsprechender Kapazität benötigt; außerdem war die Namenskartei des Standesamts I in einem Großraumschrank aufzustellen.[428] Da zwölf Leute das umfassende Spektrum der notwendigen Arbeit nicht kontinuierlich bewältigen konnten, waren regelmäßig Einsätze von Personal anderer Dienststellen erforderlich. So leistete der Bereich Personenstandswesen des Magistrats 1980 „139 Stunden sozialistische Hilfe (Beischreibungen und Aufräumarbeiten im Archiv)";[429] Subotnik-Einsätze von FDJ-Mitgliedern aus dem Stadtarchiv Berlin sind für die 1980er Jahre überliefert.[430]

Die DDR änderte am 28. Juni 1979 ihr Personenstandsgesetz. Ab dem 01. August 1979 galt demnach ein neuer Name: „Standesamt I von Groß-Berlin" wurde durch „Standesamt I von Berlin, Hauptstadt der Deutschen Demokratischen Republik" ersetzt.[431]

Mit der Umsetzung dann des neuen Personenstandsgesetzes von 1981 ab dem 01. Januar 1982 war das Standesamt I nun nicht nur die zentrale Urkundenstelle allein für die Hauptstadt, sondern für die gesamte DDR hinsichtlich der „Gebiete der Oder-Neiße-Friedensgrenze, der Kriegssterbefälle und aller Personenstandsfälle früherer deutscher Staatsangehöriger". Es erledigte:

- die Beurkundung von Personenstandsfällen von Bürgern der DDR, die im Ausland eintraten
- die Beurkundung von Geburten und Sterbefällen, die auf Seeschiffen der DDR eintraten
- die Führung des Buches für Todeserklärungen und der Testamentskartei
- die Führung der Personenstandsbücher der Gebiete jenseits der Oder-Neiße-Friedensgrenze
- die Führung des ehemaligen Wehrmachtfamilienbuches
- die Ausstellung von Personenstandsurkunden aus den ehemaligen deutschen Konsulats- und Kolonialregistern
- die Weiterführung der Personenstandsbücher der Auslandsvertretungen der DDR einschließlich Urkundenausstellung
- die Wahrnehmung der Aufgaben, die sich aus den Rechtshilfeverträgen mit anderen Staaten ergaben (Austauschurkunden, Mitteilungsverfahren)
- die Führung der Personenstandsbücher, die auf dem Territorium von Westberlin (1874–1945) erstellt worden waren, einschließlich der Ausstellung von Personenstandsurkunden.

Die Stellvertretende Leiterin des Standesamts I, Helga Beilfuß, seit 1977 zuständig für das Sachgebietes „Berliner Bücher", übernahm im Juni 1982 kommissarisch die Leitung der Dienststelle.

Für die Erledigung dieser Aufgaben standen ihr ab 1983 nun immerhin 17 Planstellen zur Verfügung. Von diesen 17 Planstellen waren 16 mit Frauen besetzt. Die Ablösung veralteter Bürotechnik durch den Einsatz von elektrischen Schreibmaschinen, Kopiergeräten, Karteischränken und -geräten sowie Hebelschub-Regalanlagen und Transportbändern sollte die körperlich schwere Arbeit für die Frauen erleichtern.[432] Die Mitarbeiterinnen bewältigten 1983 im Monat ca. 5900 Urkunden auszufertigen, 1600 Personenstandsveränderungen zu beurkunden und 1700 Hinweise in die Personenstandsbücher einzutragen. Eine Untersuchung der Akademie für Staats- und Rechtswissenschaften der DDR ergab, dass durch die ungünstigen räumlichen Bedingungen im Gebäude Rückerstraße 9 – verteilte Unterbringung der Personenstandsunterlagen auf fünf Etagen – innerhalb einer Woche allein für das Heraussuchen von Personenstandsunterlagen eine Wegstrecke von 75 km pro Mitarbeiterin zurückzulegen war. Hinzu kamen Erschwernisse wie ungeheizte Registerräume oder die Tatsache, dass das gesamte Gebäude Rückerstraße 9 weder durch einen Wachdienst noch durch technische Anlagen gesichert war![433]

1984 übernahm Wilhelm [Willy] de Laar die Leitung des Standesamts I.

Im Urkunden- und Schriftverkehr des Standesamts I mit der BRD und mit Berlin (West) war ein ständiges Ansteigen des Umfangs zu verzeichnen, das seine Ursache im zunehmenden deutsch-deutschen Reiseverkehr hatte; auch rentenpolitische Maßnahmen der BRD wurden als Grund vermutet. 1985 wurden vom Standesamt I für Bürger und Dienststellen aus 21 Staaten und Berlin (West) 85.000 Urkunden ausgefertigt.

428 Vgl. LAB, C Rep. 104, Nr. 2302. Wie oben dargestellt, sind diese Pläne eines Hochzeitspalastes nicht realisiert worden.

429 Rechenschaftsbericht des Sektors Personenstandswesen, Staatsbürgerschaftsfragen, Genehmigungs- und Ordnungsangelegenheiten zur Verteidigung des Ehrennamens „Kollektiv DSF" vom 20.03.1980. In: LAB, C Rep. 104, Nr. 1916.

430 Vgl. C Rep. 104-02, Nr. 198 und 205.

431 GVBl. DDR I, S. 150.

432 Vgl. dazu: Gerwien, Martina: Untersuchungen zur Möglichkeit und Notwendigkeit der weiteren sozialistischen Rationalisierung im Standesamt I als Beitrag zur Lösung der wachsenden staatlichen Aufgaben. Abschlussarbeit an der Fachschule für Staatswissenschaft „Edwin Hoernle" Weimar, Betriebsakademie des Magistrats von Berlin, Hauptstadt der DDR, 1983. In: LAB, C Rep. 104, Nr. 2128.

433 Vgl. zu diesen Ausführungen: Begründung zum Magistratsbeschluss 272/83 „Maßnahmen zur Erhöhung der Effektivität der Arbeit des Standesamtes I und der Standesämter der Stadtbezirke". In: LAB, C Rep. 100-05, Nr. 1922. Der Beschluss enthielt einen Zeitplan bis Ende 1983 zur Beseitigung der Sicherheitsmängel.

Im ersten Halbjahr 1986 waren es allein 56.800 Urkunden. Seit 1983 waren zwar eine Verjüngung der Altersstruktur und die „Zuführung neuer Bürotechnik und -ausstattung" gelungen, allerdings gestaltete sich die Bilanz 1986 nicht zufriedenstellend. Die Effekte der Einführung und Nutzung der EDV ab dem 01. Januar 1985 waren noch nicht in erhofftem Maße spürbar. „Ein weiterer Rationalisierungsschub kann nur durch die Zuführung von Kopiergeräten und elektromechanischen Schreibmaschinen erreicht werden. Hier gibt es noch Rückstände. Das gilt auch für Karteischränke sowie Metallregale zur Lagerung der Personenstandsbücher [...], weil durch den gegenwärtigen Zustand die Arbeitssicherheit beeinträchtigt ist." Immerhin war mittlerweile die „Sicherheit des Objektes Rückerstraße" gewährleistet: Eine ständige Bewachung, die Schaffung von Sperrbereichen und eine Weisung des Stellvertreters des Oberbürgermeisters für Inneres zur „Gewährleistung des Besucherverkehrs und Festlegung von Maßnahmen bei besonderen Vorkommnissen" hatten die Situation erheblich verbessert.[434]

1988 waren im Standesamt I 15 Beschäftigte tätig, davon 14 Frauen. Sie „verfügen über die erforderliche Qualifikation und langjährige Erfahrungen. Ein Drittel ist über 50 Jahre alt." Zwei unbesetzte Planstellen verschärften den bestehenden Personalmangel.

Der zwei Jahre zuvor erhoffte „Rationalisierungsschub" blieb aus, da weder Kopiergeräte noch elektronische Schreibmaschinen beschafft werden konnten. Für 1989 wurde der Einbau einer neuen Hebelschub-Regalanlage im Keller des Hauses geplant.

Letztlich ist es bis 1990 nie gelungen, die hohen politisch-ideologischen Ansprüche, die übergeordnete staatliche Organe an die Arbeit des Standesamts I der Hauptstadt der DDR stellten, in ausreichendem Umfang mit notwendigem Personal und einer zeitgemäßen Ausstattung zu erfüllen.

Umso bemerkenswerter ist, dass das Standesamt I über 40 Jahre seine Aufgaben, v. a. den Personenstand von Bürgern der DDR, die im Ausland geboren oder gestorben waren bzw. im Ausland die Ehe geschlossen hatten, sowie alle Veränderungen des Personenstandes gesetzlich richtig zu beurkunden, zuverlässig wahrgenommen hat.

Nach über 40 Jahren getrennter Entwicklung fand im Januar 1990 ein erstes Treffen der in Ost und West für das Personenstandswesen Verantwortlichen statt, um Angelegenheiten der beiden Sonderstandesämter I „Standesamt I Berlin – Hauptstadt der DDR" sowie „Standesamt I in Berlin (West)" zu erörtern.

Seitens der Magistratsverwaltung nahmen Dr. Alfred Meyer, Leiter der Abteilung für Innere Angelegenheiten des Magistrats, Helmut Dörfer, Leiter des Personenstandswesens innerhalb dieser Abteilung, und Willy de Laar, Leiter des Standesamts I (Ost) teil.

Die Senatsverwaltung war vertreten durch Herrn Magen, Leiter der Abteilung I der Senatsverwaltung für Inneres, Herrn Britz, Referatsleiter I C, Herrn Quandt Gruppenleiter I C 6, und Herrn Wolfgang Schütz, Leiter des Standesamts I (West).

Themen waren u. a. die Rückgabe der in Ost-Berlin lagernden Personenstandsregister der Standesämter von Berlin (West), die Übermittlung eines Verzeichnisses der beim Standesamt I (Ost) vorhandenen Personenstandsbücher und die Anfertigung eines gemeinsamen Verzeichnisses sowie die Zusammenarbeit der beiden Standesämter I.[435]

Der Anlage I zum Einigungsvertrag zufolge hörte das „Standesamt I Berlin – Hauptstadt der DDR" mit dem Tag des Beitritts am 03. Oktober 1990 auf, als selbständiges Standesamt zu existieren.[436]

Ungefähr 1700 lfm Unterlagen – Personenstandsbücher, Standes- und Konsularregister, Sammelakten und Karteien, Register aus den ehemaligen deutschen Ostgebieten – übernahm formal das Standesamt I in Berlin (West), das im vereinigten Berlin nun wieder die ursprüngliche Bezeichnung „Standesamt I in Berlin" trug. Eine räumliche Zusammenlegung der beiden Dienststellen – Rückerstraße 9 und Rheinstraße 54 – war zunächst nicht möglich; als zentrale Postanschrift des neuen Standesamts, auch für die Belange der Dienststelle in Berlin-Mitte, wurde die Rheinstraße 54 festgelegt.[437]

Die über vier Jahrzehnte währende Teilung des Standesamts I in Berlin war überwunden.

4.4 *Die Standesämter der Räte der Stadtbezirke*

In der Hauptstadt der DDR bestanden zunächst folgende Standesämter:

- Standesamt Mitte
- Standesamt Prenzlauer Berg
- Standesamt Friedrichshain
- Standesamt Treptow
- Standesamt Köpenick
- Standesamt Lichtenberg

434 Magistratsbeschluss 400/86 „Einschätzung des Standes der Durchsetzung des Magistratsbeschlusses Nr. 272/83 ‚Maßnahmen zur Erhöhung der Effektivität der Arbeit des Standesamtes I und der Standesämter der Stadtbezirke' und Festlegung der Aufgaben bis 1990" vom 08.09.1986. Magistratssitzung vom 08.09.1986. In: LAB, C Rep. 100-05, Nr. 2032

435 Bericht von SenInn I C 6 über das Treffen vom 12.02.1990. In: LAB, B Rep. 002, Nr. 36951.

436 Anlage I zum Einigungsvertrag Kap. II Sachgebiet B Abschn. III Nr. 2. Vgl. dazu: Schleicher, Helmut: Die Maßgaben des Einigungsvertrages zur Überleitung des Personenstandsgesetzes. In: Das Standesamt. Zeitschrift für Standesamtswesen, Familienrecht, Staatsangehörigkeitsrecht, internationales Privatrecht des In- und Auslands. 43. Jg. (1990), Nr. 10, S. 279; Vgl. auch: Personenstandswesen; Vollzug des Einigungsvertrages. Rundschreiben des Bayer. Staatsministeriums des Innern Nr. I G 4 – 2001.1 – 3/90 vom 22. Oktober 1990. In: ebenda, 44. Jg (1991), Nr. 1, S. 26.

437 Vgl. Schütz, Wolfgang: Das neue (und alte) „Standesamt I in Berlin". In: Das Standesamt. Zeitschrift für Standesamtswesen, Familienrecht, Staatsangehörigkeitsrecht, internationales Privatrecht des In- und Auslands. 43. Jg. (1990), Nr. 10, S. 279 ff.

- Standesamt Weißensee
- Standesamt Pankow
- Standesamt Buch.

Mit Ausnahme des Verwaltungsbezirks Pankow, bei dem neben dem Standesamt Pankow weiterhin das Standesamt Buch bestand, bildete jeder Verwaltungsbezirk zugleich einen Standesamtsbezirk.[438] Die Standesämter waren Amtssitz des Standesbeamten.

Die Standesämter unterstanden weiterhin der zentralen Fachaufsicht durch den Magistrat, Abteilung „Personal und Verwaltung", über die dortige „Abteilung Personenstandswesen".

Die Arbeitsfähigkeit der einzelnen Standesämter in den Stadtbezirken war nach 1948 zwar nicht durch innerstädtische Verlagerungen von Büchern und Registern im Zuge der Spaltung Berlins belastet, wie das für das Standesamt I galt, doch waren – wie oben beschrieben – viele kriegsbedingt verlagerte Unterlagen für die Arbeit in den einzelnen Standesämtern Berlins noch nicht greifbar.

1949 überstellte deshalb der Landgerichtspräsident den Standesämtern die bei den Amtsgerichten verwahrten Nebenregister aus den Jahren 1874–1938. Die während des Krieges unterbrochenen Arbeiten in der Führung der Nebenregister wurden nun fortgesetzt, die Namensverzeichnisse zu den Nebenregistern wurden – soweit sie durch den Krieg vernichtet worden waren – neu geschrieben. Randvermerke, die seit 1943 gesammelt worden waren, wurden nun in diese Nebenregister eingetragen. Eine Rundverfügung erläuterte das entsprechende Verfahren.[439] Nach der gelungenen Rückführung der Personenstandsbücher aus der ČSR 1951 wurde dann begonnen, diese in den letzten Jahren angefertigten Randvermerke von den Nebenregistern wiederum in die Hauptregister zu übertragen, ebenso wie die Beischreibungen zur Löschung der jüdischen Zwangsnamen.[440]

Als im Rahmen der Verwaltungsreform von 1953 die „Abteilung Personenstandswesen" vom Magistratsbereich „Personal und Verwaltung" zum erstmals gebildeten Bereich „Sekretär" wechselte, wurde dies zeitgleich auf die Ebene der Bezirksverwaltungen übertragen; die Standesämter der Bezirksverwaltungen unterstanden dort nun organisatorisch den ebenfalls neuen Bereiche „Sekretär".

Parallel dazu wechselte die Leitung der Fachaufsicht auf Frau Bäcker, die regelmäßige Kontrollbesuche durch ihre Abteilung in den Standesämtern initiierte. Dazu bildete man eine besondere „Brigade", die bei ihren jeweils zweitägigen Einsätzen vor Ort sämtliche Arbeitsgebiete und die Arbeitsbedingungen prüfte: Räumlichkeiten, Arbeitsorganisation, Durchführung von Eheschließungen, Fachliteratur, Führung der Personenstandsbücher und der Sammelakten. Alles wurde detailliert protokolliert.[441]

Bei entsprechenden Überprüfungen der Standesämter im Jahre 1954 wurden vor allem Mängel in der technischen Ausstattung und beim Mobiliar sowie beim Einsatz qualifizierten Personals festgestellt. Das Problem des fehlenden Fachpersonals in den bezirklichen Standesämtern sollte sich als eine dauernde Belastung für die kommenden Jahrzehnte erweisen,[442] ebenso wie das der ungenügenden Ausstattung der Standesämter – ungeachtet der neben dem klassischen Aufgabenkanon im Personenstandswesen zu erledigenden Sonderaufgaben.

1954 war es gelungen, die 1949 begonnene und 1951 modifizierte Aufarbeitung der Einträge in den rückgeführten Registern im Wesentlichen abzuschließen.[443] Diese Aufgabe hatte über fünf Jahre hinweg zu „ungeheurer Mehrbelastung" geführt. „Sämtliche aufgearbeiteten Zweitbücher der Standesämter [...] einschließlich der gesamten Nachträge für die in den Erstbüchern gefertigten Randvermerke konnten gesichtet und sortiert werden. Hierbei handelt es sich um Tausende von Nachträgen und etliche tausend Bücher."[444]

Nun wandte man sich der Aufarbeitung einer weiteren Kriegsfolge zu: Mit dem 01. Juli 1954 erfolgte die Wiederaufnahme der Arbeiten mit der Testamentskartei, die ebenfalls seit 1943 aufgrund der Verlagerung sämtlicher Personenstandsregister ruhten. Im April 1956 wurde festgelegt, dass die Standesämter bei der Beurkundung von Todesfällen und dem Vorhandensein von Testamenten die entsprechenden Sterbeurkunden nicht mehr an das jeweilige bezirkliche Staatli-

438 Arbeitsbericht des Bereiches Standesamtswesen über die Tätigleit in den vergangenen 3 Jahren, vom 09. Okt. 1951. Vgl. LAB, C Rep. 104, Nr. 53.

439 Vgl. Rundverfügung Nr. 60/1949 vom 03.12.1949, In: LAB, C Rep. 104, Nr. 954.

440 Vgl. Rundverfügung Nr. 3/1951 in: LAB, C Rep. 104, Nr. 954. Die entsprechende Vollzugsmeldung der Standesämter wurde mit Rundschreiben 4/1952 angemahnt. In: LAB, C Rep. 104, Nr. 180.

441 Vgl. dazu u. a.: Bericht über die Überprüfung des Standesamtes Buch am 25. und 26.09.1953; Bericht über die Überprüfung des Standesamtes Lichtenberg, vom 04.03.1954. In: LAB, C Rep. 100, Nr. 84. Die Überprüfung von Eheschließungen im IV. Quartal 1953 ergab beispielsweise, „dass die Notwendigkeit des Kampfes um die Erhaltung des Friedens und die Schaffung der Einheit Deutschlands nicht oder kaum" in den Traureden aufgezeigt wurde; die entsprechenden Standesbeamten hatten ihre Reden umzuarbeiten. Vgl. Tätigkeitsbericht der Abteilung Personenstandswesen für das IV. Quartal 1953. In: LAB, C Rep. 104, Nr. 39.

442 Als z. B. im September 1954 Spätsprechstunden in allen Standesämtern eingeführt wurden, führte das zu erheblichen Mehrbelastungen, die nicht adäquat durch Freizeit ausgeglichen werden konnten, da die nötige Personalausstattung fehlte. Vgl. LAB, C Rep. 104, Nr. 39. Die Einführung der 5-Tage-Arbeitswoche in der DDR 1966/67 verschärfte das Problem fehlenden Personals, da an den nunmehr eigentlich arbeitsfreien Sonnabenden weiterhin Eheschließungen anzubieten waren, weswegen die Arbeitsplanung in den Standesämtern bei der ohnehin permanenten Unterbesetzung, da ein anderer Tag in der Woche als Freizeit gewährt werden sollte, litt. Vgl. Magistratsbeschluss Nr. 87/66 vom 07.04.1966: Regelung der allgemeinen Öffnungszeiten für den Magistrat von Groß-Berlin und die Räte der Stadtbezirke. In: LAB, C Rep. 100-05, Nr. 1307.

443 Vgl. LAB, C Rep. 104, Nr. 2308.

444 Vgl. Erfüllungsbericht für das Jahr 1954 der Abteilung Personenstandswesen. In: LAB, C Rep. 104, Nr. 39.

che Notariat, sondern zentral an das Staatliche Notariat Mitte – Testamentskartei – zu übersenden hatten.[445]

Den Standesämtern der Stadtbezirke oblagen temporär immer wieder auch zeittypische Aufgaben, die nicht zu ihrem originären Aufgabenkreis gehörten, z. B. die Beteiligung an Verwaltungsverfahren im Zusammenhang mit der Rationierung von Lebensmitteln, wobei die Standesämter in die Ausgabe von Kundenausweisen und Bezugsberechtigungen für bestimmte Warengruppen involviert waren.[446]

1955 wurden DDR-weit neuartige Verwaltungsbereiche „Inneres" bei den Räten der Bezirke und den Räten der Kreise eingerichtet, auch in der Ostberliner Verwaltung. In diesem Zusammenhang wechselten die Standesämter bei den Räten der Stadtbezirke nach nur zwei Jahren vom jeweiligen „Bereich Sekretär" zu den neuen Abteilungen „Innere Angelegenheiten". Diese Zuordnung bestand dann stabil über 35 Jahre hinweg bis 1990.

Die fachliche Anleitung erfolgte weiterhin durch die „Abteilung Personenstandswesen", nun ebenfalls bei „Inneres" beim Magistrat, die sowohl die Arbeit der Standesämter begleitete und beaufsichtigte als auch für die Umsetzung zentraler Regelungen der DDR im Berliner Personenstandswesen verantwortlich war.

Der weitreichende Aufgabenkatalog der Bezirks-Standesämter umfasste:

- die gesetzlich richtige Beurkundung der Geburt und des Todes,
- die Durchführung von Eheschließungen und ihrer Beurkundung sowie aller
- Veränderungen des Personenstandes der Bürger.

Weiterhin oblag ihnen

- die Entgegennahme und Bearbeitung von Erklärungen über die Wiederannahme eines vor der geschiedenen Ehe geführten Familiennamens,
- die Änderung des Familiennamens eines Kindes,
- die Anerkennung der Vaterschaft und
- den Austritt aus einer Religionsgemeinschaft.

Sie waren außerdem zuständig für die

- Entgegennahme und Bearbeitung von Berichtigungsanträgen und Versicherungen zum Zweck

445 Ebenda.

446 Erst zum Jahresbeginn 1968 hatte sich in der Hauptstadt der DDR die Versorgungssituation bei Butter, Fleisch- und Wurstwaren zu einer „mengenmäßig vollen Bedarfsdeckung" entwickelt, so dass die Rationierung aufgehoben wurde. Die Einrichtungen des Gesundheitswesens und des Personenstandswesens wurden angewiesen, die Ausgabe entsprechender Einkaufsberechtigungen nun einzustellen. Vgl. Schreiben der Abteilung Handel und Versorgung des Magistrats von Groß-Berlin an die Stadträte für Gesundheitswesen und für Inneres, vom 26.01.1968. In: LAB, C Rep. 104, Nr. 1777.

Abt. Personenstandswesen — Berlin, den 11. Januar 1955.

J a h r e s a u f s t e l l u n g 1954

der Monatsmeldungen von den Standesämtern und der Abt. Personenstandswesen.

Standesamt:	Aufgebote	Eheschließungen	Geburten	Sterbefälle	Spätsprechstunden Okt.-Dez. 54 Aufgebote	Auskünfte usw.
Mitte	1222	1156	3442	2811	56	22
Prenzlauer Berg	2358	2244	578	2401	128	122
Friedrichshain	1573	1507	2570	2074	107	75
Treptow	1139	1028	232	807	76	59
Köpenick	1130	1040	1226	1752	87	39
Lichtenberg	1450	1598	3145	3829	130	126
Weißensee	905	844	921	924	57	12
Pankow	1362	1260	1224	1497	60	21
Buch	126	124	1188	3175	-	-
Standesamt I	-	-	350	3618	-	30
Abt. Personenstandswesen	-	-	-	-	-	25
	11265	10801	14876	22888	701	531

Standesamt I meldete außerdem

Kriegssterbefälle (Sonderaktion)	35.242
Buch für Todeserklärungen	17.152
Negativbescheinigungen	29.743
+ P.A.-Aktion	4.000

Die Abt. Personenstandswesen erteilte insgesamt:

Befreiung.v.d.Beibringung d.Ehefähigkeit	58	= 1.075.-- DM
Befreiung. von Ehehinderung durch Ehebruch oder Schwangerschaft	2	= 5.-- DM
Namensänderungen	182	= 6.328.--DM
Berichtigungen	355	
Legitimationen	900	

Jahresstatistik 1954 der Standesämter in Berlin.

des Beweises und für die Wahrnehmung der Aufgaben hinsichtlich des Urkundenverkehrs und von Fragen der doppelten Staatsangehörigkeit.

Ihnen oblagen die Entgegennahme und Weiterleitung von Anträgen auf

- Eheschließung zwischen Bürgern der DDR und Bürgern anderer Staaten sowie Westberlin,
- Änderung von Familiennamen, Feststellung von Familiennamen und des Personenstandes,
- Verleihung der Staatsbürgerschaft der DDR, auf Entlassung aus der Staatsbürgerschaft der DDR und auf Zustimmung zum Erwerb der Staatsbürgerschaft eines anderen Staates.[447]

Je breiter und anspruchsvoller die Aufgaben im Sachgebiet Personenstand wurden, desto wichtiger wurden Fort- und Weiterbildungsmaßnahmen. Das Berliner Referat führte u. a. einmal jährlich Schulungen mit den Leiterinnen und Leitern der Standesämter durch und wertete dabei entsprechende Arbeitserfahrungen aus. Zur Entlastung der hauptamtlichen Mitarbeiter v. a. an den Wochenenden griff man die Idee wieder auf, außer den Standesbeamten vom Rat des Stadtbezirkes auch andere Mitarbeiter des Staatsapparates ehrenamtlich zu bestellen, sodass diese dann zur Eheschließung berechtigt waren.[448]

Im Rahmen von Fortbildungen wurden sogar Lehrvorführungen veranstaltet: In Absprache mit den eheschließenden Paaren wurde im Stadtbezirk Prenzlauer Berg in den 1970er Jahren jährlich an einem Tag die Trauung durch Helmut Dörfer persönlich vorgenommen. Zu jeder dieser Trauungen wurden 2–3 Leiter bzw. Mitarbeiter anderer Standesämter als Gäste hinzugezogen.

Falls bei der Beurkundung der Geburt eines Kindes hinsichtlich des Vornamens ein Prüfungsbedarf entstand, konnten entsprechende Auskünfte über „Herkunft, Gebräuchlichkeit und Schreibweise von Vornamen“ bis Mai 1972 beim VEB Bibliografisches Institut Leipzig eingeholt werden; nach dem Ausscheiden des dortigen Mitarbeiters übernahm dann das „Zentralinstitut für Sprachwissenschaft, Bereich Sprachgeschichte (Namenforschung)“ der Akademie der Wissenschaften der DDR diese Funktion.[449]

Der bauliche Zustand von Gebäuden, in denen die Ostberliner Standesämter untergebracht waren, sowie die Ausstattung und Ausgestaltung der Diensträume innerhalb der Standesämter blieben die 1960er und 1970er Jahre hindurch unbefriedigend. Selbst die eher repräsentativen Räume, in denen z. B. die Eheschließungen vollzogen wurden, entsprachen in keinerlei Hinsicht den Vorstellungen der Bürger, Beschäftigten und Verantwortlichen.[450]

So war im Stadtbezirk Friedrichshain das Standesamt hinter vergitterten Fenstern in einem Fabrikgebäude in der Warschauer Straße 39/40 untergebracht, in dem sich neben anderem Gewerbe auch eine Kompressorenwerkstatt befand, was zu erheblichen Lärmbelastungen führte. „Die Trauungen können nur bei geschlossenen Fenstern und Vorhängen durchgeführt werden, um den Blick auf kahle Fabrikhinterhofwände auszuschließen und um die Geräusche von Transportarbeiten einzudämmen.“[451] Für das Standesamt wurde überlegt, die Verlegung des Amtssitzes in den Lückenbau Bersarinstraße 91/92 in den Fünfjahrplan-Entwurf 1976–1980 aufzunehmen.

Im Standesamt Berlin-Weißensee führten räumliche Unzulänglichkeiten unter anderem dazu, dass sich Eheschließende und ihre Gäste mit Bürgern, die einen Sterbefall anzeigen wollten, in einem Raum aufhalten mussten; die sanitären Einrichtungen des Standesamts entsprachen keinerlei Mindestanforderungen.

Für das Standesamt Lichtenberg wurde ein Umzug in das repräsentative Gebäude Karl-Lade-Straße 14/15 geprüft.

Für Pankow suchte man eine andere Lösung – den Einbau einer „originalgetreuen Nachgestaltung“ eines „Eheschließungsraumes aus dem 19. Jahrhundert“ in den entsprechenden Räumen des Rathauses.[452] Am 18. Mai 1979 wurde dann tatsächlich das Pankower Standesamt nach dem Einbau des historischen Hochzeitszimmers wiedereröffnet. Das Zimmer, geschaffen von Stadtbaurat Ludwig Hoffmann, hatte sich in einem 1974 abgerissenen Gebäude des alten Fischerkietzes in der Stadtmitte befunden und war aufbewahrt worden.[453]

In Köpenick mussten sich Eheschließende und ihre Gäste bis 1983 gemeinsam mit anderen Wartenden, die das Standesamt in einer Personenstandsangelegenheit aufsuchten, im Rathausflur aufhalten, wo noch nicht

447 Vgl. LAB, C Rep. 104, Nr. 2302. Der Stellvertreter des Bezirksbürgermeisters für Inneres entschied über Anträge auf Eheschließungen zwischen Bürgern der DDR und Bürgern sozialistischer Staaten. Ausnahmen: Republik Kuba, SFRJ, VR Albanien, Koreanische Volksdemokratische Republik und VR China. Der Leiter der Abteilung Innere Angelegenheiten des Magistrats entschied über die Anträge zur Führung von Doppelnamen und auf Änderung von Vornamen, und ausschließlich er konnte die Beurkundung von Personenstandsfällen bei Überschreitung der Anzeigefristen bzw. die Berichtigung von Personenstandseintragungen anordnen.

448 Vgl. dazu Bericht der Arbeiter- und Bauerninspektion der DDR, Bezirkskomitee Berlin, zur „Kontrolle zur Situation und zur Arbeitsweise der Standesämter der Hauptstadt“, vom 18.07.1975. In: LAB, C Rep. 104, Nr. 2302.

449 Vgl. LAB, C Rep. 104, Nr. 1777.

450 Vgl. dazu u. a. Bericht der Arbeiter- und Bauerninspektion der DDR, Bezirkskomitee Berlin, zur „Kontrolle zur Situation und zur Arbeitsweise der Standesämter der Hauptstadt“, vom 18.07.1975. In: LAB, C Rep. 104, Nr. 2302.

451 Vgl. auch: „Bericht zum Stand der Durchsetzung des Beschlusses des Präsidiums des Ministerrates vom 28.08.1975 über die Situation und Arbeitsweise der Standesämter“ vom 11. Juli 1979. In: LAB, C Rep. 100-05, Nr. 1801

452 Vgl. Bericht der Abteilung Innere Angelegenheiten vom Juni 1978 zum Stand der „Realisierung der eingeleiteten Maßnahmen zur Durchsetzung des Beschlusses des Präsidiums des Ministerrates vom 28.08.1975 [...]“ In: LAB, C Rep. 104, Nr. 2302.

453 Schulz, Renate: Chronik der Hauptstadt der DDR, Berlin, 1979. In: Berliner Geschichte. Dokumente, Beiträge, Informationen, hrsg. vom Stadtarchiv der Hauptstadt der DDR, Berlin, Heft 1 (1980), S. 80.

Nr. 2265

Berlin, den 6. Dezember 1966

Joachim Franz Strauß---

~~wohnhaft in~~

ist am 28. November 1966--- um 15 Uhr 55 Minuten

in Berlin---

verstorben.

Der Verstorbene war geboren am 17. Februar 1945---

in Werdau.---

Der Verstorbene war — nicht — verheiratet .---

~~Mündlich — Schriftlich angezeigt durch:~~ Schriftlich angezeigt durch

den Militärstaatsanwalt.---

~~D... Anzeigende hat sich ausgewiesen durch:~~

~~Vorgelesen, genehmigt und ... unterschrieben~~

Leiter des Standesamtes ~~Der Beauftragte für Personenstandswesen~~

I. V.

i. V. [signature]

Geburt des Verstorbenen:

Standesamt Werdau Nr. 86/45

Eheschließung d....... Verstorbenen:

Standesamt .... Nr. ....

Pstw C 1 (87/11) 4695 7. 62 Ag 464/62

Mitwirkung der Standesämter an der Ausstellung von Sterbeurkunden für Maueropfer: Sterbeurkunde für Joachim Strauß, vom 06. Dezember 1966. In: P Rep. 840, Nr. 242.

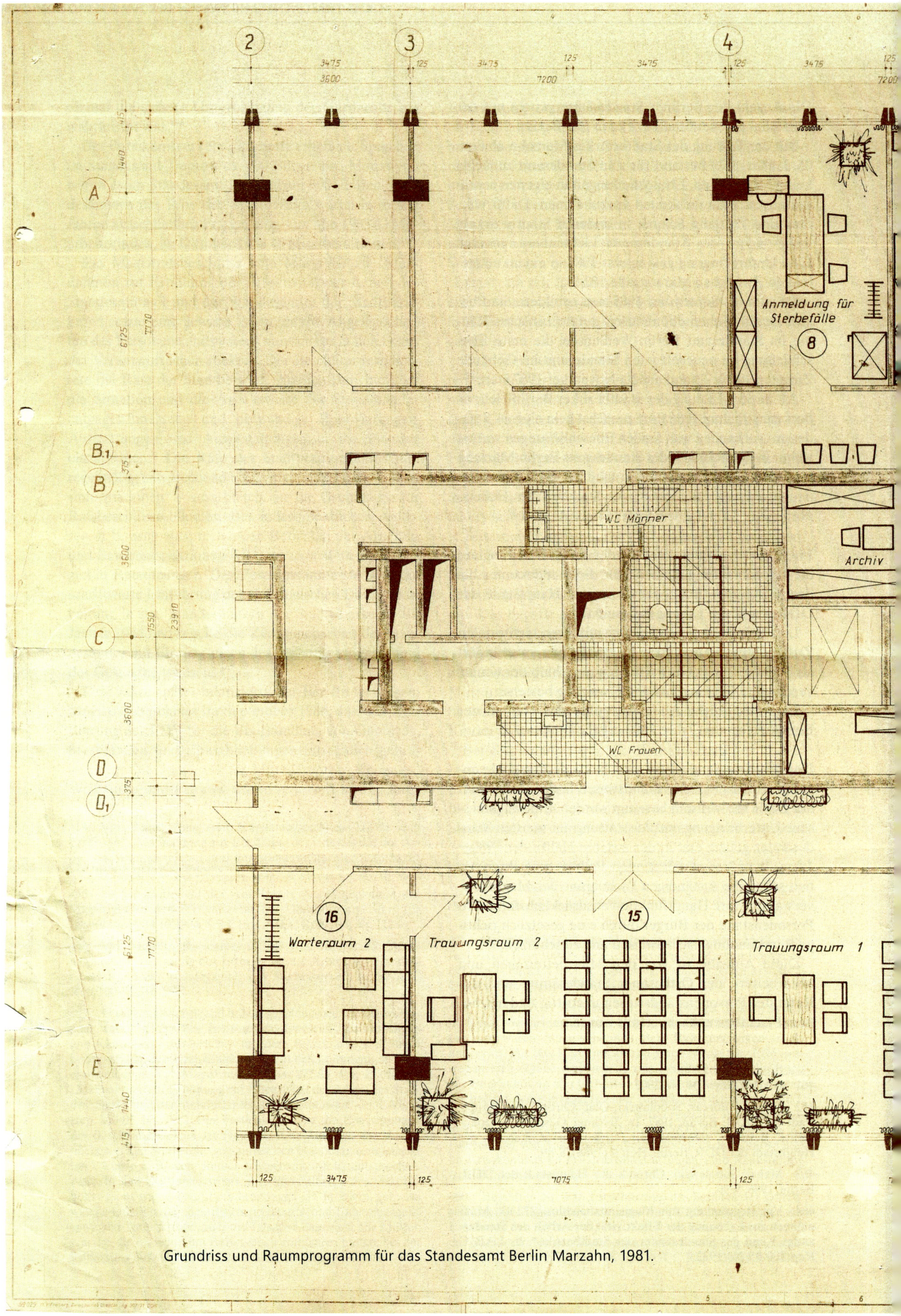

Grundriss und Raumprogramm für das Standesamt Berlin Marzahn, 1981.

Nr. 2265

Berlin, den 6. Dezember 1966

Joachim Franz Strauß---

~~wohnhaft in~~

ist am 28. November 1966--- um 15 Uhr 55 Minuten

in Berlin---

verstorben.

Der Verstorbene war geboren am 17. Februar 1945---

in Werdau.---

Der Verstorbene war — nicht — verheiratet .---

~~Mündlich — Schriftlich angezeigt durch~~ Schriftlich angezeigt durch

den Militärstaatsanwalt.---

~~D... Anzeigende hat sich ausgewiesen durch~~:

~~Vorgelesen, genehmigt und ...... unterschrieben~~

Leiter des Standesamtes
~~Der Beauftragte für Personenstandswesen~~
i.V.

i. V. [signature]

Geburt des Verstorbenen:

Standesamt Werdau Nr. 86/45

Eheschließung d...... Verstorbenen:

Standesamt ...... Nr. ......

Pstw C 1 (87/11) 4695 7. 62 Ag 464/62

Mitwirkung der Standesämter an der Ausstellung von Sterbeurkunden für Maueropfer: Sterbeurkunde für Joachim Strauß, vom 06. Dezember 1966. In: P Rep. 840, Nr. 242.

einmal die sichere Unterbringung der Garderobe gewährleistet war.[454]

Der Publikumsverkehr differierte erheblich: Sprachen im Standesamt Treptow ca. 400 Bürger pro Monat vor, waren es im Standesamt Lichtenberg 900. In den Standesämtern der Räte der Stadtbezirke waren in diesen Jahren ausschließlich Frauen tätig – im Mai 1983 42 Mitarbeiterinnen, im Oktober 1984 46 Mitarbeiterinnen.[455]

Ein Magistratsbeschluss vom Mai 1983 zu „Maßnahmen zur Erhöhung der Effektivität der Arbeit des Standesamtes I und der Standesämter der Stadtbezirke"[456] setzte eine gewisse Zäsur, da die Angelegenheiten des Personenstandswesens nun stärker in den Fokus der Verantwortlichen rückten. Der Beschluss verpflichtete die Räte der Stadtbezirke, „jährlich Berichte über die Situation und die Arbeitsweise der Standesämter entgegenzunehmen und notwendige Renovierungen, Ausstattungen und Ausgestaltungen in die Planung einzuordnen." Die Räte der Stadtbezirke ließen nun regelmäßig entsprechende Informationsberichte – „Ratsinformationen" – ausarbeiten, die die Grundlagen für Ratsbeschlüsse bildeten. Bei außerordentlichen Anlässen, z. B. nach entsprechenden Berichten der Arbeiter- und Bauerninspektionen ABI, gab es weitere Befassungen in Ratssitzungen. Der Beschluss umfasste auch die schrittweise Einführung der elektronischen Datenverarbeitung in den Standesämtern der Stadtbezirke ab 01. Januar 1984 und regelte die Zusammenarbeit der Standesämter mit Einrichtungen des Bestattungswesens und des Gesundheitswesens.[457]

Drei Jahre später bilanzierte der Bericht zu diesem Magistratsbeschluss im September 1986, dass die Einführung der EDV für die Beurkundung von Geburten, Sterbefällen und Eheschließungen tatsächlich gelungen war. Die Standesämter Mitte, Treptow, Köpenick, Weißensee und Pankow waren renoviert und in ihrer Ausstattung ergänzt worden. Das Standesamt Berlin-Lichtenberg nahm am 12. Mai 1986 in einem Neubau seine Arbeit auf. Das Standesamt Berlin-Friedrichshain konnte am 15. Dezember 1986 seine Räume im neu errichteten Verwaltungsgebäude Bersarinstraße 86/90 beziehen.[458] Jedoch bestanden auch weiterhin Mängel, v. a. im Standesamt Köpenick: „[...] die ungenügend ausgestatteten Büroräume, die unzumutbaren Sanitäranlagen und die nicht gesicherte Garderobenablage", ein seit Jahren beklagter Zustand. Umfangreiche Rekonstruktionsmaßnahmen wurden für 1987/88 in Köpenick und für 1986/87 in Prenzlauer Berg vorgesehen.

Zufrieden war man mit den „sichtbaren Fortschritten bei der Erhöhung des Niveaus der Aussprachen mit den Bürgern, der Eheansprachen und des festlichen Charakters der Eheschließungshandlung sowie der Traditionspflege aus Anlass der Eheschließung." Eheschließungen wurden an allen Arbeitstagen und sonnabends durchgeführt. Um hierfür eine stabile, ausreichende Personalausstattung der Standesämter zu erreichen, war es weiterhin erforderlich, „geeignete Mitarbeiter aus anderen Fachorganen zu gewinnen, um die Durchführung von Eheschließungen bei Ausfall der ausschließlich von weiblichen Mitarbeitern besetzten Standesämter der Hauptstadt zu gewährleisten. Das betrifft auch die Absicherung der Durchführung der Eheschließungen im Berliner Rathaus."

Hinsichtlich der Beurkundung von Geburten wurde die Anzeigefrist eingehalten und erreicht, dass alle Mütter bereits vor ihrer Entlassung aus den Krankenhäusern die Geburtsurkunden ihrer hier geborenen Kinder ausgehändigt bekamen.[459]

Bei Sterbefällen war die Beurkundung des Todesfalls an das Territorium gebunden, in dem der Sterbefall eintrat. Der Wohnsitz der anzeigenden Hinterbliebenen war in der Mehrzahl nicht identisch mit dem Stadtbezirk, in dem der Angehörige verstarb. Die Anzeigefrist wurde dennoch eingehalten; die Hinterbliebenen sprachen zunächst persönlich beim Standesamt vor und wandten sich danach an die „Einrichtungen des Bestattungswesens".[460]

454 Vgl. Begründung zum Magistratsbeschluss 272/83 vom 25.05.1983 „Maßnahmen zur Erhöhung der Effektivität der Arbeit des Standesamtes I und der Standesämter der Stadtbezirke". In: LAB, C Rep. 100-05, Nr. 1922.

455 Sachstandsbericht der Abt. Innere Angelegenheiten des Magistrats an den Stellvertreter des Oberbürgermeisters für Inneres vom 04.10.1984, S. 4 f. In: LAB, C Rep. 104, Nr. 2128

456 Vgl. Magistratsbeschluss 272/83 vom 25.05.1983 „Maßnahmen zur Erhöhung der Effektivität der Arbeit des Standesamtes I und der Standesämter der Stadtbezirke". In: LAB, C Rep. 100-05, Nr. 1922.

457 Diesbezüglich bestand hoher Regelungsbedarf und permanent waren seitens des Personenstandswesens Abstimmungen und Klärungen erforderlich – mit dem Bezirksarzt, den Stadtbezirksärzten, den Krankenhäusern und den Leitungen der Feierabendheime. Vgl. Magistratsbeschluss 272/83 vom 25.05.1983 „Maßnahmen zur Erhöhung der Effektivität der Arbeit des Standesamtes I und der Standesämter der Stadtbezirke". In: LAB, C Rep. 100-05, Nr. 1922. Der Festlegung, „dass die Einrichtungen des Bestattungswesens der Hauptstadt im Auftrage der Hinterbliebenen alle Sterbefälle gegenüber den Standesämtern anzeigten", wurde z. B. nicht immer fristgerecht (48 h) entsprochen. Auch in der Zusammenarbeit mit Einrichtungen des Gesundheitswesens waren Fristüberschreitungen ein Problem, genauso wie die Qualität der „Schriftlichen Geburts- und Todesanzeigen" sowie der Totenscheine, oder die Tatsache, dass nicht alle Mütter, v. a. die, die im Klinikum Berlin-Buch entbunden hatten, bei der Entlassung eine Geburtsurkunde ausgehändigt bekamen.

458 Beschluss 523/88 der Magistratssitzung vom 15.11.1988. In: LAB, C Rep. 100-05, Nr. 2130. Diverse Rekonstruktionsmaßnehmen – endlich auch in Köpenick – sollten bis spätestens I. Quartal 1989 abgeschlossen werden.

459 Vgl. LAB, C Rep. 104, Nr. 2302. In den Stadtbezirken, in denen Geburtenstationen bzw. große Krankenhäuser konzentriert waren, fielen erheblich mehr Beurkundungen an als anderswo. Für das Klinikum Berlin-Buch wurde um 1976 deswegen eine eigene Außenstelle des Standesamts Berlin-Buch zur Beurkundung von Geburten und Sterbefällen eingerichtet. Sie befand sich zunächst in einer Baracke des Klinikums Teil I, bevor sie ab August 1977 in der Wiltbergstraße 38 in den Räumen des Standesamts Buch arbeitete. 1983 sollte außerdem die Einrichtung von Standesamts-Nebenstellen in der Charité und im Krankenhaus im Friedrichshain erfolgen; eine Realisierung ist nicht nachzuweisen.

460 Beschluss Nr. 400 ‚Einschätzung des Standes der Durchsetzung des Magistratsbeschlusses Nr. 272/83 „Maßnahmen zur Erhöhung der Effektivität der Arbeit des Standesamtes I und der Standesämter der Stadtbezirke' und Festlegung der Aufgaben bis 1990" vom 08.09.1986. In: LAB, C Rep. 100-05, Nr. 2032

Die Anzahl der Berliner Standesämter wuchs mit der Entstehung neuer Stadtbezirke in Ost-Berlin:

Mit der Bildung des Stadtbezirkes Marzahn ab dem 05. Januar 1979 bestand für sein Standesamt zunächst keine Möglichkeit, Eheschließungen in eigenen repräsentativen Räumlichkeiten vorzunehmen. Dafür wurden eine Zeitlang Räume in anderen Stadtbezirken, insbesondere des Standesamts Lichtenberg, genutzt. Eine Unterbringung gelang erst 1982 in einem neugebauten Zweckbau Maratstraße 182.[461]

Der am 01. September 1985 neu gebildete Stadtbezirk Berlin-Hohenschönhausen nutzte zunächst Räume im Standesamt Berlin-Weißensee; die erste Eheschließung im neueröffneten Standesamt im Gebäude Zingster Straße 2 fand am 20. November 1987 statt.[462]

Als mit der Bildung des Stadtbezirkes Berlin-Hellersdorf zum 01. Juni 1986 dort zunächst kein eigenes Standesamt vorhanden war, fanden Eheschließungen vorerst weiter in den Räumen des Standesamts Berlin-Marzahn statt. Am 21. November 1986 fand die erste Heirat im neuen, eigenen Standesamt des Stadtbezirkes Hellersdorf in der Alten Hellersdorfer Straße 41 statt.[463]

Im Laufe des Jahres 1990 wurden in Vorbereitung auf die Wiedervereinigung auch für die Standesämter bei den Räten der Stadtbezirke in der Hauptstadt der DDR tragfähige Lösungen gesucht.

Letztlich blieben sie zunächst mit ihren territorialen Zuständigkeiten und ihren Kernaufgaben unverändert als Teil der Bezirksverwaltungen innerhalb der neuen, vereinigten Berliner Landesverwaltung bestehen.

Eine wesentliche Änderung sollte sich erst mit der Bezirksreform im Jahre 2000 ergeben.

Der seit Kriegsende 1945 stets beklagte Personalmangel konnte im Personenstandswesen in der Hauptstadt der DDR nie wirksam beseitigt werden. Eine angemessene Unterbringung und Ausstattung der meisten Standesämter gelang erst in der zweiten Hälfte der 1980er Jahre. Trotz der zunehmenden Politisierung ihrer Arbeit sahen die zuständigen Fachorgane der Magistratsverwaltung ihre Hauptfunktion ausdrücklich darin, den Personenstand der Bürger durch eine gesetzlich richtige Beurkundung nachzuweisen und zu schützen.[464]

Diese Aufgabe ist von den Mitarbeiterinnen und Mitarbeitern der Ostberliner Standesämter und des Referates Personenstandswesen unstrittig und mit hohem Pflichtbewusstsein erfüllt worden.

461 LAB, C Rep. 104, Nr. 2302.

462 Mahal, Andreas; Sobolewski, Olaf: Chronik der Hauptstadt der DDR, Berlin, 1987. In: Berliner Geschichte. Dokumente, Beiträge, Informationen, hrsg. vom Stadtarchiv der Hauptstadt der DDR, Berlin, Heft 9 (1988), S. 89.

463 Mahal; Sobolewski: Chronik der Hauptstadt der DDR, Berlin, 1986, S. 90.

464 Vgl. Begründung zum Magistratsbeschluss 272/83 „Maßnahmen zur Erhöhung der Effektivität der Arbeit des Standesamtes I und der Standesämter der Stadtbezirke“. In: LAB, C Rep. 100-05, Nr. 1922.

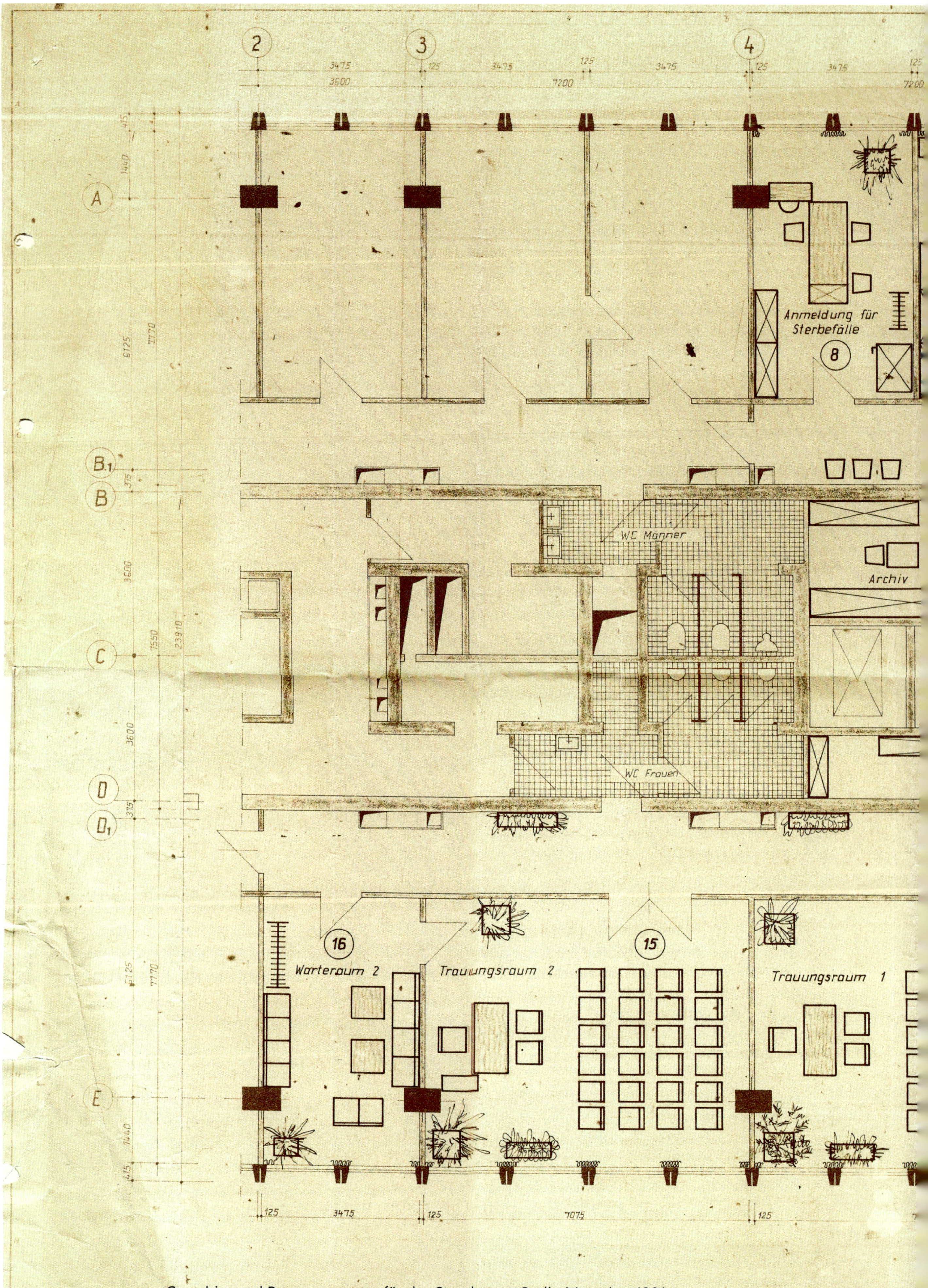

Grundriss und Raumprogramm für das Standesamt Berlin Marzahn, 1981.

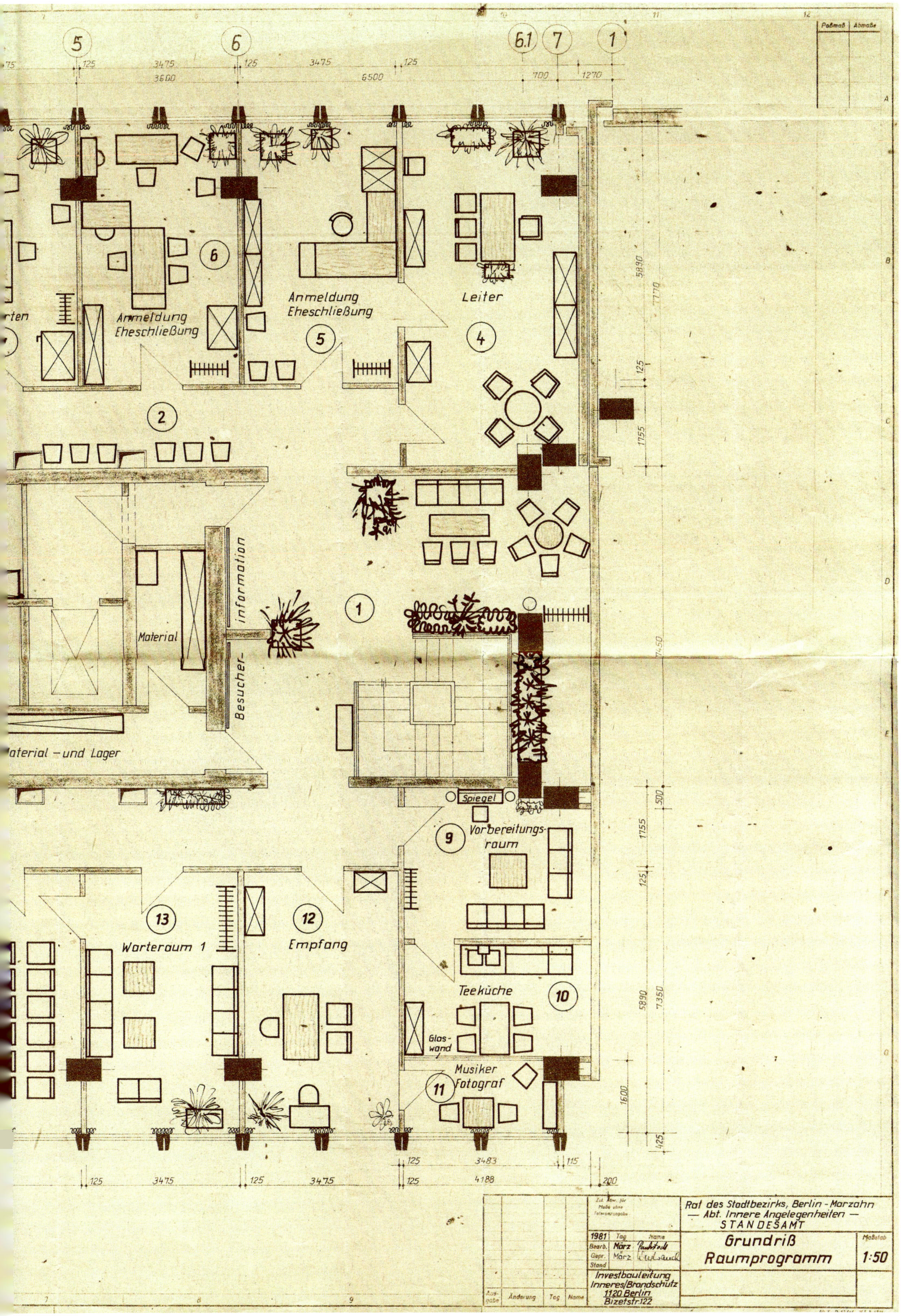

Anmeldung Eheschließung
6
Anmeldung Eheschließung
5
Leiter
4
2
1
Material
Besucher-information
Material - und Lager
Spiegel
9
Vorbereitungs-raum
13
Warteraum 1
12
Empfang
Teeküche
10
Glas-wand
Musiker Fotograf
11
Rat des Stadtbezirks, Berlin - Marzahn
— Abt. Innere Angelegenheiten —
STANDESAMT
Grundriß
Raumprogramm
Maßstab
1:50
1981
Bearb. März
Gepr. März
Investbauleitung
Inneres/Brandschutz
1120 Berlin
Bizetstr. 122
Änderung
Tag
Name

Übersicht der Standesämter in der Hauptstadt der DDR 1949–1990

NAME	AMTSSITZ	ZEITRAUM	BEMERKUNG
Standesamt I[465]	*Berkaer Platz 1* *Stralauer Straße 42/43* *Rückerstraße 9*	*1945* *1946–1952* *1952–1990*	*ab 22.11.1948 für West-Berlin: Berliner Straße 40*
Standesamt Berlin-Mitte	*Artilleriestraße 31* *Elisabethstraße 28/29* *Alexanderplatz 1* *(Berolinahaus, Rathaus)*	*1945–1946* *1947–1960* *1963–1990*	
Standesamt Berlin-Prenzlauer Berg	*Senefelder Straße 6* *Am Nordmarkplatz 6* *Nordmarkstraße 17* *Fröbelstraße 17*	*1945* *1946* *1955–1982* *1982–1990*	*Umbenennung der Nordmarkstraße und des Nordmarkplatzes in „Fröbelstraße" und „Fröbelplatz" 1982*[466]
Standesamt Berlin-Friedrichshain	*Hohenlohestraße 10* *Modersohnstraße 55* *Warschauer Straße 39/40* *Bersarinstraße 86/90*	*1946* *1955–1963* *1967–1986* *1986–1990*	
Standesamt Berlin-Treptow	*Kaiser-Wilhelm-Straße 14* *Groß-Berliner-Damm 35–37* *Neue Krugallee 4 (Rathaus)*	*1946–1947* *1955–1982* *1982*	
Standesamt Berlin-Köpenick	*Max-Betcke-Straße 21 (Rathaus)* *Alt Köpenick 21(Rathaus)*	*1946–1947* *1947–1990*	*Straßenumbenennung 1947*[467]
Standesamt Berlin-Lichtenberg	*Möllendorffstraße 6 (Rathaus)* *Jaques-Duclos-Straße 6* *Anton-Saefkow-Platz 7*	*1946–1976* *1976–1986* *1986–1990*	*Straßenumbenennung 1976*[468]
Standesamt Berlin-Weißensee	*Pistoriussstraße 24* *Amalienstraße 6* *Amalienstraße 8* *Parkstraße 15*	*1946* *1946* *1955–1990* *1982*[469]	*Straßenumbenennung 1971*
Standesamt Berlin-Pankow	*Grunowstraße 8/12,* *Florastraße 79* *Breite Straße 24a–26 (Rathaus)* *Johannes-R.-Becher-Straße 24a/26*	*1946* *1950–1971* *1972–1990*	 *Straßenumbenennung 1971*[470]
Standesamt Berlin-Buch *(für Berlin-Buch und Berlin-Karow)* *(1986: = StA Pankow II)*	*Wiltbergstraße 37/39* *Wiltbergstraße 50* *Johannes.-R.-Becher-Straße 24a/26*	*1946* *1955–1990* *1982*[7]	*Das Standesamt Berlin-Buch war das einzige Standesamt mit Zuständigkeit für zwei Ortsteile, nicht für einen Stadtbezirk.*
Standesamt Berlin-Marzahn	*Maratstraße 182*	*1982*[471]	*vorher Nutzung von Räumen des Standesamts Berlin-Lichtenberg*
Standesamt Berlin-Hellersdorf	*Alte Hellersdorfer Straße 41*	*ab 21.11.1986*	*vorher Nutzung von Räumen des Standesamts Berlin-Marzahn*
Standesamt Berlin-Höhenschönhausen	*Zingster Straße 2*	*ab 20.11.1987*	*vorher Nutzung von Räumen des Standesamts Berlin-Weißensee*

465 Vgl. LAB, C Rep. 104, Nr. 2307 und nachgewiesene Adressen aus Dokumenten, Lücken resultieren aus fehlenden Nachweisen.

466 Magistratsbeschluss 85/82: Umbenennung der Nordmarkstraße und des Nordmarkplatzes im Stadtbezirk Berlin-Prenzlauer Berg in „Fröbelstraße" und „Fröbelplatz" vom 24. Februar 1982. In: LAB, C Rep. 100-05, Nr. 1878

467 Die Straße trug zwischen 1945 und 1947 den Namen Max-Betcke-Straße, der aber nie amtlich bestätigt wurde. Am 31. Juli 1947 wurde sie in Alt-Köpenick umbenannt. Vgl.: Ratsbeschluss 88/47 vom 21.04.1947: Das Bezirksamt stimmt der Umbenennung der Max-Betcke-Straße in „Alt Köpenick" zu. In: LAB, C Rep. C Rep. 146-02-02 (1945 - 1959) - Rat des Stadtbezirks Berlin-Köpenick, Ratssitzungen, Nr. 30

468 Vgl. Magistratsbeschluss 13/76 vom 14.01.1976: Umbenennung der Möllendorffstraße in „Jacques-Duclos-Straße" und des Weißenseer Weges in „Ho-Chi-Minh-Straße". In: LAB, C Rep. 100-05, Nr. 1635.

469 Für 1982 belegt in: LAB, C Rep. 104, Nr. 2307.

470 Vgl. Magistratsbeschluss 127/71 vom 26.05.1971: Umbenennung der Breiten Straße (Pankow) in „Johannes-R.-Becher-Straße". In: LAB, C Rep. 100-05, Nr. 1463.

471 Für 1982 belegt in: LAB, C Rep. 104, Nr. 2307.

Standesamt Alt-Lietzow 28 in Berlin-Charlottenburg.

5.

PERSONENSTANDSWESEN UND STANDESÄMTER IN BERLIN (WEST) 1948–1990

„Ich glaube [...], dass wir gerade die Arbeit der Standesämter sehr sorgfältig beobachten sollten, weil hier ganz sicher eine der Stellen ist, in denen der öffentliche Dienst dem Bürger unmittelbar gegenübertritt, und zwar in den Momenten des Lebens, in denen es besonders darauf ankommt, dass der Staat sich als ein menschliches und vernünftiges Gegenüber erweist."[472]

Heinrich Albertz, 1962

5.1 Die Aufsicht über die Standesämter

Für das geteilte Berlin galt weiterhin ein Besatzungsrecht. „Den in die Westsektoren verlegten Abteilungen und Dienststellen der Hauptverwaltung [...] sind [...] Bürodiensträume zur Verfügung gestellt worden, die zum größten Teil von den Besatzungsbehörden für diesen Zweck überlassen wurden."[473]

Die aus der Teilung resultierenden Hindernisse gestalteten den Arbeitsalltag schwierig: „Die Einheit des Personenstandswesens war ernstlich infrage gestellt. Das Hinweissystem des Familienregisters versagte schlagartig. In den fremd verwalteten Gebieten gab es keine deutschen Standesbeamten mehr. Die Verbindung zur sowjetischen Besatzungszone riss sofort ab. Die Nachwirkungen der Kriegsgesetzgebung taten ein Übriges [...] Hinzu kamen die Beurkundung der Personenstandsfälle der Vertriebenen auf der Flucht [...] Die Kriegssterbefälle mussten abgewickelt werden, die Sterbefälle aus den alten Konzentrationslagern bedurften einer zentralen Beurkundung und neue Sterbefälle aus den neuen Konzentrationslagern der sowjetischen Besatzungszone erforderten ein Tätigwerden der Standesbeamten auch in den westlichen Besatzungszonen [...]"[474] Die fehlenden Personenstandsbücher der Jahrgänge 1874 bis 1943 sowie die gleichfalls kriegsbedingt verlagerten und nicht zurückgeführten Nebenregister erschwerten weiterhin die praktische Arbeit aller Berliner Standesämter. Oft war nicht feststellbar, ob und auf welchem Berliner Standesamt ein angegebener Personenstandsfall beurkundet war, weil auch eigene Namensverzeichnisse und beim Polizeipräsidium die ebenfalls verlagerte Einwohnermeldekartei weiterhin fehlten.[475] Hinweismitteilungen konnten nicht verarbeitet, Randvermerke nicht beigeschreiben werden.[476]

Eine kontinuierliche Tätigkeit der Standesämter war von allergrößter Bedeutung, nicht nur für die Beurkundung von Personenstandsfällen für Betroffene.

472 Antwort von Heinrich Albertz, Senator für Inneres, auf eine Große Anfrage der Fraktion der SPD im Abgeordnetenhaus über Wartezeiten auf den Berliner Standesämtern, 20. September 1962. In: Stenografischer Bericht über die 94. Sitzung vom 20. September 1962, S. 287. In: B Rep. 001, Nr. 4959.

473 Rundschreiben des Hauptverwaltungsamtes vom 09.12.1948. In: B Rep. 002, Nr. 438.

474 Rietdorf, Fritz: Der Standesbeamte in unserer Zeit. In: Das Standesamt. Zeitschrift für Standesamtswesen, Ehe- und Kindschaftsrecht, Staatsangehörigkeitsrecht (StAZ), 1971, S. 178.

475 StAZ 1948/1949, S. 10.

476 Erst 1951 konnte das erste Änderungsgesetz zum Personenstandsgesetz bundeseinheitlich zahlreiche Fragen regeln, die sich aus diesen Kriegsfolgen für das Personenstandswesen ergeben hatten. Gesetz zur Änderung und Ergänzung des Personenstandsgesetzes vom 15.01.1951. BGBl. 1951, S. 57.

Es ergaben sich darüber hinaus für die Verwaltung der Stadt wertvolle Aufschlüsse, etwa über die Struktur der Bevölkerung, ihre Anzahl, Wachstum oder Sterblichkeit. Mittels einer Aufsichtsbehörde sollte auch nach der administrativen Spaltung unbedingt gewährleistet werden, dass die Arbeit der Standesämter richtig und den gesetzlichen Vorschriften entsprechend vollzogen wurde.

Die Aufgaben der *Fachaufsicht* umfassten allgemein vor allem organisatorische Regelungen (z. B. Bildung der Standesamtsbezirke, Bestimmung der Amtssitze, Umgang mit Zweitbüchern, Mitwirkung an der Wiederherstellung zerstörter oder verlorener Personenstandsbücher), die Übertragungen zur Wahrnehmung von Amtsgeschäften oder auch die Bearbeitung einiger Sonderfälle bei Beurkundungen. Die *Dienstaufsicht* hinsichtlich der persönlichen Angelegenheiten von Dienstkräften erstreckte sich auf Fragen wie Ernennungen, Arbeitszeit, Fortbildung oder das Dienststrafrecht.[477]

Die Aufsicht über die Standesämter oblag in Westberlin der für die Innenverwaltung zuständigen Behörde – stabil über Jahrzehnte: 1948 zunächst der „Abteilung für Personal und Verwaltung" des Magistrats zugeordnet, ab 1951 der neu gebildeten Querschnittsverwaltung des Senators für Inneres. Die Behörde des Innensenators gliederte sich in die Abteilung Allgemeine Verwaltung sowie mehrere Fachabteilungen. Die Abteilung I war u. a. zuständig für „Namens- und Personenstandswesen", weswegen hier von Beginn an die Aufsicht über die Standesämter lag, viele Jahre beim Referat I E, dort bei der Sachgruppe „Personenstandswesen". Zum 01. Januar 1959 galt offiziell die Zuständigkeitsregelung: „Oberste Landesbehörde, höhere Verwaltungsbehörde und zuständige Verwaltungsbehörde im Sinne des PStG i. d. F. vom 8.8.1957 [...] ist der Senator für Inneres."[478]

Im Vierten Gesetz zur Änderung und Ergänzung des Personenstandsgesetzes vom 05. August 1974 wurden die Senate der Stadtstaaten ermächtigt, die Vorschriften des Gesetzes über neue Zuständigkeiten von Landesbehörden „an den besonderen Verwaltungsaufbau ihrer Länder anzupassen."[479]

Berlin erließ dementsprechend am 29. Oktober 1974 eine ab 01. Januar 1975 geltende Verordnung,[480] gemäß der

- die „zuständige Verwaltungsbehörde, Aufsichtsbehörde und oberste Landesbehörde im Sinne des Personenstandsgesetzes [...] der Senator für Inneres" war.
- Die Aufgaben der Standesbeamten wurden – mit Ausnahme des Standesamts I in Berlin (West) – von den Bezirken wahrgenommen.
- Standesamtsbezirke waren die Berliner Bezirke.
- Standesbeamte der Bezirke bestellte nach Zustimmung des Senators für Inneres das Bezirksamt. Standesbeamte des Standesamts I in Berlin (West) bestellte der Senator für Inneres.

Im Dezember 1948 waren im Westteil Berlins das „Aufsichtsamt für die Standesämter" und das „Standesamt I" zunächst räumlich zusammengelegt und in Berlin-Wilmersdorf im Gebäude Duisburger Straße 12 untergebracht, dann kurzzeitig im nahegelegenen Haus Albrecht-Achilles-Straße 65/66. 1952 befand sich die Aufsichtsbehörde für die Standesämter dann mit im Dienstgebäude der Innenverwaltung Fehrbelliner Platz 2.

Es gab 1948 noch einen gemeinsamen Dienststellenleiter (Bürovorsteher) jedoch eigene Amtsleiter – einen Hauptamtsleiter und einen Standesbeamten.[481] Walter Brell, der seinen Dienstsitz in den Westteil Berlins verlegt hatte, leitete hier die Aufsichtsbehörde für die Standesämter von Beginn an bis 1952.[482] Ihn unterstützte ab Juli 1947 auf einer neu geschaffenen Referentenstelle Erich Gottschalk, den das Aufsichtsamt unbedingt gewinnen wollte und den Brell „als den fähigsten Standesbeamten von Groß-Berlin" bezeichnete.[483]

Als Hauptreferent im Fachreferat war kurzzeitig Gerhard Lasson[484] nachzuweisen; Dr. Eitel Kopp[485] und Dr. Bodo Stackebrandt[486] in den 1950er Jahren, dann der langjährige Mitarbeiter Gförer (1968–1987); sein Nachfolger wurde 1987 Amtsrat Quandt, der als Mitarbeiter Gförers bestens mit den Aufgaben der Standesamtsaufsicht vertraut war.[487]

477 Vgl. Schmidt, Adolf: Standesamt und Standesamtsaufsicht. In StAZ 1968, S. 121 ff.

478 StAZ 1959, S. 119.

479 BGBl. I 1974, S. 1857.

480 Verordnung zur Durchführung des Personenstandsgesetzes vom 29. Oktober 1974. In: GVBl. Berlin 1974, S. 2673.

481 Das Berliner Recht kannte zu diesem Zeitpunkt keine Beamten. Auch hoheitsrechtliche Befugnisse wurden durch Angestellte ausgeübt. Es gab deshalb eigentlich keine Amtsbezeichnungen, sondern nur Funktionsbezeichnungen. Vgl. Brell, Walter: Die Sonderstellung des Standesamts I in Berlin. In: StAZ 1950, S. 83.

482 Als Mitarbeitende können benannt werden: Erwin Stelter, Hauptsachbearbeiter (StAZ 1950, S. 65), Alois Schäfer, Hauptsachbearbeiter (StAZ 1951, S. 278).

483 Erich Artur Gottschalk, geb. 11.02.1894 in Seebeck, Kreis Ruppin. Seit 10.10.1918 im Dienst der Stadt Berlin in den Alt-Berliner Standesämtern, v. a. in Berlin-Mitte, als Stellvertretender Standesbeamter tätig; 1945–1947 Standesbeamter in Berlin-Zehendorf; Juli 1947 Versetzung zum Aufsichtsamt für die Standesämter. Vgl. Personalakten in LAB, A Rep. 001-06, Nrn. 7215 und 6606.

484 Gerhard Lasson, geb. 06.02.1906 in Berlin-Neukölln, war bis 14.02.1946 im hamburgischen Ausweichkrankenhaus Wintermoor als Leiter des Hauptbüros und stellvertretender Standesbeamter tätig. Er kehrte in seine Heimatstadt zurück und arbeitete ab 20.02.1946 in der Stadtverwaltung. Zunächst beim Hauptgrundstückamt tätig, wechselte er 1947 zum Büro des Oberbürgermeisters, später Senatskanzlei, bevor er ab 1953 als Stadtrat in Berlin-Neukölln eine Karriere als Politiker begann. Vgl. Personalakte LAB, B Rep. 080, Nr. 684.

485 Dr. Eitel Georg Kopp, geb. 17.07.1902. 1926 erschien seine Dissertation an der Friedrich-Wilhelms-Universität zu Berlin „Das Kleinrentnerproblem". Entnazifizierungsbescheid vom 21. Mai 1948. In LAB, C Rep. 031-01-05, Nr. 764.

486 Personalakte in LAB, B Rep. 080, Nr. 774.

487 Bericht Berlin 1987. In: Verbandsnachrichten und Mitteilungen des Bundesverbandes und der Landesverbände der deutschen Standesbeamten (VBStA), Dezember 1987, S. 21.

Passfoto Erich Gottschalk aus der Personalakte.

Regelmäßige Amtsleiterbesprechungen der Senatsverwaltung mit den Bezirksstandesämtern und dem Standesamt I in Berlin (West) sicherten einen kontinuierlichen Informationsaustausch über die Auswirkungen gesetzlicher Regelungen, die Anwendung von einzelnen Verfahren in den Standesämtern, diverse Personal- und Ausstattungsprobleme oder die Zusammenarbeit mit Behörden in der DDR oder Ost-Berlin.[488]

Die Gesetzgebung im Personenstandsrecht oblag dem Bund unter entscheidender Mitwirkung der Länder. Es wurde 1957 ein Personenstandsgesetz (PStG)[489] erlassen, das die Regelungen des NS-Personenstandsgesetzes von 1937 ablöste und dem später diverse Änderungsgesetze sowie deren Ausführungsverordnungen (AVO PStG)[490] folgten. Damit konnte die Rechtseinheitlichkeit im gesamten Bundesgebiet gewährleistet werden. Die Organisation der Standesämter selbst war Sache der Länder.

Für West-Berlin bestand mit seiner Sonderstellung die zusätzliche Notwendigkeit, getroffene Bundesregelungen in eigenes Recht umzusetzen, was regelmäßig mit gesonderten Veröffentlichungen im Berliner Gesetz- und Verordnungsblatt „Gesetz zur Übernahme von Gesetzen vom [...]“ erfolgte.[491]

Zwar konnte 1961 nach mehr als einem Jahrzehnt der Erneuerung und Konsolidierung ein „gefestigtes Rechtsverhältnis im Personenstandswesen“ konstatiert werden,[492] doch wurden permanent gesetzliche Regelungen erlassen oder verändert, die das Personenstandswesen erheblich tangierten. 1977 galt wegen der Anzahl grundlegender Neuerungen – das Bundesgesetzblatt Teil I umfasste erstmals mehr als 3000 Seiten und damit ein Drittel mehr als der übliche Durschnitt – auch für die standesamtliche Praxis – Nichtehelichengesetz, Adoptionsreform, erste Eherechtsreformgesetz – beispielsweise als ereignisreiches Jahr.[493] Durch eine umfangreiche Berichterstattung über nationale und internationale Rechtsnormen und Praxisbeispiele zum Umgang wurde versucht, dem entstehenden Konsolidierungsbedarf zu entsprechen. Wichtiges Medium dafür war und ist die Fachzeitschrift *Das Standesamt. Zeitschrift für Standesamtswesen, Ehe- und Kindschaftsrecht, Staatsangehörigkeitsrecht (StAZ)*, hrsg. von der Arbeitsgemeinschaft der Standesbeamten-Fachverbände e. V. Frankfurt am Main.

Standesbeamte waren nun in der Regel Beamte. Zwar hatten die Alliierten für den öffentlichen Dienst ein Dienstrecht auf der Grundlage arbeitsrechtlicher Normen angestrebt – was in Groß-Berlin zunächst auch die Verfassung vorsah –, doch hielt dann das 1949 verabschiedete Grundgesetz am Berufsbeamtentum fest. Allerdings konnten ausnahmsweise auch in einem tarifrechtlichen Verhältnis stehende Personen oder Ehrenamtliche als Standesbeamte tätig werden. Ihre Ausbildung erhielten die Standesbeamten über eine Laufbahn als Sekretäre oder Inspektoren, die mit Lehrgängen und Prüfungen zusätzlich in besonderen Kursen zum Standesbeamten ausgebildet wurden. Dabei waren die Anforderungen an die Kenntnisse und Fähigkeiten der Standesbeamten recht hoch: Neben den Regelungen des Personenstandsrechts sollten sie sich hinsichtlich des Ehe- und Familienrechts auskennen und Kenntnisse zum Namens- und Staatsangehörigkeitsrecht haben. Allerdings ermöglichte ihnen dieser Ausbildungsweg nicht, in eine höhere Stelle zu kommen, wie das Kollegen in anderen Verwaltungslaufbahnen gelingen konnte. Hieraus folgte eine recht hohe Fluktuation ausgebildeter Standesbeamter, die durch weitere Aspekte, wie den Wegfall der Kleiderzulage oder bestimmte Anforderungen an ihre „Rednergabe“, verschärft wurde.

Der Standesbeamte von Berlin-Reinickendorf hat 1966 ein umfangreiches Papier zur „Stellenbewertung des Standesamtspersonals“ verfasst und die Lage aus-

488 Die Protokolle oder Niederschriften dieser Besprechungen sind für längere Zeiträume überliefert. In: LAB, B Rep. 122.

489 Das Personenstandsgesetz vom 03.11.1937 in der Fassung der Bekanntmachung vom 08.08.1957 – PStG. BGBl. I, S. 1125; Verordnung zur Ausführung des Personenstandsgesetzes von 12.08.1957 – AVO PStG BGBl. I, S. 1139.

490 BGBl. I, S 1139.

491 Z. B. Gesetz zur Übernahme von Gesetzen vom 30. Juli 1970. GVOBl, S. 1323. So legte das „Gesetz zur Übernahme von Gesetzen vom 26.08.1974“ u. a. fest, dass das „Vierte Gesetz zur Änderung und Ergänzung des Personenstandsgesetzes vom 5. August 1974 (BGBl. I S 1857)“ nun auch in Berlin Anwendung fand (GVOBl, S. 2009).

492 Rietdorf, Fritz: Zum Jahreswechsel. In: StAZ 1961, S. 1.

493 Hoffmann, Werner: Zum Jahreswechsel. In: StAZ 1978, S. 1 ff.

führlich analysiert. Tatsächlich sind für mehrere Stellen höhere Bewertungen erfolgt.[494]

Bis in die 1980er Jahre hinein gelang es trotz mehrfacher Anstrengungen des Fachverbandes nicht, das Fach „Personenstandswesen" in den Stundenplan der Fachhochschule für Verwaltung und Rechtspflege aufzunehmen.[495]

Allerdings bestand jederzeit die Möglichkeit, an der Fachakademie für Standesamtswesen in Bad Salzschlirf Einführungs-, Sonder- und Fortbildungsseminare zu besuchen.

Das sehr anspruchsvolle Aufgabenfeld im Standesamt erforderte eine permanente und verständliche Anleitung durch die Aufsichtsbehörden, auch um eine einheitliche Anwendung der diversen gesetzlichen Regelungen ermöglichen und garantieren zu können. Man setzte dafür auf das bewährte Mittel einer Dienstanweisung. Als 1968 mit der „Allgemeinen Verwaltungsvorschrift zum Personenstandsgesetz" eine neue „Dienstanweisung für die Standesbeamten und ihre Aufsichtsbehörden – DA" verabschiedet wurde,[496] ging ein „fast hörbares Aufatmen durch die Reihen der an der Ausarbeitung Beteiligten." Diese Dienstanweisung war lange angekündigt und auch erwartet worden, galt die vorhergehende doch bereits ab dem Jahr 1939. Zwar war anlässlich der Änderung des Personenstandsgesetztes 1957 schon einmal ein Anlauf für eine neue DA unternommen worden, doch gestalteten sich die Arbeiten „schwieriger und zeitraubender als man erwartet hatte."[497] Die neue Dienstanweisung wurde erneut nicht als reine Verwaltungsvorschrift ausgestaltet, „sondern wie bisher auch das Personenstandsgesetz und die dazu ergangene Ausführungsverordnung sowie andere Gesetze" eingearbeitet, „damit der Standesbeamte auf möglichst viele Fachfragen Rat und Auskunft finden könne[...]" Während der Erarbeitung hatte sich herausgestellt, „dass mit einer Fassung, die auf dem Bestehenden aufbaute, kein brauchbares Ergebnis zu erreichen war." Die einzelnen Bestimmungen wurden nunmehr so geordnet, wie sie sich aus dem Arbeitsablauf im Standesamt folgerichtig ergaben. Die Mitgestalter der neuen Dienstanweisung hofften, „das Werkzeug des Standesbeamten" zu erstellen, dass die neue Dienstanweisung „gegenüber ihrer Vorgängerin wesentliche Vorteile aufweist und weit besser geeignet ist, den mit der Durchführung des Personenstandsgesetzes betrauten Personen zu helfen, ihr schwieriges Amt richtig zu versehen."[498]

Doch schon drei Jahre nach ihrem Erscheinen musste im November 1971 die Dienstanweisung für die Standesbeamten in einer vollkommen überarbeiteten Fassung erlassen werden; das Dokument trug eher den Charakter einer neuen DA: Die Änderungen umfassten über 160 Ziffern. Vorschriften wurden geändert oder aufgehoben, oder neue Paragrafen eingeführt.[499]

Diese Verwaltungsvorschrift bot zwar den „Standesbeamten dort, wo es möglich ist, [...] eine Richtschnur für den Regelfall." Sie konnte eigene Entscheidungen der Standesbeamten jedoch nicht ersetzen. Das Arbeitsfeld wurde immer komplexer. Die Laufendhaltung der DA wurde zur Herausforderung, die Gesetzesflut musste dringend eingedämmt werden.[500]

Neben der Umstrukturierung der Standesämter mehrten sich deshalb die Forderungen nach der Erarbeitung eines neuen Berufsbildes für die Standesbeamten; Ausbildung, Stellenplan und Eingruppierung sollten in ein neues Verhältnis zueinander gebracht werden.[501]

Ab Sommer 1970 galten bundesweit neue Sätze für Gebühren und Auslagen mit „maßvollen" Erhöhungen.[502] Die „fachlich besonders ins Gewicht fallenden Tätigkeiten der Standesbeamten, wie die Prüfung der Ehefähigkeit" oder die Beachtung ausländischen Rechts, standen nun neben den anderen Aufgaben wie Büchervorlage, Abschriften, Urkundenerteilung an der Spitze der Verordnung.[503]

Mitte der 1970er Jahre begann – wie in anderen Verwaltungen auch – die Diskussion um die Einführung automatisierter Verfahren im Personenstandswesen.[504] Definitionsfragen, Abgrenzung zu Mechanisierung, Wiedergabe auf Mikrofilmen – all diese Aspekte wurden thematisiert. Durchaus berücksichtigend, dass es sich um personenbezogene Daten handelte, wurden zunächst Grundlagenuntersuchungen angeregt, „die die Arbeitsorganisation des Standesamtes als Ganzes sehen [...] Das technisch Sinnvolle ist umzusetzen, nicht das technisch machbare." Tendenzen der „Automationsfeindlichkeit" sei entgegenzuwirken. „Vom Grund-

494 LAB, B Rep. 122, Nr. 12

495 Antrag des Fachverbandes an den Senator für Inneres vom 15.11.1982. In: LAB, B Rep. 122, Nr. 4.

496 Dienstanweisung für die Standesbeamten und ihre Aufsichtsbehörden vom 16.04.1968 – DA. Beilage zum Bundesanzeiger Nr. 85 vom 7.5.1968.

497 Einzelne Änderungen hatte es bereits 1952 (Bundesanzeiger Nr. 94 vom 16. Mai 1952, S. 2), 1953 (Bundesanzeiger Nr. 171 vom 5. September 1954, S. 1) und 1958 (Beilage zum Bundesanzeiger Nr. 11 vom 17. Januar 1958) gegeben.

498 Vgl. Reichard, Heinz: Stand der Arbeiten zum DA-Entwurf. In: StAZ 1967, S. 145 ff.; Gudrum, Hans: Der neuen DA zum Gruß. In: StAZ 1968, S. 3 ff. Berlin erließ eine eigene „Allgemeine Verwaltungsvorschrift des Senators für Inneres zur Ergänzung der Dienstanweisung für die Standesbeamten und ihre Aufsichtsbehörden (DA) vom 14.05.1968–VV".

499 Beilage zum Bundesanzeiger Nr. 215 vom 19. November 1971. Die DA wurde zum 10. November 1971 erlassen.

500 Vgl. Unger, Walter: Verwaltungsvorschriften und Standesamt. Die Dienstanweisung für Standesbeamte und ihre Aufsichtsbehörden. In: StAZ 1971, S. 330.

501 Vgl. Hoffmann, Werner: Zum Jahreswechsel. In: StAZ 1972, S. 6.

502 Verordnung zur Änderung der Verordnung zur Ausführung des Personenstandsgesetzes vom 27.06.1970. In: BGBl. Nr. 62 vom 30.06.1970, S. 1015.

503 Vgl. Rietdorf, Fritz: Zum Jahreswechsel. In: StAZ 1971, S. 3.

504 Vgl. u. a.: Ostermann, Jürgen: Automation und Standesamt. In: StAZ 1974, S. 253 ff.; Schweinoch, Joachim: Möglichkeiten der Automation beim Standesamt. In: StAZ 1977, S. 219 ff.

satz her hat sich die Technik an Recht und Organisation im Standesamt anzupassen, nicht umgekehrt."[505]

Die wachsende Bedeutung des Datenschutzes führte vermehrt zu Überlegungen, die weiter zunehmenden Alltagsaufgaben[506] der Standesämter zu reduzieren: Ende 1981 gab es bundesweit erste Initiativen, „die Standesbeamten von solchen Mitteilungspflichten zu befreien, die sich als nicht oder nicht mehr notwendig erweisen oder die von einer anderen Stelle effektiver wahrgenommen werden könnten." Zunächst handelte es sich um Überlegungen zu Meldungen z. B. an Gesundheits- oder Versorgungsämter über von ihnen beurkundete Geburten, die von ihnen beurkundeten Totgeburten und die Leichenschauscheine (Totenscheine).[507]

Berlin sprach sich allerdings nicht nur für eine Beibehaltung der Meldepflichten aus, sondern darüber hinaus sogar für eine Erweiterung der mitgeteilten Daten.

Mitten in die behördliche Abstimmungsphase der Bundesländer fiel das Urteil des Bundesverfassungsgerichts vom 15.12.1983 zum Volkszählungsgesetz,[508] womit es neue Grundlagen für entsprechende Entscheidungen gab. Eine Bund-Länder-Arbeitsgruppe, die sich mit den Auswirkungen des Urteils auf das Personenstandswesen befasste, wurde eingesetzt. 1985 sprachen sich dann die obersten Landesbehörden fast einstimmig für eine Beibehaltung der Mitteilung von Geburten an die Gesundheitsämter aus; auf die Mitteilung von Totgeburten könne hingegen verzichtet werden. Die Arbeitsgruppe empfahl, dass für die Mitteilungspflichten eine Grundvorschrift in das Personenstandsgesetz eingestellt wird mit einer Ermächtigung zu konkreten Festlegung in den Ländern. Der Bundesminister des Innern schloss sich diesem Standpunkt an und erste Entwürfe für die Änderung des Personenstandsgesetzes wurden erarbeitet. Allerdings stand die Auffassung des Bundesbeauftragten für den Datenschutz einer Änderung entgegen.[509]

Das Ziel der Verwaltungsvereinfachung führte 1985 zu erneuten Änderungen an der DA.[510] Überlegungen zur Aktualität und Anwendbarkeit des noch immer über 400 Paragrafen umfassenden Werkes führten in der Folge zur Anregung einer grundsätzlichen Neugestaltung

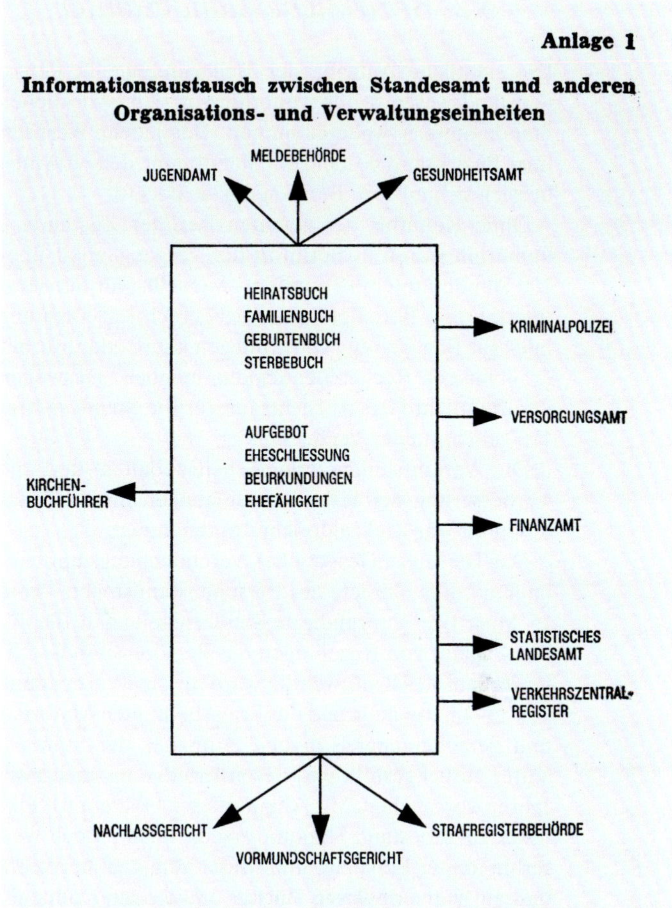

Schema zum Informationsaustausch zwischen Standesamt und anderen Organisations- und Verwaltungseinheiten, 1974.

der DA.[511] Am 23. November 1987 konnte immerhin die „Bekanntmachung zur Neufassung der Allgemeinen Verwaltungsvorschrift zum Personenstandsgesetz (Dienstanweisung für die Standesbeamten und ihre Aufsichtsbehörden – DA –)" veröffentlicht werden.[512]

Die Berliner Standesbeamten befassten sich auf ihrer Jahreshauptversammlung 1988 explizit mit diesem Thema und erwarteten den darüber gehaltenen Fachvortrag „mit gewisser Spannung". Insbesondere „die Problematik der teilweise ohne gesetzliche Grundlage gemachten Aussagen der DA" oder „die Konflikte bei ergangenen Gerichtsbeschlüssen und anderslautenden DA-Bestimmungen" sorgten für Debatten.[513]

Diese umfangreiche und detaillierte Dienstanweisung bildete die Grundlage für die Arbeit der Standesämter und ihrer Aufsichtsbehörden für die kommenden Jahre; sie legte Aufgaben und Standards fest, die auch nach der deutschen und Berliner Wiedervereinigung galten.

505 Ostermann: Automation und Standesamt, S. 264.

506 Beispielsweise hatte das 1980 verabschiedete Transsexuellengesetz gegebenenfalls Änderungen bei der Eintragung im Geburtenbuch bei Vornamen und Geschlecht des Kindes zur Folge.

507 Rundbrief des Bundesministers für Jugend, Familie und Gesundheit an die obersten Landesgesundheitsbehörden vom 25.11.1981. In: LAB, B Rep. 008, Nr. 1255.

508 BVerfGE 65, 1–71.

509 Ein geplantes fünftes Gesetz zur Änderung der Ergänzung des Personenstandsgesetztes wurde zurückgestellt und nicht weiterverfolgt. Vgl. zu den geschilderten Vorgängen: LAB, B Rep. 008, Nr. 1255.

510 BAnz Nr. 25 vom 06.02.1985.

511 Gaaz, Bertold: Ist die Dienstanweisung noch zeitgemäß? In: StAZ 1987, S. 1.

512 Bundesanzeiger Nr. 227a vom 04.12.1987.

513 Bericht Berlin. In: VBStA Dezember 1988, S. 16.

5.2 *Bezirkliche Standesämter*

Die staatliche Aufgabe der Beurkundung im Personenstandswesen wurde weiterhin von den bezirklichen Standesämtern wahrgenommen. Bei jedem Westberliner Bezirksamt bestand ein Standesamt, dessen Amtsbereich sich mit den Bezirksgrenzen deckte.

Ohne Kenntnis der genauen Berliner Zustände – immerhin waren in Berlin in der Vergangenheit über 100 Standesämter in Tätigkeit – war selbst für bürokratieerfahrene Beteiligte eine sachgerechte Zuordnung oder gar Bearbeitung von Anliegen kaum oder nur mit erheblichem Rechercheaufwand möglich. Deswegen veröffentlichte das Aufsichtsamt für die Standesämter 1950 ein aktuelles Verzeichnis.[514]

Die Vereinfachung von Arbeitsabläufen und die Verbesserung der Rahmenbedingungen für die Standesämter war Ziel zahlreicher Maßnahmen.

Das Berliner „Gesetz über Vereinfachungsmaßnahmen auf dem Gebiete des Personenstandsrechts" vom 15. März 1950[515] formulierte Sonderregelungen, die mit dem Ablauf von Regelungen des Personenstandsrechtes im Jahre 1946 notwendig wurden: Eine Verordnung von 1944 hatte aufgrund des kriegsbedingten Material- und Personalmangels diverse Aufgaben der Standesämter zurückgestellt und deren Erledigung nach zwei Jahren vorgesehen. Mit Ablauf dieser Frist am 01. Oktober 1946 bestand Handlungsbedarf. Da jedoch weiterhin akuter Personal- und Materialmangel herrschte und auf die verlagerten Bücher und Register ohnehin nicht zurückgegriffen werden konnte, hatte der Berliner Magistrat die Standesämter ermächtigt, von der Wiederaufnahme der verschobenen Arbeiten weiterhin abzusehen. Zweck des neuen Gesetzes war nun im Jahre 1950, dem jahrelangen Zustand auf dem Gebiet des Personenstandsrechts in Berlin eine Rechtsgrundlage zu geben. Es war als Übergangsgesetz vorgesehen, bis Berlin ein neues Personenstandsgesetz übernehmen konnte, das zuvor von Bundesrat und Bundestag verabschiedet würde.[516]

Die Arbeit der Berliner Standesämter regelten darüber hinaus zahlreiche detaillierte Vorschriften. Eine dieser Neuregelungen betraf beispielsweise ebenfalls 1950 den Verbleib von Totenscheinen, der dahingehend geregelt wurde, dass bei den Standesämtern aus unterschiedlichen Gründen etwa vorhandene Totenscheine an das Gesundheitsamt ihres jeweiligen Bezirkes abzugeben waren. Bei Verstorbenen, die ihren Wohnsitz im Ostteil Berlins oder in der „Ostzone" hatten, waren die Totenscheine zentral an das Landesgesundheitsamt abzugeben.[517]

A. Standesämter der Westsektoren[1])

Nr. des Verw.-Bezirks	Anschrift	
2	Standesamt Tiergarten (früher Standesämter III, XIIa, XIIb)	Berlin NW 21, Bremer Str. 17
3	Standesamt Wedding (früher Standesämter XI, XIIIa, XIIIb u. Rudolf-Virchow-Krankenhaus)	Berlin N 65 Müllerstr. 146-147
6	Standesamt Kreuzberg (früher Standesämter IVa, IVb, Va u. Vb)	Berlin SW 29, Boeckhstr. 9-10
7	Standesamt Charlottenburg	Berlin-Charlottenburg Niebuhrstr. 59-60
8	Standesamt Spandau	Berlin-Spandau, Carl-Schurz-Str. 2-6 (Rathaus)
9	Standesamt Wilmersdorf	Berlin-Schmargendorf Berkaer Platz 1
10	Standesamt Zehlendorf	Berlin-Dahlem Faradayweg 14
11	Standesamt Schöneberg	Berlin-Schöneberg, Rudolf-Wilde-Platz (Rathaus)
12	Standesamt Steglitz	Berlin-Lichterfelde-Ost, Goethestraße (Rathaus)
13	Standesamt Tempelhof	Berlin-Tempelhof, Tempelhofer Damm 156/169
14	Standesamt Neukölln	Berlin-Neukölln, Karl-Marx-Str. 107 Ecke Ganghoferstaße
20	Standesamt Reinickendorf	Berlin-Wittenau, Holzhauser Straße Ecke Eichborndamm (Rathaus)

B. Standesämter des Ostsektors

Nr. des Verw.-Bezirks	Anschrift	
1	Standesamt Mitte (früher Standesämter I, II VI, IX, Xa)	Berlin C 2, Elisabethstr. 28-29
4	Standesamt Prenzlauer Berg (fr. Standesämter Xb, Xc)	Berlin NO 55, Marienburger Str. 41-46
5	Standesamt Friedrichshain (früher Standesämter VIIa, VIIb, VIIc, VIII u. Stralau)	Berlin O 17, Hohenlohestr. 10
15	Standesamt Treptow	Berlin-Johannisthal, Sterndamm 14
16	Standesamt Köpenick	Berlin-Köpenick, Max-Betcke-Str. 21 (Rathaus)
17	Standesamt Lichtenberg	Berlin-Lichtenberg, Möllendorffstr. 6
18	Standesamt Weißensee	Berlin-Weißensee, Amalienstr. 6
19	a) Standesamt Pankow	Berlin-Pankow, Breite Str. 24-25 (Rathaus)
	b) Standesamt Buch	Berlin-Buch, Wiltbergstr. 37-39

Magistrat von Groß-Berlin (West)
Aufsichtsamt
für die Standesämter

[1]) Wegen des Standesamts I Berlin, das seit dem 1. 4. 1939 lediglich überörtliche Aufgaben zu erfüllen hat, vgl. Brell, StAZ 1950 S. 83

Verzeichnis der Berliner Standesämter, 1950.

Ein zeittypisches Problem stellte für die Standesämter offenbar die Häufung gefälschter Personenstandsurkunden dar, sodass 1951 in der Fachzeitschrift für die Standesbeamten ein Beitrag „Wie erkennt man Fälschungen von Personenstandsurkunden?" nötig wurde. Die Kriegsverluste an wichtigen Papieren verleitete „charakterschwache Menschen" dazu, „an Stelle der verlorengegangenen neue Urkunden selbst anzufertigen oder durch Nichtberufene anfertigen zu lassen." Detailliert wurden v. a. aktenkundliche Hinweise beschrieben, wie Fälschungen durch Standesbeamte, die „gleichzeitig ein guter Kriminalist" sein sollten, zu

514 Unvollständige Anschriften an die Berliner Standesämter. In: StAZ 1950, S. 208 f.

515 VOBl. Groß-Berlin I, S. 87.

516 Kopp, Eitel Georg: Vereinfachungsmaßnahmen auf dem Gebiete des Personenstandsrechts in Groß-Berlin. In: StAZ 1950, S. 204 ff.

517 Rundschreiben Nr. 67 des Aufsichtsamtes für die Standesämter vom 27. Juli 1950. In: LAB, B Rep. 002, Nr. 438.

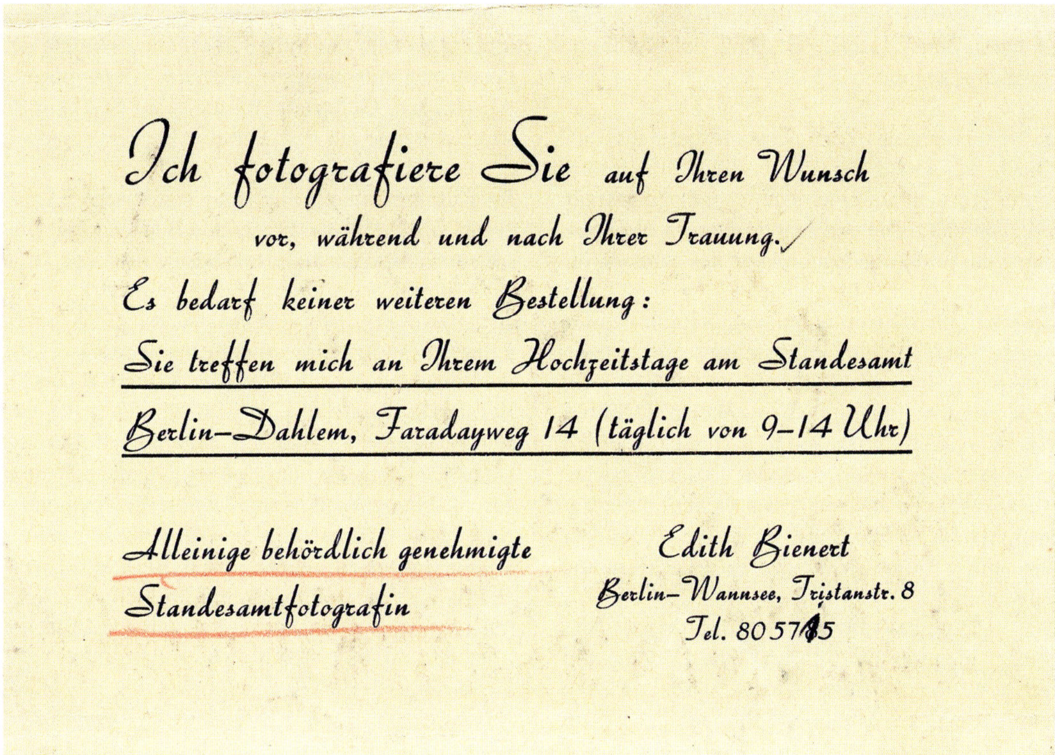

Ich fotografiere Sie auf Ihren Wunsch
vor, während und nach Ihrer Trauung.
Es bedarf keiner weiteren Bestellung:
Sie treffen mich an Ihrem Hochzeitstage am Standesamt
Berlin-Dahlem, Faradayweg 14 (täglich von 9-14 Uhr)

Alleinige behördlich genehmigte
Standesamtfotografin

Edith Bienert
Berlin-Wannsee, Tristanstr. 8
Tel. 80 57 45

Offerte der Fotografin Edith Bienert, ausgelegt um 1953 im Standesamt Berlin-Dahlem.

erkennen sind, damit diese Straftaten aufgedeckt werden können.[518]

Einen erfreulicheren Hintergrund hatte hingegen folgende Sonderaufgabe: Seit dem 01. April 1952 gab die Sparkasse der Stadt Berlin West über die Berliner Standesämter Spargeschenkgutscheine für Neugeborene heraus, damals über eine Spareinlage in Höhe von 5.- DM. Man entsprach seitens der Sparkasse damit der in der Satzung übertragenen Aufgabe, „den Sparsinn der Jugend zu pflegen".[519]

Im Frühjahr 1952 änderten sich die Berliner Vorschriften dahingehend, dass der Senat den Beschluss fasste, die von der Bundesregierung am 10. Mai 1952 erlassenen Allgemeinen Verwaltungsvorschriften über die Änderung und Ergänzung der Dienstanweisung für die Standesbeamten[520] auch für Berlin am 01. Mai 1952 in Kraft treten zu lassen. Es gab einen Neudruck der Dienstanweisung, in der die geänderten Abschnitte kursiv gesetzt waren. Konkret ging es zum einen darum, das Verfahren zu *Hinweisen* und *Mitteilungen* der (Bezirks-)Standesämter an das Standesamt I in Berlin und des Standesamts I in Berlin an die Standesämter in der Bundesrepublik zu regeln. Zum anderen waren nun Angaben zu *Religion* in die Personenstandsbücher und das Buch für Todeserklärungen einzutragen, wenn dies beantragt wurde.[521]

Die standesamtlichen Eheschließungen boten mit ihren vorab öffentlich ausgehängten Aufgeboten geschäftstüchtigen Dienstleistern (z. B. Möbelhändler, Kreditvermittler, Immobilienberater) eine willkommene Gelegenheit, über die Adressen der Verlobten direkten schriftlichen Kontakt aufzunehmen. Das wurde von vielen Eheschließenden als zudringlich und unangemessen empfunden, was zu Beschwerden bei den Standesämtern führte. Ähnlich verhielt es sich mit Fotografen, die in und vor den Standesamtsgebäuden aufdringlich um einen Fotoauftrag rangen. Zwar gab es mit einigen Fotografen Vereinbarungen seitens der Standesämter, doch wurden die von anderen Berufskollegen unterlaufen und so sahen sich Brautleute v. a. außerhalb der Gebäude oftmals mehreren Offerten konkurrierender Fotostudios ausgesetzt.[522]

Auch die oftmals zu lange dauernde Beschaffung von Urkunden im Umfrageverfahren bot Mitte der 1950er Jahre vermehrt Anlass zu Beschwerden. Die Umfragen, für die eine Gebühr von 5.—DM erhoben wurde, sollten eigentlich innerhalb von zwei Wochen erledigt werden.[523]

518 StAZ 1951, S. 278 f.

519 Vgl. LAB, B Rep. 010, Nr. 2641. Als in den 1960er Jahren auch andere Westberliner Kreditinstitute solche Gutscheine, oder evtl. einen Gemeinschaftsgutschein, ausgeben wollten, lehnte die Sparkasse entsprechende Initiativen ab.

520 Bundesanzeiger Nr. 94 vom 16. Mai 1952, S. 2.

521 Rundverfügung Nr. 74 „Änderung der Dienstanweisung für die Standesbeamten und ihre Aufsichtsbehörden (DA)" vom 19. Juni 1952. In: LAB, B Rep. 004, Nr. 3312; StAZ 1952, S. 127.

522 Vgl. LAB, B Rep. 206, Nr. 7389 und B Rep. 210, Nr. 1927.

523 Vgl.: Anweisung an die Standesämter von Berlin (West) vom 29.02.1956. In: LAB, B Rep. 004, Nr. 65.

Außerdem erwirtschafteten die Standesämter Einnahmen durch den Verkauf von „Buch der Kindheit" und „Familienstammbuch".[524]

Mit der Neufassung des Personenstandsgesetzes 1957 wurde auch die Arbeit der Westberliner Standesämter in vieler Hinsicht auf eine neue Grundlage gestellt. Grundsätzlich galt: „Die den Standesämtern obliegenden Aufgaben sind Angelegenheiten des Staates, die den Gemeinden zur Erfüllung nach Anweisung übertragen werden."[525] Damit nahm der Standesbeamte eine gewisse Sonderstellung im Verhältnis zur Gemeinde ein, da der standesamtliche Aufgabenbereich nicht zu den Selbstverwaltungsaufgaben gehörte. Dennoch war er kein Staatsbeamter, sondern stand im Dienst der Gemeinde. Die Änderungen des Gesetzes beruhten auf „Anregungen aus der Praxis, wobei immer der Gesichtspunkt im Vordergrund stand, die Arbeit des Standesbeamten soweit wie möglich zu erleichtern und zu vereinfachen."

Eine grundlegende Reform bestand darin, dass das Gesetz die Anlegung und Führung eines *Familienbuches* nach ganz neuen Grundsätzen vorschrieb. Als das Familienbuch zum 01. Januar 1958 eingeführt wurde, war es nicht mehr mit dem alten Familienbuch von 1937, das die Heiratsregister ersetzt hatte, identisch.[526] Es wurde nunmehr auf einem Kartonblatt A 4 geführt – war also kein „Buch" mehr im eigentlichen Sinne, sondern eher eine Kartei –, enthielt aber weiterhin die Daten zur Eheschließung, Angaben zu den Eltern der Ehegatten und ihren gemeinsamen Kindern. Dieses Familienbuch wanderte mit der Familie mit, d. h. es wurde bei Wohnortwechsel an das dann zuständige Standesamt weitergeleitet. Das zum 01. Januar 1958 wieder eingeführte Heiratsbuch hingegen blieb stationär bei dem Standesamt, das die Ehe beurkundet hatte. Eine maßgebliche Absicht für die Einführung dieses neuen Familienbuches bestand darin, „die Heimatvertriebenen erneut mit beweiskräftigen Personenstandsurkunden auszustatten." Durch langjährige Debatten um diese neuen Dokumente war zwar inzwischen die Brisanz der Thematik ein wenig zurückgegangen, dennoch wurde diese Neuerung von vielen Betroffenen begrüßt. Eine weitere Intention der Einführung des Familienbuches, den „Interessen der einzelnen Staatsbürger [zu] dienen" und für „die Gemeindeverwaltung von vielfältigem Nutzen" zu sein, würde erst im Laufe der Zeit Ergebnisse zeigen können.[527]

Neu wurde im Gesetz auch die Festschreibung formuliert, welche Urkunden der Standesbeamte aus den Personenstandsbüchern ausstellen darf: beglaubigte Abschriften, Geburts-, Heirats- oder Sterbeurkunden sowie Auszüge aus dem Familienbuch.

Im Zusammenhang mit einer statistischen Erhebung ergab sich 1959 die Frage der Bearbeitung von Personenstandsfällen alliierter Besatzungsangehöriger in West-Berlin. Wurden diese von den bezirklichen Standesämtern registriert? Und waren diese überhaupt dafür zuständig? Eine rechtliche Prüfung ergab, dass die Angehörigen der in Berlin stationierten alliierten Besatzungstruppen „nicht den sich aus den Personenstandsgesetzen ergebenden Anmeldepflichten" unterlagen. Eine Beurkundung wurde jedoch auch nicht ausgeschlossen, falls Personenstandsfälle dennoch angezeigt wurden. Einer telefonische Umfrage bei einigen Standesämtern zufolge wurden in Berlin-Steglitz die im amerikanischen Militärhospital in Lichterfelde erfolgten Geburten im Standesamt Steglitz mündlich angezeigt und dort im Geburtenbuch beurkundet.[528] Beim Standesamt Berlin-Zehlendorf lag die ausschließliche Zuständigkeit für die Eheschließung von amerikanischen Staatsangehörigen der Besatzungstruppen.

1969 bedurfte diese Anwendung des Personenstandsrechts für Angehörige der alliierten Besatzungstruppen erneut einer Klärung: Die Eheschließung amerikanischer Staatsangehöriger wurde in den Bundesländern bzw. Westberlin unterschiedlich gehandhabt. In Westberlin erfolgten Eheschließungen von US-Soldaten, auch wenn diese in der Bundesrepublik stationiert waren, auf der Grundlage des Besatzungsrechts – der Heiratsanweisung des amerikanischen Hauptquartiers von 1952 und nicht nach dem Familienrecht der Bundesrepublik. Nun wurde die Gültigkeit solcher Ehen in Bayern infrage gestellt. Ausschließlich zuständig war – und blieb nach einer behördeninternen Abstimmung – jedoch das Standesamt Berlin-Zehlendorf, das für jeden Einzelfall eine Anweisung erhielt, die Eheschließung vorzunehmen.[529]

Gleich zu Beginn der 1960er Jahre ergriff der Innenausschusses des Berliner Abgeordnetenhauses die Initiative zum Besuch der Hamburger Kollegen, um Erfahrungen im Verwaltungshandeln und in der Verwaltungsmodernisierung auszutauschen.

Dieser Besuch in Hamburg im Sommer 1960 bot Anlass, im Vorfeld einige Organisationsunterlagen anzufordern. Die Berliner Abgeordneten erbaten unter anderem die Stellenpläne der Standesämter. Man vermutete eine überhöhte Personalausstattung.

524 Mitteilung des Senators für Inneres vom 25.01.1956 an sämtliche Standesämter von Berlin (West). In: LAB, B Rep. 004, Nr. 65.

525 § 51 PStG.

526 Mit dem PStG von 1937 war anstelle des Heiratsregisters ein Familienbuch getreten, das die verwandtschaftlichen Beziehungen der Familienmitglieder aufzeichnete.

527 Hoffmann, Dr.: Zum Jahreswechsel. In: StAZ 1958, S. 1 f. Mit dem Gesetz zur Reform des Personenstandsrechts (Personenstandsrechtsreformgesetz – PStRG) vom 19. Februar 2007 wurde das 1957er PStG reformiert. Ein Schwerpunkt dieser Reform war die Ersetzung des Familienbuchs durch Beurkundungen in den neuen Personenstandsregistern.

528 In der Bundesrepublik Deutschland war die Rechtslage anders und orientierte sich am Truppenvertrag von 26. Mai 1952, wonach auf Mitglieder ausländischer Streitkräfte deutsches Recht anzuwenden war. Vgl. Schreiben der Senatsverwaltung für Inneres vom 25.02.1959. In: LAB, B Rep. 004, Nr. 2676.

529 Vgl. Schreiben des Senators für Inneres an das Bayerische Staatsministerium des Innern vom 28. April 1969. In: LAB, B Rep. 004, Nr. 2676.

Bei der Übergabe der Unterlagen wurden einleitend als Aufgaben der 12 bezirklichen Standesämter benannt:

- Aufgebote
- Beurkundung von Eheschließungen
- Erteilung von Ehefähigkeitszeugnissen
- Anbringen von Randvermerken in Heiratsregistern und Familienbüchern
- Beurkundung von Geburten
- Anbringen von Randvermerken in den Geburtsregistern und den Geburtenbüchern (Vaterschaftsanerkennung, Legitimation, Namenerteilung, Ehelichkeits- und Unehelichkeitserklärung, Adoption)
- Beurkundung von Sterbefällen
- Anbringen von Randvermerken in den Sterberegistern und Sterbebüchern
- Beglaubigung von Abschriften und Urkunden aus den Personenstandsregistern und Büchern.

Ein Jahr nach dem Besuch in Hamburg lag dem Innenausschuss des Abgeordnetenhauses dann ein Bericht des Senators für Inneres vom 07. Juli 1961 als Grundlage für zu treffende Entscheidungen vor. Der Bau der Berliner Mauer ab dem 13. August 1961 änderte natürlich umfangreich die Rahmenbedingungen, sodass es noch bis Anfang 1962 dauerte, bis konkrete Ergebnisse vorlagen: Der Ausschuss für Inneres hat dann auf seiner 122. Sitzung vom 03. Februar 1962 beschlossen, von seiner vorherigen Anregung, bei den Standesämtern 30 Planstellen einzusparen, wieder abzurücken. Allerdings forderte der Ausschuss die Senatsverwaltung für Inneres auf, „im Rahmen von Rationalisierungsmaßnahmen zu prüfen, ob weitere Kräfte im Standesamtswesen eingespart werden können.“[530]

Allerdings hatten die Standesämter nach der Errichtung der Berliner Mauer aufgrund der wegen „der Berliner Situation eingeleiteten Fördermaßnahmen für Ehewillige“ eine erhebliche Mehrarbeit zu leisten:[531] Die Menschen im Westteil der Stadt heirateten wie nie zuvor, was ein erfreulicher Anlass für die eingangs zitierte Aussage des damaligen Innensenators Heinrich Albertz war. Ein „überstarker und in diesem Umfang nicht erwarteter Andrang zu den Standesämtern“ führte dort zu einer tatsächlich so bedenklich gewordenen Situation, dass sich das Abgeordnetenhaus von Berlin auf seiner 94. Sitzung vom 20. September 1962 aufgrund einer Großen Anfrage der SPD-Fraktion mit den „Wartezeiten auf den Berliner Standesämtern“ befassen musste. Neben den Wartezeiten für Eheschließungen bestanden Missstände auch hinsichtlich der Bearbeitung von Geburten und Sterbefällen. Der Grund: Ehewillige wollten zahlreich das seit Herbst 1961 mögliche Familiengründungsdarlehen[532] in Anspruch nehmen – die Aufgebote stiegen in den ersten sechs Monaten 1962 im Vergleich zum Vorjahr um über 30 %. Alle 10 Minuten wurde ein Paar getraut; Juweliere und Möbelhersteller freuten sich. Doch die räumliche Ausstattung der Standesämter reichte nicht aus; ein zweites Trauzimmer sollte die Wartezeit von drei bis vier Monaten vom Aufgebot bis zur Heirat entspannen. Durch Einsatz von mehr Personal war stun-

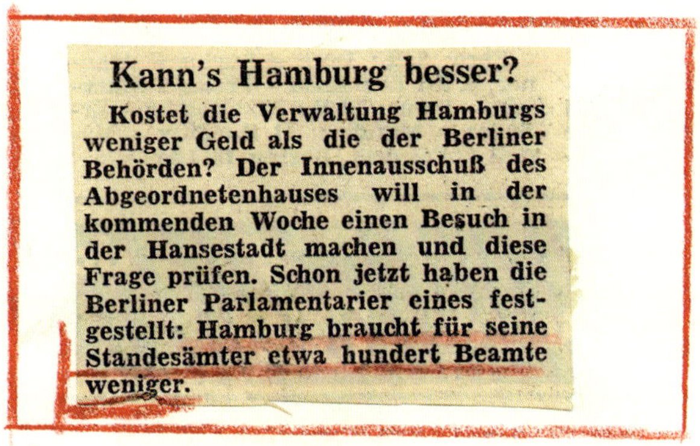

Kann's Hamburg besser?

Kostet die Verwaltung Hamburgs weniger Geld als die der Berliner Behörden? Der Innenausschuß des Abgeordnetenhauses will in der kommenden Woche einen Besuch in der Hansestadt machen und diese Frage prüfen. Schon jetzt haben die Berliner Parlamentarier eines festgestellt: Hamburg braucht für seine Standesämter etwa hundert Beamte weniger.

Meldung aus der *Berliner Morgenpost*, vom 28. Mai 1960.

Karikatur aus der *Berliner Morgenpost*, vom 03. Juni 1960.

530 LAB, B Rep. 002, Nr. 7694/2. Nach „Einführung einer Generalkartei“ sollten weitere Untersuchungen erfolgen. Diese Generalkartei sollte den Standesämtern die Bearbeitung der Umfragen bei allen Standesämtern abnehmen. Für ihre Einrichtung und Betreuung wären jedoch zusätzlich drei Beschäftigte und die Beschaffung eines neuen, recht teuren Karteigerätes notwendig. Damit war eine reelle Einsparung von Stellen bei den Standesämtern durch die Einführung dieser Generalkartei nicht absehbar, weswegen das Projekt als unrationell eingeschätzt und nicht weiterverfolgt wurde. Tatsächlich sind in 1963 3 Planstellen eingespart worden.

531 Schreiben des Senators für Inneres an den Vorsitzenden des Ausschusses für Inneres vom 09.07.1962. In: LAB, B Rep. 002, Nr. 7694/2. Vgl. auch: Kleine Anfrage Nr. 158 des Abgeordneten Dr. Riesebrodt (CDU) über Wartezeiten bei den Standesämtern. In: Drucksachen des Abgeordnetenhauses von Berlin, III. Wahlperiode, ausgegeben am 14.09.1962, Nr. 1422.

532 Die Kabinettsprotokolle der Bundesregierung. Anlage zum Protokoll der Sitzung des Kabinettsausschusses für Wirtschaft am 18. Okt. 1961. In: https://kapro-api.bundesarchiv.de/resources/pdf/adeef430-dcf2-43e5-82ef-bb27959aa90f.pdf)

Stellenvergleich Berlin - Hamburg

Stellenplan Berlin 1960

Standesämter - HUA. A 0700 -

Die Standesämter in den 12 Verwaltungsbezirken haben die sich aus dem Personenstandsgesetz ergebenden Aufgaben zu erfüllen. Hierzu gehören insbesondere:

1.1 Aufgebote,
1.2 Beurkundung von Eheschließungen
1.3 die Erteilung von Ehefähigkeitszeugnissen und
1.4 das Anbringen von Randvermerken in Heiratsregistern und Familienbüchern.

2.1 Die Beurkundung von Geburten und
2.2 das Anbringen von Randvermerken in den Geburtsregistern und Geburtenbüchern (Vaterschaftsanerkennung, Legitimation, Namenserteilung, Ehelichkeits- und Unehelichkeitserklärung, Adoption).

3.1 Die Beurkundung von Sterbefällen,
3.2 das Anbringen von Randvermerken in den Sterberegistern und Sterbebüchern und
3.3 die Beglaubigung von Abschriften und Urkunden aus den Personenstandsregistern und Büchern.

Stellenplan der Standesämter für 1960 (alle 12 Bezirksämter)

Planmäßige Beamte			Planmäßige Angestellte		
Stellenbezeichnung	Gruppe	Stellenzahl	Stellenbezeichnung	Gruppe	Stellenzahl
Stadtamtmann	A 11	12	Sekretär	VII	30
Stadtoberinspektor	A 10	12	Assistent (zugl. Schreibkraft)	VIII	78
Stadtinspektor	A 9	40	Kanzleiangest.	VIII	1
Stadtobersekretär	A 7	4			109
Stadtsekretär	A 6	11			
Stadtassistent	A 5	8			
		87			

Standesamt I - HUA. B 0700

Das Standesamt I in Berlin hat überörtliche Sonderaufgaben zu erfüllen. Es ist mit diesen Sonderaufgaben für das gesamte Bundesgebiet zuständig. Hierzu gehören:

1. Beurkundung von Personenstandsfällen, die sich außerhalb des Geltungsbereichs des Personenstandsgesetzes ereignet haben und Deutsche betreffen;
2. Beurkundung von Eheschließungen solcher Personen, die im Inland keinen Wohnsitz oder gewöhnlichen Aufenthalt haben, sowie Ausstellung von Ehefähigkeitszeugnissen;
3. Eintragung von Todeserklärungs- und Todesfeststellungsbeschlüssen in das Buch für Todeserklärungen;
4. Anlegung und Fortführung von Familienbüchern;
5. Aufbewahrung und Fortführung der Hohenzollern-, Konsulats- und Kolonialregister, der Personenstandsbücher aus den Niederlanden, Norwegen und den Ostgebieten sowie der Register- und Urkundensammlung aus Gebieten, in denen ein deutscher Standesbeamter nicht tätig, nicht erreichbar oder zur Durchführung des Personenstandsgesetzes nicht bereit ist.

-2-

Stellenvergleich der Standesämter Berlin und Hamburg, 1960.

- 2 -

Das Standesamt I ist wie folgt gegliedert:

Allgemeine Abteilung
Familienbuch- und Heiratsbuchabteilung
Geburtenbuchabteilung mit Urkundensammlung und Sammlung ortsfremder Register
Sterbebuchabteilung
Abteilung Buch für Todeserklärungen

Stellenplan des Standesamts I für 1960

Planmäßige Beamte			Planmäßige Angestellte		
Stellenbezeichnung	Gruppe	Stellenzahl	Stellenbezeichnung	Gruppe	Stellenzahl
Amtsrat (Leiter des Standesamts I)	A 12	1	Sachbearbeiter m.frendsprachl. Kenntnissen	Vb	1
Reg.Oberinspektor	A 10	4x)	Sachbearbeiter (Stellv.Standesbeamter mit beschränkten Befugnissen)	VIb	4
Reg.Inspektor	A 9	9	Sachbearbeiter	VIb	1
Reg.Hauptsekretär	A 8	13	Sekretär	VII	4
Reg.Sekretär	A 6	1	Sekretär (zugl. Schreibkraft)	VII	5
Reg.Assistent	A 5	1	Stenotypist	VII/VIII	6
Amtsmeister	A 4	2+)	Assistent	VIII	21
		31	Kanzleiangest.	VIII	47
			Assistent (zugl. Schreibkraft)	VIII	5
			Verw.Gehilfe	IX	1
					95

x) Eine Stelle wird bei Freiwerden zu einer Stelle der BGr. A 9.

+) Die Stellen werden bei Freiwerden zu Stellen für Angestellte (VGr.VIII).

Stellenplan Hamburg 1959

Standesämter (alle 7 Bezirksämter)

Beamte			Angestellte		
Stellenbezeichnung	Gruppe	Stellenzahl	Stellenbezeichnung	Gruppe	Stellenzahl
Regierungsamtmann	A 11	5	Büroangestellter	IVb	1
Reg.Oberinspektor	A 10	10	Büroangestellter	Vb	1
Reg.Inspektor	A 9a	15	Büroangestellter	VIb	5
Reg.Inspektor	A 9	11	Büroangestellter	VII	42
Reg.Hauptsekretär	A 8	1	Stenotypist	VII	2
Reg.Obersekretär	A 7	2	Büroangestellter	VIII	16
Reg.Sekretär	A 6	5	Stenotypist	IX/VIII	2
		49			69

denlanges Warten von Bürgerinnen und Bürgern bei urkundlichen Anliegen zu verhindern. Ein „außerplanmäßiger Kursus zur Ausbildung von Standesbeamten" wurde außerdem eingerichtet, um künftige unerwartete Bedarfe besser abfangen zu können.[533]

Mit Datum vom 30. November 1964 stand ein umfangreicher Aufgabenkatalog „Standesamt" zur Verfügung, der die Aufgaben sowie die Rechtsvorschriften und Zuständigkeiten detailliert aufführte. Steigende Arbeitsbelastung und Aufgabenvielfalt führten dazu, dass mit Beschluss des Senats Nr. 3607 vom 01. November 1966 festgelegt wurde, das Standesamt I Berlin (West) und die Standesämter der Bezirke einer Organisationsuntersuchung zu unterziehen.

Das entsprechende Organisationsgutachten lag für die bezirklichen Standesämter vier Jahre später, 1970, vor.[534] Von den 12 örtlichen Standesämtern waren sieben in den Rathäusern ihres Bezirkes untergebracht, zwei in früheren Rathäusern (Lichterfelde und Schmargendorf), eines in einer früheren Schule (Kreuzberg) und zwei in Dienstgebäuden in Nähe der Rathäuser (Charlottenburg und Zehlendorf).

Für die Durchführung von Trauungen waren besondere Trauzimmer vorhanden (außer in Charlottenburg), die ihrer Bedeutung nach ansprechend eingerichtet und mit Blumen, die die Gartenämter der Bezirke zur Verfügung stellten, geschmückt waren. Für Gäste, die an Eheschließungen teilnehmen wollten, gab es besondere Warteräume.

Die Diensträume lagen überwiegend im Erdgeschoss, waren teilweise jedoch auch über die Gebäude verteilt. Sie waren gleichzeitig auch die Abfertigungsräume für das Publikum. Die „übliche büromäßige Ausstattung" wurde ergänzt um Vervielfältigungsgeräte für die Fertigung nachbestellter Urkunden. Wichtig war auch, dass genügend elektrische Schreibmaschinen vorhanden waren: Man ging davon aus, dass in Sterbefällen 6–7, bei Geburtsfällen 4 und bei Eheschließungen mindestens 2 Urkunden bzw. 2 Abschriften aus dem Familienbuch angefordert wurden. Hinzu kamen die nachträglichen Beurkundungen. Wegen dieser Fallzahlen wurden je Standesamt mindestens 3 elektrische Schreibmaschinen als notwendig angesehen. Die Geldannahmestelle rechnete mit der Kasse des jeweiligen Bezirksamtes ab.

Intern gliederten sich die Standesämter gemäß ihren Aufgaben in vergleichbare Strukturen:

Leitung

Führung der Personenstandsbücher

- Sachgebiet Heiratsbuch: Aufgebote anordnen, Eheschließungen beurkunden
- Sachgebiet Familienbuch: Anlage des Familienbuches im Anschluss an die Eheschließung (alphabetisch geordnete Kartei ohne Namensverzeichnisse und Zweitausfertigung)
- Sachgebiet Geburtenbuch: Prüfung der Geburtsanzeigen (95% Kliniken, 5% Hausentbindungen), Beurkundung von Geburten
- Sachgebiet Sterbebuch: Beurkundung von Sterbefällen

Urkundenstellen

- Bei jedem Standesamt bestand eine Urkundenstelle (Ausnahmen: Spandau, Reinickendorf). Nach dem Binden der Personenstandsbücher wurden die Erstbücher an die Urkundenstelle des Standesamts abgegeben. Das Zweitbuch – eine genaue Abschrift des Erstbuches – wurde bei der Behörde des Senators für Inneres aufbewahrt. In der Urkundenstelle wurden in der Hauptsache
  - Urkundenbestellungen ausgeführt,
  - Umfragen bzw. Suchanzeigen bearbeitet,
  - Namensverzeichnisse im Bedarfsfall neu geschrieben,
  - Personenstandsbücher auf dem Laufenden gehalten, z. B. Randvermerke und Hinweise aufgetragen.

Nachträgliche Beurkundungen

Kassengeschäfte

Die 12 Westberliner Standesämter verfügten 1970 über eine Personalausstattung von 200 Beschäftigen – 72 Beamte und 128 Angestellte.

Zum Ende des Jahrzehnts verlangten neue Rechtsnormen die Aufmerksamkeit der Standesbeamten. So brachte das Beurkundungsgesetz vom 28. August 1969[535] grundlegende Neuregelungen des gesamten Beurkundungswesens und fasste viele Verfahren zusammen. Es beseitigte fast vollständig die Beurkundungszuständigkeiten, die bis dahin neben der des Notars bestanden hatte. Allerdings blieb die Zuständigkeit der Standesbeamten unberührt!

In der Rückschau wurde 1969 als „ausgesprochenes Gesetzgebungsjahr" eingeschätzt, dem nun die Umsetzung in der Praxis zu folgen hatte. An die Bereitschaft der Standesbeamten zu Fortbildung und Umstellung wurden hohe Ansprüche gestellt.[536]

Das Fehlen der Register einiger Westberliner Standesämter, die nach wie vor in Ost-Berlin lagerten, erschwerte die Auskunftserteilung auch für wissenschaftliche Zwecke: Als die VVN Westberlin bei einer Veranstaltung in der Gedenkstätte Plötzensee am 08. September 1974 eine konkrete Zahl von 2.953 aus politischen Gründen Hingerichteten benannte, war die Frage, woher diese Zahl stammte. Aus den Regis-

533 Große Anfrage der Fraktion der SPD im Abgeordnetenhaus über Wartezeiten auf den Berliner Standesämtern, 20. September 1962. In: Stenografischer Bericht über die 94. Sitzung vom 20. September 1962, S. 287.

534 Der Senator für Inneres: Organisationsgutachten über die Abteilung Personal und Verwaltung der Bezirksämter von Berlin – Teil Standesämter. Berlin 1970. Anlage 1. In: LAB, B Rep. 002, Nr. 22014. Die Ausführungen im Abschnitt beziehen sich auf dieses Gutachten.

535 BGBl. I, S. 1513.

536 Vgl. Rietdorf, Fritz: Zum Jahreswechsel. In: StAZ 1971, S. 2.

Anlage 2

Geschäftszahlen 1968

Standesamt	Aufgebote	Eheschließungen	Ehefähigkeitszeugn.	Familienbücher nach § 15a PStG angelegt	Geburten	Sterbefälle	Personenstandsfälle insgesamt	in Prozenten vom Gesamtanfall
1	2	3	4	5	6	7	8	9
Tierg.	948	948	20	22	1.027	2.622	5.578	5,34
Wedd.	1.749	1.712	34	23	3.378	4.400	11.262	10,78
Kreuzb.	1.555	1.491	25	20	905	3.673	7.644	7,32
Charl.	2.168	2.037	50	55	2.404	4.221	10.885	10,43
Spa.	1.604	1.529	24	44	1.758	4.164	9.099	8,72
Wi.	1.662	1.702	55	32	3.810	3.167	10.373	9,94
Ze.	1.122	1.114	21	10	1.052	3.372	6.670	6,39
Schö.	1.823	1.726	44	34	2.278	2.701	8.562	8,20
Ste.	1.597	1.500	34	52	377	3.170	6.696	6,42
Te.	1.212	1.189	35	30	2.901	2.828	8.180	7,82
Neu.	2.290	2.175	44	48	2.586	3.910	11.031	10,57
Rei.	2.118	1.906	46	31	941	3.409	8.409	8,07
Zus.	19.848	19.029	432	401	23.417	41.637	104.369	100,00

Geschäftszahlen der Standesämter 1968.

tern des Standesamts I von Groß-Berlin im Ostteil der Stadt? Immerhin befanden sich dort die Sterberegister des Standesamts Charlottenburg aus dem Westteil der Stadt. „Handelt es sich um das bekannte Problem des Austausches von Personenstandsbüchern?“ Die Frage wurde seinerzeit verneint, da die fraglichen Sterberegister keine „Aufschlüsse über Namen und Zahl der Personen ergeben, die aus politischen Gründen in Plötzensee hingerichtet worden sind.“[537]

Am 30. Januar 1979 erfolgte auf Anordnung des Senators für Inneres die Erklärung der Nebenregister zu Hauptregistern, womit die in Verlust geratenen Erstregister ersetzt wurden.

In den 1980er Jahren rückten Aspekte der Verwaltungsmodernisierung sowie des Einsatzes von EDV-Technik auch für die Arbeit im Personenstandswesen in den Mittelpunkt konzeptioneller Überlegungen. Möglichkeiten einer effektiveren Arbeit wurden selbstverständlich gesehen, jedoch nicht überbewertet. So ging man 1983 dann davon aus, „Verbesserungserfolge nur in einer Arbeitsersparnis von ca. 5–10% zu erwarten und nicht, wie früher angenommen, ca. 30%.“ Für die

537 Antwort des Senators für Inneres an den Regierenden Bürgermeister von Berlin vom 23. Oktober 1974. In: LAB, B Rep. 002, Nr. 14695.

- 9 -

Tabelle 2 *) zugl. Schreibkräfte

Standesamt	Beamte (BesGr.)							Angest. (Vgr.)				Bea. u. Angest. insges.
	A 12	A 11	A 10	A 8	A 7	A 6	Bea. insges.	VII/VIb	VIII/VII*)	VIII/VII	Ang. insges.	
1	2	3	4	5	6	7	8	9	10	11	12	13
Tierg.	1	1	2	-	1	-	5	1	8	-	9	14
Wedd.	1	2	3	1	-	-	7	4	9	-	13	20
Krzbg.	1	2	3	1	-	-	7	4	8	-	12	19
Charl.	1	2	3	-	-	1	7	5	10	-	15	22
Spand.	1	1	3	-	-	-	5	3	6	-	9	14
Wilm.	1	2	3	-	-	-	6	3	9	1	13	19
Zehl.	1	1	2	-	-	-	4	2	5	-	7	11
Schbg.	1	1	4	-	-	1	7	2	6	1	9	16
Stegl.	1	1	3	-	-	-	5	3	5	-	8	13
Temp.	1	1	3	-	-	-	5	2	6	-	8	13
Neuk.	1	2	4	1	-	-	8	4	8	1	13	21
Rein.	1	2	3	-	-	-	6	4	8	-	12	18
Zus.	12	18	36	3	1	2	72	37	88	3	128	200

Die angegebenen Besoldungs- bzw. Vergütungsgruppen entsprechen den Haushaltsplänen für 1969. Die Stellenverbesserungen auf Grund des 5. Landesbesoldungsrechtsänderungsgesetzes sind, soweit sie für 1969 gelten, eingearbeitet.

Von den 72 beamteten Dienstkräften finden

12 Amtsräte,	BesGr. A 12, als Leiter,
12 Stadtamtmänner,	BesGr. A 11, als ständige Vertreter der Leiter,
6 Stadtamtmänner, 36 Stadtoberinsp.,	BesGr. A 11 u. BesGr. A 10, als sog. stellv. Standesbeamte und
6 beamtete Hilfskräfte,	BesGr. A 6, A 7 und A 8, als Standesbeamte mit "besonderen Befugnissen"

Verwendung. Die "besonderen Befugnisse" berechtigen

- 10 -

Personalausstattung der Standesämter 1969.

Arbeit in den Standesämtern sei zudem eine Veränderung der Aufgabeninhalte erforderlich.[538]

Berührungspunkte hinsichtlich der Nutzung der EDV-Technik gab es immer wieder mit dem Einwohnermeldewesen. Das Standesamt Kreuzberg hatte 1982 z. B. beantragt, an das Datensichtgerät des Einwohnermeldeamtes beim Polizeipräsidenten angeschlossen zu werden. Dies lehnte die Innenverwaltung jedoch wegen nicht nachgewiesenen Nutzens ab.[539]

Die Berliner Standesbeamten und Standesbeamtinnen blieben jedoch interessiert und setzten auf ihrer Jahreshauptversammlung 1983 einen entsprechenden Schwerpunkt das Hauptreferat zum Thema "Automationsmöglichkeiten im Standesamt" auf die Tagesordnung. Der Referent, Diplommathematiker Fuchs, war beim Senator für Inneres als Leiter der Abteilung IV beschäftigt und kannte demzufolge die Berliner Verhältnisse gerade im Bereich der Innenverwaltung gut. Er sprach sich gegen eine „Totalautomatisierung des Standesamts" aus und bevorzugte ein „Inselsystem", z. B. für Namenverzeichnisse, interne Karteikarten oder im Schreibdienst. Sein Referat fand „ungeteilte Aufmerksamkeit" und ihm wurde „der Dank der Zuhörer zuteil".[540]

Gewisse Vorbehalte, die seit Beginn der Überlegungen zur Automation im Standesämtern eine spürbare Umsetzung erschwerten, bestanden bundesweit: Man fürchtete einerseits den Verlust der Selbständigkeit des Standesbeamten. „Die fachlich unabhängige Stellung des Standesbeamten und des Standesamts im Gefüge der Verwaltung kann und darf durch die Automatisierung nicht infrage gestellt werden. Automatisierung im Standesamt darf die Tätigkeit des Standesbeamten nur unterstützen, sie aber nicht – auch nicht teilweise – ersetzen. Sonst wäre das deutsche Standesamt nicht mehr das, was es 110 Jahre lang ist." Man bevorzugte deswegen den Einsatz „selbständiger Systeme", die ausschließlich für das Standesamt arbeiten. Andererseits traute man der Computertechnologie nicht die nötige Präzision zu. „Die Tätigkeit des Standesbeamten ist ungewöhnlich präzise. Seine Eintragungen müssen zeichengenau und richtig sein. Er muss auch fremdsprachige Namen mit richtigen Zeichen in die Bücher eintragen und wiedergeben können. Die von ihm beurkundeten Lebenssachverhalte bleiben unverändert, seine Eintragungen mit wenigen Änderungen ebenfalls. Die Register sind statisch. Sie werden in der Regel immer nur kurze Zeit (wenige Wochen) nach dem Personenstandsfall aktuell benötigt. Sie müssen aber auf lange Zeit sicher für Auskünfte und Urkunden zur Verfügung stehen [...] Andererseits muss das System in der Lage sein, alle Einträge, Urkunden, Auszüge und Mitteilungen mit größtmöglicher Sicherheit auf vorgeschriebene Formulare auszudrucken. Diese Anforderungen werden gerade nicht durch die typische EDV in der Verwaltung erfüllt, sondern von elektronischen Textsystemen mit höchstmöglicher Druckqualität. Es wird also in überschaubarer Zukunft keine Personenstandsregister im Computer geben; es bleibt bei den in Papierform geführten Büchern."[541]

Die Standesbeamtinnen und Standesbeamten in Westberlin konnten sich im Fachverband der Standesbeamten von Berlin e. V. organisieren. Der am 28. September 1949 gegründete Verein förderte vor allem die fachliche Qualifikation seiner Mitglieder und wirkte im bundesweiten Fachverband mit.

Der Fachverband tagte regelmäßig und veröffentlichte seine Berichte zu den Jahreshauptversammlungen im Hotel Schweizerhof in den *Verbandsnachrichten und Mitteilungen des Bundesverbandes und der Landesverbände der deutschen Standesbeamten (VBStA)*, die ab dem 1. Jahrgang 1981 als Beilage in der *StAZ* erschienen.[542]

Der Vorstand des Berliner Fachverbandes setzte sich zusammen aus dem (1.) Vorsitzenden, dem Stellvertretenden Vorsitzenden, einem Kassenverwalter, dem Schriftführer und Beisitzern.[543] Es gab auch einen Vergnügungsausschuss; Rechnungsprüfer stellten sich für die Prüfung der jeweiligen Jahresabschlüsse zur Verfügung.

Die Arbeit des Vereins trug mit der Durchführung von Fachversammlungen zu unterschiedlichsten aktuellen Themen entscheidend zur Qualifikation und zum fachlichen Austausch der Mitglieder bei: 1985 standen zum Beispiel Probleme des Staatsangehörigkeitsrechts, die sich aus der deutschen Staatsangehörigkeit in der DDR und in der BRD für die standesamtliche Tätigkeit ergaben, im Vordergrund.[544] Auf der Jahreshauptversammlung 1986 wies der Berliner Fachverband auf die steigende Anzahl weiblicher Standesbeamtinnen hin und bat die anwesenden Vertreter der Innenverwaltung, sich bei der nächsten Änderung der PStG für die Bezeichnung „Die Standesbeamtin" einzusetzen.[545] Im Jubiläumsjahr Berlins 1987 stand das neue IPR-Gesetz (Internationales Privatrecht) mit all

538 Bericht Berlin. In: Verbandsnachrichten und Mitteilungen des Bundesverbandes und der Landesverbände der deutschen Standesbeamten (VBStA), September 1983, S. 21 f.

539 Bescheid des Senators für Inneres vom 17. Mai 1982. In: LAB, B Rep. 122, Nr. 4.

540 Vgl. FN 538

541 Schweinoch, Joachim: Automation im Standesamt – Stand, Möglichkeiten, Ziele. In: StAZ 1985, S. 185 f.

542 Bericht Berlin. In: StAZ, 1981 ff.

543 P. Ermler gab 1962 sein Amt als Vorsitzender des Fachverbandes aus Altersgründen an K. Schütze vom Standesamt Neukölln ab, der seit 1960 als Schriftführer des Verbandes gewirkt hatte. (Vgl. LAB, B Rep. 122, Nr. 12.) Ihm folgte 1968 Werner Leß vom Standesamt Tiergarten, bis 1972 Wolfgang Schütz, Leiter des Standesamts I, das Amt des Vorsitzenden des Berliner Fachverbandes übernahm. (LAB, B Rep. 122, Nr. 4) 1988 wechselte nach 16 Jahren erneut der Vorsitz: Wolfgang Schütz gab sein Amt ab; zum neuen Vorsitzenden wurde Peter Matthes vom Standesamt Wedding gewählt. (Bericht Berlin 1988. In: VBStA 1988).

544 Bericht Berlin. In: Verbandsnachrichten und Mitteilungen des Bundesverbandes und der Landesverbände der deutschen Standesbeamten (VBStA), Juli 1985, S. 21 f.

545 Bericht Berlin. In: VBStA, Juli 1986, S. 7 f.

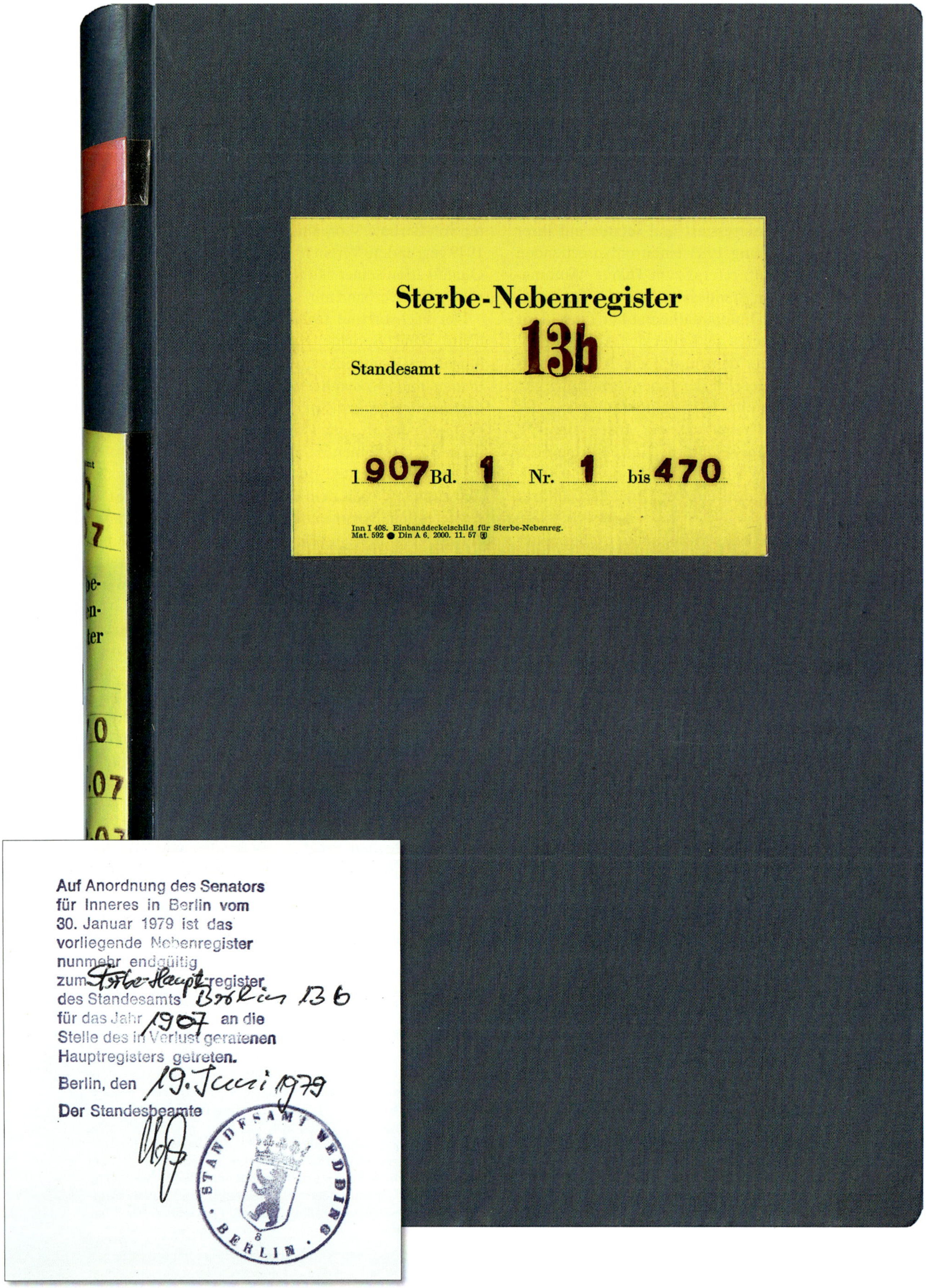

Zum Hauptregister erklärtes Sterbe-Nebenregister für das Jahr 1907 des Standesamts 13 b.

seinen Auswirkungen auf das Personenstandswesen im Vordergrund.

Mit der Wiedervereinigung galt ohne jede Übergangsfrist auch im Ostteil Berlins ein neues Personenstandsrecht. Informationen über die neue Rechtslage waren „völlig unzureichend", und so entschloss sich der Fachverband der deutschen Standesbeamten zu rascher und kollegialer Hilfe, v. a. um den hohen Schulungsbedarf zu decken.

Im Ostteil Berlins gründete sich im Mai 1990 zunächst ein eigener Landesfachverband Berlin-Ost, der wie die anderen neu gegründeten Fachverbände in den neuen Bundesländern vor allem mit Aus- und Fortbildungen für die in den Standesämtern Beschäftigten einen wertvollen Beitrag im Rahmen der Wiedervereinigung leistete.[546]

5.3 Das Standesamt I in Berlin (West)

Das geteilte und umgezogene Standesamt I war im Westteil der Stadt zunächst im Gebäude Duisburger Straße 12 in Berlin-Wilmersdorf untergekommen. Die räumliche Unterbringung der Dienststelle änderte sich mehrfach: 1952 zunächst kurzzeitig in Berlin-Wilmersdorf, Fehrbelliner Platz 1 angesiedelt, erfolgte noch im selben Jahr der Umzug nach Berlin-Halensee in die Albrecht-Achilles-Straße 65/66 (Sitz des Referates I der Innenverwaltung), bevor 1953 der Dienstsitz nach Berlin-Charlottenburg in die Kuno-Fischer-Straße 8 verlegt wurde. 1957–1973 nutzte das Standesamt I in Berlin (West) dann Räume im Gebäude Lentzeallee 107; von 1974–1990 in der Rheinstraße 54.

Von 1949 bis 1974 war Erwin Kopp[547] Amtsleiter und Büroleiter, ihm folgte Wolfgang Schütz[548] (1975–1990).

Die Zuständigkeit für das Standesamt I in Berlin (West) lag zunächst bei der Magistratsverwaltung für Personal und Verwaltung, dann ab 1951 über all die Jahrzehnte seines Bestehens bei der für Inneres zuständigen Senatsverwaltung, wo es eine gewisse Sonderstellung genoss. Senatoren für Inneres pflegten ein gutes Verhältnis zum Standsamt I. So wurde Senator Joachim Lipschitz regelmäßig zu Betriebsausflügen eingeladen.[549] „Fröhliche und zufriedene Beamte" hat seinen Worten nach Senator Heinrich Albertz im Standesamt I angetroffen, als er die Behörde am 20. September 1962 aufsuchte, das „einzige Standesamt, das mir unmittelbar untersteht." Es verfüge über „ein Trauzimmer, in dem ich auch gern hätte getraut werden wollen."[550]

Das Standesamt I in Berlin war nach wie vor ausschließlich für überörtliche Sonderaufgaben zuständig. Im Entwurf zum neuen Personenstandsgesetz vom März 1950 sah man deswegen sogar vor, diesen Status in einem neuen Namen „Sonderstandesamt" deutlich zu machen, zumal die damalige Bezeichnung lediglich geschichtlich herleitbar war und die übrigen Standesämter Berlins auch nicht mehr durch Zahlen, sondern durch Namen von Verwaltungsbezirken oder Ortsteilen bezeichnet wurden.[551]

Passfoto Erwin Kopp aus der Personalakte.

Dem Standesamt I oblagen weiterhin die ursprünglichen, aber auch umfangreiche neue, kriegsfolgenbedingte Aufgaben: „Der in den Jahren nach 1945 entstandene starke Bedarf an rechtlichen Beweismitteln aller Art macht sich in besonderem Maße bei den Standesämtern bemerkbar. Aus allen Teilen der Bevölkerung wird vor allem nach Personenstandsurkunden aus den deutschen Gebieten gefragt, die zur Zeit unter fremder Verwaltung stehen." So leitet eine publizierte Beständeübersicht „Verzeichnis der in Berlin (West) vorhandenen ortsfremden Personenstands- und Kirchenbücher" von 1955 die erste umfangreiche Veröffentlichung zu der im Westberliner Standesamt I vor-

546 Weidelehner, Helmut: Bewährungsprobe für den Bundesverband der deutschen Standesbeamten. In: StAZ 1990, S. 334.

547 Erwin Karl Kopp, geb. 18.02.1914 in Berlin. Er begann am 10.09.1946 aushilfsweise als Verwaltungsangestellter in der Abteilung für Standesamtswesen des Magistrats von Berlin zu arbeiten, bevor er am 20. Juni 1947 zum stellvertretenden Standesbeamten des Standesamts I bestellt wurde. Vgl. LAB, A Rep. 001-06, Nr. 15123 Personalakte Erwin Kopp.

548 Wolfgang Schütz, Diplom-Verwaltungswirt.

549 Einladungen 1957–1959 in: LAB, B Rep. 004, Nr. 148/1.

550 Antwort des Senators auf die Große Anfrage der SPD-Fraktion mit den „Wartezeiten auf den Berliner Standesämtern". In: Drucksachen des Abgeordnetenhauses von Berlin, III. Wahlperiode, ausgegeben am 14.09.1962, Nr. 1422, S. 287 ff.

551 Vgl Brell: Die Sonderstellung des Standesamts I in Berlin, S. 84. Der Vorschlag hat sich nicht durchgesetzt.

handenen Sammlung, inkl. der zuvor beim Berliner Hauptarchiv und beim Hauptstandesamt in Hamburg verwahrten Standesregister und Personenstandsbücher, ein. Die Integration der Heimatvertriebenen und Flüchtlinge in die Personenstandsdokumentation wurde zu einem bewussten Schwerpunkt der Regelungen und der Arbeitspraxis im Personenstandswesen.

Als nach Kriegsende der amtliche Verkehr zwischen Berlin und den Westzonen nur sehr eingeschränkt funktionierte, waren nämlich zunächst für die britische Zone und später für das gesamte Bundesgebiet dem Hauptstandesamt in Hamburg anstelle des Standesamts I in Berlin gewisse Sonderaufgaben übertragen worden: Für die Vertriebenen und Flüchtlinge aus den Ostgebieten musste jeder Standesbeamte, dem eine Urkunde aus diesen Gebieten vorgelegt wurde, eine beglaubigte Abschrift davon an das Hauptstandesamt Hamburg übersenden. Dort wurde damit eine alphabetische Urkundensammlung angelegt.[552] Man strebte zudem eine restlose Erfassung und Verwahrung aller sich im Bereich der Bundesrepublik Deutschland befindlichen entsprechenden Personenstandsbücher an und bat eventuelle Verwahrstellen um Zusendung.[553] Das Rechtsamt Hamburg – Aufsicht über die Standesämter hatte bereits 1949 eine detaillierte Liste der beim Hauptstandesamt in Hamburg befindlichen Personenstandsregister und -bücher aus den Ostgebieten veröffentlicht, darunter die Stettiner Dokumentation. Zum Teil waren diese Bücher mit Eintragungen bis März 1945 überliefert.[554]

Ende 1952 wurde die inzwischen auf 350.000 Urkunden angewachsene Sammlung zusammen mit anderen Unterlagen betr. die ehemaligen Ostgebiete an das Standesamt I in Westberlin übergeben und hier fortgeführt, darunter die Registersammlung, in der Hauptsache Personenstandsbücher und Standesregister aus Stettin,[555] der Umgebung von Stettin und einiger Orte der früheren deutschen Ostgebiete. Da ein großer Teil der dazugehörigen Namensverzeichnisse allerdings fehlte, wurde an ihrer Stelle mit Berliner Notstandskräften anhand der vorhandenen Personenstandsbücher eine Namenskartei neu erstellt.[556] Ende 1957 war die Urkundensammlung auf etwa 1,8 Mio. Einzelurkunden resp. Abschriften davon angewachsen, die alphabetisch nach Familiennamen sortiert in Umschlägen aufbewahrt wurden. Für jede Urkunde war eine Karteikarte angelegt worden, mit deren Hilfe konkrete Dokumente gefunden werden konnten. 1958 wurde gesetzlich geregelt, dass diese Urkundenabschriften einem Eintrag in einem Personenstandsbuch oder Standesregister gleichzusetzen waren. Das bedeutete, dass die Standesbeamten im Standesamt I in Berlin (West) nun beglaubigte Abschriften ausstellen durften, eine Möglichkeit, die den Betroffenen sehr zugute kam.[557]

Über die sich im Standesamt I befindenden jeweiligen Orte und Jahrgänge gab ein publiziertes Verzeichnis regelmäßig Auskunft.[558] 1989 belief sich die Anzahl auf 13.000 Standesregister und Personenstandsbücher mit ca. 2,5 Mio. Einträgen zu Personenstandsfällen.[559]

Trotz des umfangreichen Aufgabenkanons und der personellen und räumlichen Ausstattung herrschten hin und wieder „unklare Vorstellungen hinsichtlich der Befugnisse des Standesamts I“. Erst Festlegungen durch das Zweite Gesetz zur Änderung und Ergänzung des Personenstandsgesetzes vom 18. Mai 1957 machten die Stellung eines Zentralstandesamtes mit entsprechenden Aufgaben verbindlich,[560] die sich in den folgenden Jahrzehnten anerkannt festigte:

Beurkundung in Personenstandsbüchern:
- von Personenstandsfällen Deutscher, die sich außerhalb der Bundesrepublik Deutschland ereinet haben, im Heirats-, Geburten- und Sterbebuch
- Beurkundung der Eheschließungen von Personen, von denen keine ihren Wohnsitz im Inland hat
- Anlegung und Fortführung von Familienbüchern deutscher Staatsangehöriger mit Wohnsitz außerhalb der Bundesrepublik Deutschland

Fortführung der Einträge

Führung sonstiger Personenstandsbücher
- Zweitbücher deutscher Auslandsvertretungen (Zusammenführung der Zweitstücke der von den deutschen diplomatischen und konsularischen Vertretungen im Ausland vorgenommenen Personenstandsbeurkundungen in den „Konsularregis-

552 Vgl. StAZ 1951, S. 233: „Hat die Urkundensammlung beim Hauptstandesamt in Hamburg einen praktischen Wert?“.

553 StAZ 1950, S. 143.

554 Zusammenstellung der beim Hauptstandesamt in Hamburg 1, Johanniswall 4, seit 27.7.1949 in Verwahrung befindlichen Personenstandsregister bzw. –bücher aus den Ostgebieten. In: StAZ, 1949, S. 196 ff.

555 Vgl. Verzeichnis in StAZ 1951, S. 190. Für Stettin waren 1973 fast die kompletten Personenstandsbücher der Jahre 1874 bis 1945 vorhanden.

556 Organisationsgutachten 1973, S. 25.

557 Schütz, Wolfgang: Fünfzig Jahre Standesamt I in Berlin (West) – Sonderaufgaben im Wandel der Zeit. In: StAZ 1989, S. 209. Millionen von Mitteilungskarten zu diesen Sammlungen lagerten noch 1973 in Kisten im Aktenkeller in der Garage. Etwa 20% dieser Karten konnten bis dahin ausgewertet werden, d. h., in die Stettiner Register bzw. die Urkundensammlung als Randvermerke aufgetragen werden; die anderen 80% sind mangels entsprechender Personenstandsurkunden nicht eingearbeitet worden. In: Organisationsgutachten 1973, S. 27 f. Der Gutachter schlug vor, diese Mitteilungskarten auszusondern und zu vernichten, wie auch entsprechende Karten mit Mitteilunge zu Fällen der Standesämter früherer deutscher Ostgebiete und der DDR.

558 Z. B.: Verzeichnis der im Standesamt I in Berlin (West) vorhandenen Standesregister und Personenstandsbücher (Stand 30.04.1988), Verlag für Standesamtswesen. Vgl. Schütz: Fünfzig Jahre Standesamt I in Berlin (West), S. 209.

559 Vgl. Schütz: Fünfzig Jahre Standesamt I in Berlin (West), S. 207 ff.

560 Vgl. Der Senator für Inneres: Organisationsgutachten über das Standesamt I in Berlin (West). Berlin 1973. LAB, B Rep. 002, Nr. 22022. Für den bereits beschriebenen Besuch des Innenausschusses des Abgeordnetenhauses in Hamburg im Jahre 1960 wurden auch die „überörtlichen Sonderaufgaben [...] für das gesamte Bundesgebiet“ und Stellenplan des Standesamts I erneut erfasst. In: LAB, B Rep. 004, Nr. 1332. Vgl. Brell: Die Sonderstellung des Standesamts I in Berlin und Schütz: Fünfzig Jahre Standesamt I in Berlin (West).

tern" (Diplomatische und konsularische Register);[561] Erstbücher Konsularregister (ab 1974)

- Kolonialregister
- Personenstandsregister aus den früheren deutschen Ostgebieten (die aufgrund der Verordnung über die Anwendung deutschen Rechts auf deutsche Staatsangehörige in den besetzten Ostgebieten vom 27.04.1942 angelegten Personenstandsbücher mit Einträgen von 1942 bis 1944)[562]
- Standesregister der Mitglieder der ehemaligen königlich-preußischen und fürstlichen hohenzollernschen Familien (Hohenzollernregister)
- Wehrmachts-Familienbuch mit den Beurkundungen von Eheschließungen während des Krieges vor den richterlichen Militärjustizbeamten (ca. 2400 Beurkundungen)
- Personenstandsbücher, die in den besetzt gewesenen Gebieten für Deutsche angelegt worden waren: Bücher aus den Niederlanden: In den besetzten niederländischen Gebieten waren 1941 deutsche Standesämter eingerichtet worden, in Den Haag, in Amsterdam, in Zwolle, in Heerlen und in Nymwegen. Das Standesamt I verwahrte die Zweitbücher dieser Standesämter für die Jahrgänge 1941–1944; Bücher von ehemaligen deutschen Standesbeamten in besetzten Gebieten in Norwegen (1941–1946)
- Personenstandsbücher und Standesregister aus Gebieten, in denen ein deutscher Standesbeamter nicht tätig oder nicht erreichbar war
- Bearbeitung der von ausländischen Behörden eingesandten Personenstandsurkunden (Austauschurkunden)
- Sonstige Aufgaben, u. a. Eintragungen von Todeserklärungen und Todesfeststellungsbeschlüssen in das „Buch für Todeserklärungen" sowie die
- Bearbeitung von Sterbefällen von Wehrmachtsangehörigen – „Kriegssterbefälle" (entsprechend der Personenstandsverordnung der Wehrmacht[563]) –, wenn weder der letzte Wohnsitz noch der gewöhnliche letzte Aufenthalt im Bezirk eines deutschen Standesbeamten lag.

Mit diesem Gesetz von 1957 wurde außerdem der Behördenname „Standesamt I in Berlin" mit Wirkung vom 01. Januar 1958 um das Wort „West" ergänzt, um Verwechslungen mit dem nach wie vor in Ost-Berlin bestehenden Standesamt I zu vermeiden.

Nachdem die unmittelbar den Kriegsfolgen geschuldeten Aufgaben einigermaßen bewältigt waren, sank in den 1960er Jahren der Arbeitsanfall im Standesamt I stetig. Die standesamtliche Tätigkeit der diplomatischen und konsularischen Vertretungen der Bundesrepublik Deutschland war Mitte der 1960er Jahre zum Beispiel von geringem Umfang. Ungefähr 70 Auslandsstandesbeamte hatten alljährlich lediglich einige 100 Standesfälle zu beurkunden.[564] Entsprechend gering war der Zuwachs an Registern und Verzeichnissen in das Standesamt I. Wegen dieser Entwicklungen wurde aufgrund des Senatsbeschlusses Nr. 3607 vom 01.11.1966 ein Organisationsgutachten beauftragt, das jedoch erst 1973 vorliegen sollte.

1968 wurde festgelegt, dass die Standesämter im Bundesgebiet über die Anlegung solcher Familienbücher dem Standesamt I Mitteilung zu machen hatten, und zwar ausschließlich in Form von Postkarten, die dann alphabetisch sortiert in Kästen als Zentrale Familienbuchkartei aufbewahrt wurden. Da sich diese Mitteilungspflicht rückwirkend bis 1958 erstreckte, bestand ein recht genauer Überblick über die Zahl der daraufhin neu angelegten Familienbücher: In den dreißig Jahren von 1958 bis 1988 haben die Standesämter im Bundesgebiet einschließlich des Landes Berlin 434.551 derartige Familienbücher auf Antrag angelegt. Damit lag die Zahl weit unter einer Schätzung aus dem Jahre 1957 von insgesamt 5 Mio. Anträgen. Standesämter waren gehalten, vor der Anlegung eines Familienbuches im Standesamt I nachzufragen, ob womöglich ein anderes Standesamt bereits ein Familienbuch angelegt hatte. Immerhin 85 Anfragen gingen 1973 diesbezüglich täglich beim Standesamt I ein.[565]

Für die beim Standesamt I liegende Aufgabe der Nachbeurkundung von Sterbefällen musste die unmittelbar nach Eintritt des Falles nicht mögliche Eintragung nachvollzogen werden. Hierfür waren z. B. die Beibringung von Zeugen oder die Abgabe eidesstattlicher Erklärungen notwendig. Eine Besonderheit dieser nachträglichen Beurkundung waren die „Kriegssterbefälle". Eine solche Bearbeitung eines Kriegssterbefalles wurde durch die Mitteilung der deutschen „Dienststelle für die Benachrichtigung der nächsten Angehörigen von Gefallenen der ehemaligen deutschen Wehrmacht (WASt)" ausgelöst. Im Standesamt I wurden die von dort übermittelten Daten und Ortsangaben überprüft und dann für den Eintrag übernommen.[566]

Im „Buch für Todeserklärungen" (seit 1938 geführt) wurden die Fälle dokumentiert, bei denen eine verschollene Person in einem Aufgebotsverfahren bei einem Amtsgericht für tot erklärt wurde. In § 20 des

561 1973 waren für die Zeit vor 1945 nur die Jahrgänge 1939 bis 1943 vorhanden. Jedoch gab es eine vollständige alphabetische Namenkartei zu allen vorhanden gewesenen Registern. Vgl.: Organisationsgutachten 1973, S. 14.

562 Vgl. Brell: Die Sonderstellung des Standesamts I in Berlin, S. 84 f.

563 z. B. Geburten von Kindern, die während des Krieges im Ausland von DRK-Schwestern oder Wehrmachtshelferinnen geboren wurden, bzw. Sterbefälle von Wehrmachtsangehörigen, die keinen letzten Wohnsitz im Bezirk eines deutschen Standesbeamten hatten. Vgl. Brell: Die Sonderstellung des Standesamts I in Berlin, S. 84.

564 Treviranus, D. Hans: Das deutsche Auslandsstandesamtswesen. In: StAZ 1965, S. 285. Die Zahl der Eheschließungen im Standesamt I war im Vergleich zu anderen Standesämtern relativ niedrig (z. B. 1971: 14).

565 Organisationsgutachten 1973, S. 14 f.; Vgl. Schütz: Fünfzig Jahre Standesamt I in Berlin (West), S. 210.

566 Organisationsgutachten 1973, S. 32 f.

- 51 -

12. Schlußbetrachtung

Die Gegenüberstellung der Geschäftszahlen weist für das Standesamt I in fast allen Bereichen eine teilweise starke Rückläufigkeit aus. Zur besseren Übersicht folgt eine Gegenüberstellung der hauptsächlichsten Arbeiten für die Jahre 1963 bis einschließlich 1972.

Jahr	Eheschl.	FB (§ 15 a)	Geburt.	Sterbef.	Todeserkl.	Sa
1963	13	2080	600	6408	27710	36811
1964	11	2404	600	5372	26862	35249
1965	16	2172	630	4200	22620	29638
1966	4	2585	670	6136	19350	28745
1967	14	2200	734	5582	17920	26450
1968	11	2310	670	4964	7538	15493
1969	16	2350	532	3974	11176	18048
1970	14	2237	486	3292	18000	24029
1971	14	2412	438	2272	19000	24136
1972	12	1886	438	1980	9426	13742

Am stärksten ist der Rückgang bei den Todeserklärungen und den Sterbefällen. Bei den Sterbefällen deshalb, weil in diesen Zahlen die Kriegssterbefälle mit enthalten sind; sie betrugen 1971 etwa 2/3 der 2272 beurkundeten Sterbefälle. Von der "WAST" werden mit jedem Jahr weniger Mitteilungen über Kriegssterbefälle an das Standesamt I zur Eintragung übersandt. Auch bei den in "auf Antrag" anzulegenden Familienbüchern geht die Zahl der Anträge zurück. Die nachträgliche Beurkundung von Geburten gemäß § 41 PStG. läuft ebenso wie die der Sterbefälle mit der Zunahme des zeitlichen Abstandes von Kriegsende allmählich aus.

Zusammenfassend kann festgestellt werden, daß nach der aus vorstehender Tabelle erkennbaren Tendenz der Arbeitsanfall im Standesamt I voraussichtlich weiter zurückgeht.

Die in der Personalbedarfsberechnung entwickelten Formeln sind zum wesentlichen Teil auf Geschäftszahlen abgestellt. Dem Standesamt I ist damit ein Mittel zur ständigen Beobachtung des Personalbedarfs an die Hand gegeben.

Kennzahlen für das Standesamt I 1963–1972.

PStG war festgelegt, das sowohl die „Todeserklärung" als auch die „gerichtliche Feststellung der Todeszeit" von den Standesbeamten des Standesamts I in ein besonderes Buch einzutragen sind. Über diese Einträge war eine alphabetische Namenskartei zu führen; ein Zweitbuch gab es nicht.

Bis Ende 1972 waren in 1700 Registerbänden (1989: 1897) insgesamt 863.593 Todeserklärungen bzw. gerichtliche Feststellungen der Todeszeit (1989: 946.990) beim Standesamt I eingetragen. Die dazugehörigen Vorgänge, in der Hauptsache Gerichtsbeschlüsse, lagerten beim Standesamt I.[567]

Die hohe Zahl der zu bearbeitenden Todeserklärungen und Kriegssterbefälle führte in der Nachkriegszeit zu einem temporären Personalzuwachs von bis zu 160 Dienstkräften.[568]

1974 trat nach über 100 Jahren Gültigkeit das Auslandspersonenstandsgesetz von 1870 außer Kraft. Die neuen Regelungen bedeuteten die Aufwertung des Standesamts I in Berlin (West) zum Auslandsstandesamt der Bundesrepublik Deutschland.[569] Nunmehr blieb die Ermächtigung der Konsularbeamten – bisher zur Eheschließung von Deutschen und zur Beurkundung von Geburten, Eheschließungen und Sterbefällen – auf die Prüfung der Ehefähigkeit, die Vornahme von Eheschließungen und die Beurkundung der Eheschließung beschränkt. Die Fortführung der Heiratsanträge, die Anlegung des Familienbuches und die Ausstellung von Personenstandsurkunden, einschließlich der Beurkundung von Geburten und Sterbefällen außerhalb des Geltungsbereiches des PStG, waren künftig nur noch vom Standesamt I vorzunehmen.

Auch für die Fortführung der Konsularregister wurde das Standesamt I zuständig. Alle Auslandsvertretungen hatten die dort vorhandenen Register hierher zu übergeben; ergänzt wurden der Bestand um Register aus dem Archiv des Auswärtigen Amtes.[570]

Ebenfalls 1974 wurde geregelt, dass nunmehr allein und zentral der Standesbeamte des Standesamts I in Berlin (West) zuständig ist für die Beurkundung von Geburt oder Tod eines Menschen während der Reise auf einem Seeschiff, das berechtigt ist, die Bundesflagge zu führen.[571] Der Schiffsführer hatte darüber eine Niederschrift anzufertigen, die über das nächste Seeamt an das Standesamt I zur Beurkundung weiterzuleiten war. Ende der 1980er Jahre wurden ca. 20 Sterbefälle in Berlin angezeigt; Geburten äußerst selten. Entgegen weit verbreiteter Annahmen sind rechtswirksame Eheschließungen auf einem deutschen Seeschiff bis heute nicht vorgesehen.

Aufgaben wie die Bescheinigung über die Entgegennahme von Namenserklärungen oder die Sammlung von Vaterschaftsanerkennungen und -feststellungen, Zustimmungserklärungen des Kindes oder Anerkennung der Mutterschaft ergänzen den Aufgabenkanon des besonderen Standesamts.

Das 1966 beschlossene Organisationsgutachten lag mit Datum vom 13. August 1973 vor und war bewusst nach dem Gutachten für die bezirklichen Standesämter erarbeitet worden. Das Gutachten enthielt neben Beschreibungen von Aufgabengebieten sowie Personalbedarfsrechnungen vier grundlegende Änderungsvorschläge für die Arbeitsweise des Standesamts I:

- Einrichtung einer Zentralkanzlei, d. h. Ablösung der personenbezogenen Bindung der Schreibkräfte an einen bestimmten Standesbeamten
- Aussonderung und Vernichtung der Mitteilungskarten zu Register- bzw. Personenstandsbüchern für Bewohner der ehemaligen deutschen Ostgebiete sowie der DDR, soweit keine Unterlagen in der Urkundensammlung vorhanden sind,
- Vernichtung der Gerichtsbeschlüsse zum Buch für Todeserklärungen (etwas 865.000)
- Konzentrierte Lagerung von Personenstandsbüchern, Buch für Todeserklärungen sowie der Urkunden der Urkundensammlung um den Zugriff für die Bearbeiter zu erleichtern.[572]

Zum Zeitpunkt des Organisationsgutachtens 1973 betrug die Personalausstattung im Standesamt I in Berlin (West) 83 Stellen. Das Gutachten schloss mit der Einsparungsempfehlung von 32 Planstellen ab, wogegen es Einwände gab, sodass 8 Stellen weniger entfielen.[573] Die den einzelnen Dienstkräften zugeteilten Aufgaben waren in einem Geschäftsverteilungsplan aufgeführt.[574]

Die Büros der Mitarbeiterinnen und Mitarbeiter waren mit „Funktionsmöbeln" eingerichtet; sie nutzten elektrische Schreibmaschinen,[575] Vervielfältigungsgeräte, einen Buchungsautomaten, eine Frankiermaschine und einen elektrischen Brieföffner und -schließer; Stempel und Vordrucke sollten die Arbeit unterstützen.

Noch immer beschäftigte der Umstand, dass seit der Nachkriegszeit Personenstandsregister der Westberliner Standesämter in Ost-Berlin lagerten, die Öffentlichkeit. Eine Kleine Anfrage Nr. 1875 über Personenstandsregister im Jahr 1974 griff das Problem auf. Die

567 Organisationsgutachten 1973, S. 33 f. Der Gutachter schlug vor, diese Vorgänge bis auf den letzten Jahrgang auszusondern und zu vernichten, da sie im Bedarfsfall bei den Amtsgerichten einzusehen wären. Vgl. Schütz: Fünfzig Jahre Standesamt I in Berlin (West), S. 210.

568 Schütz: Fünfzig Jahre Standesamt I in Berlin (West), S. 214.

569 4. Gesetz zur Änderung und Ergänzung des Personenstandsgesetzes (4. PStG-ÄndG) vom 5.8.1974, BGBl. I, S. 1857 in Verbindung mit Konsulargesetz vom 11.9.1974 (BGBl. I, S. 2317.

570 Vgl. Schütz: Fünfzig Jahre Standesamt I in Berlin (West), S. 211.

571 3. VO zur Änderung der PStV vom 20.11.1974. BGBl. I, S. 3337.

572 Organisationsgutachten 1973, S. 49 f. LAB, B Rep. 002, Nr. 22022.

573 Information des Senators für Inneres an das Abgeordnetenhaus vom 30. Januar 1974. In: LAB, B Rep. 002, Nr. 22022.

574 Organisationsgutachten 1973, Anlage 15.

575 1957 hatte man sich zeitweise von elektronischen Schreibmaschinen getrennt, da starke Motorengeräusche die Arbeit behinderten. In: LAB, B Rep. 004, Nr. 118.

Anlage 18

K A R T E I E N beim STANDESAMT I in Berlin (West)

Kartei 1)	Format 2)	Umfang 3)	Anzahl 4) -geschätzt-	Personal 5)
Geburtenbuch (1)	DIN A 6	2 Karteischränke	90.000	kein besonderer Karteiführer, wird vom Angest. GVPlan Nr. 45 mitgeführt.
Urkunden-sammlung (2)	DIN A 6	43 Karteischränke	2.000.000	3 Sach. V. Plan Nr. 59, 60, 65
Register-sammlung (3)	DIN A 7	32 Karteischränke	1.500.000	1 SVPl. Nr. 61
Familienbuch (4) eigenes	DIN A 7	1 Karteischrank	60.000	1 SVPl. Nr. 23
Familienbuch (§ 15a PStG) (5) [illegible]	DIN A 6	4 Karteischränke	200.000	1 SVPl. Nr. 24
Konsulatsregister (6)	DIN A 6	2 1/4 Karteischränke	110.000	kein hauptamtlicher Registrator. Karteien werden von Kanzleikräften des Sachgebiets Fam.- u. Kirchenbuch bei Bedarf geführt
Kolonialregister (7)	DIN A 6	3/4 Karteischränke	70.000	
Heiratsregister, Wehrmacht-Fam.'buch, Niederlande, Norwegen usw. (8)	DIN A 6	1 Karteischrank	40.000	
Ehescheidungen (9)	DIN A 6	2 Karteischränke	80.000	
Ehefähigkeitszeugnisse Wiederannahme (10)	DIN A 6	1 Karteischrank	40.000	
Austauschurkunden (11)	DIN A 6	6 Karteischränke	300.000	1 SVPl. 437
Sterbebuch (12)	DIN A 7	6 Karteischränke	315.000	1 SVPl. Nr. 79
Buch für Todeserklärungen (13)	DIN A 6	24 Karteischränke	1.100.000	1 SVPl. Nr. 80
		125 Karteischränke	ca. 5.905.000 Karteikarten	9 hauptamtl. Karteiführer

Verzeichnis der beim Standesamt I angelegten und geführten Karteien, 1973.

Senatsverwaltung argumentierte zurückhaltend: „Der Senat hätte die Möglichkeit, auf der Grundlage des Vier-Mächte-Abkommens die Rückgabe der Register gegenüber der DDR erneut aufzugreifen. Er hat aber keine auf unserer Seite dafür erforderlichen Schritte unternommen, weil die fehlenden Registerjahrgänge im Laufe der Zeit an praktischer Bedeutung verloren haben. Die Belange der Personenstandsführung können auch ohne die fehlenden Jahrgänge ausreichend gewahrt werden. Für die DDR hatte die Zurückbehaltung der Register vor allem politischen Rang. Die Register selbst werden infolge Nichtfortschreibung immer wertloser. Ihre Rückgabe ist keinen politischen Kauf- oder Tauschpreis wert. Der Senat wird in absehbarer Zeit versuchen festzustellen, ob bei der DDR die Gründe für die Zurückbehaltung entfallen sind."[576]

1976 forderte eine Petition an das Abgeordnetenhaus erneut die Rückholung der in Ost-Berlin beim Standesamt I liegenden Bücher, was jedoch unter Hinweis auf die „fehlende praktische Bedeutung" der entsprechenden Registerjahrgänge nicht weiterverfolgt wurde. „Die Register werden infolge Nichtfortschreibung immer wertloser."[577]

Als Ende der 1970er Jahre diese Personenstandsbücher der West-Berliner Bezirksstandesämter noch immer beim Standesamt I in Ost-Berlin lagerten, entschloss man sich allerdings zu einer „anlaufenden Erneuerung der hier nicht zur Verfügung stehenden Bücher."[578] Mit Rundschreiben vom 30. Januar 1979 erläuterte der Senator für Inneres, dass die „während des Krieges in die Tschechoslowakei verlagerten Personenstandsbücher der jetzigen Bezirksstandesämter des Landes Berlin", die sich „bekanntlich seit dem Jahre 1950 bei dem Standesamt I in Berlin (Ost)" befinden, „nach Lage der Dinge" von dort nicht zurückgegeben werden, sodass die Situation demnach einem „Verlust dieser Bücher" gleichkommt. „Bemühungen um die Herausgabe der Bücher waren erfolglos." Deswegen wurde festgelegt:

- Die 1950 vorläufig zu Hauptregistern erklärten Zweitbücher und Nebenregister bei den Amtsgerichten traten nun endgültig an die Stelle der fehlenden Erstbücher und Nebenregister. Von der Anlegung neuer Zweitbücher war einstweilen abzusehen.
- Personenstandsbücher, bei denen weder das Erstbuch noch das Zweitbuch vorhanden waren, waren neu anzulegen.

Für den erforderlichen Arbeitsaufwand sollte das Organisationsgutachten von 1970 fortgeschrieben werden.[579] Im März 1980 lag diese Ergänzung „Erfassung des notwendigen Zeitbedarfs für die zusätzliche Tätigkeit: Erneuerung der während des Krieges verlagerten und bislang nicht zurückgelangten Personenstandsbücher" vor. Im Ergebnis errechnete das Gutachten dafür einen Mehrbedarf von 5 Stellen.[580]
Das Standesamt I arbeitete zur Vereinfachung von Suchvorgängen und zur Nachweisführung über Beurkundungen u. ä. mit Karteien. 1973 verwahrte das Standesamt I mit 125 Karteischränken eine umfangreiche schriftliche Dokumentation an Arbeitskarteien, v. a. die Alphabetische Kartei über die beim Standesamt I geführten Familienbücher (Hilfskartei für die nach Nummern abgelegten Familienbücher) und die Zentrale Familienbuchkartei. Allein neun Personen waren überwiegend mit Karteiarbeiten befasst.[581]

Der Bereich der Karteien war Ausgangspunkt für erste Maßnahmen einer Digitalisierung: Im Frühjahr 1989 wurde begonnen, die alphabetisch geführte Namenkartei (Namensverzeichnis) des Geburtenbuches und die Familienbuchkartei (alphabetische Namen- und Abgabekartei) mit einer PC-Netzwerklösung für 7 Bildschirmarbeitsplätze zu digitalisieren. Hinzu kam die Retrokonversion (Altdatenerfassung) von über 120.000 Karten der Geburtenbuch- und über 145.000 Karten der Familienbuchkartei.[582]

1989 standen für die umfangreichen Aufgaben des Standesamts I in Berlin (West) 60 Mitarbeiterinnen und Mitarbeiter zur Verfügung, davon 21 Standesbeamte bzw. -beamtinnen.[583]

Das Sonderstandesamt I in Ost-Berlin wurde im Rahmen der deutschen Wiedervereinigung mit dem in West-Berlin zusammengeführt. Beide Ämter hatten über mehr als vier Jahrzehnte bestimmte Aufgaben gleichermaßen übernommen, jeweils für ihren Zuständigkeitsbereich.

576 Antwortentwurf der Senatskanzlei auf die Kleine Anfrage Nr. 1875, vom 26.02.1947. Die kursiv geschriebenen Passagen sind durchgestrichen. In: LAB, B Rep. 002, Nr. 14695.

577 LAB, B Rep. 001, Nr. 2223, Schreiben des Senators für Inneres an den Petitionsausschuss des Abgeordnetenhauses vom 9.2.1976.

578 Schreiben des Senators für Inneres an die Senatskanzlei vom 28. Februar 1979. In: LAB, B Rep. 002, Nr. 14695.

579 Rundschreiben des Senators für Inneres vom 30. Januar 1979 „Erneuerung der während des Krieges verlagerten und bisher nicht zurückgelagerten Personenstandsbücher der Bezirksstandesämter des Landes Berlin". In: LAB, B Rep. 004, Nr. 421.

580 Da im Haushalt 1981 jedoch ein allgemeiner Minderbedarf von 7 Stellen im Bereich der Standesämter gegenüber stand, erfolgte keine reelle Stellenerweiterung. Vgl.: Bericht über die Ergänzung des Organisationsgutachtens Standesämter der Bezirke 1970, hier: Erfassen des notwendigen Zeitbedarfs für die zusätzliche Tätigkeit „Erneuerung der während des Krieges verlagerten und bislang nicht zurückgelangten Personenstandsbücher", März 1980. In: LAB, B Rep. 004, Nr. 421, S. 19.

581 Organisationsgutachten 1973, S. 40 f.

582 Schütz: Fünfzig Jahre Standesamt I in Berlin (West), S. 214.

583 Ebd.

Standesamt des Bezirks Berlin-Mitte; Altes Stadthaus; Jüdenstraße 42–43.

6.

DIE STANDESÄMTER IN BERLIN NACH 1990

Diese Darstellung zum Personenstandswesen in Berlin kann nicht geschlossen werden, ohne einen kurzen Abriss zu den auf die Wiedervereinigung folgenden Entwicklungen zu geben.

Die politische Wende in der DDR im Herbst 1989 manifestierte sich insbesondere in den Ergebnissen der Volkskammerwahlen vom 18. März 1990, die erstmals in der DDR-Geschichte demokratischen Grundsätzen entsprochen hatte. In der Folge gab es viele Neuregelungen und Anpassungen gesetzlicher Vorschriften, so z. B. eine 2. Durchführungsbestimmung zum Personenstandsgesetz von 1981, die v. a. die Eheschließung von Bürgerinnen und Bürgern der DDR mit Ausländern bzw. im Ausland neu regelte.[601] Mit der Verabschiedung der neuen Kommunalverfassung der DDR vom 17. Mai 1990 – dem verfassungsändernden Gesetz über die Selbstverwaltung der Gemeinden und Landkreise in der DDR – gab es außerdem neue Rahmenbedingungen für das Verwaltungshandeln.[602]

Grundsätzlich und maßgeblich in dieser Zeit war jedoch der am 31. August 1990 zwischen der Bundesrepublik Deutschland und der Deutschen Demokratischen Republik geschlossene Einigungsvertrag über die Auflösung der DDR, ihren Beitritt zur Bundesrepublik Deutschland und die deutsche Einheit.[603] In der Anlage I zum Einigungsvertrag wurden – gegliedert nach Ressorts und Sachgebieten – u. a. die Rechtsvorschriften behandelt, die mit Maßgaben übergeleitet wurden. Bezüglich des Personenstandsgesetzes waren das:

a) Bestellung der Standesbeamten,
b) Wahrnehmung der standesamtlichen Aufgaben durch die Urkundenstellen,
c) Fortführung der bis zum Beitritt angelegten Personenstandsbücher und Ausstellung von Personenstandsurkunden aus diesen Büchern,
d) Standesamt I in Berlin,
e) Anlegung eines Familienbuchs auf Antrag.

Damit die kontinuierliche Wahrnehmung standesamtlicher Aufgaben auch nach dem Beitritt gewährleistet werden konnte, wurde beispielsweise konkret bestimmt, dass die Leiter der Standesämter und Urkundenstellen sowie deren Stellvertreter keiner besonderen Bestellung bedurften und sofort als Standesbeamte tätig werden konnten (Maßgabe a) und dass auf die bei den Kreisen eingerichteten Urkundenstellen vorerst nicht verzichtet werden konnte (Maßgabe b).[604]

Mit diesen Maßgaben zum Personenstandsgesetz war eine erste Brücke vom Personenstandswesen in der DDR und in Ost-Berlin zu dem mit dem Beitritt geltenden Recht geschaffen worden.[605]

601 2. DB vom 06.03.1990. In: GBl. DDR I Nr. 20 vom 27.03.1990, S. 181.

602 GBl. DDR I 1990, S. 255 ff.

603 BGBl. 1990 II, S. 889 ff. Der Vertrag wurde am 20. September 1990 sowohl von der Volkskammer der DDR als auch vom Bundestag angenommen.

604 Anlage I zum Einigungsvertrag Kap. II Sachgebiet B Abschn. III Nr. 2. Vgl. dazu: Schleicher, Helmut: Die Maßgaben des Einigungsvertrages zur Überleitung des Personenstandsgesetzes. In: StAZ 1990, Nr. 10, S. 279; Vgl. auch: Personenstandswesen; Vollzug des Einigungsvertrages. Rundschreiben des Bayer. Staatsministeriums des Innern Nr. I G 4 – 2001.1 – 3/90 vom 22. Oktober 1990. In: StAZ 1991, Nr. 1, S. 26.

605 Schleicher: Die Maßgaben des Einigungsvertrages, S. 279.

In Berlin war das Zusammenwachsen der Stadt in einer demokratischen Verwaltung ein übergeordnetes politisches Ziel; entsprechend schuf man zügig den nötigen Handlungsrahmen für die Zusammenführung der Berliner Verwaltung.

Bereits am 15. Mai 1990 war dem Magistrat vom „Geschäftsführenden Stellvertreter des Oberbürgermeisters für Inneres" eine Vorlage zu einem „Beschluss zur Regelung der Verantwortlichkeiten in Personenstands-, Namensänderungs- und Staatsbürgerschaftsangelegenheiten" eingereicht worden in der u. a. vorgeschlagen wurde

- Die Standesamtsaufsicht erfolgt durch das Referat I C der Abteilung I der Verwaltung Inneres des Magistrats von Berlin.
- Die Dienstaufsicht über die Standesämter in den Stadtbezirken obliegt den jeweiligen Stadtbezirksbürgermeistern, denen sie auch direkt unterstellt sind.
- Den Stadtbezirksbürgermeistern wird die Bestellung und die Aufhebung der Bestellung der Leiter der Standesämter und ihrer Stellvertreter übertragen.

Diese Beschlussvorlage wurde in der Magistratssitzung vom 21. Mai 1990 nicht bestätigt. An ihrer Stelle wurde festgelegt: „Durch die Stadtbezirksbürgermeister ist zu gewährleisten, dass bis zur Festlegung der künftigen Strukturen der Räte der Stadtbezirke die Verantwortlichkeiten in Personenstands-, Namensänderungs- und Staatsbürgerschaftsangelegenheiten durch einen zu benennenden verantwortlichen Leiter wahrgenommen wird. Entsprechend der Kommunalverfassung übt der Stadtbezirksbürgermeister im Amt darüber die Dienstaufsicht aus."[606]

Senat und Magistrat beauftragten dann im September 1990 die Senatsverwaltung für Inneres gemeinsam mit der Magistratsverwaltung für Inneres, für die nachgeordneten Einrichtungen der Magistratsverwaltungen bis zum 02. Oktober 1990 Regelungen zur Entscheidung über Überführung oder Abwicklung vorzulegen.[607] Zunächst beschloss am 26. September 1990 die Stadtverordnetenversammlung ein Mantelgesetz, das die Geltung West-Berliner Rechts auch im Ostteil der Stadt nach dem 03. Oktober regelte. Dieses Gesetz hob für den Ostteil Berlins sämtliche seit 1949 erlassene DDR-Gesetze auf, soweit sie nicht aufgrund des Einigungsvertrags weiter Gültigkeit hatten. Am Tag darauf schuf dann das Abgeordnetenhaus durch einstimmige Verabschiedung des Mantelgesetzes die Voraussetzungen für eine weitgehende Rechtseinheit in beiden Teilen der Stadt vom 03. Oktober an. Am 02. Oktober 1990 verabschiedeten Senat und Magistrat in einer gemeinsamen Sitzung im Rathaus Schöneberg einvernehmlich eine Erklärung zur Wiederherstellung der Einheit Berlins, in der sie die Berlinerinnen und Berliner zur Gemeinsamkeit aufriefen und all jenen dankten, die mitgewirkt hatten, die Mauer zu beseitigen.

Mit dem Tag des Beitritts der DDR zur Bundesrepublik Deutschland galt gemäß den in den Maßgaben formulierten Regelungen des Einigungsvertrages sofort das Personenstandsrecht der Bundesrepublik Deutschland, einschließlich Ehe- und Familienrecht, auch im wiedervereinigten Berlin. Mit Stichtag 03. Oktober 1990 wurden die nach dem im DDR-Personenstandsrecht im Format A 5 geführten Register der Ostberliner Standesämter geschlossen und das bundesdeutsche Formular im Format A 4 übernommen. Die laufende Zählung innerhalb des Jahrgangszählung wurde jedoch fortgeführt. Nach gesamtdeutschem Recht wurden nun auch die Religionszugehörigkeit und die anzeigende Person/Stelle ausgewiesen; eine rückwirkende Ergänzung der Angaben in den Ostberliner Registern wurde allerdings nicht gefordert. Hinzu kam weiterhin das Anlegen von Familienbüchern auf Wunsch.

Die Aufgaben der Fachaufsicht im Personenstandswesen oblagen ab dem 03. Oktober 1990 für die gesamte Stadt Berlin der Senatsverwaltung für Inneres.

Die bisherigen Leiter und Stellvertreter der Standesämter und Urkundenstellen durften zur Gewährleistung einer Kontinuität bei der Wahrnehmung der standesamtlichen Aufgaben zunächst ohne Bestellung als Standesbeamte tätig werden. Für das Standesamt I in Berlin galten Übergangsvorschriften, wobei an die Stelle der Bezeichnung „Der Standesbeamte des Standesamts I in Berlin (West)" die Bezeichnung „Der Standesbeamte des Standesamts I in Berlin" trat.[608]

Mit Beschluss der Gesamtberliner Landesregierung vom 13. November 1990 wurde u. a. das Standesamt I mit 20 Stellen unter „nach den Regelungen des Einigungsvertrages auf das Land Berlin zu überführende nachgeordnete Einrichtungen und Teileinrichtungen der Magistratsverwaltung" aufgeführt.[609] Ein wichtiger Schritt bei der Zusammenführung war dann die Rückführung der durch das Standesamt I in Ostberlin verwahrten Registerbände der bezirklichen Standesämter aus dem Westteil der Stadt an die jeweils zuständigen Stellen.

Eine große organisatorische Veränderung brachte die zum 01. Januar 2001 in Kraft gesetzte Berliner Bezirksgebietsreform mit sich, durch die die Zahl von 23 Stadtbezirken auf 12 reduziert wurde. Entsprechend änderten sich auch die Grenzen der Standesamtssprengel.

606 22. Magistratssitzung vom 21.05.1990. In: LAB, C Rep. 100-05, Nr. 2210.

607 Vgl. LAB, C Rep. 100-05, Nr. 2229.

608 Vgl. Einigungsvertrag vom 31. August 1990 (BGBl. 1990 II, S. 889), der zuletzt durch Artikel 17 des Gesetzes vom 12. Juli 2021 (BGBl. I, S. 3091) geändert worden ist; Anlage I Kap II B III, Anlage I Kapitel II Sachgebiet B – Verwaltung Abschnitt III – https://www.gesetze-im-internet.de/einigvtr/EinigVtr.pdf, Abruf 22.06.2023, 13:53 Uhr.

609 Beschluss Nr. 149/90 vom 08.11.1990 „Überführung oder Abwicklung der den Magistratsverwaltungen nachgeordneten Einrichtungen und Teileinrichtungen (ohne Aufgabenbereich Kultur)". In: LAB, C Rep. 100-05, Nr. 2235.

STANDESAMT NACH ALTER STRUKTUR	STANDESAMT NACH NEUER STRUKTUR
Mitte	*Mitte*
Tiergarten	
Wedding	
Friedrichshain	*Friedrichshain-Kreuzberg*
Kreuzberg	
Pankow	*Pankow*
Buch	
Prenzlauer Berg	
Weißensee	
Charlottenburg	*Charlottenburg-Wilmersdorf*
Wilmersdorf	
Spandau	*Spandau*
Steglitz	*Steglitz-Zehlendorf*
Zehlendorf	
Schöneberg	*Tempelhof-Schöneberg*
Tempelhof	
Neukölln	*Neukölln*
Köpenick	*Treptow-Köpenick*
Treptow	
Hellersdorf	*Marzahn-Hellersdorf*
Marzahn	
Hohenschönhausen	*Lichtenberg*
Lichtenberg	
Reinickendorf	*Reinickendorf*

Das Personenstandsrechtsreformgesetz vom 19. Februar 2007[610] setzte der standesamtlichen Fortschreibung der Personenstandsregister zeitliche Grenzen (Sterberegister 30 Jahre, Heiratsregister 80 Jahre, Geburtenregister 110 Jahre) und ermöglichte damit die Übernahme der Register in öffentliche Archive nach Ende der Fortschreibungsfristen.

Das neue Personenstandsrecht berücksichtigte die allgemeinen gesellschaftlichen Entwicklungen, indem es

- den Übergang zur elektronischen Registerführung vorschrieb,
- dem Eheregister das Lebenspartnerschaftsregister zur Seite stellte,
- dem bürgerrechtlichen Status von Personen (deutsche Staatsbürgerinnen und Staatsbürger, Ausländerinnen und Ausländer, Asylberechtigte, Flüchtlinge) Rechnung trug und
- Varianten der Geschlechtsentwicklung zuließ.

Zum 01. Januar 2009 trat dieses Gesetz in Kraft und das Landesarchiv Berlin begann gemeinsam mit den Standesämtern die Umsetzung hinsichtlich der Archivierung von Unterlagen vorzubereiten. 2010 erfolgten erste Übernahmen der Register und zugehörigen Namensverzeichnisse sowie Sammelakten aus den Berliner Standesämtern einschließlich des Standesamts I in Berlin.

Seitdem erfolgen in Abhängigkeit vom Ablauf der Fortschreibungsfristen regelmäßig Übernahmen aus den einzelnen Standesämtern in das Landesarchiv und die Register stehen hier den verschiedensten Anliegen der Nutzerinnen und Nutzer zur Verfügung.

610 BGBl. I, S. 122.

Hochzeit, Standesamt Reinickendorf; Rathaus.

7.

FAZIT

Geburten, Heiraten, Sterbefälle – wohl kaum ein Zweig der öffentlichen Verwaltung ist so eng wie das Personenstandswesen mit den emotionalsten und bedeutendsten Momenten im Leben der Menschen verbunden. Hier werden Anfang und Ende des individuellen Daseins verankert, Familien verflochten und all dies glaubhaft und rechtsfest registriert und beurkundet.

Dieser besonderen Verantwortung waren sich Mitarbeiterinnen und Mitarbeiter in den Standesämtern zu allen Zeiten bewusst, und sie legten großen Wert darauf, ihr in hohem Maße gerecht zu werden.

Der Doppelcharakter der Standesämter als staatliche Behörden, für deren personelle Besetzung, Ausstattung und Unterhaltung jedoch die Kommunen zu sorgen hatten, erwies sich in Berlin über Jahrzehnte als komplexe Herausforderung für die rationelle Aufgabenerfüllung der Ämter. Einen jeweils den Dimensionen der Stadt entsprechenden territorialen Zuschnitt zu finden, war dabei ebenso erforderlich, wie eine angemessene räumliche und personelle Ausstattung zu gewährleisten, denn die Ämter sollten zudem gut mit der Bevölkerung vernetzt sein.

Kontinuierlich wurde eine Verwaltungsvereinfachung angestrebt und nach gesetzeskonformen Lösungen für bestehende Probleme gesucht. Dies führte in der Praxis jedoch zu einer erheblichen Ausweitung rechtlicher Regelungen und in der Folge zu einem fortdauernden Aufgabenzuwachs für die Standesämter.

Besonders in den 1930er Jahren kamen zahlreiche zusätzliche Aufgaben im Rahmen der Erfassung, Verifizierung und Weitergabe zuverlässiger Personendaten für die Standesämter hinzu, die zu großen Teilen der Umsetzung der nationalsozialistischen Rassenpolitik dienten. Das 1939 aus dem Berliner städtischen Standesamt I heraus gebildete Sonderstandesamt (Standesamt I in Berlin) hatte unter anderem Funktionen im personenstandsrechtlichen Auslandsverkehr zu erfüllen, die mit Ausbruch des Zweiten Weltkrieges auf die von Deutschen Wehrmacht besetzten Staaten und Territorien ausgeweitet wurden. Die hohe Bevölkerungszahl der Reichshauptstadt sowie die kriegsbedingten Schwierigkeiten in der Verwaltungsorganisation wirkten zusätzlich belastend, sodass die Berliner Standesämter den Anforderungen schließlich nicht mehr in vollem Umfang gerecht werden konnten. Die dadurch entstandenen Versäumnisse – etwa der Aufbau eines zentralen, standesamtsübergreifenden Personenregisters oder das regelmäßige Ergänzen der Beischreibungen in den Zweitregistern – konnten bis zur Einführung der elektronischen Registerführung nicht mehr aufgeholt werden.

Die mehr als vier Jahrzehnte andauernde politische und administrative Teilung der Stadt und die unterschiedliche Gesetzgebung in beiden deutschen Staaten führte zu getrennten Entwicklungen in der standesamtlichen Praxis.

Nach Kriegsende hatte das Personenstandswesen im besetzten Berlin zunächst unter den Bedingungen einer Nachkriegsverwaltung gearbeitet, die rechtlich und organisatorisch von den Anforderungen aller vier Besatzungsmächte und den Regelungen für eine zweistufige Stadtverwaltung geprägt war. Vordringlich war in diesen Jahren die Schaffung von anwendbaren rechtlichen Grundlagen, die Bewältigung von Kriegsfolgen, die Rückführung von kriegsbedingt verlagerten Personenstandsunterlagen und die Laufendhaltung der aktuellen Register.

Rathaus Wedding; Müllerstraße/Ecke Limburger Straße, Warteraum zum Trauzimmer.

8.

ANHANG

8.1 Übersicht zu den gesetzlichen Vorschriften im Personenstandswesen, 1847–1945

Gesetz über die Verhältnisse der Juden, vom 23. Juli 1847 *(Gesetzsammlung 1847, S. 263).*

Verordnung, betreffend die Geburten, Heiraten und Sterbefälle, deren bürgerliche Beglaubigung durch die Ortsgerichte erfolgen muss *(Verordnung über die Notzivilehe)*, vom 30. März 1847 *(Gesetzsammlung 1847, S. 125).*

Gesetz, betreffend die Eheschließung und die Beurkundung des Personenstandes von Bundesangehörigen im Ausland, vom 4. Mai 1870 *(BundesGBl. 1870, S. 599).*

Gesetz betr. das zur Eheschließung erforderliche Lebensalter, vom 21. Dezember 1872 *(Gesetzsammlung 1873, S. 1).*

Gesetz über die Beurkundung des Personenstandes und die Form der Eheschließung, vom 9. März 1874 *(Gesetzsammlung 1874, Nr. 8182, S. 95 ff.).*

Gesetz über die Beurkundung des Personenstandes und die Eheschließung, vom 6. Februar 1875 *(RGBl. 1875, Nr. 4, S. 23–40).*

Ausführungsverordnung des Bundesrats vom 22. Juni 1875 *(Beilage zu Nr. 35/1875 des Amtsblatts der Königlichen Regierung zu Potsdam und der Stadt Berlin).*

Verordnung, betreffend die Verrichtungen des Standesbeamten in Bezug auf solche Militärpersonen, welche ihr Standquartier nach eingehender Mobilmachung verlassen haben, vom 20. Januar 1879 *(RGBl. 1879, Nr. 3, S. 5),* abgeändert durch die Verordnungen vom 7. September 1915 *(RGBl 1915, S. 583),* vom 18. Mai 1916 *(RGBl. 1916, S. 405)*, vom 23. Dezember 1920 *(RGBl. 1920, S. 28).*

Gesetz, betreffend die Rechtsverhältnisse der deutschen Schutzgebiete, vom 17. April 1886 *(RGBl. 1886, S. 75).*

Bekanntmachung, betreffend Vorschriften zur Ausführung des Gesetzes über die Beurkundung des Personenstandes und die Eheschließung, vom 25. März 1899 *(RGBl. 1899, S. 225).*[611]

[Bestimmungen über die] Standesamtliche Beurkundung der Sterbefälle mobiler Militärpersonen, vom 4. Februar 1915 *(VO Nr. 93, Armee-Verordnungsblatt 1915, S. 52).*

Verordnung über die Beurkundung der Sterbefälle von Militärpersonen, die im Inland weder einen Wohnsitz gehabt haben, noch dort geboren sind, vom 7. Septem-

611 Zu den Texten der Vorschriften bis 1900 s. a.: Das Reichsgesetz über die Beurkundung des Personenstandes und die Eheschließung mit allen für das Reich und für Preußen ergangenen Nebengesetzen, Verordnungen und Ministerialerlassen für den Handgebrauch unter Hervorhebung der Abweichungen und mit der Rechtsprechung der höchsten Gerichtshöfe, hrsg.v. Adalbert Hoffmann, Oppeln 1900. (In der Reihe: Die durch das Bürgerliche Gesetzbuch geänderten preußischen Landes- und Reichsgesetze in der vom 1. Januar 1900 ab geltenden Gestalt).

ber 1915 *(VO Nr. 738, Armee-Verordnungsblatt 1915, S. 454).*

Bekanntmachung über die Zuständigkeit zur Beurkundung der Sterbefälle von Militärpersonen, die im Inland weder einen Wohnsitz gehabt haben, noch dort geboren sind, vom 11. September 1915 *(VO Nr. 738, Armee-Verordnungsblatt 1915, S. 455).*

Verordnung über die Beurkundung der Sterbefälle von Militärpersonen, vom 18. Mai 1916
(VO Nr. 416, Armee-Verordnungsblatt 1916, S. 263).

[Bestimmungen über die] Standesamtliche Beurkundung der Sterbefälle mobiler Militärpersonen, vom 30. Oktober 1918 *(VO Nr. 1182, Armee-Verordnungsblatt 1918, S. 629).*

Gesetz über den Personenstand, vom 11. Juni 1920
(RGBl. 1920, S. 1209) Änderungsgesetz zum Personenstandsgesetz von 1875 und zum Auslandspersonenstandsgesetz von 1870.

Verordnung zur Ausführung des Gesetzes über die Beurkundung des Personenstandes und die Eheschließung (in der Fassung des Gesetzes über den Personenstand vom 11. Juni 1920), vom 6. Juli 1920 *(RGBl. I 1920, S. 1399).*

Ausführungsverordnung [des Preußischen Staatsministeriums] zum Reichsgesetze vom 26. Februar 1875 über die Beurkundung des Personenstandes und die Eheschließung *(RGBl. S. 23)* vom 31. Dezember 1925 *(Preußische Gesetzsammlung 1926, S. 5).*

Gesetz zu Änderung des Gesetzes, betreffend die Eheschließung und Beurkundung des Personenstandes von Bundesangehörigen im Auslande, vom 04. Mai 1870, vom 20. Dezember 1934 *(RGBl. I 1934, S. 1260).*

Personenstandsgesetz vom 3. November 1937*(RGBl. I 1937, S. 1146).*

Erste Verordnung zur Ausführung des Personenstandsgesetzes vom 19. Mai 1938 *(RGBl. I 1938 S. 533).*

Gesetz zur Vereinheitlichung des Rechts der Eheschließung und der Ehescheidung im Lande Österreich und im übrigen Reichsgebiet *(Ehegesetz)* vom 6. Juli 1938 *(RGBl. I, S. 807)*

Zweite Verordnung zur Ausführung des Personenstandsgesetzes vom 30. August 1939 *(RGBl. I 1939 S. 1540).*

Dritte Verordnung zur Ausführung des Personenstandsgesetzes (Personenstandsverordnung der Wehrmacht) vom 4. November 1939 *(RGBl. I 1939, S. 2163).*

Verordnung zur Änderung der Dritten Verordnung zur Ausführung des Personenstandsgesetzes, vom 15. August 1940 *(RGBl. I 1940, S. 1107).*

Verordnung über das Personenstandsrecht der Deutschen im Generalgouvernement vom 16. März 1940 *(VBlGG I, S. 104, zuletzt geändert 25.11.1944, VBlGG Nr. 49).*

Zweite Verordnung zur Änderung der Dritten Verordnung zur Ausführung des Personenstandsgesetzes, vom 18. Febr. 1941 *(RGBl. I 1941, S. 124).*

Verordnung des Reichskommissars für die besetzten niederländischen Gebiete über das Personenstandsrecht deutscher Staatsangehöriger in den besetzten niederländischen Gebieten vom 28.02.1941 *(VOBl. für die besetzten Niederländischen Gebiete, 1941, S. 143.)*

Vierte Verordnung zur Änderung der Personenstandsverordnung der Wehrmacht, vom 17. Okt. 1942 *(RGBl. I 1942, S. 595).*

Bekanntmachung der neuen Fassung der Personenstandsverordnung der Wehrmacht, vom 17. Okt. 1942 *(RGBl. I 1942, S. 597 ff).*

Vierte Verordnung zur Ausführung und Ergänzung des Personenstandsgesetzes, vom 27. Sept. 1944 *(RGBl I 1944, S. 219).*

8.2 Ein vergleichender Blick auf die Zivilregisterführung in Preußen vor 1874

Das preußische Personenstandsgesetz von 1874 konnte auf Bestimmungen zurückgreifen, die seit der Mitte des 19. Jahrhunderts im Standesrecht für Spezialfälle bzw. besondere Bevölkerungsgruppen eingeführt worden waren.

Der Ende des 18. Jahrhunderts im Allgemeinen Landrecht Preußens bestimmten Glaubens- und Gewissensfreiheit wurde mit dem Patent, die Bildung neuer Religionsgesellschaften betreffend, vom 30. März 1847, Rechnung getragen. Während gesetzlich anerkanntermaßen die Geistlichen der großen christlichen Kirchen das Recht hatten, Amtshandlungen zur Begründung oder Feststellung bürgerlicher Rechtsverhältnisse durchzuführen, wurden den staatlich genehmigten kleineren bzw. neuen Religionsgesellschaften dieselben Vollmachten nicht zugestanden. Die von ihnen zu religiösen Amtshandlungen bestimmten Personen konnten demnach keine Handlungen mit zivilrechtlicher Wirkung vornehmen, ohne dass diese durch ein Gericht bestätigt wurden. Hierzu wurde unter dem gleichen Datum eine Verordnung erlassen. Darin wurde festgelegt:

1. Die Beglaubigung der Geburts-, Heirats- und Sterbefälle in den o. g. „geduldeten" Religionsgemeinschaften erfolgt durch Eintragung in ein gerichtlich geführtes Register.
2. Das Register führt der ordentliche Richter des Ortes, in dem der Geburts- oder Sterbefall sich ereignet bzw. die Brautleute wohnen. Wohnen diese in unterschiedlichen Gerichtsbezirken, kann die Eintragung in dem einen oder anderen Bezirk erfolgen; allerdings benachrichtigt der jeweilige Richter seinen Amtskollegen im anderen Bezirk, so dass dieser die Eheschließung auch im dort geführten Register eintragen kann.
3. Der Eheschließung muss ein Aufgebot vorangehen. Dieses ist bei dem Richter bzw. den Richtern am Wohnort/an beiden Wohnorten der Brautleute zu beantragen. Der Richter veranlasst das Aufgebot, nachdem er sich vom Vorliegen der für die Gültigkeit der Ehe gesetzlich notwendigen Erfordernisse überzeugt hat. Das Aufgebot erfolgt durch vierzehntägigen Aushang an der Gerichtsstelle oder der Wohnung des Gemeindevorstehers.
4. Die durch die jeweilige Religionsgesellschaft für die Eheschließung vorgesehene Handlung darf erst vorgenommen werden, wenn gerichtlich bescheinigt ist, dass gegen das Aufgebot kein Einspruch erfolgte.
5. Die Eintragung der Ehe in das gerichtliche Register enthält folgende Angaben:
   - die Erklärung der Brautleute, dass und wann die religiöse Eheschließung erfolgt ist,
   - die Bestätigung dieser Aussage durch zwei Zeugen aus derselben Religionsgemeinschaft,
   - der Nachweis des Aufgebots.
   - Die „bürgerliche Gültigkeit" der Ehe beginnt mit dem Zeitpunkt der Eintragung in das gerichtliche Register (§ 8),
   - die Anzeige beim Gericht muss innerhalb von acht Tagen nach der religiösen Eheschließung erfolgen,
   - für die Registerführung gelten die Vorschriften, die für die Kirchen zu Aufgebot und Registerführung erteilt worden sind.
6. Für Personen, die aus der Kirche ausgetreten sind oder keiner der anerkannten Religionsgemeinschaft angehören, genügt das Aufgebot und eine persönliche Erklärung der Brautleute vor dem Richter, dass sie sich fortan als ehelich verbunden betrachten wollen (§ 16). Bei einer Scheidung ist nur ein gerichtlicher Sühneversuch, und nicht auch ein geistlicher, vorgesehen (§ 18).
7. Die Anzeige einer Geburt erfolgt durch den Vater. Ist dieser nicht bekannt oder verhindert, durch den Geburtshelfer oder die Hebamme. Sind solche Personen nicht beteiligt, durch eine bei der Geburt anwesende Person. Gibt es keine Zeugen, ist der Wohnungseigentümer zur Anzeige verpflichtet. Berechtigt, aber nicht verpflichtet sind Hausbewohner oder Verwandte.

   Die Geburtsanzeige enthält:
   - Tag und Stunde der Geburt,
   - Geschlecht und Vornamen des Kindes,
   - Namen, Stand oder Gewerbe sowie Wohnort der Eltern.

   Die Geburtsanzeige hat innerhalb von drei Tagen zu erfolgen. Steht zum Geburtszeitpunkt der Vorname des Kindes noch nicht fest, ist dieser innerhalb von drei Tagen nach Beilegung anzuzeigen.
8. Todesfälle meldet das Familienoberhaupt. Ist dieses nicht vorhanden oder im Stande, so meldet die Person, in deren Wohnung sich der Todesfall ereignet hat. Andere Verwandte oder Hausgenossen sind zur Anzeige berechtigt, aber nicht verpflichtet.
   Die Sterbefallanzeige enthält:
   - Tag und Stunde des Todes,
   - Vor- und Familiennamen, Alter sowie Stand oder Gewerbe der verstorbenen Person.

   Die Todesfallanzeige hat spätestens am nächstfolgenden Tag zu erfolgen.
9. Die für Geburts-, Heirats- und Todesfälle notwendigen Anzeigen und Erklärungen sind durch persönliches Erscheinen vor dem Richter zu leisten. Der Richter nimmt darüber ein Protokoll auf und fügt die eingereichten Bescheinigungen bei.
10. Unmittelbar nach der Feststellung der Tatsache ist der entsprechende Registereintrag vorzunehmen und ein Attest auszustellen.
11. Register und Atteste genießen bis zur Feststellung des Gegenteils öffentlichen Glauben.
12. Auf die Einhaltung der Anzeigefristen achtet die örtliche Polizeibehörde. Bei Fristversäumnis drohen Geldbuße oder Haftstrafen.

Die hier getroffenen Festlegungen galten auch für Personen, die keiner bzw. keiner anerkannten Religionsgemeinschaft angehörten (§ 16).

Für den Norddeutschen Bund wurde am 4. Mai 1870 das Gesetz, betreffend die Eheschließung und die Beurkundung des Personenstandes von Bundesangehörigen im Auslande erlassen. Damit wurde der Bundeskanzler ermächtigt, den diplomatischen Vertretern des Bundes in einem Staat oder einen Bundeskonsul für dessen Amtsbezirk zu bevollmächtigen, rechtgültige Eheschließungen von Bundesangehörigen in dem jeweiligen ausländischen Territorium vorzunehmen und dort vorkommende Geburts-, Heirats- und Sterbefälle von Bundesangehörigen zu beurkunden.

Über die Geburten, Heiraten und Sterbefälle waren getrennte Register – in je zwei gleichlautenden Exemplaren – zu führen, in die Eintragungen in protokollarischer Form und fortlaufender Nummer vorgenommen werden mussten. Das Formular gab der Bundeskanzler einheitlich vor. Die Register waren abzuschließen und ein Exemplar dem Bundeskanzler einzusenden. Gleichzeitig mussten den Regierungen der einzelnen Bundesstaaten alle Auszüge von Fällen mitgeteilt werden, die jeweils ihre Bürger betrafen.

Für die Eheschließung galten folgende Regelungen:

- Vorab musste ein Aufgebot erfolgen mit den entsprechenden Nachweisen, die im heimatlichen Bundesstaat der Verlobten erforderlich waren. In beglaubigter Form waren insbesondere beizubringen: Geburtsurkunden der Verlobten sowie Zustimmungserklärungen der Personen, deren Einwilligung nach der heimatlichen Gesetzgebung erforderlich war. Gegebenenfalls konnte der Konsularbeamte dazu eidesstattlich Erklärungen der Verlobten einfordern. Das Aufgebot enthielt Vor- und Familiennamen sowie Angaben über das Alter, den Stand oder das Gewerbe und den Wohnort der Verlobten und ihrer Eltern. Es war für eine Woche an einer gut einsehbaren Stelle des Kanzleisitzes auszuhängen und gegebenenfalls in der örtlichen Presse zu veröffentlichen. Um Informationsverlusten bei stärkerer Reisetätigkeit der Verlobten vorzubeugen, war unter Umständen die Bekanntmachung auch an frühere Wohnsitze (bis zu sechs Monaten zurückliegend) zu versenden bzw. von dort eine Erklärung zu eventuellen Ehe hindernissen anzufordern. Andererseits konnte der Beamte auch auf ein Aufgebot verzichten, wenn eine besondere Dringlichkeit vorlag.
- Die Eheschließung selbst erfolgte unter Anwesenheit zweier Zeugen durch Frage an die Verlobten und ihre Bereitschaftserklärung zur Eheschließung sowie durch den Ausspruch des Beamten, dass er sie nunmehr kraft des Gesetzes für rechtmäßig verbundene Eheleute erkläre (§ 7). Damit erlangte die geschlossene Ehe bürgerliche Gültigkeit.

Die in das Register einzutragende Urkunde enthielt folgende Angaben:

- Vor- und Familiennamen, Staatsangehörigkeit, Alter, Stand oder Gewerbe, Geburts- und Wohnort der Eheschließenden,
- Vor- und Familiennamen, Alter, Stand oder Gewerbe und Wohnort ihrer Eltern,
- Vor- und Familiennamen, Alter, Stand oder Gewerbe und Wohnort der beiden Zeugen,
- die auf Befragung des Beamten abgegebene Erklärung der Verlobten sowie die erfolgte Verkündigung ihrer Verbindung,
- die Unterschriften aller anwesenden Personen.

Diese Bestimmungen galten auch für Eheschließungen unter Personen, von denen nur eine Bundesangehöriger war.

Über Geburten musste sich der Konsularbeamte durch Vernehmung des Vaters oder anderer Personen glaubwürdig überzeugen, um dann in das Register einzutragen:

- Ort, Tag und Stunde der Geburt,
- Geschlecht des Kindes,
- Vornamen des Kindes,
- Vor- und Familiennamen, Staatsangehörigkeit, Stand oder Gewerbe sowie den Wohnort der Eltern und zweier bei der Eintragung zuzuziehender Zeugen,
- die Unterschriften des Vaters (falls anwesend) und der zugezogenen Zeugen.

Auch die Eintragung eines Todesfalles in das Register bedurfte der Erklärung und Anwesenheit zweier Zeugen. Sie enthielt:

- Vor- und Familiennamen der verstorbenen Person, ihre Staatsangehörigkeit, Alter, Stand oder Gewerbe, Wohn- und Geburtsort,
- Vor- und Familiennamen des Ehepartners,
- Vor- und Familiennamen, Staatsangehörigkeit, Stand oder Gewerbe und Wohnort der Eltern der verstorbenen Person,
- Ort, Tag und Stunde des Todes, soweit bekannt,
- Vor- und Familiennamen, Alter, Stand oder Gewerbe und Wohnort der Zeugen und gegebenenfalls den Grad ihrer Verwandtschaft mit der verstorbenen Person,
- die Unterschriften der Zeugen.

Auffällig ist hier der hohe Bedarf an glaubwürdigen Zeugen, der durch die schwer überschaubaren internationalen Gesetzeslagen und insbesondere die schwierigen Lebensbedingungen in den deutschen Kolonien bedingt scheint.

Anhand der vorangegangenen Betrachtung wird deutlich, dass die Einführung der obligatorischen staatlichen Trauung, der zugleich Vorrang gegenüber einer religiösen Zeremonie eingeräumt wurde, eine einheitlich verbindliche Form der Eheschließung ermöglichte und somit für die gesamte Bevölkerung, unabhängig von Herkunft und Glaubensbekenntnis, Rechtssicherheit schuf.

Gleichzeitig vermitteln aber diese beiden Beispiele bereits einen Eindruck von dem Dilemma, gegen das die Standesbeamten später jahrzehntelang ankämpfen sollten: Die mit der Führung der Standesregister verbundenen Aufgaben erschienen einfach, waren aber mit einem hohen Aufwand an Gesprächs-, Ermittlungs- und Schreibtätigkeit verbunden. Dieser erhöhte sich sprunghaft, als das Zivilregister durch das Gesetz von 1874 zur Regel wurde. Hier entstand häufig der Eindruck, ein zuverlässiger Kanzleischreiber würde allen damit verbunden Anforderungen genügen. Gleichzeitig war aber die Befugnis zur Eheschließung mit einer Vertrauensstellung verbunden und verkörperte einen hohen Grad gesellschaftlicher Anerkennung, Glaubhaftigkeit und feierlicher Würde. Eine Person mit entsprechendem Amt und Ansehen, wie Richter, Diplomat oder Schiffskapitän, erschien hier gerade richtig, konnte sich aber mit Trauungen und Zivilregisterführung nur nebenher beschäftigen.

Es war daher zwar grundsätzlich richtig, diese Aufgaben einem speziell dafür geschaffenen Amt (verkörpert in der Person des Standesbeamten) zu übertragen, doch blieb dieses lange – sowohl organisatorisch wie auch hinsichtlich des auszuprägenden Berufsbildes – in einer Grauzone. In den späteren Jahren stellte sich immer wieder die Frage, warum z. B. nicht schlichtweg ein weiterer zivilgerichtlicher Zweig sich der Eheschließung und der Standesregisterführung widmete, wie dies z. B. bei Scheidungen, Adoptionen, Kirchenaustritten, Grundbuchangelegenheiten, Vereinsregistern u. Ä. der Fall war, und der Standesbeamte damit in das Netz der Justizlaufbahnen aufgenommen werden konnte.

STANDESAMT	EXISTENZ-ZEITRAUM	STANDESBEAMTER (1939: AMTSLEITER)	STELLVERTRETER	AMTSLOKAL
Berlin VII b	*1882–1938*	*1890, 1895, 1900: Freiherr v. Maltzahn 1905, 1910: Hoffmeyer 1915: Kretzschmer 1920: Kröppelin 1925: Wernicke 1928: Standesbeamter Wernicke 1935: v. Windisch*	*1890: Leutnant a. D. Haller von Hallerstein 1895: Coler 1900: Dr. Schneider 1905: Kretzschmer 1910: Wentzel 1915: Martini 1920: von Koblinski*	*1885–1895: Langestraße 76 1900–1935: Rigaer Straße 8*
Berlin VII c	*1907–1938*	*1910–1920: Müller 1925, 1928: Standesbeamter Wentzel 1935: Bretschneider*	*1910: Dr. Beer 1915, 1920: v. Liebermann 1925: Dr. Sergel*	*1910–1920: Pillauer Straße 6 1925–1935: Koppenstraße 76*
Berlin VIII	*1874–1938*	*1874–1895: Polizeileutnant und Landwehrhauptmann von Steinkeller 1900: Roeder 1905: Tummeley 1910, 1915, 1920: Brüggemann 1925, 1928: Stadtamtmann Beyer 1935: Wernicke*	*1874: Bürovorsteher Karstädt 1880–1895: Köls, früher Gutsbesitzer 1900: Strasser 1905: Brüggemann 1910: Schaarschmidt 1915: Selle 1920: Wernicke*	*1874–1885: Weinstraße 5 1890–1935: Georgenkirchstraße 2*
Berlin IX	*1874–1938*	*1874, 1880: Hauptmann a. D. von Keudell 1885: Referendar a. D. und Landwehrhauptmann Ulkan 1890: unbesetzt 1895, 1900: Michaelis 1905, 1910, 1915: Stolze 1920: Kühn 1925, 1928: Standesbeamter Nauck 1935: Beyer*	*1874, 1880: Referendar a. D. und Landwehrhauptmann Ulkan 1885, 1890, 1895: v. Dalwig 1900: Wewetzer 1905: Driesemann 1910: Schmid v. Schwarzenhorn 1915: Dr. Beer 1920: Dr. Sergel*	*1874: Johannisstraße 7/ Ecke Artilleriestraße 1877–1890: Artilleriestraße 8, 1894–1920: Krausnickstraße 20 1925–1935: Zehdenicker Straße 17/18*
Berlin X	*1874–1882*	*1874–1875: Bürgermeister a. D. Grieben 1875, 1880: Gutsbesitzer v. d. Osten*	*1874: Gutsbesitzer v. d. Osten 1875, 1880: Thiede, (früher) Gutspächter*	*1874, 1880: Templiner Straße 12*
Berlin X a	*1882–1938*	*1885–1890: v. d. Osten, früher Gutsbesitzer 1895–1910: Wille 1915: Driesemann 1920: Reich 1925, 1928: Standesbeamter Nauck 1935: Beyer*	*1885, 1890: Goldammer, städt. Turnlehrer a. D. 1895, 1900: v. Holtzendorff 1905: Semmler 1910, 1915, 1920: v. Hagen*	*1882: Zehdenicker Straße 16–18 1885: Templiner Straße 12 1890: Zehdenicker Straße 16, 18 1895–1935: Zehdenicker Straße 17/18*
Berlin X b	*1882–1938*	*1885–1900: Lewinstein 1905–1920: Strasser 1925, 1928: Standesbeamter Wagner 1935: Noack*	*1885, 1890: Thiede 1895: Bischoff 1900: Bertram 1905: Clorer 1910: Selle 1915: Lomax 1920: v. Baumbach*	*1884, 1885: Schönhauser Allee 29, 1889–1925: Eberswalder Straße 10 1928: Lychener Straße 107/108 1935: Gleimstraße 49*
Berlin X c	*1904–1938*	*1905, 1910, 1915: Heckenbach 1920: Dr. Hübschmann 1925, 1928: Standesbeamter Wagner 1935: Noack*	*1905: Schaarschmidt 1910, 1915: Reich 1920: Reckhard*	*1904, 1905, 1910, 1915, 1920, 1928: Lychener Straße 107/108 1925: Eberswalder Straße 10 1935: Gleimstraße 49*
Berlin XI	*1874–1938*	*1874–1880: Leutnant a. D. Hugo Gordan 1885: Major a. D. Saenger 1890–1900: Leutnant a. D. Witt 1905: Hollmann 1910, 1915: Schultz 1920: Dr. Beer 1925, 1928, 1935: Verwaltungsinspektor Utesch*	*1874–1885: Leutnant a. D. Witt 1890: Knatze 1895: v. Koschkull 1900: Hoffmeyer 1905: Schmid v. Schwarzenhorn 1910, 1915: Kanter 1920: Meltzer*	*1874: Gartenstraße 30 1880–1935: Gartenplatz 4 (und 5)*
Berlin XII	*1874–1892*	*1874–1890: Pfarrer em. Knörcke*	*1874–1885: Kammergerichts-referendar a. D. von Oppel (Oppell?) 1890: Krampff*	*1874, 1880: Kronprinzen-Ufer 25 1885, 1890: Albrechtstraße 21*
Berlin XII a	*1892–1938*	*1895, 1900: Pfarrer em. Knörcke 1905: Hepner 1910, 1915: Hollmann 1920: Schmid v. Schwarzenborn 1925, 1928: Pohl 1935: Nothnagel*	*1895, 1900: Klug (Krug?) 1905: Schütze 1910: Clorer 1915: Dr. Hübschmann 1920: Dr. Iderhoff*	*1895–1920: Alt-Moabit 120 1925–1935: Wilhelmshavener Straße 2*

und somit für die gesamte Bevölkerung, unabhängig von Herkunft und Glaubensbekenntnis, Rechtssicherheit schuf.

Gleichzeitig vermitteln aber diese beiden Beispiele bereits einen Eindruck von dem Dilemma, gegen das die Standesbeamten später jahrzehntelang ankämpfen sollten: Die mit der Führung der Standesregister verbundenen Aufgaben erschienen einfach, waren aber mit einem hohen Aufwand an Gesprächs-, Ermittlungs- und Schreibtätigkeit verbunden. Dieser erhöhte sich sprunghaft, als das Zivilregister durch das Gesetz von 1874 zur Regel wurde. Hier entstand häufig der Eindruck, ein zuverlässiger Kanzleischreiber würde allen damit verbunden Anforderungen genügen. Gleichzeitig war aber die Befugnis zur Eheschließung mit einer Vertrauensstellung verbunden und verkörperte einen hohen Grad gesellschaftlicher Anerkennung, Glaubhaftigkeit und feierlicher Würde. Eine Person mit entsprechendem Amt und Ansehen, wie Richter, Diplomat oder Schiffskapitän, erschien hier gerade richtig, konnte sich aber mit Trauungen und Zivilregisterführung nur nebenher beschäftigen.

Es war daher zwar grundsätzlich richtig, diese Aufgaben einem speziell dafür geschaffenen Amt (verkörpert in der Person des Standesbeamten) zu übertragen, doch blieb dieses lange – sowohl organisatorisch wie auch hinsichtlich des auszuprägenden Berufsbildes – in einer Grauzone. In den späteren Jahren stellte sich immer wieder die Frage, warum z. B. nicht schlichtweg ein weiterer zivilgerichtlicher Zweig sich der Eheschließung und der Standesregisterführung widmete, wie dies z. B. bei Scheidungen, Adoptionen, Kirchenaustritten, Grundbuchangelegenheiten, Vereinsregistern u. Ä. der Fall war, und der Standesbeamte damit in das Netz der Justizlaufbahnen aufgenommen werden konnte.

8.3 Übersicht zu den Standesämtern, Standesbeamten und Amtssitzen (1874–Mai 1945)

Adressen und Namenschreibweisen orientieren sich hier an den in den Akten und Nachschlagewerken gefundenen Angaben. Eine große Anzahl von Personen konnten zumindest mit Nachnamen und Dienststelle benannt werden, doch ist eine vollständige Identifizierung aller Beteiligten nicht möglich gewesen. Für die Dienstorte können in Ausnahmefällen unterschiedliche Adressen von für die Öffentlichkeit zugänglichen Räumen des Standesamts und den eigentlichen Diensträumen des Personals gelten.

Die nachfolgend zusammengestellten Daten beruhen überwiegend auf Angaben aus dem Berliner Adressbuch. Dessen Ausgaben aus der Zeit bis zum Ende des Zweiten Weltkrieges enden mit dem Jahrgang 1943. Ausgewertet wurden die von der Berliner Zentral- und Landesbibliothek im Internet zur Verfügung gestellten Digitalisate *(https://digital.zlb.de/viewer/berliner-adressbuecher/)*.

Im Rahmen dieser Publikation war es nicht möglich, die 69 Bände des Untersuchungszeitraumes komplett zu untersuchen. Es wurde daher zumindest versucht, Angaben in einem 5- bis 7-Jahresabstand zu ermitteln, was freilich bisweilen nicht einmal der Existenzzeitspanne eines Standesamts entspricht. Der mitunter schlechten Lesbarkeit der Digitalisate und nicht zuletzt dem „Geburtsfehler" der Adressbücher selbst können Lücken und mögliche Unvollkommenheiten geschuldet sein. Auf eine Redaktion der Namen und Adressen (Überprüfung hinsichtlich Straßenumnummerierungen und -umbennungen) wurde verzichtet.

Dennoch ist es nicht uninteressant, erstmals einen großen Teil der Personen und Orte zu überblicken, die die ersten 70 Jahre Berliner Standesamtsgeschichte prägten. Aus welchem Umfeld kamen die Standesbeamten, welche Stellung hatten sie, wie lange waren sie standesamtlich tätig und welche Wendungen nahmen ihre Laufbahnen? Möglicherweise lohnt eine Schließung der Datenlücken!

STANDESAMT	EXISTENZ-ZEITRAUM	STANDESBEAMTER (1939: AMTSLEITER)	STELLVERTRETER	AMTSLOKAL
Adlershof/ Berlin-Adlershof	*1893–1942*	*1908: Reinsch, Gemeindevorsteher 1913, 1914: Gemeindevorsteher Bürgermeister Köhler 1915–1920: Gemeindesekretär Woratz 1921–1935 Gemeindesekretär (später Stadtoberinspektor) Lorenz 1941: Schütze*	*1908: Bach 1921: Rendant Städter, Gemeindesekretär Darnick, Gemeindeassistent Peters*	*1913–1920: Posadowskystraße 1 1921: keine Angabe 1928, 1935: Radickestraße 14 1940, 1941: Bismarckstraße 1*
Alt-Glienicke	*1874–1942*	*1874: Rittmeister a. D. von Oppen, Adlershof 1921: unbesetzt 1928: Stadtoberinspektor Lukowski 1935: Lorenz 1941: Stadtinspektor Münster*	*1874: Gutsbesitzer Werner 1921: die Gemeindesekretäre Lukowski und Grimm, Amtsobersekretär Wedeke*	*1921: keine Angabe 1928: Cöpenicker Straße 42 1935: Radickestraße 14 1941: Bismarckstraße 1 (Adlershof)*
Berlin I	*1874–1894, 1924–1938*	*1874: Stadtrat a. D. Prof. Dr. Techow 1880, 1885: Major a. D. Dolman 1890: Dr. Kurten 1925: Wander 19282: Standesbeamter Wander 19353: Dr. Hübschmann*	*1880: Goldammer, städtischer Turnlehrer a. D. 1885, 1890: v. Holtzendorff*	*1874: Brüderstraße 2 1880: Breite Straße 20a 1885, 1890: Jüdenstraße 38 c 1890: Poststraße 16, 1 1892 Grünstraße 5/6 1925, 1928: An der Fischerbrücke 1 a 1935: Klosterstraße 47–59 (Stadthaus)*
Berlin I/II	*1894–1924*	*1895, 1900: Krause 1905: Bertram 1910: Tummeley 1915–1920: Semmler*	*1895: Taddel 1900: Bischoff 1905: v. Pelchrzim 1910: Semmler 1915: Schaarschmidt 1920: Kanter*	*1894–1900: Grünstraße 5/6, 1901: Fischerstraße 37/38, Fischerbrücke 1a 1905–1920: An der Fischerbrücke 1 a*
Berlin II	*1874–1894, 1924–1938*	*1874–1885: Stadtrat (a. D.) Stadtältester (1885) Dr. phil. Noth 1925, 1928: Standesbeamter Wander 1935: Dr. Hübschmann*	*1874: Referendar a. D. von Kameke 1880, 1885: Kuntze 1890: Taddel, Rentier*	*1874–1885: Jerusalemer Straße 59 1885, 1890: Besselstraße 21, 1893: Grünstraße 5/6 1925, 1928: An der Fischerbrücke 1 a 1935: Klosterstraße 47–59 (Stadthaus)*

STANDESAMT	EXISTENZ-ZEITRAUM	STANDESBEAMTER (1939: AMTSLEITER)	STELLVERTRETER	AMTSLOKAL
Berlin III	*1874–1938*	*1874–1885: Premier-Leutnant a. D. von Erichsen 1890: unbesetzt 1895, 1900: Justinius 1905, 1910: Krause 1915: Hoffmeyer 1920: Schaarschmidt 1925, 1928: Standesbeamter Dr. Hübschmann 1935: v. Wander*	*1874–1880: Rentier, Landwehr-Hauptmann Berduscheck 1885, 1890: Hauptmann a. D. Behm 1895, 1900: Herford 1905: Dr. Schneider 1910: Driesemann 1915: Schmidt v. Schwarzenhorn 1920: Martini*	*1874: Schöneberger Ufer 17 1880: Kleinbeerenstraße 2 1885–1935: Genthiner Straße*
Berlin IV	*1874–1892*	*1874–1880: Premier-Leutnant a. D. von Erichsen 1885, 1890: Rentier, Landwehr-Hauptmann Berduscheck*	*1874–1880: Rentier, Landwehr-Hauptmann Berduscheck 1885, 1890: Rittmeister a. D. Michaelis*	*1874: Schöneberger Ufer 17 1880–1890: Kleinbeerenstraße 2*
Berlin IV a	*1892–1938*	*1895, 1900: Berduschek 1905, 1910: Roeder 1915: unbesetzt 1920: Schultz 1925: Lohmann 1928: Stadtoberinspektor Wischanowski 1935: Porzig*	*1895: v. Mellenthin 1900: Freiherr v. Koschill 1905: Freiherr v. Wrangel 1910: Kretzschmer 1915: v. Alten 1920: Lomax*	*1895–1910: Kleinbeerenstraße 2 1915, 1920: Hagelberger Straße 34 1925, 1928, 1935: Boeckhstraße 9–10*
Berlin IV b	*1892–1938*	*1895–1905: Behm 1910–1920: Freiherr v. Wrangel 1925: Lohmann 1928: Stadtoberinspektor Wischanowski 1935: Porzig*	*1895: Gerlach 1900: Heckenbach 1905, 1910, 1915: v. Pavel-Rammingen 1920: Nauck*	*1895: Baerwaldstraße 51 1900–1935: Boeckhstraße 9–10*
Berlin V	*1874–1882*	*1874–1877: Major a. D. Freiherr von Lyncker 1880: Referendar a. D. Kameke*	*1874: (städtischer) Turnlehrer Goldammer 1880: Rittmeister a. D. v. Maltzahn*	*1874: Mariannenstraße 47 1880: Wrangelstraße 133*
Berlin V a	*1882–1938*	*1885–1900: Gutzeit, Rentier 1905: Weiße 1910, 1915, 1920: v. Specht 1925: von Liebermann 1928, 1935: Standesbeamter Hegewisch*	*1885, 1890: Zander 1895, 1900: Weiße 1905: Reinicke 1910, 1915: Kroepelin 1920: Krosta*	*1885: Wrangelstraße 133 1890–1920: Mariannenufer 1 a 1925–1935: Cöpenicker Straße 2*
Berlin V b	*1882–1938*	*1885, 1890: Referendar a. D. v. Kameke 1895, 1900: Zander 1905, 1910, 1915: Kupfer 1925: von Liebermann 1928, 1935: Standesbeamter Hegewisch*	*1885: Rittmeister a. D. v. Maltzahn 1890, 1895: Röder 1900: Tummeley 1905: Schulz 1910: Kühn 1915: v. Ferber*	*1885–1895: Köpenicker Straße 3–5 1900–1935: Köpenicker Straße 2*
Berlin VI	*1874–1938*	*1874–1890: Bezirksvorsteher Rentier Justinius 1895, 1900: Goldtammer 1905: Baron v. Koschull 1910, 1915, 1920: Reinecke 1925, 1928: Standesbeamter Wander 1935: Dr. Hübschmann*	*1874: Rentier A. Lewinstein 1880: Gutzeit 1885, 1890: Major a. D. Krause 1895, 1900: Kupfer 1905: Reinhold 1910: v. Ferber 1915: Kühn 1920: v. Windisch*	*1874, 1880: Kürassierstraße 9 1885–1920: Stallschreiberstraße 54 1925, 1928: An der Fischerbrücke 1 a 1935: Klosterstraße 47–59 (Stadthaus)*
Berlin VII	*1874–1882*	*1874: Major z. D. von Harder 1880: Bürovorsteher Karstädt*	*1874: Rendant der deutschen Feuerversicherungsgesellschaft Köls, Rendant 1880, 1885: Leutnant a. D. Haller von Hallerstein*	*1874: Krautstraße 49 1880: Andreasstraße 16*
Berlin VII a	*1882–1938*	*1885, 1890: Karstädt 1895: unbesetzt 1900, 1905: Freiherr v. Dalwig 1910, 1915: Voigtel 1925: Wentzel 1920, 1928: Standesbeamter Wentzel 1935: Bretschneider*	*1885: Leutnant a. D. Haller von Hallerstein 1890: Hepner 1895: Krieg 1900: Donisch 1905: Heynemann 1910: v. Alten 1915: Wentzel 1920: Gencke 1925: Dr. Sergel*	*1885: Langestraße 76 1890–1905: Kleine Frankfurter Straße 6 1910–1935: Koppenstraße 76*

STANDESAMT	EXISTENZ-ZEITRAUM	STANDESBEAMTER (1939: AMTSLEITER)	STELLVERTRETER	AMTSLOKAL
Berlin VII b	*1882–1938*	*1890, 1895, 1900: Freiherr v. Maltzahn 1905, 1910: Hoffmeyer 1915: Kretzschmer 1920: Kröppelin 1925: Wernicke 1928: Standesbeamter Wernicke 1935: v. Windisch*	*1890: Leutnant a. D. Haller von Hallerstein 1895: Coler 1900: Dr. Schneider 1905: Kretzschmer 1910: Wentzel 1915: Martini 1920: von Koblinski*	*1885–1895: Langestraße 76 1900–1935: Rigaer Straße 8*
Berlin VII c	*1907–1938*	*1910–1920: Müller 1925, 1928: Standesbeamter Wentzel 1935: Bretschneider*	*1910: Dr. Beer 1915, 1920: v. Liebermann 1925: Dr. Sergel*	*1910–1920: Pillauer Straße 6 1925–1935: Koppenstraße 76*
Berlin VIII	*1874–1938*	*1874–1895: Polizeileutnant und Landwehrhauptmann von Steinkeller 1900: Roeder 1905: Tummeley 1910, 1915, 1920: Brüggemann 1925, 1928: Stadtamtmann Beyer 1935: Wernicke*	*1874: Bürovorsteher Karstädt 1880–1895: Köls, früher Gutsbesitzer 1900: Strasser 1905: Brüggemann 1910: Schaarschmidt 1915: Selle 1920: Wernicke*	*1874–1885: Weinstraße 5 1890–1935: Georgenkirchstraße 2*
Berlin IX	*1874–1938*	*1874, 1880: Hauptmann a. D. von Keudell 1885: Referendar a. D. und Landwehrhauptmann Ulkan 1890: unbesetzt 1895, 1900: Michaelis 1905, 1910, 1915: Stolze 1920: Kühn 1925, 1928: Standesbeamter Nauck 1935: Beyer*	*1874, 1880: Referendar a. D. und Landwehrhauptmann Ulkan 1885, 1890, 1895: v. Dalwig 1900: Wewetzer 1905: Driesemann 1910: Schmid v. Schwarzenhorn 1915: Dr. Beer 1920: Dr. Sergel*	*1874: Johannisstraße 7/ Ecke Artilleriestraße 1877–1890: Artilleriestraße 8, 1894–1920: Krausnickstraße 20 1925–1935: Zehdenicker Straße 17/18*
Berlin X	*1874–1882*	*1874–1875: Bürgermeister a. D. Grieben 1875, 1880: Gutsbesitzer v. d. Osten*	*1874: Gutsbesitzer v. d. Osten 1875, 1880: Thiede, (früher) Gutspächter*	*1874, 1880: Templiner Straße 12*
Berlin X a	*1882–1938*	*1885–1890: v. d. Osten, früher Gutsbesitzer 1895–1910: Wille 1915: Driesemann 1920: Reich 1925, 1928: Standesbeamter Nauck 1935: Beyer*	*1885, 1890: Goldammer, städt. Turnlehrer a. D. 1895, 1900: v. Holtzendorff 1905: Semmler 1910, 1915, 1920: v. Hagen*	*1882: Zehdenicker Straße 16–18 1885: Templiner Straße 12 1890: Zehdenicker Straße 16, 18 1895–1935: Zehdenicker Straße 17/18*
Berlin X b	*1882–1938*	*1885–1900: Lewinstein 1905–1920: Strasser 1925, 1928: Standesbeamter Wagner 1935: Noack*	*1885, 1890: Thiede 1895: Bischoff 1900: Bertram 1905: Clorer 1910: Selle 1915: Lomax 1920: v. Baumbach*	*1884, 1885: Schönhauser Allee 29, 1889–1925: Eberswalder Straße 10 1928: Lychener Straße 107/108 1935: Gleimstraße 49*
Berlin X c	*1904–1938*	*1905, 1910, 1915: Heckenbach 1920: Dr. Hübschmann 1925, 1928: Standesbeamter Wagner 1935: Noack*	*1905: Schaarschmidt 1910, 1915: Reich 1920: Reckhard*	*1904, 1905, 1910, 1915, 1920, 1928: Lychener Straße 107/108 1925: Eberswalder Straße 10 1935: Gleimstraße 49*
Berlin XI	*1874–1938*	*1874–1880: Leutnant a. D. Hugo Gordan 1885: Major a. D. Saenger 1890–1900: Leutnant a. D. Witt 1905: Hollmann 1910, 1915: Schultz 1920: Dr. Beer 1925, 1928, 1935: Verwaltungsinspektor Utesch*	*1874–1885: Leutnant a. D. Witt 1890: Knatze 1895: v. Koschkull 1900: Hoffmeyer 1905: Schmid v. Schwarzenhorn 1910, 1915: Kanter 1920: Meltzer*	*1874: Gartenstraße 30 1880–1935: Gartenplatz 4 (und 5)*
Berlin XII	*1874–1892*	*1874–1890: Pfarrer em. Knörcke*	*1874–1885: Kammergerichts- referendar a. D. von Oppel (Oppell?) 1890: Krampff*	*1874, 1880: Kronprinzen-Ufer 25 1885, 1890: Albrechtstraße 21*
Berlin XII a	*1892–1938*	*1895, 1900: Pfarrer em. Knörcke 1905: Hepner 1910, 1915: Hollmann 1920: Schmid v. Schwarzenborn 1925, 1928: Pohl 1935: Nothnagel*	*1895, 1900: Klug (Krug?) 1905: Schütze 1910: Clorer 1915: Dr. Hübschmann 1920: Dr. Iderhoff*	*1895–1920: Alt-Moabit 120 1925–1935: Wilhelmshavener Straße 2*

STANDESAMT	EXISTENZ-ZEITRAUM	STANDESBEAMTER (1939: AMTSLEITER)	STELLVERTRETER	AMTSLOKAL
Berlin XII b	*1892–1938*	*1895–1905: Krampff* *1910, 1915: Schütze* *1920: Selle* *1925, 1928: Pohl* *1935: Nothnagel*	*1895: Hepner* *1900: Hollmann* *1905: Voigtel* *1910, 1915: Rigler* *1920: v. Werder*	*1892, 1895: Alt Moabit 91/92;* *1896–1905: Wilhelmshavener Straße 4/5* *1910–1935: Wilhelmshavener Straße 2*
Berlin XIII	*1874–1902*	*1874–1890:* *Prediger a. D. Theodor Baltzer* *1895: Freiherr Haller v. Hallerstein* *1900: Hepner*	*1874–1875: Gutspächter Thiede* *1880: Rentier Lewinstein* *1885, 1890: Wille, Referendar a. D.* *1895: Tummeley* *1900: Stolze*	*1874: Pankstraße 26,* *April 1875: Pankstraße 22* *1880, 1885: Bellermannstraße 89* *1890: Reinickendorfer Straße 55* *1895, 1900: Badstraße 22*
Berlin XIII a	*1902–1938*	*1905, 1910, 1915: Wewetzer* *1920, 1925, 1928:* *Standesbeamter Rigler* *1935: von Baumbach*	*1905: v. Specht* *1910: Dr. Hübschmann* *1915, 1920: Wagner*	*1905–1920: Badstraße 22* *1925: Straße 4 a, Gemeinde-schulhaus* *1928, 1935:* *Ellerbecker Straße, o.Nr.*
Berlin XIII b	*1902–1938*	*1905: Donisch* *1910: Hepner* *1915: Clorer* *1920: Pohl* *1925: Martini* *1928:* *Standesbeamter v. Windisch* *1935: Dr. Sergel*	*1905: Ribbentrop* *1910, 1915: Pohl* *1920: v. Wedel*	*1902–1910: Willdenowstraße 28* *1915–1935: Plantagenstraße 15–19*
Biesdorf	*1874–1940*	*1874: Rittergutsbesitzer Baron von Rüxleben* *1921: unbesetzt* *1928: Stadtoberinspektor Luckner* *1935: Schreiber*	*1874: Gutsvorsteher Schmidtgen* *1921: Pantel, Luckner, Bingel*	*1921, 1928: Dorfstraße 67* *1935: Alt Biesdorf 21/22*
Blankenburg/ Berlin-Blankenburg	*1928–1942*	*1935: Kleier, Albert* *1941: Stadtoberinspektor Krüger*		*1935, 1941: Dorfstraße 19*
Blankenfelde	*1874–1912*	*1874: Oberinspektor Segnitz*	*1874: Gemeindevorsteher Schwietzke*	
Bohnsdorf	*1907–1942*	*1921: unbesetzt* *1928:* *Verwaltungsinspektor Kleiber* *1935: Koenig* *1941: Stadtoberinspektor Grosse*	*1921: Oberamtsstellenleiter Peter, Rendant Meyer*	*1921: Gemeindeamt* *1928–1941: Dorfplatz 5*
Boxhagen-Rummelsburg/ Lichtenberg II	*1891–1938*	*1900–1915:* *Hauptmann a. D. v. Ziegler* *1921: unbesetzt* *1928: Stadtoberinspektor Borstelmann* *1935: Pantel*	*1900, 1905: Bürovorsteher Krüger* *1907: Paul Borstel, Oberassistent* *1910: Borstelmann* *1915: keine Angabe* *1921: Wendt, Pollmann, Jahre, Bingel*	*1900: Prinz-Albert-Straße (Schulhaus)* *1905: Rathaus, Türschmidtstraße 25* *1910–1928: Marktstraße 13* *1935: Treskowallee 44*
Britz/ Berlin-Britz	*1874–1942*	*1874: Ortsvorsteher Walter* *1900: Amtsvorsteher v. Regling* *1905, 1910, 1915: Oberstleutnant a. D. Neulung (Neuling?)* *1920: Neumann* *1921: Just* *1928: Wiegand* *1935: Dramburg* *1938, 1939, 1940, 1941:* *Stadtinspektor Rieder*	*1874: Schöffe Bäsche* *1900: Kaufmann(?) Waldow* *1905, 1910, 1915:* *Büroassistent Neumann (1915 Sekretär)* *1920: Sekretär Panmer, Sekretär Papendorf* *1921: Pohlig II* *1939: unbesetzt*	*1900–1941: Rathaus Britz, Chausseestraße 48*
Buch/ Berlin-Buch	*1874–1945 ff.*	*1874: Gutsvorsteher Reitz* *1921: Oberstadtsekretär Koppe* *1928: Stadtoberinspektor Eiser* *1935: Eiser* *1941, 1943: Stadtamtmann Eiser*	*1874: Gemeindevorsteher Marggraf* *1921: Stadtsekretär Thiele*	*1921: Zentrale Buch* *1928: Schönerlinder Straße, o. Nr.* *1935: Lindenhorstraße 11* *1941, 1943: Wiltbergstraße 39*
(Französisch-) Buchholz/Berlin-Buchholz	*1874–1942*	*1874: Komm.* *Amtsvorsteher Schultze* *1900, 1905: Schultze (auch für Heinersdorf)* *1915, 1920:* *Amtsvorsteher R. Mahnke* *1921: unbesetzt* *1928: Stadtoberinspektor Meyer* *1935: Meyer* *1941: Stadtoberinspektor Meyer*	*1874: Gemeindevorsteher Guyot, Amtsvorsteher Oberinspektor Segnitz* *1915: Amtssekretär Zimmermann* *1920: Amtssekretär Zimmermann, Schöffe A. Steeger* *1921: Gemeindesekretär Meyer, Büroassistent Schnell, Kassen-kontrolleur Klatte*	*1900, 1905: keine Angabe* *1915: Berliner Straße 24* *1920, 1921, 1928, 1935:* *Berliner Straße 24* *1941: Berliner Straße 16*
Buckow	*1874–1910*	*1874: Rittergutsbesitzer Romanus*	*1874: Ortsvorsteher Kiekebusch*	
Buckow I	*1911–1938*	*1921: Kesten* *1928, 1935: Dramburg*	*1921: Müncheberg*	*1921: Gemeindehaus Buckow* *1928: Dorfstraße 6* *1935: Rathaus Britz, Chaussee-straße 48*

STANDESAMT	EXISTENZ-ZEITRAUM	STANDESBEAMTER (1939: AMTSLEITER)	STELLVERTRETER	AMTSLOKAL
Buckow II (Krankenhaus Neukölln)	*1911–1942*	*1911, 1921, 1928, 1935: Heinrich Albeck, Büroassistent*	*1911: Kurt Maronde, Büroassistent 1921: Müncheberg 1929: Schacht*	*1921: Krankenhaus 1928: Rudower Straße 4 1935 Rudower Straße 56 (Krankenhaus)*
Charlottenburg	*1874–1897*	*1874: Beigeordneter Johl 1880: Audouard*	*1874: Stadtrat Kühne*	*Charlottenburger Rathaus, Berliner Straße 72/73*
Charlottenburg I	*[1898] 1904–1938*	*1898, 1900: Major a. D. Andouard 1905, 1910: Zarnack 1915, 1921: v. Fischer-Treuenfeld 1928, 1935: Sichart von Sichartshoff*	*1898: Oberstleutnant a. D. Zarnack; 1900, 1905: Major a. D. Clausius 1910: Podlech 1915, 1921: Sichart von Sichartshoff*	*1898–1935: Rankestraße 10*
Charlottenburg II	*[1898] 1904–1938*	*1898, 1905, 1910: Oberstleutnant a. D. Sievert (Siewert?) 1910–1916: Podlech 1921, 1928: v. Bülow 1935: Graehn*	*1898: Kaufmann E. Völkerling 1900: Oberstleutnant a. D. Zarnack (2. Stellv. Völkerling) 1905: Voelkerling 1910, 1915: [Kaufmann] Völkerling 1921: unbesetzt*	*1898, 1900: Berliner Straße 77 (71?), 1905: Kirchstraße 10 1910: Berliner Straße 77 (71?), 1915, 1921: Lützower Straße 8 a 1928, 1935: Charlottenburger Rathaus, Berliner Straße 72/73*
Charlotten-burg III	*1904–1938*	*1905: Audouard (Andouard?) 1910, 1915, 1921: Jordan 1928, 1935: Koßmann*	*1905: Jordan 1910: v. Treuenfeld 1915: v. Bülow, Koßmann 1921: Kossmann*	*1905–1935: Schloßstraße 27*
Charlotten-burg IV	*1922–1938*	*1928: Sterzel 1935: Graehn*		*1928: Kaiserin-Augusta-Allee 37 1935: Charlottenburger Rathaus, Berliner Straße 72/73*
Charlottenburg von Berlin	*1938–1945 ff.*	*1938, 1940, 1941: Stadtoberinspektor Graehn 1943: keine Angabe*	*1944: Muschwitz*	*1938–1943: Rathaus, Berliner Straße 72/73*
Dahlem/ Berlin-Dahlem	*1907–1941*	*1905: Kgl. Oberförster Waechter 1910–1920: Rechnungsrat Möglich 1921–1940: Bürovorsteher (1939: Stadtoberinspektor) Rudolf Bochow 1928, 1935: Stadtoberinspektor Bochow*	*1910–1920: Bürovorsteher Bochow 1921: Sekretär Seewald*	*1905: Forsthaus Grunewald? 1910–1920: Königin-Luise-Straße 49 (Gutshaus) 1921: keine Angabe 1928–1940: Königin-Luise-Straße 49*
Dalldorf → s. Wittenau				
Deutsch-Wilmersdorf → s. Wilmersdorf				
Eiche	*1874–1895*	*1874: Gutsvorsteher Amtmann Muhr*	*1874: Gemeindevorsteher Kirschbaum 1894: Wolf*	
Falkenberg	*1874–1921*	*1874: Gemeindevorsteher Haack*	*1874: Amtsvorsteher Heym zu Wartenberg*	
Französisch-Buchholz → s. Buchholz				
Friedenau	*1888–1938*	*1890: Uhrmacher Schulze, Gemeindekassenrendant 1900: Major a. D.A. Roenneberg; 1905: Amts- und Gemeindevorsteher, Stadtrat a. D. Schmackenburg; 1910: Vettermann, Zeughauptmann a. D. 1915, 1916: Rothner, Zeughauptmann a. D. 1920, 1921: Obersekretär Steinicke 1928: nicht besetzt 1935: Wehrmeister*	*1890: keine Angabe 1900: Architekt O. Hoffmann (1905: 3. Stellv.) 1905, 1910, 1915, 1916, 1920: Bürovorsteher/Bürodirektor Sudau 1921: Verwaltungssekretär Herzsprung*	*1890: Rheinstraße 9a [Privatadresse?] 1900, 1905, 1910, 1915: Feurigstraße 8 1916, 1920: Rathaus Friedenau, Niedstraße 1–3, Ecke Lauterstraße 1921,1928: Rathaus Friedenau, Lauterplatz, Rheingau 810 1935: Niedstraße 1/3*
Friedrichsfelde/ Berlin-Friedrichs-felde	*1874–1945 ff.*	*1874: Kreisdeputierter v. Treskow 1900, 1905: Loechert (1905 zgl. Amts- und Gemeindevorsteher) 1910, 1915: Bürgermeister Ungewitter 1920: unbesetzt 1921: unbesetzt 1928: Stadtoberinspektor Guhl 1941: keine Angabe 1943: keine Angabe*	*1874: Stellv. Gutsvorsteher Löchert 1900: Gemeindesekretär Rhein 1905: Gemeindebüroassistent Scheidemann 1910: Beigeordneter Cassebaum 1910, 1915, 1920: Gemeinde[ober]sekretär Scheidemann 1921: Guhl, Strübing, Pantel, Bingel*	*1900, 1905: Schloßstraße 24 1910: Wilhelmstraße 20 a 1915, 1920: Schloßstraße 24 1921, 1928, 1943, 1944: Treskowallee 44*

STANDESAMT	EXISTENZ-ZEITRAUM	STANDESBEAMTER (1939: AMTSLEITER)	STELLVERTRETER	AMTSLOKAL
Friedrichs-hagen	*1874–1942*	*1874: Gemeindevorsteher Dr. jur. Silberberg* *1921: unbesetzt* *1928: Stadtoberinspektor Schumann* *1935: Schulz, Günther*	*1874: Schöffe Schubert* *1921: Bürgermeister a. D. Voigt, Obersekretär Will, Rendant Ney, Oberstadtsekretär a. D. Langer*	*1921: Friedrichstraße* *1928, 1935: Friedrichstraße 87*
Frohnau/ Berlin-Frohnau	*1912–1938*	*1921: Denecke* *1928: Stadtobersekretär Herrling* *1935: Pontow*	*1921: Jung*	*1921: Spreestraße* *1928: ohne Angabe* *1935: Kaiserstraße 27/28*
Grünau	*1893–1942*	*1921: unbesetzt* *1928: Stadtoberinspektor Krien* *1935: Taubitz*	*1921: Obersekretär Carl Niemetz, Bürassistent W. Schonert*	*1921: Gemeindeamt* *1928, 1935: Mittelstraße 10*
Grünau-Dahmer Forst	*1903–1925*	*1921: wie Grünau*	*1921: wie Grünau*	*1921: wie Grünau*
Grunewald	*1893–1938*	*1900: Direktor B. Wreck* *1905: Amts- und Gemeindevorsteher, Direktor B. Wreck* *1910: keine Angabe* *1915: keine Angabe* *1920: keine Angabe* *1921: Bürodirektor Gleich* *1928: Müller* *1935: Salomon*	*1900: Stellv. Bürovorsteher H. Ratig* *1915: keine Angabe* *1921: Oberassistent Kube*	*1900, 1905: Wernerstraße 3 (Gemeindebüro)* *1910, 1915, 1921, 1928: Rathaus Grunewald, Herthastraße 18* *1935: Rathaus Schmargendorf, Berkaer Platz 1*
Grunewald-Forst	*1903–1921*	*1920: keine Angabe*	*1920: keine Angabe*	*1920: keine Angabe*
Haselhorst	*1898–1910*			
Hasenheide/ Tempelhof II	*1899–1904*	*1900: Bürovorsteher Meifert*	*1900: Rechnungsrat Beschorner*	*1900: Hasenheide 93*
Heerstraße	*1919–1921*	*1905: Eichhorn*		
Heiligensee/Berlin-Heiligensee	*1904–1938*	*1921: Brunow* *1928: Stadtobersekretär Schulz* *1935: Schön, Karl*	*1921: Schulz, Bergmann, Eichhorn*	*1921: Dorfstraße 9* *1928: Dorfstraße 109* *1935: Veitstraße 5*
Heinersdorf/ Berlin-Heinersdorf	*1908–1942*	*1910–1920: Gemeindevorsteher W. Krause* *1921: unbesetzt* *1928–1935: Stadtoberinspektor Grünewald* *1941: Stadtinspektor Wiechert*	*1920, 1921: Rendant Grünewald, Hauptlehrer Blumenthal, Rentier Meyl*	*1910–1921: Kaiser-Wilhelmstraße 58* *1928–1941: Kaiser-Wilhelmstraße 56*
Hellersdorf	*1895–1921*	*1895: Schroeder* *1921: Arndt*	*1907: Niethe, Lehrer* *1921: Luckner*	*1921: Wuhlgarten*
Hermsdorf	*1874–1945 ff.*	*1874: Amtsvorsteher Witte zu Dalldorf* *1921: Kampa* *1928: Stadtoberinspektor Lehmann* *1935, 1941, 1943: Pontow*	*1874: Gemeindevorsteher Rosentreter zu Dalldorf* *1921: Radnick, Ruddeck*	*1921–1928: Waidmannslust, Oraniendamm 40/43* *1935–1944: Kaiserstraße 27/28*
Hohenschönhausen /Berlin-Hohen-schönhausen	*1874–1940*	*1874: Amts- und Gutsvorsteher Bethke* *1905: Amtsvorsteher Arthur v. Chamier* *1910, 1912: Oberstleutnant a. D. von Krahn* *1912–1920: P. Koenig, Gemeindevorsteher, 1915, 1920 auch Amtsvorsteher* *1921: Gemeindesekretär Tamm* *1928: Stadtoberinspektor Tamm* *1935: Witt* *1941: Rohner*	*1874: Amtssekretär Voland* *1905: Gutsvorsteher H. Mierické* *1910: Rentier W. Giese* *1915, 1920: Bürodirektor Wendland* *1921: Gemeindesekretär Witt*	*1905: Treskowstraße 61 (Wohnung Chamier?)* *1910: Treskowstraße 51 (Wohnung v. Krahn?)* *1915–1941: Berliner Straße 1/2*
Horst-Wessel [-Stadt]	*1938–1945*	*1938–1944: Stadtoberinspektor Brettschneider*	*1944: Stelter, Doerling, Hanicke, Pollok, v. Windisch, Breune*	*1938–1944: Koppenstraße 76*
Johannisthal/ Berlin-Johannis-thal	*1903–1942*	*1915, 1920: Gemeindevorsteher Busch* *1921: unbesetzt* *1940, 1941: Stadtoberinspektor Blau*	*1915–1921: Gemeindesekretär, 1921 Obersekretär Hamel, Gemeindesekretär Wegener*	*1915, 1920: Königsplatz (Rathaus)* *1921: keine Angabe* *1940, 1941: Kaiser-Wilhelm-Straße 14*
Karlshorst	*1907–1920*	*1907–1910: Suckerow, Apothekenbesitzer* *1910: Noack, Gymnasiallehrer a. D.* *1915, 1920: Zeugmajor a. D. P. Radtke*	*1907: Rudolf Hoffers, Apotheker* *1908–1910: Noack, Gymnasiallehrer* *1915, 1920: Postsekretär a. D. Scholz*	*1910–1920: Dönhoffstraße 31*

STANDESAMT	EXISTENZ-ZEITRAUM	STANDESBEAMTER (1939: AMTSLEITER)	STELLVERTRETER	AMTSLOKAL
Karow/ Berlin-Karow	*1928–1942*	*1935: Walter 1941: Stadtoberinspektor Kuttig*		*1935: Dorfstraße 8 1941: Bahnhofstraße 53*
Kaulsdorf	*1885–1940*	*1921: unbesetzt 1928: Stadtoberinspektor Krüger 1935: Krüger*	*1921: Leetz, Niering, Bingel*	*1921, 1928, 1935: Adolfstraße 25*
Kietz bei Köpenick	*1874–1898*	*1874: Fabrikbesitzer Toussaint, Niederschöneweide*	*1874: Fabrikinspektor Förster*	
Kladow/ Berlin-Kladow	*1921–1942*	*1921: Brose 1928, 1935: Stadtoberinspektor Brösicke 1939, 1941: Stadtinspektor Wiesel*	*1921: Lemme*	*1921: Bezirskamtsbüro 1928, 1935: Dorfstraße (Schulgebäude) 1939/40/41: keine Angabe*
Königlich Köpenicker Forst	*1874–1903*	*1874: Oberförster Krüger*	*1874: Rittmeister a. D. von Oppen, Adlershof*	
Königlich Spandauer Forst	*1874–1903*	*1874: Oberförster von Schleinitz*	*1874: Ortsvorsteher Haupt, Zehlendorf*	
Köpenicker Forst	*1874–1898*	*1874: Oberförster Krieger*	*1874: Gutsvorsteher Weißkopf*	
Köpenick	*1874–1945 ff.*	*1874: Der Bürgermeister 1908: Dr. Langerhans, Bürgermeister 1921: unbesetzt 1928: Stadtinspektor Voigtland 1935, 1941: Stadtoberinspektor Voigtland 1943: Grocholik*	*1874: Der stellv. Bürgermeister 1908: Fabarius, Beigeordneter 1921: Otto Voigtland, Otto Fechner, Paul Herrenkind 1941: Stadtoberinspektor Grosse*	*1921: Rathaus 1928: Rathaus Köpenick, Zi. 84 1935: Schloßstraße 4 1941–1944: Litzmanndamm 21 (Rathaus)*
Krankenhaus Neukölln	*1922–1939/1942*	*1922–1939: Albeck 1939: Pannier*	*1929: Schacht*	*Krankenhaus Neukölln*
Berlin-Kreuzberg	*1938–1945 ff.*	*1938–1944: Stadtoberinspektor Günther*		*1938–1944: Boeckhstraße 9/10 (Schule)*
Lankwitz/ Berlin-Lankwitz	*1893–1943*	*1900, 1905: Gutsbesitzer Fritz Dillges 1910, 1915: Bürgermeister Dr. Beyendorff 1920: Gemeindevorsteher Dr. Ostrowski 1921: unbesetzt 1928: Stadtamtmann Daedrich 1935: Felix 1939, 1940, 1941: keine Angabe*	*1900: Gemeindesekretär M. Rohr 1905: Gutsbesitzer Franz Lüdicke 1910: Schöffe Franz Lüdicke, Rendant Daedrich 1915: Schöffe Pern, Bürovorsteher Rohr, Rendant Daedrich, Obersekretär Gage 1920: Bürodirektor Rohr 1921: Daedrich, Rengert, Felix*	*1900, 1905: Hauptstraße 30 1910: Hauptstraße 13 1920–1941: Rathaus Lankwitz, Viktoriastraße 20–28*
Lichtenberg/ Lichtenberg I	*1874–1938*	*1874, 1880: Komm. Amtsvorsteher Roedelius (auch für Friedrichsberg und Wilhelmsberg) 1885: Amtsvorsteher Cussenhardt, Rittergutsbesitzer (auch für Friedrichsberg und Wilhelmsberg) 1890: Amtsvorsteher Roeder Rittergutsbesitzer (auch für Friedrichsberg und Wilhelmsberg) 1900, 1910: Leutnant a. D. Stellmacher (auch für Friedrichsberg und Wilhelmsberg) 1915, 1921, 1928: Bingel 1935: Pantel*	*1874: Gutsvorsteher Weise, Amtssekretär Arnim 1875: Amtssekretär Emil Dörfel 1890: keine Angabe 1900: Amtssekretär Dreger 1905, 1910, 1915: keine Angabe 1921: Reinicke, Jahre*	*1880: Dorfstraße 40 1885, 1890, 1900: Dorfstraße 12, 13 (Rathaus) 1910: Möllendorffstraße 6 (Rathaus) 1915, 1921, 1928: Rathausstraße 8 (Cecilien-Lyzeum) 1935: Treskowallee 44*
Lichtenberg von Berlin	*1938–1945 ff.*	*1941: keine Angabe 1943: keine Angabe 1944: Schwittau*	*1944: Täubner, Jahre, Reiche*	*1941: Möllendorffstraße 6 1943, 1944: Möllendorffstraße 6 (Rathaus)*
Lichtenrade/ Berlin-Lichtenrade	*1919–1942*	*1921: Obersekretär Schulze 1928–1941: (1939 Stadtoberinspektor) Schulze*	*1921: Sekretär Quittenbaum*	*1921: Dorfstraße 36 1928–1941: Dorfstraße 35/36*
Lichterfelde/ Berlin-Lichterfelde	*1874–1943*	*1874: Komm. Amtsvorsteher von Wedelstaedt 1880, 1890: Schmidt 1900, 1905, 1910: Bürgermeister a. D. E. Schulz 1911: Rehwaldt, Hauptlehrer 1915, 1920: Amts- und Gemeindevorsteher Bürgermeister Brohm 1921: unbesetzt 1928: Stadtoberinspektor Schrapel 1935: Massdorf 1939, 1940, 1941: keine Angabe*	*1874: Zimmermeister Assmann aus Giesensdorf 1880, 1890: keine Angabe 1900, 1905: E. Hohenwald (Bürovorsteher) 1910: Obersekretär Köpcke 1915, 1920: Obersekretär Schrapel 1921: Schrapel, Grunert, Roloff*	*1880, 1890: Berliner Straße 18 1900, 1905: Amtshaus (Schillerstraße 32); 1910–1941: Rathaus Lichterfelde, Schillerstraße 32*
Lübars-Waidmannslust	*1908–1921*		*Alfred Mack, Gemeindesekretär*	

STANDESAMT	EXISTENZ-ZEITRAUM	STANDESBEAMTER (1939: AMTSLEITER)	STELLVERTRETER	AMTSLOKAL
Mahlsdorf/ Berlin-Mahlsdorf	*1874–1945*	*1874: Gutsvorsteher Schrobsdorf 1898–1907: Lange, Gemeindevorsteher 1907: Wienprecht, Gemeindevorsteher 1921: unbesetzt 1928: Stadtoberinspektor Tamme 1935, 1944: Reinicke 1943: keine Angabe*	*1874: Gemeindevorsteher Reusche 1921: Köpenick, Paul; Niering, Buchholz, Bingel*	*1921–1944: Cöpenicker Allee 1 (Rathaus), 1941, 1943, 1944: Hultschiner Damm 272*
Malchow	*1874–1921*	*1874: Rittergutsbesitzer Simon*	*1874: Gemeindevorsteher Silberberg*	
Mariendorf/ Berlin-Mariendorf	*1874–1942*	*1874: Ortsvorsteher Höft 1900: Major a. D. O. Denk (Angaben für 1900 im Adressbuch unter „Südende" (einschl. Mariendorf)) 1905, 1910: Gemeindevorsteher Bürgermeister a. D. H. Westphal 1915: Amts- und Gemeindevorsteher Dr. Prühß 1920: Amts- und Gemeindevorsteher Bürgermeister Holle 1921: Sekretär Duchna 1928: Duchna 1935: Mintzlaff 1939, 1940, 1941: Stadtoberinspektor Wilhelm*	*1874: Gutsbesitzer Pasewaldt 1900: Gutsbesitzer Carl Oehlert 1905, 1910: Rentier W. Grothe, Lindemann, Gärtner 1915: Syndicus Holle, (2. Stellv.) Assistent Duchna 1920: Assistent Duchna 1921: Assistent Möbius*	*1900: Mariendorf, Dorfstraße 28 1905: Ackerstraße 2–4 1910–1920: Kaiserstraße 125 (Rathaus) 1921: Rathausstraße 69–72 1928: Rathausstraße 70/72 1935: Kaiserstraße 125 1939–1941: Rathausstraße 72*
Marienfelde/ Berlin-Marienfelde	*1874–1942*	*1874: Rittergutsbesitzer Kiepert 1915, 1920: Amts- und Gemeindevorsteher Bürgermeister a. D. Dr. Klomfaß 1921: Obersekretär Strohbusch 1928, 1935: Strohbusch 1939, 1940, 1941: Stadtinspektor Staffelt*	*1874: Ortsvorsteher Wiese 1915: Schöffe F. Manntz 1920: Schöffe Beyrodt 1921: Rendant Helmchen*	*1915–1928: Dorfstraße 53 (Gemeindeverwaltung) 1935–1941: Dorfstraße 20*
Berlin-Mitte von Berlin	*1938–1945 ff.*	*1938: Stadtamtmann Porzig 1939, 1941, 1943: Stadtoberinspektor Gesche*		*1938–1944: Parochialstraße 3*
Müggelheim	*1926–1942*	*1928: Stadtobersekretär Bayer 1935: Voigtland*		*1928: Dorfplatz 5 1935: Schlossstraße 4*
Neukölln von Berlin	*1942–1945 ff.*	*1943, 1944: Albeck*		*1942: Sparkassengebäude Ganghoferstraße 1943: Richardstraße 115 und Ganghoferstraße 11/12 1944: Richardstraße 115*
Niederschöneweide/ Berlin-Niederschöneweide	*1898–1924*	*1900, 1905: Minack 1910: Heinrich 1915, 1920, 1921: Obersekretär Appel*	*1900: Kaufmann M. Fricke 1905, 1910: Gemeindesekretär Kluge 1915, 1920: Gemeindesekretär Lange 1921: die Gemeindesekretäre Fischer, Petznick, Schütte*	*1900–1910: Grünauer Straße 1 1915, 1920: Grünauer Straße 2 1921: keine Angabe*
Niederschönhausen	*1879–1939*	*1900, 1905: Amtsvorsteher H. Moldenhauer 1907: August Minack, Kassenrendant 1908: Heinrich Reinhold, Gemeindegasanstaltskassierer 1910, 1915: Bürgermeister J. Abraham 1921: unbesetzt 1928: Stadtinspektor Fischer 1935: Dunemann*	*1900: keine Angabe 1905: Rentier Grunow 1910, 1915: Apothekenbesitzer E. Sörger, 2. Stellv. Gemeindesekretär Adolf Müller 1921: Bürodirektor Müller, Büroinspektor Kulisch, Obersekretär Kemnitz, Büroassistent Granse, Rackwitz*	*1900: Kaiser-Wilhelm-Straße 7/8 1905, 1910: Kaiser-Wilhelm-Straße 5 1915: Kaiser-Wilhelm-Straße 72 1921: Kaiser-Wilhelm-Straße 70/71 1928: Rathaus Niederschönhausen, Blücherstraße 1 1935: Buchholzer Straße 3*
Nikolassee/ Berlin-Nikolassee	*1911–1941*	*1911: Reinsch, Gemeindevorsteher 1915, 1920: Amts- und Gemeindevorsteher Bürgermeister a. D. Reinsch 1921: unbesetzt 1928, 1935, 1939: Stadtoberinspektor Huth*	*1911, 1915: Geheimer Justizrat Ernst (Schöffe), Rendant Guhl 1920: Schöffe, Sanitätsrat Dr. Koppel, Rendant Guhl 1921: Sanitätsrat Dr. Koppel, Rendant Guhl, Amtsbürovorsteher Otto Krüger*	*1915–1920: Rathaus, Hohenzollernplatz 5 1921: keine Angabe 1928, 1935, 1939, 1940: Rathaus, Hohenzollernplatz 5*
Nonnendamm	*1910–1912*	*Bublitz*		

STANDESAMT	EXISTENZ-ZEITRAUM	STANDESBEAMTER (1939: AMTSLEITER)	STELLVERTRETER	AMTSLOKAL
Oberschöneweide /Berlin-Oberschöneweide	*1899–1924, 1938–1942*	*1900: Gemeindevorsteher Baumeister Deul 1905: Gemeindevorsther und Bürgermeister Eckardt 1910, 1915, 1920: Gemeindevorsteher Bürgermeister Bertholdt 1921: unbesetzt*	*1900–1915: Rendant Wilhelm Bauer (2. Stellv. Gemeindesekretär Schuhmann) 1920: Bürovorsteher Schuhmann 1921: die Gemeindesekretäre Mascherek, Specht, Scholz*	*1900, 1905: Frischenstraße 13 1910–1920: Luisenstraße 33 1921: keine Angabe 1938: Luisenstraße 33*
Pankow/ Berlin-Pankow	*1874–1945 ff.*	*1874: Amtsvorsteher Leutnant Schwartze 1880, 1885, 1890: Neumann (1890: Gemeindevorsteher) 1900: Amtsvorsteher R. Gottschalk 1905, 1910: Dr. phil. Burgny 1915, 1920, 1921: Rechnungsrat Saring 1928: Stadtamtmann Wolff 1935: Wolff 1941, 1943: Stadtoberinspektor Schultz 1944: Kuttitz*	*1874: Gemeindevorsteher Neumann, Amtssekretär Burghardt 1880–1890: keine Angabe 1900: Gemeindesekretär E. Lindner 1905: Bürodirektor Mahnke 1910: Büroassistent Wilhelm, Amtssekretär Dudda, Gemeindesekretär Doneit 1915: Sekretäre Wilhelm, Dudda, Dunemann 1920: Sekretär Otto Meyer, 3. Stellv. Sekretär Adolf Dunemann 1921: die Gemeindesekretäre Dunemann und Firch, die Büroassistenten Pickler und Günther 1944: Neumann, Wiechert*	*1880–1890: Schloßstraße 12 1900, 1905: Breitestraße 5 (Amtsverwaltung, Rathaus) 1910, 1915: Rathaus, Breite Straße 25/26 1920, 1921: Neue Schönholzer Straße 35 1928: Rathaus Pankow, Breite Straße 25/26 1935–1943: Rathaus Pankow, Breite Straße 24a/26*
Pfaueninsel	*1908–1922*	*1908–1922 Habermann, Hofgärtner 1919: Böhme, Obergärtner*	*1908: Riepekohl, Gemeindekassenrendant 1918: Amtssekretär Bents 1919: Thiem, Gartentechniker*	*Pfaueninsel*
Pichelsdorf	*1897–1921*	*1897–1915: Voigt 1915–1921: Starck*		*Schulzenhaus Pichelsdorf (?)*
Plötzensee	*1874–1921*	*1874: Gutsvorsteher Götzke 1880: Sekretär Schwarzer 1885: Assistent Brandt 1890: Sekretär Brümmerstadt 1900: Sekretär Heinrich Schröder 1905: Inspektionsassistent Karl Siebel 1910, 1912: Otto Wilke, Gefängnisinspektionsassistent 1915, 1920: Gefängnisinspektor Johann Nowack*	*1874: Schleusenmeister Steinicke 1880–1890: keine Angabe 1900: Sekretär Paul Prell 1905: Inspekt. Stellv. Assistent Max Conrady 1910, 1912: Inspektionsassistent Hermann Biebel 1915, 1920: Gefängnisinspektor Otto Wilke*	*1880: Neues Stadtgefängnis 1885, 1890: Königsdamm 3 a 1900, 1905, 1910: Gartenweg 1 a (Amtsverwaltung) 1915: Königsdamm 2 a 1920: Königsdamm 1 a*
Berlin-Prenzlauer Berg	*1938–1945 ff.*	*1938, 1939, 1941, 1943: Stadtoberinspektor Noack 1944: Kuttiz*	*1944: Wiechert, Dunemann*	*1938–1944: Nordmarkplatz 1*
Rahnsdorf	*1899–1942*	*1921: Oberamtsstellenleiter Röhl 1928: Stadtinspektor Schalkowski 1935: Friedrich*	*1921: Steuersekretär Jahn*	*1921: Gemeindeamt 1928: Fürstenwalder Straße 46 1935: Mühlenweg 7*
Reinickendorf/ Berlin-Reinickendorf	*1874–1945 ff.*	*1874: Gemeindevorsteher Kuhn 1890: Wilke 1900: Amtsvorsteher F. Wilke 1905, 1910: A. Perschk, Obersekretär 1915, 1920: Rechnungsrat Müller*	*1874: Schöffe Schwartz 1880–1890: keine Angabe 1900: Bürovorsteher A. Peischk (Perschk?) 1905: Obersekretär C. Ganzer 1910, 1915: Obersekretär C. Ganzer, Obersekretär G. Knöfel 1920: Gemeindesekretär Gerloff*	*1890–1915: Hauptstraße 38 1920: Hauptstraße 46 (Rathaus) 1944: Hauptstraße 46*
Reinickendorf-Ost	*1919–1938*	*1921: Müller 1928: Stadtoberinspektor Gerhardt 1935, 1941, 1943: Papier*	*1921: Kuhnt, Laube*	*1921–1928: Hauptstraße 38 1935–1943: Hauptstraße 46*
Reinickendorf-West	*1919–1938*	*1921: Utesch 1928: Stadtoberinspektor Laube 1935, 1941, 1943: Papier*	*1921: Paul Ulrich*	*1921–1928: Scharnweberstraße 33 a 1935–1943: Hauptstraße 46*
Rixdorf	*1874–1905*	*1874: Bish. Bürovorsteher Linke 1880, 1884, 1890, 1900, 1905: G. Linke*	*1874: Ortsvorsteher Boddin 1880–1890: keine Angabe 1900, 1905: Troll*	*1880–1890: Berliner Straße 50 1900: Berliner Straße 63 1905: Erkstraße 29*

STANDESAMT	EXISTENZ-ZEITRAUM	STANDESBEAMTER (1939: AMTSLEITER)	STELLVERTRETER	AMTSLOKAL
Rixdorf I/ Neukölln I/ Berlin-Neukölln I	*1906–1942*	*1911: Köppen 1915: Troll (?) 1920: Oberstadtsekretär Troll [Bürovorsteher für Standesämter I–III] 1921: Troll 1928: Glasow 1935: Reinicke 1938: Stadtoberinspektor Dramburg, Stadtinspektor Rasack 1939: Stadtoberinspektor Ahlbeck 1941: Ahlbeck*	*1921: Krenz, Dietershagen 1939: Rasack 1940: Stadtoberinspektor Best*	*1920: Ganghoferstraße 7 1921: Altes Rathaus, Berliner Straße 1928: Rathaus Neukölln, Berliner Straße 62/64 1935–1941: Richardstraße 115*
Rixdorf II/ Neukölln II/ Berlin-Neukölln II	*1906–1942*	*1906: Troll (?) 1921: Preiß 1928: Glasow 1935: Reinicke 1938: Stadtoberinspektor Dramburg, Stadtinspektor Rasack 1939, 1941: Stadtoberinspektor Ahlbeck*	*1921: Hanker 1939: Rasack 1940: Stadtoberinspektor Best*	*1920: Nansenstraße 8 1921: Berliner Straße 107 1928: Rathaus Neukölln, Berliner Straße 62/64 1935–1941: Richardstraße 115*
Rixdorf III/ Neukölln III/ Berlin-Neukölln III	*1910–1942*	*1910–1928: Reinicke 1935, 1939: Stadtoberinspektor Best 1941: keine Angabe*	*1921: Dahlenburg, Pöschke 1939: Rünzel 1940: Stadtoberinspektor Best*	*1920–1935: Emser Straße 133 1938: Ganghoferstraße 11–12 1939: Richardstraße 115 1940–1941: Ganghoferstraße 11–12*
Rosenthal/ Berlin-Rosenthal	*1912–1942*	*[1910] : F. Schmidt, Amtsvorsteher von Wilhelmsruh 1915, 1920: Amtssekretär Zanzig 1921: unbesetzt 1928: Stadtoberinspektor Gummich 1935: Thürling 1941: Stadtoberinspektor Thürling*	*1915: keine Angabe 1921: Obersekretär Eiser, Büroassistent Wedell*	*[1910]: Hauptstraße 16, Wilhelmsruh 1915–1941: Hauptstraße 94*
Rudolf-Virchow-Krankenhaus	*1923–1938*	*1925: Dannenberg 1928–1934: Stadtinspektor Ludwikowsky 1935: Herbst*		*1925–1935: Augustenburger Platz am Rudolf-Virchow-Krankenhaus*
Rudow/ Berlin-Rudow	*1874–1942*	*1874: Gutsbesitzer Coqui 1915–1920: Wohkittel (Wohlniel?) 1921: Kost 1928: Behrend 1935, 1939, 1940, 1941: Stadtoberinspektor Pannier*	*1874: Ortsvorsteher Dunkel (Schoenfeld) 1915: keine Angabe 1920: Gemeindesekretär Kost 1921: Hecht 1939: Ulrich*	*1915, 1920: Kaiser-Wilhelm-straße 4 (Gemeindebüro) 1921: Gemeindehaus Rudow 1928: Neuköllner Straße 35 a 1935–1941: Neuköllner Straße 365*
Ruhleben	*1880–1921*	*1881: Schmidt 1893, 1894: Fritsch 1902–1909: Schmidt 1912: Brähmer*	*1918, 1919: Zenker*	*Spandauerberg b. Westend*
Schmargendorf/ Berlin-Schmargendorf	*1893–1942*	*1900, 1905: Zolldirektor a. D., Amts- und Gemeindevorsteher Hohmann, 1910, 1915: Amts- und Gemeindevorsteher Bürgermeister a. D. Bischoff 1920: Amts- und Gemeindevorsteher Golisch 1921: Bürodirektor Gerlach 1928, 1935, 1939: Stadtoberinspektor Colberg*	*1900: Rendant H. Gebhardt 1905, 1910, 1915, 1920: Bürovorsteher Gerlach 1921: Stadtsekretär Fricke 1939: Stadtobersekretär Kube*	*1900: Breite Straße 7 (Amts- und Gemeindebüro) 1905–1915: Rathaus, Berkaer Platz 11 1920–1939: Rathaus Schmargendorf, Berkaer Platz 1*
Schmöckwitz	*1912–1942*	*1921: unbesetzt 1928: Stadtoberinspektor Heisig 1935: Grosse*	*1921: Gemeindesekretär Heisig, Amtssekretär Biermann, Kaufmann Franz Wallreuter*	*1921: Gemeindeamt 1928: Berliner Straße 11 1935: Berliner Straße 22*
Schöneberg	*1874–1910*	*1874–1885: Komm. Amtsvorsteher Feurig (auch für Friedenau) 1890: Feurig 1900: Stadtrat Heyl*	*1874: Kaufmann Max Claus 1880–1890: keine Angabe 1900: Stadtrat Kloß*	*1880, 1885: Bahnstraße 8 1890: Hauptstraße 1 1900: Rathaus*
Schöneberg I/ Berlin-Schöneberg I	*1911–1938*	*1915, 1920: Oberstleutnant a. D. Gremler 1921: Korbacher 1928: Stadtoberinspektor Steinicke 1935: Herzsprung*	*1915: keine Angabe 1921: Sommerfeld, Ruthenberg*	*1915–1935: [Altes] Rathaus Schöneberg, Kaiser-Wilhelm-Platz 3*
Schöneberg II / Berlin-Schöneberg II	*1911–1938*	*1915–1921: Oberstadtsekretär Berndt 1928, 1935: Stadtoberinspektor Block*	*1915: keine Angabe 1921: Schneider und Huth*	*1915, 1920: Rudolph-Wilde-Platz [Neues] Rathaus 1921: Freiherr v. Stein-Straße 1 1928: Rathaus Schöneberg am Rudolph-Wilde-Platz 1935: Freiherr v. Stein-Straße 1*

STANDESAMT	EXISTENZ-ZEITRAUM	STANDESBEAMTER (1939: AMTSLEITER)	STELLVERTRETER	AMTSLOKAL
Berlin-Schöneberg	*1938–1945 ff.*	*1938: Stadtoberinspektor Block (?)* *1939–1943: keine Angabe* *1944: Herzsprung*		*1938–1943: Am Rudolph-Wilde-Platz (Rathaus)* *Freiherr v. Stein-Straße 1 (Rathaus)*
Schöneweide	*1925–1938*	*1928: Stadtoberinspektor Pensky* *1935: Blau*		*1928: Grünauer Straße 1, Zi. 12 a* *1935: Grünauer Straße 1*
Spandau /Spandau I/ Berlin-Spandau	*1874–1945 ff.*	*1874: Rentier C.H.F. Peucker* *1921: Alfken* *1928: Stadtoberinspektor Krone* *1935: Henning* *1939, 1940, 1941: Stadtoberinspektor Ernst* *1943: unbesetzt* *1944: Weinrich*	*1874: Kaufmann Chr. Gottl. H. Zimmermann* *1875: Heim, Böttcher* *1921: Krone* *1943: Stadtinspektor Weinrich* *1944: Siewert, Motzkus*	*1921–1944: Rathaus Spandau, Am Wall 1, Karl-Schurz-Straße 2–8*
Spandau II/Siemensstadt / Berlin-Siemensstadt	*1912–1942*	*1912–1916: Butlitz* *1918–1921: Heß* *1920: keine Angabe* *1921: Schmidt* *1928: Stadtoberinspektor Schulz* *1935: Becker* *1939, 1940, 1941: Stadtoberinspektor Bein*	*1916–1918: Heß* *1921: Wiechert, Ambost*	*1920, 1921: Nonnendammallee 95/96* *1928: Nonnendammallee 96* *1935: Schulstraße 7/ Ecke Brunnenstraße* *1939, 1940, 1941: keine Angabe*
Spandau III/ Haselhorst	*1910–1923*	*1921: Klose*	*1921: Allenstein*	*1921: Haselhorst, Schulhaus*
Spandau-Land	*1874–1896*	*1874, 1882: Domänenrat Schultze* *1884: Bügler, Regierungs-Zivilsupernumerar* *1890: Pohle* *1895, 1896: Wiechert* *1896: Voigt*	*1874: Schulze, Ferntheil* *1893: Lehmann, Voigt*	
Staaken / Berlin-Staaken	*1893–1942*	*1893: Döring, Gemeindevorsteher* *1921: Hess* *1928, 1935: Stadtoberinspektor Schneider* *1939–1941: Stadtoberinspektor Ruthe*	*1893: Schulz, Lehrer* *1921: Sievers*	*1921: Staaken, Gemeindehaus* *1928–1935: Hauptstraße 12* *1939–1941: keine Angabe*
Steglitz / Berlin-Steglitz	*1874–1945 ff.*	*1874: Ortsvorsteher Berlinicke* *1900: Amts- und Gemeindevorsteher J. Zimmermann* *1905, 1910, 1915: Mancke* *1920: keine Angaben* *1921: Mancke* *1928: Stadtinspektor Kallenbach* *1935: Weber* *1939, 1940, 1941, 1943: keine Angabe*	*1874: Schöffe Jachmann* *1900: Amtszimmermeister C. Lippert* *1905, 1910, 1915: Amts- und Gemeindevorsteher Buhrow* *1910, 1915 zusätzlich: Bürodirektor Schmidt,* *1910, 1915 zusätzlich: Gemeindeobersekretär Kaufmann,* *1915 zusätzlich: Schöffe Jochem* *1920: keine Angaben* *1921: Bürodirektor Schmidt, Kaufmann Kloppe, Gemeindesekretär Schmidt*	*1900, 1905: Rathaus, Schloßstraße 27–29* *1910, 1915: Schloßstraße 36* *1920: keine Angaben* *1921: Schlossstraße 36* *1928, 1935: Grunewaldstraße 1* *1939–1943: Rathaus* *1944: Schlossstraße (Rathaus)*
Sternfeld	*1898–1910*	*1898: Bratsch* *1907, 1908: Hennig*		
Stralau/ Berlin-Stralau	*1874–1921*	*1874: Amtsvorsteher Maurermeister Siecke* *1890: Rengert* *1900, 1905, 1910, 1915: Amts- und Gemeindevorsteher L. Kracht* *1920: Gemeindevorsteher Pohling*	*1874: Gemeindevorsteher Stöcklein* *1880–1890: keine Angabe* *1900: Schöffe J. Lehmann* *1905, 1910, 1915: Fabrikbesitzer A. Bahrfeldt (Schöffe), Sekretär Becker, Rendant Behrendt* *1920: Rendant Behrendt*	*1890: Dorfstraße 6* *1900, 1905: Alt-Stralau 52/53 (Amtsverwaltung)* *1910–1920: Alt-Stralau 50 (Rathaus)*
Tegel/Berlin-Tegel	*1874–1945 ff.*	*1874: Komm. Amtsvorsteher Brunow* *1900: Amts- und Gemeindevorsteher Brunow* *1905: Amts- und Gemeindevorsteher Weigert* *1910: Bürgermeister Weigert* *1915: Bürgermeister Stritte* *1920, 1921, 1928: Stadtamtmann Zernickow* *1935, 1941, 1943: Schön, Karl*	*1874: Gutsvorsteher Ewest, Gemeindevorsteher Ziekow* *1900: Gerhardt* *1905: Gemeindekassenrendant Gerhardt* *1910, 1915: Obersekretär Zernickow* *1920: Hauptrendant Ziebell* *1921: Lubrich, Dannenberg*	*1900, 1905: Veitstraße 2 a (Amts- und Gemeindeverwaltung)* *1910–1944: Veitstraße 5 (Rathaus Tegel)*
Tegel Schloss und Forst	*1915–1921*	*1920: Gutsvorsteher Heizmann?*		*1920: Kurhaus Schloss Tegel?*

STANDESAMT	EXISTENZ-ZEITRAUM	STANDESBEAMTER (1939: AMTSLEITER)	STELLVERTRETER	AMTSLOKAL
Tempelhof/ Tempelhof I/ Berlin-Tempelhof	*1874–1945 ff.*	*1874, 1880, 1885: Ortsvorsteher Dunkel (Tempelhof) 1890: Amts- und Gemeindevorsteher Dr. Greve 1900, 1905, 1910: Amtsvorsteher F. Mussehl (Muffehl?) 1915, 1920: Amts- und Gemeindevorsteher Bürgermeister Wiesener 1921: Obersekretär Lemke 1928: Lemke 1935: Ziesing 1939, 1940, 1941: Stadtoberinspektor Wintzlaff/Mintzlaff?*	*1874: Gerichtsmann Lehne 1880–1890: keine Angabe 1900: Rendant A. Hollstein und Fabrikbesitzer J. Kayser 1905, 1910: Amts- und Gemeindesekretär Lemke 1915, 1920: Gemeindeobersekretär Lemke 1921: Sekretär Ziesing*	*1880, 1885: Dorfstraße 24 1890: Dorfstraße 9 1900, 1905: Dorfstraße 17 (Amtsverwaltung) 1910, 1915: Dorfstraße 42 1920–1928: Dorfstraße 41 1935–1944: Berliner Straße 100, 1939, 1940, 1941: 136/80 (Rathaus)*
Berlin-Tiergarten von Berlin	*1938–1945 ff.*	*1938, 1941, 1943: Stadtoberinspektor Nothnagel 1944: Rasack*		*1938–1944: Wilhelmshavener Straße 2, (Margaretenstraße 13)*
Treptow/Berlin-Treptow	*1874–1945 ff.*	*1874: Gutsbesitzer Mosisch 1885: Amts- und Gemeindevorsteher Mosisch 1890: Dr. phil. L. Schad 1900: Gemeinde- und Amtsvorsteher, Bürgermeister a. D. Schmock 1905: Gemeinde- und Amtsvorsteher Paul Schablow 1910, 1915: Hauptmann a. D. Bientz 1920, 1921: unbesetzt 1928: Stadtoberinspektor Moldenhauer 1935: Miklich 1939, 1940, 1941, 1943: Stadtoberinspektor Miklich*	*1874: Förster Krüger 1880–1890: keine Angabe 1900: Gemeindekassen-Rendant Huhn, Gemeindekassen-Kontrolleur Holtz 1905, 1910: Gemeindesekretär Gutschmidt 1915, 1920: Gemeindeobersekretär Gutschmidt 1921: [Kaufmann] Möller*	*1885: Ortstraße, Mosisch'sches Haus 1890: Treptower Chaussee 7 (Privatanschrift?) 1900, 1905: Neue Krug-Allee 5 (Gemeindehaus) 1910: Neue Krugallee 63 1915: Neue Krugallee 1–3 (Amts- und Gemeindeverwaltung) 1920–1928: Rathaus Treptow, Neue Krugallee 1–3, Zi. 58 1935: Neue Krugallee 2, 4, 6 1939–1941: Neue Krugallee 2, 4, 6 (Rathaus) 1943, 1944: Johannisthal, Kaiser-Wilhelmstraße 14*
Wannsee/ Berlin-Wannsee	*1899–1941*	*1921: nicht besetzt 1928: Stadtoberinspektor Riepekohl 1935: Mosler 1939, 1940: Stadtoberinspektor Schmidt*	*1918: Rendant Riepekohl 1921: Gemeindesekretär Bents, Gemeindesekretär Friedrich Hoffmann, Gemeindesekretär Zimmermann*	*1921: keine Angabe 1928–1940: Rathaus Wannsee, Königstraße 42*
Berlin-Wedding	*1938–1945 ff.*	*1938, 1939, 1941: Standesbeamter Dr. Sergel 1939: zuständiger Dezernent: Bezirksstadtrat Dr. Kiehl 1943: Pfeiffer 1944: Goldschmidt*	*1944: Paetzold*	*1938–1943: Lütticher Straße 37 1944: Müllerstraße 146/147*
Weißensee/ Berlin-Weißensee	*1874–1945 ff.*	*1874: Amtsvorsteher Amtmann Wöltge 1890: Feldtmann (auch für Neu-Weißensee) 1900, 1905: A. Dzelski 1910: Hauptmann a. D. Schindler 1915, 1920, 1921: Oberstleutnant a. D. von Krahn 1928: Stadtinspektor Jechow 1935: Eichberg 1941, 1943, 1944: Witt*	*1874: Gemeindevorsteher Schultz, Amtssekretär Liebmann 1880–1890: keine Angabe 1900: keine Angabe 1910, 1915: keine Angabe 1921: Verwaltungssekretär Gruhl 1944: Rogener, [Frau Koch, Frau Matthin]*	*1890: Albertinenstraße 6 (auch für Neu-Weißensee) 1900: König-Chaussee 12 1905, 1910: Albertinenstraße 6 1915: Pistoriusstraße 24 1920: Albertinenstraße 6 1921,1928: Berliner Allee 55 1935–1943: Amalienstraße 8 1944: Albertinenstraße 6*
(Deutsch-) Wilmersdorf/ Berlin-Wilmersdorf	*1874–1945 ff.*	*1874: Ortsvorsteher Julius Willmann 1885: R. Wegener 1890: Guntzel 1900: E. Habermann 1905: Gemeindebürovorsteher H. Maschke 1910: Voigdt 1915, 1921: Oberleutnant a. D. Ebner 1920: [Standesamtssachen] Oberleutnant a. D. Ebner 1928: Ebner, Muschwitz, Fricke 1935: Freytag 1940: Stadtoberinspektor Colberg 1941, 1943: Wahls 1944: Wahls*	*1874: Büdner Christ. Kraatz 1880–1890: keine Angabe 1900: Rendant E. Knisse, Bürovorsteher R. Richter, Gemeindesekretär H. Maschke 1905: Gemeindesekretäre Nieß und Thiele 1910: v. Reichmeister, Maschke, Nieß, Thiele 1915: Gerasch, Zacher, Wolter, Tollas, Felix, Schulz 1920: Gerasch, Zacher, Muschwitz, Scheelk, Dr. Krüger 1921: Stadtsekretäre Muschwitz und Litsche 1939, 1940: Stadtinspektor Hauck 1941: Stadtoberinspektor Colberg, Kube 1944: Colberg, Bose*	*1885: Berliner Straße 60 1890: Brandenburgische Straße 13 1900, 1905, 1910, 915: Rathaus, Brandenburgische Straße 2 1920, 1921: Wilhelmsaue 116, 117 (Blissestift) 1928: Rathaus Wilmersdorf, Brandenburgische Straße 2 1935: Berliner Straße 40 1939–1941: Uhlandstraße 91 1943: Berkaer Platz 1 (Rathaus Schmargendorf)*

STANDESAMT	EXISTENZ-ZEITRAUM	STANDESBEAMTER (1939: AMTSLEITER)	STELLVERTRETER	AMTSLOKAL
Wittenau (Dalldorf)/ Berlin-Wittenau	*1882–1945 ff.*	*1910: Amtsvorsteher Witte 1915, 1920: Bürgermeister Witte 1921: Rink 1928: Stadtoberinspektor Kuhnt 1935, 1941, 1943: Richter*	*1910: Pensionär Krügerke, Bürovorsteher Marewski 1915: Pensionär Krügerke, Bürovorsteher Marewski, Gemeindesekretär Rink 1920: Bürovorsteher Marewski 1921: Zobel, Siehlow*	*1910: Rosenthaler Straße 14 1915–1944: Rathaus Wittenau, Charlottenburger Straße 3/5 1941, 1943 auch: Eichborndamm 223–239*
Zehlendorf/ Berlin-Zehlendorf	*1874–1945 ff.*	*1874: Gutsvorsteher Pasewaldt, 1900, 1905: Amtsvorsteher Hauptmann a. D. Milinowsky 1910: Kurt Stremlow, Privatier 1910: Pasewaldt, Privatier 1915, 1920, 1921: Kresien 1928, 1935: Stadtoberinspektor Jentsch 1939, 1940: Stadtoberinspektor Herbst 1941: Stadtinspektor Bochow 1943: Stadtinspektoren Bochow, Falk*	*1874: Ortsvorsteher Haupt 1900: keine Angabe 1910: Otto Krüger, Bürovorsteher 1915: Krüger, Splittgerber und Radeke 1920, 1921: Amtsbürovorsteher Otto Krüger, Gemeindesekretär Robert Splittgerber 1941: Stadtinspektor Huth*	*1900, 1905: Potsdamer Straße 6 (Amtsverwaltung) 1910: Potsdamer Straße 8 1915–1920: Hauptstraße 38 1921: keine Angabe 1928: Hauptstraße 1 1935: Kirchstraße 1–2 1939–1943: Kirchstraße 3 1944: Faradayweg 14*
Zitadelle Spandau	*1910–1921*	*1911, 1912: Meyer 1914–1919: Müller 1919, 1920: Nagel*	*1910, 1912: Müller 1911: Fuhrmann*	*Zitadelle, Amtshaus (?)*

8.4 Übersicht zu Registern und Formularen 1874–1945

Gesetz vom 9. März 1874

REGISTERBEZEICHNUNG	FORMULAR	ENTHALTENE ANGABEN, VORLAGEN, HINWEISE
		GEBURT
Geburtsregister *(als Hauptregister und Nebenregister, sowie Registerauszüge)*	*A*	*Anzeigende Person (Vor- und Familienname, Wohnort, Religion, Stand oder Gewerbe); Kindesmutter (Name, Wohnort, Religion); Ort, Tag und Stunde der Geburt: Geschlecht des Kindes; Name des Kindes.* *Vorlage in: Erlass des Ministers des Innern an die Oberpräsidenten vom 8. Juni 1874*
		HEIRAT
Heiratsregister *(als Hauptregister und Nebenregister, sowie Registerauszüge)*	*B*	*Vor- und Familiennamen, Alter, Stand oder Gewerbe, Geburts- und Wohnort der die Ehe eingehenden Personen; deren Eltern (Vor- und Familiennamen, Stand oder Gewerbe, Wohnort); Zwei Zeugen, Vor- und Familiennamen, Alter, Stand oder Gewerbe, Wohnort; Willenserklärung der Verlobten, die Ehe eingehen zu wollen.* *Vorlage in: Erlass des Ministers des Innern an die Oberpräsidenten vom 8. Juni 1874*
Bescheinigung über die erfolgte Eheschließung nach § 37	*D*	*Eheschließende Personen (Namen und Vornamen, Wohnorte; ggf. künftiger Wohnort des Paares); Datum und Uhrzeit der Aufnahme der Eheurkunde [erfolgte Eheschließung].* *Vorlage in: Erlass des Ministers des Innern an die Oberpräsidenten vom 8. Juni 1874*
Aufgebot		*Vorlage in: Verfügung des Ministers des Innern vom 22. August 1874*
Standesamtliche Ermächtigung		*Vorlage in: Verfügung des Ministers des Innern vom 22. August 1874*
		STERBEFALL
Sterberegister *(als Hauptregister und Nebenregister, sowie Registerauszüge)*	*C*	*Anzeigende Person (Vor- und Familienname, Wohnort, Religion, Stand oder Gewerbe); Ort, Tag und Stunde des Todes; Verstorbene Person (Vor- und Familienname, Religion, Alter, Stand oder Gewerbe, Wohnort und Geburtsort); Ehegatte des/der Verstorbenen (Vor- und Familienname) oder Erklärung, dass der/die Verstorbene ledig gewesen sei; Eltern des/der Verstorbenen (Vor- und Familiennamen, Stand oder Gewerbe und Wohnort).* *Vorlage in: Erlass des Ministers des Innern an die Oberpräsidenten vom 8. Juni 1874*

Gesetz vom 6. Februar 1875

REGISTERBEZEICHNUNG	FORMULAR	ENTHALTENE ANGABEN, VORLAGEN, HINWEISE
		ALLGEMEINE ANFORDERUNGEN
Die auf mündliche Anzeige oder Erklärung erfolgenden Eintragungen sollen enthalten: *1. den Ort und Tag der Eintragung;* *2. die Bezeichnung der Erschienenen;* *3. den Vermerk des Standesbeamten, dass und auf welche Weise er sich die Überzeugung von der Persönlichkeit der Erschienenen verschafft hat;* *4. den Vermerk, dass die Eintragung den Erschienenen vorgelesen und von denselben genehmigt ist;* *5. die Unterschrift der Erschienenen und, falls sie schreibensunkundig oder zu schreiben verhindert sind, ihr Handzeichen oder die Angabe des Grundes, aus welchem sie dieses nicht beifügen konnten;* *6. die Unterschrift des Standesbeamten.*		
Die auf schriftliche Anzeige erfolgenden Eintragungen sind unter Angabe von Ort und Tag der Eintragung zu bewirken und durch die Unterschrift des Standesbeamten zu vollziehen.		
Zusätze, Löschungen oder Abänderungen sind am Rande zu vermerken und gleich der Eintragung selbst besonders zu vollziehen.		
		GEBURT
Geburtsregister *(als Hauptregister und Nebenregister, sowie Registerauszüge)*		*1. Vor- und Familienname, Stand oder Gewerbe und Wohnort des Anzeigenden;* *2. Ort, Tag und Stunde der Geburt;* *3. Geschlecht des Kindes;* *4. Vornamen des Kindes;* *5. Vor- und Familiennamen, Religion, Stand oder Gewerbe und Wohnort der Eltern.* *Bei Mehrlingsgeburten ist jedes Kind einzeln einzutragen, dabei muss die Reihenfolge der Geburt erkennbar sein.* *Später vergebene Vornamen werden am Rand nachgetragen.* *Legitimation, Annahme an Kindes statt oder andere nachträgliche Abstammungsvermerke werden am Rand nachgetragen.*
		HEIRAT
Heiratsregister *(als Hauptregister und Nebenregister, sowie Registerauszüge)*		*1. Vor- und Familiennamen, Religion, Alter, Stand oder Gewerbe, Geburts- und Wohnort der Eheschließenden;* *2. Vor- und Familiennamen, Stand oder Gewerbe und Wohnort ihrer Eltern;* *3. Vor- und Familiennamen, Alter, Stand oder Gewerbe und Wohnort der zugezogenen Zeugen;* *4. die Erklärung der Eheschließenden;* *5. den Ausspruch des Standesbeamten.* *Ungültigkeit, Auflösung oder Nichtigerklärung werden am Rand vermerkt.*

REGISTERBEZEICHNUNG	FORMULAR	ENTHALTENE ANGABEN, VORLAGEN, HINWEISE
Bescheinigung über die Eheschließung für die Eheleute		
		STERBEFALL
Sterberegister *(als Hauptregister und Nebenregister, sowie Registerauszüge)*		*1. Vor- und Familienname, Stand oder Gewerbe und Wohnort des Anzeigenden;* *2. Ort, Tag und Stunde des erfolgten Todes;* *3. Vor- und Familienname, Religion, Alter, Stand oder Gewerbe, Wohnort und Geburtsort des Verstorbenen;* *4. Vor- und Familienname seines Ehegatten, oder Vermerk, dass der Verstorbene ledig gewesen sei;* *5. Vor- und Familiennamen, Stand oder Gewerbe und Wohnort der Eltern des Verstorbenen.* *Es wird auch vermerkt, dass die geforderten Daten ggf. unbekannt sind.*
		BEURKUNDUNG VON EREIGNISSEN AUF SEE
Vermerk von Geburten im Schiffstagebuch		*mit den gesetzlich vorgeschriebenen Angaben unter Hinzuziehung von zwei Zeugen*
Beglaubigte Abschrift für das Seemannsamt		*zweifach*
Vermerk von Sterbefällen im Schiffstagebuch		*mit den gesetzlich vorgeschriebenen Angaben unter Hinzuziehung von zwei Zeugen mit Angabe der mutmaßlichen Todesursache*
Beglaubigte Abschrift für das Seemannsamt		*zweifach*

Ausführungsverordnung des Bundesrats vom 22. Juni 1875

REGISTERBEZEICHNUNG	FORMULAR	ENTHALTENE ANGABEN, VORLAGEN, HINWEISE
		ALLGEMEINE BESTIMMUNGEN
Von jedem Blatt sind Vorder- uind Rückseite zu bedrucken.		
Die Formulare zu den Nebenregistern (gemäß § 14 PStG) sind im Vordruck am Schluss mit einem Beglaubigungsvermerk zu versehen „Die Übereinstimmung mit dem Hauptregister beglaubigt" [Ort, Datum, Unterschrift des Standesbeamten].		
Bei einem mehrbändigen Registerjahrgang ist beim Abschluss eines Bandes ausdrücklich auf den folgenden hinzuweisen.		
Die Standesregister sind in deutscher Sprache zu führen.		
		GEBURT
Geburtsregister	*A*	
Auszug aus dem Geburtsregister	*Aa*	
		HEIRAT
Heiratsregister	*B*	
Auszug aus dem Heiratsregister	*Bb*	
Bescheinigung über die erfolgte Eheschließung gemäß § 54 Abs. 2 PStG	*D*	*nicht unter den gemäß § 8 PStG den Gemeinden kostenfrei zu liefernden Formularen*
Aufgebot gemäß § 44 PStG	*E*	*nicht unter den gemäß § 8 PStG den Gemeinden kostenfrei zu liefernden Formularen* *Auf Verlangen der Verlobten ist diesen vom Standesbeamten eine Bescheinigung über das angeordnete Aufgebot kostenfrei zu erteilen.*
Ermächtigung des zuständigen Standesbeamten zur Eheschließung vor dem Standesbeamten eines anderen Orts (gemäß § 43 PStG) einschließlich der dazu auszustellenden Bescheinigung (§ 49 PStG)		*nicht unter den gemäß § 8 PStG den Gemeinden kostenfrei zu liefernden Formularen*
		STERBEFALL
Sterberegister	*C*	
Auszug aus dem Sterberegister	*Cc*	
		SAMMELAKTEN ZU DEN REGISTERN
Für jedes Register sind von dem Standesbeamten als Beilage Sammelakten zu halten; die Akten sind nach Jahrgängen zu ordnen. In die Sammelakten sind alle ihnen zugestellten schriftlichen Anträge, Anzeigen und Mittheilungen, die bei ihnen eingereichten Urkunden, die Verfügungen der Aufsichtsbehörde und der Gerichte (gemäß den §§ 20, 24–28, 33, 35, 38, 43, 45, 48–50, 55, 58, 60, 62–65 PStG), desgleichen die von den Standesbeamten in Gemäßheit der §§ 21, 45 bis 47, 58 ,68 PStG aufgenommenen Verhandlungen und getroffenen Anordnungen. Wird eine eingereichte Urkunde zurückgegeben, so ist dies unter Angabe des wesentlichen Inhalts der Urkunde in den Akten zu vermerken.		
		WEITERE VERZEICHNISSE, HINWEISE UND SAMMLUNGEN
Namensverzeichnis *für jedes Register ein alphabetisch geordnetes Verzeichnis, welches das Auffinden der einzelnen Eintragung ermöglicht*		
Kontrolle über die nachträglich zu machenden Anzeigen der Vornamen des Kindes (gem. § 22 PStG)		
Verzeichnis der von den Standesbeamten angeordneten oder auf Ersuchen eines anderen Standesbeamten verkündeten Aufgebote		
Verzeichnis der zu erhebenden und der erhobenen Gebühren		

Ausführungsvorschriften vom 25. März 1899

Inkrafttreten gleichzeitig mit dem BGB zum 01. Januar 1900

REGISTERBEZEICHNUNG	FORMULAR	ENTHALTENE ANGABEN, VORLAGEN, HINWEISE
ALLGEMEINE BESTIMMUNGEN		
Die Formulare sind für die Gestalt der Standesregister maßgebend. Die Größe der Blätter soll in der Höhe 40½, in der Breite 25½ Zentimeter betragen. In dem Geburts- und Sterberegister ist jedes Blatt auf der Vorderseite und auf der Rückseite zu bedrucken; das Heiratsregister ist so einzurichten, dass jede Eintragung auf zwei gegenüberstehenden Seiten erfolgt.		
Vorgabe der Formulierung für den Beglaubigungsvermerk der Nebenregister (Übereinstimmung mit dem Hauptregister)		
Muss im Laufe des Kalenderjahrs ein neuer Registerband angefangen werden, so ist der alte Band unter Vermerkung der Zahl der darin enthaltenen Eintragungen und unter Verweisung auf den neuen Band abzuschließen.		
Soweit die Beurkundung einer Tatsache innerhalb des ihr nach dem Vordrucke zukommenden Raumes nicht erfolgen kann, ist sie am Rande vorzunehmen.		
Zusätze, Löschungen und Änderungen nach Maßgabe des § 13 Abs. 4 des Gesetzes sind nur zulässig, solange die Eintragung noch nicht abgeschlossen ist. *Die in das Nebenregister aufzunehmende Abschrift (§ 14 Abs. 1 des Gesetzes) hat die Zusätze, Löschungen und Änderungen als solche wiederzugeben.*		
Offenbare Schreibfehler, die in einer abgeschlossenen Eintragung enthalten sind, kann der Standesbeamte mit Genehmigung der Aufsichtsbehörde durch einen Vermerk am Rande der Eintragung beseitigen; der Vermerk ist unter Angabe des Tages besonders zu vollziehen.		
Alle Registerauszüge sind nach dem (durch Randvermerke o. Ä.) korrigierten Stand der Haupteinträge auszufertigen.		
GEBURT		
Geburtsregister	*A*	*nachträgliche Anerkennung der Vaterschaft als Randvermerk*
Registerauszug	*Aa*	*Höhe 33, in der Breite 21 Centimeter*
HEIRAT		
Heiratsregister	*B*	*Anerkennung (der Vaterschaft) gemeinsamer vorehelicher Kinder des Paares als Randvermerk*
Registerauszug	*Bb*	*Höhe 33, in der Breite 21 Centimeter*
Bescheinigung über die erfolgte Eheschließung, gemäß § 54 Abs. 2 des Gesetzes	*D*	
Aufgebot § 1316 BGB	*E*	
Ermächtigung des zuständigen Standesbeamten zur Eheschließung vor dem Standesbeamten eines anderen Bezirkes (gemäß § 1321 BGB) einschließlich der Bescheinigung über das erfolgte Aufgebot (§ 49 des Gesetzes)	*F*	*Soll, nachdem einer von mehreren zuständigen Standesbeamten (§ 1320 Abs. 2 BGB) das Aufgebot angeordnet hat, die Eheschließung vor einem anderen der zuständigen Beamten erfolgen, so ist für die Erteilung der Bescheinigung über das erfolgte Aufgebot das Formular F mit der Maßgabe zu verwenden, dass der Vordruck für die Ermächtigung zur Eheschließung durchstrichen wird.*
STERBEFALL		
Sterberegister	*C*	
Registerauszug	*Cc*	*Höhe 33, in der Breite 21 Centimeter*
SAMMELAKTEN ZU DEN REGISTERN		
Für jedes Register sind von dem Standesbeamten Sammelakten zu halten; die Akten sind nach Jahrgängen zu ordnen. *In die Sammelakten sind alle auf die Registerführung bezüglichen amtlichen Schriftstücke aufzunehmen, insbesondere die den Standesbeamten zugestellten schriftlichen Anträge, Anzeigen und Mitteilungen, die bei ihnen eingereichten Urkunden, die Verfügungen der Aufsichtsbehörde und der Gerichte, desgleichen die von den Standesbeamten in Gemäßheit der §§ 21, 45 bis 47, des § 58 Abs. 1 und des § 68 Abs. 3 des Gesetzes aufgenommenen Verhandlungen und getroffenen Anordnungen.* *Wird eine eingereichte Urkunde zurückgegeben, so ist dies unter Angabe des wesentlichen Inhalts der Urkunde in den Akten zu vermerken.*		
WEITERE OBLIGATORISCHE VERZEICHNISSE, HINWEISE UND SAMMLUNGEN		
Namensverzeichnisse *für jedes Register ein nach den Anfangsbuchstaben der Namen, bei dem Heiratsregister nach den Anfangsbuchstaben der Namen beider Ehegatten geordnetes Verzeichnis, welches das Auffinden der einzelnen Eintragung ermöglicht*		
Verzeichnis der Geburtsfälle, in welchen die Anzeige der Vornamen des Kindes noch aussteht		
Verzeichnis der Aufgebote		
Verzeichnis der zu erhebenden und der erhobenen Gebühren		

Änderungsgesetz vom 11. Juni 1920

REGISTERBEZEICHNUNG	FORMULAR	ENTHALTENE ANGABEN, VORLAGEN, HINWEISE
GEBURT		
Geburtsregister		*Es wird nicht mehr eingetragen: Religion der Eltern*
HEIRAT		
Vor Anordnung des Aufgebotes sind die Verlobten und die ggf. Zustimmungspflichtigen durch ein auszuhändigendes Merkblatt (des Reichsgesundheitsministeriums) auf die Notwendigkeit einer ärztlichen Beratung vor der Eheschließung hinzuweisen (zu § 45).		
Heiratsregister		*Eintragung der Eltern entfällt*
Bescheinigung über die erfolgte Eheschließung nach § 37	*D*	*Eheschließende Personen (Namen und Vornamen, Wohnorte; ggf. künftiger Wohnort des Paares); Datum und Uhrzeit der Aufnahme der Eheurkunde [erfolgte Eheschließung]* *Vorlage in: Erlass des Ministers des Innern an die Oberpräsidenten vom 8. Juni 1874*
STERBEFALL		
Sterberegister		*Eintragung der Eltern entfällt*

Ausführungsverordnung vom 31. Dezember 1925 (Preußen)

REGISTERBEZEICHNUNG	FORMULAR	ENTHALTENE ANGABEN, VORLAGEN, HINWEISE
Hinweise zur Herstellung von Verbindungen zwischen den standesamtlichen Einträgen zu einer Person oder einer Familie		
„Gundsätzlich gilt der untere Rand des Eintrags, auf dem ein Mensch zum ersten Mal im deutschen Standesregister erscheint, als Sammelstelle für die Hinweise auf die späteren ihn betreffende Registereintragungen." (§ 10 Satz 1)		
		GEBURT
Geburtsregister		*Bei ehelichen Geburten ist am unteren Rand des Eintrags auf den Heiratseintrag der Eltern hinzuweisen, mit Standesamt und Urkundennummer, oder aber mindestestens Ort/Standesamt und Datum der Eheschließung (§ 1).* *Diese Angabe ist freiwillig (§ 2); der Eintrag hat nicht die Beweiskraft des Haupteitrages und muss nicht in die Nebenregister übertragen werden (§ 4). Ebenso wird bei nachträglicher Legitimation verfahren (§ 5). Eintragung ist bei Registern vor dem Jahre 1926 rückwirkend möglich (§ 7).*
		Am unteren Rand des Eintrages ist die spätere Eheschließung mit Standesamt und Urkundennummer, oder aber mit Ort/Standesamt und Datum der Eheschließung zu vermerken (§ 13).
		Am unteren Rand des Eintrages ist weiterhin auf den späteren Sterbefall zu verweisen, mit Standesamt und Urkundennummer, oder aber mindestens Ort/Standesamt und Datum des Sterbefalls (§ 9).
Sammelakte Geburtsregister		*Meldungen über Geburten im Ausland, die nicht in das Geburtenregister einzutragen sind, können in Sammelakten aufgenommen werden (§ 6).*
		Geburten werden ggf. anderen Standesämtern mitgeteilt, bei denen die Eheschließung der Eltern eingetragen ist (§ 3)
		HEIRAT
Heiratsregister		*Auf Seite 2 des Heiratseintrages ist unten die Geburt ehelicher Kinder zu vermerken (§ 3).*
		Auf Seite 2 des Heiratseintrages ist unten der Sterbefall der einzelnen Ehegatten zu vermerken (§ 10).
		Auf dem Heiratseintrag sind ggf. frühere Eheschließungen zu vermerken (§ 13).
		Die Eheschließung ist den Geburtsstandesämtern der Eheleute mitzuteilen (§ 13).
Sammelakte Heiratsregister		*Mitteilungen über Eheschließungen im Ausland können in Sammelakten aufgenommen werden (§ 15).*
		STERBEFALL
Sterberegister		*Am unteren Rand des Sterbeeintrages ist auf den Geburteneintrag zu verweisen, mit Standesamt und Urkundennummer, oder aber mindestestens Ort/Standesamt und Datum der Geburt (§ 8).*
Sammelakte Sterberegister		*Mitteilungen über Sterbefälle im Ausland oder Todeserklärungen, können in Sammelakten aufgenommen werden (§ 11).*
		Sterbefälle werden ggf. anderen Standesämtern mitgeteilt, bei denen die Geburt eingetragen ist (§ 9).

Gesetz vom 3. November 1937

REGISTERBEZEICHNUNG	FORMULAR	ENTHALTENE ANGABEN, VORLAGEN, HINWEISE
		GEBURT
Geburtenbuch *(Erstbuch)*	*B*	*Vor- und Familiennamen der Eltern, ihr Beruf und Wohnort sowie religiöses Bekenntnis* *Vorname und Familienname des Kindes, Ort, Tag und Stunde der Geburt, Geschlecht des Kindes,* *Vornamen des Kindes,* *Vornamen und Familienname des Anzeigenden, sein Beruf und Wohnort,* *Unterschriften des Anzeigenden und des Standesbeamten* *Vorlagen in: Erste Verordnung zur Ausführung des Personenstandsgesetzes vom 19. Mai 1938 (RGBl I Nr. 81 vom 21. Mai 1938, S. 533 ff.)*
Beglaubigte Abschrift aus dem Geburtenbuch	*Bb*	
Zweitbuch	*B1*	
Erneuertes Zweitbuch	*Ern. B*	
Standesamtliche Geburtsurkunde (eheliches Kind)	*E1*	*Vorname und Familienname des Kindes, Ort und Tag der Geburt,* *Vor- und Familiennamen der Eltern, ihr Beruf und Wohnort sowie religiöses Bekenntnis* *Nach Reichsgerichtsurteil vom 15.07.1939: Abstammungsfeststellungsurteile sind in Randvermerken festzuschreiben (vgl. LAB, A Rep. 003-02, Nr. 90).*
Standesamtliche Geburtsurkunde (uneheliches Kind)	*E2*	*Nach Reichsgerichtsurteil vom 15.07.1939: Abstammungsfeststellungsurteile sind in Randvermerken festzuschreiben (vgl. LAB, A Rep. 003-02, Nr 90).*
		Anmerkung: 1943 – Geburt des Kindes ist im Geburtsregister der Mutter nachzutragen (vgl. LAB, A Rep. 003-02, Nr. 90).

REGISTERBEZEICHNUNG	FORMULAR	ENTHALTENE ANGABEN, VORLAGEN, HINWEISE
		HEIRAT
Familienbuch *(Erstbuch)*	*A*	*Erster Teil: Vornamen und Familiennamen der Eheschließenden, ihr Beruf und Wohnort, Ort und Tag ihrer Geburt sowie ihr religiöses Bekenntnis, Vor- und Familiennamen der Zeugen, ihr Beruf und Wohnort, die Erklärung der Eheschließenden, der Ausspruch des Standesbeamten, Unterschrift der Ehegatten, der Zeugen und des Standesbeamten.* *Zweiter Teil: Vor- und Familiennamen der Eltern der Ehegatten, ihr Beruf und Wohnort, Ort und Tag ihrer Geburt und Heirat sowie ihr religiöses Bekenntnis, Staatsangehörigkeit, Reichsbürgerrecht und rassische Einordnung der Ehegatten, Vornamen, Ort und Tag der Geburt der gemeinsamen Kinder, Vornamen, Ort und Tag der Geburt von unehelichen Kindern weiblicher Abkömmlinge.*
Beglaubigte Abschrift aus dem Familienbuch	*Aa*	
Zweitbuch	*A1*	
Erneuertes Zweitbuch	*Ern. A*	
Standesamtliche Heiratsurkunde (mit Angabe der Eltern der Ehegatten)	*F1*	*Vornamen und Familiennamen der Ehegatten, Geburtsname der Frau, Ort und Tag der Eheschließung, Beruf und Wohnort sowie religiöses Bekenntnis der Ehegatten, Vor- und Familiennamen der Eltern der Ehegatten sowie ihr Wohnort*
Standesamtliche Heiratsurkunde (ohne Angabe der Eltern der Ehegatten)	*F2*	
Aufgebot	*H*	
Bescheinigung des Aufgebots und standesamtliche Ermächtigung	*J*	
Ehefähigkeitszeugnis	*K*	
		STERBEFALL
Sterbebuch *(Erstbuch)*	*C*	*Vorname und Familienname des Verstorbenen, sein Beruf und Wohnort sowie religiöses Bekenntnis, Ort und Tag seiner Geburt, Vor- und Familienname des Ehegatten oder Vermerk, dass die verstorbene Person nicht verheiratet war, Ort, Tag und Stunde des Todes, Vor- und Familiennamen der Eltern des Verstorbenen sowie ihr Wohnort, Vornamen und Familienname des Anzeigenden, sein Beruf und Wohnort, Todesursache, Unterschriften des Anzeigenden*
Beglaubigte Abschrift aus dem Sterbebuch	*Cc*	
Zweitbuch	*C1*	
Erneuertes Zweitbuch	*Ern. C*	
Standesamtliche Sterbeurkunde (mit Angabe der Eltern des/der Verstorbenen)	*G1*	*Vorname und Familienname des Verstorbenen, sein Beruf und Wohnort sowie religiöses Bekenntnis, Ort und Tag seiner Geburt, Vor- und Familienname des Ehegatten oder Vermerk, dass die verstorbene Person nicht verheiratet war, Ort, Tag und Stunde des Todes Vor- und Familiennamen der Eltern des Verstorbenen sowie ihr Wohnort*
Standesamtliche Sterbeurkunde (ohne Angabe der Eltern des/der Verstorbenen)	*G2*	
Todeserklärung	*D*	
Beglaubigte Abschrift aus dem Buch für Todeserklärungen	*Dd*	

8.5 Die Berliner Standesämter A–Z und ihre Veränderungen seit 1874 bis zur Gegenwart

Name/n des Standesamts – Datum der Errichtung – Datum der Schließung – V: Vorgänger – N: Nachfolger[611]

Standesamt **Adlershof**, gegr. 01. Mai 1893 (Standesamtsbezirk 57, Landkreis Teltow, V: Standesamt Altglienicke), für die Gemeinde Adlershof → 01. Juli 1942 (N: Standesamt Treptow von Berlin) [19. Mai 1945–31. Dez. 1946: Standesamt Adlershof] → 01. Juli 1947 (N: Standesamt Treptow von Berlin).

Standesamt **Alt-Glienicke**, gegr. 01. Okt. 1874 (Standesamtsbezirk 29, Landkreis Teltow), bis zum 01. Mai 1893 auch für Grünau und Adlershof (Amtsbezirk XXII Altglienicke) → 1942 (N: Standesamt Treptow von Berlin).

Standesamt **Berlin I**, gegr. 01. Okt. 1874, für Alt-Berlin, Cölln, Friedrichswerder (Stadtbezirke 1–20, 22), 1894–1924 zeitweise Zusammenlegung mit Standesamt Berlin II zum Standesamt Berlin I/II → 1938 (N: Standesamt Mitte von Berlin).

Standesamt **Berlin II**, gegr. 01. Okt. 1874, für die Friedrichstadt (Stadtbezirke 23–40); 1894–1924 zeitweise Zusammenlegung mit Standesamt Berlin I zum Standesamt Berlin I/II → 1938 (N: Standesamt Mitte von Berlin).

Standesamt **Berlin I/II**, gegr. 1894 (V: Standesämter Berlin I und II) → 1924 (N: Standesämter Berlin I und III).

Standesamt **Berlin III**, gegr. 01. Okt. 1874, für die Friedrich-Vorstadt I (Potsdamer Stadt) und das Schöneberger Revier (Stadtbezirke 45–53) → 1938 (N: Standesamt Tiergarten von Berlin).

Standesamt **Berlin IV**, gegr. 01. Okt. 1874 für die Friedrich-Vorstadt II und das Tempelhofer Revier (Alt-Berliner Stadtbezirke 41–44 und 54–60) → 1892 (N: Standesämter Berlin IV a und Berlin IV b).

Standesamt **Berlin IV a**, gegr. 1892 (V: Standesamt Berlin IV), zuständig für die obere Friedrich-Vorstadt und das westliche Tempelhofer Revier → 01. Juli 1938 (N: Standesamt Kreuzberg von Berlin).

Standesamt **Berlin IV b**, gegr. 1892 (V: Standesamt Berlin IV), zuständig für das südliche und östliche Tempelhofer Revier → 01. Juli 1938 (N: Standesamt Kreuzberg von Berlin).

611 Die Angaben für die Zeit von 1874 bis 1919 entstammen zu großen Teilen dem Amtsblatt der Königlichen Regierung zu Potsdam und der Stadt Berlin.

Standesamt **Berlin V**, gegr. 1874 für die östliche Luisenstadt (Stadtbezirke 61–76) → 1882 (N: Standesämter Berlin V a und Berlin V b).

Standesamt **Berlin V a**, gegr. 1882 (V: Standesamt Berlin V), für die Luisenstadt westlich des Luisenkanals → 01. Juli 1938 (N: Standesamt Kreuzberg von Berlin).

Standesamt **Berlin V b**, gegr. 1882 (V: Standesamt Berlin V), für die Luisenstadt östlich des Luisenkanals → 01. Juli 1938 (N: Standesamt Kreuzberg von Berlin).

Standesamt **Berlin VI**, gegr. 01. Okt. 1874, für Luisenstadt II und Neu-Cölln (Stadtbezirke 77–101) → 1938 (N: Standesamt Mitte von Berlin).

Standesamt **Berlin VII**, gegr. 01. Okt. 1874, für das gesamte Stralauer Viertel (Berliner Alt-Stadtbezirke 102–123) → 1882 (N: Standesämter Berlin VII a und Berlin VII b).

Standesamt **Berlin VII a**, gegr. 1882 (V: Standesamt Berlin VII), für das westliche Stralauer Viertel → 01. Juli 1938 (N: Standesamt Horst Wessel [Friedrichshain] von Berlin).

Standesamt **Berlin VII b**, gegr. 1882 (V: Standesamt Berlin VII), für das nordöstliche Stralauer Viertel und das südöstliche Königsviertel → 01. Juli 1938 (N: Standesamt Horst Wessel [Friedrichshain] von Berlin).

Standesamt **Berlin VII c**, gegr. 1907 für das südöstliche Stralauer Viertel → 01. Juli 1938 (N: Standesamt Horst Wessel [Friedrichshain] von Berlin).

Standesamt **Berlin VIII**, gegr. 01. Okt. 1874, für die Rosenthaler Vorstadt, die nördliche Königstadt (Stadtbezirke 124–137) und das Städtische Krankenhaus Am Friedrichshain → 01. Juli 1938 (N: Standesamt Horst Wessel [Friedrichshain] von Berlin).

Standesamt **Berlin IX**, gegr. 01. Okt. 1874, für das Spandauer Revier (Stadtbezirke 138–153) → 1938 (N: Standesamt Mitte von Berlin).

Standesamt **Berlin X**, gegr. 01. Okt. 1874, für die Rosenthaler Vorstadt (Stadtbezirke 154, 163–179) → 1882 (N: Standesämter Berlin X a und X b).

Standesamt **Berlin X a**, gegr. 1882 (V: Standesamt Berlin X), für den südlichen Bereich der Rosenthaler Vorstadt → 1938 (N: Standesamt Mitte von Berlin).

Standesamt **Berlin X b,** gegr. 1882, NW Rosenthaler Vorstadt (V: Standesamt Berlin X) → 1938 (N: Standesamt Prenzlauer Berg von Berlin).

Standesamt **Berlin X c**, gegr. 1904, NO Rosenthaler Vorstadt (V: Standesamt Berlin X) → 1938 (N: Standesamt Prenzlauer Berg von Berlin).

Standesamt **Berlin XI**, gegr. 01. Okt. 1874, zuständig für die Oranienburger Vorstadt (Stadtbezirke 155–162 und 180–185) → 1938 (N: Standesamt Wedding von Berlin). Standesamt Berlin XII, gegr. 01. Okt. 1874, für die Friedrich-Wilhelm-Stadt und Moabit (Stadtbezirke 21, 186–196) → 1892 (N: Standesämter XII a und Berlin XII b).

Standesamt **Berlin XII a**, gegr. 1892 (V: Standesamt Berlin XII) → 1938 (N: Standesamt Tiergarten von Berlin).

Standesamt **Berlin XII b**, gegr. 1892 (V: Standesamt Berlin XII) → 1938 (N: Standesamt Tiergarten von Berlin).

Standesamt **Berlin XIII,** gegr. 01. Okt. 1874, für Wedding und Gesundbrunnen (Stadtbezirke 197–210), u. a. auch für das Jüdische Krankenhaus → 1902 (N: Standesämter Berlin XIII a und Berlin XIII b).

Standesamt **Berlin XIII a**, gegr. 1902 (V: Standesamt Berlin XIII), für Gesundbrunnen → 1938 (N: Standesamt Wedding von Berlin).

Standesamt **Berlin XIII b**, gegr. 1902 (V: Standesamt Berlin VIII), für: Wedding; 1923 Ausgliederung des Rudolf-Virchow-Krankenhauses → 1938 (N: Standesamt Wedding von Berlin).

Standesamt **Biesdorf**, gegr. 01. Okt. 1874 (Standesamtsbezirk 8, Landkreis Niederbarnim), zuständig für Gut und Gemeinde Biesdorf und Gemeinde Kaulsdorf; März 1885 Umbenennung „Standesamt Kaulsdorf"; zum 01. April 1913 Neuorganisation Standesamt Biesdorf (für Gemeinde und Gut Biesdorf, Standesamtsbezirk 62); 1940 zum Standesamt Friedrichsfelde; 1945–1948 Wiederaufnahme Standesamt Biesdorf → 1949 (N: Standesamt Lichtenberg von Berlin, Hauptstadt der DDR).

Standesamt **Blankenburg**, gegr. 1928 → 01. April 1942 (N: Standesamt Pankow von Berlin).

Standesamt **Blankenfelde**, gegr. 01. Okt. 1874 (Standesamtsbezirk 36, Landkreis Niederbarnim) → 01. Nov. 1912 (N: Standesamt Rosenthal, Standesamtsbezirk 36: Berlin-Rosenthal, Umbenennung). 1946 eigenständiges Standesamt.

Standesamt **Bohnsdorf**, gegr. 1907 (V: Standesamt Waltersdorf Landkreis Teltow) → 1942 (N: Standesamt Treptow von Berlin) [19. Mai 1945–31. Dez. 1946: Standesamt Bohnsdorf → 01. Jan. 1947] (N: Standesamt Treptow von Berlin).

Standesamt **Boxhagen-Rummelsburg**, gegr. 01. Jan. 1891 (Standesamtsbezirk 6a, Landkreis Niederbarnim; V: Standesamtsbezirk 6 Stralau, Landkreis Niederbarnim); ab 01. April 1912 Bezeichnung „Standesamt II Berlin-Lichtenberg" → 1938 (N: Standesamt Lichtenberg von Berlin).

Standesamt **Britz**, gegr. 01. Okt. 1874 (Standesamtsbezirk 32, Landkreis Teltow), für die Gemeinde Britz mit Buschmeierei; ab 1938 vereinigt mit Standesamt Buckow I → 1942 (N: Standesamt Neukölln von Berlin).

Standesamt **Buch**, gegr. 01. Okt. 1874 (Standesamtsbezirk 43, Landkreis Niederbarnim), zuständig für Gemeinde und Gut Buch, Gemeinde und Gut Birkholz, Gemeinde Schwanebeck, Friedrichshof; zum 01. Okt. 1882 Übernahme der Gemeinde Karow (vom Standesamtsbezirk 30 Malchow, bis 1928).

Standesamt **Buch** von Berlin, Hauptstadt der DDR, 1949–1990 (Jan.–Juli 1952 zu Standesamt Pankow; zeitweise in den 1980er Jahren unter der Bezeichnung „Pankow II"); zuständig für Berlin-Buch und Berlin-Karow, in den 1980er Jahren das einzige Standesamt mit Zuständigkeit für zwei Ortsteile, nicht für einen Stadtbezirk; Sitz gemeinsam mit dem Standesamt Pankow im Gebäude Johannes. -R. -Becher-Straße 24a/26. → 2001 (N: Standesamt Pankow).

Standesamt **Buchholz**, gegr. 01. Okt. 1874 (Standesamtsbezirk 33: Französisch Buchholz, Landkreis Niederbarnim); 01. April 1908 Abtrennung Standesamt Heinersdorf → 01.04.1942 (N: Standesamt Pankow von Berlin). [Mai–Dez. 1945: Standesamt Buchholz, nur Sterberegister]. 1946 eigenständiges Standesamt.

Standesamt **Buckow**, gegr. 01. Okt. 1874 (Standesamtsbezirk 43, Landkreis Teltow), für den Amtsbezirk XXXIV Buckow; 01. Jan. 1899 Ausgliederung von Lichtenrade (zum Standesamt Mahlow) sowie der Gemeinde Groß-Ziethen und der Gutsbezirke Groß- und Klein-Ziethen (zum Standesamt Rudow) → 1910 (N: Standesämter Buckow I und Buckow II).

Standesamt **Buckow I**, gegr. 01. Jan. 1911 (Standesamtsbezirk 43, Landkreis Teltow, V: Standesamt Buckow) → 1938 (N: Standesamt Berlin-Britz).

Standesamt **Buckow II**, gegr. 01. Jan. 1911 (Standesamtsbezirk 67, Landkreis Teltow, V: Standesamt Buckow); zuständig für das Krankenhaus Rixdorf/Neukölln, ab 1922 Umbenennung in „Krankenhaus Neukölln" → 1940 (N: Standesamt Rudow von Berlin).

Standesamt **Charlottenburg**, gegr. 01. Okt. 1874 (Standesamtsbezirk 1, Landkreis Teltow) Ausscheiden aus dem Kreis Teltow zum 01. Jan. 1877; zum 01. Jan. 1898 Aufteilung des Standesamtsbezirks in zwei Bezirke, 1 (Stadtbezirke 15–22 von Charlottenburg), 2 (Stadtbezirke 1–14 von Charlottenburg) → 1904 (N: Standesämter Charlottenburg I, Charlottenburg II und Charlottenburg III).

Standesamt **Charlottenburg I**, gegr. 01. April 1904 (V: Standesamt Charlottenburg), für das Ostviertel, Viertel Am Kurfürstendamm, Hochschulviertel → 1938 (N: Standesamt Charlottenburg von Berlin). In Charlottenburg werden ab 1898 zwei Abteilungen (Charlottenburg I und II) geführt; der Standesamtsbezirk wird nach Stadtbezirken geteilt. [Vgl. hierzu Anm. zum Eintrag Chalottenburg in Anlage 8.5]. Eine Anweisung zur weitergehenden Separation gibt der Regierungspräsident Potsdam am 21. März 1904 (vgl. Amtsblatt der kgl. Regierung zu Potsdam etc. Nr. 12 v. 25. März 1904). Die Adressbuchangaben zu den Charlottenburger Standesämtern I–III lassen zuweilen tiefer auf die Geschäftsstruktur schließen, z. B. wird im Jahrgang 1915 zwischen den Funktionen „Stellvertreter“ und „Hilfsstellvertreter“ unterschieden, und es werden für jedes Standesamt zwei Reg[ister?/....ratur?]Assistenten aufgeführt

Standesamt **Charlottenburg II**, gegr. 01. April 1904 (V: Standesamt Charlottenburg), für die Innere Stadt, Lützowviertel und Halbinsel → 1938 (N: Standesamt Charlottenburg von Berlin).

Standesamt **Charlottenburg III**, gegr. 01. April 1904 (V: Standesamt Charlottenburg), für Westend, Am Spandauer Berg, Schlossviertel, Am Lietzensee → 1938 (N: Standesamt Charlottenburg von Berlin).

Standesamt **Charlottenburg IV**, gegr. 1922 (V: Standesämter Heerstraße, Plötzensee, Grunewald-Forst) → 1938 (N: Standesamt Charlottenburg von Berlin).

Standesamt **Charlottenburg von Berlin**, gegr. 01.07.1938 (V: Standesämter Charlottenburg I, Charlottenburg II, Charlottenburg III und Charlottenburg IV) → 2001 (N: Standesamt Charlottenburg-Wilmersdorf).

Standesamt **Dahlem**, gegr. 01. Jan. 1907 (Standesamtsbezirk 9, Landkreis Teltow; V: Standesamt Grunewald-Forst), für den Gutsbezirk Dahlem → 1941 (N: Standesamt Zehlendorf von Berlin).

Standesamt **Dalldorf**, gegr. 01.10. 1874 als Standesamtsbezirk 37 Hermsdorf, Landkreis Niederbarnim (ab August 1905 Bezeichnung der Gemeinde als „Wittenau“) → s. Standesamt Hermsdorf, Standesamt Wittenau.

Standesamt **[Deutsch-]Wilmersdorf**, gegr. 01. Okt. 1874 (Standesamtsbezirk 9, Landkreis Teltow), zuständig für den Amtsbezirk II außer Friedenau; 01. April 1893 Ausgliederung der Gemeinde Schmargendorf; 1907–1920 Standesamt der Stadt Wilmersdorf, 1938 Standesamt Wilmersdorf von Berlin → 2001 (N: Standesamt Charlottenburg-Wilmersdorf).

Standesamt **Eiche**, gegr. 01. Okt. 1874 (Standesamtsbezirk 27, Landkreis Niederbarnim), zuständig für Gemeinde Eiche und Gut Hellersdorf → 1895 (N: Standesamt Hellersdorf, Standesamt Mehrow [für die Gemeinde Eiche]).

Standesamt **Falkenberg**, gegr. 01. Okt. 1874 (Standesamtsbezirk 29, Landkreis Niederbarnim) → 1921 (N: Standesamt Hohenschönhausen).

Standesamt **Französisch-Buchholz**, gegr. 01. Okt. 1874 (Standesamtsbezirk 33, Landkreis Niederbarnim) → s. Standesamt Buchholz

Standesamt **Friedenau**, gegr. 01. Jan. 1888 (Standesamtsbezirk 8–ab 1902: 8, Landkreis Teltow, V: Standesamt Schöneberg) → 1938 (N: Standesamt Schöneberg von Berlin).

Standesamt **Friedrichsfelde**, gegr. 01. Okt. 1874 (Standesamtsbezirk 7, Landkreis Niederbarnim), zuständig für den Amtsbezirk III Friedrichsfelde; ab 01.07.1907 Abtrennung Kolonie Karlshorst; 1940–1945 Übernahme Standesamt Biesdorf → März 1949 (N: Standesamt Lichtenberg von Berlin, Hauptstadt der DDR).

Standesamt **Friedrichshagen**, gegr. 01. Okt. 1874 (Standesamtsbezirk 12, Landkreis Niederbarnim), zuständig für den Amtsbezirk VIII Friedrichshagen; ab 01. Juli 1898 Eingliederung Kolonie Hirschgarten (vom Standesamtsbezirk 10 Köpenick Forst); 01. Sept. 1907 Ausgliederung der Kolonie Karlshorst, 1920–1942 Berlin-Friedrichshagen → 01.10.1942 (N: Standesamt Köpenick von Berlin). 1945 wurde das Standesamt Friedrichshagen für einige Monate wieder eingerichtet.

Standesamt **Friedrichshain** (Bezirksbezeichnung ab 28.09.1933 bis 1945: Horst-Wessel-Stadt) → s. Standesamt Horst-Wessel

Standesamt **Friedrichshain von Berlin**, Hauptstadt der DDR, gegr. 1949 (V: Standesamt Horst Wessel [Friedrichshain]); bis 1990 mit Amtssitzen Modersohnstraße bis Aug. 1964, dann Fabrikgebäude in der Warschauer Straße 39/40, Dez. 1986 Umzug in einen Neubau in der Bersarinstraße 86/90; enge Zusammenarbeit mit dem Krankenhaus im Friedrichshain; 1964 Sonderaufgaben: Abgabe der Urkundenstelle mit etwa 10 Tonnen Personenstandsbüchern an das Standesamt I von Groß-Berlin im Dezember, Sichtung von 94.000 Personenstandseinträgen zur Erfassung von Nazi- und Kriegsverbrechern im Oktober/November, Abgabe von 5 Tonnen Sammelakten zu den Personenstandsbüchern bis 1963 an das Magistratsarchiv in der Prenzlauer Allee; nach der Wiedervereinigung der Stadt als „Standesamt Friedrichshain“; → 2001 (N: Standesamt Friedrichshain-Kreuzberg).

Standesamt **Frohnau** [-Glienicke], gegr. 1. Okt. 1912 (V: Standesamtsbezirk 41 Schönfließ, Landkreis Niederbarnim), zuständig für die Gemeinde Glienicke und den Gutsbezirk Frohnau → 1938 (N: Standesamt Hermsdorf von Berlin).

Standesamt **Grünau**, gegr. 18. Febr. 1893 (Standesamtsbezirk 58, Landkreis Teltow, V: Standesamt Altglienicke); ab 01. Okt. 1920 Standesamt Berlin-Grünau; ab 1926 Eingliederung von Teilen des Bezirks Grünau-Dahmer Forst → 01. Okt. 1942 (N: Standesamt Berlin-Köpenick).

Standesamt **Grünau-Dahmer Forst,** gegr. zum 02. Juli 1903 durch Umbenennung (V: Standesamt Königlich Köpenicker Forst) → 1925 (N: Standesamt Grünau, Standesamt Müggelheim).

Standesamt [Kolonie] **Grunewald**, gegr. 01. Jan. 1893 (Standesamtsbezirk 55, Landkreis Teltow, V: Standesamt 48 Kgl. Spandauer Forst), zuständig für die Villenkolonie Grunewald und den Bahnhof Grunewald; 18. Febr. 1913 Eingliederung des Geländes südöstlich des „Königswegs" von der Charlottenburger und Berlin-Wilmersdorfer Weichbildgrenze bis zum Jagen 37 der Oberförsterei Grunewald und zur Umzäunung des Abstellbahnhofs, aus dem Standesamt Grunewald-Forst → 1938 (N: Standesamt Wilmersdorf von Berlin).

Standesamt **Grunewald-Forst**, gegr. 02. Juli 1903 (durch Umbenennung des Standesamtsbezirks 48 Kgl. Spandauer Forst, Landkreis Teltow); 01. Jan. 1907 Ausgliederung des Gutsbezirks Dahlem (eigener Standesamtsbezirk); 18. Febr. 1913 Ausgliederung des Geländes südöstlich des „Königswegs" von der Charlottenburger und Berlin-Wilmersdorfer Weichbildgrenze bis zum Jagen 37 der Oberförsterei Grunewald und zur Umzäunung des Abstellbahnhofs, zum Standesamt Grunewald; 1. Juli 1919 Ausgliederung des Gutsbezirks Heerstraße (eigener Standesamtsbezirk) → 1921 (N: Standesamt Charlottenburg IV).

Standesamt **Haselhorst**, gegr. 01. Juli 1898 (Standesamtsbezirk 17c, Landkreis Osthavelland, V: Standesamt Spandau Amt), für den Gutsbezirk Haselhorst → 01. Mai 1910 (N: Standesamt Spandau III – Haselhorst).

Standesamt **Hasenheide (Tempelhof II)**, gegr. 01. Jan. 1899 (Standesamtsbezirk 33 a, Landkreis Teltow; V: Standesamt Tempelhof), zuständig für den zur Gemeinde Tempelhof gehörenden Teil der Hasenheide und den reichsfiskalischen Gutsbezirk Hasenheide; 10. Nov. 1902 Umnummerierung zum Standesamtsbezirk 61, Landkreis Teltow → 01. April 1904 (N: Standesamt Rixdorf).

Standesamt **Gutsbezirk Heerstraße**, gegr. 01. Juli 1919 (Standesamtsbezirk 70, Landkreis Teltow; V: Standesamt Grunewald-Forst → 1921 (N: Standesamt Charlottenburg IV).

Standesamt **Heiligensee**, gegr. 01. Jan. 1904 (Standesamtsbezirk 39a, Landkreis Barnim; V: Standesamt Tegel) → 1938 (N: Standesamt Tegel von Berlin).

Standesamt **Heinersdorf**, gegr. 01.April 1908 (Standesamtsbezirk 33a, Landkreis Niederbarnim, V: Standesamt Französisch-Buchholz) → 01.04.1942 (N: Standesamt Pankow von Berlin). [Mai–Dez. 1945: Standesamt Heinersdorf, nur Sterberegister].

Standesamt **Hellersdorf**, gegr. 01. Jan. 1895 (V: Standesamtsbezirk 27 Eiche, Landkreis Niederbarnim); → 1921 zu Standesamt Lichtenberg I.

Standesamt **Hellersdorf von Berlin**, Hauptstadt der DDR, ab 1979 Standesamt Marzahn; Einrichtung 1985 im Zusammenhang mit der Bildung des neuen Stadtbezirks Berlin-Hellersdorf, zunächst Nutzung von Räumen des Standesamts Marzahn, eigene Räumlichkeiten ab 1986; ab 1990 „Standesamt Hellersdorf" → 2001 (N: Standesamt Marzahn-Hellersdorf).

Standesamt **Hermsdorf**, gegr. 01. Okt. 1874 (Standesamtsbezirk 37, Landkreis Niederbarnim), zuständig für den Amtsbezirk XXX Hermsdorf, zum 01. Jan. 1882 umbenannt zu Standesamtsbezirk Dalldorf, zum 01. Jan. 1902 Neuorganisation durch Herauslösung der Gemeinde und des Gutsbezirks Hermsdorf aus dem Standesamtsamtsbezirk 37 Dalldorf als Standesamtsbezirk 37a Hermsdorf i. d. Mark, Landkreis Niederbarnim; 1921 Übernahme Standesamt Lübars-Waidmannslust; 1938 Übernahme Standesamt Frohnau → 31. Dez. 1948 (N: Standesamt Reinickendorf).

Standesamt **Hohenschönhausen**, gegr. 01. Okt. 1874 (Standesamtsbezirk 28, Landkreis Niederbarnim, zuständig für den Amtsbezirk XXI Hohenschönhausen; 1893–1898) Übernahme Marzahn; → 01.01.1940 (N: Standesamt Weißensee von Berlin).

Standesamt **Hohenschönhausen von Berlin**, Hauptstadt der DDR, Einrichtung 1985 im Zusammenhang mit der Bildung des neuen Stadtbezirkes Berlin-Hohenschönhausen: zunächst Nutzung von Räumen des Standesamts Lichtenberg, eigene Räumlichkeiten ab 1987; nach der Wiedervereinigung der Stadt ab 1990 „Standesamt Hohenschönhausen" → 2001 (N: Standesamt Lichtenberg).

Standesamt **Horst Wessel** [Friedrichshain] von Berlin, gegr. 01. Juli 1938 (V: Standesämter Berlin VII a, Berlin VII b, Berlin VII c, Berlin VIII); 1945 Umbenennung „Standesamt Friedrichshain" → 1949 (N: Standesamt Friedrichshain von Berlin, Hauptstadt der DDR).

Standesamt **Johannisthal**, gegr. 01. Jan. 1903, Standesamtsbezirk 64, Landkreis Teltow (V: Standesamt Niederschöneweide) → 1925 (N: Standesamt Schöneweide); 1939 bis 1942 erneut selbstständiges Standesamt Johannisthal, zgl. zuständig für Niederschöneweide → 01. Juli 1942 (N: Standesamt Treptow). 19. Mai 1945–31. Dez. 1946: Wiedereinrichtung als Standesamt Johannisthal → 01. Jan. 1947 (N: Standesamt Treptow von Berlin).

Standesamt [Kolonie] **Karlshorst,** gegr. 01. Sept. 1907 (Standesamtsbezirk 7a Kolonie Karlshorst, Landkreis Niederbarnim; V: Standesamt Friedrichsfelde) → 1920 (N: Standesamt Lichtenberg von Berlin). Ab Juli 1945 Ausgliederung des Ortsteils Wuhlgarten als eigenständiger Standesamtsbezirk.

Standesamt **Karow**, gegr. 1928 (V: Standesamt Buch) → 01.04.1942 (N: Standesamt Pankow von Berlin) → 1949 N: Standesamt Buch von Berlin, Hauptstadt der DDR.

Standesamt **Kaulsdorf**, gegr. März 1885 (V: Standesamt Biesdorf); zum 01. April 1913 Neuorganisation als Standesamtsbezirk 8, Landkreis Teltow, für die Gemeinde Kaulsdorf → 1940 (N: Standesamt Friedrichsfelde). 1945–1949 Wiederaufnahme als Standesamt Kaulsdorf; Jan. 1949 Eingliederung des Standesamts Wuhlgarten → 01. Jan. 1950 (N: Standesamt Lichtenberg von Berlin, Hauptstadt der DDR).

Standesamt **Kietz bei Köpenick**, gegr. 01. Okt. 1874 (Standesamtsbezirk 47, Landkreis Teltow), 01. Jan. 1892 Eingliederung der Gemeinde Johannisthal (aus Standesamtsbezirk 30 Rudow) → 01. April 1898 (N: Standesamt Niederschöneweide, Umbenennung); Eingemeindung der Landgemeinde Kietz bei Köpenick nach Köpenick-Stadt.

Standesamt **Kladow**; gegr. 01. Oktober 1921 (V: Standesamt Fahrland/Groß Gliencke, Landkreis Osthavelland), für Kladow und Gatow → 31. August 1942 (N: Standesamt Spandau von Berlin).

Standesamt **Königlich Köpenicker Forst**, gegr. 01. Okt. 1874 (Standesamtsbezirk 51, Landkreis Teltow), für den Amtsbezirk XLII Kgl. Köpenicker Forst [Müggelheim und Gutsbezirk Grünau Dahmer Forst] → 02. Juli 1903 (N: Standesamt Grünau-Dahmer Forst, Umbenennung).

Standesamt **Königlich Spandauer Forst**, gegr. 01. Okt. 1874 (Standesamtsbezirk 48, Landkreis Teltow), zuständig für den Amtsbezirk XXXIX Kgl. Spandauer Forst; 01. Juli 1880 Ausgliederung von Gutsbezirk Ruhleben, den Militärschießständen, den Etablissements Pichelsberg und Schildhorn, der Darre, der Försterei Pichelsberg, des Spandauer Bocks, des Chausseehauses bei Ruhleben, der Jagen 142–153, 156, 157 und des den Spandauer Berg begrenzenden Teils des Jagens 125 (zum neuen Standesamtsbezirk 48a Ruhleben); 01. Jan. 1893 Ausgliederung des Gutsbezirksteils Villenkolonie Grunewald und des Bahnhofs Grunewald (zum neuen Standesamtsbezirk 55 Kolonie Grunewald); zum 01. Jan 1903 Rückgliederung von Gebieten (Militärschießstände, Darre, Försterei Pichelsberg, Chausseehauses bei Ruhleben, Jagen 142 bis einschließlich 153, 156, 157 sowie des Teiles des Jagen 125, der den Spandauer Bock begrenzt) aus dem Standesamt Ruhleben → 02. Juli 1903 (N: Standesamt Grunewald-Forst, Umbenennung).

Standesamt **Köpenicker Forst**, gegr. 01. Okt. 1874 (Standesamtsbezirk 10, Landkreis Niederbarnim), zuständig für Amtsbezirk V Oberschöneweide, Königlicher Amtsbezirk VII Köpenicker Forst einschließlich der Kolonie Oberschöneweide, außer Kolonie Springeberg, Bahnhof Erkner, Ackergut Hessenwinkel [1] und Schutzbezirk Erkner; 01. Jan. 1882 Übernahme des Gemeinde- und Gutsbezirks Rahnsdorf und des Schutzbezirks Erkner vom Standesamtsbezirk 13 (Erkner); 01. Juli 1898 Ausscheiden des Friedrichshagen zugeschlagenen Teils der Kolonie Hirschgarten (zu Standesamtsbezirk 12 Friedrichshagen) → 01. Jan. 1899 (N: Standesamt Oberschöneweide und Standesamt Rahnsdorf).

Standesamt **Köpenick**, gegr. 01. Okt. 1874 (Standesamtsbezirk 2, Landkreis Teltow); 01. April 1898 Eingemeindung der Gemeinde Kietz bei Köpenick (vormals: Standesamt Kietz bei Köpenick); 1942 Standesamt Köpenick von Berlin, Eingliederung der Standesämter Friedrichshagen, Grünau, Müggelheim, Rahnsdorf, Schmöckwitz, Oberschöneweide; 1945 zuzüglich der Notstandesämter Köpenick II und Köpenick III → 1949 (N: Standesamt Köpenick von Berlin, Hauptstadt der DDR).

Standesamt **Köpenick von Berlin**, Hauptstadt der DDR, gegr. 1949 (V: Standesamt Köpenick von Berlin), bis 1990 mit Dienstsitz im Köpenicker Rathaus, Alt Köpenick 21; nach der Wiedervereinigung „Standesamt Köpenick"; → 2001 (N: Standesamt Treptow-Köpenick).

Standesamt **Krankenhaus Neukölln**, gegr. 1922 durch Umbenennung des Standesamts Buckow II (s. d.)

Standesamt **Kreuzberg von Berlin**, gegr. 01.07.1938 (V: Standesämter Berlin IV a und Berlin IV b sowie Berlin V a und Berlin V b) → 2001 (N: Standesamt Friedrichshain-Kreuzberg).

Standesamt **Lankwitz**, gegr. 01. Juni 1893, Standesamtsbezirk 59, Landkreis Teltow (V: Standesamt Lichterfelde) → 1943 (N: Standesamt Steglitz von Berlin).

Standesamt **Lichtenberg**, gegr. 01. Okt. 1874 (Standesamtsbezirk 5, Landkreis Niederbarnim); ab 01.04.1912 Bezeichnung Standesamt Berlin-Lichtenberg I → 1938 (N: Standesamt Lichtenberg von Berlin).

Standesamt **Lichtenberg I**, gegr. 01.04.1912 → s. Standesamt Lichtenberg

Standesamt **Lichtenberg II**, gegr. 01.04.1912 → s. Standesamt Boxhagen-Rummelsburg

Standesamt **Lichtenberg von Berlin**, gegr. 1938 (V: Standesämter Lichtenberg I und Lichtenberg II); 1945 Übernahme Standesamt Mahlsdorf.

Standesamt **Lichtenberg von Berlin**, Hauptstadt der DDR, 1949–1990; mit Amtssitz Jaques-Duclos-Straße 6 bis 1986, ab 12. Mai 1986 in einem Neubau; nach der Wiedervereinigung der Stadt ab 1990 → 2001 (N: Standesamt Lichtenberg).

Standesamt **Lichtenrade**, gegr. 01. September 1919, Standesamtsbezirk 71, Landkreis Teltow (V: Standesamt Buckow (bis 1899), Standesamt Mahlow (ab 01.02.1899) → 01.04.1942 (N: Standesamt Tempelhof von Berlin).

Standesamt **Lichterfelde**, gegr. 01. Okt. 1874 (Standesamtsbezirk 35, Landkreis Teltow), für Lichterfelde, Giesensdorf (Amtsbezirk XXVI Steglitz, außer Steglitz)

und Lankwitz; zum 01. Juni 1893 Ausgliederung Gemeinde Lankwitz (eigener Standesamtsbezirk 59) und Reorganisation als Standesamt „Groß-Lichterfelde“ → 1943 (N: Standesamt Steglitz von Berlin).

Standesamt **Lübars-Waidmannslust**, gegr. 1908 (Standesamtsbezirk 37b, Landkreis Niederbarnim, V: Standesamt Wittenau) → 1921 (N: Standesamt Hermsdorf).

Standesamt **Mahlsdorf**, gegr. 01. Okt. 1874 (Standesamtsbezirk 9, Landkreis Niederbarnim) → 1945 (N: Standesamt Lichtenberg von Berlin). 1946 eigenständiges Standesamt für den Ortsteil Mahlsdorf

Standesamt **Malchow**, gegr. 01. Okt. 1874 (Standesamtsbezirk 30, Landkreis Niederbarnim); 01.01.1882 Abtrennung Karow, zu Standesamt Buch → 1921 (N: Standesamt Hohenschönhausen).

Standesamt **Mariendorf**, gegr. 01. Okt. 1874 (Standesamtsbezirk 34, Landkreis Teltow), zuständig für die Gemeinde Mariendorf und Kolonie Südend; zum 01. Jan. 1893 Eingliederung der Gemeinde Marienfelde (zuvor selbstständiger Standesamtsbezirk 44), mit Horstenstein; zum 01. Jan. 1901 Ausgliederung der Gemeinde Marienfelde (Bildung eines eigenständigen Standesamtsbezirks 65 Landkreis Niederbarnim) → 01.04.1942 (N: Standesamt Tempelhof von Berlin).

Standesamt **Marienfelde**, gegr. 01. Okt. 1874 (Standesamtsbezirk 44, Landkreis Teltow); zum 01. Jan. 1903 Eingliederung der Gemeinde Marienfelde mit Horstenstein in den Standesamtsbezirk 34 Mariendorf, Bildung eines Standesamtsbezirks 44 Osdorf; zum 01. Jan. 1904 wieder eigenständiger Standesamtsbezirk 65 (Landkreis Niederbarnim) → 01.04.1942 (N: Standesamt Tempelhof von Berlin).

Standesamt **Marzahn**, gegr. 1979 im Zusammenhang mit der Bildung des neuen Stadtbezirkes Berlin-Marzahn mit Übernahme seine Zuständigkeit vom Sprengel des Standesamts Lichtenberg (V: 1874–1898 Standesamt Hohenschönhausen, bis 1979 Standesamt Lichtenberg); Sitz im neugebauten Hochhaus Maratstraße 182; Standesamt in der Hauptstadt der DDR bis 1990, dann „Standesamt Marzahn“ → 2001 (N: Standesamt Marzahn-Hellersdorf).

Standesamt **Mitte von Berlin**, gegr. 1938 (V: Standesämter Berlin I, Berlin II, Berlin VI, Berlin IX, Berlin X und Berlin X a) → 1949 Standesamt Mitte von Berlin, Hauptstadt der DDR (Räume im Alexanderhaus Alexanderstraße 1, Rathaus; ab 1979 auch Eheschließungen im Wappensaal des Berliner Rathauses); nach der Wiedervereinigung der Stadt 1990 als „Standesamt Mitte“; → 2001 zzgl. Standesämter Tiergarten und Wedding.

Standesamt **Müggelheim**, gegr. 01. Okt. 1926 (V: Standesamt Köpenicker Forst, Standesamt Grünau-Dahme Forst) → 01. Okt. 1942 (N: Standesamt Berlin-Köpenick, dort bereits vom 01.01.1933 bis 31.03.1936 vorübergehende Registerführung).

Standesamt **Neukölln von Berlin**, gegr. 1942 (V: Standesämter Neukölln I, Neukölln II, Neukölln III, Buckow II, Britz, Rudow).

Standesamt **Neukölln I** → s. Standesamt Rixdorf I/Neukölln I

Standesamt **Neukölln II** → s. Standesamt Rixdorf II/ Neukölln II

Standesamt **Neukölln III** → s. Standesamt Rixdorf III/ Neukölln III

Standesamt **Niederschöneweide**, gegr. 01. April 1898 (V: Standesamt Kietz bei Köpenick, Umbenennung), zuständig für die Gemeinden Niederschöneweide und Johannisthal und den Bahnhof Niederschöneweide-Johannisthal; 01. Jan. 1903 Ausscheiden der Gemeinde Johannisthal (eigener Standesamtsbezirk 64) → 1924 (N: Standesamt Schöneweide); 01. Juli 1942–18. Mai 1945 Standesamt Treptow von Berlin; 19. Mai 1945–31. Dez. 1946 Standesamt Niederschöneweide → 01. Jan. 1947 (N: Standesamt Treptow von Berlin/ab 1949: Berlin Hauptstadt der DDR).

Standesamt **Niederschönhausen**, gegr. 1879 → 01.07.1939 (N: Standesamt Pankow von Berlin) [Mai–Dez. 1945: Standesamt Niederschönhausen]. 1946 eigenständiges Standesamt.

Standesamt **Nikolassee**, gegr. 01. Jan. 1911, Standesamtsbezirk 66, Landkreis Teltow (V: Standesamt Zehlendorf), zuständig für Gemeinde Nikolassee und Gutsbezirk Düppel → 1941 (N: Standesamt Zehlendorf von Berlin).

Standesamt **Nonnendamm**, gegr. 01. Mai 1910 (V: Standesamt Spandau), zuständig für Nonnendamm und einen Teil des Gutsbezirks Sternfeld → 01. Jan. 1912 (N: Standesamt Spandau II -Siemensstadt).

Standesamt **Oberschöneweide**, gegr. 01. Jan. 1899, Standesamtsbezirk 10, Landkreis Niederbarnim (V: Standesamt Köpenicker Forst), zuständig für Gemeinde Oberschöneweide, forstfiskalischer Gutsbezirksanteil Wuhlheide = Schutzbezirk Neue Scheune, Jagen 325–354 der Oberförsterei Köpenick → 1924 (N: Standesamt Schöneweide). Neu ab 30. Juni 1938 → 1942 (N: Standesamt Köpenick von Berlin).

Standesamt **Pankow**, gegr. 01. Okt. 1874 (Standesamtsbezirk 32, Landkreis Niederbarnim), zuständig für Amtsbezirk XXV Pankow; 01. Juli 1939 Übernahme Standesamt Niederschönhausen; 01.04.1942 Übernahme Standesämter Blankenburg, Buchholz, Heinersdorf, Karow, Rosenthal.

Standesamt **Pankow von Berlin**, Hauptstadt der DDR, 1949–1990, (Amtssitz im Rathaus Johannes-R. -Becher-Straße 24a/26), 01. Jan. 1949 Übernahme Standesamt Wilhelmsruh; Jan.–Juli 1952 Übernahme Standesamt Buch; ab 1976 eigene Außenstelle zur Beurkundung von Geburten und Sterbefällen beim Klinikum Berlin-Buch (in einer Baracke des Klinikums Teil I, ab August 1977 in der Wiltbergstraße 38); 1990 Standesamt Pankow in der wiedervereinigten Stadt Berlin → 2001 (Vereinigung mit den Standesämtern Weißensee und Prenzlauer Berg als „Standesamt Pankow").

Standesamt **Pfaueninsel** gegr. 01. Jan. 1908, Standesamtsbezirk 12, Landkreis Teltow (V: Standesamt Wannsee), zuständig für den Gutsbezirk Pfaueninsel → 1922 (N: Standesamt Wannsee).

Standesamt **Pichelsdorf**, gegr. 01. Juli 1897 (V: Standesamt Spandau-Land) für Pichelsdorf, Pichelswerder und Tiefwerder → 25. Mai 1921 (N: Standesamt Spandau (Spandau I)).

Standesamt **Plötzensee**, gegr. 01. Okt. 1874 (Standesamtsbezirk 40, Landkreis Niederbarnim), zuständig für Gutsbezirk Plötzensee (Jagen 1–3, 18 und 19 der Kgl. Jungfernheide) → 1921 (N: Standesamt Charlottenburg IV).

Standesamt **Prenzlauer Berg**, gegr. 1938 (V: StÄ Berlin X b, Berlin X c).

Standesamt **Prenzlauer Berg von Berlin**, Hauptstadt der DDR, 1949–1990, 1990 „Standesamt Prenzlauer Berg".

Standesamt **Rahnsdorf**, gegr. 01. Jan. 1899, Standesamtsbezirk 10a, Landkreis Niederbarnim (V: Standesamt Köpenick Forst), zuständig für Gemeinde Rahnsdorf mit Hessenwinkel, Neuer Krug, Kolonie Rahnsdorfer Mühle, Gutsbezirk Rahnsdorf mit Neu-Rahnsdorf und Heinrichsau, sowie dem forstfiskalischen Gutsbezirksanteil Köpenick Forst = Schutzbezirk Krummendamm, Jagen 281–324 der Oberförsterei Köpenick, Schutzbezirk Müggelsee, Jagen 246–280 der Oberförsterei Köpenick, Schutzbezirk Erkner mit Ausnahme der zum Amtsbezirk und Standesamt Erkner gehörenden Jagen 201–203 der Oberförsterei Köpenick und der Kolonie Springeberg /Jagen 204–245 der Oberförsterei Köpenick, sowie dem Teil des Müggelsees, der seinen Ufern gemäß zum Amtsbezirk Köpenick Forst gehört; ab 01. Okt. 1920 Standesamt Berlin-Rahnsdorf → 01. Okt. 1942 (N: Standesamt Berlin-Friedrichshagen; hier bereits Registerführung ab dem 22. Juni 1940) [1945 wurde das Standesamt Rahnsdorf für einige Monate wiedereingerichtet].

Standesamt **Reinickendorf**, gegr. 01. Okt. 1874 (Standesamtsbezirk 38, Landkreis Niederbarnim), zuständig für den Amtsbezirk XXXI Reinickendorf; 01.12.1919 bis 1938 Teilung in Reinickendorf-Ost/West; ab 01. Jan. 1949 Übernahme Standesämter Tegel, Hermsdorf und Wittenau.

Standesamt **Reinickendorf-Ost**, gegr. 01. Dez. 1919 (Standesamtsbezirk 71, Landkreis Niederbarnim, V.: Standesamt Reinickendorf) → 1938 (N: Standesamt Reinickendorf von Berlin).

Standesamt **Reinickendorf-West**, gegr. 01. Dez. 1919 (Standesamtsbezirk 71, Landkreis Niederbarnim, V.: Standesamt Reinickendorf) → 1938 (N: Standesamt Reinickendorf von Berlin).

Standesamt **Rixdorf**, gegr. 01. Okt. 1874 (Standesamtsbezirk 31, Landkreis Teltow); ab 1899 Stadt, zum 01. April 1904 Eingliederung des Standesamts Hasenheide (Tempelhof II) → 1905 (N: Standesämter Rixdorf I und Rixdorf II).

Standesamt **Rixdorf I**, gegr. 01. Jan. 1906 (V: Standesamt Rixdorf), zuständig innerhalb der Stadt Rixdorf für das Gebiet südlich der Linie entlang der Mittellinie des Straßendamms 8, des Köllnischen Ufers und des Schifffahrtskanales, des Weigangsufers und auf der Mittellinie des Straßendamms der Fuldastraße bis zur Berliner Straße, entlang der Mittellinie der Münchener Straße bis zur Hermannstraße, dann entlang der Mittellinie des Straßendamms Wanzlickstraße bis zur Gemarkungsgrenze mit Tempelhof; 1910 Neugliederung des Standesamtsbezirks, zwischen der bisherigen Grenze des II. Standesamtsbezirkes und der neuen Grenze des III. Bezirks; ab 1912 Bezeichnung Neukölln I → 1942 (N: Standesamt Neukölln von Berlin).

Standesamt **Rixdorf II**, gegr. 01. Jan. 1906 (V: Standesamt Rixdorf); zuständig innerhalb der Stadt Rixdorf für den Gutsbezirk Hasenheide und das Gebiet nördlich der Linie entlang der Mittellinie des Straßendamms 8, des Köllnischen Ufers und des Schifffahrtskanales, des Weigangsufers und auf der Mittellinie des Straßendamms der Fuldastraße bis zur Berliner Straße, entlang der Mittellinie der Münchener Straße bis zur Hermannstraße, dann entlang der Mittellinie des Straßendamms Wanzlickstraße bis zur Gemarkungsgrenze mit Tempelhof; ab 1912 Bezeichnung Neukölln II → 1942 (N: Standesamt Neukölln von Berlin).

Standesamt **Rixdorf III**, gegr. 01. Jan. 1910 (V: Standesamt Rixdorf I); zuständig innerhalb der Stadt Rixdorf für das Gebiet südlich der nördlichen Baufluchtlinie des Grünen Weges, der Thomasstraße, des Hohenzollern- und Richardplatzes, der Hertzberg- und Treptower Straße; ab 1912 Bezeichnung Neukölln III → 1942 (N: Standesamt Neukölln von Berlin).

Standesamt **Rosenthal**, Benennung ab 01. Nov. 1912 (V: Standesamt Blankenfelde) → 01.04.1942 (N: Standesamt Pankow von Berlin). [Mai–Dez. 1945: Standesamt Rosenthal]. 1946 eigenständiges Standesamt.

Standesamt **Rudolf-Virchow-Krankenhaus,** gegr. 1923 (V: Standesamt Berlin XIII b) → 1938 (N: Standesamt Wedding von Berlin).

Standesamt **Rudow**, gegr. 01. Okt. 1874, Standesamtsbezirk 30, Landkreis Teltow, zuständig für den Amtsbezirk XXXIII Rudow; zum 01. Jan. 1892 Ausgliederung der Gemeinde Johannisthal (zu Standesamtsbezirk 47 Kietz bei Köpenick); zum 01. 05. 1892 Eingliederung des Gutsbezirks Diepensee, zum 01. Jan. 1899 Eingliederung der Gemeinde Groß-Ziethen und der Gutsbezirke Groß- und Klein-Ziethen (von Standesamt Buckow); 1940 Eingliederung des Standesamts Krankenhaus Neukölln → 1942 (N: Standesamt Neukölln von Berlin).

Standesamt **Ruhleben**, gegr. 01. Juli 1880 (Standesamtsbezirk 48 a, Landkreis Teltow; V: Standesamt Kgl. Spandauer Forst) zuständig für Gutsbezirk Ruhleben, die Militärschießstände, die Etablissements Pichelsberg und Schildhorn, die Darre, die Försterei Pichelsberg, den Spandauer Bock, das Chausseehaus bei Ruhleben, die Jagen 142–153, 156, 157 und den den Spandauer Berg begrenzende Teil des Jagens 125); zum 01. Jan. 1903 Rückgliederung eines Teils der Gebiete in das Standesamt Spandauer Forst (Militärschießstände, Darre, Försterei Pichelsberg, Chausseehauses bei Ruhleben, Jagen 142 bis einschließlich 153, 156, 157 sowie des Teiles des Jagen 125, der den Spandauer Bock begrenzt) → 08. Sept. 1921 (N: Standesamt Spandau (Spandau I)).

Standesamt **Schmargendorf**, gegr. 01. April 1893 (Standesamtsbezirk 56, Landkreis Teltow; V: Standesamt Deutsch-Wilmersdorf) → 1942 (N: Standesamt Berlin-Wilmersdorf).

Standesamt **Schmöckwitz**, gegr. 01. Jan. 1912 für Schmöckwitz und Gutsbezirk Schmöckwitzwerder (V: Standesamt Waltersdorf, ab 01. Jan. 1894 Standesamt Zeuthen) → 1942 (N: Standesamt Köpenick von Berlin, dort bereits Registerführung seit dem 19. Aug. 1939).

Standesamt **Schöneberg**, gegr. 01. Okt. 1874 (Standesamtsbezirk 8, Landkreis Teltow), für den Amtsbezirk Schöneberg und die Kolonie Friedenau; zum 01. Jan. 1888 Ausgliederung von Friedenau (eigener Standesamtsbezirk); 1898 Stadt → 1910 (N: Standesämter Schöneberg I und Schöneberg II).

Standesamt **Schöneberg I**, gegr. 01. Jan. 1911 (V: Standesamt Schöneberg), zuständig innerhalb der Stadt für das Gebiet südlich der Ringbahn bis zur Hauptstraße und südöstlich der Hauptstraße → 1938 (N: Standesamt Schöneberg von Berlin).

Standesamt **Schöneberg II**, gegr. 01. Jan. 1911 (V. Standesamt Schöneberg), zuständig innerhalb der Stadt für das Gebiet nördlich der Ringbahn, einschließlich der Ringbahn, bis zur Hauptstraße und nordwestlich der Hauptstraße, einschließlich der Hauptstraße → 1938 (N: Standesamt Schöneberg von Berlin).

Standesamt **Schöneberg von Berlin**, gegr. 1938 (V: Standesämter Schöneberg I, Schöneberg II, Friedenau) → 2001 (N: Standesamt Schöneberg-Tempelhof).

Standesamt **Schöneweide**, gegr. 1925 (V: Standesämter Niederschöneweide und Johannisthal) → 1938 (N: Standesamt Johannisthal).

Standesamt **Siemensstadt** → s. Standesamt Spandau II-Siemensstadt

Standesamt **Spandau**, gegr. 01. Okt. 1874 (Standesamtsbezirk 18 Stadt Spandau, Landkreis Osthavelland); ab 01.05.1910 Bezeichnung „Spandau I", zuständig für die Stadt Spandau und Eiswerder; 1921 Eingliederung der Standesämter Ruhleben, Pichelsdorf und Spandau-Zitadelle; 1938 Bezeichnung „Berlin-Spandau"; 1942 zuzüglich der Standesämter Kladow, Staaken und Siemensstadt; seit 1990 zuzüglich Staaken.

Standesamt **Spandau II-Siemensstadt**, gegr. 01. Jan. 1912 (V: Standesamt Nonnendamm); zum 01. Jan. 1923 Fusion mit dem Standesamt III Spandau-Haselhorst zu einem Amt unter der Bezeichnung „Standesamt II Spandau" (ab 1924 „II Berlin-Spandau"); Zuständigkeit nunmehr Siemensstadt, Salzhof, Haselhorst, Sternfeld, Paulstern und Valentinswerder; zum 01. Juli 1938 Bezeichnung Standesamt „Berlin-Siemensstadt" → 31. August 1942 (N: Standesamt Spandau).

Standesamt **Spandau III-Haselhorst**, gegr. 01. Mai 1910 (V: Standesämter Sternfeld und Haselhorst), zuständig für Haselhorst, Sternfeld, Salzhof, Valentinswerder und Paulstern → 01. Jan. 1923 (N: Standesamt II Spandau).

Standesamt Spandau-Land, gegr. 01. Okt. 1874 (Standesamtsbezirk 17 Amtsbezirk Spandau, Landkreis Osthavelland), zuständig für Pichelsdorf, Staaken, Salzhof, Tiefwerder, Amalienhof, Haselhorst, Haselhorster Damm, Sternfeld, Zitadelle, Eiswerder, Valentinswerder und Pichelswerder); November 1893 Abtrennung Staaken und Amalienhof → Standesamt Staaken; → Juli 1896 (N: Standesamt Pichelsdorf (Pichelsdorf, Tiefwerder und Pichelswerder) und Standesamt Haselhorst (Haselhorst, Salzhof, Sternfeld, Paulstern, Zitadelle und Eiswerder)).

Standesamt **Staaken**, gegr. 01. Nov. 1893 (Standesamtsbezirk 17 a Staaken, Landkreis Osthavelland; V: Standesamtsbezirk 17 Spandau Amt) für Staaken, Neu-Staaken, Amalienhof; ab 01.Oktober 1920 „Berlin-Staaken" → 31. August 1942 (N: Standesamt Spandau von Berlin). Vom 17. Februar 1951 bis zum 02. Oktober 1990: Standesamt Staaken (Landkreises Nauen).

Standesamt **Steglitz**, gegr. 01. Okt. 1874 (Standesamtsbezirk 36, Landkreis Teltow); 1943 Eingliederung der Standesämter Lankwitz und Lichterfelde → 2001 (N: Standesamt Steglitz-Zehlendorf).

Standesamt **Sternfeld**, gegr. 01. Juli 1898 (Standesamtsbezirk 17 b, Landkreis Osthavelland; V: Standesamt Spandau Amt/Haselhorst), für Sternfeld, Spandau Etablissement und Spandau Zitadelle → 01. Mai 1910 (N: Standesamt Spandau-Zitadelle, Standesamt Spandau III-Haselhorst).

Standesamt **Stralau**, gegr. 01. Okt. 1874 (Standesamtsbezirk 6, Landkreis Niederbarnim), zuständig für den Amtsbezirk II, zum 01. Jan. 1891 Ausgliederung der Gemeinde Boxhagen-Rummelsburg (Bildung eines eigenen Standesamts 6 a) → 1921.

Standesamt **Tegel**, gegr. 01. Okt. 1874 (Standesamtsbezirk 39, Landkreis Niederbarnim), zuständig für den Amtsbezirk XXXII Tegel (außer Plötzensee); zum 01. Jan. 1904 Abtrennung Heiligensee (Bildung eines eigenen Standesamtsbezirks 39 a); zum 01. Jan. 1911 Ausgliederung des Etablissements Neubrück (zum Standesamtsbezirk 41 Schönfließ, Landkreis Niederbarnim); zum 01. Jan. 1915 Ausgliederung des Gutsbezirks Tegel-Schloss, Tegel-Forst/Nord mit Schulzendorf, Tegel-Forst/Jungfernheide (Bildung eines eigenen Standesamtsbezirks 63 Tegel Schloss und Forst); 1921 Eingliederung des Standesamtsbezirks Tegel Schloss und Forst, 1938 Eingliederung des Standesamts Heiligensee → 31. Dez. 1948 (N: Standesamt Reinickendorf).

Standesamt **Tegel Schloss und Forst**, gegr. 1915 (Standesamtsbezirk 63, Landkreis Niederbarnim; V: Standesamt Tegel), zuständig für den Gutsbezirk Tegel-Schloss, Tegel-Forst-Nord mit Schulzendorf und Tegel-Forst-Jungfernheide → 1921 (N: Standesamt Tegel von Berlin).

Standesamt **Tempelhof**, gegr. 01. Okt. 1874 (Standesamtsbezirk 33, Landkreis Teltow) für den Amtsbezirk XXV Tempelhof; zum 01. Jan. 1899 Ausgliederung des zur Gemeinde Tempelhof gehörenden Teils der Hasenheide und des reichsfiskalischen Teils der Hasenheide (Bildung eines eigenen Standesamtsbezirks 33a Standesamt Tempelhof II/Hasenheide); 1942 Übernahme Standesämter Lichtenrade, Marienfelde und Mariendorf →2001 (N: Standesamt Schöneberg-Tempelhof).

Standesamt **Tempelhof II** (Hasenheide) → s. Standesamt Hasenheide

Standesamt **Tiergarten von Berlin**, gegr. 1938 (V: Standesämter Berlin III, Berlin XII a und XII b) → 2001 (N: Standesamt Mitte).

Standesamt **Treptow**, gegr. 01. Okt. 1874 (Standesamtsbezirk 46, Landkreis Teltow), ab 1940 Standesamt Treptow von Berlin, 1942 Eingliederung Standesämter Alt-Glienicke, Adlershof, Bohnsdorf → 1949 (N: Standesamt Treptow von Berlin, Hauptstadt der DDR).

Standesamt **Treptow von Berlin**, Hauptstadt der DDR, 1949–1990 mit Sitz Neue Krugallee 4 im Rathaus, 1990 Standesamt Treptow → 2001 (N: Standesamt Treptow-Köpenick).

Standesamt **Wannsee**, gegr. 01. Jan. 1899, Standesamtsbezirk 12a (ab 1902: 62), Landkreis Teltow (V: Standesamt Neuendorf), für die Gemeinde Wannsee und die zugehörigen Etablissements; zum 01. Jan. 1908 Ausgliederung der Etablissements Königliche Ställe, Schule, Kirche und Blockhaus Nikolskoe (zum Standesamtsbezirk 49 Potsdamer Forst), 1908–1922 zeitweise Ausgliederung des Gutsbezirks Pfaueninsel zu einem eigenständigen Standesamt → 1941 (N: Standesamt Zehlendorf von Berlin).

Standesamt **Wedding von Berlin**, gegr. 1938 (V: Standesämter Berlin XI, Berlin XIII a, Berlin XIII b, Standesamt des Rudolf-Virchow-Krankenhauses) → 2001 (N: Standesamt Mitte).

Standesamt **Weißensee**, gegr. 01. Okt. 1874 (Standesamtsbezirk 31, Landkreis Niederbarnim), zuständig für den Amtsbezirk XXIV Weißensee; 01.01.1940 Übernahme Standesamt Hohenschönhausen.

Standesamt **Weißensee von Berlin**, Hauptstadt der DDR, 1949–1990, 1990 „Standesamt Weißensee", → 2001 (N: Standesamt Pankow).

(Not-)Standesamt **Wilhelmshagen** (1945), mit Hessenwinkel → 1945 (N: Standesamt Köpenick von Berlin).

Standesamt **Wilhelmsruh**, gegr. 1946 als eigenständiges Standesamt für den Ortsteil → 31. Dez. 1948 (N: Standesamt Pankow).

Standesamt **Wilmersdorf** → s. Deutsch-Wilmersdorf

Standesamt Wittenau [bis 1905 Ortsbezeichnung „Dalldorf"], gegr. 01. Jan. 1882 durch Umbenennung des Standesamtsbezirks Hermsdorf X; Standesamtsbezirk 37, (Landkreis Niederbarnim), zum 01. Jan. 1902 Ausgliederung der Gemeinde und des Gutsbezirks Hermsdorf (Bildung eines eigenen Standesamtsbezirks 37a Hermsdorf i. d. Mark), zum 01. Mai 1908 Ausgliederung des Gemeindebezirks Lübars-Waidmannslust (zu einem eigenen Standesamtsbezirk 37 a Lübars-Waidmannslust) → 31. Dez. 1948 (N: Standesamt Reinickendorf).

Standesamt **Wuhlgarten** → Juli 1945 eigenständiges Standesamt für den Ortsteil, insbesondere für das städtische Krankenhaus und Hospital Wuhlgarten in Biesdorf (V: Standesamt Karlshorst) → 01. Jan. 1949 (N: Standesamt Kaulsdorf).

Standesamt **Zehlendorf**, gegr. 01. Okt. 1874 (Standesamtsbezirk 10, Landkreis Teltow); zuständig für den Amtsbezirk III; zum 01. Jan. 1911 Ausgliederung der Gemeinde Nikolassee und des Gutsbezirks Düppel (eigener Standesamtsbezirk Nikolassee); 1941 Eingliederung der Standesämter Dahlem, Nikolassee und Wannsee (mit Pfaueninsel) → 2001 (N: Standesamt Steglitz-Zehlendorf).

Standesamt Zitadelle Spandau, gegr. 01. Mai 1910 (neuer Standesamtsbezirk 17 b, Landkreis Osthavelland; V: Standesamt Sternfeld), zuständig für Zitadelle Spandau und Eiswerder → 27. Mai 1921 (N: Standesamt Spandau I).

8.6 Siegel und Stempel der Berliner Standesämter

Königreich Preußen

Der preußische Minister des Innern verfügte am 4. Juni 1874, dass die Standesämter auf Kosten der jeweiligen Kommune zu beschaffende Dienstsiegel zu führen hätten, und gab dafür eine verbindliche Form vor: den preußischen Adler mit der Umschrift „K. Pr. Standesamt X | Kreis X". Bei dem vom Ministerium empfohlenen Graveur A. Liebmann bestellte der Magistrat von Berlin daraufhin je ein Siegeltypar sowie einen Stempel zum Farbendruck, beide aus Stahl, und weiterhin je 2000 blaue Siegeloblaten für die 13 Berliner Standesämter, mit der Maßgabe: „Die Umschrift auf den Siegeln, Stempeln und Oblaten lautet auf dem oberen Theile des Umkreises ‚K. Pr. Standes-Amt Berlin I' etc.' indem die letztere N° das betreffende Standes-Amt bezeichnet. Außerdem ist über dem unteren Theile des Umkreises der Stadt-Theil auszudrücken, also beim Amte: I. Altstadt, II. Friedrichs-Stadt, III. Friedrichs-Vorstadt I u. Schoeneberger-Revier, IV. Friedrichs-Vorstadt II u. Tempelhofer Revier, V. Luisenstadt I, VI. Luisenstadt II u. Neu-Koelln, VII. Stralauer-Revier, VIII. Koenigsstadt, IX. Spandauer-Revier, X. Rosenthaler-Vorstadt, XI. Oranienburger-Vorstadt, XII. Friedrich-Wilhelmsstadt u. Moabit, XIII. Wedding u. Gesundbrunnen." Am 6. Oktober quittierten die dreizehn Standesbeamten den Erhalt des Dienstsiegels.[611]

Siegel des Standesamts Berlin I. Altstadt, 1874. In: LAB, A Rep. 001-02 Nr. 4

611 Vgl. LAB, A Rep. 001-02, Nr. 4, hier auch diverse Stempelabdrücke und Siegelmarken. Die Beschriftung wurde wörtlich übernommen, wobei die längeren Ortsbezeichnungen eine Zweizeiligkeit erforderlich machten. In den folgenden Jahrzehnten bis zum Ende der preußischen Monarchie wurden v. a. durch die Änderungen der Standesamtsbezirke und -bezeichnungen z. T. neue Siegel und bei dieser Gelegenheit veraltete Schreibweisen modernisiert, teilweise die Majuskeln (Großbuchstaben) durch Minuskeln (Groß- und Kleinbuchstaben) ersetzt sowie Gummistempel eingeführt. Die Maße der Siegel (zwischen 2,7 und 3,2 cm) waren offenbar für die behördenerfahrenen Graveure selbstverständlich; sie wurden kaum mitgeteilt.

Siegel des Standesamts Pfaueninsel, 1908. In: LAB, A Rep. 040-06-02 Nr. 3

Siegel der vereinigten Ständesämter I und II von Berlin, 1894. In: LAB, A Rep. 001-02 Nr. 4

Freistaat Preußen

Nachdem die Novemberrevolution der Monarchie in Preußen 1918 ein Ende gesetzt hatte, gewann der Adler im Wappen des nunmehrigen Freistaates zu Beginn der 1920er Jahre eine neue Gestalt: Alle königlichen Insignien entfielen und das Wappentier wird bewegter und nach links blickend dargestellt. Da jedoch die Wappenfindung den politischen Wandlungen nicht schnell genug folgen konnte und finanzielle Mittel in den ersten Jahren der Weimarer Republik inflationsbedingt knapp waren, wurde zunächst auf einfache Weise die Umschrift der Siegelstempel verändert, indem das K[öniglich] weggeschnitten wurde.

Siegelstempel des Standesamts Berlin V a, mit Leerstelle in der Umschrift, Oktober 1920. In: LAB, P Rep. 502 Nr. 1413

Seitens des Magistrats wurde 1924 angeordnet, bei der Beschriftung ausschließlich arabische Zahlen und in Zusammenhang mit einer Zahl lediglich kleine Buchstaben zu verwenden.[612]

612 Auf das entsprechende Rundschreiben vom 17. Mai 1924–GB I 4-A 101–wird im Rundschreiben vom 30. Dezember

Siegelstempel des Standesamts Berlin IV a, Januar 1925. In: LAB, P Rep. 502 Nr. 2247

Siegelstempel des Standesamts Berlin 10 B, 1934. In: LAB, P Rep. 502 Nr. 2247

Siegelstempel des Standesamts Britz, 1936. In: LAB, P Rep. 502 Nr. 2298

NS-Zeit

Auf der Grundlage des Runderlasses des preußischen Innenministers vom 18. Oktober 1933 mussten neue Siegel, Stempel und Siegelmarken beschafft werden, was der Berliner Oberbürgermeister mit Rundschreiben vom 30. Dezember 1933 anordnete. Das preußische Landeswappen zeigte nunmehr den Adler mit einem Hakenkreuz auf der Brust sowie einem Schwert in der rechten und zwei Blitzen in der linken Klaue, über dem Haupt das Spruchband „Gott mit uns!". Die Größe der Stempel (3–4 cm) und weitere Einzelheiten, wie die Verwendung einer halbfetten Fraktur mit ausdrücklich erwünschtem langen „s" in der Umschrift oder das Hakenkreuz als Abschluss- oder Schmuckzeichen, waren nun ausdrücklich vorgegeben. Der Berliner Oberbürgermeister gestattete in Umsetzung des Sparsamkeitsprinzips lediglich ein Siegel von 4 cm pro Standesamt. Alle weiteren Stempel sollten nur 3 cm groß sein. Die Beschaffung der kleinen, etwa 1,2 cm großen Stempel, die seit 1874 von einigen Standesämtern für die Beglaubigung von Randvermerken oder andere Korrekturen der Register benutzt worden waren, wurde nun untersagt. Die Siegel wurden außerdem personalisiert, indem die Umschrift „Standesbeamter des Standesamts Berlin-X" zu lauten hatte. Zur Wahrung der Einheitlichkeit sollten die Bestellung über das Beschaffungsamt des Magistrats laufen, das wiederum beauftragte Firmen an die Preußische Staatsmünze zu verweisen hatte, zum Erwerb einer Absenkung des Wappens.[613]

Nachdem infolge des Erlasses des Reichinnenministers vom 7. März 1936 (RGBl. I, S. 147) alle staatlichen Behörden das kleine Reichssiegel zu übernehmen hatten, musste auch für die Berliner Standesämter der Reichsadler mit dem Eichenkranz in den Fängen übernommen werden. Die Stempel sollten einen Durchmesser von 3–3,5 cm haben, für Bescheinigungen und Ahnenpässe war auch wieder ein kleinerer Stempel von 2 cm zugelassen. Die Bezeichnung der siegelführenden Stelle wurde nun wieder unpersönlich gehalten und auf die Bezeichnung des Standesamts reduziert.

Nachkriegszeit bis in die 1950er Jahre

Nach dem Ende des Zweiten Weltkrieges wurden die Standesämter zunächst vom Magistrat verwaltet. Gemäß dem neuen Status wichen Hoheitszeichen aufgelöster Staatswesen der kommunalen Symbolik: das (politisch unbelastete) Bärenwappen in der von Weech 1934 entworfenen Form erschien auf den Siegelstempeln, verbunden mit der Bezeichnung des Standesamts als Amt von „Groß-Berlin" oder auch „der Stadt Berlin", letzteres insbesondere bei den Ämtern in den Westsektoren Berlins in den Jahren 1949 bis 1954.

Siegelstempel des Standesamts Schöneberg, 1946. In: LAB, P Rep. 163 Nr. 80

Siegelstempel des Standesamts Pankow, 1948. In: LAB, P Rep. 200, Nr. 295

1933 (s. f. Anm.) verwiesen.

613 Vgl. Rundschreiben des Oberbürgermeisters vom 30. Dezember 1933, in: LAB, A Rep. 001-02 Nr. 13.

Ost-Berlin 1949–1990

Die Standesämter im Ostteil behielten nach der administrativen Spaltung der Stadt und auch nach Gründung der DDR im Oktober 1949, deren Hauptstadt der Ostsektor Berlins nun geworden war, als kommunale Einrichtungen das Berliner Bärenwappen bei, benannten dabei teilweise den Magistrat von Berlin und etwa ab Frühjahr 1954 den jeweiligen Rat des Stadtbezirkes als Oberbehörde in der Siegelumschrift.

Siegelstempel des Standesamts Pankow, 1950. In LAB, P Rep. 200 Nr. 300

Siegelstempel des Standesamts Pankow, 1958. In: LAB, P Rep. 200 Nr. 326

Ab 1967 führten die Standesämter das Staatswappen der DDR im Siegelstempel und passten sich damit dem staatsrechtlichen Status Berlins als Bezirk der DDR an. Diese Form wurde bis zur deutschen Wiedervereinigung 1990 beibehalten.

Siegelstempel des Standesamts Pankow, 1967. In: LAB, P Rep. 200 Nr. 353

West-Berlin 1950–1990 und Gegenwart

Die Standesämter in den Westsektoren der Stadt führten in den Jahren nach 1948 zunächst die Siegel in der alten Form weiter, bezeichneten sich jedoch nun in der Umschrift als „Standesamt X der Stadt Berlin“ oder „Standesamt X Berlin“. Das blieb auch nach Gründung des Landes im September 1950 so, da sich Berlin in Artikel 1 seiner Verfassung als Land und zugleich Stadt definierte. Nach der Verabschiedung des Gesetzes über die Hoheitszeichen des Landes Berlin am 13. Mai 1954 wurde das Berliner Wappen in seiner neuen Form in die Siegelstempel der Standesämter übernommen (etwa ab der 2. Hälfte des Jahres 1955). Diese Stempel sind bis heute in Gebrauch.

Siegelstempel des Standesamts Schöneberg, 1951. In: LAB, P Rep. 163 Nr. 106

Siegelstempel des Standesamts Schöneberg, 1956. In LAB: P Rep. 163 Nr. 129

8.7 Spezialinventar Archivische Quellen zum Personenstandswesen Berlins im Landesarchiv Berlin

Die folgende Zusammenstellung belegt die im Landesarchiv Berlin überlieferten Archivalien, die die Themen „Personenstand“ und „Standesämter“ direkt tangieren, sie aber zugleich inhaltlich etwas ausweiten.
Sie dient der Information zu im Landesarchiv Berlin vorhandenen Achivbeständen, zur Überlieferungslage und Überlieferungsbreite; sie vermittelt eine Vorstellung vom zeit- und behördentypischen Sprachgebrauch.
Die Fundstellenliste entstand mittels Zeichenkettenrecherchen nach PERSONENSTAND[614], STANDESAEMTER, STANDESAMT und STANDESBEAMT in der Archivdatenbank des Landesarchivs Berlin und spiegelt den aktuellen Verzeichnungsstand wider (Stand 08/2023).
Außerdem wurden die speziellen Klassifikationsgruppen zugeordneten Akten dreier maßgeblicher Überlieferungen aufgenommen:[615]

- *A Pr. Br. Rep. 057 Der Stadtpräsident der Reichshauptstadt Berlin–02.08. Personenstandswesen*
- *A Rep. A Rep. 001-02 Magistrat der Stadt Berlin, Generalbüro–03.03.04 Personenstandswesen*
- *C Rep. 104 Magistrat von Berlin, Bereich Inneres–02.02. Referat Personenstandswesen.*

Die Aufstellung folgt der Beständegliederung im Landesarchiv Berlin und benennt nach den Repositurnummern A–S, den Bestandsnamen, dann die Aktennummer(n)/Archivsignatur, den Aktentitel, z. T. einen inhaltlich erläuternden Enthält-Vermerk und die Laufzeit der Akte. Die Akten innerhalb eines Bestandes sind chronologisch aufgeführt. Eine Ausnahme bilden die zahlreichen Bestände der Berliner Standesämter selbst (Tektonikgruppe P) und des Standesamts I (Tektonikgruppe S).

Sie werden hier nur in einer Liste aufgeführt und ihre Inhalte summarisch benannt. Es handelt sich in der Regel um Namensverzeichnisbände zu den Geburten-, Heirats- und Sterberegistern, die jeweiligen Register selbst und die Sammelakten.

Viele Akten–insbesondere zu den regelmäßig stattfindenden Sitzungen der Gemeindevertretungen, Bezirksämter, des Magistrats und der Räte der Stadtbezirke sowie mit dem Schriftwechsel des Oberbürgermeisters oder eines seiner Magistratskollegen – enthalten in der Regel umfangreichere Inhalte; das folgende Inventar führt nur die speziellen Betreffe im Zusammenhang mit der Thematik dieser Übersicht auf.

614 Bei der Recherche mit dieser Zeichenkette ergeben sich auch Fundstellen, die das Wort „Personenstand“ inhaltlich anders fassen, nämlich als Erfassung einer Anzahl von Personen–etwa im Rahmen von Bewohnerzählungen, Personalausstattung in Firmen etc. Diese Archivalien sind hier nicht aufgeführt.

615 Die Bestandsklassifikation zur B Rep. 004 Senatsverwaltung für Inneres enthält ebenfalls eine eigene Klassifikationsgruppe 02.11. Personenstandswesen, Aufsicht über die Standesämter und WASt. Allerdings ist bisher dazu keine Überlieferung im Landesarchiv Berlin archiviert.

Hinweise zur Benutzung

Die Benutzung der im Folgenden aufgeführten Archivalien ist im Lesesaal des Landesarchivs Berlin möglich. Eine erhebliche Anzahl der Akten ist allerdings aufgrund archivrechtlicher Regelungen zum Datenschutz (personenbezogene Unterlagen) für die Benutzung befristet gesperrt. Schutzfristverkürzungen sind jedoch auf Antrag möglich. Das entsprechende Formular und die Erläuterungen dazu findet man auf der Homepage des Landesarchivs Berlin (www.landesarchiv-berlin.de) unter „Benutzung“.
Die Benutzung der Namensverzeichnisse der Standesämter kann weitergehend über das Internet erfolgen (Digitalisate unter www.landesarchiv-berlin.de). Das Landesarchiv Berlin verwahrt Personenstandsurkunden ab 1874 mit folgenden Jahresgrenzen:

- Geburtsurkunden: älter als 110 Jahre,
- Heiratsurkunden älter als 80 Jahre,
- Sterbeurkunden: älter als 30 Jahre.

Kopien von Urkunden können schriftlich beim Landesarchiv bestellt werden. Weitere Hinweise findet man unter www.landesarchiv-berlin.de unter „Benutzung–Benutzung von Personenstandsunterlagen“.

Fundstellenliste

A Pr. Br. Rep. 005 Stadtgericht Berlin

Geburten, Trau- und Sterberegister von Juden und Dissidenten (ca. 730 Register und Akten)
1847–874

A Pr. Br. Rep. 030 - Polizeipräsidium Berlin

Aktennummer: 20362
Das Gesetz über die Beurkundung des Personenstandes und die Form der Eheschließung vom 9. März 1874 und 6. Februar 1875
1874–1889

Aktennummer: 20363
Das Gesetz über die Beurkundung des Personenstandes und die Form der Eheschließung vom 9. März 1874 und 6. Februar 1875
1880–1905

Aktennummer: 20391
Gesuche um Dispensation von Erfordernissen der Gesetze über die Beurkundung des Personenstandes und die Form der Eheschließung
1891–1906

Aktennummer: 20364
Das Gesetz über die Beurkundung des Personenstandes und die Form der Eheschließung vom 9. März 1874 und 6. Februar 1875
1905–1919

Aktennummer: 20395
Verschiedene Eingaben in Personenstandsangelegenheiten
1906–1914

Aktennummer: 20365
Heiraten, Geburten, Todesfälle, Namensänderungen und andere Zivilangelegenheiten namentlich genannter Personen und Beschwerden gegen Standesämter
1875–1885

Aktennummer: 20366
Heiraten, Geburten, Todesfälle, Namensänderungen und andere Zivilangelegenheiten namentlich genannter Personen und Beschwerden gegen Standesämter
1886–1901

Aktennummern: 20367–20390
Berichtigungen von standesamtlichen Eintragungen, Adoptionen und andere Zivilstandsangelegenheiten namentlich genannter Personen
20367: 1906–1908
20368: 1907–1909
20369: 1909
20370: 1909–1910
20371: 1910–1912
20372: (1883) 1910–1913
20373: 1912–1913
20374: 1911–1913
20375: 1913–1914
20376: 1913–1914
20377: 1913–1914
20378: 1914
20379: 1914
20380: 1914
20381: 1913–1915
20382: 1913–1914
20383: 1914–1915
20384: 1914–1915
20385: 1915
20386: 1915
20387: 1916
20388: 1916–1917
20389: 1915–1917
20390: 1917–1919

A Pr. Br. Rep. 030-02-03 - Polizeipräsidium Berlin - Kriminalpolizeileitstelle Zigeuner

Aktennummer: 109
Personenakte Rebstock, Ilka (*26.04.1915)
Enthält u. a.: Bildabzug aus dem Hauptregister des Standesamts Berlin-Wedding.
1939–1942

Aktennummer: 140
Personenakte Weinich, Cajetanus (Kajetan) „Dawo" (*18.07.1891)
Enthält u. a.: Bildabzug aus dem Heiratshauptregister des Standesamts - erkennungsdienstliche Fotos von Cajetanus Weinich und Selma Weinich.
1940–1944

A Pr. Br. Rep. 030-05-01 - Polizeipräsidium Berlin - Theaterpolizei - Zensurexemplare Alter Teil

Aktennummer: Z 039
Zensur des Theaterstücks: Zwischen Standesamt und Kirche. Posse mit Gesang in 1 Akt von J. B. von Schweitzer. Handschrift 1875. Wallner-Theater.
ohne Datum

Aktennummer: S 139
Zensur des Theaterstücks: Vom Standesamt bis Plötzensee! Posse mit Gesang in 3 Akten und 6 Bildern von Ed. Franz. Handschrift. Präsentiert 1876 Luisenstädtisches Theater. 1 Einlage.
1876

Aktennummer: B 498
Zensur des Theaterstücks: Ein Berliner Standesamt, Original-Schwank in 1 Akt von Walter Gericke. Handschrift. Genehmigt 1885.
1885

A Pr. Br. Rep. 030-05-02 - Polizeipräsidium, Theaterzensur (neu)

Aktennummer : 4829
Zensur des Theaterstücks: Das falsche Standesamt. Schwank in 1 Akt von Richard Kessler. Pflichtexemplar. Handschrift. Genehmigt: 16.06.1910 für Berliner Prater-Theater.
Enthält: Textbuch.
1910

Aktennummer: 5512
Zensur des Theaterstücks: Marsch auf's Standesamt. Schwank mit Gesang in 1 Akt von O. Richter. Musik von B. Giesecke. 3 Pflichtexemplare. 3 Drucke. Genehmigt: 08.01.1913 für Lokal von Otto Vogel; 10.04.1913 für Berliner Prater-Theater; 03.05.1913 für Lokal von Ernert.
Enthält: Textbuch.
1913

A Pr. Br. Rep. 057 - Der Stadtpräsident der Reichshauptstadt Berlin[616]

Aktennummer: 432
Revision der Standesämter
1932–1938

616 Als maßgebliche Behörde mit Zuständigkeit für das Personenstandswesen in Berlin entstand beim Stadtpräsidenten eine erhebliche Anzahl von Akten, die in einer eigenen Klassifikationsgruppe 08.02. Personenstandswesen zusammen verzeichnet worden sind. Viele Akten wurden sicherungsverfilmt; ihre Benutzung erfolgt als Mikrofilm.

A Rep. 000-02-01 - Stadtverordnetenversammlung der Stadt Berlin

Aktennummer: 2424
Beurkundung des Personenstands in den Standesämtern
Enthält u. a.: Organisation der Standesamtsbezirke I–XIII. - Berichte der Geldbewilligungsdeputation. - Bericht über die Anstellung besoldeter Standesbeamter. - Statistik der Personenstandsfälle. - Ehelichkeit von Kindern. - Eintragung der Vornamen bei der Geburtsanmeldung. - Besoldung. - Teilung der Standesamtsbezirke: V, VII und X (1882), IV und XII (1891). - Erlaubnis zum Ringwechsel.
1874–1894

Aktennummer: 1721
Der Spezialetat für die Standesämter
1874–1912

Aktennummer: 1722
Die Rechnungen der Spezialverwaltung für die Standesämter
1875–1896

Aktennummer: 2425
Beurkundung des Personenstands in den Standesämtern
Enthält u. a.: Gebührenfreiheit. - Einführung sogenannter Familienstammbücher. - Teilung der Personenstandsbezirke: XIII (1901), VII (1907). - Übersichten der Standesämter, der Standesbeamten und des Standortes.
1895–1914

A Rep. 001-02 - Magistrat der Stadt Berlin, Generalbüro[617]

Aktennummer: 3687
Geschäftsumfang des I. Standesamts
1874

Aktennummer: 3684
Größe des V. Standesamtsbezirks
1874

Aktennummer: 3690
Einrichtung eines Civil-Standesamts in der Krautstraße 49
1874

Aktennummer: 3692
Stuben-Geschäfte der Standesämter
Enthält u. a.: Materialausgabe an die Standesämter bei der Einrichtung 1874.
1874–1885

617 Als maßgebliche Behörde mit Zuständigkeit für das Personenstandswesen in Berlin entstand beim Generalbüro eine erhebliche Anzahl von Akten, die in einer eigenen Klassifikationsgruppe 03.03.04 Personenstandswesen zusammen verzeichnet worden sind. Viele Akten wurden sicherungsverfilmt; ihre Benutzung erfolgt als Mikrofilm.

Aktennummer: 1546
Personalakte Dr. Wilhelm Noht (1814-1891), Stadtrat und Vorsteher des Standesamts Nr. 2
Enthält u. a.: Ernennung zum Stadtältesten am 15. Februar 1875.
1874–1891

Aktennummer: 3681
Größe des XIII. Standesamtsbezirks
1874–1891

Aktennummer: 3683
Standesamt IX
1874–1891

Aktennummer: 2843
Größe des XIII. Standesamtsbezirks
Enthält u. a.: Sitz des XIII. Standesamts (seit 1874 in der Pankstraße 26, seit 1875 in der Pankstraße 22, dann in der Reinickendorfer Straße 55).
1874–1891

Aktennummer: 2832
Größe des I. Standesamtsbezirks
Enthält u. a.: Sitz des I. Standesamts (seit 1890 in der Poststraße 16, seit 1892 in der Grünstraße 5/6).
1874–1893

Aktennummer: 2834
Größe des II. Standesamtsbezirks
Enthält u. a.: Sitz des II. Standesamts (seit 1885 in der Besselstraße 21, seit 1893 in der Grünstraße 5/6).
1874–1893

Aktennummern: 2894–2895
Publikation der Aufgebote und sonstigen Akten der Standesämter
2894: 1874–1889
2895: 1890–1903

Aktennummern: 2888–2890
Kosten und Etat der Standesämter
Enthält u. a.: Kassenführung hierüber bei der Stadthauptkasse
2888: 1874–1883
2889: 1883–1890
2890: 1891–1903

Aktennummer: 2838
Größe des X. Standesamtsbezirks (X a)
Enthält u. a.: Sitz des X. und des X a. Standesamts (seit 1874 in der Zehdenicker Straße 16/18).
1874–1911

Aktennummern: 3698–3699
Hilfskräfte der Standesämter (Schreibgehilfen, Boten, pp.)
3698: 1874–1886
3699: 1913–1918

Aktennummer: 2835
Größe des VI. Standesamtsbezirks
Enthält u. a.: Sitz des VI. Standesamts (seit 1874 in der Stallschreiberstraße 54).
1874–1920

Aktennummer: 2841
Größe des XI. Standesamtsbezirks
Enthält u. a.: Sitz des XI. Standesamts in der Gartenstraße 30 und dem Gartenplatz 4.
1874–1922

Aktennummern: 2892–2893, 3696
Einteilung der Stadt Berlin in Standesamtsbezirke
2892: 1874–1881
3696: 1881–1902
2893: 1921–1922

Aktennummern: 4–6
Siegel, Stempel und Amtsschilder für die Standesämter
4: 1874–1919
5: 1919–1920
6: 1921–1922

Aktennummern: 2846–2871, 2924, 3682, 3685–3686, 3688 –3689
Mobiliarausstattung, Geschäfts- und Bürobedürfnisse
2846: des II. Standesamts, 1874–1894
3686: des III. Standesamts, 1880–1895
2847: des III. Standesamts, 1891–1895
2848: des III. Standesamts, 1920–1922
2924: des IV. Standesamts (IV a); 1904–1907
2849: des IV. Standesamts (IV a), 1907–1921
2850: des IV. Standesamts (IV b), 1891–1920
2851: dcs V. Standesamts (V a), 1888–1920
3688: des V. Standesamts (V b), 1884–1920
2852: des VII. Standesamts (VII b), 1886–1916
2853: des VII. Standesamts (VII b), 1916–1922
2854: des VIII. Standesamts, 1912–1922
2855: des VIII. Standesamts, 1890–1921
2856: des IX. Standesamts, 1884–1916
2857: des IX. Standesamts, 1916–1922
2858: des X. Standesamts (X a), 1890–1920
2859: des X. Standesamts (X a), 1921–1922
2860: des X. Standesamts (X b), 1884–1903
2861: des X. Standesamts (X b), 1904–1922
3682: des X. Standesamts (X c), 1883, 1912
2862: des X. Standesamts (X c), 1903–1922
2863: des XI. Standesamts, 1889–1920
2864: des XI. Standesamts, 1921–1924
3689: des XII. Standesamts, 1890–1920
2865: des XII. Standesamts (später XII a), 1888–1921
2866: des XII. Standesamts (XII a), 1920–1921
2867: des XII. Standesamts (XII b), 1891–1921
2868: des XII. Standesamts (XII b), 1922
2869: des XIII. Standesamts (XIII a), 1905–1916
2870: des XIII. Standesamts (XIII a), 1916–1922
2871: des XIII. Standesamts (XIII b), 1901–1922

Aktennummern: 2880–2882, 3501
Schreibmaterialien für die Standesämter
2800: 1874–1893
3501: 1894–1910
2881: 1910–1919
2882: 1920–1922

Aktennummern: 1773–1779
Hilfskräfte der Standesämter
1773: 1875–1887
1774: 1887–1898
1775: 1899–1904
1776: 1905–1908
1777: 1908–1913
1778: 1913–1919
1779: 1919–1923

Aktennummer: 2896–2903
Anträge und Beschwerden über die Geschäftshandhabung und das Geschäftsgebaren bei den Standesämtern
2896: 1875–1886
2897: 1884–1886
2898: 1886–1892
2899: 1901–1904
2900: 1904–1914
2901: 1914–1922
2902: 1909–1918
2903: 1912–1913

Aktennummer: 2837
Größe des IX. Standesamtsbezirks
Enthält u. a.: Sitz des IX. Standesamts (seit 1877 in der Artilleriestraße 8, seit 1894 in der Krausnickstraße 20).
1877–1910

Aktennummer: 2836
Größe des VII. Standesamtsbezirks
Enthält u. a.: Sitz des VII. Standesamts (seit 1878 in der Krautstraße 49).
1878–1885

Aktennummern: 2483
Neueinteilung der Stadt in Bezirke in Abänderung der Bezirksgrenzen des Jahres 1884
Enthält u. a.: Einteilung in Standesamts- und Wahlbezirke.
2483: 1880–1884
2484: 1884

Aktennummer: 3695
Anstellung der Standesbeamten, der Stellvertreter sowie deren Hilfs-Stellvertreter
1881–1886

Aktennummer: 3701
Anwendung von Formularen
Enthält u. a.: Aufgebote.
1884

Aktennummer: 2485
Neueinteilung der Stadt in Bezirke in Abänderung der Bezirksgrenzen des Jahres 1884
Enthält u. a.: Einteilung in Standesamtsbezirke. - Straßenumbenennungen.
1884–1887

Aktennummer: 2872
Urkunden von auswärtigen Standesämtern (Sammelakten)
Enthält: Heiratsurkunden von hiesigen Bürgern. - Ehescheidungserkenntnisse.
1884–1889

Aktennummer: 2839
Größe des X. Standesamtsbezirks (X b)
Enthält u. a.: Unterteilung des Standesamts X seit 1884 in X a und X b. - Sitz des X b. Standesamts (seit 1884 in der Schönhauser Allee 29, seit 1889 in der Eberswalder Straße 10).
1884–1915

Aktennummern: 2884–2887
Nebengeschäfte der Standesämter
2884: 1885–1900
2885: 1900–1915
2886: 1874–1885
2887: 1916–1922

Aktennummern: 1788–1790
Nachweisung der bei den Standesämtern beschäftigten Personen
1788: 1885–1903
1789: 1903–1915
1790: 1916–1923

Aktennummern: 2883, 2891. 2927
Beleuchtung und Brennmaterialien für die Standesämter
2883: 1885–1919
2891: 1923
2927: 1923

Aktennummer: 3693
Einnahmen der hiesigen Standesämter und die Kassenführung hierüber bei der Stadthauptkasse
1886

Aktennummern: 3703–3704
Beurlaubungen und die Vertretungen der Standesbeamten und der Standesbeamten-Stellvertreter
3703: 1886–1897
3704: 1913–1916

Aktennummern: 2916–2919
Kassen- und Buchführung bei den Standesämtern
2916: 1886–1897
2917: 1874–1885
2918: 1898–1908
2919: 1909–1923

Aktennummern: 2877–2879
Gesetzliche Bestimmungen über die Beurkundungen des Personenstandes und die Form der Eheschließung sowie die Auslegung dieser Bestimmungen
2877: 1889–1899
2878: 1899–1903
2879: 1920–1923

Aktennummer: 1787
Invaliditäts- und Altersversicherung der bei den Standesämtern beschäftigten Hilfsarbeiter und Diener
1890–1921

Aktennummer: 2844
Größe des XIII. Standesamtsbezirks (XIII a)
Enthält u. a.: Sitz des XIII a. Standesamts (seit 1894 in der Badstraße 22).
1891–1898

Aktennummer: 2842
Größe des XII. Standesamtsbezirks (XII b)
Enthält u. a.: Sitz des XII b. Standesamts (seit 1892 in Alt Moabit 91/92, seit 1896 in der Wilhelmshavener Straße 4/5).
1892–1922

Aktennummer: 2833
Größe der vereinigten Standesamtsbezirke I und II
Enthält u. a.: Sitz des vereinigten Standesamts I und II (seit 1892 in der Grünstraße 5/6, seit 1901 Fischerstraße 37/38, Fischerbrücke 1a).
1893–1922

Aktennummern: 2920–2922
Beurkundungen in Familienstammbüchern
2920: 1895–1898
2921: 1887–1919
2922: 1920–1923

Aktennummer: 2923
Dienstwohnungen und Amtsräume in den Standesämtern
1896–1922

Aktennummern: 1781–1786
Beurlaubungen bei den Standesämtern
1781: 1897–1902
1782: 1902–1907
1783: 1908–1913
1784: 1913–1916
1785: 1917–1921
1786: 1922–1923

Aktennummern: 1791–1792
Krankenversicherung der bei den Standesämtern beschäftigten Personen
1791: 1899–1915
1792: 1916–1923

Aktennummern: 2905–2915, 2930
Zusammenstellung der bei den Standesämtern vorgenommenen Beurkundungen 1899–1908
2905: 1899–1908
2906: 1909–1918
2907: 1919–1921
2908: 1921–1922
2909: 1922
2910: 1923
2911: 1927
2912: 1914–1916
2913: 1923–1924
2914: 1925–1926
2915: 1927 (Zusammenstellung der bei den Standesämtern der Bezirksämter 7–20 vorgenommenen Beurkundungen)
2930: 1912–1913

Aktennummer: 3504
Familienstammbücher
Enthält u. a.: Entwicklung der Familienstammbücher. - Umsetzung als Druckwerke. - Schriftwechsel mit der Buchdruckerei Gebr. Grunert.
1899–1919

Aktennummer: 3720
Übertragung von Personenstandsangelegenheiten auf das Amtsgericht Berlin-Mitte
Enthält u. a.: Karte der Standesamtsbezirke.
1900–1902

Aktennummer: 1759
Nachweisung der zur Anstellung im Standesamt gelangten Militäranwärter
1900–1909

Aktennummer: 3680
Größe des XIII. Standesamtsbezirks (XIII a)
1901–1910

Aktennummer: 2845
Größe des XIII. Standesamtsbezirks (XIII b)
Enthält u. a.: Sitz des XIII b. Standesamts in der Willdenowstraße 28.
1901–1923

Aktennummer: 3700
Personalangelegenheiten der Standesämter
1902

Aktennummern: 3705–3706
Die einzureichenden Nachweisungen der bei den Standesämtern beschäftigten Personen
3705: 1903–1915
3706: 1925–1926

Aktennummer: 2840
Größe des X. Standesamtsbezirks (X c)
Enthält u. a.: Unterteilung des Standesamts X b seit 1904 in X b und X c. - Sitz des X c. Standesamts (seit 1904 in der Lychener Straße 107/108).
1904–1908

Aktennummer: 3691
Inventar für die Standesämter
1905–1907

Aktennummer: 2874
Vom Ministerium der auswärtigen Angelegenheiten eingegangene Aufgebote
1908–1910

Aktennummer: 2904
Beiträge zu den Verwaltungsberichten des Magistrats
1902–1915

Aktennummer: 3679
Mobiliarausstattung, Geschäfts- und Bürobedürfnisse des XIII. Standesamts (XIII a)
1903–1907

Aktennummer: 3697, 3702
Die von den einzelnen Standesämtern angefertigten Nachweisungen der registrierten Civilstandsakte
3702: 1912–1914
3697: 1919

Aktennummer: 2873
Anträge und Requisitionen in Bezug auf das Aufgebot und die Eheschließungen bestimmter Personen
1916–1922

Aktennummer: 2875
Von deutschen Konsulaten und außerdeutschen Zivilstandesämtern eingegangene Urkunden
1916–1922

Aktennummer: 1248
Neueinteilung der Standesamtsbezirke
1919–1923

Aktennummer: 2925
Mobiliarausstattung, Geschäfts- und Bürobedürfnisse des V. Standesamts (V a)
1920–1922

Aktennummer: 2926
Gestaltung Groß-Berlin betr. die Standesämter
1920–1922

Aktennummer: 2928
Anträge auf Erhöhung der Standesamtsgebühren
1920–1922

Aktennummer: 2929
Dezentralisierung der Standesämter
1921–1922

Aktennummer: 2876
Requisitionen und Gesuche von Behörden in Personenstandsangelegenheiten (ausschließlich Eheschließungen)
1921–1922

Aktennummer: 2966
Anerkennung der vom russischen Erzbischof Eulogius in Berlin vorgenommenen Ehescheidungen orthodoxer Russen (Erlass des Oberpräsidenten der Provinz Brandenburg)
Enthält nur: Fehlmeldungen der Berliner Standesämter.
1922

Aktennummern: 1763–1772
Personalangelegenheiten der Beamten und Hilfskräfte der Standesämter
1763: 1922–1924
1764: 1927–1931
1765: 1924–1927
1766: 1924–1929
1767: 1925–1926
1768: 1925–1927
1769: 1925–1926
1770: 1928–1929
1771: 1928–1930
1772: 1930–1934

Aktennummer: 2933
Standesämter im Bezirk Treptow
Enthält u. a.: Errichtung der Standesämter. - Berichtigung der Standesamtsbezirksgrenzen. - Personalangelegenheiten.
1923–1930

Aktennummer: 2934
Standesämter im Bezirk Köpenick
Enthält u. a.: Errichtung der Standesämter. - Berichtigung der Standesamtsbezirksgrenzen. - Personalangelegenheiten.
1923–1930

Aktennummern: 550–554
Vordrucke und Stempel für das Standesamtswesen
550: 1923–1925
551: 1926–1928
552: 1926–1928
553: 1928–1929
554: 1932–1933

Aktennummer: 2932
Standesämter im Bezirk Tempelhof
Enthält u. a.: Errichtung der Standesämter. - Berichtigung der Standesamtsbezirksgrenzen. - Personalangelegenheiten.
1923–1933

Aktennummer: 2935
Standesämter im Bezirk Lichtenberg
Enthält u. a.: Errichtung der Standesämter. - Berichtigung der Standesamtsbezirksgrenzen. - Personalangelegenheiten.
1923–1933

Aktennummer: 2931
Standesämter im Bezirk Charlottenburg
Enthält u. a.: Errichtung der Standesämter. - Berichtigung der Standesamtsbezirksgrenzen. - Personalangelegenheiten.
1924–1932

Aktennummer: 3112
Verzeichnis der Standesämter und Standesbeamten Berlins
1926–1936

Aktennummer: 3877
Siegel, Stempel und Amtsschilder für die Standesämter
1936

Aktennummern: 3107–3110
Gerichtsentscheidungen in Berichtigungsangelegenheiten bei Personenstandssachen
3107: 1941–1942
3108: 1941–1944
3109: 1930–1942

Aktennummer: 2937
Aufsicht über die Standesämter
Enthält u. a.: Namensänderungen. - Eheschließungen. - Ehescheidungen. - Adoptionsangelegenheiten. - Namensfestsetzungen.
1931–193

Aktennummer: 2939
Verzeichnisse der Standesämter und Standesbeamten Berlins
Enthält: Verzeichnis der Standesämter und Standesbeamten Berlins nach dem Stande vom 01. Mai 1932. - Liste der Köpenicker Beamten 1937. - Liste der Standesbeamten und ihrer Stellvertreter (1939). - Verzeichnis der Standesämter. - Dienstalterslisten A und B der Standesbeamten (1938). - Neugestaltung des Standesamtswesens 1938. - Stellenplanmäßige Besetzung der Standesämter (1944). - Benennung der Beamten, die „Uniformträger" sind (1944). - Auswahl von geeigneten Beamten für die Durchführung der standesamtlichen Eheschließungsfeiern (1944). - Beurteilung von Herrn Porzig zur weiteren Verwendung im Standesamtsbereich (September 1945).
1932–1945

Aktennummer: 2964
Personalfragen der Standesämter
Enthält u. a.: Sitzungen über Bezirksgeschäfte. - Fragen des Personalbedarfs. - Neugestaltung des Personenstandswesens.
1933–1942

Aktennummer: 3110
Hohenzollernregister
Enthält: Geburtskarten der Prinzen von Preußen (mit Wohnsitzmeldungen, Strafregisteranfragen, Dienststellenmeldungen): Karl Franz Joseph Prinz von Preußen (1936). - Friedrich Prinz von Preußen (1936, 1937). - Wilhelm-Victor Prinz von Preußen (1937, 1938). - Louis Ferdinand Prinz von Preußen (1939). - Wilhelm Prinz von Preußen (1939). - Friedrich-Karl Prinz von Preußen (1939, 1940). - Meldung des Amtsgerichtes Oels an das Standesamt I Berlin über die Verwahrung der Testamente des Wilhelm Prinz von Preußen, vorm. Kronprinz des Deutschen Reiches und von Preußen (1941, 1942).
1936–1943

Aktennummer: 3539
Mitwirkung der Standesämter bei Abgabe von Familienstammbüchern, Büchern der Kindheit und Ahnenpässen
Enthält u. a.: Schriftwechsel mit Firmen.
1937–1940

Aktennummern: 3506–3511
Bearbeitung von Heiratsangelegenheiten
3506: 1937–1939
3507: 1939–1940
3508: 1940–1942
3509: 1940–1945
3510: 1942–1944
3511: 1942–1943

Aktennummer: 3520
Beschaffung von Räumen für die Standesämter
1937–1945

Aktennummer: 2954
Rechtsstellung des Standesamtswesen, der Standesämter und der Standesbeamten
1938–1940

Aktennummer: 3522
Führung der Zweitbücher
Enthält u. a.: Verzeichnis der Standesämter Groß-Berlins. - Schriftwechsel bei der Abgabe der Zweitbücher.
1938–1941

Aktennummer: 3538
Führung der Standesamtlichen Bücher
Enthält u. a.: Vorgänge. - Verwendung jüdischer Vornamen. - Randvermerke. - Stempelbestellung. - Nichtanerkennung von deutschen Scheidungsurteilen in Polen.
1938–1941

Aktennummer: 3523
Führung der Zweitbücher
Enthält u. a.: Vorgänge (Geburtsurkunden, Heiratsurkunden). - Änderungen der Zweitbücher.
1938–1942

Aktennummer: 2963
Beurkundung von Ehen auf der Grundlage der „Nürnberger Gesetze“
1938–1942

Aktennummer: 2938
Geburtenbeurkundungen
1938–1943

Aktennummer: 2950
Geschäftsverfahren
1938–1943

Aktennummer: 3533
Allgemeine Bestimmungen über Standesämter
Enthält u. a.: Vordrucke.
1938–1943

Aktennummer: 2955
Bearbeitung von Kindschaftssachen
Enthält u. a.: Richtlinien. - Vorgänge.
1938–1944

Aktennummer: 3532
Beschwerden der Bevölkerung über Standesämter
1938–1944

Aktennummern: 2965, 2970, 2974, 3530 - 3531
Nachträgliche Geburtenbeurkundungen
2965: 1938–1941
2970: 1941
2974: 1944 (Enthält nur: Geburtsmeldungen von in Berlin geborenen Kindern von Fremdarbeiterinnen vom Januar bis August 1944 nach der Anweisung des SS-Reichsführers vom 27. Juli 1943).
3530: 1941–1944
3531: 1943–1947

Aktennummer: 3512
Mitteilungen des Landgerichtspräsidenten über die gerichtlich beeidigten Dolmetscher
Enthält u. a.: Listen.
1938–1944

Aktennummer: 3535
Statistiken
1938–1944

Aktennummer: 3536
Gesetze, Verordnungen und Erlasse über die Handhabung der Standesamtlichen Geschäfte
1938–1944

Aktennummer: 3537
Mitwirkung der Standesämter im Erfassungswesen
1938–1944

Aktennummer: 2940
Organisation und Zuständigkeit der Standesämter
1938–1945

Aktennummer: 2976
Einrichtung und Geschäftsbetrieb des Aufsichtsamtes
1938–1945

Aktennummer: 1283
Personalangelegenheiten der Standesämter
1938–1945

Aktennummer: 3521
Statistische Berichte
1939

Aktennummer: 3518
Bearbeitung von Sterbesachen
1939–1940

Aktennummern: 2962, 2967–2968, 2971–2972, 2975, 3528–3529, 3546–3560
Berichtigungssachen
Enthält u. a.: Namensänderungen. - Namensfestsetzungen. - Einstufung nach den „Nürnberger Gesetzen". - Vorgänge (Geburten, Heiraten, Sterbefälle). - Jüdische Vornamen. - Berichtigungssachen betr. „Zigeuner". - Richtlinien.
2962: 1939–1940
2967: 1941
2968: 1940–1941
2971: 1940–1941
2972: 1940–1941
2975: 1940
3528: 1937–1939
3529: 1939–1940
3546: 1941–1942
3547: 1941–1942
3548: 1941–1943
3549: 1941–1942
3550: 1942–1943
3551: 1942
3552: 1942–1943
3553: 1942–1943
3554: 1943
3555: 1943
3556: 1943
3557: 1943–1944
3558: 1943–1944
3559: 1944–1945 (Enthält u. a.: Vaterschaftsanerkennungen (Franzose, Ungar). - Irrtümliche Todesmeldung zu einem vermissten Kind einer französischen Siemensarbeiterin anlässlich des Bombenangriffs vom 22./23. November 1943 in Berlin-Charlottenburg, Berliner Straße 53, Tod aller Lagerinsassinnen).
3560: 1944–1945

Aktennummern: 2942, 3540–3545
Urkundensuchblatt und Urkundenbeschaffung
Enthält u. a.: Rechtsverkehr mit dem Ausland. - Vorgänge.
2942: 1939–1942
3540: 1940–1943
3541: 1940–1941
3542: 1940–1941
3543: 1941–1943
3544: 1942–1944
3545: 1943–1945

Aktennummer: 3586
Zusammenlegung von Standesämtern
Enthält u. a.: Pankow. - Köpenick. - Weißensee. - Versetzung von Personal.
1939–1945

Aktennummern: 2947–2949
Sterbebeurkundungen
2947: 1939–1940
2948: 1940–1941
2949: 1941–1943

Aktennummer: 2969
Kurzberichte über die Tätigkeit der Standesämter
Enthält u. a.: Statistiken.
1939–1943

Aktennummer: 3517
Geheimverfügungen und Erlasse und sonstige geheim zu haltende Sachen
Enthält u. a.: Ergebnislose Nachforschung zur Geburt einer Hildegard Wild (Wilk, Wilch) im November 1939. - Eheschließung von deutschen Staatsangehörigen mit Protektoratsangehörigen (RMdI vom 3. April 1941). - Ehegenehmigungsanträge von „Zigeunermischlingen" auf Grund des § 6 der Ersten Ausführungsverordnung zum „Blutschutzgesetz" (RMdI vom 20. Juni 1941). - Umstellung auf Antiqua-Schrift (RMdI vom 26. Februar 1941). - Warnung vor dem Schweizer Nachrichtendienst (25. September 1941). - Anordnung zur Durchführung der 11. Verordnung zum Reichsbürgergesetz (Verlust der Staatsbürgerschaft und Vermögensverfall für Juden [auch im Generalgouvernement und in den Reichskommissariaten Ostland und Ukraine]) vom 3. Dezember 1941. - Erscheinen von Todesanzeigen für Gefallene (Runderlass des RMdI vom 7. März 1942). - Zählkarten für Standesämter für Sterbefälle (RMdI vom 18. Januar 1943). - Führung von Personenstandsbüchern bei nachträglicher Eheschließung (RMdI vom 13. Februar 1943). - Nachträgliche Eheschließung (RMdI vom 15. Juni 1943). - Deutsche Volksliste, hier: Behandlung der Polnischstämmigen ehemals polnischer und Danziger Staatsangehörigkeit (RMdI 13. Juli 1944). - Rassische Musterung der Angehörigen der Abteilung 3 der Deutschen Volksliste (Anordnung 50/I RMdI 30. September 1941).
1939–1944

Aktennummer: 2956
Bearbeitung von „Mischlingsangelegenheiten" (Einstufung nach den „Nürnberger Gesetzen")
1940–1942

Aktennummer: 2957
Listen über „Mischlingssachen" (Einstufung nach den „Nürnberger Gesetzen")
Enthält: Heft 1 (1940). - Heft 2 (1941). - Heft 3 (1942–1944).
1940–1944

Aktennummer: 2958
Listen der Anerkennung ausländischer Ehescheidungsurteile
1940–1944

Aktennummer: 2953
Listen der Standesämter und der Standesbeamten
Enthält: Beschreibung der Standesämter (Namen und Daten des Dienststellenleiters und seines Stellvertreters, Büropersonal, vorhandene Register) 1941. - Geschäftsverteilungspläne der Standesämter 1942.
1941–1942

Aktennummern: 2959–2961
Sterbesachen
2959: 1941
2960: 1941
2961: 1941–1942

Aktennummern: 3107–3109
Gerichtsentscheidungen in Berichtigungsangelegenheiten bei Personenstandssachen
3107: 1941–1942
3108: 1941–1944
3109: 1930–1942

Aktennummer: 2943
Anerkennung ausländischer Entscheidungen in Ehesachen
1941–1944

Aktennummern: 2941, 2945–2946, 3106
Statistik über Kriegssterbefälle
2946: 1941–1942
2945: 1943–1944
2941: 1944–1945
3106: 1945 (Jan.–April)

Aktennummer: 3534
Führung der Zweitbücher
1942–1943

Aktennummer: 3516
Blutschutz- und Ehegesundheitssachen
Enthält u. a.: Grundsatzschreiben zur Durchführung des Blutschutzgesetzes.
1942–1944

Aktennummer: 2944
Berichtigungssachen
Enthält u. a.: Unerledigte Post vor der Kapitulation.
1942–1945

Aktennummer: 2973
Verlegung der Dienststelle HV I 7 nach einem auswärtigen Stützpunkt (Handakte Direktor Porzig)
1943

Aktennummer: 3111
Verzeichnis der Kirchenbücher der Groß-Berliner Kirchenkreise
1943

Aktennummer: 2936
Nachweisungen über Beurkundungen (Monatsstatistik) von Januar bis Dezember 1943
1943–1944

Aktennummer: 3525
Betreuungsmaßnahmen im Evakuierungsstützpunkt Herzfelde jetzt Hangelsberg (Handakte Direktor Porzig)
Enthält u. a.: Schriftwechsel über Quartierfragen und Betreuung der Bediensteten. - Wohnungsverzeichnis. - Inanspruchnahme von Räumen für Unterkunftszwecke auf Grund des Reichsleistungsgesetzes (13. März 1943). - Verordnung zur Änderung des Wehrleistungsgesetzes (1. September 1939). - Vergütungen für Unterkunftsinanspruchnahmen (1942). - Urlaubsregelungen.
1943–1944

Aktennummer: 3526
Betreuungsmaßnahmen im Evakuierungsstützpunkt Herzfelde jetzt Hangelsberg (Handakte Direktor Porzig)
Enthält u. a.: Mitteilungen der Hauptluftschutzstelle: Maßnahmen zur Abwendung eines ungeregelten Abstroms der Bevölkerung vom 28. Oktober 1943 (Verzeichnis der Ringkommandanturen der Wehrmacht, Geschäftsanweisung für auswärtigen Stützpunkte der Reichshauptstadt, Verzeichnis der Leitposten der Ordnungspolizei, Verzeichnis der Arbeitsämter und deren Nebenstellen, Verzeichnis der nächstgelegenen Auffanglager für ausländische Arbeiter einschließlich der im Stadtgebiet, Verzeichnis der Unterkünfte der bereitgestellten SA-Einheiten, Verzeichnis der Verpflegungsstellen der Nationalsozialistischen Volkswohlfahrt NSV einschließlich der im Stadtgebiet, Verzeichnis der von der NSV vorgesehenen Rastplätze einschließlich der im Stadtgebiet). - Änderungen der o.g. Verfügung (3. Dezember 1943). - Rundschreiben zur Fliegerversorgungsnachweisen (08/43). - Rundschreiben zu Betreuungsmaßnahmen nach Großschadensfällen (08/43). Maßnahmen, die der unerwünschten Rückkehr Evakuierter vorbeugen sollen (09/43). - Sonderkartenausgabe. - Ersatz für abhanden gekommene Nachweise. - Merkblatt für den Einsatz der Stützpunkt-Bediensteten im Katastrophenfall.
1943–1944

Aktennummer: 3527
Einrichtung des Evakuierungsstützpunktes Hangelsberg (Handakte Direktor Porzig)
Enthält u. a.: Dienstanweisungen. - Übersicht über die Stützpunkte der Reichshauptstadt in der Provinz Mark Brandenburg (08/43). - Berichte. - Schriftwechsel mit der AWAG. - Geschäftsverteilungsplan der Hauptluftschutzstelle (1944). - Schriftwechsel.
1943–1945

Aktennummern: 2951–2952, 3513–3514
Nachträgliche Eheschließungen mit gefallenen Wehrmachtsangehörigen
2951: 1943–1944
2952: 1944–1945
3513: 1942–1943
3514: 1943–1945

Aktennummer: 3868
Mitteilungen für die Familienbücher im Bereich des Standesamts I
Enthält: Mitteilungen der Standesämter Tauroggen, Schaulen, Kauen-Land, Shitomir und Persjaslaw.
1943–1944

Aktennummer: 3869
Sammelaktenheft zum Familienbuch - Familie van Dyck / Scharl
1944

Aktennummer: 3515
Nachweisungen über Beurkundungen (Monatsstatistik) von Januar 1944 bis März 1945
1944–1945

Aktennummer: 3524
Evakuierungsstützpunkt Herzfelde (Handakte Direktor Porzig)
Enthält u. a.: Haushalts- und Kassenangelegenheiten. - Reproduktionsautomat in Herzfelde.
1944–1947

A Rep. 001-06 - Magistrat der Stadt Berlin, Personalbüro

Im Bestand des Personalbüros sind über 140 Personalakten zu Beschäftigten in den Standesämtern überliefert.

A Rep. 003-03 - Magistrat der Stadt Berlin, Deputation für das Gesundheitswesen / Hauptgesundheitsamt

Aktennummer: 223
Organisationsfragen
Enthält u. a.: Rundschreiben der Stadtverwaltung betr. die Änderung der Verwaltungsbezirksgrenzen. - Satzung über die Bezirksgeschäfte. - Neuabgrenzung der örtlichen Einheiten. - Neugestaltung des Standesamtswesens.
1934–1942

Aktennummer: 89
Kriegsgeschäftsstellenplanung - Runderlasse und Verwaltungsvorschriften
Enthält u. a.: Änderungen der Kriegsgeschäftsstellenpläne. - Zweite Verordnung zur Ausführung des Personenstandsgesetzes vom 30. August 1939. - Verordnung zur Durchführung des Gesetzes zur Verhütung erbkranken Nachwuchses und des Ehegesundheitsgesetzes vom 31. August 1939. - Untersuchung der Ehestandsdarlehensbewerber, die zur Wehrmacht einberufen sind. - Ehrenkreuz der Deutschen Mutter. - Meldepflicht für missgestaltete usw. Neugeborene. - Schwierigkeiten bei der personellen Absicherung der Zentralen Erbkartei. - Wohlfahrtsärztliche Versorgung.
1939–1942

A Rep. 003-04-01 - Städtische Heil- und Pflegeanstalt Buch

Aktennummer: 21
Verkehr mit dem Standesamt
Enthält u. a.: Mitteilungen über Öffnungszeiten. - Todesmeldungen (Rundschreiben). - Vorschriften für Ausstellung von Totenscheinen. - Verlegung von Kranken ins Hirnforschungs-Institut (Rundschreiben). - Personenstandsgesetz von 1937 (Rundschreiben). - Anleitung zur Ausfüllung der standesamtlichen Zählkarten über Eheschließungen, Geburten und Sterbefälle von 1938.
1906–1943

A Rep. 003-04-03 - Städtisches Krankenhaus Moabit

Aktennummer: 133
Geburten, Sterbefälle, Beerdigungen von Patienten
Enthält u. a.: Verfügungen über Meldung bei Todesfällen und Geburten. - Verfügung über die Behandlung der standesamtlichen Zählkarte über Eheschließungen, Geburten, Sterbefälle und den Totenschein. - Verfügung zu Erbbestandsaufnahmen.
1922–1941

A Rep. 003-04-04 - Wittenauer Heilstätten der Stadt Berlin

Die umfangreiche Überlieferung von Patientenakten enthält jeweils Todesfallanzeigen, Beerdigungsscheine u. a.

A Rep. 003-04-13 - Städtisches Hufeland-Hospital

Aktennummer: 8
Bürodienst und Geschäftsgang im Allgemeinen - Vereinfachung des Geschäftsverfahrens
Enthält u. a.: Organisation der Aufnahme (Aufnahme der Kranken, Vereinnahmung der Sachen und Geldbeträge, Berechnung der Pflegegelder und anderer Kosten). - Muster-Formulare (Aufnahmebefund, Aufnahme-Expedition, Sachenverzeichnis, Überweisungszettel, Quittung über Wohlfahrtsfälle, Krankenhausüberführung, Rückkehrschein aus der Pflege, Anzeige des Hausvaters über Verlegung, Entlassungsanzeige des Hausvaters, Totenschein, Todesmeldung, Todesanzeige an das Standesamt). - Vorschläge für die Organisation der Geschäftsvereinfachung. - Musterformulare über den Sterbefall.
1938–1944

A Rep. 005-03-01 - Magistrat der Stadt Berlin, Kämmerei/Hauptfinanzverwaltung

Aktennummer: 148
Richtlinien für die Gebühren bei den Standesämtern
1923–1938

A Rep. 005-03-02 - Magistrat der Stadt Berlin, Hauptsteuerverwaltung

Aktennummer: 113
Umsatzsteuerangelegenheiten der Berliner Standesämter
Enthält u. a.: Voranmeldungen. - Jahresumsatzsteuererklärungen.
1940–1941

A Rep. 010-01-01 - Magistrat der Stadt Berlin, Städtische Hochbaudeputation

Aktennummer: 224
Einrichtung der Standesämter in der Mariannenstraße 47 und der Kürrassierstraße 9
1874–1876

A Rep. 037-02 - Stadtverordnetenversammlung Stadt Charlottenburg

Aktennummer: 89
Standesämter
1897–1904

A Rep. 040 - Amts- und Gemeindeverwaltungen Bezirk Zehlendorf (bis 1920)

Aktennummer: 31
Revision des Standesamts und der Register
1875–1920

Aktennummer: 33
Standesbeamte und Verwaltung des Standesamts
1900–1920

Aktennummer: 36
Allgemeine Verwaltungsangelegenheiten des Standesamts Dahlem
1905–1920

Aktennummer: 37
Revision des Standesamts und der Register in Dahlem
1907–1920

Aktennummer: 38
Veränderung der Grenzen des Standesamtsbezirks Dahlem
1919

Aktennummer: 39
Bildung eines neuen Standesamtsbezirks Pfaueninsel
1907–1908

Aktennummer: 40
Ernennung eines Stellvertreters des Standesbeamten für den Standesamtsbezirk Pfaueninsel
1908–1920

Aktennummer: 41
Revision des Standesamts und der Register des Standesamtsbezirks Nr. 12, Pfaueninsel
1909–1920

A Rep. 042-05-01 - Amts- und Gemeindeverwaltung Groß-Lichterfelde

Aktennummer: 25
Auflösung des Standesamtsbezirks Groß-Lichterfelde in zwei neue (Groß-Lichterfelde und Lankwitz)
1893–1897

Aktennummer: 26
Auflösung des alten Standesamtsbezirks und Bildung von zwei neuen Standesamtsbezirken
1893–1912

Aktennummer: 27
Angelegenheiten des Standesamts Lichterfelde
Enthält u. a.: Ernennung von Standesbeamten-Stellvertretern. - Auflösung des alten Standesamtsbezirks Nr. 35, Groß-Lichterfelde und Bildung von zwei neuen Standesamtsbezirken (Groß-Lichterfelde und Lankwitz)
1893–1919

A Rep. 042-05-02 - Gemeindeverwaltung Lankwitz

Aktennummer: 10
Angelegenheiten des Standesamts
Enthält: Ernennungen von Standesbeamten. - Berichte über die Tätigkeit der Säuglingsvorsorge-Stelle in Lankwitz.
1894–1917

A Rep. 042-05-03 - Gemeindeverwaltung Steglitz

Aktennummer: 444
Allgemeine Angelegenheiten des Standesamts
1874–1875, 1889–1920

Aktennummer: 51
Ernennung von Standesbeamten und Verwaltung des Standesamts
1902–1920

A Rep. 042-08 - Bezirksamt Berlin-Steglitz (1920–1945)

Aktennummer: 197
Standesämter
Enthält u. a.: Übernahme der Verwaltung der Alt-Berliner Standesämter auf die Bezirksämter. - Neuorganisation der Standesämter.
1920–1936

Aktennummer: 3
Josef Siefert - Standesamtführung, Gesetzessammlung
Enthält u. a.: Schriftwechsel mit Autor, Druckerei, Binderei und anderen.
3: Nachtrag X, 1940
4: Nachtrag X, 1940–1941
5: Nachtrag XII, 1942
6: Nachtrag XIII, 1943–1944

A Rep. 339 - Landgericht Berlin

Aktennummer: 125
Aktenordnung des Landgerichts Berlin
Enthält u. a.: Führung und Standorte von Kostenkarteien. - Anordnung über die Einführung der Aufklebevordrucke „Jude" und „Pole" 1942. - Kriegsbedingte Vereinfachungen im Geschäftsgang. - Mitteilung an die Standesämter in Ehesachen. - Änderung der Aktenordnung.
1936–1945

A Rep. 341-02 - Amtsgericht Berlin (Mitte)

Aktennummer: 202
Verwaltungsangelegenheiten
Enthält u. a.: Geschäftsordnung für die gemeinschaftliche Briefannahme des Landgerichts I Berlin und des Amtsgerichts Berlin-Mitte im Zivilgerichtsgebäude vom 7. Oktober 1907. - Anzeigepflicht der Todesfälle durch Standesämter. - Neunummerierung der Räume im Geschäftsgebäude Neue Friedrichstraße 9/10 und 11.
1928–1930

A Rep. 341-02 - Amtsgericht Berlin (Mitte) - Strafsachen

Aktennummer: 11651
wg. Übertretung des Personenstandsgesetzes
1943–1944

Aktennummer: 6716
wg. §169 (Unterdrückung des Personenstandes eines unehelichen Kindes)
1944

A Rep. 341-04 - Amtsgericht Berlin-Mitte - Nachlass- und Erbsachen/Adoptionen[618]

Aktennummer: 46535
Testamentsakte von Adelheid Bleichröder geb. Salomon (*19.09.1838, †05.03.1910), Ehefrau von Julius Bleichröder (1828–1907)
Enthält u. a.: handgeschriebenes Testament vom 05.09.1909. - Sterbeurkunde Nr. 176/1910 des Standesamts I/II. - Korrespondenz mit dem Urenkeln, Klaus Arons und Ursula Herbst-Stenger.
1910, 1994

618 Die aufgeführten Akten stehen beispielhaft für eine umfangreiche Überlieferung.

Aktennummer: 46539
Testamentsakte der Eheleute Dr. Leo Martin Arons (*15.02.1860, †10.10.1919) und Johanna Hedwig Arons geb. von Bleichröder (*18.01.1861, †20.09.1938), Brückenallee 3 in Berlin-Tiergarten
Enthält u. a.: Sterbeurkunde Nr. 1849/1919 des Standesamts 12 A für Martin Leo Arons. - Handschriftliche Nachtragserklärungen von Dr. Leo Arons.
1893–1939

Aktennummer: 46540
Testamentsakte des Geheimen Kommerzienrats Gerson von Bleichröder (*1823, †19.02.1893), Behrenstraße 63 in Berlin-Mitte
Enthält u. a.: Sterbeurkunde Nr. 113/1893 des Standesamts Berlin I für Gerson von Bleichröder.
1888–1924

Aktennummer: 46542
Testamentsakte des Bankiers Julius Bleichröder (*27.04.1828, †17.02.1907), Voßstraße 8 in Berlin-Mitte [Ehefrau: Adelheid Bleichröder geb. Salomon (1838–1910)]
Enthält u. a.: Nachtragstestament. - Sterbeurkunde Nr. 171/1907 des Standesamts I/II für Julius Bleichröder. - Bitte der jüdischen Gemeinde Berlin um Abschrift des Testaments.
1894–1948 (1966)

A Rep. 343 - Amtsgericht Köpenick

Aktennummer: 1059
Anträge zur Berichtigung von standesamtlichen Registern
Enthält: Einzelvorgänge Schmidt, Haase, Makowski, Liegener.
1900

Aktennummer: 1060
Neuregelung der Berichtigung der Personenstandsregister in den Standesämtern
Enthält u. a.: Übersendebescheinigungen der Register an die Amtsgerichte durch die Standesämter. - Schreibweise ausländischer Namen in Standesregistern. - Notierung von Datum, Geschäftsnummer und Beschlussfassung bei Berichtigung von Personenstandsregistern. - Verfügungen. - Schriftwechsel.
1900–1928

Aktennummer: 1061
Abgabe der Register an das Amtsgericht Köpenick durch die Standesämter
Enthält: Verzeichnis von Standesamtsnebenregistern und Kirchenbuchduplikate. - Übersendungsbescheinigungen.
1902–1929

Aktennummer: 1503
Allgemeine Rechtsangelegenheiten
Enthält u. a.: Zusammenarbeit der Jungendämter und Vormundschaftsgerichte. - Verzeichnis der Anzahl von

Zwangsverwaltungen. - Verzeichnis der Zwangsverwalter. - Behandlung von Berichtigungsbeschlüssen in Personenstandsangelegenheiten.
1931–1935

A Rep. 349 - Amtsgericht Spandau

Aktennummer: 10737
Namensberichtigung Vogt (Beschwerde geg. Standesamt)
1909

Aktennummer: 10955
Namensberichtigung Emil Krüger (Beschwerde gegen Standesamt)
1917

A Rep. 352 - Amtsgericht Wedding

Aktennummer: 4087
Aufbewahrung der Standesamtsnebenregister von 1906 bis 1920 und 1921 bis 1927
1906–1927

Aktennummer: 4091
Reichsgesetzliche Vorschriften über die Beurkundung des Personenstandes, Nachtragungen des Standesamts Tegel Schloß und Forst 1916–1918; 1925–1927
1916–1927

Aktennummer: 4094
Verschiedene Angelegenheiten des Gerichts
Enthält u. a.: Erlass von Gerichtsgebühren für Erteilung von Erbscheinen. - Standesamt Charlottenburg: 4 Beischreibungen eines Randvermerks im Heiratsnebenregister für Steffen-Lehmann, Lange-Albrecht, Scharlock-Moritz und Witczak-Bienge. - Statistik (Geschäftsübersicht und Geschäftsbewegung der Gerichtschreiberei 22 für das Jahr 1926). - Hauptgeschäftsübersicht für 1926.
1927

Aktennummer: 517
Standesamtssachen (Nebenregister)
1932

Aktennummer: 1750
Geburtsregister Standesamt Tegel
1934

Aktennummer: 1747
Beurkundung des Personenstandes und der Eheschließung vom 06.02.1875 (Nebenregister)
1934

Aktennummern: 2020–2021, 2845–2847, 4090, 4093, 4672
Berichtigung des Nebenregisters
2020: des Standesamts Heiligensee, 1935
2021: des Standesamts Berlin–Tegel, 1935
2845: des Standesamts Frohnau, 1936
2846: des Standesamts Heiligensee, 1936
2847: des Standesamts Berlin-Tegel, 1936
4090: des Standesamts Lübars-Waidmannslust, 1909–1929
4093: des Standesamts Berlin-Wittenau, 1925–1937
4672: des Standesamts Plötzensee, 1925

Aktennummern: 2022–2924, 2848–2850
Nachträge zu den Nebenregistern
2022: des Standesamts Berlin-Reinickendorf, 1935
2023: des Standesamts Berlin-Wedding, 1935
2024: des Standesamts Rudolf-Virchow-Krankenhaus, 1935
2848: des Standesamts Berlin-Reinickendorf-Ost, 1936
2849: des Standesamts Berlin-Wedding, 1936
2850: des Standesamts Rudolf-Virchow-Krankenhaus, 1936

A Rep. 358 - Generalstaatsanwaltschaft beim Landgericht Berlin

Aktennummer: 2999
Schutz der Volkskraft
Enthält u. a.: Bekämpfung der gewerbsmäßigen Abtreibung. - Strafverfahren wegen Unterdrückung des Personenstandes.
1936–1944

A Rep. 358-02 - Generalstaatsanwaltschaft bei dem Landgericht - Verfahren 1933 – 1945

Aktennummern: 28626 u. v. m.
Verletzung des Personenstandes (§ 169)
1939–1945

Aktennummer: 145445 u. v. m.
Vergehen nach § 67 Personenstandsgesetz vom 03.11.1937
1937–1945

B Rep. 002 - Der Regierende Bürgermeister von Berlin - Senatskanzlei

Aktennummer: 438
Magistrat von Groß-Berlin, Abt. Personal und Verwaltung
Enthält: Rundschreiben und Rundverfügungen des Beschaffungsamtes, des Hauptamtes für Statistik, des Aufsichtsamtes für die Standesämter und der Entnazifizierungskommission(1947–1949).
1947–1950

Aktennummer: 7694
Gesetze und Verfügungen zum Melde- und Personenstandswesen
1958–1961

Aktennummer: 7295
Abgeordnetenhaus
Beschluss 989: [Darüber, gestr.: 90/239/610]. Organisationsgutachten bzw. -studie über die Abt. Personal und

Verwaltung der Bezirksämter von Berlin (Teil Standesämter sowie Gehalts- und Lohnstellen)
1969

Aktennummer: 14695
Verhältnis BRD/DDR: Personenstandswesen
1969–1981

Aktennummer: 22013
Organisationsgutachten über die Abteilung Personal und Verwaltung der Bezirksämter von Berlin. Teil-Standesämter; Organisationsstudie über die Abteilung Personal und Verwaltung der Bezirksämter von Berlin, Personalämter, Gehalts- und Lohnstellen
1970

Aktennummer: 22014
Der Senator für Inneres: Organisationsstudie über die Abteilung Personal und Verwaltung der Bezirksämter von Berlin. Teil Standesämter, Berlin 1970
1970

Aktennummer: 22022
Der Senator für Inneres: Organisationsgutachten über das Standesamt I in Berlin (West), Berlin 1973
1973–1974

Aktennummern: 36945–36951
Personenstandswesen
1977–1990

B Rep. 003 - Senator für Bundesangelegenheiten

Aktennummer: 2099
Abkommen vom 07.12.1962 zwischen der Bundesrepublik Deutschland und dem Fürstentum Luxemburg über den Verzicht auf die Beglaubigung und über den Austausch von Personenstandsurkunden sowie über die Beschaffung von Ehefähigkeitszeugnissen
1982–1983

B Rep. 004 - Senatsverwaltung für Inneres

Aktennummer: 14
Vereinfachung des polizeilichen Meldewesens
Enthält u. a.: Vorläufige Richtlinien für die Registrierung der Einwohner Berlins. - Änderung der Meldevordrucke. - Eingliederung der Zuzugsstellen. - Abkürzungsliste für Zuzugsstellen und Standesamtsmeldungen. - Blanko-Vordruck zur polizeilichen Anmeldung.
1947–1949

Aktennummer: 15
Vereinfachung des polizeilichen Meldewesens
Enthält u. a.: Gutachten über Möglichkeiten der Zusammenfassung des Personenstandswesens mit dem Meldewesen. - Aufgabenkatalog des Einwohnermeldeamtes. - Grundsätze für mögliche Verbindung von Familienbuch und Meldekarte. - Angabe der Konfessionszugehörigkeiten bei polizeilichen An- und Abmeldungen. - Verordnung über das Meldewesen vom 06. Januar 1938. - Entwürfe zur Änderung des Personenstandsgesetzes.
(1938) 1951–1954

Aktennummer: 148
Nachgeordnete Behörden: Statistisches Landesamt; Standesamt I; Verwaltungsgericht; Oberverwaltungsgericht; Deutsche Dienststelle (WAST-Wehrmachtsauskunftsstelle)
1955–1961

Aktennummer: 1332
Vergleich der Organisation der Verwaltung Berlin und Hamburg („Untersuchung Hamburg")
Enthält: Vorbereitung eines Hamburg-Besuchs. - Zusammenstellung der Rationalisierungsmaßnahmen der Berliner Verwaltung. - Stellenpläne des Abgeordnetenhauses, der Senatskanzlei, des Rechnungshofes, der Standesämter, der Polizeiverwaltungen, der Justizverwaltung, des Einwohnermeldeamtes, der Berufsamtes, des Vormundschaftswesens, des Vermessungsamtes und des Wohnungsamtes 1960. - Auszug der bundeseinheitlichen Erhebung der Statistischen Landesämter Berlin und Hamburg zum Bereich Öffentlicher Dienst und Dienstleistungen im öffentlichen Interesse.
1960

Aktennummer: 1333
Vergleich der Organisation der Verwaltung Berlin und Hamburg („Untersuchung Hamburg")
Enthält: Vorbereitung eines Hamburg-Besuchs. - Zusammenstellung der planmäßigen Beamten, Richter und vollbeschäftigten Angestellten in Berlin und Hamburg ohne Berücksichtigung der nichtplanmäßigen Beamten, Angestellten und der Arbeiter 1959. - Stellenpläne der Senatsverwaltung für Inneres, der Senatsverwaltung für Arbeit und Sozialwesen, der Senatsverwaltung für Jugend und Sport 1959. - Schlüsselzahlen für die Bemessung von Personalbedarf in Krankenanstalten. - Ist-Stand der Ausgaben der Verwaltung in Berlin und Hamburg in den Rechnungsjahren 1956–1959 zusammengestellt aus Angaben der Staatsfinanzstatistik. - Gegenüberstellung der Anzahl der Stellen in Berlin und Hamburg nach Besoldungs- und Vergütungsgruppen. - Rationalisierungsmaßnahmen der Berliner Verwaltung. - Stellenpläne des Abgeordnetenhauses, der Senatskanzlei, des Rechnungshofes, der Standesämter, der Polizeiverwaltungen, der Justizverwaltung, des Einwohnermeldeamtes, der Berufsamtes, des Vormundschaftswesens, des Vermessungsamtes und des Wohnungsamtes 1960.
1959–1961

Aktennummer: 2531
Bezeichnungsrichtlinien
Enthält: Verwendung der Kennung „D" im Postverkehr zwischen der DDR und Berlin (West). - Personenbezogene Bespiele (bis Jahrgang 1960). - Staatsbürgerschaft „Bürger von Berlin (West)". - Formulierung „Berlin und das übrige Bundesgebiet". - Abkürzung BRD für Bundesrepublik Deutschland einschließlich Berlin (West). -

Datensätze in den Programmen des Einwohnerwesens. - Bezeichnung Berlins im Thesaurus für Parlamentsmaterialien des Deutschen Bundestages. - Urkundenverkehr zwischen Standesämtern in Berlin (West) und der DDR. - Verordnung über die Gebühren im Post- und Fernmeldewesen der DDR vom 04.06.1976. - Verordnung zur Änderung der Wahlordnung für die Sozialversicherung. - Kennzeichnung „Made in Germany". - Verwendung der Gegenüberstellungsformel Bundesrepublik Deutschland (BRD) und Berlin (West).
1977–1983

Aktennummer: 421
Bericht des Jahres 1970 über die „Erneuerung der während des Krieges verlagerten und bislang nicht zurückgelangten Personenstandsbücher"
1980

B Rep. 005 - Senatsverwaltung für Justiz

Aktennummer: 995
Eingabe der J. B. auf Berichtigung des Eintrags im Geburtenbuch des Standesamts I in West-Berlin und Zuerkennung der deutschen Staatsangehörigkeit
1980

B Rep. 010 - Senatsverwaltung für Wirtschaft

Aktennummer: 2641
Sparkasse der Stadt Berlin West - Verschiedenes
Enthält u. a.: Zusammenarbeit mit öffentlichen Lebensversicherungsanstalten. - Ausgabe von Spargutscheinen für Neugeborene durch Standesämter. - Perspektiven der Sparkassenpolitik.
1953–1974

B Rep. 065 - Justizvollzugsanstalt für Frauen

Aktennummer: 419
Gefangenenakte Elisabeth Wolter geb. Asseburg (*14.11.1912) wegen Verletzung des Personenstandsrechts
1959

B Rep. 058 - Staatsanwaltschaft beim Landgericht Berlin[619]

Aktennummer: 5914
Ermittlungssache gegen Franz Riedel bzw. Karl Riedel wegen angeblicher Erschießung mehrerer Gefangener nahe Lida im Sommer 1943
Enthält u. a.: Fotokopien diverser Unterlagen des Berlin Document Center über den Beschuldigten. - Schreiben des Deutschen Roten Kreuzes/Suchdienst München. - Auskunft der Deutschen Dienststelle/WASt. - Stellenbesetzungsliste der Verwaltungsbeamten für Russland und Weißruthenien. - Verlustmeldung betr. Karl Riedel. - Beglaubigte Abschrift aus dem Sterbebuch des Standesamts I in Berlin (West). - Schreiben der Staatsanwaltschaft Mainz. - Handakte.
1959–1970, 1994, 1999

Aktennummer: 6432
Ermittlungssache gegen Alfred Evers (*22.09.1898) alias Carl Schewe wegen Erschießungen im KZ Rognan-Botn in Norwegen
Enthält: Kopie der beglaubigten Abschrift aus dem Geburtenregister des Standesamts Lünen. Geburtsurkunde von Carl Schewe. - Heiratsurkunde des Eheleute Schewe.
1967–1978

Aktennummer: 6368
Ermittlungssache gegen Hermann Behrends (*11.05.1907) und Kurt Gildisch (*02.03.1904) wegen Mordes an dem ehemaligen Pressereferenten der Vizekanzlei und Oberregierungsrat Herbert von Bose (*16.03.1893) im Juni 1934 im Zusammenhang mit dem so genannten Röhm-Putsch
Enthält u. a.: Eidesstattliche Erklärung des Staatskommissariats für politisch Verfolgte in Bayern vom 10.08.1949. - Beglaubigte Abschrift aus dem Sterberegister des Standesamts Prittbach über Karl Reineking (*05.11.1903) vom 27.07.1936. - Fotokopie der Sterbeurkunde von Reineking vom 22.02. 1961. - Bericht der LKP Nebenstelle Peine über Reineking vom 10.05.1961.
1968–1971

B Rep. 122 Standesamt I in Berlin (West)

Überlieferung im Landesarchiv Berlin, ca. 1 lfm
Ansicht und Recherche über Findbuch.net → https://www.landesarchiv-berlin.findbuch.net/php/main.php

B Rep. 125 - Landesarchiv Berlin

Aktennummer: 6
Schriftwechsel mit dem Senator für Inneres
Enthält u. a.: Entwurf der Gemeinsamen Geschäftsordnung (GGO) I 1952. - Organisationspläne der Innenverwaltung. - Aktenaussonderungen. - Recherchen. - Verzeichnis der Personenstandsbücher in den Berliner Standesämtern.
1951–1986

Aktennummer: 23
Schriftwechsel mit nachgeordneten Behörden des Senators für Inneres
Enthält nur: Schriftwechsel mit dem Standesamt I in Berlin (West) und dem Landesamt für elektronische Datenverarbeitung.
1972–1985

Aktennummer: 953
Schriftwechsel mit nachgeordneten Behörden des Senators für Inneres und mit dem Senator für Jugend und Familie
Enthält u. a.: Standesamt in Berlin-West.

619 Die aufgeführten Akten stehen beispielhaft für eine umfangreiche Überlieferung.

Aktennummer: 1048
Schriftwechsel mit nachgeordneten Behörden des Senators für Inneres und für Jugend und Familie
Enthält u. a.: Standesamt I in Berlin.

B Rep. 142-04 - Deutscher und Preußischer Landkreistag

Aktennummer: 250
Standesamtssachen
Enthält u. a.: Gebührenfreiheit, Formulare, Beratung der Mitgliedskreise.
1924–1933

B Rep. 203 - Bezirksverwaltung Wedding

Aktennummer: 10333
Stellenplan des Standesamts sowie Ermittlungen wegen der Entwendung von Stehordnern
1947–1950

B Rep. 206 - Bezirksverwaltung Kreuzberg

Aktennummer: 7389
Standesamt: Ausüben des Fotografenhandwerks im Gebäude des Standesamts Kreuzberg (AZ.: 0020/2)
1966–1970

B Rep. 207 - Bezirksverwaltung Charlottenburg

Aktennummer: 5199
Vermögensverzeichnis Abteilung Personal und Verwaltung: Standesamt
1969

B Rep. 208 - Bezirksverwaltung Spandau

Aktennummer: 392
Verschiedene Angelegenheiten des Bezirksamtes
Enthält u. a.: Neuorganisation des Standesamts und der Abteilung Statistik und Wahlen. - Bildung und Arbeit der Entnazifizierungskommission.
1946–1951

B Rep. 209 - Bezirksverwaltung Wilmersdorf

Aktennummer: 9591
Vorlagen zur 2.–49. Bezirksamtssitzung vom 09.02.1959 – 21.12.1959
Enthält u. a.: Bestellung eines Kassierers für die Auftragskasse im Standesamt (89).

Aktennummer: 9594
Vorlagen zur 158.–208. Bezirksamtssitzung vom 08.01.1962–17.12.1962
Enthält u. a.: Besetzung der Stelle des Leiters des Standesamts (V. 332).

Aktennummer: 9647
Einladungen, Niederschriften und Vorlagen an die BVV sowie Vorlagen zur 128.–141. Bezirksamtssitzung vom 16.05.1967–07.08.1967
Enthält u. a.: Besetzung der Stelle des Leiters des Standesamts Wilmersdorf (V. 195).

B Rep. 210 - Bezirksverwaltung Zehlendorf

Aktennummer: 1925
Neuordnung des Personenstandsrechts nach 1945
Enthält u. a.: Mischehen. - Löschung jüdischer Zwangsnamen. - Besprechungen der Standesbeamten.
1945–1957

Aktennummer: 1926
Instandsetzungsarbeiten am Standesamt Berlin-Zehlendorf
1948–1956

Aktennummer: 1927
Fotostand im Standesamt Zehlendorf
1948–1956

Aktennummer: 1991
Rundverfügungen
Enthält u. a.: Verlagerung der Standesamtsregister. - Tätigkeitsberichte.
1950–1954

Aktennummer: 1923
Standesamtliche Hinweise im Verkehr mit den Standesämtern in der DDR
Enthält u. a.: Liste der Standesämter in Ost-Berlin.
1958–1960

B Rep. 210 BVV - Bezirksverwaltung Zehlendorf

Aktennummer: 2695
03. Wahlperiode 1951–1954 Drucksachen der Bezirksverordnetenversammlung
Enthält u. a.: Verlegung des Standesamts (DS 88/51).
1951–1953

Aktennummer: 2731
09. Wahlperiode 1975–1979 Drucksachen der Bezirksverordnetenversammlung
Enthält u. a.: Umwandlung der Grundstücksfläche zwischen Standesamt und Parkplatz in eine öffentliche Grünanlage (DS 750/79).
1978–1979

Aktennummer: 2734
10. Wahlperiode 1979–1981 Drucksachen der Bezirksverordnetenversammlung
Enthält u. a: Sicherung des Gebäudes Martin-Buber-Straße 10 durch Änderung des Bebauungsplanes X-2 und Festschreibung des Standortes des Standesamts (DS 149/79).
1979

B Rep. 250-01 - EFHA-Werke Fleischwarenfabrik GmbH

Aktennummer: 1
Erbringung von „Ariernachweisen“ durch die Besitzer der Firmen EFHA KG und A. Hefter KG
Enthält u. a.: Abschriften von Personenstandsurkunden der Familie Bell. - Einstufung als „arisches“ Unternehmen.
1933–1936

C Rep. 100 - Magistrat von Berlin, Bereich Sekretär

Aktennummer: 84
Bericht zur Überprüfung des Standesamts Lichtenberg und des Standesamts Buch
1953

Aktennummer: 85
Aufgaben des Standesamts I
1953

C Rep. 100-05 - Magistrat von Berlin, Büro des Magistrats

Aktennummer: 1018
75. (ordentliche) Sitzung des Magistrats am 01. Dezember 1956
Enthält u. a.: Personenstandsverordnung (Beschluss Nr. 847).

Aktennummer: 1258
21. (ordentliche) Sitzung des Magistrats am 11. September 1964
Enthält u. a.: Zentralisierung der Personenstandsregister (Beschluss Nr. 260).

Aktennummer: 1325
25. (ordentliche) Sitzung des Magistrats am 18. November 1966
Enthält u. a.: Übernahme des „Gesetzes zur Änderung des Personenstandsgesetzes“ (Beschluss Nr. 326).

Aktennummer: 1801
14. (ordentliche) Sitzung des Magistrats am 11. Juli 1979
Enthält u. a.: Bericht zum Stand der Durchsetzung des Beschlusses des Präsidiums des Ministerrates der DDR vom 28. August 1975 über die Situation und Arbeitsweise der Standesämter (224).

Aktennummer: 1922
12. (ordentliche) Sitzung des Magistrats am 25. Mai 1983
Enthält u. a.: Maßnahmen zur Erhöhung der Effektivität der Arbeit des „Standesamts I“ und der Standesämter der Stadtbezirke (272)

Aktennummer: 1956
14. Sitzung des Magistrats am 06. Juni 1984
Enthält u. a.: Konzeption für den Aufenthalt einer Delegation des Moskauer Stadtsowjets zu Personenstandsfragen in Berlin vom 18.–23. Juni 1984 (Beschluss Nr. 271).

Aktennummer: 2032
10. (ordentliche) Sitzung des Magistrats am 08. September 1986
Enthält u. a.: Einschätzung des Standes der Durchsetzung des Magistratsbeschlusses Nr. 272/83 „Maßnahmen zur Erhöhung der Effektivität der Arbeit des Standesamts I und der Standesämter der Stadtbezirke“ und Festlegung der Aufgaben bis 1990 (400).

Aktennummer: 2130
42. (ordentliche) Sitzung des Magistrats am 15. November 1988
Enthält u. a.: Schlussfolgerungen und Information über die Situation und Arbeitsweise der Standesämter und den Stand der Durchsetzung des Programms zur weiteren Entwicklung des Personenstandswesens in der Hauptstadt der DDR, Berlin, im Zeitraum 1986–1990 (Beschluss Nr. 523).

Aktennummer: 2210
22. Sitzung des Magistrats am 21. Mai 1990
Enthält u. a.: Regelung der Verantwortlichkeiten in Personenstands-, Namensänderungs- und Staatsbürgerschaftsangelegenheiten (Beschluss Nr. 253).

C Rep. 101-04 - Beirat für kirchliche Angelegenheiten/Amt für Kirchenfragen

Aktennummer: 131
Unterstützung des Ev. Konsistoriums bei der räumlichen Unterbringung des Kirchenarchivs
Enthält auch: Verbleib von Personenstandsunterlagen.
1951

C Rep. 101-07 - Magistrat von Berlin, Pressestelle beim Oberbürgermeister von Berlin

Aktennummer: 5229
Mitteilungen der Bezirkspressestelle Berlin-Mitte zur Veröffentlichung in der Presse
Enthält u. a.: Tätigkeitsberichte der Abteilungen des Bezirksamtes, darin Statistiken des Standesamts und Halbjahresberichte der Bezirkspreisstelle.
1945–1948

C Rep. 102 - Magistrat von Berlin, Abteilung Verwaltung und Personalpolitik

Aktennummer: 264
Rundschreiben
Enthält u. a.: Vorläufige Neuordnung des Personenstandsrechts. -
1945

Aktennummer: 57
Rundschreiben und Verfügungen
Enthält u. a.: Vorläufige Neuordnung des Personenstandsrechts.
1945

Aktennummer: 40
Organisations- und Personalangelegenheiten des Hauptprüfungsamtes, der Wirtschaftsstellen und der Standesämter
Enthält u. a.: Bericht über das geltende Standesamtsrecht und Vorschläge für die künftige Gestaltung des Standesamtswesens.
1946–1949

Aktennummer: 66
Rundschreiben und Verfügungen
Enthält u. a.: Rückführung der nach der Tschechoslowakei verlagerten Personenstandsbücher und -akten der Berliner Standesämter.
1948

C Rep. 104 - Magistrat von Berlin, Bereich Inneres[620]

Aktennummer: 2
Materialsammlung zu Personenstandsgesetzen (1932–1944)
Enthält: Familienrecht. - Namensrecht.
1945

Aktennummern: 57, 223
Zusammenlegung von Standesämtern in den Verwaltungsbezirken
223: Pankow. - Köpenick. - Weißensee, 1945–1947
57: Treptow. - Prenzlauer Berg. - Lichtenberg, 1945–1946

Aktennummer: 46
Regelung personenstandsrechtlicher Fragen
Enthält: Reichsgesetzblätter zum Personenstandsgesetz 1873–1944. - Leitfaden für die Standesbeamten.
(1873–1944) 1945–1951

Aktennummer: 42
Regelung personenstandsrechtlicher Fragen
Enthält: Fragen zur Annahme an Kindes statt. - Nachträgliche Eheschließung.
1945–1951

Aktennummer: 38
Rundschreiben des Aufsichtsamts der Standesämter an alle Standesämter
1945–1951

620 Als maßgebliche Behörde mit Zuständigkeit für das Personenstandswesen in Berlin, Hauptstadt der DDR, entstand beim Bereich Inneres eine erhebliche Anzahl von Akten, die in einer eigenen Klassifikationsgruppe 02.02. Referat Personenstandswesen zusammen verzeichnet worden sind.

Aktennummer: 48
Regelung personenstandsrechtlicher Fragen
Enthält: Einteilung der Verwaltungsbezirke in Ortsteile 1950. - Anschriften der Standesämter und des Aufsichtsamtes 1947. - Oststandesämter 1946. - Standesämter Alt-Berlins. - Verzeichnis der Kolonialregister. - Aufstellung über die beim Standesamt I verwalteten Personenstandsregister ehemals dt. Standesämter. - Übersicht über den Verbleib der Personenstandsregister der Konzentrationslager (u. a. Sachsenhausen). - Verordnung über die Bildung und den Aufbau der Bezirksämter und Ortsamtsstellen 1945.
1945–1952

Aktennummer: 55
Stellenplanung der Stadtbezirksstandesämter
1945–1952

Aktennummer: 43
Regelung personenstandsrechtlicher Fragen
Enthält: Fragen zu Ehen unterschiedlicher Staatsbürgerschaften. - Ehe und Familie im Sowjetgesetz. - Nichtehen.
1945–1953

Aktennummer: 45
Regelung personenstandsrechtlicher Fragen
Enthält: Neuordnung Personenstandsfragen. - Rundverfügungen des Aufsichtsamtes für Standesämter. - Arbeitsanweisung der Abteilung Personenstandswesen.
1945–1953

Aktennummer: 44
Regelung personenstandsrechtlicher Fragen
Enthält: Fragen zu Findel- oder Flüchtlingskindern.
1946–1959

Aktennummern: 51–52
Arbeitsbesprechungen betr. Standesämter
52: 1946–1950
51: 1954–1961

Aktennummer: 47
Regelung personenstandsrechtlicher Fragen
Enthält: Meldeordnung für Groß-Berlin 1952. - Vordruckmuster.
1947–1952

Aktennummern: 2141–2147
Findelkinder (v. a. Flüchtlingskinder) - Informationen an das Aufsichtsamt für Standesämter beim Magistrat von Berlin, v. a. der Landesregierung Sachsen, zur Beurkundung der Geburt durch das Standesamt I
Enthält u. a.: Personenbezogene Berichte über Findelkinder (u. a. Informationen über amtsärztliche Untersuchungen, vorläufige Personenstandsbestimmungen bzw. -festlegungen, Auffinde- und Aufenthaltsort). - Adoptionsersuche von Pflegeeltern. - Informationen des Suchdienstes (u. a. mit Fotos aus Zeitungen).
2141: 1948–1949
2142: 1948–1949

2143: 1949
2144: 1949
2145: 1950
2146: 1951
2147: 1952

Aktennummer: 53
Organisation, Aufbau und Aufgabenstellung vom Aufsichtsamt für Standesämter und Standesamt I
1948–1954

Aktennummer: 54
Stellenplanung der Standesämter des Magistrats und der Stadtbezirke
Enthält u. a.: Entwicklung der Stadtbezirksstandesämter bis 1949.
1948–1955

Aktennummer: 41
Anweisungen und Verfügungen zur Umsetzung des polnischen und tschechischen Familienrechts
1949–1952

Aktennummer: 954
Rundverfügungen und Rundschreiben an die Standesämter
1949–1952

Aktennummer: 958
Personalangelegenheiten der Standesämter
Enthält u. a.: Bewerbungen.
1949–1961

Aktennummer: 180
Rundschreiben zur Arbeit der Standesämter
1950–1952

Aktennummern: 956–957
Arbeitsanweisungen und Verordnungen zur Tätigkeit der Standesämter
Enthält: Mustersammlung mit ausgefüllten Formularen.
1950–1953

Aktennummer: 1777–1778
Weisungen und Verfahrensweisen im Personenstandswesen
Enthält u. a.: Merkblatt für Ärzte zur Ausfüllung der Totenscheine. In: Verfügungen und Mitteilungen des Ministeriums für Gesundheitswesen Nr. 21 vom 05.11.1968. - Anweisung Nr. 49/70 des Ministers des Innern und Chefs der Deutschen Volkspolizei über die sich aus dem Vertrag zwischen der Deutschen Demokratischen Republik und der Union der Sozialistischen Sowjetrepubliken zur Regelung von Fragen der doppelten Staatsbürgerschaft ergebenden Aufgaben, o. D. [1970]. - Untersuchungen zur Säuglingssterblichkeit. - VO über die Melde- und Entschädigungspflicht bei Berufskrankheiten vom 14. November 1957. - Mitteilungen über die Einrichtung von Urkundsstellen.
1950–1969

Aktennummer: 4
Länderbesprechungen beim Ministerium für Inneres der DDR
1951–1952

Aktennummer: 56
Geschäftsverteilung des Aufsichtsamtes für Standesämter
1951–1952

Aktennummer: 184
Arbeitsberatungen des Aufsichtsamtes für Standesämter
1951–1952

Aktennummer: 50
Arbeitsbesprechungen betr. Standesämter
1951–1953

Aktennummer: 40
Personenstandsgesetz
Enthält: Durchsetzung des Prinzips der Gleichberechtigung des nichtehelichen Kindes.
1951–1954

Aktennummer: 39
Tätigkeit des Referates Personenstandswesen
Enthält u. a.: Arbeitspläne. - Berichte. - Arbeitsanweisungen. - Rundbriefe.
1952–1956

Aktennummer: 2308
Unterbringung bzw. Lagerorte sowie Verbleib von Standesamtsbüchern
Enthält u. a.: Übersichtslisten (auch Standesamtsbücher ehemals deutscher Gebiete). - Entwicklung der Berliner Standesamtsbezirke (Übersicht der Standesämter in Berlin z. T. mit Ortsteilen, auch West-Berlin). - Fehl- und Verlustmeldungen. - Rückführung ausgelagerter Bestände. - Beurkundungsprobleme. - Übergabelisten der Stadtbezirke an den Bereich Personenstandwesen des Magistrats (Nebenregister, Zweitbücher und Verzeichnisse). - Berichterstattung zur Beischreibung von Randvermerken und Löschung jüdischer Zwangsnamen. - Aufstellungen über die in den Standesämtern der Stadtbezirke und beim Standesamt I lagernden Personenstandsregister und Bücher. - Sterbebücher beim Standesamt I, 1939–1945 (auch Todeserklärungen und Beurkundungen für ehemalige Wehrmachtsangehörige). - Information über Personenstandsregister des ehemaligen Kreises Guben (jetzt polnische Gebiete).
1952–1956, 1965

Aktennummer: 5
Arbeitsbesprechungen beim Staatssekretariat für Innere Angelegenheiten der DDR mit den Referenten Personenstandswesen der Räte der Bezirke
1953–1954

Aktennummer: 185
Weisungen
1953–1954

Aktennummer: 955
Arbeitsanweisungen und Verordnungen zur Tätigkeit der Standesämter
1953–1967
Aktennummern: 1789–1790, 1184–1189
Legitimationen
1789: A–J, 1954
1790: A–J, 1954
1186: K, 1954
1187: K, 1954
1188: L, 1954
1189: M, 1954
1185: N–P, 1954
1184: Q–S, 1954

Aktennummern: 183, 192
Arbeitsberatungen mit den Leitern der Standesämter
183: 1955–1964
192: 1963–1967

Aktennummer: 186
Stellenpläne des Standesamts I von Groß-Berlin, mit Tätigkeitsmerkmalen
1957–1958

Aktennummer: 49
Jahresstatistik der Standesämter der Räte der Stadtbezirke
1957–1962

Aktennummer: 1780
Pressearbeit Personenstand
1957–1987

Aktennummer: 2303
Sozialistische Feiern - Eheschließung, Namensweihe Neugeborener (Namensgebung) und Totengedenkfeier
Enthält u. a.: Konzeptionen zur inhaltlichen Gestaltung. - Berichte. - Statistiken. - Abschriften von Stellungnahmen der Kirche. - „Sparte kultische Betreuung“ in der Gewerkschaft Kunst des FDGB (Liste von Rednern und Musikern, Programmbeispiele für Totengedenkfeiern zum Bußtag und zu Totensonntag 1959). - Rahmenablaufpläne für Feiern. - Erfahrungsaustausch zum Thema mit dem Standesamt in Ulan-Bator (Mongolei).
1959–1969

Aktennummer: 2307
Kontrollen zur Tätigkeit der Standesämter
Enthält u. a.: Sterbebuch des Standesamts I sowie „Beurkundung von im Ausland eingetretenen und bei Standesämtern der DDR beurkundeten Personenstandsfällen“. - Zahlung von Aufwandsentschädigung für Standesbeamte, die Trauungen durchführen. - Einsetzung von Beauftragten für das Personenstandswesen und Leitern von Standesämtern. - Adressenübersicht der Standesämter (1982). - Verwaltungsrechtpraktikum von Studenten der Humboldt-Universität. - Überprüfung und Anleitung von Standesämtern (auch im Rahmen von Komplexkontrollen des Bereichs Inneres). - Statistiken über Eheschließungen an arbeitsfreien Samstagen.
1959–1977, 1982, 1986–1988

Aktennummer: 1291
Namensfeststellungen von Flüchtlingskindern
1960

Aktennummern: 700, 980, 1228
Anordnungen zum Ehebuch A–Z
1228: 1960–1964
980: 1966–1968
700: 1969–1973

Aktennummer: 2306
Beratungen mit den Leitern der Standesämter der Stadtbezirke
Enthält u. a.: Protokolle der Arbeitsberatungen. - Arbeitsberatungen der Abteilungsleiter Innere Angelegenheiten zu Fragen des Personenstandswesens. - Vermerke und Anweisungen. - Einladungen mit Tagesordnung (ab 1970er).
1960–1990

Aktennummer: 1786
Arbeitspläne und Berichte Personenstand
1961–1970

Aktennummer: 1787
Arbeitstagungen Personenstand
Enthält: Einladungen. - Aufzeichnungen.
1961–1981

Aktennummer: 1945
Schriftwechsel mit Ministerien der DDR, v. a. mit dem Ministerium des Innern der DDR zu den verschiedenen Arbeitsgebieten des Bereiches
Enthält u. a.: Zentralisierung der Standesämter.
1962–1964

Aktennummer: 2229
Sozialistische Feier der Namensweihe eines Kindes
Enthält: Vordrucke und Formulare. - Einladungen. - Glückwünsche. - Sinnsprüche.
1962–1964

Aktennummern: 986–987, 1206
Personenstandsfeststellungen A–Z
986: A–K, 1963–1974
987: L–W, 1963–1974
1206: A–Z, 1964

Aktennummer: 192
Arbeitsberatungen mit den Leitern der Standesämter
1963–1967

Aktennummer: 2309
Abgabelisten von Akten und Personenstandsbüchern
Enthält u. a.: Weißensee. - Treptow. - Lichtenberg. - Köpenick. - Verzeichnis der politischen Gemeinden des

Bezirkes Halle und ihre standesamtliche Zugehörigkeit (Stand: 01.01.1965).
1964–1965

Aktennummern: 1781–1782
Entwicklung der Eheschließung mit Bürgern anderer Staaten
Enthält: Einschätzungen. - Statistiken.
1964–1980

Aktennummer: 2301
Weisungen, Richtlinien und Informationen des Ministeriums des Innern der DDR und des Stellvertreters des Oberbürgermeisters für Inneres zum Personenstandswesen
Enthält u. a.: Eheschließung. - Zwischenstaatliche Legalisationsbestimmungen. - Namensänderungen/Namensführung. - Staatsbürgerschaft. - Ordnungsgemäße Antragsbearbeitung. - Veränderte Bestimmungen nach 1989. - Beurkundung von Geburt und Tod. - Verbesserung der Zusammenarbeit zwischen dem Pass- und Meldewesen und den Standesämtern. - EDV-Anwendung im Bereich des Personenstandswesens.
1964–1990

Aktennummern: 969–970, 977–979
Anordnungen gemäß § 16 Personenstandsgesetz -Beurkundungen der Geburt
977: A–G, 1965–1968
978: H–R, 1965–1968
979: S–Z, 1965–1968
969: A–M, 1969–1970
970: N–Z, 1969–1970

Aktennummer: 1771
Feststellungen von Familiennamen
1965–1982

Aktennummern: 787–789, 916–927, 687–695, 1591–1599, 1610–1612, 1770, 2020–2074
Eheschließung mit Bürgern anderer Staaten
Enthält u. a.: Anträge. - Schriftwechsel. - Beurteilung der Arbeitsstelle des DDR-Bürgers. - Ehefähigkeitszeugnisse für den ausländischen Bürger. - Eingaben.
916: A–C, 1966
917: D–H, 1966
918: R–Z, 1966
919: I–Q, 1966
691: A–M, 1967
692: N–Z, 1967
693: A–L, 1968
694: M–Z, 1968
695: A–L, 1969
687: A–K, 1970
688: L–Z, 1970
689: A–L, 1971
690: M–Z, 1971
2020: A–E, 1972
2050: L–M, 1972
2051: N–R, 1972
2052: S, 1972
2053: F–G, 1972
2054: H, 1972
2055: I–K, 1972
2058: T–Z, 1972
2059: A–F, 1973
2060: G–J, 1973
2063: S, 1973
2064: T–Z, 1973
2056: A–C, 1974
2057: D–E, 1974
2021: F–L, 1974
2061: M–S, 1974
2062: T–Z, 1974
2065: K–L, 1974
2066: M–O, 1974
2067: P–R, 1974
2068: A–B, 1975
2069: C–F, 1975
2070: G–J, 1975
2071: K–L, 1975
2072: M, 1975
2073: N–R, 1975
2074: S, 1975
2042: A, 1976
2040: B–C, 1976
2041: D–F, 1976
2043: G–J, 1976
2044: K–L, 1976
2022: M–R, 1976
2023: S–Z, 1976
2075: T–Z, 1975
1594: A–Q, 1977–1981
1597: P–Z, 1977–1981
2034: A–B, 1977
2035: C–G, 1977
2036: H–K, 1977
2037: L–P, 1977
2038: S–Sch, 1977
2039: R–Y (außer S, Sch), 1977
923: A–D, 1978
924: E–J, 1978
915: K–R, 1978
920: S–Z, 1978
922: A–G, 1979
921: H–L, 1979
1591: M–S, 1979
1592: T–Z, 1979
787: A–F, 1980
788: G–K, 1980
789: L–R, 1980
1593: S–Z, 1980
1596: A–F, 1981
1595: G–K, 1981
1598: L–R, 1981
1599: S–Z, 1981
1610: A–J, 1982
1770: A–J, 1982
1611: K–P, 1982
1612: R–Z, 1982

Aktennummer: 2310
Beispiele für Glückwunschkarten der Standesämter und Bezirksbürgermeister zur Eheschließung und zur Geburt des Kindes im Jahr des 750. Stadtjubiläums von Berlin
Enthält u. a.: Hinweise des Standesamts für Brautpaare (zum Ablauf der Trauung). - Glückwunsch des Oberbürgermeisters für Brautpaare, deren Trauung im Roten Rathaus stattfand. - Merkblatt der Sparkasse zum Ehekredit. - Werbeprospekte (Hochzeitsausstatter Kontex-Kaufhaus in der Brüderstraße 26, Gaststättenkomplex „Ermelerhaus").
1987

Aktennummer: 2316
Formularsammlung/Muster - Eheschließung
Enthält u. a.: Sonderblatt für das „Buch der Familie" zum Jubiläumsjahr Berlins 1987. - Glückwunschkarte des Oberbürgermeister Erhard Krack zur Eheschließung im Jubiläumsjahr. - Informationen zur Eheschließung im Standesamt des Rates des Stadtbezirks Berlin-Marzahn. - Glückwunschkarte des Stadtbezirksbürgermeisters von Marzahn, Gerd Cyske, zur Eheschließung in Marzahn im Jubiläumsjahr 1987. - Informationen zur Eheschließung im Standesamt des Rates des Stadtbezirks Berlin-Hellersdorf. - Glückwunschkarte des Stadtbezirksbürgermeisters von Hellersdorf, Hans Günter Burbach, zur Eheschließung in Hellersdorf im Jubiläumsjahr 1987 (auch Muster ohne Jubiläumslogo). - Informationen zur Eheschließung im Standesamt des Rates des Stadtbezirks Berlin-Hohenschönhausen (Muster mit und ohne Jubiläumslogo). - Glückwunschblatt des Stadtbezirksbürgermeisters von Hohenschönhausen zur Eheschließung in Hohenschönhausen. - Informationen zur Eheschließung im Standesamt des Rates des Stadtbezirks Berlin-Pankow (ohne Jubiläumslogo). - Glückwunschkarten des Stadtbezirksbürgermeisters von Pankow, Hans Walter, zur Eheschließung sowie zur Geburt des Kindes im Jubiläumsjahr. - Informationen zur Eheschließung im Standesamt des Rates des Stadtbezirks Berlin-Weißensee (ohne Jubiläumslogo). - Informationsfaltblatt des „Kontex-Kaufhauses", Abteilung Hochzeits- und Festausstatter, Berlin, Brüderstraße 26.
[1987]

C Rep. 104 (Fotos) - Magistrat von Berlin, Bereich Inneres

Aktennummer: 2
Standesamt Berlin-Lichtenberg
Enthält: Innen- und Außenaufnahmen. - Trauungen. - Dekoration und Inneneinrichtung des Standesamts. (s/w und farbig)
1980er

Aktennummer: 3
Standesamt Berlin-Weißensee
Enthält: Dekoration und Inneneinrichtung des Standesamts (s/w und farbig).
1980er

Aktennummer: 4
Standesamt Berlin-Köpenick
Enthält: Dekoration und Inneneinrichtung des Standesamts (s/w). - Trauung mit Streichquartett (s/w).
1980er

Aktennummer: 5
Standesamt Berlin-Mitte
Enthält: Dekoration und Inneneinrichtung des Standesamts (s/w). - Brautpaar (farbig).
1980er

Aktennummer: 6
Standesamt Berlin-Pankow
Enthält: Dekoration und Inneneinrichtung des Standesamts (s/w). - Brautpaare (s/w und farbig). - Hochzeitsbräuche (farbig).
1980er

Aktennummer: 7
Standesamt Berlin-Friedrichshain
Enthält: Dekoration und Inneneinrichtung des Standesamts (s/w). - Brautpaar (s/w).
1970er–1980er

Aktennummer: 8
Standesamt Berlin-Prenzlauer Berg
Enthält: Dekoration und Inneneinrichtung des Standesamts (s/w und farbig).
1970er–1980er

Aktennummer: 9
Dokumentation über die Standesämter der Hauptstadt der DDR, Berlin
Enthält: Dekorationen und Inneneinrichtungen der Standesämter. - Sozialistische Traditionen und Bräuche aus Anlass der Eheschließung (u. a. Straußniederlegungen, Spaliere, Oldtimer, Holzsägen) (s/w und farbig).
1970er–1980er

Aktennummer: 16
Verleihung der Amtsketten an die Leiterinnen der Standesämter am 13. November 1987 im Wappensaal des Roten Rathauses
1987

C Rep. 104-02 - Magistrat von Berlin, Stadtarchiv Berlin

Aktennummer: 419
Ablieferungsverzeichnisse Magistrat von Berlin, Abteilung Inneres (Rep. 104)
Enthält u. a.: Standesamt.
1952–1991

Aktennummer: 253
Bewertung von Schriftgut
Enthält u. a.: Statistische Massendaten. - Liegenschaftsdokumentation. - Personenstandswesen. - Patentschriftgut.
1976–1988

C Rep. 105 - Magistrat von Berlin, Abteilung Finanzen

Aktennummer: 20928
Umsatzsteuerangelegenheiten des Städtischen Werks Tegel, der Borsig-Werke, des Casinos Parochialstraße 1–3, des Rettungsamtes, der Vieh- und Schlachthöfe und der Fleischvernichtungsanstalt Rüdnitz, sowie der Standesämter
1946–1948

Aktennummer: 44168
Grundstücksbewertungen Friedrichshain
Enthält u. a.: Modersohnstraße 53–55 (Standesamt).
1945–1954

Aktennummer: 6411
Stellenplan der Fachorgane des Magistrats
Enthält u. a.: Abteilung Innere Angelegenheiten 1966–1970. - Standesamt 1953, 1955, 1964, 1967–1971.
1953, 1955–1971

C Rep. 107 - Magistrat von Berlin, Bezirksplankommission

Aktennummer: 960
Standortgenehmigung Gormannstraße 13 und Rückerstraße 9
Enthält: Rekonstruktion der Heizungsanlagen der Franz-Mett-Sporthalle und des Standesamts I.
1990

C Rep. 110-01 - Magistrat von Berlin, Chefarchitekt - Büro für Städtebau

Aktennummer: 179
Entscheidungsvorschläge zur standörtlichen Einordnung des Stadtarchivs, Verwaltungsarchivs, des Standesamts I und der Bibliothek der Humboldt-Universität
1970–1983

Aktennummer: 1545
Investitionskomplex Leninallee/Ho-Chi-Minh-Straße mit der Rekonstruktion und des Umbaus der „Alten Villa" zum Standesamt Berlin-Lichtenberg
1980–1981

Aktennummer: 1064
Wohnungsbau - Lückenschließung mit dem Bau des Standesamts Friedrichshain in der Friedenstraße 58–59 im Stadtbezirk Berlin-Friedrichshain
1980–1986

C Rep. 120 - Magistrat von Berlin, Abteilung Volksbildung

Aktennummer: 1184
Lizensierung Verlag für Standesamtswesen
1945

C Rep. 121 – Magistrat von Berlin, Abteilung Kultur

Aktennummer: 677
Kultische Ausgestaltung von Trauerfeierlichkeiten
1986

C Rep. 131-01 - Rat des Stadtbezirks Berlin-Mitte, Bezirksbürgermeister

Aktennummer: 193
Monatsberichte der Abteilung Verwaltung und Personalpolitik
Enthält: Monatsberichte des Standesamts.
1949–1950

Aktennummer: 283
Monatsberichte der Ortsamtsstelle Staaken
Enthält u. a.: Standesamtliche Statistiken.
1951–1952

C Rep. 131-02-02 (1945–1959) - Rat des Stadtbezirks Berlin-Mitte, Ratssitzungen

Aktennummer: 350
Ratssitzung am 22. Juni 1954
Enthält u. a.: Protokoll. - Fertigstellung des Eheschließungsteiles des Standesamts Berlin-Mitte. - Stellungnahme der Abteilung Finanzen zur Ratsvorlage der Abteilung Allgemeine Verwaltung vom 22. Juni 1954 betreffend Ausbau des Standesamts.

Aktennummer: 487
Ratssitzung am 06. August 1958
Enthält u. a.: Protokoll. - Einführung von Namensgebungen für Kleinstkinder als neue Aufgabe der Abteilung Innere Angelegenheiten, Referat Standesamt.

C Rep. 131-02-02 (1960–1990) - Rat des Stadtbezirks Berlin-Mitte, Ratssitzungen

Aktennummer: 950
10. Ratssitzung am 25. April 1973
Enthält u. a.: Finanzierung der Eröffnung des neuen Standesamts und Bereitstellung der Mittel für eine Kollektivprämie.

Aktennummer: 1016
25. Ratssitzung am 12. November 1975
Enthält u. a.: Bericht über die Arbeit des Standesamts Berlin-Mitte (Beschluss Nr. 231).

Aktennummer: 1120
04. Ratssitzung am 22. Februar 1979
Enthält u. a.: Tagesordnung. - Festlegungsprotokoll. - Einschätzung der Arbeit auf dem Gebiet des Personenstandswesens.

Aktennummer: 1122
Sonderratssitzung am 08. März 1979
Enthält u. a.: Tagesordnung. - Festlegungsprotokoll. - Einschätzung der Arbeit auf dem Gebiet des Personenstandswesens.

Aktennummer: 1176
05. Ratssitzung am 05. März 1981
Enthält: Protokoll. - Ergebnisse der Arbeit auf dem Gebiet des Personenstandswesens.

Aktennummer: 1201
03. Ratssitzung am 04. Februar 1982
Enthält u. a.: Protokoll. - Ergebnisse der Arbeit auf dem Gebiet des Personenstandswesens.

Aktennummer: 1295
11. Ratssitzung am 23.05.1985
Enthält u. a.: Protokoll. - Information zum Stand der Arbeit auf dem Gebiet des Personenstandswesens unter Berücksichtigung der Anwendung der EDV.

Aktennummer: 1312
27. Ratssitzungen am 19. und 27. Dezember 1985
Enthält u. a.: Bereitstellung von Mitteln zur würdigen Ausgestaltung des Standesamts (Beschluss Nr. 460).

Aktennummer: 1335
22. Ratssitzung am 23. Oktober 1986
Enthält u. a.: Information zur Arbeit des Standesamts Berlin-Mitte (Beschluss Nr. 361).

Aktennummer: 1390
23. Ratssitzung am 24. November 1988
Enthält u. a.: Information zur Arbeit des Standesamts Berlin-Mitte.

C Rep. 131-09 - Rat des Stadtbezirks Berlin-Mitte, Abteilung Bauwesen

Aktennummer: 202
Bauunterlagen: Elisabethstraße [aufgehoben], Standesamt
1954

C Rep. 131-11 - Rat des Stadtbezirks Berlin-Mitte, Abteilung Finanzen

Aktennummer: 183
Haushaltsplan für das Bezirksamt Mitte von Groß-Berlin Rechnungsjahr 1946
Enthält u. a.: Haushaltsplanaufstellung für Januar bis März 1946, mit Standesamt.
1945–1946

C Rep. 134-02-02 - Rat des Stadtbezirks Prenzlauer Berg, Ratssitzungen

Aktennummer: 1083
Ratssitzung am 03. Dezember 1975
Enthält u. a.: Bericht über Tätigkeit des Standesamts (Beschluss Nr. 275).

Aktennummer: 1150
Ratssitzung am 25. Mai 1978
Enthält u. a.: Bericht über die Verwirklichung der Rechtsvorschriften auf dem Gebiet des Personenstandswesens und Schlussfolgerungen für die weitere Arbeit auf diesem Gebiet (Beschluss Nr. 157/78).

Aktennummer: 1223
Ratssitzung am 19. Februar 1981
Enthält u. a.: Bericht über die Tätigkeit des Standesamts (Beschluss Nr. 70/81).

Aktennummer: 1299
Ratssitzung am 15. September 1983
Enthält u. a.: Information über die Erfüllung der Aufgaben auf dem Gebiet des Personenstandswesens und zur Arbeit des Standesamts (Beschluss Nr. 311/83)

Aktennummer: 1331
Ratssitzung am 22. November 1984
Enthält u. a.: Information zu den Ergebnissen und Aufgaben des Standesamts im Berichtszeitraum 1. Januar - 31. Oktober 1984 (Beschluss Nr. 427/84).

Aktennummer: 1371
Ratssitzung am 12. Mai 1986
Enthält u. a.: Information zur Durchsetzung des Personenstandsgesetzes und der Einführung der EDV im Standesamt (Beschluss Nr. 164/86).

Aktennummer: 1387
Ratssitzung am 27. November 1986
Enthält u. a.: Umbau Standesamt (Beschluss Nr. 465/86).

Aktennummer: 1424
Ratssitzung am 30. März 1988
Enthält u. a.: Ergebnisse und Schlussfolgerungen auf dem Gebiet des Personenstandswesens (Beschluss Nr. 156/88).

C Rep. 135-01 - Rat des Stadtbezirks Berlin-Friedrichshain, Bezirksbürgermeister

Aktennummer: 284
Standesamt Beurkundungen
1945–1950

C Rep. 135-02-02 - Rat des Stadtbezirks Friedrichshain, Ratssitzungen

Aktennummer: 694
85. ordentliche Ratssitzung am 08. Juli 1964
Enthält u. a.: Bewilligung von Mitteln aus der Haushaltsreserve für die Ausstattung des Standesamts (84/64). - Ordnung über den Verantwortungsbereich der Mitglieder des Rates (Beschluss Nr. 78/64).

Aktennummer: 771
33. Ratssitzung vom 07. Dezember 1966
Enthält u. a.: Information über die Arbeit im Personenstandswesen.

Aktennummer: 772
34. Ratssitzung vom 21. Dezember 1966
Enthält u. a.: Information über die Arbeit im Personenstandswesen.

Aktennummer: 919
41. Ratssitzung vom 08. September 1971
Enthält u. a.: Bericht über die Tätigkeit des Bereiches Personenstandswesen im Jahre 1971 (Beschluss Nr. 167).

Aktennummer: 1124
77. ordentliche Ratssitzung vom 12. Mai 1977
Enthält u. a.: Bericht über Ergebnisse in der Arbeit des Personenstandswesens.

Aktennummer: 1164
106. ordentliche Ratssitzung vom 22. Juni 1978
Enthält u. a.: Information über die weitere Durchsetzung des Beschlusses des Präsidiums des Ministerrates vom 28.08.1975 über das Personenstandswesen.

C Rep. 135-03 - Rat des Stadtbezirks Berlin-Friedrichshain, 1. Stellvertreter

Aktennummer: 97
Innere Angelegenheiten
Enthält u. a.: Legale, illegale Verzüge und Rückkehrer 1955. - Statistische Erhebung in Westberlin Beschäftigter 1956. - Erste sozialistische Eheschließung Standesamt Friedrichshain 1959.
1955–1956, 1959

C Rep. 135-12 - Rat des Stadtbezirks Berlin-Friedrichshain, Abteilung Innere Angelegenheiten

Aktennummer: 40
Informationsbericht über die Tätigkeit des Standesamts
Enthält auch: Information über Sozialistische Eheschließung und Namensgebung.
1961–1962

Aktennummer: 39
Informationsbericht über die Arbeit im Personenstandswesen
1966

C Rep. 145-01 - Rat des Stadtbezirks Berlin-Treptow, Bezirksbürgermeister

Aktennummer: 203
Zusammenstellungen und Tätigkeitsberichte des Standesamts Treptow
Mai–Juni 1945, Januar 1946–Januar 1948

C Rep. 145-02-02 - Rat des Stadtbezirks Berlin-Treptow, Ratssitzungen

Aktennummer: 17
Ratssitzung am 08. Juli 1946
Enthält u. a.: Zusammenlegung der Standesämter Adlershof und Johannisthal.
Aktennummer: 1068
10. Tagung des Rates am 01. November 1979
Enthält u. a.: Information über Situation und Arbeitsweise des Standesamts (Beschluss Nr. 388).

Aktennummer: 1137
71. Tagung des Rates am 25. Februar 1982
Enthält u. a.: Ergebnisse der Arbeit des Standesamts, Schlussfolgerungen für die weitere Tätigkeit zur Entwicklung sozialistischer Traditionen und Bräuche bei Eheschließungen (Beschluss Nr. 80).

Aktennummer: 1241
29. Tagung des Rates am 27. Juni 1985
Enthält u. a.: Information über Ergebnisse bei der Durchsetzung des Personenstandsgesetzes vom 04.12.1981.

Aktennummer: 1259
45. Tagung des Rates am 02. Januar 1986
Enthält u. a.: Ratsinformation über die Instandsetzungsarbeiten im Standesamt und die damit resultierende Schließung des Standesamts in der Zeit vom 13.01.–31.03.1986.

Aktennummer: 1303/1
89. Tagung des Rates am 27. November 1986
Enthält u. a.: Information zum Treptower Standesamt (Beschluss Nr. 584).

Aktennummer: 1346
131. Tagung des Rates am 07. Januar 1988
Enthält u. a.: Information zur Arbeit des Standesamts (Beschluss Nr. 17).

Aktennummer: 1399
01. Tagung des Rates am 01. Juni 1989
Enthält u. a.: Forderungsprogramm für die Erweiterung des Standesamts des Rates (Beschluss Nr. 273).

C Rep. 146-04 - Rat des Stadtbezirks Berlin-Köpenick, Abteilung Verwaltung und Personalpolitik/Kader

Aktennummer: 9
Tätigkeitsberichte der Abteilungen und Ortsamtsstellen
Enthält u. a.: Berichte der Bezirksabteilung Finanzen und des Wohnungsamtes, des Standesamts und des Städtischen Krankenhauses Köpenick, 1947.
1947

Aktennummer: 16396
Verordnung zur Übertragung einer Ermächtigung auf dem Gebiet des Personenstandsrechts
23. Dezember 1957

Aktennummer: 21775
Verordnung zur Ausführung des Personenstandsgesetzes im Land Berlin
2. November 2010

Aktennummer: 26009
Verordnung zur Änderung personenstandsrechtlicher Vorschriften im Land Berlin
2. Juli 2019

Aktennummer: 490
Zweite Verordnung zur Änderung der Verordnung zur Durchführung des Personenstandsgesetzes
5. April 2000

F Rep. 280 - LAZ-Sammlung

Archivaliennummer: 5396
Personenstandsaufnahme am 01.12.1945. Haushaltsliste
1. Dezember 1945

Archivaliennummer: 3992
Vorläufige Neuordnung des Personenstandrechts
7. August 1945

Archivaliennummer: 6528
Vierte, Fünfte und Sechste Sitzung des Prüfungsausschusses beim Stadtgericht am 14., 21. und 28. September 1945.
Enthält: Protokolle (4. Sitzung, Besprechungspunkte u. a.: Familienrechtsänderungsgesetz; Besatzungsmächte und deutsche Gesetzgebung vor 1945; Spruchkammer der Abteilung Handel und Handwerk des Magistrats, Begriff der politischen Unzuverlässigkeit; 5. Sitzung u. a.: Personenstandsgesetz; Haftbestimmungen; Grundstücksrecht; jüdische Grundstücke; 6. Sitzung u. a.: Mietprobleme; Jugendschutzbestimmungen).

P Rep. 100 bis P Rep. 840 Berliner Standesämter

Aktuelle Liste unter www.landesarchiv-berlin.de

Die Recherche in den Namensverzeichnissen der Standesämter kann weitergehend über das Internet erfolgen (Digitalisate unter www.landesarchiv-berlin.de).

S Rep. 100 Standesamt I von Berlin (bis 1945)

Aktuelle Liste unter *www.landesarchiv-berlin.de*

Die Recherche in den Namensverzeichnissen kann weitergehend über das Internet erfolgen (Digitalisate unter www.landesarchiv-berlin.de).

S Rep. 100-01 Standesämter der östlichen preußischen Provinzen (lfd. Nr. 1–24542)

S Rep. 100-02 Standesämter der östlichen preußischen Provinzen (lfd. Nr. 24543–51342)

S Rep. 100-03 Standesämter der östlichen preußischen Provinzen (lfd. Nr. 51343–77985)

S Rep. 100-04 Standesämter der östlichen preußischen Provinzen (lfd. Nr. 77986–84279)

S Rep. 101 Standesamt Stettin VII, Verwaltungshauptstelle Pölitz

S Rep. 200 Standesamtsregister der besetzten Gebiete/ Generalgouvernement Polen

S Rep. 250 Standesamtsregister der besetzten Gebiete/ Niederlande

S Rep. 260 Standesamtsregister der besetzten Gebiete/ Norwegen

S Rep. 270 Standesamtsregister der besetzten Gebiete/ Polen, Baltikum, Russland

S Rep. 300 Kolonialregister

S Rep. 400 Konsularregister Deutsches Reich

S Rep. 450 Standesamt I in Berlin

S Rep. 500 Standesamt I in Berlin, Hauptstadt der DDR

S Rep. 600 Standesamt I in Berlin (West)

S Rep. 650 Konsularregister Bundesrepublik Deutschland

8.8 Abbildungsverzeichnis

S. 90 Personalstatistik der Standesämter, 1988. Anlage 4 zur Information zum Magistratsbeschluss 523/88 vom 15. November 1988. In: LAB, C Rep. 100-05 Nr. 2130.

S. 93 Schreiben des VEB (K) Technischer Dienst zu „Musik von Tonband für Feierstunden", Juni 1959. In: LAB, C Rep. 104 Nr. 2303.

S. 94 Statistischer Bericht der Berliner Standesämter für das II. Halbjahr 1962 zu stattgefundenen Feiern zur Namensweihe. In: LAB, C Rep. 104 Nr. 1786.

S. 97 Informationsblatt des Standesamtes Berlin-Friedrichshain zur „Namensweihe in den Betrieben", 1964. In: LAB, C Rep. 104 Nr. 2303.

S. 99 Informationsblatt des Standesamtes Berlin-Friedrichshain zur „Sozialistischen Eheschließung in Betrieben", Mai 1964. In: LAB, C Rep. 104 Nr. 2303.

S. 102 Glückwunschschreiben zum Preisausschreiben „Begegnung mit Freunden", Juni–August 1969. In: LAB, C Rep. 104 Nr. 1780.

S. 103 Entwurf einer Amtskette zur Durchführung von Eheschließungen, 1986. In: LAB, C Rep. 100-05, Nr. 2032.

S. 104 Festveranstaltung zur Übergabe der Amtsketten an die Leiterinnen der Standesämter, Bildmitte: Stadtrat für Inneres Günter Hoffmann, 13. November 1987. Fotograf unbekannt. In: LAB, C Rep. 104 (Fotos) Nr. 16.

S. 105 Informationsblatt des Zentralfriedhofs Berlin-Lichtenberg für eine „Toten-Gedenkfeier", 1959. In: LAB, C Rep. 104 Nr. 2303.

S. 107 Aufstellung der Personenstandsbücher, die anlässlich der Spaltung der Dienststelle bis November 1948 nach Berlin-West verbracht worden sind, April 1952. In: LAB, C Rep. 104 Nr. 53.

S. 110 Organigramm Standesamt I, 1983. Anlage zum Sachstandsbericht der Abt. Innere Angelegenheiten des Magistrats an den Stellvertreter des Oberbürgermeisters für Inneres vom 04.10.1984. In: LAB, C Rep. 104, Nr. 2128.

S. 111 Statistik zu den Hauptaufgaben des Standesamtes I. Anlage 3 zum Magistratsbeschluss 523/88 vom 15. November 1988. In: LAB, C Rep. 100-05 Nr. 2130.

S. 114 Jahresstatistik 1954 der Standesämter in Berlin. In: LAB, C Rep. 104 Nr. 39.

S. 117 Mitwirkung der Standesämter an der Ausstellung von Sterbeurkunden für Maueropfer – Sterbeurkunde für Joachim Strauß, vom 28. November 1966. In: LAB, P Rep. 840 Nr. 242.

S. 120/121 Grundriss und Raumprogramm für das Standesamt Berlin-Marzahn, 1981. In: LAB, C Rep. 104 Nr. 2302.

S. 124 Standesamt Alt-Lietzow 28 (Berlin-Charlottenburg). Fotograf: Horst Siegmann, 1957. In: LAB, F Rep. 290 Nr. 0055506.

S. 127 Passfoto Erich Gottschalk aus der Personalakte. In: LAB, A Rep. 001-06 Nr. 7215.

S. 129 Schema zum Informationsaustausch zwischen Standesamt und anderen Organisations- und Verwaltungseinheiten, 1974. In: StAZ 1974, S. 264.

S. 130 Verzeichnis der Berliner Standesämter, 1950. In: StAZ 1950, S. 208.

S. 131 Offerte der Fotografin Edith Bienert, ausgelegt um 1953 im Standesamt Berlin-Dahlem. In: LAB, B Rep. 210 Nr. 1927.

S. 133 Meldung aus der *Berliner Morgenpost* vom 28. Mai 1960. In: LAB, B Rep. 004 Nr. 3028.

S. 133 Karikatur aus der *Berliner Morgenpost* vom 03. Juni 1960. In: LAB, B Rep. 004 Nr. 3028.

S. 134/135 Stellenvergleich der Standesämter Berlin und Hamburg, 1960. In: LAB, B Rep. 004 Nr. 1332.

S. 137 Geschäftszahlen der Standesämter 1968. Anlage 2 zum Organisationsgutachten 1970. In: LAB, B Rep. 002 Nr. 22014.

S. 138 Personalausstattung der Standesämter, 1969. Tabelle 2 aus dem Organisationsgutachten 1970. In: LAB, B Rep. 002 Nr. 22014.

S. 140 Zum Hauptregister erklärtes Sterbe-Nebenregister für das Jahr 1907 des Standesamts 13 b. In: LAB, P 815 Standesamt Berlin XIII b Nr. 68.

S. 141 Passfoto Erwin Kopp aus der Personalakte. In: LAB, A Rep. 001-06 Nr. 15123.

S. 144 Kennzahlen für das Standesamt I 1963–1972, im Organisationsgutachten 1973. In: LAB, B Rep. 002 Nr. 22022.

S. 146 Verzeichnis der beim Standesamt I angelegten und geführten Karteien, im Organisationsgutachten 1973, Anlage 18. In: LAB, B Rep. 002 Nr. 22022.

S. 149 Zurückgestellte Hinweiskarte an das Standesamt Dresden zum Sterbefall Paul Oskar Mikut. In: LAB, B Rep. 210 Nr. 1923.

Nächste Seite: Ausschnitt aus Straube's Plan von Berlin. Verwaltungsbezirke 1–6 mit grenzkoloriertem Nachweis der Verwaltungs-, Stadt- und Standesamtbezirksgrenzen (mit Numerierungen), koloriert nachgewiesene Lage des Sitzes der Bezirks- und Standesämter (Standesämter mit Angabe der Adresse), 1931.

Gartenplatz 4
Zehdenicker Str. 17
Mitte
XI
IX
Xb
Xa
II
I
VI
Gustav Meyer Allee
Bhf. Wedding
Rudolf Mosse
Arkona Pl.
Die Ponke
Stettiner Bhf.
Invaliden
Lehrter Bhf.
Moabit
Humboldt Hafen
Friedrich Karl Ufer
Platz der Republik
Pariser Platz
Unter den Linden
Kaiser Franz Joseph Platz
Dorotheen
Behren
Taube
Mohren
Krone
Leipziger
Voss
Dönhoff Platz
Spittelmarkt
Zimmer
Prinz Albrecht
Koch
Anhalt
Potsdamer
Bellevue
Flora Pl.
Schloss
Lustgarten
Bhf. Börse
Bhf. Friedr. Str.
Johannis S.
Linien
Marien
Georgen
Stralsunder
Schönwalder
Am Nordhafen
Alsen S.
Kronprinzen
Hafen

Lychener Str. 107 - 108
Prenzl. Berg
Danziger Str. 64
Georgenkirchstr. 2
Friedrichshain
Rigaer Str. 8
Markusstr. 49
Koppenstr. 76
VIII
VIIb
VIIa
VIIc
Va
Bhf. Weissensee
Bhf. Landsberger Allee
Schlesischer Bahnhof
Bhf. Warsch. Str.
Friedrichshain
Städt. Krankenh. Am Friedrichshain
Jüdischer Begräbnis-Platz
Vieh- u. Schlachthof
Wriezener Bahn
Schlesische Bahn